Emil Mattiesen

Das persönliche Überleben des Todes
Auf den Spuren parapsychologischer Phänomene
Band 1

SEVERUS

Mattiesen, Emil: Das persönliche Überleben des Todes. Auf den Spuren parapsychologischer Phänomene. Band 1
Hamburg, SEVERUS Verlag 2013
Nachdruck der Originalausgabe von 1936

ISBN: 978-3-86347-537-6
Druck: SEVERUS Verlag, Hamburg, 2013

Der SEVERUS Verlag ist ein Imprint der Diplomica Verlag GmbH.

Bibliografische Information der Deutschen Nationalbibliothek:
Die Deutsche Nationalbibliothek verzeichnet diese Publikation in der Deutschen Nationalbibliografie; detaillierte bibliografische Daten sind im Internet über http://dnb.d-nb.de abrufbar.

DAS PERSÖNLICHE ÜBERLEBEN DES TODES

I

SEVERUS

DAS PERSÖNLICHE ÜBERLEBEN DES TODES

Eine Darstellung der Erfahrungsbeweise

von

DR. EMIL MATTIESEN

Erster Band

Ihr, die mir vorausgegangen

Ich zweifle nicht an unserer Fortdauer.

Jede Entelechie ist ein Stück Ewigkeit, und die paar
Jahre, die sie mit dem irdischen Körper verbunden
ist, machen sie nicht alt.

Goethe zu Eckermann.

Die persönliche Fortdauer steht keineswegs mit den
vieljährigen Beobachtungen, die ich über die Be-
schaffenheit unserer und aller Wesen in der Natur
angestellt, im Widerspruch; im Gegenteil, sie geht
sogar aus denselben mit neuer Beweiskraft hervor.

Goethe zu Falk.

VORWORT

Wie in jeder werdenden Wissenschaft, so stehen auch in der Metapsychologie — der Erforschung 'übernormaler' Leistungen und Erlebnisse — gewisse Tatsachen und Begriffe, die unter Sachkennern unbe-stritten sind, neben andern, über die ein Streit der Meinungen noch zulässig erscheint, die sich also zwischen den übersehbaren Bereich der feststehenden und den unübersehbaren der erst geahnten und erhofften Erkenntnisse als die lebendige Wachstumsschicht dieser Wissenschaft einschieben. In ihr aber bedeutet gegenwärtig die Frage des persönlichen Überlebens das weitaus wichtigste Problem. Zugleich eins der ältesten und erregendsten. Von den Anfängen ernstlicher Erforschung des 'Übernormalen' an bis auf diesen Tag ist der Streit der 'Animisten' und 'Spiritisten' nicht zur Schlichtung gelangt; — wobei wir als Animisten, wie üblich, diejenigen bezeichnen, die alle metapsychischen Vorgänge auf besondere Kräfte Lebender oder auf über- bezw. unpersönliche Tatsachen quasi-psychischer Art zurückführen, als Spiritisten aber die Verfechter der Ansicht, daß gewisse metapsychische Vorgänge nur durch die Beteiligung persönlich fortlebender Abgeschiedener erklärt werden können.

Ein Grund für die endlose Fortspinnung dieses Streites ist fraglos darin zu finden, daß die Gegner der spiritistischen Lehre die Auseinandersetzung beständig willkürlichen und unberechtigten Einschränkungen unterwerfen: entweder sie ergehen sich in leidlich abstrakten Erwägungen in bloß ungefährer Anknüpfung an Tatsachen der Beobachtung,[1] oder sie begnügen sich mit der Erörterung gewisser einzelner Beweismittel;[2] während eine überzeugende Behandlung des spiritistischen Problems nur möglich ist bei entschlossenem Eindringen in letzte Einzelheiten von Tatsachen und bei zusammenschauender Berücksichtigung aller auf einen Punkt zustrebender Beweis-

---

1) So z. B. Saltmarsh in einem vielbeachteten Aufsatz (Pr XL 105 ff.). 2) So z. B. Prof. Dodds in Pr XLII 147 ff.

verfahren. Ich will diese Behauptung hier nicht zu beweisen suchen: nur das ganze Buch kann von ihrer Berechtigung überzeugen.

Bei dieser Sachlage habe ich es für ein lohnendes Unternehmen gehalten, die gesamte spiritistische Beweisführung, wie ich sie zu sehen glaube, in übersichtlicher Zusammenfassung darzustellen. Es ist jetzt 46 Jahre her, seitdem A. N. Aksakow im Streit mit E. v. Hartmann sich dieser Aufgabe unterzog, und mehr als 30 Jahre, seitdem in ihrem Dienste Frederic Myers den Riesenbau seiner metapsychologischen Synthese errichtete. Vor und gleichzeitig mit beiden — auch, wie mir scheint, nicht ohne befruchtenden Einfluß auf Myers — trug Carl du Prel die etwas buntgewürfelten Massen seiner Tatsachen zusammen und ordnete sie in ein System, dessen gedankliche Anregungen noch lange nicht genügend ausgeschöpft sind. Ihnen allen ist inzwischen der unermüdliche und scharfsinnige, in der Tatsachenkenntnis kaum zu übertreffende Ernesto Bozzano an die Seite getreten, der in zahlreichen Abhandlungen unser Problem von ebenso vielen Seiten her in Angriff nimmt und doch stets die inneren Zusammenhänge im Auge behält. Immerhin steht eine alles umgreifende Darstellung der spiritistischen Beweismittel auf Grund der seit Myers' Tode stark vermehrten Beobachtungen noch aus, und namentlich dem deutschen Leser gegenüber muß ein Ersatz für Aksakows unausbleiblich veraltetes Werk als dringendes Bedürfnis erscheinen.

Es versteht sich von selbst, daß ein solches Unternehmen, angesichts der umfangreichen Arbeit, die schon auf unser Problem verwandt worden ist, in vielem von vornherein auf Neuheit der Gedanken verzichtet. Gleichwohl darf ich sagen, daß meine Darstellung sich sehr wesentlich über eine bloße Zusammenfassung erhebt. Nicht nur den inneren und äußeren Aufbau der weitverzweigten Argumentation und die planmäßige Auswahl und Zergliederung der Tatsachen darf ich als mein Eigentum bezeichnen, sondern auch die Ausarbeitung einzelner Beweisführungen weit über das von Vorgängern Geleistete hinaus, sowie die Einfügung mancher bisher noch gar nicht oder nur ungenügend ausgewerteter Beobachtungen, die vielfach erst durch den Ort ihrer Einfügung in die richtige Beleuchtung rücken. Namentlich in der Herausarbeitung von Hinweisen auf den 'persönlichen' Sinn und damit die eigentliche aktive Quelle anscheinend spiritistischer — 'spiritoider' — Vorgänge; in der Erörterung der Begriffe zur Deutung aller Arten von 'Phantomen', nebst der logischen Verwertung der tierischen Phantomatik;[1] in der Durchforschung aller Tatsachen, die eine echte Mehrheit persönlicher Teilnehmer am Transgeschehen beweisen, einschließlich der mannigfachen Arten von 'Entsprechungen' zwischen mehreren Medien und der 'technischen' Unterscheidung der einzelnen Teilnehmer; in der Aufstellung einer allgemeinen Theorie der Transvorgänge, welche das darin beobachtete Gemisch animistischer und spiritistischer Bestandteile rechtfertigt und damit diese gegen mögliche Einwände sichert; endlich in der ausgiebigen Belegung und theoretischen Auswertung des überragend wichtigen Tatbestands der 'Exkursion' — in allem diesem glaube ich die spiritistische Beweisführung wesentlich gefördert zu haben, der ich überdies am Schluß des VI. Abschnitts einen ihrer schönsten Einzelfälle zuführe. Soweit diese persönlichen Beiträge zu unsrer Frage schon in Form von Zeitschriftenaufsätzen veröffentlicht vorlagen, wurden sie hier durchweg einer gründlichen Überarbeitung unterzogen, gekürzt oder erweitert, und somit in das Buch mehr eingeschmolzen als übernommen.

Einige Worte über gewisse Voraussetzungen meiner Darstellung kann ich hier nicht umgehn. — Die logische Lage, in die sich der argumentierende Spiritist versetzt findet, ist eine seltsame. Die Frage nach dem Überleben ist seit unvordenklichen Zeiten von der gesamten Menschheit bejaht worden, und zwar nicht auf Grund von 'Überlegungen' irgendwelcher Art, vielmehr im Sinn des unmittelbaren Ausdrucks von Beobachtungen. Unsre Völkerpsychologen haben einigen Scharfsinn darauf verwendet, den Glauben an ein Fortleben auf Fehlschlüsse aus an sich bedeutungslosen Erfahrungen zurückzuführen: der Spiegelung des Menschen im Wasser, der Wahrnehmung seines Schattens, der scheinbaren Begegnung mit Abgeschiedenen im Traum, usw. Die so denken, sehen den Wald vor Bäumen nicht. Ruht doch vielmehr der Glaube an 'Geister' zu allen Zeiten und auf allen Kulturstufen auf genau den gleichen Gründen, wie der 'Glaube' an das Dasein der lebenden Mitmenschen: nämlich auf dem unmittelbaren Umgang mit ihnen vermittelst der Sinne. Eben darum ist für den unbefangen Urteilenden das Fortleben nach dem Tode durchaus nicht ein 'Problem'. Dazu wurde es erst, nachdem gewisse übereilte Urteile wissenschaftlicher Aufklärung die restlose Bindung seelisch-persönlichen Erlebens an einen stofflichen Leib zum Glaubenssatz erhoben hatten. Erst dieses Dogma hat der spiritistischen Annahme eine Beweislast auf-

---

1) Die ausführliche Fassung dieser Argumentation (vgl. I Kap. 11) bleibt einer ergänzenden Veröffentlichung vorbehalten.

gebürdet, von der sie sonst völlig frei gewesen wäre. Denn nachdem die Bestreitung des Fortlebens durch die Wissenschaft — der die gesamte 'höhere Bildung' natürlich folgte — nicht länger sich damit begnügen konnte, die fraglichen Tatsachen überhaupt nicht zu sehen, verlegte sie sich auf die verwickelte Ausnutzung eines ganzen Gewebes von Begriffen, mit denen sie hoffte, die nächstliegende Deutung spiritoider Vorgänge umgehen zu können. Diese Begriffe greifen heute, unter dem Zwange gesicherter Beobachtungen, weit über die Grenzen der 'rechtgläubigen' Psychologie hinaus, und da sie jedenfalls das Mindestmaß dessen darstellen, womit man den Kampf gegen die spiritistische Lehre auch nur versuchen kann, so habe ich selbstverständlich ganz davon abgesehn, die Tatsachen erst zu erhärten, auf die sich jene Begriffe berufen. Das heißt: ich setze alles an übernormalen Fähigkeiten und Vorgängen als bewiesen voraus, was der animistische Gegner ins Feld führt, um den spiritistischen Anschein von Beobachtungen zu zerstören. Daß es heute noch Viele gibt, die selbst von jenen übernormalen Tatsachen nichts wissen oder nichts 'wissen wollen', diese bedauerliche und beschämende Tatsache bleibt hier natürlich gänzlich außer Betracht. Kein Vernünftiger, der etwas Wesentliches zu sagen hat, kümmert sich dabei um Unbelehrbare. Unsre Arbeit liegt in der Gegend vorgeschobener Posten der Forschung. Dies entbindet uns von jeder Rücksicht auf diejenigen, die ihrer ganzen Denkart nach in die wissenschaftliche 'Etappe' gehören, wo zwar die Sicherheit größer, die Fruchtbarkeit des Erkennens aber um so geringer ist.

Über die Grundsätze, die ich bei der Auswahl der mitzuteilenden Tatsachen sowie in der Art ihrer Darbietung befolge, muß ich gleichfalls noch Klarheit schaffen. Es ist ja sattsam bekannt, worin die Hauptschwierigkeit für den besteht, der mit Erörterungen metapsychischer Dinge an die Öffentlichkeit tritt. Je unwissender seine Leser oder Hörer sind, desto eilfertiger bezweifeln sie die Tatsachen, auf die er sich stützt, und entziehn damit seinen Überlegungen die Grundlage. Nichts ist 'kritisch genügend gesichert'. Überall wittert man 'Fehlerquellen', wenn nicht gar 'Betrug'. Von vornherein gewillt, alles zu bestreiten, nimmt man jeden einzelnen Bericht gesondert vor und unterwirft ihn einem Kreuzverhör, wie einen Schwerverbrecher, dessen Unglaubwürdigkeit ohnehin feststeht. Ein augenblickliches Stocken, eine einzige Lücke in den geforderten Aussagen — und das Opfer ist erledigt.

Da ich hier natürlich nicht eine ausgeführte Logik der Metapsychologie liefern kann, begnüge ich mich mit wenigen Sätzen, die den Standpunkt des Buches in diesen Fragen der 'Methode' andeuten. — Zunächst muß ich betonen, daß gerade die spiritistische Beweisführung auf weite Strecken hin mit einem Tatsachenstoff arbeitet, dessen Sicherungen von denjenigen keiner andern Wissenschaft überboten werden. Ich meine die von der heutigen Medienforschung so massenhaft experimentell erzielten 'automatischen' und Transschriften, bzw. Stenogramme von Transreden, wie sie zur Grundlage vieler Kapitel auch dieses Buches dienen. Dies sind Texte, 'authentischer' und fehlerfreier als die meisten, mit denen die beste Philologie sich abgibt, und nur die Ausfindigmachung ihres letzten Ursprungs bleibt Gegenstand der Erwägung. — Nicht ganz so günstig sind wir gestellt, wo unser Stoff aus 'spontan' auftretenden, nur gleichsam im Fluge zu beobachtenden und nur aus der Erinnerung zu beschreibenden Vorgängen besteht. Hier treten natürlich die mannigfachen Fehlerquellen ins Spiel, welche die Psychologie des Zeugnisses uns kennen gelehrt hat, und darum werde ich bei der Darbietung von Berichten dieser Art vielfach auf Umstände aufmerksam machen, die ihre Glaublichkeit im einzelnen verringern oder erhöhen. Aber auch hier muß man sich vor übereilten Verallgemeinerungen hüten. Es ist durchaus nicht wahr, daß alle Berichte über 'Spontanphänomene' unter den entwertenden Bedingungen der Überraschung, der Erregung, der nachträglichen Erinnerungsfälschung infolge eines 'Glaubens' u. dgl. m. zustandekommen. Wir werden z. B. Spukfällen begegnen, die nach gründlicher 'Gewöhnung' der gebildeten und ungläubigen Hausgenossen mit durchdachter Sorgfalt und Gelassenheit beobachtet und fortlaufend in gleichzeitigen Aufzeichnungen beschrieben wurden. Auch solche 'starke' Fälle aber enthalten schon alles, was die der Bemäkelung offenliegenden dem Zweifler verdächtig macht. Sie gehören zu den außerordentlichsten ihrer Art und genügen bereits, die Gattung in allen wichtigen Einzelheiten festzulegen. Diese starken Fälle geben uns daher die Berechtigung, auch wesentlich ähnliche, aber an sich minder bündig gesicherte Beobachtungen zu berücksichtigen, teils um den Eindruck der großen Verbreitung des Typs zu verstärken, teils um gewisse Einzelzüge ins Licht zu heben, deren erinnerungsfälschende Einfügung unwahrscheinlich ist, während ihre theoretische Fruchtbarkeit bedeutend sein mag.[1]

1) Ich bitte nicht zu vergessen, daß hier und im folgenden immer von sog. Spontanphänomenen die Rede ist (Fernerscheinungen, Ich-Austritten, Spuken, Todesanmeldungen

In der Tat wird man bei genauem Zusehn, zumal beim Rückgriff auf die angeführten Quellen finden, daß das ganze Buch durchzogen ist von einem festen Gerüst unangreifbarer Tatsachen, das für sich schon genügen würde, die Ergebnisse der Untersuchung zu tragen. Die meisten dieser Tatsachen stammen überdies aus den Veröffentlichungen der englischen 'Gesellschaft für psychische Forschung' oder ihrer amerikanischen Tochtergesellschaften, und der Fachmann weiß, welche strenge Aussiebung damit gewährleistet ist.[1] Wer also hier oder da Berichte zu entdecken meint, die seinem kritischen Scharfblick nicht völlig standhalten, darf dennoch nicht hoffen, den Ergebnissen des Buches damit wesentlichen Abbruch zu tun. Nicht ehe er soz. alle vorgelegten Tatsachen zur Strecke gebracht hat, könnte er sich am Ziele wähnen. Aber auf dem Wege dahin würde ihm bald genug die Aussichtslosigkeit, ja Lächerlichkeit seines Unterfangens aufgehn. Er gliche einem Kinde, das einige sich füllende Wasserlöcher auszuschöpfen sucht, während unaufhaltsam die Flut heransteigt.

Seien wir doch ehrlich, ehe wir uns in eine kleinliche Buchführung über gute, mäßige und schwache 'Fälle' verlieren. Es ist ja gar nicht an dem, daß Gewißheit auf unsrem Gebiet (wenn der Ausdruck erlaubt ist) nur aus kritischer 'Durchschnüffelung' von Einzelberichten entspringt. Sie entspringt ebenso gut aus dem allmählichen 'Hineinwachsen' in das ganze Gebiet durch jahrelange Beschäftigung mit den unabsehbar gehäuften Zeugnissen. Der Zweifler mag einwerfen: eben diese Beschäftigung stumpfe den 'kritischen Sinn' ab, indem sie an das Unglaubhafte gewöhne und schließlich selbst das Unsinnigste glaublich

objektiver Natur u. a. m.), nicht aber von den 'experimentellen' Untersuchungen an sog. physikalischen und Materialisations-Medien, bei denen die Frage des Betrugs und der sehr schwierigen Sicherung dagegen eine vordringliche Rolle spielt. Von diesen wird im vorliegenden Buche noch gar nicht gehandelt.

1) Zur Aufklärung des Unbelesenen sei folgendes bemerkt: Die Society for Psychical Research (S. P. R.) wurde i. J. 1882 von Prof. Will. Barrett, F. R. S. (Physiker der Dubliner Universität), Prof. Henry Sidgwick (Philosoph der Cambridger), dem Zoologen J. Romanes, FRS, u. a. gegründet. Unter den Ehrenpräsidenten der noch heute blühenden Gesellschaft findet man weitere bedeutende akademische Gelehrte, wie die Physiker Balfour Stewart, Sir William Crookes, Sir Oliver Lodge und Lord Rayleigh, sämtlich F. R. S., d. i. Mitglieder der Kgl. Gesellschaft, also soz. der englischen 'Akademie der Wissenschaften'; ferner den Psychologen William James (Harvard Universität), die Philosophen H. Bergson (Paris) und F. C. S. Schiller (Oxford), den Physiologen Ch. Richet und den Astronomen C. Flammarion (Paris), den Biologen und Philosophen Hans Driesch und den Erstminister (und Philosophen!) Lord Balfour. Auch unter den Mitgliedern der Gesellschaft finden sich zahlreiche Gelehrte von europäischem Ruf, und ihre tätigsten Forscher, wie Gurney, Myers, Hodgson, Piddington, G. W. Balfour, Irving, Soal u. a. m. waren durchweg Männer von gründlicher wissenschaftlicher Ausbildung. Die 'Verhandlungen' ('Proceedings') der S. P. R. sind heute bis zum 44. Bande gediehen, ergänzt durch etwa drei Dutzend Bände des 'Journal'.

erscheinen lasse. Ich erwidere ihm nur: er mache den Versuch; und frage sich, nachdem er Tausende von Zeugnissen möglichst unbefangen gelesen, woher die Sinnesänderung stammt, die er unfehlbar in sich entdecken wird. Sie stammt erstens und zutiefst aus der unwillkürlichen Erkenntnis natürlich-einheitlicher Typen des Geschehens, die sich mit solcher Eintönigkeit von Bericht zu Bericht wiederholen, daß man sich schließlich zutraut, die Verdächtigkeit einer Einzelheit schon aus ihrem Abweichen vom Typ zu erkennen. Eben die durchgängige Einerleiheit der Aussagen aber ist es, was auch den einzelnen Zeugen entlastet. Erzählt mir jemand, dessen Zeugnis für mich nur wenig Gewicht besitzt, er habe in einem gewissen fernen Lande einen Baum mit blauen Blättern oder eine Hundeart mit zwei Schwänzen kennengelernt, so werde ich ihm keinen Glauben schenken. Treffe ich aber nach und nach Hunderte von Zeugen gleich geringen Gewichts, die alle in jenem Lande waren und unabhängig voneinander, mit dem Anschein guten Glaubens, aus eigener Beobachtung das Gleiche aussagen, so werde ich bald von den sonderbaren Tatsachen fest überzeugt sein. — Natürlich habe ich, im Rahmen eines bloßen Buches, auf diese Überzeugungskraft der Häufung fast ganz verzichten müssen, und der Hinweis auf weitere Fälle der jeweils besprochenen Art (in den Fußnoten) kann dies schwerlich ausgleichen; — wieviele Leser nützen denn solche Hinweise aus?

Die wachsende Überzeugung dessen, der sich zweifelnd in die parapsychischen Tatsachen hineinliest, hat aber noch eine andre Quelle: nämlich die Entdeckung ihrer augenscheinlichen inneren Verknüpftheit unter einander: sie bilden einen natürlichen Zusammenhang, worin ein Teil das andre stützt und trägt. Hierin erst recht liegt die Verurteilung jener Art von Kritik, die jede einzelne Beobachtung für sich zu zerreiben sucht. Nicht das 'logische Mikroskop' verschafft uns die letzte Gewißheit in metapsychischen Dingen, sondern gerade der Abstand, d. h. der zusammenschauende Blick echt wissenschaftlich gesinnten Denkens; denn alle wahre Forschung sucht zu verbinden und dadurch die Dinge aus der Sinnlosigkeit der Vereinzelung zu erlösen. —

Was sodann die besondere Form der Darbietung des ausgewählten Stoffes betrifft, so wird sie durch darstellungstechnische Rücksichten bestimmt, d. h. letzten Endes durch die Rücksicht auf die Geduld und Fassungskraft des Lesers. Jeder Kenner unsres Schrifttums weiß, bis zu welchem Umfang die Darstellung und Beglaubigung eines einzigen metapsychischen Spontanerlebnisses anwachsen kann, wenn sie allen Ausflüchten des Zweiflers begegnen soll. Die Einfügung jedes 'Falles' im vollen Wortlaut des Hauptberichts und aller Nebenzeugnisse würde aber auch das Verfolgen eines geschlossenen Gedankenganges sehr erschweren. Ich werde mich daher zumeist auf auszugsweise Wiedergabe alles für den Zusammenhang Wesentlichen aus den Hauptberichten (nebst allgemeinen Angaben über ihre Glaublichkeit) beschränken, jedes wirklich überflüssige Wort beiseitelassend, jedes die richtige Deutung fördernde mit peinlichster Sorgfalt beibehaltend. Jedes Wort, das ich zum Ausgleich der Striche oder zur Verdeutlichung des Angeführten auf Grund meiner Kenntnis der ganzen Urkunde hinzufüge, werde ich durch [Einklammerung] als von mir stammend kennzeichnen. Daß ich in den zahlreichen Übersetzungen mich der größten Sinntreue befleißigt habe, brauche ich nicht erst zu betonen. Niemand kann mehr als ich selbst bedauern, daß meine Beweisführung überwiegend mit fremdländischen Urkunden arbeiten muß. Aber wer trägt die Schuld daran, daß Deutschland auf diesem Forschungsgebiet im Rückstand ist? daß bei uns die Forderungen an wissenschaftlich brauchbare Zeugnisse der Masse möglicher Beobachter noch beinah unbekannt sind? Hat diese unfruchtbare Ahnungslosigkeit nichts zu tun mit der entmutigenden Feindseligkeit, die unsre öffentliche Meinung, zumal die 'wissenschaftliche', Tatsachen entgegenbringt, die Schopenhauer 'unter allen Erfahrungstatsachen ohne Vergleich die wichtigsten' nannte? — Mit dieser unsrer Rückständigkeit hängt noch ein andres zusammen. Es versteht sich von selbst, daß ich mir für den Meinungsstreit im einzelnen überall den jeweils stärksten Gegner ausgesucht habe; auch hier aber steht ein Ausländer an der Spitze: Frank Podmore, und erst in zweiter Linie konnte ich Richard Baerwald, den ergiebigsten und scharfsinnigsten unter den deutschen Animisten, vor die Klinge nehmen. Ich bedaure lebhaft, daß in beiden Fällen der Streit gegen Verstorbene geht, also keiner Erwiderung mehr Fähige. Aber das durfte mich nicht zurückhalten; denn ihre Irrtümer leben fort und machen Schule. Mit Prof. Dessoirs weitverbreitetem Buch dagegen habe ich mich nur ganz vereinzelt befassen können: bei seiner Kürze und seltsamen Oberflächlichkeit in der Behandlung gerade unsrer Frage bot es mir fast gar keine Angriffspunkte.[1]

---

1) Dr. F. Mosers 'Der Okkultismus' (2 Bde. 1935) läßt 'die spiritistische Frage' ausdrücklich völlig beiseite!

Die Quellen meiner Tatsachen findet der Leser durchweg angegeben. Mancher Titel des Literaturverzeichnisses darf das Kopfschütteln des Kenners erregen. Genaueres Zusehn wird ihn aber belehren, daß aus diesen im Ganzen nicht wissenschaftlich ernst zu nehmenden Schriften nur jeweils die besten Brocken angeführt sind, und auch diese fast durchweg bloß als 'Kollateralfälle' in den Fußnoten. Etwas Brauchbares findet ja doch der geduldig Suchende in jeder Rumpelkammer.

Einige von den Beispielen, an denen sich meine Argumente fortspinnen, haben schon in andern Werken verwandter Richtung Dienst getan. Solche Wiederholung ist nicht wohl zu umgehn. Aus den gewaltigen Archiven des Übersinnlichen sind natürlich durch die Arbeit Vieler die 'besten Fälle', d. h. die stärkstbezeugten und lehrreichsten, allmählich ausgesiebt worden, und einem Buche, das unter andrem auch bisher Geleistetes zusammenfaßt, wird man nicht zumuten dürfen, die schärfsten Waffen am Wege liegen zu lassen, bloß weil sie schon einmal im Kampfe benutzt wurden. Der Wohlbelesene ist daher berechtigt, einzelne der angeführten Beispiele zu überspringen und nur ihre theoretische Erörterung zu beachten, für die natürlich stets ich selbst die Verantwortung trage.

Ich habe durchweg versucht, so schlicht und klar wie möglich zu schreiben. Sollten trotzdem gewisse Kapitel (vor allem wohl des IV. Abschnitts) auch dem geduldigen Leser einige Mühe machen, so wird man, hoff' ich, nicht bloß die Darstellung, sondern auch die Verwickeltheit der Tatsachen selbst dafür verantwortlich machen; daneben aber die Künstlichkeit der Ausflüchte, zu deren Widerlegung mich der Gegner zwingt. Das 'Ebnen der Wege' für den Fuß des Lesers hat seine natürlichen Grenzen, und schließlich ist eine große Wahrheit auch einige Anstrengung wert.

TERMINOLOGISCHE VORBEMERKUNGEN

Fremdworte der Gelehrtensprache sind, soweit es mir möglich erschien, vermieden, eine geringe Anzahl dagegen bewußt und durchweg für gewisse Fachbegriffe verwendet worden. Diese werden jeweils bei ihrem ersten Auftreten erklärt, so daß ihre besondre Zusammenstellung unnötig ist. Nur folgendes sei noch zur Vorbereitung des nicht-gelehrten Lesers bemerkt.

Mit dem herkömmlichen Ausdruck Medium bezeichne ich zunächst eine Person mit 'übernormalen' Fähigkeiten überhaupt; insbesondere aber eine, an der sich die Frage entzündet, ob sie, wie es den Anschein hat, als 'Vermittler' zwischen unsrer Sinnenwelt und einer Welt unsichtbarer Wesen diene. Angenommen eine solche, so läge sie offenbar nach ihrem Wesen oder 'Spannungspotential' so weit von der unsrigen ab, daß es in vielen Fällen eines lebendigen 'Transformators' bedürfte, um einen Verkehr zwischen beiden zu ermöglichen. Dieser Verkehr würde den Weg über das 'Unterbewußtsein' des Mediums nehmen müssen: jene durchaus noch rätselvolle seelische Gegend, in der die 'übernormalen Fähigkeiten' zu Hause sind, in ⸱ der also auch nicht-sinnliche Einwirkungen von außerhalb der Persönlichkeit her 'angreifen'. Die Äußerung solcher Einwirkungen geschieht meist durch 'Automatismen', also etwa 'automatisches' Sprechen, Schreiben, Bilderablaufen, Erzeugen von 'Klopflauten' oder Bewegungen von Gegenständen. Dabei darf das herkömmliche Wort 'automatisch' nicht dazu verführen, diese Äußerungen als 'maschinenmäßige' aufzufassen: sie sind nicht weniger sinnvoll, lebendig und personhaft als jedes bewußt-persönliche Tun; nur treten sie dem Wachbewußtsein wie Leistungen eines fremden, zweiten Ich entgegen und sind dem wachen Willen größtenteils entzogen. Bringt ein abnormer Seelenzustand, ein 'Trans', dieses 'zweite Ich' soz. an die Oberfläche, unter zeitweiliger Ausschaltung des normalen Wachbewußtseins, so erweist sich jenes meist als 'Persönlichkeit' besondrer Prägung: entweder als eine mehr gewohnte, für den Trans zunächst bezeichnende: der 'Führer' des Mediums, seine 'Hauptkontrolle' (oder schlichtweg 'Kontrolle'), oder aber als das angebliche Ich einer dem Medium völlig fremden und ungewohnten Persönlichkeit: eines Verstorbenen. Diese Persönlichkeit bezeichnen wir als den Kommunikator. (Dessoirs vortreffliche Verdeutschung 'Mitteiler' habe ich noch nicht zu übernehmen gewagt.) Es ist' eine unsrer Hauptaufgaben, zu bestimmen, ob dieser Kommunikator mit dem bezeichneten Abgeschiedenen wesentlich identisch ist, sich als eben dieser zu 'identifizieren' vermag, oder ob er nur eine lebensähnliche Personation, d. i. personartige 'Bildung' innerhalb des unterbewußten Bereichs des Mediums darstellt. Führer, Kontrollen und Kommunikatoren insgesamt sind also seine Transpersönlichkeiten, deren wahre Bedeutung es zu erforschen gilt.

Alle diese Persönlichkeiten können durch den Mund des Mediums (automatisch) reden oder durch seine Hand schreiben; im letzteren Fall entweder in üblicher Weise mit dem Bleistift, oder durch (automatisches) Bewegen irgendeines 'Zeigers', eines rollenden oder gleitenden Brettchens u. dgl., auf einer Fläche, welche die Buchstaben des ABC in irgendwelcher Anordnung trägt (Planchette, Ouija, Psychograph u. a. m.), oder durch (automatisch erzeugte) Kippbewegungen oder Klopftöne eines Tischchens, deren Zahl die entsprechenden Buchstaben angibt und damit Worte und Sätze buchstabiert ('Tischsitzung'). In seltenen Fällen nimmt die Äußerung die Form der Erzeugung einer 'direkten Stimme' an, also im Raume hörbarer Worte ohne Verwendung der normalen Sprechwerkzeuge des Mediums; ein vielfach bezweifelter und doch nicht abzuleugnender, noch völlig unerklärter Vorgang ('Stimmenmedium', 'Stimmensitzung'). Alle diese Mittel ermöglichen eine regelrechte Unterhaltung zwischen den Transpersönlichkeiten und dem 'Sitzer', dem mit dem Medium experimentierenden Lebenden.

Im Falle von 'spontan', also außerhalb jeder Sitzung auftretenden Erscheinungen oder Phantomen dagegen bezeichnen wir den beobachtenden Lebenden als den Perzipienten (den 'Wahrnehmer') und sprechen von kollektiven Erscheinungen, wenn mehrere Perzipienten an der Beobachtung teilnehmen, von Telephanie, wenn die Erscheinung einen entfernten Lebenden darstellt, von veridiken — Wahres kündenden — Erscheinungen, soweit diese, oder Einzelheiten an ihnen, mit einem 'wirklichen' Vorbilde übereinstimmen. Die Frage, ob die Erscheinung von dem Erscheinenden selbst als dem 'Agenten' (etwa einer telepathischen Einwirkung) erzeugt sei oder aber von einem Dritten, ob sie also eine Autophanie oder eine Heterophanie (Selbst- oder Fremderscheinung) darstelle, ist, wie sich zeigen wird, eins der wichtigsten Probleme der Deutung von Erscheinungen. Endlich bezeichnen wir als 'para-' oder einfach als 'physikalische Phänomene' (nach dem üblichen englischen Fachausdruck *physical phenomena*) alle objektiven Gehörs- oder Bewegungsvorgänge, die nicht auf normale Art erzeugt werden und häufig an das Auftreten eines Phantoms geknüpft sind.

INHALT

Einleitung

Das Argument aus den Voraussetzungen des Animismus

Die Argumente zugunsten der Tatsache des persönlichen Überlebens — der 'spiritistischen These' — sind leidlich mannigfaltiger Art; der Anmarsch auf jene Wahrheit zu kann also auf verschiedenen Wegen angetreten werden. Wir werden sie alle nacheinander beschreiten, und ich hoffe, daß ihre Vielheit sich zuletzt als nicht nur planvoll angelegtes, sondern auch dem Gelände natürlich angepaßtes Straßennetz erweisen wird.

Im Sinne solchen Aufbaus nun erscheint es mir notwendig, ein häufig vorgetragenes Argument an den Anfang zu stellen, das, wenn es bündig wäre, das Ergebnis vieler weiterer vorwegnehmen, uns also deren Mühen ersparen würde; ein Argument, das sich gerade auf d i e Voraussetzungen stützt, die dem Spiritisten und seinem gefährlichsten Gegner, dem vorgeschrittenen Animisten, g e m e i n s a m sind; ein Argument also, das unsre 'These' unmittelbar aus d e n Tatsachen und Begriffen ableiten will, die der Gegner zu ihrer Widerlegung ins Feld führt. Ich habe schon angedeutet, und es leuchtet ohne weiteres ein: je mehr an übernormalen Fähigkeiten dem Menschen zugestanden wird, je weiter die Grenzen des Metapsychischen gesteckt werden, desto reicher ausgestattet ist die Rüstkammer der Waffen, mit denen eine spiritistische Deutung d e r Tatsachen, die sie zu fordern scheinen, bekämpft werden kann. Auch bin ich ja eben deshalb entschlossen, die Tatsächlichkeit übernormaler Leistungen im denkbar weitesten Umfang vorauszusetzen. Nur wer den stärksten Gegner schlägt, hat wirklich gesiegt.

Es ist nun, wie gesagt, und gerade von Meistern spiritistischer Beweisführung, seit längerem der Versuch gemacht worden, eben diese schärfsten Waffen unmittelbar gegen den Gegner zu kehren. Gerade die übernormalen Leistungsmöglichkeiten — so etwa lautet das Argument —, vermittelst welcher der Animist die anscheinend unvermeidbare spiritistische Deutung gewisser Tatsachen zu umgehen sucht, be-

weisen durch ihr bloßes Vorhandensein, daß der Mensch etwas in sich
hat, was notwendigerweise den Tod überdauert. Die Fähigkeiten etwa
des räumlichen und zeitlichen Hellsehens, die der Animist ja vielfach
in seinem theoretischen Kampf voraussetzen muß, sind fraglos nicht im
Laufe der 'irdischen' Entwicklung des Menschen entstanden; denn
sie äußern sich nicht annähernd bei allen Menschen und dienen nicht
ihrer Selbstbehauptung in der Sinnenwelt; ebenso wenig sind sie und
ihr Wirken ableitbar aus dem vergänglichen fleischlichen Leibe, der
den Menschen in seine irdische Umgebung einschaltet. Sie müssen also
einer andern, nicht-sinnlichen Welt entstammen und angepaßt sein,
und beweisen damit, daß der Mensch schon hinieden der heimliche
Bürger einer übersinnlichen Welt ist, aus der er natürlich durch den
Verfall seines Leibes nicht ausscheidet, deren Bewohner er vielmehr
erst recht nach seinem Tode wird.

'Wer einem Fall von Fernsehen', schreibt du Prel, 'auch nur ein einziges
Mal begegnet, ist logischerweise genötigt, einen Träger dieser Fähigkeit
vorauszusetzen, und zwar einen vom leiblichen Menschen verschiedenen
und unabhängigen Träger. Diesen kennen wir aber nicht; wir sind uns
unsrer somnambulen [d. h. bei du Prel in diesem Zusammenhang: unsrer
übernormalen] Fähigkeiten nicht bewußt und können sie nicht willkürlich
gebrauchen. Daraus folgt, daß unser [tagwaches!] Selbstbewußtsein sich
nicht über unser ganzes Wesen erstreckt. Es steckt also in uns verborgen,
unserem irdischen Selbstbewußtsein entzogen, ein Wesenskern, der eine
durchaus andere Anpassung an die äußere Welt zeigt, als die leibliche.
Er ist der Träger der okkulten Fähigkeiten. Wir sind also ein Doppel-
wesen, und die irdische Leiblichkeit samt dem leiblich bedingten Bewußtsein bildet nur die eine Seite unsrer Existenz. Damit lebt aber das
Problem der Unsterblichkeit wieder auf, ... [denn] der Tod beseitigt nur
die irdische Form der Erscheinung; wenn wir aber Fähigkeiten besitzen, die
nicht an der Leiblichkeit haften, so wird deren Träger vom Tode nicht
betroffen... Hier wird es verständlich, in welchem Verhältnis der Somnambulismus [wir können wieder sagen: der Animismus, als die Lehre vom
Übernormalen im Menschen] zum Spiritismus steht. Der Somnambulismus
läßt uns in uns selbst einen [Geist] entdecken, dessen Fortleben nach dem
Tode uns gewiß erscheint.'[1]

Man findet den gleichen oder eng verwandte Gedankengänge auch
bei andern Führern des wissenschaftlichen Spiritismus, am häufigsten
und schärfsten gefaßt wohl bei Ernesto Bozzano.

'Niemand', sagt er z. B. in seiner Streitschrift gegen den entschlossenen
Animisten Sudre, 'hat je daran gedacht, das Vorkommen der animistischen

[Eine Erklärung der Titel-Abkürzungen findet man am Ende des Buches.]
1) du Prel, Spir. 9 f. Vgl. ders., Mon. Seel. 279 ff.; Ph. d. M. 429 ff.; Räts. 37. 66 ff.

Tatsachen zu bestreiten. Aber diese stellen nur die eine Seite der Wahrheit dar, deren andre Seite die spiritistischen Phänomene bilden. Und die Gesamtheit dieser Phänomene leitet sich von einer einzigen Ursache her: 'dem menschlichen Geiste', der, wenn er als 'inkarnierter' handelt, die animistischen Phänomene, wenn er aber als 'diskarnierter' wirkt, die spiritistischen Phänomene erzeugt. Unter diesen Umständen ist es natürlich, daß man eine vollkommene Wesensübereinstimmung beider Gruppen von Phänomenen finden müsse.'[1] — Und an andrer Stelle zitiert er aus Frank Podmore — bekanntlich fast zeitlebens der eingefleischteste aller Animisten — die folgenden schwerwiegenden Worte: 'Ob nun die Bedingungen des Jenseits es seinen Bewohnern gestatten oder nicht, zuzeiten mit den Lebenden in Verkehr zu treten, jedenfalls wäre diese Frage nur von untergeordneter Wichtigkeit, wenn wir auf Grund dem Geiste innewohnender Fähigkeiten beweisen könnten, daß das Leben der Seele nicht an das des Leibes gebunden ist. Wenn wirklich in Zuständen des Trans oder der Ekstase die Seele eine Kenntnis entfernter und verborgener Dinge erwirbt, die Zukunft voraussehn und in der Vergangenheit wie in einem offenen Buche lesen kann [lauter Fähigkeiten, mit denen, wie wir sehen werden, die Fortdeutung der spiritoiden Tatsachen heute unablässig rechnet], — dann kann man, da diese Fähigkeiten sicherlich nicht im Lauf der irdischen Entwicklung erworben sind, da die Umwelt ihrer Ausübung nur wenig Spielraum gewährt und ihr Auftauchen nicht rechtfertigt, — dann, sage ich, kann man offenbar mit Recht schließen, daß diese Fähigkeiten das Dasein einer Welt der höheren Anwendungsarten beweisen, und eine Entwicklung, die nicht durch unsre irdische Umwelt bedingt ist... Man braucht vielleicht nicht zu bestreiten, daß falls die Wirklichkeit von Vorschau, Rückschau, Hellsehen und andrer transzendenter Fähigkeiten der Seele bewiesen werden könnte, die Unabhängigkeit der Seele vom Leibe gewiß wäre.'[2]

Es ist zu verstehn, wenn Bozzano in diesen Worten des erbittertsten Gegners seiner eigenen Überzeugungen die Zugestehung des Satzes erblickte, daß der Animismus den Spiritismus beweise,[3] — vorausgesetzt natürlich, daß der Animismus selbst in dem Sinne bewiesen ist, in welchem Podmore ihn hier fassen müßte: nämlich als weitester Inbegriff übernormaler seelischer Fähigkeiten, die aus physikalisch-physiologischen Vorgängen nicht abzuleiten sind; eine Ableitung, die Podmore für die Telepathie ja annahm, die einzige metapsychische Fähigkeit, die er zugestand, — vielleicht eben deshalb allein zugestand, weil er sie in sein vorgefaßtes Weltbild glaubte einordnen zu können. — Die neuere Entwicklung hat bewiesen (und dies Buch wird auch den Leser davon überzeugen), daß die Widerlegung des Spiritismus ohne die Zugestehung aller von Podmore auf-

---

1) Bozzano, A prop. 211 f. Vgl. ders., Cryptesthésie et Survivance in RS Nov. 1925 ff.
2) Podmore, Spir. ll 359. Vgl. ders., Nat. 332.   3) A prop. 40.

1*

4 *Einleitung*

geführten 'transzendentalen psycho-sensoriellen Fähigkeiten' garnicht erst versucht werden kann; man möchte also sagen, daß — in einer Art ahnungsloser Voraussagung — der stärkste Gegner des Spiritismus diesem sein allgemeinstes und kürzestes Argument im voraus zum Geschenk gemacht habe; ein Argument, das Bozzano bis zur Formel gesteigert hat: 'daß als wissenschaftlicher Beweis für das Dasein und Überleben der Seele der Animismus sogar noch wichtiger und entscheidender sei, als der Spiritismus.'[1]

Wenn nur dies Argument die Durchschlagskraft wirklich besäße, die seine Vertreter ihm zuschreiben! — Ich halte zwar den Gedanken der innersten Verwandtschaft von Animismus und Spiritismus und insofern auch einer Stützung des letzteren durch jenen für wichtig und fruchtbar, und die nachfolgenden Untersuchungen werden dem Leser den genauen Sinn dieser Aussage eindeutig klarmachen. Ich werde auch selbst, und zwar am Ende unsres langen Weges, auf eine ganz bestimmte, fraglos 'animistische', also den Lebenden zugehörige übernormale Erfahrung eingehn, die in der Tat nach meiner Überzeugung einen unmittelbaren Beweis des Spiritismus in sich birgt. Gleichwohl glaube ich nicht, daß unser Argument in der Form, in der es eigentlich immer vorgebracht wird, als bündig bezeichnet werden kann. In dieser Form stützt es sich, wie wir sahen, auf den bedingten Besitz des Menschen an übernormalen Erkenntnisfähigkeiten. Aber schon bei der Voraussetzung unsres Arguments: daß diese Fähigkeiten weder der Sinnenwelt angepaßt seien noch dem Gehirn entsprängen, kann der Zweifel ansetzen. In ersterer Hinsicht mag man geltend machen, daß diese Fähigkeiten übernormalen Erkennens sich doch durchweg mit Dingen und Vorgängen der Sinnenwelt befassen. Das Vergangene und Künftige, das Verborgene und Entfernte sind zwar den gewöhnlichen Wahrnehmungsmitteln nicht zugänglich, aber sie sind doch durchaus von der Art, mit der auch diese zu tun haben. Jene Fähigkeiten wären insofern nur als Erweiterung der normalen Erkenntnisarten zu fassen — sucht Richet sie nicht insgesamt unter den Begriff der 'Kryptaesthesie', als des 'sechsten Sinnes', zu bringen? —, und wie diese würde auch ihre Erweiterung durchaus den Zwecken irdischen Lebens dienen. Ist nicht jeder Besitzer des 'sechsten Sinnes' im Vorteil vor seinen Mitmenschen, von den Berufs-'Schamanen' der Naturvölker bis zu den Kriminalhellsehern unsrer Großstädte?

1) ebd. 39. — Verwandte Gedankengänge s. Aksakow 626 f. 641 f.; Myers I 16 (§ 114). 487 f. II 274; Barrett in ASP 1904 382; Mrs. Sidgwick in Pr XXIX 247; Geley, Essai 58 f.; Hudson 251; Buchner in RB 1925 43.

Aber auch die gänzliche Unabhängigkeit der übernormalen Erkenntnisfähigkeiten vom Gehirn müßte natürlich über allem Zweifel feststehn, ehe sie den Zwecken unsres Argumentes dienen könnte. Die Bezweiflung jener Unabhängigkeit nimmt nun meist die Form an, daß man alle Betätigungsformen übernormalen Erkennens auf eine einzige, nämlich auf Telepathie zurückführt, diese dann aber auf physiologisch-physikalische Vorgänge. Podmore, wie schon erwähnt, beschritt diesen Weg, und in Deutschland ist Baerwald mit größter Findigkeit im Einzelnen seinen Spuren gefolgt. Ich glaube allerdings, daß alle diese Rückführungen vergebliche Versuche bleiben müssen. Über die Aussichten einer solchen Flucht-in-die-Telepathie werde ich mich noch mehrfach zu äußern haben: wer sich darüber ganz außerhalb aller spiritistischen Fragestellung klar werden will, betrachte etwa Baerwalds qualenreiche Winkelzüge in jenen Kapiteln seines Werkes über 'Die intellektuellen Phänomene' (des Okkultismus), die sich die Wegdeutung der von ihm angeführten Hellseh- und Vorschau-Leistungen zur Aufgabe machen.[1] Doch brauche ich hier auf sie nicht einzugehn, da ich das Argument, dem sie im günstigsten Falle Abbruch tun könnten, ja garnicht zu vertreten gedenke. Wird aber das Alleinrecht der Telepathie hinfällig, so verflüchtigt sich auch die Wichtigkeit, die ihrer physikalischen Deutung allenfalls zukommen könnte, — solange man nicht auch Hellsehn in Raum und Zeit für 'physikalisch' erklärbar hält. Daß Telepathie durch physikalische Begriffe nicht deutbar sei, haben unabhängig Tischner und ich zu beweisen gesucht.[2] Es versteht sich von selbst, daß Baerwald gegen diese Beweise Sturm läuft;[3] würden sie ihn doch seines einzigen und letzten Auskunftmittels berauben. Glücklicherweise kann aber auch dieser weitläufige Meinungsstreit hier außer acht bleiben, und zwar aus mehr Gründen als den eben angedeuteten. Die 'Hirnbezogenheit' — um es kurz so zu nennen — aller Arten übernormalen Erkennens kann nämlich noch mit ganz andern Begriffen verfochten werden, die sich vor der naiven Schwingungstheorie jedenfalls durch größere Tiefe und Weite der Schau hervortun. Dieser Versuch gründet sich auf die der Relativitätstheorie entsprungene Auffassung der Zeit als vierte Dimension des Raums, oder — besser gesagt — der Welt als eines vierdimensionalen Kontinuums, von dem der Mensch im normalen Bewußtseinszustande drei Dimensionen als Raum erfaßt, die vierte aber als Zeit. Die wahre Welt, im Gegensatz zur erschei-

---

1) S. 207 ff. 271 ff.   2) Tischner, Tel. 99 ff.; Mattiesen 370 ff. Vgl. Barnard 154. 169; Mrs. Sidgwick: Pr XXIX 247; Prof. Barrett: XXX 257 f.; Lord Rayleigh das. 288.
3) Baerwald, Phän. 97 ff.

nenden, wäre also als vierdimensionales, zeitlos 'statisches' System zu denken, worin alles 'Geschehen', jeder Zustand des Seins, 'auf ewig' irgendwo feststehend gegeben ist, während nur ein winziger Teil davon unsere 'gegenwärtige' räumliche Welt ausmacht. Die Vorstellung der Bewegung wäre somit zu ersetzen durch die einer vierdimensionalen Gestalt. 'Unser Begriff der wahren vierdimensionalen Welt schließt also das Dasein einer möglicherweise unendlichen Zahl gewöhnlicher dreidimensionaler Welten in sich, die irgendwo in geordneter Reihenfolge liegen, vielleicht parallel der unsrigen, vielleicht auch diese in einer oder vielen Ebenen schneidend,' gleichwie eine unendliche Anzahl 'ebener' Welten parallel zu einer zweidimensionalen Welt gelagert wäre, oder aber diese in einer oder in vielen Linien schnitte. Unser 'Leben in der Zeit' wäre demnach identisch mit dem 'sukzessiven' Bewußtwerden einer dieser parallel gelagerten Welten nach der andern, würde uns aber erscheinen als ein Leben in einer einzigen stofflichen Welt, die sich beständig in regelmäßiger Art und Weise veränderte; wobei der Gebrauch von zeit-anzeigenden Worten (wie im Obigen 'sukzessive', 'nach' und 'verändern') natürlich in einem 'neuen Sinn' zu verstehen wäre![1]

Die Frage der metaphysischen Richtigkeit solcher Gedanken mag hier auf sich beruhen. Ich selber glaube sie durchaus verneinen zu dürfen; denn jene Gedanken deuten weder die Tatsache des nicht umkehrbaren Richtungssinnes der Zeit (vor allem im Bereich der organischen und seelischen Lebensvorgänge) noch die der Einzigartigkeit der 'Gegenwart', des 'Jetzt'. Der berühmte Minkowskische Gedanke scheint mir daher nur die Bedeutung einer gut brauchbaren Rechnungsart zu haben.[2] Doch mag er hier, dieweil der Streit der Meinungen noch dauert, unter Vorbehalt zugestanden werden. In diesem eingeschränkten Sinne also will ich auf die naheliegende Nutzanwendung hinweisen, die sich daraus für die Theorie der übernormalen Erkenntnisleistungen ergibt, und dabei gleich die anscheinend schwerstverständliche Gattung derselben als Beispiel wählen. Um eine Vorschauleistung zu erklären, brauchen wir nur anzunehmen, daß der Seher, anstatt des 'unmittelbar folgenden' Augenblicks bewußt zu werden (d. h. des in unmittelbarer 'Nähe' der Welt des vorausgegangenen Augenblicks 'gelegenen'), vielmehr einen Ausschnitt aus einer 'weiter abgelegenen' Welt erblickt; wie wir als dreidimensionale Wesen doch beständig Dinge 'erblicken', die ein zweidimensionales Wesen, ein 'Wesen der Ebene' nur unter Zuhilfenahme von 'Zeit' zwecks Aufwärts-

---

1) Barnard 184 ff. Vgl. Dr. Carl in PS 1924 201 ff., bes. 219; Seifert in PS L 125; Lord Rayleigh in Pr XXX 289.   2) Vgl. Born 220 f. und Bavink 135 f. 261 f.

bewegung in der ihm normal unzugänglichen dritten Dimension wahrnehmen könnte. Und Gleiches gälte natürlich, *mutatis mutandis*, für
alle Rückschauakte. Aber auch für sogenannte 'psychometrische' Leistungen, von denen bald ausführlicher gesprochen werden soll, also für
die scheinbare Auslösung übernormaler Wahrnehmungen durch
einen Gegenstand, könnte der obige Gedanke eine Deutung nahelegen. 'Hat das materielle Weltall vier Dimensionen, so ist jedes 'Ding'
. . . bloß ein dreidimensionaler Querschnitt eines vierdimensionalen
Dinges, — was die Relativitätstheoretiker eine 'Weltlinie' nennen.
Dieses Ding ist verwoben mit allen andern Dingen, mit denen jener
Gegenstand je in Berührung gewesen ist, — genauer ausgedrückt: dieses
Ding ist verknüpft mit allen andern Dingen, von denen irgendein dreidimensionaler Querschnitt in Berührung mit einem seiner eigenen dreidimensionalen Querschnitte gewesen ist —,'[1] und unter diesen andern
Dingen befindet sich natürlich auch alles, was die leibliche, geistige
und biographische Person des Besitzers des Gegenstandes — seine
gesamte 'Weltlinie' — ausmacht.

Wäre dies alles als richtig vorauszusetzen, so ergäbe sich nun aber
auch eine Möglichkeit (bisher, wie mir scheint, übersehen), das stoffliche Werkzeug irdischen Erkennens, unser rätselvolles Gehirn, gleichfalls in den Vorgang übernormalen Erkennens wieder einzuschalten,
aus dem es eine idealistische Theorie des räumlichen und zeitlichen
Hellsehens auszuschalten wünscht. Denn auch das Gehirn ja wäre ein
'vierdimensionales Ding' mit eigener 'Weltlinie', und auf Grund seiner
ungeheuren baulichen und funktionellen Verwickeltheit noch weit inniger in den vierdimensionalen Weltzusammenhang verwoben, als ein
lebloser 'psychometrischer Gegenstand'. Es würden also die angedeuteten Gedanken, sofern sie die Wirksamkeit solcher 'Gegenstände' erklären könnten, *a fortiori* auch die Beteiligung des Gehirns an der
übernormalen Erkenntnisleistung — selbst an der scheinbar unfaßlichsten, der zeitlichen Vorschau — verständlich machen, ja fordern. Und
es könnte uns dann die Aufgabe erwachsen, die aufdringlich seltsamen
Begleiterscheinungen physiologischer Art zu erwägen, die eine solche
Beteiligung anzuzeigen scheinen und m. W. bisher noch kaum im Zusammenhang gründlich erwogen worden sind: der heftige Kopfschmerz
gewisser Hellseher während ihrer Wahrnehmungen, der Blutandrang
Andrer im Kopf oder in den Augen, die Tränenabsonderung, die nachfolgende Erschöpfung, u. a. m.[2]

Nehmen wir nun aber an, daß eine solche vierdimensional-physiolo-

1) Barnard 191. Vgl. die weitaus früheren Ausführungen bei Pick und Beck.   2) Myers II
563 ff.; Pr V 520 Anm.; VIII 500; XXXV 398; Mattiesen 399.

gische Deutung übernormaler Erkenntnisfähigkeiten sich nicht auf-
rechterhalten lasse (und auf diese Fähigkeiten gründet sich ja das
hier erörterte spiritistische Argument); setzen wir also als erwiesen
voraus, daß Hellsehn in Raum und Zeit uns wirklich (wie das Argument annahm) über den Bereich der Leiblichkeit hinaus in ein Gebiet
'rein geistiger' Leistung und Deutung geführt hätte: würde dann ein
solcher Animismus zur Anerkennung des Überlebens im Sinne des
Spiritismus zwingen? Die Frage muß, wie mir scheint, durchaus verneint werden. Zwar ein Reich 'rein geistigen' Wesens und Geschehens
wäre durch die Voraussetzung gesetzt, aber ein Reich persönlicher
Geister 'menschlicher Herkunft' brauchte dies nicht zu sein. Es würde
genügen zu fordern, daß der Mensch vorübergehend aus dem un-
oder überpersönlichen Erkenntnisleben jener Geistwelt mit Bildern
gespeist würde, um alles übernormale Schauen abzuleiten, auch ohne
Annahme eines den Tod überdauernden persönlichen Wesens; erst
eine solche Annahme aber erfüllt den Sinn der spiritistischen Lehre.
Dieser Gedankengang setzt natürlich voraus, daß die 'Individualisie-
rung' des Menschen erfolge auf Grund dessen, was mit dem Tode der
Vergänglichkeit verfällt: also des Leibes; daß mithin nicht ein schon
individualisiertes Geistiges erforderlich sei, welches, in jenem Leibe
wohnend, den Eingebungen des Übergeistes offenstände und sie an den
Leib und seine Welt vermittelte. Der Gedanke nun, daß ein überper-
sönliches Geistiges sich in vielen Leibern eben durch diese in 'Indivi-
dualitäten' spalte, scheint mir durch abstrakte Überlegungen nicht
widerlegbar zu sein. Daraus aber folgt, daß das hier fragliche Argument uns nicht der Notwendigkeit überhebt, die Annahme einer den
Leib bewohnenden und den Tod überdauernden Persönlichkeit durch
besondere Schlüsse aus Tatsachen zu begründen. Die Formel
'Animismus beweist Spiritismus' erweist sich somit als unzulänglich.

Doch wünsche ich noch einmal zu betonen, daß ihre Fruchtbarkeit
mir damit nicht als völlig beseitigt gilt. Wir werden finden, daß der
durchgängige Parallelismus zwischen der Betätigung Lebender und
Verstorbener, sofern letztere an sich zu beweisen ist, diese Beweise unverkennbar verstärkt; und wir werden überdies, wie schon gesagt, auf
wenigstens einen unstreitig den 'animistischen' Dingen zuzurech-
nenden Tatbestand stoßen, der wirklich einen unmittelbaren Beweis
auch der spiritistischen These liefert. Darüber hinaus aber sollte jeder,
der eine idealistische Theorie gewisser animistischer Tatsachen für
richtig hält, sich wohl darauf besinnen, wieweit er damit wenigstens die
Beweislast vermindert, die zunächst auf der Lehre vom persönlichen Überleben ruht. Gibt es ein Reich der seelischen Tatsachen und

Geschehnisse, das nicht aus physikalischen oder physiologischen ableitbar ist, so wird die Annahme mindestens erleichtert, daß auch persönliches seelisches Geschehen statthaben könne, ohne sich auf einen physiologischen Leib zu stützen. Und in die gleiche Richtung weist natürlich alles, wovon selbst die geltende Psychologie der Schulen behauptet, daß es über die hirnphysiologischen Dimensionen und damit Deutungsmöglichkeiten hinausgreift.

Argumente aus der Erscheinung Abgeschiedener

1. Das Argument aus der Unbekanntheit der Erscheinung

Wenden wir uns von diesem Versuch einer mehr allgemein-begrifflichen Argumentation nunmehr anschaulich-bestimmteren Begründungen unsrer These zu. Ich sagte bereits, daß die Formen, in denen die Abgeschiedenen sich als lebend erweisen, ungefähr die gleichen sind, in denen auch die Lebenden es tun. Sie zeigen sich uns; sie benehmen sich so, wie Lebende in ihrer Lage sich benehmen würden; sie reden zu uns in verständiger Weise; sie bringen Wirkungen an den Dingen im Raume hervor. Eine Abweichung zeigen sie besonders in ihren sprachlichen Äußerungen: bei richtig 'erscheinenden' Abgeschiedenen beschränken sich jene meist auf wenige Worte; wenigstens kenne ich vergleichsweise wenige Fälle ausführlichen Redens von 'Gespenstern', und nur sehr wenige, die einen hohen Grad von Glaubwürdigkeit erreichen. Dagegen scheint der sprachlichen Äußerung des Abgeschiedenen keine Grenze gesetzt zu sein, sobald sie durch Rede oder Schrift einer Mittelsperson — eines 'Mediums' — geschieht. Aber auch diese Art der Äußerung findet ja in der Selbstbezeugung der Lebenden ein leidliches Seitenstück: in dem Absenden eines Boten, dem Schreiben eines Briefes. Eben diese durchgängige Ähnlichkeit zwischen den Selbstbekundungen Lebender und Abgeschiedener ist es, wie schon gesagt, was das unvoreingenommene Urteil Unzähliger ohne weiteres vom Fortleben der 'Toten' überzeugt.

Die eingehende Besprechung der eben aufgezählten Bekundungsarten Abgeschiedener — auch etwa in der Reihenfolge dieser Aufzählung — und die Erwägung aller möglichen Einwände gegen die 'unvoreingenommene' Deutung solcher Bekundungen — dies ist das nächste Vorhaben der Unternehmung, die ich jetzt ernstlich eröffne. Die 'Erscheinung' Verstorbener soll dabei als erste Form ihrer Selbstbekundung betrachtet werden.

Eine solche Erscheinung erfolgt bekanntlich häufig bei vollem Wachsein des sie Schauenden — des Perzipienten, wie der Fachausdruck lautet —; häufig aber auch während eines abnormen Bewußtseinszustands desselben, mag dieser als Schlaf, Hypnose, Somnambulismus, Trans,[1] Ekstase oder sonstwie bezeichnet werden. Es bleibe einstweilen dahingestellt, ob und inwieweit zwischen diesen verschiedenen Arten der Wahrnehmung grundlegende Unterschiede bestehen, und ob das Wahrgenommene in diesem und jenem Falle von gleicher oder verschiedener Natur sei. Ebenso wollen wir einstweilen außer acht lassen, daß in vielen Fällen das Erscheinen des Abgeschiedenen ein sehr seltenes oder gar einmaliges (etwa sogleich oder bald nach dem Tode) ist, in andern Fällen dagegen ein häufiges und dann meist an eine bestimmte Örtlichkeit gebundenes (man bezeichnet dies bekanntlich als Spuken); daß es in vielen Fällen ein spontanes, in andern ein experimentell herbeigeführtes ist. Wir wollen vielmehr zunächst bloß die Erscheinung als solche auf ihren etwaigen Beweiswert hin betrachten, d. h. unter dem Gesichtspunkt der Frage, durch welche Eigentümlichkeiten allenfalls die Erscheinung eines bestimmten Verstorbenen Hinweise auf sein persönliches Fortleben liefern könne.

Es liegt auf der Hand, daß nicht jedes Erblicken, oder sagen wir: jede Wahrnehmung eines Abgeschiedenen (um gleich gewisse nicht-visuelle Erlebnisse mit einzuschließen) einen solchen Hinweis enthält. Die Möglichkeit rein subjektiver 'Halluzinationen' allein schon widerlegt ja einen so vorschnellen Gedanken; und wir wissen, daß die Fähigkeit zu halluzinieren durchaus nicht bloß bei Geisteskranken, Fiebernden, Berauschten oder Übererregten anzunehmen ist, sondern unter gewissen psychologischen Voraussetzungen auch in anscheinend ganz normalen Geisteslagen. Das gelegentliche Wahrnehmen eines Verstorbenen, den der Wahrnehmende gekannt hat, wird man also ohne weiteres als halluzinatorische Verdeutlichung eines Erinnerungsbildes ansprechen, sofern nicht bestimmte Gründe eine andre Auffassung wahrscheinlicher machen.

Ein erster Grund dieser Art nun scheint vorzuliegen, wenn Inhalte der 'Wahrnehmung' dem Perzipienten bislang unbekannt waren und doch als wirklichkeitsgetreu sich erweisen lassen; wenn also entweder ein völlig Unbekannter wahrgenommen wird, wie er zu Lebzeiten tatsächlich aussah, oder ein ehemaliger Bekannter mit 'richtigen' Einzel-

---

1) Da das Wort trance doch wohl auf das Lateinische (trans, transitus) zurückgeht, sehe ich keinen zwingenden Grund, die englische Schreibung beizubehalten.

heiten, von denen der Perzipient bislang nichts wußte. Hier gelangt das
unbefangene Urteil ohne weiteres zur Annahme einer Wirksamkeit des
Verstorbenen, der sich 'zeigen' wolle und eine Erscheinung seiner
selbst erzeuge — meinetwegen eine sog. halluzinatorische [1] —, wobei
sich das unbefangene Urteil mit gutem Recht darauf berufen kann, daß
ja anscheinend auch Lebende eine 'Erscheinung' ihrer selbst — in der
Ferne! — erzeugen können, die, wenn auch nicht dem Wahrnehmenden
völlig unbekannt (denn Lebende haben ja selten Veranlassung, völlig
Fremden zu erscheinen), so doch oft mit Einzelheiten ausgestattet ist,
von denen der Perzipient normalerweise nichts wußte. Die Tatsache ist
so gewöhnlich und wohl auch so allgemein bekannt, daß sie hier garnicht erst belegt und verdeutlicht zu werden braucht. Das einschlägige
Schrifttum aller Zeiten ist erfüllt von ihr; Gurneys meisterhaftes Werk
über die 'Erscheinungen Lebender' hat ihre wissenschaftliche Geltung
unerschütterlich begründet, und die zahllosen Erlebnisse während des
Krieges, die den Daheimgebliebenen ihre im Felde zu Schaden kommenden Nächsten im Augenblick der Gefahr oder des Todes als
'Phantom' vorführten — fast immer mit 'unbekannten' Einzelheiten, die
über den Sinn des Geschauten keinen Zweifel ließen —, diese Erlebnisse haben der Tatsache der 'veridiken' — Wahres kündenden —
Fernerscheinung Lebender von neuem eine traurige Volkstümlichkeit
verschafft. 'Fern' aber ist uns ja auch der Verstorbene in einem besondern Sinn; und wenn er uns mit 'unbekannten Einzelheiten' oder gar
als völlig Unbekannter erscheint, so legt sich der Analogieschluß nahe,
daß er an solcher Erscheinung mit seinem Denken und Wollen, also
seinem 'Interesse', genau so beteiligt sei, wie etwa der im Kriege Verletzte ein 'Interesse' daran hat, seinen fernen Lieben mit der blutenden
Wunde zu erscheinen, um ihnen zu 'zeigen', was ihm zugestoßen ist.
In allen solchen Fällen — handle es sich um Lebende oder Verstorbene — ist der Anschein unbestreitbar der, daß es der Erscheinende sei, der die Erscheinung eigentlich bewirke, daß er (wie man
sagt) ihr 'Agent' sei, oder daß es sich (wie ich es ohne weiteres verständlich bezeichnen möchte) hier wie dort um Autophanien handle.

   Freilich mag man Gründe finden, diese offenbar vorauszusetzende
Aktivität auf seiten des Agenten einzuschränken, etwa indem man ihm
nur einen Anstoß, eine Anregung zuschreibt, die den Perzipienten zu
einem Hell- oder Fernsehn veranlaßt, sodaß er es wäre, der die ihm
unbekannten Wahrnehmungsinhalte aktiv erwürbe (anstatt sie von
außen aufgenötigt zu erhalten). Eine Hellsehleistung dieser Art aber
kann im Fall der Erscheinung eines Verstorbenen offenbar nicht an-

---

[1] Doch soll damit noch nichts über das wahre Wesen solcher Erscheinungen ausgesagt sein.

nehmen, wer nicht dessen Fortbestehn in solcher Art voraussetzt, daß er seinem 'Ausseln' nach, wenn auch auf übernormale Weise, wahrgenommen werden kann. Sollen also Erscheinungen Lebender und Verstorbener verglichen werden, so kommen dabei nur diejenigen Fälle der ersteren Gattung in Frage, bei denen die Erscheinung ganz und gar vom Erscheinenden erzeugt wird. Sofern dann der Animist die unbefangne spiritistische Deutung von Erscheinungen Verstorbener mit unbekannten Inhalten vermeiden will, muß er Quellen solcher Wahrnehmungen aufweisen, die weder in einem 'wahrnehmbaren' Fortleben des Verstorbenen gelegen sind, noch in seinem Willen zur Erzeugung der sinnlichen Vorstellung seines Aussehns zu Lebzeiten.

Solcher Quellen hält der Animist heute, nachdem über derlei Fragen schon viel gedacht und geschrieben worden ist, hauptsächlich wohl zwei Arten in Bereitschaft: er sucht jene unbekannten Inhalte entweder aus dem Vorstellungsbesitze andrer Lebender abzuleiten, denen das Gesehene nicht unbekannt ist; oder aber aus irgendeinem Wissensbehältnis unpersönlicher bezw. überpersönlicher Natur. Im ersteren Falle läßt er uns die Wahl zwischen Aktivität und Passivität jener andern Lebenden; d. h. er nimmt entweder an, daß sie ihr Wissen auf den eigentlichen Perzipienten der Erscheinung 'telepathisch' übertragen, oder daß dieser es jenen Wissenden entnimmt durch 'Lesen' oder 'Abzapfen' von Vorstellungen, — Vorstellungen, die wohl in den meisten Fällen nicht 'aktuelle', bewußte sein werden, sondern nur gespeicherte, also Erinnerungen im Zustande der 'Latenz'. — Vergegenwärtigen wir uns etwas genauer, z. T. an Beispielen, die Möglichkeiten einer Umgehung spiritistischer Deutungen durch den einen oder den andern der bezeichneten Vorgänge. —

Das wirklichkeitgetreue Schauen eines unbekannten Verstorbenen, dessen äußere Erscheinung einem Anwesenden bekannt ist, gehört zu den gewöhnlichsten Leistungen sog. Medien, und Belege ließen sich zu Hunderten geben. Fast jede 'Sitzung', in welcher das Medium überhaupt zum Schauen gelangt (also nicht bloß 'automatisch' schreibt, spricht oder klopft), zeigt uns den fraglichen Tatbestand; gleichgültig ob das Medium dabei wach ist oder in irgendeinem Transzustande. Es erblickt, wenn wach, einen 'Geist' an einer genau bezeichneten Stelle des Zimmers, etwa hinter, vor oder neben dem 'Sitzer', 'bei jenem Bücherständer', 'auf dem Kaminteppich' stehend, [1] meist auch sich mit Mienen oder Gebärden betätigend, hört ihn des weiteren auch Mitteilungen machen (was uns aber hier, als über 'Erscheinen' hinausgehend, noch nicht angeht). Das Medium beschreibt den 'Geist' dem Sitzer;

1) Hill, Invest. 28; New Evid. 44.

tut dies 'persönlich', wenn es wach ist, oder die 'Transpersönlichkeit', die 'Kontrolle' tut es, wenn das Medium sich in einem Schlafzustand befindet: und diese Beschreibung ist fast immer so eindeutig richtig, daß der Sitzer oder sonst ein Anwesender die Erscheinung ohne weiteres erkennt und identifiziert; ja das Medium selbst ist stets imstande, wenn ihm ein Lichtbild des vermutlich Erschienenen vermischt mit zahlreichen anderen vorgelegt wird, das richtige sofort zu bezeichnen.[1] Die Deutlichkeit und Lebendigkeit solchen Schauens ist selbst bei Wachsein des Mediums oft so groß, daß dieses sich kaum überreden kann, sein Kunde sehe nichts davon: 'Diese Gestalt', sagte Wilkinson einmal zu J. A. Hill, 'ist für meine Augen so wirklich, wie Sie selbst oder wie mein eigener Körper.'[2] Und dabei ist auch dieses wache Schauen offenbar als irgendwie abnormes aufzufassen; denn Wilkinson ist kurzsichtig fast bis zur Blindheit, beschreibt aber häufig Einzelheiten, die er an einer entsprechend aufgestellten lebenden Person nicht sehen könnte.[3] Daß die Erscheinung dem Medium im Trans wie lebend-wirklich erscheint, kann vollends nicht wundernehmen; hat man doch die Vermutung ausgesprochen, daß Traumbilder dazu nicht einmal besonders lebhaft zu sein brauchen, weil sie ja nie zum unmittelbaren Vergleich mit echten Wahrnehmungen gelangen.

Als Deutung des beschriebenen Schauens nun legt sich die Annahme aktiver Vorstellungsübertragung von seiten des Sitzers ohne weiteres nahe, so oft die Erscheinung die eines Verstorbenen ist, mit dem der Sitzer durch das betreffende Medium in Verbindung zu treten hoffte und wünschte, oder mit dem er — was ja sehr häufig ist — während einer Reihe von Sitzungen regelmäßig in Verkehr gewesen zu sein glaubt; denn in allen solchen Fällen dürfen wir die fragliche Bildvorstellung als in der Seele oder gar dem Bewußtsein des Sitzers gewissermaßen gespannt und übertragungsbereit vermuten, ähnlich dem zu übertragenden Inhalt in einem telepathischen Experiment.

Prof. Ludwig Jahn z. B. gibt seinem Medium, einer Frau W., einen 'in Papier gut verhüllten Gegenstand', dessen Rolle hier zunächst außer acht bleiben mag; wir dürfen jedenfalls annehmen, daß Prof. Jahn bei dessen Überreichung an die ehemalige Besitzerin gedacht, sie sich vorgestellt habe. Frau W. gibt nun an, es handle sich um ein Buch, das 'von einem lieben guten Menschen' stamme. (Ob schon lange verstorben?) 'Ich sehe sie licht und hell... Sie sagt, sie würde etwas sagen, aber ich wäre schon zu

1) Pr XIII 417. 427; XXIII 275 ff.; XXVIII 83. 213 f. 249 f. 252. 273 f; Delanne, L'âme 73 (nach Rossi-Pagnoni und Dr. Moroni).   2) Hill, Invest. 71; vgl. 94.   3) a. a. O. 68. 227. — Zu dieser abnormen Art der Wahrnehmung vgl. z. B. Pr III 114 f ; X 76; Gurney I 491.

schwach. [Dies ist] ein frommes Buch, ein Gebetbuch. Sie hat das Buch nicht gekauft, sondern geschenkt bekommen ... in Holland, ... in ihrer Jugend an einem hohen, wichtigen Tage. Ich kann Ihnen auch sagen, wie die Dame aussah und wie sie gekleidet war. Hoch am Halse geschlossenes Kleid mit Börtchen, darunter eine Reihe Knöpfe, Rock weit, bauschig gerafft. Die Ärmel sind so: an der Schulter sind sie weiter, auch bauschiger, und werden nach unten hin eng. Das Haar ist gescheitelt in der Mitte. Die Haare bauschig, mal seitlich und mal mehr hinten, und dann ist es 'wie mit Zöpfen' gemacht. Zeitweise hat sie die Zöpfe auch auf dem Kopf.' — 'Sämtliche Aussagen (bemerkt hierzu Prof. Jahn) waren bis ins kleinste zutreffend... Und was die Porträtierung meiner Mutter anbetrifft, so könnte man danach fast ein Gemälde malen; sie entspricht genauestens den Jugendbildern aus der Mitte der sechziger Jahre. Die Mutter trug außerdem von ihrer Kindheit an bis zu ihrem Tode gedrehte Locken, Papilloten (holländisch krulle), eine Haartracht, die dem Nichtkenner 'wie mit Zöpfen gemacht' erscheint.'[1] — Ist die Versuchung nicht groß, in der Beschreibung eine Wiedergabe der Erinnerung Jahns an jene 'Jugendbilder' zu erblicken?

Ich schließe ein andres Beispiel an, welches den möglicherweise aktiven Bildlieferer nicht anwesend sein läßt, aber doch — wenn ich so sagen darf — in Wirkungsnähe, indem die einzige beim Medium anwesende Person, eine 'Sekretärin', welche die Aussagen desselben niederzuschreiben hatte, ja doch im Auftrage jenes möglichen Lieferers handelte, den wir also, wenn auch 'unterbewußt', als gespannt 'bei der Sache' uns denken mögen.

Das Medium, Mrs. Garrett, beschrieb also den offenbar irgendwie geschauten Geist, den der Auftraggeber der Sekretärin, Mr. John F. Thomas, ohne weiteres als seine Gattin erkannte, etwa in folgenden Ausdrücken: 'Ich würde sie nicht groß nennen, und obgleich sie in ihren jüngeren Tagen recht lebhaft und reizend gewesen ist, ... und auch ein wenig rundlich, so ist sie doch in dem Alter, in welchem ich sie sehe, sehr abgezehrt, sieht älter aus, als sie ist, und das Haar, welches braun war, hat etwas von seinem Glanz verloren... Das Gesicht ist sehr dünn und grau geworden. Sie hat hellbraune Augen, ... eine niedrige Stirn ... Einige Fülle in den Backen, und auch die Bildung des Kinns verrät Willenskraft... Sie hatte sehr gute Zähne, und ein Lächeln veränderte das ganze Gesicht', usw.

Im ganzen wurden in dieser Weise 30 Einzelheiten bezeichnet, und Mr. Thomas nannte zusammenfassend die beschreibenden Angaben 'nicht nur richtig, sondern mit bemerkenswertem Geschick ausgewählt und mit richtig verteiltem Nachdruck und in den passenden Beziehungen zueinander dargeboten'. Sowohl Thomas als auch seine Tochter hatten das Gefühl, daß sie selber eine gleich gute Beschreibung nicht hätten liefern können.[2]

---

1) ZP 1931 240 f.   2) Thomas, J. F., Stud. 15 f.

Th. darf als ein kritisch geschulter und äußerst sorgfältiger Forscher in diesen Fragen bezeichnet werden.

Die anscheinende Selbstverständlichkeit des telepathischen Deutungsschemas hat nun aber ihre Grenzen. Wir nähern uns ihnen schon, wenn das Medium einen Verstorbenen wahrnimmt und beschreibt, dessen 'Erscheinen' den Anwesenden, der ihn gekannt hat, sehr überrascht, weil er es keineswegs erwartet hat; wennschon das Aussehn des Toten ihm soweit vertraut ist, daß er ihn nach der Beschreibung des Mediums sofort erkennt. Auch solche Fälle ließen sich fast in beliebiger Zahl anführen,[1] und ich verzichte darauf nur, weil der Umstand, der hier problemaufrührend wirkt, sich ja in zahlreichen Fällen noch steigert; ich meine da, wo der Geschaute nicht nur zur Zeit dem Anwesenden nicht im Sinne lag, sondern wo dieser, wie er bezeugt, sehr lange 'nicht an ihn gedacht hatte', ja ihn — wie man wohl sagt — durchaus 'vergessen' hatte; wiewohl er jetzt, da er durch sein 'Auftreten' an ihn erinnert wird, sein Bild doch so weit aufrufen kann, daß eine Identifizierung gelingt; — oder wo sich der anwesende Sitzer gar trotz der Beschreibungen des Mediums auf gewisse Einzelheiten nicht besinnen kann (wiewohl er einmal um sie gewußt hat), sodaß etwa erst Dritte, Nichtanwesende gelegentlich die Richtigkeit auch jener Angaben bezeugen müssen (die dann auch dem Sitzer 'wieder einfallen').[2]

Indessen will ich auch diese Tatbestände nicht ausführlich belegen, da selbst mit ihnen die Aufgaben längst nicht erschöpft sind, welche die Theorie zu bewältigen hat. Wir kennen nämlich Fälle, in denen ein Medium (im Trans oder nicht) einen Verstorbenen wirklichkeitentsprechend schaut, den der anwesende Sitzer nie gesehn hat, dessen Bild er also auch aus seinen Erinnerungen nicht 'hergeben' könnte. Ich belege diesen Tatbestand zunächst mit einem Beispiel, in welchem ein 'Aufrufen' des Erscheinenden behauptet wird, was uns in mehr als einem Sinne theoretische Anregungen bieten könnte.

Louis Alphonse Cahagnet, ein Pariser Handwerker (1809—85), der sich aber durch seine Schriften als genauer Beobachter, sorgfältiger Berichterstatter und geistvoller Kopf ausweist, experimentierte viel mit einem Medium, Adèle Maginot, die u. a. die Fähigkeit besaß, die verstorbenen Angehörigen ihrer Besucher im Transzustand aufzurufen und dann zu 'sehen'. Eines Tages, während sie im Schlafe lag, kam der Abbé d'Almignana zu ihr mit der Aufforderung, die vor einigen Tagen verstorbene Schwester seiner Pflegerin, namens Antoinette Carré, aufzurufen. Adèle beschrieb nunmehr deren Gestalt, die sie sah: Größe, Haar, anscheinendes Alter, die kleinen grauen Augen, die 'an der Spitze verdickte' Nase, die

---

1) S. z. B. den Fall 'Robert West' Pr VIII 104 f.   2) S. z. B. Hill, Invest. 56 f. 59;
vgl. Pr XXX 359!

# #

gelbliche Gesichtsfarbe, den flachen Mund, den starken Busen, das Fehlen einiger Vorderzähne, die Schwärze der wenigen noch vorhandenen, einen kleinen Fleck auf der Backe, die Kleidung. Der Abbé, der die Verstorbene nicht gekannt hatte, zeichnete alle diese Angaben auf und las sie der lebenden Schwester Marie Françoise Carré vor, die ihre Genauigkeit bezeugte und sich nur des Flecks auf der Backe nicht entsinnen konnte. Aber ein ankommender Heimatgenosse, dem sie die Beschreibung vorlas, erkannte danach die Beschriebene und bezeichnete die Stelle des Fleckes, was diesen nunmehr auch der Schwester ins Gedächtnis zurückrief.[1]

Ich führe noch ein zweites Beispiel dieser Art an, da es sich empfiehlt, die Vorgänge um so reichlicher zu belegen, je seltsamer sie erscheinen.

Der Rev. C. L. Tweedale, ein vielerfahrener Forscher in diesen Dingen, besuchte gelegentlich auf Reisen zwei ihm als Hellseher bezeichnete Personen — darunter einen Buchhändler — in Newcastle-on-Tyne, wohin ihn eigene Angelegenheiten geführt hatten. Beide 'sahen' u. a. eine ältere Dame neben Tweedale stehen, die sie nach Aussehen und Kleidung genau beschrieben, einschließlich einer Brosche, 'deren Rahmenfassung aus geflochtenem Metall oder Gold bestehe; ... der in der Mitte gefaßte Stein ist ein großer brauner, mit weißen Streifen darin. Er sieht wie Marmor aus, aber ich glaube nicht, daß es Marmor ist'. Tweedale konnte nichts hiervon 'unterbringen', schrieb sich aber alles Geäußerte genau auf und erkundigte sich nach der Heimkehr zunächst bei seiner Mutter, aber erfolglos; dann brieflich bei seinem Onkel väterlicherseits, den er seit 24 Jahren nicht gesehen hatte. Dieser erwiderte, daß die ganze Beschreibung bis ins Kleinste auf Tweedales Großtante Edna passe, die letzterer nie gesehen hatte. Die Brosche, die sie trug, hatte einen Stein aus sog. Derbyshire-Marmor.[2]

Wie man sieht, sind in solchen Fällen wenigstens in der Ferne Personen vorhanden, die als 'Lieferer' der vom Medium beschriebenen Bilder in Frage kommen. Während wir aber im Falle d'Almignana allenfalls eine dieser Entfernten als an dem Experiment interessiert vermuten können, sträubt sich im Falle Tweedale unser logisches Gefühl durchaus dagegen, dem Entfernten (dem Onkel) die tätige Rolle beim Zustandekommen des Schauens zuzuschieben, weil wir keinen Grund sehen, irgendwo in seiner Seele den Antrieb zur Übertragung gerade dieses Bildes vorauszusetzen. Es erscheint daher sehr begreiflich, daß die animistische Theorie solchen Tatsachen gegenüber zu einem neuen Begriff sich entschließt, dem zweiten in unsrer obigen Aufstellung genannten: sie spricht von einem Lesen, Schöpfen oder Abzapfen des Bildes seitens des Schauenden aus dem Vorstel-

---

1) Cahagnet II 98 ff. (Üb. Cahagnets Vertrauenswürdigkeit: Myers II 573). Vgl. Ber. Dial. Ges. III 210.   2) Tweedale 245 ff.; vgl. 251 f.; Keene 23.

lungsvorrat des Entfernten, dem das Bild bekannt ist, also aus der Gesamtheit seiner möglichen 'Erinnerungen'. Höchst rätselhaft freilich müßte dabei erscheinen, wie denn dem Schauenden das 'Auffinden' jener Bildquelle in einem ihm doch meist völlig Fremden möglich werde, und wir hätten, um dies zu erklären, wohl sogleich zu weiteren Hilfsannahmen zu greifen. Soweit meine Findigkeit reicht, müßten wir z. B. mindestens voraussetzen, daß die während der Sitzung in den Teilnehmern auftauchenden oder anklingenden Vorstellungen imstande seien, vermöge irgendwelcher 'Abstimmung' oder assoziativen 'Verwandtschaft' auf telepathischem Wege Vorstellungen und Bilder in Abwesenden 'aufquellen' zu lassen, die dann auf das Medium — sagen wir — telepathisch 'reperkutiert' würden und ihm die Erzeugung des Bildes ermöglichten. Dies würde indessen nötigen, der übernormalen Verbundenheit der Menschen (auch der einander unbekannten!) einen so hohen Grad zuzuschreiben, daß wir damit tatsächlich schon in die Nähe einer sehr viel weiter gehenden Deutungshypothese gerieten.

Ehe ich jedoch diesen Gedankengang fortführe, möchte ich den eben behandelten Tatbestand um einen andern Schritt erweitern. Das wirklichkeitgetreue Sehen eines Unbekannten, dessen Aussehn nur entfernten Lebenden bekannt ist, verwirklicht sich ja nicht nur im Rahmen von Experimentalsitzungen mit einem Medium, sondern auch sehr häufig ganz spontan außerhalb jeder Erwartung überhaupt, soz. in der Freilufterfahrung eines Zufallsperzipienten. Gut verbürgte Fälle dieser Art liegen im Überfluß vor, und einige davon, z. T. wohlbekannt, seien hier kurz wiedergegeben.

Ich stelle an den Anfang, knapp zusammengefaßt, ein Beispiel, in welchem die Unbekanntheit der Erscheinung sich nur auf eine Einzelheit derselben bezieht. Es wird gleichfalls von dem Rev. Tweedale berichtet und ähnelt dem eben wiedergegebenen Fall aus seiner Feder, weicht aber von ihm, wie gesagt, in der Abwesenheit jedes Mediums ab.

T.s Großmutter starb am 11. Januar 1879, um 12.15 nachts. Um 2 Uhr, also $1^3/_4$ Stunden nach erfolgtem Tode, 'sahen' (wie z. T. notiert wurde, z. T. aus der Mondstellung sich berechnen ließ) Tweedale und sein Vater die alte Dame, der letztere an seinem Bette stehend, der erstere scheinbar auf der Füllung eines Schrankes. Etwa gleichzeitig sah auch die Schwester des Vaters, 30 km von diesem entfernt wohnend, ihre Mutter. Tweedale jun. nun aber nahm an der Erscheinung eine 'Haube nach alter Mode, goffriert und aufgebläht' wahr. Von dieser Haube schickte er nach Jahren eine Zeichnung an seinen Onkel, der die Übereinstimmung mit der während der Krankheit und im Sterben von der Großmutter getragenen 'schlagend' fand.[1]

---

1) Bei Flammarion III 151 ff. Im Hause dieses Onkels war die alte Dame gestorben. Vgl. den viel erörterten Fall Pr VI 17 ff.

— Der Umstand, daß die kurz zuvor Verstorbene d r e i e n Verwandten erschien, verdient für spätere Erwägungen im Auge behalten zu werden.

Die Wahrnehmung einer unbekannten Einzelheit an einer im übrigen
bekannten Erscheinung kann nun natürlich nie die gleiche Bedeutung
haben, wie die Wahrnehmung einer gänzlich unbekannten Gestalt (war
jene Einzelheit nicht zufällig richtig 'hinzuhalluziniert', oder doch einmal gewußt und nur vergessen?). Die folgenden Fälle gehören dem
eindrucksvolleren Typ vollständiger Unbekanntheit der Erscheinung
an.

Mrs. Kate Clerke berichtet (im Jahre 1884), daß sie im Herbst 1872,
während sie einige Monate lang mit ihren zwei Töchtern das Hotel Colu-
mella in Sorrent bewohnte, eines Abends, nachdem sie eben ein Umschlagetuch aus ihren Zimmern geholt, um die Abendkühle auf der Terrasse zu
genießen, auf dem Rückweg dahin in einer zur Hälfte geöffneten zwei-
flügligen Tür die 'Gestalt einer alten Frau' stehen sah, 'reglos und stumm,
... mit dem Ausdruck verzweifelter Traurigkeit, wie ich ihn nie zuvor gesehen hatte'. Sie erschrak, da sie eine Verrückte vor sich zu haben glaubte,
und kehrte auf einem andern Wege zur Terrasse zurück. Auf ihren Bericht hin begab sich eine der Töchter an die Stelle, sah aber nichts. Als
Mrs. Clerke am nächsten Tage den Frauen der beiden Besitzer des Hauses
die Erscheinung beschrieb, schienen diese 'bestürzt' zu sein; aber erst der
Gemeindepriester, der ihr 14 Tage später einen Besuch abstattete, versicherte ihr, als sie auch ihm die Erscheinung beschrieb, daß diese genau der
früheren Besitzerin des Hauses entspreche, welche 6 Monate zuvor in dem
über Mrs. Clerkes Zimmer gelegenen Raum gestorben war, und daß die
Besitzerinnen dieselbe ebenfalls nach dem Bericht der Mrs. Clerke erkannt
und ihm, dem Padre, von diesem Bericht erzählt hätten, da sie in großer
Sorge waren, daß die englischen Damen deshalb ihr Hotel verlassen
würden. Tatsächlich hatten sie ihren Gästen in den 14 Tagen manches
Geschenk gemacht und viele Aufmerksamkeiten erwiesen, um sie ans Haus
zu fesseln. — Mrs. Clerke gibt eine bis ins Kleinste gehende Beschreibung
der Erscheinung und ihrer in jener Gegend ungewöhnlichen Kleidung ('ich
hätte sie malen können, wenn ich Künstlerin wäre') und versichert, daß sie
nie jemand am Orte getroffen, der ihr geähnelt hätte. 'Jedermann war
überwältigt von meiner Beschreibung, selbst eine Dame, welche die alte
Hausherrin gesehen hatte.' Mrs. Clerke hatte zuvor nicht an 'Geister' geglaubt, nie dergleichen gesehn, auch niemals Träume besonderer Art gehabt, und war nicht im geringsten nervös.[1]

Der folgende verwandte Fall stammt von einer ungenannt sein wollenden Bekannten des namhaften Schriftstellers C. C. Massey und des großen
Zweiflers F. Podmore, der die Dame einem 'langen und eingehenden Verhör'
unterzog. Ihr Bericht ist am 23. Nov. 1882, etwa 10 Jahre nach dem Erlebnis,
aufgesetzt. — Sie verbrachte mit ihrem Gatten eine Nacht im Hause ihrer

1) Pr V 466 ff. (Nachgeprüft durch Podmore!)

2*

Tante in einer Vorstadt Londons, und zwar aus räumlichen Rücksichten im Zimmer ihrer Kusine, während ihr Gatte im Oberstock beim Sohn des Hauses schlief. Die Kusine, ehe sie die Besucherin verließ, bestand darauf, daß das Licht nicht völlig gelöscht werde. In der Nacht erwachte die Perzipientin 'in kaltem Schweiß und sah, bei der schwachen Beleuchtung, einen Mann dicht an ihrem Bette stehn, den sie für ihren Gatten hielt und beim Namen anrief. Als sie sich erhob, um das Gaslicht weiter aufzudrehn, war die Erscheinung verschwunden; die Tür erwies sich als verschlossen, und das Zimmer wurde erfolglos durchsucht. In der Meinung, geträumt zu haben, schlief die Perzipientin wieder ein, erwachte aber noch zweimal in kaltem Schweiß, sah die gleiche Erscheinung und konnte nunmehr 'die Gesichtszüge und das allgemeine Aussehn deutlich erkennen. Es war ein hoch- und gutgewachsener, angenehm aussehender Mann im Gehrock und mit einem langen rötlichen Bart.' Sie ließ nach der letzten Erscheinung das Gas voll brennen und schlief ohne weitere Störung. Als sie am Frühstückstisch von ihrem Erlebnis berichtete, rief ihre Kusine aus: 'Nun, Mama, wirst du jetzt meiner Erzählung glauben? Ich sagte dir, daß es in dem Zimmer spuke.' Als die Perzipientin darauf zum ersten Mal das Speisezimmer betrat, sah sie das Bildnis eines Mannes, in welchem sie ihre Erscheinung wiedererkannte: es stellte, wie sie jetzt erfuhr, den früheren Besitzer des Hauses dar (ihre Verwandten hatten dieses möbliert gemietet), welcher einige Monate zuvor in ihrem Schlafzimmer an Delirium tremens gestorben war.[1]

Das Subjekt der folgenden Erfahrung, die Cambridger Professorin M. Verrall, gehörte zu den sorgfältigsten Beobachterinnen metapsychischer Vorgänge überhaupt. — Vier Tage nach dem Vorfall berichtete sie, daß sie, bei Freunden zu Besuch und eines Tages mit der Dame des Hauses ihren Platz in der Kirche einnehmend, 'plötzlich ein seltsames Gefühl hatte, daß etwas geschehen werde, und dies Gefühl bezog sich irgendwie auf den Chor der Kirche' ihr gegenüber. 'Sehr bald darauf hatte ich den deutlichen Eindruck der Gegenwart einer Gestalt, welche nahe der Südostecke des Chorraums stand. Dieser Eindruck dauerte während des größeren Teils des Gottesdienstes an... Ich hielt die Gestalt keinen Augenblick für einen wirklichen Menschen, mein Gesichtseindruck blieb sogar bestehen, wenn ich die Augen schloß. Die Einzelheiten waren im höchsten Grade deutlich, und ich beobachtete und merkte mir die Erscheinung so genau, als ich irgend konnte, um sie später, wenn möglich, zu identifizieren. Die Gestalt verschwand nicht, sondern als ich wieder einmal nach ihr ausschaute, ... war sie nicht mehr da, und keine Anstrengung meinerseits konnte sie zurückrufen.' Nach der Heimkehr beschrieb sie das Gesehene, ihr Gastfreund notierte ihre Beschreibung (dies sehr ausführliche Schriftstück liegt im Druck vor) und zeigte ihr, angeregt durch ihre Angaben, Bildnisse zweier Brüder aus einer Familie, die Mrs. Verrall 'völlig unbekannt' war und in deren einem sie die gesehene Gestalt sofort wiedererkannte. 'In allen drei Bildnissen [dieses Herrn, darunter zwei Gemälden,] waren der Schnitt von Haar und Bart sowie die Form der Gesichtszüge und der Gesichtsausdruck sehr deutlich wiedergegeben.' Alle drei Bilder gaben nur Kopf und Schultern wieder; dagegen hatte Mrs. Verrall die Gestalt in einen Gehrock gekleidet und in besonderer Haltung gesehn: 'der rechte Arm hing lose herab, der linke war am Ellbogen gebeugt, quer über die Brust; diese Hand war behandschuht und wurde in der Richtung des Armes gerade gehalten. Der Eindruck dieser Hand und des Armes war der stärkste unter den empfangenen.' — Von einer besonderen Armhaltung des Betreffenden nun behauptete Mr. Z., der Gastfreund, nichts zu wissen, als Mrs. V. ihn danach fragte, ehe sie diese Einzelheit beschrieb. Innerhalb der nächsten Tage aber ergaben Nachfragen, daß E. D., der Gesehene, tatsächlich den linken Arm in der beschriebenen Art zu tragen gewohnt war: er hatte zu Lebzeiten stark gehinkt, und es ist, meint Mr. Z., 'etwas Gewöhnliches bei Hinkenden, den entsprechenden Arm quer über die Brust zu tragen'.[1]

Der hier abschließend anzuführende Fall — gleichfalls aus den unerschöpflichen Schatzkammern der 'S.P.R.', der engl. Gesellschaft f. psych. Forschung — enthält eine seltsame Einzelheit, welche, falls wohlverbürgt, Probleme ganz neuer Art aufrollen würde: ich meine den Umstand, daß zunächst ein Lichtschein erblickt wurde, in solcher räumlichen Anordnung, als strahlte er von der gleich darauf gesehenen Gestalt aus, während diese selbst noch für die Perzipientin durch einen undurchsichtigen Gegenstand verdeckt war. Indessen ist der Bericht 15 Jahre nach dem Erlebnis abgefaßt, und ich will daher auf diesen merkwürdigen Umstand nicht das Gewicht legen, das er bei zweifelsfreier Beglaubigung oder im Zusammenhang mit andern ähnlichen Beobachtungen verdienen würde.

Die Berichterstatterin ist die Gattin des englischen Obersten Lewin, Mrs. Margaret L.; auch sie hatte nie im Leben eine andre 'Halluzination' erlebt und war zur Zeit ihrer Erfahrung 'jung, kräftig und in vollkommener Gesundheit Leibes und der Seele'. — 'Eines Nachts [im Jahre 1868 während eines Aufenthalts an der Küste in St. Leonards] hatten wir einen schweren Sturm, das Wetter war bitter kalt, und ein Kaminfeuer brannte in meinem Schlafzimmer, als ich mich um $^1/_2$11 zu Bette begab... Ich zog mich schnell aus, nachdem ich, meiner Gewohnheit gemäß, die Türen sorgfältig abgeschlossen hatte, konnte aber keinen Schlummer finden infolge des Rauschens von See und Wind. [Als ich nach einiger Zeit mich erhob, um ein Handtuch gegen das Eindringen des Regens am Fenster anzubringen,] bemerkte ich, daß das Kaminfeuer ausgegangen war; ich schürte es, versuchte aber vergebens, es wiederzubeleben... So muß ich ein paar Stunden gelegen haben, sehr verstimmt und müde, als ich mir einer an-

---

1) JSPR XII 290 ff. Beschreibung des Phantoms sofort aufgezeichnet.

scheinenden Helligkeit im Zimmer bewußt wurde; das Bett, worin ich schlief, war ein altmodisches hölzernes mit hoher Mahagoni-Kopf- und Fußlehne..., und am Fußende des Bettes meinte ich ein Licht zu sehen. Ich dachte, das Feuer müsse von selbst wieder in Gang gekommen sein, und kroch auf den Knien an die hohe Fußlehne des Bettes heran, um über sie weg zu sehen, wie das wohl geschehen sein mochte. Ich dachte an nichts als das Feuer und war nicht im geringsten Grade nervös. Als ich mich auf meinen Knien aufrichtete und über die Lehne des Bettes blickte, sah ich mich Auge in Auge der Erscheinung eines Mannes gegenüber, etwa 3 Fuß von mir entfernt. Ich glaubte nicht einen Augenblick, daß es ein Mensch, sondern fühlte sofort, daß dies einer von den Toten sei. Das Licht schien von dieser Gestalt und rings um sie her auszustrahlen, aber die einzigen Teile, die ich deutlich sah, waren der Kopf und die Schultern. Das Gesicht werde ich nie vergessen: es war blaß, ausgemergelt, mit schmaler Adlernase, die Augen tief eingesunken und in ihren Höhlen mit eigenartigem Glanze schimmernd. Ein langer Bart war anscheinend mit einem weißen Wolltuch überwickelt, und auf dem Kopfe saß ein filzener Schlapphut. Ich empfing einen Nervenschlag; ich empfand, daß ein Toter mich, die Lebende, ansah, hatte aber kein Gefühl wirklicher Furcht, bis die Gestalt sich langsam in Bewegung setzte, als wollte sie sich zwischen mich und die Tür stellen; da überkam mich ein Grauen, und ich sank ohnmächtig hintenüber... [Als ich zu mir kam,] war das Zimmer völlig dunkel, und obgleich ich von der gespenstischen Natur meiner Beobachtung überzeugt war, machte ich Licht und untersuchte, um ganz sicher zu sein, sorgfältig das Zimmer, blickte unter das Bett, in den Schrank hinein und unter den Anziehtisch. Ich rüttelte an beiden Türen: sie waren verschlossen wie zuvor. Am Fenster lagen meine Handtücher unverrückt; der Kaminschlot war zu eng [für das Durchschlüpfen eines Menschen]... Vom Vermieter erfuhr ich, daß das Haus zuletzt während des vergangenen Winters bewohnt gewesen war, und zwar von einem jungen Mann mit galoppierender Schwindsucht. [Beim Aufblasen eines Faltboot-Luftbehälters] zerriß er sich eine Ader, wurde in mein Schlafzimmer geschafft und starb dort.'[1] — Die Identifizierung der Erscheinung ist hier vielleicht nicht so bündig wie in den andern Fällen, aber immerhin leidlich überzeugend.

Die Anführung von Fällen genau dieser Gattung könnte fast beliebig fortgesetzt werden. In den meisten der obigen sind offenbar die möglichen 'Lieferer' der Bildinhalte nicht einmal so weit entfernt wie in den zuvor beschriebenen Fällen von Trans-Erscheinungen; ja in einigen legt sich sogar der Gedanke an eine aktive Rolle dieser Bildlieferer nahe, sodaß wir mit diesen Beispielen vielleicht einen logischen Schritt rückwärts getan haben. In Mrs. Clerkes Fall z. B. käme die Besitzerin des Hotels in Frage, die ihre Vorgängerin doch wohl genau von Ansehn kannte; in dem anonymen Falle — die 'Kusine', die, wie wir

1) Pr V 463 ff. Vgl. Lombroso 271.

hören, sehr wohl wußte, wen das Bildnis im Eßzimmer darstellte. Im Falle der Mrs. Lewin wird niemand genannt, der entsprechend wirksam werden konnte; das ganze gemietete Haus wurde von ihr und den Ihrigen (Schwester und Kind) allein bewohnt; aber die vermietende Person wird sich wohl des darin verstorbenen Schwindsüchtigen auch bildhaft erinnert haben. Im Falle Verrall freilich liegt die Sache wesentlich schwieriger.

Setzen wir aber auch voraus, daß ein möglicher Lieferer des Bildinhalts in allen Fällen dieser Art gegeben sei, so ist es doch noch eine weitere Frage, ob wir die Lieferung des Bildes von seiner Seite als einen wahrscheinlichen Vorgang mit einiger Natürlichkeit annehmen dürfen, sei es vermöge eines 'Schöpfens' von seiten des Perzipienten (dies unser bisher äußerster Deutungsbegriff), sei es auf Grund einer aktiven Übertragung seitens des Bildkenners (dies der zunächst erwähnte bescheidenere Begriff). Vergessen wir nicht, daß Erlebnisse wie die geschilderten im Leben der betreffenden Freiluft-Perzipienten fast immer einmalige Erfahrungen darstellen, und nicht ständige und typische, wie bei den zuvor genannten 'Medien', denen wir daher eine entsprechende 'Begabung' zuzuschreiben geneigt sind. Würde man aber den Subjekten der letzten Fälle die Empfänglichkeit für Bildübertragungen seitens Dritter auch nur in mäßigem Grade zuschreiben, so müßte man ähnliche Erfahrungen auch bei ihnen leidlich häufig erwarten; in weit höherem Grade aber noch, wenn man ihnen die Fähigkeit oder gar Neigung zuschriebe, aus den Erinnerungen Dritter — Bilder unbekannter Personen zu schöpfen. Und was für die Bildschauenden gilt, das gilt *mutatis mutandis* auch für die angeblichen Bildlieferer. Welchen ersichtlichen Grund hatte z. B. in Mrs. Clerkes Fall die Besitzerin des Hotels zur Bildübertragung? Mrs. Clerkes Wahrnehmung war, wie aus dem Bericht ziemlich eindeutig hervorgeht, die erste überhaupt vorgefallene, wie denn auch die Befürchtung der Wirtin, ihre Gäste könnten das Haus verlassen, erst durch den Bericht der Perzipientin geweckt wurde. [1] Im Falle des im Säuferwahnsinn Verstorbenen liegt es zwar nahe, die offenbare Angst der Kusine, ihre Besucherin möchte gleichfalls den Spuk sehen, als Erklärung für die Bildübertragung heranzuziehn; aber damit bliebe natürlich die Frage unbeantwortet, warum denn die Kusine etwas (wie sie selber meint) Spukhaftes in dem Zimmer gesehn hatte. Man mag eine schon bestehende Spukangst dieser Dame vermuten, angeregt oder vermehrt durch ihr Wissen um die garstige Todesart des in ihrem Zimmer Verstorbenen. Aber das wäre nur eine Annahme, und eine Annahme, wie

---

1) Diesen Umstand übergeht Podmore bei seiner Bekrittelung des Falles (Pr VI 233)!

sie in keinem der andern Fälle anwendbar ist. Auch wäre damit noch
schwerlich das dreimalige Erwecktwerden der zweiten Perzipientin
— in 'kaltem Schweiß'! — durch die Erscheinung erklärt.
Zu solchen nächstliegenden Bedenken treten andre, die sich auf den
vorausgesetzten übernormalen Vorgang selbst beziehen. Es mag noch
hingehn, daß die benutzten Begriffe — 'Übertragen', 'Schöpfen' — in
ihrer etwas hausbackenen Scharfumrissenheit keineswegs unbedenklich
sind. Die Vorgänge sind schon auf den ersten Blick so rätselvoll und
verschwimmend, daß es fraglich erscheinen muß, ob sie mit so einfachen Rubriken überhaupt auseinanderzusondern sind. Myers, der ja
den Begriff 'Telepathie' erst schuf, faßte ihn jedenfalls sehr viel weit-
herziger, als nur das Hinüberreichen eines Inhalts durch A's Aktivität in B's Bewußtsein bezeichnend. Er umschrieb den Ausdruck
telepathy als 'Gemeinschaftserleben auf Entfernung hin' — *fellow-
feeling at a distance* — und fügte hinzu, 'die Annahme liege ihm fern',
daß dieser Ausdruck und der verwandte *telaesthesia* — Wahrnehmung-
auf-Entfernung — 'bestimmten und klar gesonderten Gruppen von
Phänomenen entsprächen oder das ganze Gebiet der übernormalen
Fähigkeiten umfaßten. Im Gegenteil, ich halte es für wahrscheinlich,
daß die Tatsachen der 'metätherischen' Welt sehr viel verwickelter
sind, als die der materiellen...' [1]
Aber fassen wir 'Telepathie' auch in diesem freieren und reicheren
Sinn auf, so könnte schon die Tatsache Bedenken wecken, daß wenigstens im Rahmen e x p e r i m e n t e l l e r Telepathie niemals eine auch nur
annähernd so reichhaltige und genaue Bildübertragung gelungen ist,
wie sie in den obigen Fällen anzunehmen wäre. Die experimentelle
Bildübertragung, wie wir sie etwa aus den klassischen Versuchen von
Guthrie, Birchall, G. A. Smith u. a. kennen, [2] begnügt sich stets mit
leidlich groben Zeichnungen, die ihrerseits nur mit sehr starken Abweichungen, ja zuweilen nur ihrem S i n n e nach, also ohne wahre
Gleichheit des Bildes, beim 'Empfänger' zum Vorschein kommen. Man
weist zwar auf die bekannten Fälle willkürlichen und insofern 'experimentellen' Erscheinens in der Ferne hin, in denen das erzeugte Bild
allerdings alle Einzelheiten des wirklichen Aussehens einschließt. [3]
Aber sind hier die Perzipienten nicht fast immer gute Bekannte des
Experimentierenden, denen sein Aussehn ohnehin vertraut ist, die also
seine Erscheinung auf einen bloßen allgemeinen 'Anstoß' hin 'erzeugen' könnten? Eine solche Ausflucht erscheint mir jedenfalls immer
noch sinnvoller, als Podmores unhaltbarer Gedanke, die Übertragung

---

1) Myers I 136.   2) Gurney I 36 ff.; Pr I 78 ff. 161 ff. 175 ff.   Für deutsche Leser
manches bei Baerwald, Phän. 51 ff.   3) Podmore, Nat. 112 ff.

des Eigenbildes beruhe auf jenen 'ständigen und massiveren (!) Vibrationen, welche vermutlich der Vorstellung [des Agenten] von seiner eigenen Persönlichkeit entsprechen'.[1]

Aber auch im Bereich der sogenannten 'spontanen Telepathie' liegt die Sache bekanntlich ebenso, d. h. anders als bei der experimentellen Übertragung gegenständlicher Bilder: spontane Fernerscheinungen Lebender — *phantasms of the living* —, auch wenn sie von 'Fremden' gesehen werden, gleichen den angenommenen 'Sendern' meist offenbar 'aufs Haar' (eine Tatsache, die wiederum so gewöhnlich und vertraut ist, daß ich sie nicht zu belegen brauche). Indessen muß ich auch hier bemerken, daß die Bezeichnung solcher Vorgänge als 'telepathischer', d. h. als Bildübertragung vom Gesehenen auf den Schauenden, keineswegs als selbstverständlich gelten kann. Es ist schon längst und häufig darauf hingewiesen worden,[2] daß doch die Wahrnehmungen des Perzipienten in solchen Fällen niemals mit den augenblicklichen 'Vorstellungen' des angeblichen 'Agenten' übereinstimmen, der ja häufig samt seiner augenblicklichen Umgebung soz. 'von außen' geschaut wird. Wird er inmitten seiner Umgebung geschaut, so könnte man oft an ein — durch den Geschauten bloß angeregtes — Fernsehen des Perzipienten denken. 'Erscheint' er dagegen allein und losgelöst, so entstehen ganz andre Probleme, die uns bald bestürmen werden: jedenfalls aber ist auch hier von einer wirklichen Übereinstimmung des vorstellungsmäßigen Erlebens auf seiten des Geschauten — A — und des Schauenden — B — gar keine Rede. Wenn A von einer Kugel durchs Herz getroffen am Boden liegt und der ferne B ihn etwa gleichzeitig in einer Ecke seines Zimmers stehen sieht, die Augen auf ihn gerichtet und mit der Hand auf einen Blutfleck am Waffenrock deutend, so hat sich zwischen diese beiden Erlebnisse offenbar irgendein Vorgang eingeschaltet, der sich einstweilen noch völlig unsrer Einsicht entzieht. Es mag sich um die dramatisierte Ausgestaltung einer abstrakten Wissensübertragung, es mag sich aber auch um ganz andre Dinge handeln: jedenfalls tun wir gut, den Tatbestand zunächst in unverbindlicher Weise zur Kenntnis zu nehmen und nicht mit dem üblichen 'klipp und klaren' Begriff der Telepathie — als 'Vorstellungsübertragung' — zu präjudizieren. Ich werde solche Vorgänge, weil der am Erscheinen zunächst Interessierte und der Erscheinende hier in einer Person zusammenfallen, auch künftig als Autophanie bezeichnen (womit über den wesentlich zweideutigen Ausdruck 'Telephanie' hinausgegangen wird).

Die Festlegung dieses Begriffs aber regt sogleich eine andere Fassung

1) Podmore, App. 390.   2) Von mir z. B. Mattiesen 387.

unsres Bedenkens an. Nach den vorgetragenen animistischen Deutungen unsrer Fälle handelt es sich natürlich nicht um Autophanien; kann es sich garnicht um solche handeln, weil die Verstorbenen, als nicht existierend, auch nicht die an ihrer Erscheinung 'zunächst Interessierten' sein können. Der Animist ist vielmehr durch die Fälle lebenstreuer Totenerscheinungen gezwungen, dem Vorgang der 'Heterophanie', also der Erzeugung oder Hergabe der Erscheinung eines Andern, die gleiche mögliche Vollkommenheit der Wirklichkeitstreue zuzuschreiben, wie sie die Autophanie unstreitig immer besitzt. Die Frage nun, ob solche vollkommene Heterophanie überhaupt möglich sei, erscheint noch keineswegs geklärt, vor allem wenn man dabei das aktiv-telepathische Schema zugrunde legt, welches im allgemeinen noch aussichtsreicher erscheint, als das des 'Schöpfens'. Zum mindesten scheint der fragliche Vorgang so selten zu sein, daß man bei seiner Verteidigung immer wieder auf dieselben Paradefälle stößt, die vielleicht nicht einmal ausreichen, die fragliche Tatsache zu erweisen (denn wie leicht ließe sich für so seltene Vorgänge noch eine andre Deutung zurechtlegen!).

Myers, in seinem klassischen Werk 'Die menschliche Persönlichkeit', nimmt diesem Tatbestand gegenüber seltsamerweise nicht überall die völlig gleiche Haltung ein. Einmal[1] scheint er für die telepathische Übertragung einer Fremderscheinung alle beweisenden Beobachtungen zu vermissen und bezeichnet den alten Fall des Assessor Wesermann (auf den ich gleich zu sprechen komme) als den einzigen, 'wo ein Agent eine halluzinatorische Gestalt oder Gruppe von Gestalten erzeugt hat, die nicht wenigstens seine eigene einschloß'. An andrer Stelle[2] führt er ohne Widerspruch die Meinung der Verfasser des Berichts über die englische Halluzinationen-Umfrage an: 'Die bloße Tatsache, daß eine Erscheinung eine bestimmte Person darstellt, beweist nicht, daß diese Person der Agent sei. Es ist möglich für den Agenten, das Bild irgendeiner dritten Person auf einen Perzipienten zu übertragen...';[3] und er verweist auf mehrere Fälle, die eine solche Deutung nahelegen, wennschon nicht eindeutig beweisen.[4] Auch für die gleichzeitige Mitübertragung von Fremdbildern neben dem Eigenbilde des Agenten gibt Myers wenige und verstreute Belege, z. B. den Fall des sterbenden Seemanns Pearce, neben dessen Lager ein andrer Seemann, D. Brown, das Weib, zwei Kinder und die Mutter des Sterbenden 'trauernd' erblickte,[5] — was mir indessen nicht so viel zu beweisen scheint, als hier bewiesen werden müßte; denn Brown kannte die Familie des Pearce 'sehr gut', und daß er die Mutter sagen hörte, ihr Sohn werde am Donnerstag um 12 Uhr mittags in 1400 Faden Wasser bestattet werden, scheint noch eher auf ein symbolisches Vorgesicht des Brown zu deuten, als auf eine Vorstellungsübertragung seitens des Sterbenden.

1) II 30.   2) II 345.   3) Pr X 260.   4) das. 223. 281; vgl. 260—3.
5) Gurney II 144 f.

Immerhin muß man zugeben, daß 'zweite' oder Nebengestalten in Erscheinungen häufiger sind, als man geneigt sein möchte, zwei gleichzeitige Agenten anzunehmen; und auch das Miterscheinen von Tieren und Gegenständen scheint das Argument zugunsten von Heterophanie zu verstärken. Einige Beispiele mögen dies verdeutlichen; ich gebe sie in äußerster Kürzung, weil das, was sie beweisen sollen, ja doch mir selber Schwierigkeiten bereitet und folglich keine Beweislast trägt.

Ziemlich bekannt ist der Bericht des Generals R. Barter, der als junger Offizier (im Juni 1854) in der indischen Bergstation Marri folgendes Erlebnis hatte. Eines Abends auf dem Abhang oberhalb seines Hauses stehend (nachdem er sich eben von zwei Gästen, darunter eine Dame, verabschiedet), vernahm er Hufschläge und sah um eine Bodenwelle erst einen hohen Hut, dann die Gestalt eines Reiters auftauchen, begleitet von zwei eingeborenen Reitknechten zu Fuß. Die gesamte Erscheinung, im taghellen Mondschein deutlich zu sehn, wird uns bis ins Kleinste geschildert. Nach zweimaligem vergeblichem Anruf hielt die Gruppe 10—12 Fuß vom Perzipienten entfernt, wobei 'der Reiter die Zügel mit beiden Händen aufnahm, sein Gesicht mir zuwandte, das bisher von mir weggeblickt hatte, und auf mich herabsah'. Barter erkannte sofort den verstorbenen Leutnant B., trotzdem sein Gesicht nicht glatt rasiert war, wie zu Lebzeiten, sondern einen eigenartigen Fransenbart trug — eine sog. *Newgate-fringe* —; auch erschien der Reiter 'viel dicker', als Barter ihn gekannt hatte. Dieser stürzte auf die Gruppe zu, stolperte, und sah, als er sich erhob, nichts mehr, konnte auch bei weiterem Suchen keine Spur von dem Leutnant und seinen Begleitern entdecken. Zwei Hunde Barters, die während der Annäherung der Gruppe sich leise winselnd an seine Füße gedrückt hatten (dies merken wir uns für später!), waren ihm beim Vorspringen nicht gefolgt. Tags drauf brachte Barter bei einem Freunde, Leutnant Deane, das Gespräch in unverfänglicher Weise auf Leutnant B. und erfuhr, daß dieser vor seinem Tode stark zugenommen und sich einen Bart hatte wachsen lassen. 'Ich bin gewiß, daß ich von der Veränderung in seinem Äußern vor seinem Tode nichts gehört hatte.' Barters Haus war seinerzeit von B. erbaut worden; 'aber die Tatsache interessierte mich nicht.' Sowohl Barter als auch seine Frau und seine Dienerschaft hatten schon vor diesem Erlebnis wiederholt den Klang eines auf das Haus zu galoppierenden Pferdes vernommen, ohne aber etwas sehn zu können; und Leutnant Deane teilte Barter mit, daß B. auf eben jener Bergstraße ein afghanisches Pferd 'in seiner rücksichtslosen Art' zu Tode geritten hatte.[1]

Sehr bekannt ist auch die vorzüglich verbürgte Geschichte einer Mrs. M., die eines Abends von ihrem Garten her ein 'eigenartiges Stöhnen und Schluchzen' vernahm, den Fenstervorhang beiseitezog und auf dem Rasen

---

1) Pr V 468 ff. (Spät, aber gut bezeugt.) Vgl. d. ähnl. Fälle Crowe 266; Flammarion II 398 f.; Gurney II 97 f. (Zwei Pers. in Kutsche mit Pferd von Zweien gesehn!)

ein 'sehr schönes junges Mädchen' vor einem Herrn in Generalsuniform kniend erblickte, den es anscheinend flehentlich, aber vergeblich um etwas bat. Als Mrs. M. hinlief, um die Unglückliche hereinzubitten, verschwand die Gruppe. Erst nachträglich brachte sie in Erfahrung, daß etwa 40 Jahre zuvor in eben diesem Hause die Tochter eines Generals aus vornehmer und stolzer Familie wegen eines Fehltritts von ihrem Vater verstoßen worden war, und erkannte den General in einem Bilde wieder, das sie gelegentlich eines Besuches ganz unerwartet zu Gesicht bekam.[1]

Dem sorgfältigen J. A. Hill verdanken wir den seltsamen Bericht einer hellseherisch veranlagten Dame, Mrs. Napier (pseud.), die eines Tages 'einen Mann, der eine Flinte unterm Arm und ein paar Tauben in einer Hand trug', bei sich eintreten sah. Sie hätte ihn für einen Lebenden gehalten, so natürlich erschien er, hätte sie nicht gewußt, daß sie ihre Tür sorgfältig abgeschlossen hatte. Der Mann, gegen den sie einen starken Widerwillen empfand, 'schritt ins Zimmer vor und warf die Tauben aufs Bett... Dann sprach er: 'Sie kennen mich nicht?' 'Nein.' 'Ihr Vater kannte mich sehr gut. Ich starb vor mehr als 20 Jahren. Ich bin Tom Wyndham. Ich pflegte Ihren Vater Bob zu nennen.' Dann verschwand er. Mrs. N. glaubte den Namen nie zuvor gehört zu haben, doch erzählte ihr Vater ihr, als sie ihn fragte, daß es ein Jugendfreund gewesen sei, gutmütig, aber ausschweifend, der 'niedern Sport' wie Taubenschießen gern gemocht habe und am Trunk zugrunde gegangen sei. Wie er den Vater angeredet habe? 'Er nannte mich Bob. Er war der einzige meiner Freunde, der es tat. Wie du weißt, habe ich stets eine starke Abneigung gegen diese Abkürzung gehabt.'[2]

Das Erlebnis geht, wie man sieht, schon beträchtlich über ein bloßes 'Erscheinen' hinaus, mag aber eben damit dazu dienen, unsern Tatbestand mit später zu besprechenden gleichsam zu verzahnen. Auch Erscheinungen, welche Tiere — in diesem Falle tote! — miteinschließen, dazu Gegenstände selbst über die Kleidung hinaus (hier eine Flinte), sind nicht ganz selten, wennschon vielleicht seltener, als 'multipersonale' Erscheinungen, die ja bekanntlich in einzelnen Fällen sich zu wahren Phantommassen steigern: dem anscheinend geschichtlich wahren Schauen ganzer 'Versammlungen', kämpfender Armeen oder wandernder Menschenschwärme.[3] Tatsachen dieser Art ziehen uns natürlich gewaltsam in die Theorie des sog. Spuks hinein. Entweder man faßt sie als übernormale Schauungen auf, bei denen die Aktivität ausschließlich beim Schauenden liege: etwa indem sich ihm der

1) Pr VIII 178 f. (Sofortige Aufzeichnung.) Vgl. etwa noch den Fall des Dr. Donne: Crowe 172 (auch Gurney I 394); Piper 112 (aus D. A. L. Richters 'Betracht. üb. d. animal. Magnetismus', 1817); Pr X 380 ff.; Tiere: Usthal 83 f. (aus Lt); 84 f. (nach Flammarion); Kerner, Ersch. 14. 41. 67; Hyslop, Probl. 184.   2) Hill, New Evid. 22 ff.   3) Vgl. d. merkwürdigen Fall Pr III 77 f.; die berühmte 'Adventure' der Damen Morison u. Lamont (ref. z. B. Bozzano, Hant. 193 ff. u. Pr XV 353 ff.); Daumer II 290 ff.; Hennings 624; Flammarion II 401; Piper 117 (nach Walter Scott); Horst I 113.

Blick für irgendwelche rätselhafte, von den Ereignissen 'zurückgelassene' Bilder erschließe. Oder man läßt diese Bilder von einem Dritten 'übertragen' sein, und hat dann natürlich an sich die Wahl zwischen einem Abgeschiedenen — der neben der eigenen Erscheinung auch noch diejenigen Andrer oder von Tieren und Dingen 'erzeuge' (meinetwegen wieder als 'Halluzination') — und einem entfernten Lebenden, der bloß die Erscheinung Andrer, die eigne aber garnicht erzeuge. In beiden Fällen wird, wie man sieht, die unbequeme Tatsache der Heterophanie im vollen Umfang vorausgesetzt.

Das eigentliche 'Paradebeispiel' für diesen Tatbestand hat, neben mancherlei Eigentümlichkeiten, noch den Vorzug, daß die Erzeugung der Fremdgestalt von einem Willen zum Experiment ausging, der strittige Vorgang uns also greif- und nachprüfbar gegeben erscheint.

Der Regierungsassessor und Oberwegeinspektor H. M. Wesermann in Düsseldorf hatte sich in den 20er Jahren des 19. Jahrhunderts durch Mesmersche Lehren zu Versuchen zwecks Übertragung von Vorstellungsbildern auf entfernte Schlafende anregen lassen. In dem fünften dieser Versuche gelang ihm indessen, und zwar ohne daß er selbst es ahnte, die Beeinflussung zweier vollkommen Wacher, der Leutnants S. und —n. Eine vor 5 Jahren verstorbene Dame sollte nach Wesermanns Absicht dem letzteren um 10.30 abends im Traum erscheinen und ihn zu guten Taten anreizen; —n war aber noch wach und in lebhafter Unterhaltung mit Leutnant S. begriffen. Nach den sogleich sorgfältig gesammelten unabhängigen Aussagen der beiden Herren hatte sich die Tür ihres Zimmers geräuschlos 'geöffnet' (für gewöhnlich 'quietschte' sie), die Dame trat ein, in Weiß mit schwarzem Umschlagetuch gekleidet, grüßte jeden der beiden Offiziere besonders mit Nicken und wiederholten Handbewegungen und verließ das Zimmer wieder geräuschlos.[1] Die Gestalt soll der Verstorbenen genau geglichen haben, und ich glaube aus den Worten des Berichts ('eine Dame') schließen zu müssen, daß sie dem Leutnant S. nicht bekannt war. Es fällt überdies auf, daß der Perzipient, den Wesermann allein beeindrucken wollte, sich nicht dort befand, wo W. ihn vermutete, und daß der zweite, zufällig mitanwesende Perzipient Hrn. W. überhaupt ganz unbekannt war. Daraus schließen die Verfasser des erwähnten Umfrage-Berichts, daß Wesermanns telepathischer Erfolg bei dem ihm unbekannten Empfänger ganz unabhängig war von dessen Aufenthaltsort und daß der Mit-Empfänger nicht von Wesermann, sondern von dem eigentlich ins Auge gefaßten Perzipienten beeindruckt wurde.[2]

Selbst wenn man nun nicht die Annahme wagen will, daß Wesermanns Wunsch die Verstorbene soz. aufgerufen habe, zu erscheinen, könnte man sich immer noch mit der Ausflucht zu helfen suchen,

---

1) Wesermann. Auch NZPA III 758; JSPR März 1890; Myers I 698 ff.   2) Pr X 322 f.
Diese zweite Schlußfolgerung erscheint mir keineswegs zwingend.

daß sein Versuch nur gelang, weil er, seinen eigenen Angaben nach, mit großer Anspannung des Geistes sich um die Übertragung des Bildes bemühte;[1] wie denn Delanne geradezu behaupten will: 'wenn niemand daran denke, eine Halluzination zu erzeugen, so finde die telepathische Erklärung keine Anwendung mehr.'[2] Da von solcher besondren Anspannung in den andern Fällen anscheinender Heterophanie nichts zu entdecken ist, wäre damit der behauptete Tatbestand (mit ganz seltenen Ausnahmen) überhaupt in Frage gestellt.

Ich möchte indessen nicht so weit gehn. Zu zahlreich sind Beobachtungen, nach denen unbestreitbar von einem bestimmten Agenten ein telepathischer Anstoß ausgeht, der doch keineswegs 'in sein Bewußtsein fällt'. Wir dürfen also nicht bewußte Anspannung zur unumgänglichen Bedingung einer telepathischen Übertragung machen. Wir werden nie zu einer durchgreifenden Verteidigung von Autophanien Verstorbener gelangen, wenn wir nicht dem animistischen Gegner den weitestgehenden Gebrauch seines telepathischen Deutungsmittels einräumen. Gestehen wir also immerhin zu, daß vollkommenste Fremdbildübertragung möglich und der Beweis bewußter Absicht zu einer solchen Übertragung nicht zu fordern sei. Wir werden, wie der Leser bald sehen wird, den Bau unsrer Beweisführung errichten können, auch ohne diese beiden Steine nach unsern Bedürfnissen behauen zu haben.

Vor allem lassen ja die eben gemachten Zugeständnisse die höchst verwunderliche Tatsache bestehn, an welcher der Gegner sich mit bezeichnendem Schweigen vorüberdrückt: daß vollkommene Heterophanien Lebender — also die telepathische Erzeugung von Phantomen Lebender durch andere Lebende — seltenste Ausnahmen darstellen[3] (selbst Wesermanns und mehrere der übrigen angeführten Fälle zeigten ja Tote), während, nach animistischer Vorstellung, die vollkommene Heterophanie Verstorbener zu den gewöhnlichsten Leistungen der gesamten Metapsychik gehört. Für diesen verblüffenden zahlenmäßigen Unterschied zwischen Vorgängen, die nach animistischer Deutung völlig identisch sind, wird uns nicht der Schatten einer Begründung gegeben; während anderseits in keinem Fall von angeblicher Heterophanie eines Lebenden die Möglichkeit widerlegt wird, daß auch diese in Wahrheit als Autophanie zu erklären sei (angeregt etwa durch die Gedanken des angeblichen Agenten der Erschei-

---

1) Pr VI 288 (Podmore).   2) Delanne I 157.   3) Wenigstens hat sich m. W. noch niemand zu der unsinnigen Behauptung verstiegen, daß alle oder viele Fernerscheinungen Lebender im Augenblick erregender Erlebnisse gar nicht von diesen selbst, sondern von einem (oft nicht einmal vorhandenen) Zuschauer des Erlebnisses veranlaßt werden.

nung).[1] Schon damit aber erledigt sich im Grunde Podmores bestechende Forderung,[2] daß die Theorie, welche 'keine neuen Voraussetzungen einführe', vielmehr nur mit vertrauten Wirkungsweisen arbeite (wie der Telepathie zwischen Lebenden), den Vortritt vor jeder andern habe, bis der Beweis gelinge, daß sie die Tatsachen nicht erklären könne.

Wir sehen, daß bereits das äußerliche Zahlenbild genügt, dem Begriff der Autophanie die weitaus überragende Bedeutung zuzuschieben; also den Satz zu erhärten, daß im großen und ganzen der Schluß von der Erscheinung auf die Aktivität des Erscheinenden selbst den Vorzug verdient. Schon auf dieser vorbereitenden Stufe unsrer Argumentation gelangen wir somit zur Einsicht: weil in der überwiegenden Mehrzahl der Fälle die 'phantasmogene' Leistung der Lebenden sich auf sie selbst bezieht, so macht die Erscheinung Verstorbener es sehr wahrscheinlich, daß auch diese — 'leben'. Wer vor der 'Natürlichkeit' dieses Analogieschlusses in Hilfskonstruktionen hinein flüchtet, die sich im Gesamtzusammenhang der Tatsachen wie Fremdkörper herumstoßen, der stützt sich im Grunde nicht auf den unbefangenen Eindruck der Dinge (wie es die Pflicht des echten Forschers ist), sondern auf ein Vor-Urteil: die von vornherein mitgebrachte Ansicht, daß das Überleben des Todes gar nicht oder nur schwer glaublich und jede Ausflucht seiner Zugestehung vorzuziehen sei.

Dies 'statistische' Argument zugunsten der Autophanie Verstorbener ergänzt sich aber noch durch die weitere Beobachtung, daß unter Halluzinationen — oder sagen wir unverbindlicher: unter 'Erscheinungen' — überhaupt diejenigen menschlicher Gestalten ganz erstaunlich überwiegen. Ja man könnte beinahe den Satz wagen, daß 'Halluzinationen' von erweislicher übernormaler Verknüpftheit mit einem leidlich gleichzeitigen fernen Geschehen — ausschließlich die äußere Erscheinung von Lebewesen oder ihnen zugehörige Gehörs- und Berührungseindrücke zum Inhalt haben, und daß unter ihnen deutlich menschliche wieder weitaus überwiegen. Der mehrfach erwähnte englische Zensus der Halluzinationen z. B. konnte gegenüber etwa 1000 deutlich menschlichen Erscheinungen — daneben 12 'Engels'-Visionen, 33 'monströsen' und 25 tierischen Erscheinungen[3] — nur etwa 30 von 'bestimmten' oder 'unbestimmten' 'unbelebten Gegenständen' nachweisen.[4] Angenommen nun selbst, so verwickelte Bilder, wie die äußere Erscheinung eines Menschen, ließen sich in der beobachteten Häufigkeit als telepathische 'Sendung' und zwar auch seitens Dritter auf-

---

1) Vgl. Myers in Pr VI 327 f. Selbst der Anti-Spiritist Tischner muß dies zugeben: Tischner, Gesch. 164.   2) Pr VI 289.   3) Also drei Arten von Erscheinungen, bei denen eine Möglichkeit realistischer Deutung nicht von vornherein auszuschließen ist.   4) Pr X 44.

fassen, — wie käme es dann, daß nicht ein wahrer Platzregen der mannigfaltigsten 'nichtmenschlichen Bilder' ständig auf uns niedergeht, entsprungen den erregenden Erlebnissen oder angespannten Gedanken unsrer Bekannten, — oder vielmehr jedes beliebigen Fremden, der zufällig telepathisch auf uns 'abgestimmt' wäre? Die Tatsache, daß nichts dergleichen geschieht, daß vielmehr jene meist einzigen oder ganz seltenen 'Erscheinungen', die der geistig gesunde Mensch erlebt, beinahe ausschließlich Personen darstellen, die, sofern es sich um Lebende handelt, nachweislich um die gleiche Zeit etwas erleben, was ihrem Erscheinen Sinn verleiht, — diese Tatsache weist doch eindeutig darauf hin, daß zwischen dem Übertragen eines verwickelten Bildes nicht-menschlichen Inhalts und der Übertragung des Bildes seiner selbst ein grundlegender Unterschied der Ausführbarkeit besteht. Diesen aber können wir m. E. nicht anders erklären, als indem wir ihn auf das jeweilige Verhältnis von Erscheinung zu Erscheinungserzeuger zurückführen: die ja bei 'gegenständlichen' Übertragungen auseinanderfallen, bei 'menschlichen' aber mehr oder minder sich decken. Mit andern Worten: wir finden wiederum Grund, Erscheinungen von Lebewesen ganz überwiegend für Autophanien zu halten; wobei dieser Begriff — wir spüren es immer deutlicher — ein Geheimnis birgt, dem das harmlose Schema der 'telepathischen Vorstellungsübertragung' kaum nahekommt. Dies Geheimnis aber knüpft sich dann natürlich genau so gut an die Erscheinungen Abgeschiedener, als an die von Lebenden.[1]

Die Suche nach einem lebenden Lieferer der Erscheinungsinhalte führt, wie wir sehen, zu mannigfachen Gewaltsamkeiten und Unwahrscheinlichkeiten der Theorie; ja sie nimmt zuletzt geradezu einen Zug von logischer Unredlichkeit an. Dies mag dazu beigetragen haben, jene weiteren schon oben erwähnten Deutungsbegriffe von Totenerscheinungen zu empfehlen, die auf 'un- oder überpersönliche Quellen' der Bildlieferung zurückgreifen. Ich denke hier natürlich an die allgemeinsten Formen des 'Hellsehens' — der Kryptästhesie, um einen unverbindlichen, aber auch nichtssagenden Ausdruck Richets zu gebrauchen —; Formen des Hellsehens, die man als Psychometrie[2] zu bezeichnen pflegt, wenn dieses anscheinend durch einen Ge-

---

1) Es ist der Zusammenhang der obigen und mancher folgenden Argumente, was mir Dr. L. P. Jacks' Gedanken unzulänglich erscheinen läßt: der Verstorbene könne sich nicht so genau 'von außen' gekannt haben, wie er erscheine, die Erscheinung müsse also der bildhaften Erinnerung eines Lebenden entstammen. Vgl. die Erörterung zwischen ihm, Lodge, Schiller, Hyslop u. a. m.: JSPR XVIII 187 ff. 211 ff. 243 ff.; XIX 24 ff.   2) Das Wort, ein echter 'Amerikanismus', ist eins der ererbten Ungeheuer unsrer Fachsprache, aber leider sehr eingewurzelt. 'Pragmatische Kryptästhesie' (Richet) leidet an Umständlichkeit; 'Psychoskopie' (Tischner) trifft die Sache nicht recht. Bleuler schlug 'Hylomantie' vor.

genstand ausgelöst wird, der zu den Personen, Dingen und Ereignissen, um die er ein Wissen vermittelt, in der Beziehung mindestens räumlicher Nähe oder Berührung gestanden hat. Die Kleider, Schmuckstücke und Gebrauchsgegenstände, die jemand — und zwar möglichst lange — auf und bei sich getragen hat, noch besser vielleicht abtrennbare Teile seines Leibes, also besonders abgeschnittene Haare, vermögen dem psychometrischen Hellseher, der diese Dinge berührt oder sich ihnen wenigstens bedeutend nähert, ein Wissen um Äußeres und Inneres ihres Besitzers zu verschaffen, um seinen Charakter, seine körperlichen Zustände und Krankheiten, seine Umgebung und Erlebnisse, seine Verwandt- und Bekanntschaften, usw. Diese Tatsache gehört zu den bestbeglaubigten der Metapsychik, sie gehört auch zu den bedeutendsten Waffen des Animisten in der Bekämpfung der spiritistischen These, sie stellt die vergleichsweise greifbarste — wenigstens in e i n e m Bestandteil greifbare — Form der rätselvollen hellseherischen Leistung dar. Aus diesen Gründen soll sie hier nicht nur unter den Arten hellseherischer Bilderlangung in den Vordergrund gerückt, sondern auch ohne weitere Belege als wahr unterstellt werden.

Unter den durch Psychometrie erlangbaren Wissensinhalten finden wir nun, wie schon angedeutet, auch die äußere Erscheinung des 'Besitzers' des psychometrischen Gegenstandes.

Die durch ihre hellseherische Begabung neuerdings bekannt gewordene Frau Lotte Plaat nimmt z. B. während einer Versuchsreihe in der Wohnung des Dr. Kronfeld eine ihr überreichte schwarze Mappe in die Hand, 'die harmonikamäßig auseinandergezogen werden kann. Es wird jedoch darauf geachtet, daß Frau Plaat keinen Blick in die zusammengefaltete Mappe tun kann.' Ihre hierdurch angeregte Aussage lautet: 'Ich bekomme ein Gefühl, als wenn ich beten muß. Eine göttliche Ruhe kommt über mich. Eine merkwürdige Sprache ist das da. Singt er vielleicht selber? Ein langes Gewand hat der Betreffende an, die Stirn geht ganz hoch, die Haare sind schwarz. Eine ganz komische Schädelform ist das, oben in die Breite gehend. Die Backenknochen sind breit ausgeprägt. Vielleicht ein jüdischer Typ? Ein Orientale ist er bestimmt. Eine Lehre verbreitet er, er muß Gelehrter sein. Eine ganze Hofhaltung ist um ihn herum. Eine Masse Frauen sind um ihn herum.' — 'Es handelt sich (erklärt hierzu Dr. Kronfeld) um einen Prinzen eines indischen Staates, einen Gelehrten von Rang... Er ist von Frau Plaat physiognomisch und charakterologisch gut beschrieben. Das als 'Mappe' bezeichnete Objekt ist ein handschriftliches Pali-Gedicht aus einem indischen Kloster...'[1]

Frau Plaat übt ihre Gabe bei vollem Bewußtsein aus, nur unter leichtem Verlust des 'Gefühls der eigenen Persönlichkeit';[2] andre

---

1) Sünner 46 f. Vgl. APS V 42.   2) a. a. O. 10.

Psychometer, wie Dr. Pagenstechers namhaftes Subjekt, Frau de Z., befinden sich dabei in tiefem Starr-Trans mit nachfolgender Erinnerungslosigkeit. Aber das sind offenbar Umstände von untergeordneter Bedeutung, die zur 'persönlichen Gleichung' der 'sensitiven' Person gehören. Anderseits legen zahlreiche, wennschon nicht alle 'spiritistischen' Transmedien großen Wert auf die Einhändigung eines psychometrischen Gegenstandes, der ihre Aussagen häufig erst zu entfesseln scheint; und wo dies nicht der Fall ist, da hindert uns ja nichts, dem Sitzer selbst die Rolle eines solchen auslösenden Gegenstandes zuzuschreiben, weil er doch beinahe stets, als Verwandter oder Freund des Verstorbenen, über den oder 'von' dem er etwas zu hören erwartet, mit diesem sich lange in 'räumlicher Berührung' befunden hat. Wir wissen ja aber schon aus früher Gesagtem, wie häufig solche Medien u. a. auch die Erscheinung ihnen völlig Unbekannter schauen und beschreiben. Indessen beansprucht unser Begriff alsbald noch weitere praktische Ausdehnung. Jeder Raum, den die psychometrisch begabte Person betritt, jeder Gegenstand, dem sie sich in ihrem Tageslaufe nähert, kann unter Umständen jenen rätselhaften wissengebenden Einfluß gewinnen. Wir werden bald darauf zu sprechen kommen, daß eine Theorie des an ein bestimmtes Haus oder Zimmer gebundenen 'Spuks' sich auf diese angenommene Möglichkeit gründet. Aber auch viel flüchtigere oder soz. freizügigere Berührungen mit Ort oder Ding im täglichen Leben können, wie es scheinen möchte, zu ebenso flüchtigen Erfahrungen von möglicherweise psychometrischer Begründung führen. Zwei Beispiele sollen diese weitherzigste Anwendung unsres Begriffs verdeutlichen.

Der erste hier in kurzer Zusammenfassung anzuführende Fall nähert sich deutlich dem Typ des örtlichen Spuks. Er entstammt den umfangreichen und großenteils wertvollen Sammlungen Rob. Dale Owens, ehemaligen Gesandten der Vereinigten Staaten am Hofe von Neapel, eines Mannes von großer Urteilskraft und Gelehrsamkeit. — Der Rev. Dr. —, Kaplan der britischen Gesandtschaft in —, sah im Jahre 185* in —Hall, wo er sich zum erstenmal aufhielt, in seinem Schlafzimmer eine selbstleuchtende Gestalt, die sich ein wenig fortbewegte und dann verschwand. Am Morgen berichtete ihm seine Schwester, daß in dem Hause vor einigen Jahren eine Dame ermordet worden sei, aber nicht in seinem Schlafzimmer. Nachdem er abgereist, erhielt er einen Brief von ihr, worin sie mitteilte, daß sie inzwischen in Erfahrung gebracht, der Mord sei doch in jenem Zimmer geschehen. Sie bat ihn um Niederschrift eines Berichts und Aufzeichnung eines Zimmerplans, worin er die Stellen angeben sollte, wo die Erscheinung zuerst gesehen worden, und wo sie verschwunden wäre. Diesem Wunsch entsprach Dr. —. Danach erfuhr er von der Schwester mündlich, daß sie in jenem Zimmer den Teppich hatte aufnehmen lassen, worauf die

Blutspuren des Mordes sichtbar geworden waren. Ehe sie die Zeichnung
des Bruders gesehn, bat dieser sie, ihrerseits eine Zeichnung des Verlaufs
jener Blutspuren anzufertigen, und die Linie der Bewegung des Phantoms
und die der Blutspur sollen genau übereingestimmt haben.[1] — Angenommen nun, diese Übereinstimmung sei eine völlige gewesen (was nicht ganz
sicher erscheint, denn der zweite Plan war aus dem Gedächtnis gezeichnet,
und eine solche genaue Übereinstimmung ist natürlich schwer festzustellen),
so mag der Liebhaber psychometrischer Deutungen (wenn er den Mut dazu
hat) die Meinung vertreten, daß die Blutspur als 'Gegenstand' gedient habe,
der nicht nur das 'dazugehörige' Phantom (dessen Ähnlichkeit mit der
Gemordeten wir annehmen wollen) dem Geistlichen (dessen Sensitivität wir
gleichfalls annehmen wollen) erscheinen ließ, sondern auch eine bestimmte
Bahn dieser Erscheinung anregte. Diese Deutung würde, wie man sieht,
sehr reichlich mit Annahmen rechnen, sogar mit Künstlichkeiten; doch
wollen wir ja dem Gegner gegenüber soweit als möglich 'ein Auge zu-
drücken', um unsre eigne Auffassung allmählich um so sicherer aufzubauen.

Ich führe noch folgenden Fall in knappen Umrissen an, den Myers der
Forschung zugänglich gemacht hat, wobei er ihn als 'ungewöhnlich gut bezeugt' bezeichnen durfte. Die Ähnlichkeit von Erscheinung und Verstor-
benem kann auch hier nur (nach dem Muster andrer Fälle) vorausgesetzt
werden. — William Moir, ein gescheiter 35jähriger Landmann, seit 4 Jahren
auf der Farm Upper Dallachy in der schottischen Gemeinde Boyndie an-
sässig, hatte einen äußerst lebhaften und deutlich erinnerten Traum, der
ihm einen Leichnam mit blutigem Gesicht auf einem ganz klar bezeichneten Flecke nahe der Farm zeigte. Allmählich begann der Gedanke an
diesen Traum ihn bis zur Besessenheit zu beherrschen, sodaß er schließlich
verrückt zu werden fürchtete; doch hielt ihn etwas immer ab, mit andern
von der Sache zu sprechen. Schließlich begab er sich, unter der Macht
eines fast schmerzlichen Antriebs, mit einem Spaten an den betreffenden
Fleck, entfernte den Rasen (!) und stach den Spaten bis an den Stiel in
den Grund: als er dadurch einen Schädel heraufbeförderte, hatte er nur
das Gefühl, gerade dies erwartet zu haben. Weiteres Graben förderte ein
ganzes Gerippe zutage, das etwa 18 Zoll unter der Oberfläche gelegen
haben mußte. Er meldete den Fund der Polizei und war seitdem von dem
Besessensein durch den Gedanken an jene Stelle frei. Sie hatte nichts an
sich gehabt, was an ein Grab hätte denken lassen können, und keinerlei
Gerüchte von einem Mord oder Raub waren an sie geknüpft gewesen. Doch
ließ eine Angabe der Mrs. Moir nachträglich derartiges vermuten: der
Schädel, bezeugt sie, wies Spuren von Gewalttätigkeit auf. Erst später erfuhr man von 'alten Leuten' der Gegend, daß ein Mann namens Elder vor
40 oder 50 Jahren plötzlich verschwunden sei; er sollte nach Amerika ausgewandert sein, doch fehlte jede Spur von ihm, und es wurde angenommen,
er sei ermordet worden in dem Zimmer, in welchem Moir schlief.
Nach Ansicht zweier Ärzte, Dr. Hirschfeld und Dr. Mawson, hatte das Gerippe in der Tat etwa 40 Jahre in der Erde gelegen![2]

1) Owen, Footfalls 296 ff. (Von Owen selbst gesammelt.)   2) Pr VI 35 ff.
3*

Podmore, der trotz großer Belesenheit zeitlebens den Spiritismus mit verzweifeltem Scharfsinn bekämpft hatte, kam in einem späten Buche, das
beinahe seine Waffenstreckung bedeutete, auch auf diesen Fall zu sprechen.
'Es ist schwer', schreibt er, 'eine glaubhafte Deutung dieses seltsamen Vorgangs zu erdenken. Wenn die Knochen wirklich 40 Jahre alt waren, so ist es
nicht leicht, den Traum entweder einem Schuldbewußtsein Moirs zuzuschreiben, oder einer telepathischen Beeinflussung seitens der Person, die
das Gerippe an der Fundstelle vergraben hatte. Anderseits erscheint, angesichts der Lage des Gerippes, Hyperästhesie ausgeschlossen. Wenn wir [nun
kommt der Strohhalm des Zweiflers] mehr von der Sache wüßten und insbesondere die Möglichkeit hätten, Moir zu verhören, würde vielleicht einiges
Licht auf das Geheimnis fallen. Aber wie der Fall dasteht, scheint er weniger
zweideutig, als die meisten in unsrer Sammlung, auf eine Betätigung des
Toten hinzudeuten.'[1] — Ein solches Zugeständnis von solcher Seite gibt
immerhin zu denken. Aber vielleicht hätte Podmore es noch umgangen, wenn
ihm die neueren erstaunlichen Beobachtungen psychometrischer Leistungen bekannt gewesen wären. Könnte nicht Moir durch seinen 'Kontakt' mit dem
Mordzimmer sowohl zum Schauen des Verstorbenen als auch zur Ausfindigmachung der Lage seiner Überreste befähigt worden sein? Diese Annahme
würde schwerlich über das hinausführen, was man an guten Psychometern
einwandfrei beobachtet hat. Und Moir soll noch dazu sehr 'sensitiv-nervös'
veranlagt gewesen sein. Wes bedürfen wir mehr?

Im übrigen sind Fälle eben dieser Art nicht selten. In einem solchen, den
Mrs. Montagu-Crackanthorpe sehr glaubhaft berichtet, spürten mehrere Personen eine unerklärliche quälende Angst in Zimmern, in denen bei einer
späteren Instandsetzung des Hauses mehrere sehr alte Gerippe unter einem
aufgerissenen Fußboden gefunden wurden.[2] Doch war es hier nicht zum
Schauen einer Gestalt gekommen, sondern nur zum Gefühl, 'daß jemand in
meinem Zimmer sei, den ich alsbald sehen würde'. — In einem andern Falle
sahen die Vermieterin einer Cambridger Studentenwohnung, ihre Magd und
mindestens zwei ihrer akademischen Mieter die Erscheinung einer Frau
und hörten 'lauten unerklärlichen Lärm'; einige Jahre später wurden drei
Schädel, darunter ein weiblicher, 'unmittelbar außerhalb des Fensters des
Eßzimmers' gefunden.[3]

Nehmen wir also in allen derartigen Fällen eine wirkliche psychometrische Beteiligung von etwas Gegenständlichem am Zustandekommen der Schauung an, so müßten wir doch erst eine T h e o r i e solcher
Beteiligung besitzen, um entscheiden zu können, ob wir damit wirklich
um jede Art von spiritistischer Deutung 'herumkommen'. Von einer
allgemein anerkannten Theorie der psychometrischen Leistung kann
nun freilich heute noch keine Rede sein; vielmehr stehen die Ansichten auch hier, wie fast überall in unsrer werdenden Wissenschaft,

1) Podmore, Nat. 256.   2) Pr VI 42 f.   3) JSPR März 1901 (Podmore, Nat. 259).
Vgl. den bekannten Fall Pfeffels (z. B. bei Piper 115); Hudson 271; Bates 218 ff.; Sph IV
127 ff.

einander mit peinlicher Widersprüchlichkeit gegenüber. Da uns der Begriff der psychometrischen Wissenserlangung auch fernerhin als Kampfmittel des Gegners beschäftigen wird, so ist es zum besten unsrer gesamten Argumentation unumgänglich, einige Klarheit in seine möglichen Voraussetzungen und Folgerungen zu bringen, was ich darum hier, zur Entlastung späterer Erörterungen, in größter Kürze zu tun beabsichtige.

Die im objektivistischen Sinn weitestgehende Theorie der Psychometrie läßt das übernormale Wissen dem Gegenstande als solchem entnommen werden. Sie erblickt einen entsprechenden Hinweis in dem von vielen Psychometern geübten 'Kneten, Zerdrücken, Zerknittern' desselben, dem Auflegen auf den Kopf, Aufpressen auf den Magen u. dgl. m.[1] Von alledem ist freilich in den oben beigebrachten Fällen keine Rede, sodaß sie jedenfalls zu einer gewissen Ausweitung des Grundgedankens zwingen würden. In jedem Falle aber setzt eine solche Theorie natürlich eine vorherige 'Imprägnierung' des Gegenstandes mit 'Emanationen' irgendwelcher Art, vorzugsweise 'psychischen', voraus. Pagenstecher, ein Sachkenner auf diesem Sondergebiet, nimmt eine 'Ladung' des Gegenstandes mit teils physikalischen, teils 'psychischen Strahlungen' an (ohne freilich damit das Ganze des psychometrischen Vorgangs enträtseln zu wollen),[2] und Sünner spricht gar von einer 'Durchtränkung' des Gegenstandes mit der 'psychischen Emanation'.

Ich glaube, daß dieser Gedanke, als Hauptstück einer Theorie der Psychometrie gefaßt, genauerem Durchdenken nicht standhalten kann, ja daß er, wie Driesch einmal sagt, 'absolut nicht zu verstehen' ist.[3] Schon der Begriff der 'psychischen Emanation' ist reichlich dunkel, wenn nicht geradezu widerspruchsvoll in sich selbst. Entweder man nimmt den Begriff des Emanierens wirklich im Sinn eines 'psychischen' Vorgangs (so schwierig das auch sein mag); dann ist das Übergehen solcher Emanationen auf einen 'fremden' Gegenstand und das Haften an diesem offenbar noch viel weniger verständlich, als die Verbindung psychischer Vorgänge mit dem 'Gegenstande', der doch von Natur ihnen zugeordnet erscheint: dem Gehirn. Oder aber man nimmt den Begriff des Emanierens im Sinn eines physischen, durch psychische Zustände nur ausgelösten Vorgangs (was leicht ist und dem Üblichen entspricht); dann aber entsteht sogleich eine Fülle anderweitiger Schwierigkeiten. Wie z. B. soll die Verknüpfung der seelischen Erlebnisinhalte des 'Besitzers' (und dementsprechend die der psychome-

---

1) Sünner 2; Pagenstecher 102.   2) aaO. 102. 106 ff.; ders., Auß. Wahrn. 80.
3) Sünner 20.

trischen Wissensbestandteile) mit der Emanation gedacht werden?
Kann man der Emanation überhaupt so viele 'Dimensionen' zuschreiben, wie es den Variationsmöglichkeiten von Erlebnissen und
folglich von psychometrisch erfahrbaren Tatbeständen entspräche?
Diese Tatbestände sind ja meist inhaltlich, räumlich und zeitlich höchst
ausgebreitet. Schnitt und Mienenspiel eines Gesichts, Farbe und Ausdruck eines Auges, Charaktereigenschaften und äußere Umgebung
eines Menschen: wie soll das alles vermittelst Emanationen (oder
Vibrationen[1]) in einem Gegenstand in solcher Anordnung 'niedergelegt' werden, daß es in umgekehrter Richtung sich wieder in klare Vorstellungen eines Andern umsetzen kann? Bedenken wir, daß (wie
später zu erwähnen) der Gegenstand auch zur Erschauung bestimmter
Abläufe — eines Verbrechens, eines Unglücksfalls — oder gar zu Angaben über dritte Personen, über eine ganze Menschengeneration,
ihre Tierwelt, ihre geologische Umwelt befähigen soll, — so ist klar,
daß damit die fragliche Theorie zu einer für sie tödlichen Erweiterung
gezwungen wäre: sie müßte letzten Endes annehmen, daß alles in
weitem Umkreis Geschehende in jedem beliebigen Materiestück innerhalb dieses Umkreises — spezifische physische 'Engramme' anbringe,
die unter bestimmten Umständen sich in entsprechende Vorstellungen
umsetzen können. Dieser Gedanke erscheint phantastisch bis zur Sinnlosigkeit. Überdies hören wir von Fällen, in denen der psychometrische
Gegenstand überhaupt nicht an dem geschauten und geschilderten Orte
gewesen war, sondern nur die Besitzerin desselben besuchsweise und
ohne den Gegenstand;[2] ganz abgesehn von Fällen, in denen die Aussagen fortgehn, nachdem jede Berührung mit dem Gegenstand aufgehoben ist,[3] ja in denen er überhaupt nicht berührt wird.[4] In einem
Versuch machte Frau Plaat bei der psychometrischen Beurteilung eines
Aktenstücks sogar Angaben, 'die sich genau auf dasjenige Aktenstück
bezogen, das nur kurz mit dem ihr überreichten zusammengelegen
hatte'![5] Sollen wir also annehmen, daß Gegenstände bei Berührung
sogleich ihre sämtlichen 'Aufspeicherungen' aufeinander übertragen?
Schon damit wohl wäre die Emanationstheorie endgültig widerlegt. Sie
scheint mir durchaus dem Gebiete des halbklaren, nicht zu Ende geführten Denkens anzugehören.

Will man hiernach dem Gegenstande doch noch eine physische Rolle
zuschreiben (aber ohne auf den in der Einleitung besprochnen Gedanken einer vierdimensionalen Raumwelt zurückzugreifen), so kann
ihm das Ganze der Wissensübermittlung nun nicht mehr zuge-

---

1) Von solchen spricht das Medium Watson: Hill, New Evid. 132.   2) Sünner 99.
3) Barnard 147.   4) Böhm 12, u. vgl. die Fälle o. S. 34 ff.   5) Sünner 60.

schrieben werden; er kann vielmehr nur noch, vermöge seiner objektiven Eigenschaften, die Vermittlung zwischen dem Psychometer und irgendeiner wissengebenden Quelle nicht-objektiver, also psychischer Natur übernehmen. Selbst eine nachgewiesene 'Imprägnierung' des Gegenstandes dürfte also nur mehr als das aufgefaßt werden, was dem Psychometer eine Spur, soz. eine Witterung liefert, mit deren Hilfe er an die wissengebende Stelle herangelangt. Gedanken solcher Art klingen in manchen theoretischen Äußerungen an, denen ich doch eigentliche Klärung nicht zu entnehmen vermag: du Prels Lehre vom Gegenstande als Erzeuger eines 'odischen Rapports';[1] Jahns Auffassung desselben als 'Detektor irgendwelcher Strahlen', Bergmanns — als 'kraftauslösendes Moment', Neugartens — als 'Mittler' oder 'Medium zweiter Ordnung'; Begriffe, auf deren kritische Besprechung ich denn auch verzichten will.[2] Auch Dr. Böhm schreibt dem Gegenstande bloß die 'Rolle eines Faktors' zu, der dem sich 'Einfühlenden' einen 'Richtpunkt gibt für innere Beziehungen'. Dann aber fügt er die m. E. sehr aufschlußreichen Worte hinzu: dies sei 'der gleiche Vorgang, wie wenn ich ein gegenständliches Andenken aus irgendeinem Orte oder aus einer bestimmten Zeit ansehe, und es steigen dann automatisch verschiedene Erinnerungsbilder in mir auf'.[3]

Hier sind wir, wie ich glaube, auf dem richtigen Wege. Zunächst genügt das bereits Erwähnte, um die anscheinend noch immer nicht völlig überwundene telepathische Theorie der Psychometrie endgültig zu beseitigen (Telepathie im Sinne aktiver übernormaler Vorstellungsübermittlung verstanden, wie sie namentlich für den Überbringer des Gegenstandes in Frage käme). Es lassen sich zwar Versuche aufweisen, in denen eine telepathische Beteiligung des Versuchsleiters nicht ganz unwahrscheinlich erscheint. Aber ihnen stehen zahlreiche andre gegenüber, die gerade die telepathische Unwirksamkeit von Vorstellungen mindestens der Anwesenden beweisen. Einmal z. B. schildert Frau Plaat ein Haus, nicht wie es den Vorstellungen der Nächstbeteiligten entspricht, sondern wie es nach einem Umbau erscheint, von dem diese nichts wissen; oder eine Baumgruppe, die erst gepflanzt wurde, nachdem die Nächstbeteiligten den fraglichen Ort zuletzt gesehn.[4] Oder sie beschreibt einen Herren, der den Gegenstand zuletzt bei sich getragen hat, nicht aber den, an den der Überbringer gleichzeitig denkt.[5] Noch andre Versuche wurden so angelegt, daß kein Anwesender wissen konnte, mit wem der Gegenstand in Zusammenhang gestanden.[6]

1) Magie I 100 f.; Entd. II 51 ff.   2) Sünner 71 ff. 99. Ausführlicher dagegen Mattiesen in ZP 1929 624 f.   3) Sünner 88.   4) das. 14 f.; vgl. 33.   5) das. 36.
6) das. 57 f.; vgl. 99.

Kommt nun aber für Fälle, in denen ein einzelner (abwesender) Lebender die mögliche Wissensquelle bilden könnte, allenfalls noch 'Gedankenlesen', 'Erfühlen' (oder wie man es nennen will) auf Entfernung in Frage, so versagen auch solche Formen der Theorie gegenüber den Leistungen, die ein Eindringen des Psychometers in Geschehnisse beweisen, welche in keines Lebenden Bewußtsein oder Erinnerung gegeben sind, wie in Fällen, wo das Schauen des Psychometers ins Gebiet des Anorganischen oder gar des Vorgeschichtlichen greift; ein Tatbestand, der immer wieder mit leidlicher Glaublichkeit behauptet worden ist.[1] Diese Beobachtungen haben die psychometrische Theoretik denn auch von jeher auf die Annahme von Wissensquellen von soz. kosmischer Art und Umfänglichkeit hingeführt.

Auch dieser Begriff einer 'kosmischen' Quelle des psychometrischen Wissens hat sich in der Geschichte unsrer Forschung in verschiedene Formen gekleidet. Eine derselben, von ehrwürdigem Alter, ist der theosophische Gedanke der 'Akascha-Chronik' oder 'astralen Bildergalerie', der u. a. auch von Dr. Pagenstecher, wennschon in fragender Fassung, wieder aufgenommen wurde. 'Ist es wahr', schreibt er, 'daß ... absolut nichts: kein Strahl, keine Schwingung ... im Kosmos verloren geht, sodaß der Abglanz von allem Geschehen irgendwo im Universum aufgezeichnet bleibt, nur denen zugänglich, die das Vermögen haben, die ihnen zugeführten Strahlungen, Schwingungen, Laute usw. zu halluzinatorischen Bildern zu verdichten, die genaue Reproduktionen der ursprünglichen Geschehnisse darstellen, von denen aus vielleicht vor Jahrtausenden besagte Strahlen, Schwingungen und Laute in den Weltraum geschleudert wurden?'[2] — Ich muß nun freilich gestehen, daß ich mir solche Gedanken nie habe zu wirklicher Klarheit erheben können. Ich kann mir nicht einmal annäherungsweise vorstellen, in welcher Weise diese doch höchst verwickelten 'astralen Bilder' sich von den Gegenständen — und zwar in den einzelnen Abschnitten ihrer Geschichte! —, von den wechselnden äußeren Aspekten eines lebenden Menschen oder gar von seinen seelischen Eigenschaften und Entwicklungen ablösen, noch in welcher Weise sie sich neben- und durcheinander erhalten, noch auch wie der Seher in diesem Durcheinander zu deutlicher Wahrnehmung vordringt.[3] Auch argwöhne ich, daß keiner von denen, die mit diesen Gedanken spielen, sich dabei größerer Klarheit erfreut, als ich.

Mehr Aussichten böte hier an sich natürlich der Begriff der vierdimensionalen Raum-Zeit-Welt, in welcher selbst die 'einzelnen Phasen eines Geschehens' in Gestalt der 'Weltlinien' aller Dinge und Wesen

1) Z. B. von Denton. (S. Sph XI 26.   2) Sünner 7.   3) Mattiesen 484.

in 'ewiger' Stetigkeit für die Beschauung derer offenliegen würden, denen der Blick in die Zeit als vierte Raumdimension verstattet ist; und der psychometrische Gegenstand würde (wie schon bemerkt) gewissermaßen als Anknüpfungspunkt des Verfolgens irgend einer Weltlinie dienen, von der natürlich der Blick in beliebigen Richtungen abschweifen könnte, was uns die unbegrenzten Möglichkeiten der Erweiterung jeder psychometrischen Schauung erklären würde.[1] Indessen deutete ich auch schon an, daß allgemein-philosophische Bedenken mich hindern, in dieser bestrickenden Formel die eigentliche Lösung unsres Problems zu erblicken.

Einige Schritte von hier aber stoßen wir auf eine andre Theorie von 'kosmischen' Ausmaßen, die Erwähnung verdient.[2] Für Bozzano läßt sich der ganze Inhalt des Kosmos auf Sonderformen eines 'unergründlichen' Gesetzes zurückführen: des Gesetzes des Rhythmus, welches letztgültig das gesamte Weltall — Stoff und Geist — zu einem Phänomen von Schwingungen stempelt. Diese rhythmische Bewegung stellt die 'immanente Manifestation' Gottes dar. In diesen allumfassenden Zusammenhang von Schwingungen ist aber natürlich auch der psychometrische Gegenstand eingeschaltet, der somit dem Hellseher die Möglichkeit bietet, nicht nur an die Erinnerungen eines Einzelnen (nach Bozzano auch eines Verstorbenen) heranzugelangen, mit dem der Gegenstand 'fluidisch verbunden' ist (was an du Prel erinnert), sondern auch an Wissensquellen von kosmischen Ausmaßen: der 'Äther-Gott', die Zusammenfassung einer Welt der Schwingungen, ist auch die letzte, allwissende Instanz. Soviel nun diese Anschauung, ins Einzelne durchdacht, auch noch der Rätsel bergen mag: sie scheint, wenn ich sie recht verstehe, einen allgemeinen Monismus oder (psycho-physischen) Parallelismus vorauszusetzen,[3] würde sich also auch mit den Argumenten auseinanderzusetzen haben, die heute vielfach gegen den Parallelismus auf psychologischem Gebiete geltend gemacht werden.

Stellt man sich auf 'dualistischen' Boden, so ergäbe sich die Forderung, auch der abschließenden Theorie der Psychometrie eine entschlossen psychologische (oder quasi-psychologische) Wendung zu geben, d. h. den gesamten Tatbestand der Welt — räumlich und zeitlich gefaßt — in einem Überbewußtsein zusammengefaßt zu denken, in welchem jedes Einzelwesen eingebettet, in seiner 'Tiefe' verwurzelt wäre, und aus welchem es — in Zuständen der Einstellung auf

---

1) Vgl. Barnard 207; Schmidt 120 f.   2) APS IV 149 f.; vgl. PS XXXIV 94; RS 1927 340, 1928 249 u. sonst.   3) Fechner, Zend. II 272 f. 279.

die eigne Tiefenschicht — Wissen schöpfen könnte.[1] Der Vorteil dieser krasser psychologischen Theorie läge in der Möglichkeit, die hellseherische, also auch psychometrische Leistung nach uns unmittelbar verständlichen, nämlich psychologischen Vorbildern zu denken. Für alle psychometrischen Leistungen, die es mit gleichzeitigen oder vergangenen Tatsachen zu tun haben, läge die Analogie im Vorgang des Er- innerns. Der seelische Besitz aller Einzelwesen, lebender und verstorbener, würde nach diesem Grundgedanken eben auch der 'Weltseele' — oder 'Gott' — angehören, und durch sie würde der seelische Bestand Aller schließlich jedem Einzelnen zugänglich sein. Ebenso aber alles das, was wir am Ende nur als psychischen Besitz des Allgeistes denken könnten: nämlich jenes gegenständliche Wissen, das nie in eines Einzelnen Bewußtsein gefallen ist. Und hier wäre zu beachten, wie sehr die Art des Aufsteigens psychometrischen Wissens nicht selten dem Aufsteigen von Erinnerungen ähnelt; dem Aufsteigen dessen, worauf wir uns, einer bestimmten Anregung oder Zielsetzung folgend, zu besinnen suchen.[2] Auch daß soz. gefühlsgeladene Gegenstände sich als besonders wirksam erweisen; daß das Schauen oft schwindet beim Entfernen des Gegenstandes; daß ein und derselbe Gegenstand zu verschiedenen Zeiten verschiedene Visionen wachrufen kann; daß zwei gleichzeitig dargebotene Gegenstände abwechselnde Visionen anregen, — alles dies findet offenbar sein Vorbild in vertrauten Eigentümlichkeiten des normalen Erinnerns. Die Rolle des Gegenstandes im Rahmen dieser Anschauung wäre eben genau die, welche beim normalen Erinnern gleichfalls einem Gegenstande zufallen kann: er wäre der Erwecker von 'Assoziationen' im Überbewußtsein. Solche Assoziationen wären u. a. durch die räumlich-zeitliche Berührung von Besitzer und Gegenstand erzeugt zu denken, und der Seher würde sich durch die Annäherung an den Gegenstand soz. in diesen Zusammenhang von 'Erinnerungen' einschalten. Eine etwa anzunehmende 'Imprägnierung' des Gegenstandes aber würde selbst nur einen Sonderfall der physischen Zusammengehörigkeit oder Ähnlichkeit bilden und nur insofern zur Begründung von Assoziationen beitragen.[3]

Für irgendeine dieser kosmischen Fassungen der Theorie würde aber schließlich auch die Tatsache sprechen, daß der psychometrische Gegenstand gelegentlich sogar Einblicke in die Zukunft eröffnet.

Der berühmte Linné (gewiß kein verächtlicher Zeuge in Tatsachenfragen) berichtet von einem 'armen kränklichen Frauenzimmer', das im Rufe der

---

1) Hier versteht der Leser, warum ich gleich zu Beginn von 'un- oder überpersönlichen Quellen der Bildlieferung' sprach, die es außerhalb der Deutung von Erscheinungen durch 'Telepathie' und 'Bildlesen' zu suchen gelte.   2) Vgl. hier etwa Dr. Böhm bei Sünner 79. 88; Dr. Neugarten das. 96 f.   3) Vgl. Mattiesen 499.

Wahrsagerei stand und auf vielen Höfen seines Heimatlandes herumgeführt wurde, wobei es u. a. eine Feuersbrunst richtig vorausgesagt habe. Von dieser Person nun erzählt er folgendes: 'Mein Bruder Samuel war auf der Schule in Wexiö und begabt; ich, der für dumm gehalten wurde, war eben nach Lund gekommen. Alle nannten meinen Bruder Professor und sagten voraus, er würde ein solcher werden. Die Wahrsagerin, welche keinen von uns beiden gesehn hatte, verlangte nach etwas von unsern Kleidern und äußerte vom Bruder Samuel: der wird Prediger; von mir: der wird Professor, reist weit, wird bekannter als irgendeiner im Reich, und schwur darauf. Meine Mutter, um sie zu hintergehen, zeigte ihr eine andre Kleidung, indem sie sagte: diese gehöre meinem Bruder. 'Nein', antwortete sie, 'die gehört dem, der Professor werden und weit entfernt wohnen wird.'[1] — Schließlich gehören ins Gebiet der Psychometrie offenbar auch die zahlreichen Fälle, in denen an einem bestimmten Ort auf diesen bezügliche Vorschaugesichte aufsteigen.[2]

Der Tatsache einer vorschauenden Psychometrie gegenüber versagen natürlich alle Theorien, die sich auf physische Wirksamkeit des Gegenstandes durch Imprägnation, auf Telepathie, Gedankenlesen oder räumliches Hellsehen gründen. Wir stehen hier jedenfalls vor den letzten Geheimnissen des Hellwissens überhaupt. Es leuchtet aber ein, daß nur die Theorie befriedigen kann, die auch den schwerst zu deutenden Fällen gewachsen ist; denn gesunde Logik verlangt, daß eben diese auch auf die leichter zu deutenden angewendet werde (selbst wenn diese für sich eine andre vertragen würden). Nur so ist die Einheitlichkeit und damit Sparsamkeit der Deutung zu wahren. —

Die vorstehenden Überlegungen mögen viel oder wenig Wahrheit enthalten: sie sollten jedenfalls die Erklärungsmöglichkeiten andeuten, die für den Tatbestand der übernormalen Bilderwerbung demjenigen etwa noch zur Verfügung stehn, der an den mannigfachen Künstlichkeiten und Unwahrscheinlichkeiten Anstoß nimmt, die mit der Ableitung des Bildes aus Vorstellungsübertragung durch Lebende oder Vorstellungsschöpfen aus ihnen verbunden sind. Ehe man den Schauenden von einem Entfernten 'telepathisch beeindruckt' werden läßt, der doch nichts vom Akte des Schauens ahnt; ehe man ihn auf die rätselhafte Suche nach einem unbekannten Entfernten schickt, dem er das Bild eines Fremden 'abzapfen' könnte, — eher noch wird man geneigt sein dürfen, auf ein unpersönliches, allgegenwärtiges, immer bereites Sammelbecken aller Bilder zurückzugreifen, in welchem — irgendwie — Vergangenes und Künftiges gegenwärtig ist, und zu welchem der Schauende Zugang gewinnt durch etwas, was ihm unbestreitbar gegeben ist: der Ort, an dem er weilt, oder ein Gegenstand, der ihm nahe ist.

1) Aus Linnés Nemesis divina bei Perty, Spir. 281.   2) s. z. B. Pr X 322 f.

Von allen bisher vorgetragenen Deutungsbegriffen des Animisten läßt sich nun offenbar behaupten, daß sie sich ihrem Grundriß nach entweder auch im spiritistischen Sinne anwenden oder mit spiritistischen Ansätzen widerstandslos verknüpfen lassen. Auch von einem Verstorbenen (falls er überlebt) ließe sich denken, daß er sein Bild 'telepathisch übertrüge'; auch aus seinem Erinnerungsschatze könnte der irdische Seher schöpfend gedacht werden; auch zu Bewußtsein und Wissen eines Verstorbenen könnte der psychometrische Gegenstand einen Zugang eröffnen, oder gar jenen selbst herbeiholen; und selbst in einen allwissenden 'Allgeist' ließe ein körperloser Einzelgeist sich als dauerndes Teil- oder Spaltgebilde einordnen, soz. zwischengeschaltet zwischen irdische Schauende und das allumfassende Überbewußtsein oder sonst eine kosmische Quelle übernormalen Wissens. Mit andern Worten: selbst die Richtigkeit aller vorgetragenen Deutungsbegriffe des Animisten vorausgesetzt, würden sich spiritistische Deutungen von Erscheinungen Verstorbener jedenfalls völlig reibungslos neben ihnen behaupten können. Ja mehr noch: es ist kaum zu leugnen, daß die metaphysisch ausschweifende Natur der Annahmen, die schon der Animist ins Feld führen muß, um den Tatsachen nicht völlig ratlos gegenüberzustehen, wiederum die Beweislast sehr vermindert hat, welche auf den Grundvoraussetzungen seines Gegners ruht. Auf dem Boden der akademisch herkömmlichen Weltansicht mag der Spiritist einen schwierigen Stand haben: auf dem Boden, den die animistische Metapsychik schon heute hat freigeben müssen, ist dieser Stand ein gründlich veränderter. Die Welt ist wieder der 'Wunder' schon recht voll geworden, und unter diesen erschiene das Dasein auch unsichtbarer Persönlichkeiten nicht länger gar so ungeheuerlich. Wir brauchen also, wohlgemerkt, keinen der vorgetragenen animistischen Deutungsbegriffe an sich zu bestreiten, ja wir würden bei unsrem theoretischen Vormarsch einen gefährlichen Gegner im Rücken stehen lassen, wenn wir nicht jede beliebige Möglichkeit übernormaler Bilderfassung auch ohne Mitwirkung von Verstorbenen dauernd im Auge behielten, also gewissermaßen eine potentielle Allwissenheit des psychometrisch oder sonstwie übernormal schauenden Subjektes zugeständen: seine denkbare Befähigung zur Erlangung jedes beliebigen Bildes, jeder beliebigen Erscheinung aller Zeiten und Räume. Aber gerade diese ausschweifenden Zugeständnisse ebnen wiederum, mit einer Art inwohnender Tragik, die Bahn für jene Annahme, zu deren Bestreitung sie gemacht werden: für die spiritistische Deutung. Nur erhebt sich gerade dann um so dringender die Forderung, gewisse Merkmale — Indizien — aufzuweisen, die für die Herkunft von gewissen Erscheinungen und deren 'Inhalten' aus der Persönlichkeit der Erscheinenden selber sprechen, die also ein Bewußtsein oder Interesse oder Wollen offenbaren, welche für die Person des Erscheinenden bezeichnend sind und somit dem Vorurteilslosen eine Ableitung aus dieser empfehlen oder gar aufnötigen. Wie und wie sehr, das müßten uns natürlich wieder erst die Tatsachen lehren. Und sollten derlei Indizien zuweilen mit denen übereinstimmen, die uns so häufig zwingen, die Telephanie[1] des Lebenden aus eben diesem abzuleiten: um so besser; erhielten wir doch dann eine Bestätigung und Verstärkung des Satzes, den schon statistische Wahrscheinlichkeit uns empfahl: daß es das Natürlichste ist, die Quelle einer Erscheinung in dem Erscheinenden selbst zu suchen. Und zwar — das möge der Leser sich einprägen, ehe wir an die Tatsachen herangehn — einer Erscheinung noch völlig unabhängig von jeder Entscheidung über ihr Wesen; einer Erscheinung also in gänzlich unbestimmtem Sinne, bloß als eines so oder so Gesehenen oder auch Gehörten, Gefühlten, oder gar Gerochenen; einer Erscheinung vor allem unabhängig von der Frage nach ihrer 'Objektivität'.

Diese über die nackte Tatsache einer Totenerscheinung hinausgehenden Indizien oder Hinweise sind teils mittelbare und teils direkte; d. h. es ist entweder dem theoretisierenden Beobachter überlassen, aus irgendeiner Einzelheit der Erscheinung einen Wink zu entnehmen bezüglich ihrer Erzeugung durch den Erscheinenden selbst; oder aber die Erscheinung verweist selber, soz. 'ausdrücklich', auf ihren Wunsch zu erscheinen und ihre besonderen Beweggründe dafür. Beide Klassen von Beobachtungen mögen nicht streng zu sondern sein; ich will sie aber in der Darstellung nach Möglichkeit voneinander trennen. Im übrigen liegt es auf der Hand, daß hier, wo der Ton sich von dem Inhalt der Erscheinung im engern Sinn auf Nebenumstände verschiebt, auch die Forderung, daß die Erscheinung dem Schauenden unbekannt sei, von ihrer Wichtigkeit verliert; wir werden sie bald auf Einzelheiten der Erscheinung einschränken, bald überhaupt fallen lassen dürfen.

2. Das Argument aus der aktiven Darbietung des Erscheinungsinhalts

Einen ersten Hinweis auf die Bezweckung und folglich auch Erzeugung der Erscheinung durch den Erscheinenden selbst erblicke ich in der häufig zu machenden (bisher nicht annähernd genug gewürdigten) Beobachtung, daß das Bild des Verstorbenen nicht schlichtweg und im

1) Fernerscheinung.

ganzen erscheint, sondern in einer unverkennbar 'willkürlichen' Anordnung, entweder indem es in einer Reihe aufeinander folgender Teilbilder stückweise dargeboten wird, oder indem eine Einzelheit von der Erscheinung selbst mit Betonung 'gezeigt' wird. Dies verträgt sich vorzüglich mit dem echten und lebendigsten Begriff der Autophanie, als einer (gleichgültig noch, wie bewirkten) willkürlichen Sichtbarmachung seiner selbst zum Zwecke der Identifizierung durch den Betrachter. Wir finden Belege hierfür sowohl bei spontanen Phantom- oder Spukerscheinungen, als auch innerhalb der experimentellen Sitzungserfahrung.

Ein Beispiel der ersteren Art entnehme ich dem vorzüglichen Werk '*Les phénomènes metapsychiques*' von Dr. med. Jos. Maxwell, Generalstaatsanwalt am Appellationsgericht in Bordeaux, einem Beobachter und Darsteller von höchster Verlässigkeit.

H. B., ein naher Freund Maxwells, hatte als älterer Mann lange Zeit in Bordeaux gelebt, davon 6 Jahre lang als Gelähmter. Als er starb, war M. Meurice, das Medium, — ein wissenschaftlich gebildeter Nichtspiritist! — 20 Jahre alt und hatte 'aller Wahrscheinlichkeit nach nie von H. B. gehört'. Von Maxwell hatte er nach H. B.s Tode nichts weiter sagen hören, als daß er einer seiner liebsten Freunde gewesen war. Erst nach 2 Jahren gemeinsamen Experimentierens, am 2. Okt. 1903, erfolgte die erste Kundgebung des H. B., indem Meurice, als er sich zu Bett begab, eine 'Vision' des Verstorbenen, in einem Stuhle sitzend und in lebensgetreuer Kleidung, hatte. Am nächsten Tage, während einer Sitzung mit Dr. Maxwell zu andern Zwecken, sah Meurice ein Gesicht und darüber 'Buchstaben', welche H. B.s Namen andeuteten. Auf eine Frage Maxwells wurde darauf der Zuname H. B.s durch 'Klopflaute ohne Berührung' geliefert und der Vorname erst in seiner französischen, dann auch noch in seiner wahren, 'ausländischen' Form. Es folgten weitere Gesichte, die H. B. in verschiedenen Lebensaltern mit besonderen Kennzeichen, z. B. wechselndem Bartschnitt, aber stets lebensgetreu zeigten. Diese Visionen 'bildeten sich aus einer bläulichen Wolke', und in jeder von ihnen wurde jeweils nur eine Einzelheit deutlich gezeigt, z. B. einmal die Augen, ein andres Mal die Nase oder der Mund, das Haar, der Bart, 'als ob die Persönlichkeit[1] jeweils nur ein Stück der Wahrnehmung des Mediums einzuprägen wünschte'. Schließlich, am 6. Okt., erschien H. B. am hellichten Tage, während einer Wagenfahrt auf einer Waldstraße, mit einer Eigentümlichkeit seines Ganges — Hinken auf dem rechten Bein —, mit einem eigenartigen Mal bei einem der Augen, einen Spazierstock von besonderer Bildung tragend, mit einer dicken goldnen Uhrkette nebst Anhängern u. a. m. Die Erscheinung verschwand plötzlich, einen 'weißlichen Fleck auf dem Boden' hinterlassend (dies merke man sich). Alle angeführten und weitere Einzelheiten waren zutreffend, wie Maxwell 5 Stunden später feststellte; nur die Uhrkette nebst Anhängern und die genaue Lo-

---

[1]) Maxwell sagt vorsichtig: personnification.

kalisierung des Mals am Auge nicht. Beide Irrtümer wurden aber alsbald verbessert, indem Klopflaute ertönten, H. B. sich wiederum zeigte, und zwar mit den richtigen Einzelheiten (seidene Schnur statt Uhrkette), und auf das Augen-Mal noch besonders 'hindeutete'.[1]

In nachfolgenden Visionen 'zeigte' H. B. dem Medium noch weitere Einzelheiten seiner Kleidung,[2] ja Meurice hatte wiederholt das Gefühl, daß H. B. vergeblich versuche, sich sichtbar zu machen, wobei M. stets ein ungeduldiges 'Thut, thut, thut' hörte, was 'eine höchst bezeichnende Gewohnheit H. B.s in Augenblicken der Ungeduld gewesen war', von der aber Meurice offenbar keine Ahnung gehabt hatte. Der äußerst zurückhaltende Dr. Maxwell, den man nicht eben als Spiritisten bezeichnen kann, faßt seinen 'Eindruck' dahin zusammen, 'die Persönlichkeit habe absichtsvoll die Zeichen ausgewählt, durch die sie ihre Identität zu beweisen wünschte ... Solche Tatsachen sprechen für die spiritistische Hypothese; es wäre ungerecht, dies zu leugnen.'[3]

Wer es eilig hat mit der Annahme, Meurice habe alle diese ihm unbekannten Visions-Inhalte dem Wissen Maxwells 'abgezapft' und dann sich selber soz. tropfenweise aus dem Unterbewußtsein heraus vorgehalten, der überlege noch die Tatsache (die aber erst in spätere Zusammenhänge gehört), daß die Persönlichkeit H. B. sich fortan aktiv in das Leben des Mediums einmischte und in seiner Wohnung 'spukte', in den klassischen Formen gehörter Fußtritte (in diesem Falle 'hinkender'), gehörten Türen- und Fensteröffnens, von Seufzern, Schlägen, Berührungen, Erscheinungen u. a. m., was z. T. von mehreren Personen gleichzeitig beobachtet wurde.[4]

Doch davon, wie gesagt, erst später mehr. Ich betone nur ein für allemal, daß ich hier nicht mit jedem Beispiel einen 'Beweis' zu liefern wünsche, vielmehr Indizien sammle, deren bekanntlich viele zur Fällung eines Urteils gehören, — nebst einem offenäugig unparteiischen Richter. — Ein 'Zeigen' von Einzelheiten seitens einer leidlich 'spontanen' Erscheinung belegt auch der folgende Fall.

'Am 5. Okt. 1916', schreibt Oberst Macdonald (London) unterm 23. Dez. desselben Jahres, 'war ich zum Abendessen bei Col. Cowley in Tufnell Park geladen. Mr. Z. [ein Medium], der gebeten worden war, eine Sitzung zu liefern, befand sich in unsrer Gesellschaft und saß bei Tische neben mir. Während der Mahlzeit sagte er zu mir: 'Ein junger Mann, der mir etwa 25 Jahre alt erscheint, in einem [schottischen] Kilt[5] (vom Muster der 'Schwarzen Wache'), ist soeben hereingekommen und steht jetzt hinter Ihrem Stuhl, — er scheint mir Ihr Sohn zu sein.' ... Als Oberst Macdonald Zweifel äußerte, ob es sein im November 1914 gefallener Sohn sein könne, sagte Z.: 'Ich bin gewiß, er kommt für Sie; er sucht sich zu identifizieren und zeigt mir [zu dem Zweck] eine große Narbe, 3 oder 4 Zoll lang, auf dem linken Schienbein;

---

1) Maxwell 287 ff.   2) das. 306.   3) das. 307. Vgl. die seltsamen Beobachtungen S. G. Soals bei Mrs. Cooper: Pr XXXV 490.   4) Maxwell 293.   5) dem kurzen 'Unterrock' der Bergschotten.

sie sieht aus, als könne sie beim Fußball erworben sein.' Oberst M. erwiderte, daß seines Wissens der Junge eine solche Narbe nicht gehabt habe;
er bezeugt überdies noch ausdrücklich, daß 'die Vorstellung, der Junge habe
eine solche Narbe gehabt, damals in meinen Geiste nicht existierte'. 'Ich
hatte die Wunde nie gesehn und wußte nichts von der Narbe.' Aber Z.
behauptete, gewiß zu sein; M. solle nur Nachforschungen anstellen, — 'er
lächelt und zeigt mir wiederum die Narbe'. — Einige Tage später
traf Oberst M. eine alte Magd, die vor vielen Jahren des Sohnes Kinderfrau
gewesen war und ihm nun auf Befragen von genau solcher Wunde am linken
Bein berichtete, die der Knabe sich bei einem Motorradsturz zugezogen und
die sie selbst gereinigt und verbunden habe. Mehrere Zeugnisse des Gast-
gebers und der Nurse bestätigen alle diese Angaben. Oberst Macdonald versichert auch, daß er das Medium Z. vor dem 5. Okt. 1916 'nie getroffen oder
von ihm gehört habe, und daß niemand im Hause des Ob. Cowley oder von
der Tischgesellschaft seinen Sohn persönlich oder von Ansehn gekannt habe'.[1]
— Die 'Natur' der Erscheinung geht uns auch hier nicht an. Ich lege nur
Nachdruck auf den Umstand, daß das Phantom auf das anfängliche Leugnen
des Vaters durchaus verständig und persönlich reagiert, indem es 'lächelt'
und die Narbe nochmals vorweist. (Man muß dabei bedenken, daß bei der
schottischen Kleidung des Phantoms das Vorweisen einer Narbe 'etwa in
der Mitte zwischen Fußknöcheln und Knie' — so lautet die Angabe der
Nurse — sich leidlich natürlich ergeben würde.)

Im folgenden Falle scheint eine Identifizierung der Erscheinung nicht
geliefert worden zu sein; doch dürfen wir sie wohl als möglich vermuten, und der hier fragliche Zug ist sehr eigenartig ausgeprägt.

Mrs. G., seit dem September 1887 Inhaberin einer Pension in London, berichtet im Mai des folgenden Jahres, daß sie und eine Freundin im Lauf
ihrer ersten Nacht im Hause 'ein raschelndes Geräusch' im Nebenzimmer gehört hätten, 'als ob mehrere Damen in seidenen Kleidern im Zimmer umher-
gingen'. (Eine der gewöhnlichsten Einzelheiten von Spuken und eine
der meist am albernsten gedeuteten.) Ähnliche Geräusche vernahm sie in
der Folge mehrfach, wie auch anscheinende Tritte auf der Treppe, gleichzeitig mit einem 'schwachen grünlichen Licht, ... das die Treppe heraufkam'.
Endlich im November erwachte sie eines Nachts mit dem bekannten Gefühl,
'daß jemand im Zimmer sei', und sah, als sie sich umdrehte, in einer Entfernung von 3 oder 4 Fuß 'die Gestalt einer anscheinend fünfzigjährigen Frau,
mit dunklen Augen und Haar, in rotem Kleide und einer Morgenhaube. Ich
blickte sie an und fragte, was sie wünsche. Sie bog ihren Kopf langsam zurück, und ich sah, was ich zuerst für einen sehr großen Mund hielt. Dann
sah ich, daß ihr Hals durchschnitten war ...' Mr. I. Guthrie, ein Einwohner
der Pension, berichtet von dieser Nacht, daß er plötzlich aufgewacht sei und
ein Geräusch gehört habe, als entferne sich jemand in einem seidenen Kleide
von seinem Bette, welches Geräusch er bis in das nächste Zimmer verfolgen

---

1) JSPR XVIII 38 ff. — Der Fall wurde von Sir Oliver Lodge eingesandt.

konnte, in welchem Mrs. G. schlief. 'Sobald das Geräusch anhielt, hörte ich, daß die Frau ... zu sprechen begann.' (Mrs. G. hatte die Gestalt angesprochen.) Auch Mr. Guthrie hatte bei früheren Gelegenheiten das Licht auf der Treppe, das raschelnde Geräusch und zweimal eine Erscheinung in seinem Zimmer wahrgenommen, und die Einwohner jedes Zimmers im Hause hatten ähnliche Beschwerden geäußert.[1]

In einem von Gurney veröffentlichten Fall von Telephanie eines eben tödlich Verunglückten deutete der Erscheinende die Art seines Todes an, indem er, den Perzipienten 'sehr ernst anblickend', ein auf den Kopf gelegtes Tuch 'lüftete': damit 'zeigte er mir die linke Seite seines Kopfes, ganz voll Blut und von der eignen Hirnmasse bedeckt'.[2]

Verwandte Beobachtungen macht man nun aber, wie gesagt, auch innerhalb des Transzustandes. Das sog. Transdrama der Medien, von dem später noch so viel zu sagen sein wird, spielt sich ja großenteils in der Form ab, daß die 'Transpersönlichkeit' des verwandelten Mediums, der 'Spielleiter' des Transdramas, einen Abgeschiedenen vor sich sieht; nicht bloß in genau beschreibbarer äußerer Erscheinung, sondern auch in dramatischer Bewegung, z. B. Gebärden machend und wechselnde Mienen von ganz bestimmter Bedeutung erzeugend,[3] also auch hierin nach der Art einer 'von innen her' gelenkten Autophanie. Zuweilen haben diese Bilder etwas 'Historisches' oder geradezu 'Episches' (aber eben darum Bezwecktes!) an sich, indem sie z. B. den Erscheinenden in verschiedenen Lebensaltern zeigen,[4] wie wir es eben an 'H. B.s' Erscheinungen sahen; oder indem sie frühere Zustände und Lebensumstände desselben vorführen: wie wenn sich der 'Geist' oder 'Kommunikator' in einer ablaufenden Reihe biographisch wahrer Bilder zeigt, etwa auf einer Reise mit ihren wechselnden Landschaften, Beförderungsarten, Ausrüstungsgegenständen, Bekleidungen usw.[5] Dies anscheinend aktive Mitteilen durch Entrollung von Teilbildern bezieht sich nun aber häufig auch im Medientrans auf die Erscheinung des Kommunikators: dieser 'zeigt' also bestimmte Einzelheiten seines Äußern mit offenbarem Nachdruck der Hervorhebung;[6] er zeigt etwa, ganz wie H. B., bei einer Gelegenheit mehr dieses, bei einer anderen mehr jenes Einzelstück; oder aber die ganze Auswahl der Einzelheiten, die er 'zeigt' oder 'aufbaut' und vom Medium beschreiben läßt, erscheint sinnvoll zusammengestellt zum Zweck möglichst rascher und eindeutiger Identifizierung. Alles dies spricht offenbar wieder für einen zielbewußten Willen, der hinter den auf-

---

1) Pr VI 251 ff.   2) Gurney II 476 (Nr. 512).   3) Pr XXX 357 ff.   4) XXX 355 f.; 526; XXXII 19.   5) XXX 391 ff.   6) 'Joseph Marble' z. B. sagt während des Trans: 'Als Beweis meiner Identität will ich mein Gesicht dem Geiste des [Mediums] zeigen, wenn er zurückkehrt, so daß es [nach einer Photographie] wiedererkannt werden kann ...' Dies traf in der 'Phase des Erwachens' ein. Pr XXVIII 273 ff. XXIII 278.

tauchenden Bildern steht, — ohne daß wir gleich die Frage nach dem Wesen solcher Erscheinungen an sich zu stellen brauchten. — Bezüglich der äußerst lebenswahren Beschreibung der (anonym gelassenen) Kommunikatorin 'A.V.B.' durch 'Feda', den 'Kontrollgeist' (oder die 'Spielleiterin') der berühmten Mrs. Osborne Leonard, urteilt Miss Radclyffe-Hall, eine sehr verlässige Forscherin, daß 'die als besonders bemerkenswert erwähnten Einzelheiten genau die Punkte betrafen, deren Beschreibung 'A.V.B.' versucht haben müßte zu erzielen, um über ihre Identität keinen Zweifel bestehn zu lassen.'[1] 'Es scheint ihr daran zu liegen,' sagte 'Feda' einmal, als sie die ihr mit betonter Absichtlichkeit dargebotenen epischen Bilder beschrieb.[2] — Diese Absichtlichkeit tritt auch dann zutage, wenn die 'Kontrolle', wie z. B. 'Feda', eine Ungeduld, ein Andrängen dessen behauptet, der sich zeigen und beschreiben lassen will,[3] oder aber sein heftiges Ankämpfen gegen die Schwierigkeit, etwas Bestimmtes zu 'zeigen'.[4]

So sagt Feda einmal von einem männlichen Kommunikator — und der Vorgang entspricht durchaus dem von M. Meurice spontan beobachteten —: 'Er streckte seine Hand aus, als wollte er einen Ring auf seinen kleinen Finger stecken. Er zeigt es immer wieder. [Als wollte er sagen:] Nicht diesen — es ist dieser, können Sie nicht sehen?'[5] — Auch geschieht es nicht selten, daß Feda dem Geiste Worte zuruft, die ihn in seinen Anstrengungen ermutigen sollen, wie etwa: 'Halten Sie [das Bild] noch einen Augenblick, ich habe es noch nicht ganz erfaßt.'[6] Sie hat offenbar das Gefühl, daß das Zeigen des Bildes das Ergebnis einer Anspannung ihres Gegenüber sei und daß sie dieser Anspannung völlig abwartend gegenüberstehe.

Oder um ein Beispiel aus den Urkunden eines andern, gleich berühmten Transmediums zu wählen: In Dr. Hodgsons eigenen Sitzungen mit Mrs. Piper lieferte deren Hauptkontrolle, 'Dr. Phinuit', gelegentlich die Beschreibung einer gewissen verstorbenen Bekannten, Q., und nannte ihre Augen 'dunkel'. Mrs. Piper rieb dann ihr rechtes Auge am unteren Rande und sagte: 'Da ist hier ein Fleck. Dies (linke) Auge ist braun, das andre hat einen Fleck von heller Farbe in der Iris. Dieser Fleck ist unregelmäßig ausgebreitet, mit einem Stich ins Bläuliche. Er ist ein Geburtsmal. Er sieht aus wie drauf hingeworfen.' 'Phinuit' beschrieb ihn dann noch genauer und völlig richtig nach Form und Lagerung und fertigte eine Zeichnung des Auges und des Fleckes an. Als Dr. Hodgson 'Phinuit' fragte, wie er dies Wissen erlange, erhielt er zur Antwort: 'Q. stehe ganz nahe bei ihm und zeige ihm ihr rechtes Auge, so daß er es deutlich sehen könne, und sage, dies sei es, was ich' [zu wissen] wünschte.' 'Diese Besonderheit im Auge (sagt Dr. H.) war das, was ich im Sinn hatte, als ich 'Phinuit' um eine genaue Beschreibung von Q.s Gesicht bat.'[7] — Woraus, wer will, in diesem Falle freilich auf einen tele-

1) XXX 360.   2) vgl. das. 361 ff.   3) z. B. XXXII 75. 82 f.   4) z. B. XXX 528.   5) XXXII 116.   6) JSPR XXI 87.   7) Pr VIII 66 f. Vgl. Allison 97.

pathischen Antrieb seitens des Sitzers schließen mag. Doch empfehle ich, die Tatsachen insgesamt und im Zusammenhang zu wägen.

Die Beispiele ließen sich beliebig vermehren. Aber schon die angeführten veranschaulichen genügend die Tatsache, daß die Darbietung sachlich richtiger Bilder oder Erscheinungen kein soz. flacher Ablauf ist, kein 'passives' Aufsteigen auf Grund irgendwelcher Verbindung mit einer 'Quelle', sondern oft genug eine im ganzen Verlauf aktive, belebte Leistung; daß hinter der Darbietung der Bilder häufig ein Drang, ein Druck, ein Wollen sich offenbart, das sowohl seiner eigenen Behauptung wie dem tatsächlichen Anschein nach ein persönliches ist. Nun mag ja, wie schon angedeutet, der Animist geltend machen, daß die 'Persönlichkeit' solchen Wollens sehr wohl auch in das schauende Medium verlegt werden könne, nur eben in eine andere 'Tiefe' oder 'Schicht' als die, welche die Bilder entgegennimmt. Wir wissen ja viel von der selbständig lenkenden und belehrenden Haltung, welche verborgene Ich-Bezirke oder 'Randgebiete' gegenüber der wachen Persönlichkeit einnehmen können, und wenn wir ihnen ein übernormales Bild-Erkennen zugestehn, so ließe sich wohl vermuten, daß die Darbietung solcher Bilder seitens jenes 'Unterbewußtseins' mitunter die zweckvoll aktive Art an sich haben könnte, wie sie in den obigen Beispielen zutage tritt. Man würde dann nur sagen können, daß die belegten Eigentümlichkeiten von Erscheinungen zwar äußerst natürlich in eine spiritistische Deutung sich einfügen, ohne aber einen Beweis für sie zu liefern.

Dies ist, abstrakt betrachtet, richtig. Ein unvoreingenommenes Wägen des Für und Wider wird aber noch zweierlei zu beachten haben. Erstens den Umstand, daß eine Deutung durch 'unterbewußte' Bildlenkung und Bildbelebung in allen den Fällen sich noch besonders verwickeln würde, in denen das wahrnehmende Bewußtsein selbst schon ein abnormes, ein Traum- oder Transbewußtsein ist, also soz. ein 'Äquivalent' des geforderten Unterbewußtseins. Die animistische Deutung müßte also annehmen, daß während des Bildschauens-im-Trans noch ein weiteres 'abgespaltenes Ich-Zentrum' außerhalb jener 'primären' Transpersönlichkeit tätig sei, welches die übernormal erworbenen Bilder in zweckhaft gewollter Form dem Trans-Ich darbiete: also ein Unterbewußtsein außerhalb des Unterbewußtseins, das überdies seltsamerweise alle übernormalen Fähigkeiten für sich beanspruchte! Dies ist kein an sich schon unmöglicher Gedanke; im Gegenteil ließe sich wenigstens der Typ solcher 'zweistöckigen' Spaltung an sich aus der Psychopathologie belegen. Doch mag es fraglich erscheinen, ob wir auch kerngesunde Medien ohne weiteres in solche

Formen einordnen dürfen, die uns die Erfahrung nur innerhalb schwer krankhafter Zustände zeigt.[1]

Gewichtiger erscheint mir der andre hier zu beachtende Umstand (und damit mache ich eine erste Anwendung des oben über das logische Verhältnis von Animismus und Spiritismus Gesagten): ich meine die Tatsache, daß auch Erscheinungen, die mit Gewißheit auf Lebende zurückzuführen sind, zwar nur selten gleich deutlich ein Wollen und Planen in der dramatischen Darbietung von Einzelheiten erkennen lassen, aber doch sehr oft einen Zusammenhang ihrer Einzelheiten mit dem gleichzeitigen Erleben der Agenten, und überhaupt eine 'Lebendigkeit' des Auftretens, die mit jenem Planen und 'Zeigen' fraglos wesensverwandt ist und gewissermaßen ein seelisches 'Drinstecken' des Agenten in seiner Erscheinung andeutet. Damit erweisen sich alle diese Arten von innerer Belebung als kennzeichnende Merkmale der Autophanie und legen es nahe, wegen ähnlicher Merkmale auch Erscheinungen Verstorbener als Autophanien, also als Erscheinungen 'Lebender' aufzufassen.[2]

3. Das Argument aus der zeitlichen Lagerung der Erscheinung

Ein sehr viel umfänglicheres Gebiet betreten wir, wenn wir uns nunmehr Indizien zuwenden, die einen Schluß aus allerlei zeitlichen Verhältnissen der Erscheinung auf ihren Urheber nahelegen. Erscheint z. B. ein Verstorbener — sei es Bekannten, sei es Fremden — unmittelbar oder bald nach seinem Tode, so wird das unbefangene Denken daraus ohne weiteres die Vermutung schöpfen, daß der erregende Übertritt in eine neue Daseinsform den Abgeschiedenen zu einer Selbstbekundung angeregt habe; oder daß er dem Perzipienten, oder sonst jemandem durch diesen, seinen Tod habe mitteilen wollen; wie ja doch auch Autophanien Lebender stets einen gleichzeitigen Anlaß und Beweggrund zur Mitteilung erkennen lassen. Erscheinungen Verstorbener in zeitlicher Nähe ihres Todes nun sind bekanntlich sehr häufig, sehr viel häufiger, als sie nach bloßer 'Wahrscheinlichkeit' sich unter 'menschlichen Erscheinungen' überhaupt ereignen dürften. 'Es war', schrieb Gurney schon i. J. 1889,[3] 'während der umfangreichen Sammlung von Zeugnissen erster Hand bezügl. Halluzina-

---

1) Ich komme in einem späteren verwandten Zusammenhang auf alle diese Gedanken ausführlicher zu sprechen.   2) Belege für den besagten allgemeineren Tatbestand werden uns in mehr als einem Zusammenhang — alsbald und viel später — noch begegnen. 3) Pr V 405.

tionen der Sinne, daß mir zuerst die verhältnismäßig große Zahl von Fällen auffiel, in denen das Phantom einen kürzlich verstorbenen Freund oder Verwandten darstellte. Unter 231 Halluzinationen, welche erkannte menschliche Wesen darstellten, fielen 28 oder fast ein Achtel in die ersten Wochen nach dem Tode der dargestellten Person.' Was dieser Tatsache indessen (meint Gurney) viel von ihrem Gewichte nimmt, ist erstens die Überlegung, daß die Erscheinung eines kürzlich Verstorbenen weit eher Teilnahme erregt, also beachtet und erinnert wird; und sodann die Tatsache, daß der Tod der Erscheinenden in jedem Fall den Perzipienten bekannt war, sodaß mannigfache gefühlsmäßige Anreize zur Halluzinierung des Bildes eines vielleicht geliebten Toten gegeben waren. Dies führte dann, und veranlaßt natürlich auch mich in diesem Zusammenhang, zur ausschließlichen Berücksichtigung solcher Fälle, in denen der Tod des Erscheinenden dem Perzipienten z. Zt. **unbekannt** war, oder die Erscheinung zum mindesten einen Bestandteil enthielt, der ihm fremd und doch 'richtig' war, sodaß nunmehr auch der Zeitpunkt der Erscheinung eine übernormale Deutung erfordert, — von der törichten Ausflucht des 'Zufalls' natürlich abgesehen. —

Ich habe vor einigen Jahren eine Beobachtung dieser Art seitens meiner Frau ausführlich mitgeteilt, die hier, als den geforderten Tatbestand in beiderlei Hinsicht kennzeichnend, kurz zusammengefaßt sei.[1] — Von einer heiteren Filmvorführung mit mir heimkehrend, erblickte sie im strahlend erleuchteten Gewühl der Straßengänger die schwarz gekleidete und umschleierte Gestalt einer Jugendbekannten, die sie seit mehr als 23 Jahren nicht wiedersehn hatte, jetzt aber trotz des **gealterten** und **leidensvoll veränderten Aussehns** sofort erkannte, da die Erscheinende, Grete v. P., einer Familie von sehr ausgesprochenem und unverkennbarem Gesichtsschnitt angehörte. Als meine Frau ihr nacheilen wollte, war sie verschwunden, wie in der Menge untergegangen, und es kam der Perzipientin mehr und mehr zu Bewußtsein, daß die ganze Erscheinung überhaupt etwas Starres und seltsam Schattenhaftes an sich gehabt hatte, wie die eines 'Films', der sich zwischen den Fußgängern hindurchbewegte. Am nächsten Abend ersah meine Frau aus der Zeitung, daß G. v. P. mindestens 15 Stunden vor dem Augenblick der Erscheinung 'nach schwerem Leiden' gestorben war. — Ein sehr natürlicher Beweggrund der Verstorbenen, gerade meiner Frau zu erscheinen, war in diesem Falle fraglos gegeben: G. v. P. hatte als Mädchen mit einer gewissen rührenden Beharrlichkeit an meiner Frau gehangen, ohne daß diese ihre Gefühle je hätte erwidern können. Seit 23 Jahren hatte keinerlei persönliche Verbindung mehr stattgehabt, ja es ist gewiß, daß meine Frau an Frl. v. P. zum letzten mal vor 2–3 Jahren auch nur gedacht hatte, als ihr nämlich auf einer Reise eine **Schwester** der Verstorbenen begegnete, die sie nicht

1) ZP 1932 55 ff. (Sofortige Niederschrift.)

persönlich kannte, durch die sie aber an die Jugendbekannte erinnert wurde. Bei G. v. P. darf also eine zurückgedrängte und gewissermaßen 'wunde' Jugenderinnerung vermutet werden, die ihr wohl den Wunsch eingeben konnte, der aus den Augen verlorenen Freundin wenigstens im Tode noch einmal sich zu nähern und ihr das eigene traurige und frühe Ende 'mitzuteilen'. Dagegen kommen gemeinsame Bekannte als 'Lieferer' des Bildes genau genommen nicht in Frage. Meine Frau hatte das v. P.sche Haus nie betreten, mit den Angehörigen der Verstorbenen überhaupt nie ein Wort gewechselt, sie nur von Ansehn (in einer kleinen Stadt!) gekannt; daß also Angehörige Frl. v. P.s in deren Todesstunde auch nur einen Gedanken gewidmet haben, ist mehr als unwahrscheinlich; man müßte denn annehmen, daß die Sterbende ein Gefühl der Sehnsucht nach jener geäußert und dadurch die Ihrigen zur nachträglichen telepathischen Übertragung ihres traurig veränderten Bildes auf die Jugendfreundin veranlaßt hätte. Aber auch dann ständen wir wieder vor den oben besprochenen Schwierigkeiten der Fremdbildübertragung, deren Annahme hier sogar besonders künstlich erschiene: zwischen den v. P.s und der Perzipientin hatte ja nie Bekanntschaft oder Sympathie, also 'Rapport' bestanden; nie hatte das stärkste Erleben der P.s den geringsten übernormalen Widerhall bei meiner Frau gefunden: und nun, da die Tochter stirbt, soll alsbald die Mauer, die beide Parteien schied, versinken und eine Bildübertragung von verblüffender Vollkommenheit gelingen! Man wäge einmal unbefangen die Unwahrscheinlichkeit solcher Annahme gegen die Natürlichkeit einer Kundgebung der Tochter selbst.

Aber ein anderer Einwand legt sich weit dringender nahe und soll sogleich auf unser Musterbeispiel angewandt werden: der Gedanke nämlich, daß der Anstoß zur Bilderzeugung von der noch lebenden G. v. P. in deren letzten Augenblicken ausgegangen sei, sich aber erst verspätet, nach etwa 15stündiger 'Latenz', zum Bilde gestaltet habe.

Diese Frage der Latenz ist seit den Tagen, da das Problem der Erscheinungen Verstorbener zur Sprache kam, eingehend erörtert worden. Gurney verteidigte auf Grund dieses Begriffs die Einbeziehung vieler Erscheinungen z. Zt. bereits Toter in seine umfassende Sammlung von 'Gespenstern Lebender'; er wies auf Beobachtungen innerhalb der telepathischen Experimentalerfahrung hin, die zu beweisen scheinen, daß der telepathische 'Impakt' oder 'Einschlag' zunächst in eine 'unbewußte' Seelengegend falle und dort u. U. einige Zeit verharre, ehe er als Halluzination oder Bewegungsantrieb an die Oberfläche dringe. Besonders aber lehre die Beobachtung bei spontan-telepathischen Vorgängen, daß 'wenn die beeindruckte Person in Tätigkeit begriffen und ihre Sinne und Geist von andern Dingen eingenommen waren', der Einschlag anscheinend nicht eher 'die geeigneten Bedingungen vorfinde, um ins Bewußtsein aufzusteigen, als bis eine Zeit des Schweigens und *recueillement'* dies ermögliche.[1] Gurney und seine Mitarbeiter waren sich allerdings darüber klar, daß es sich bei der Annahme der Latenz zunächst nur um eine 'Arbeitshypothese' handle. In den 'seltenen und ungewissen' experimentellen Fällen habe die Latenzzeit sich nie über 'Sekunden oder Minuten' ausgedehnt, und unter den spontanen Fällen seien viele, in denen eine 'Zurückziehung von Geist und Sinnen des Perzipienten von andren Beschäftigungen' keineswegs abgewartet worden sei, sodaß die neue Deutung durchaus in Frage komme: daß die zur Erscheinung erforderlichen Bedingungen sich a u f s e i t e n d e s Erscheinenden erst einige Zeit nach dem Tode verwirklichten, Impakt und Erscheinung also z e i t l i c h z u s a m m e n f i e l e n. Jedenfalls machten die Verfasser von 'Gespenster Lebender' es sich zur Regel, die zugestandene Latenzzeit z w ö l f S t u n d e n nicht überschreiten zu lassen.[2]

An diesen Grundsätzen gemessen, könnte die Erscheinung der G. v. P. nicht als Leistung der noch Lebenden aufgefaßt werden; nicht etwa weil hier die Zeitspanne zwischen Tod und Erscheinung die von Gurney etwas willkürlich bestimmte Frist um 3 Stunden überstiegen hätte, sondern weil meine Frau sich während jener Zeitspanne mehrfach und anhaltend in dem geforderten günstigsten Zustand für die halluzinatorische Ausgestaltung eines telepathischen Einschlags befunden h a t t e. Hieraus und aus dem Umstande, daß die Erscheinung erfolgte in einem Augenblick stärkster äußerer Inanspruchnahme der Perzipientin (die ja inmitten grell beleuchteten Straßengewühls sich über die Eindrücke eines ungewöhnlich heiteren und glänzenden Films unterhielt), habe ich auf die Wahrscheinlichkeit geschlossen, daß die Ursache der Erscheinung in einer b e s o n d e r s h e f t i g e n g l e i c h z e i t i g e n Einwirkung der Erscheinenden gelegen habe, so heftig, daß sie alle Ablenkungen des Augenblicks bei der Perzipientin zu d u r c h b r e c h e n vermochte.

Abgesehn von solchen Überlegungen ist natürlich einzuräumen, daß die Begrenzung der möglichen Latenzzeit auf 12 Stunden nicht auf Beobachtungen beruht, sondern auf willkürlicher Schätzung. Mit Sicherheit kann einstweilen die Möglichkeit einer Latenz von praktisch unbegrenzter Dauer nicht bestritten werden, und natürlich machen entschlossene Animisten von dieser Möglichkeit den weitesten Gebrauch, so unwahrscheinlich ihre Zulassung im einzelnen Fall auch erscheinen mag.[3] Für den Unvoreingenommenen ist diese Unwahrscheinlichkeit gegeben, wenn etwa die Erscheinung eines unbekannten Verstorbenen

1) Myers II 12 f.; Pr V 406 f.   2) aaO. — Ein Fall von 12 Stunden Abstand: Flammarion III 173; von 18 Stunden: das. 184.   3) Außer Baerwald bes. auch Barnard 168 f. (unbegrenzt).

Monate oder Jahre nach seinem Tode gesehn wird; denn es erschiene als der Gipfel gewaltsamer Zurechtlegung, sie auf eine kurz vor dem Tode ausgesandte, dem Perzipienten nicht bewußt gewordene telepathische Beeindruckung zurückzuführen. Nun fallen natürlich solche Fälle nicht unmittelbar in den Rahmen unsres augenblicklichen Arguments, das eine 'Agenz' des Verstorbenen aus der zeitlichen Nähe von Erscheinung und Abscheiden zu erschließen sucht; jene 'todfernen' Erscheinungen müßten also ihre Ableitbarkeit von dem Verstorbenen selbst natürlich durch besondere Merkmale beweisen, die hier noch nicht zur Erörterung stehn. Sollte dies freilich in vielen Fällen gelingen, sollte also die Anwendung des Latenzbegriffs sich hier als sinnlos herausstellen, so wäre sein Gewicht auch in Fällen 'todnaher' Erscheinungen sehr vermindert; d. h. wir fänden es leichter, Erscheinungen noch-nicht-lange-Verstorbener auf den bereits Verstorbenen zurückzuführen.

Die Waffen des Animisten gegenüber der Tatsache von Erscheinungen Verstorbener in zeitlicher Nähe ihres Todes liegen, wie man sieht, in den Begriffen einer sehr dehnbaren Latenz und der Bildübertragung durch fast jeden Beliebigen, also in leidlich fragwürdigen Denkmitteln; aber ganz abstrakt betrachtet, liefern diese selbstverständlich einen Rahmen für die widerspruchslose animistische Deutung jedes beliebigen Einzelfalles, — gerade weil es sich bei ihnen um unwiderlegbare, wenn auch unbewiesene Annahmen *ad hoc* handelt.

Unter der Voraussetzung dagegen, daß das Erscheinen Verstorbener in zeitlicher Nähe ihres Todes einem Bedürfnis entspringt, entfernten Freunden oder Verwandten die Tatsache des Ablebens mitzuteilen oder sich ihnen überhaupt einmal nach der großen Wandlung zu zeigen, — unter dieser Voraussetzung gewinnt eine seltsame Besonderheit mancher dieser Erscheinungen Bedeutung: die Tatsache, daß die Erscheinung verschwindet in dem Augenblick, da der Perzipient den Sinn ihres Auftretens begreift, nämlich als 'Erscheinung eines Gestorbenen' oder als 'Ankündigung' des erfolgten Todes. Denn daß dies Begreifen sich nicht immer sofort einstellt, für diese an sich schon theoretisch wichtige Tatsache fehlt es nicht an Belegen.[1] — Der folgende Fall hat den Vorzug, sehr 'frisch' mitgeteilt zu sein.

Mme de Lagenest, bei vorzüglicher Gesundheit, war am 25. Mai 1897 um 8 Uhr morgens in Abwesenheit ihrer Magd dabei, in ihrem Zimmer in Fontenay-le-Comte ihr Bett zu machen, als sie auf der andern Seite desselben (es stand in der Mitte des Zimmers) ihren Onkel, M. Bonnamy, erblickte, den sie (er wohnte in Loché, nahe Loche) gleichfalls bei guter Gesundheit

---

1) Vgl. d. oben S. 53 f. wiedergeg. Fall.

glaubte. 'Sie sah ihn mit einem zufriedenen Ausdruck lächeln, aber die Erscheinung war ihr lästig, und sie begab sich auf die andre Seite des Bettes, in der Hoffnung, jene werde dann verschwinden. Zu ihrer großen Überraschung sah sie aber nunmehr ihren Onkel auf dem Platz, den sie eben verlassen hatte. Jetzt richtete sie das Wort an ihn und fragte nach dem Grund seiner Anwesenheit, ohne eine Antwort von der Erscheinung zu erhalten, die zu lächeln aufhörte, aber sie voll Güte ansah. Um diesem sie beunruhigenden Blick zu entrinnen und da sie die Heimsuchung einer Halluzination zuschrieb, begab sich Mme de L. in die im Erdgeschoß belegenen Zimmer und betrat das Arbeitszimmer ihres Gatten. Dasselbe Phantom stand vor ihr. 'Aber lieber Onkel, fragte sie nun, warum kommst du? Bist du denn tot?' Unmittelbar nachdem Mme L. diese Worte ausgesprochen, verschwand die Erscheinung. Etwa eine halbe Stunde später kam die telegraphische Meldung, daß der Onkel um 1.15, also etwa 7 Stunden vor der Erscheinung, in Loché gestorben war.[1]

Der zweite hier wiederzugebende Fall dieser Art ist eindrucksvoller, indem die Erscheinungen — vornehmlich klangliche — sich längere Zeit wiederholen, bis eine normale Benachrichtigung die Gewißheit vom erfolgten Tode herbeiführt. Ich gebe den sehr ausführlichen Bericht der Perzipientin in größter Kürzung wieder.

Eine Bekannte des namhaften englischen Journalisten und metapsychologischen Sammlers W. T. Stead, Mrs. Georgina F., die Witwe eines höheren indischen Beamten und eine Frau von bedeutenden Eigenschaften des Charakters und Geistes, hatte eine zweite Liebesehe mit Mr. Irwin O'Neill geschlossen, die aber infolge entdeckter Doppelehe ihres Gatten getrennt werden mußte, worauf dieser, nach leidenschaftlichen Auftritten zwischen den glühend Liebenden, im August 1888 nach Italien verzog und sich aus Verzweiflung dem Trunk ergab. Im Sommer 1886 hatten übrigens beide die Abmachung getroffen, daß der zuerst Sterbende dem Andern, falls möglich, sich kundtun solle. — In der Nacht vom 27. auf den 28. Nov. 1888 sah Mrs. F. in London eine Erscheinung ihres zweiten Gatten in Mantel und Hut, das Gesicht ihr zugekehrt, 'mit furchtbar bedeutungsvollem Ausdruck, sehr blaß und gleichsam gequält durch die Unfähigkeit zu sprechen oder sich fortzubewegen.' Sie hielt dieses Phantom zuerst für den Lebenden, doch schwand es dahin, wobei die Kleidung länger sichtbar blieb, als Gesicht und Hände. Der Gedanke, daß O'Neill gestorben sein könne, und die Erinnerung an ihre Abmachung mit ihm kam ihr auf keinen Augenblick. Drei Tage später hörte sie mit größter Deutlichkeit seine Stimme außerhalb ihres Fensters rufen: 'Georgie, bist du da, Georgie?', sah aber nichts, als sie hinauslief, um ihn hereinzuholen. Kurz darauf in derselben Nacht hörte sie ihn — wieder vor dem Fenster — unverkennbar husten, lief aber wiederum vergeblich ins Freie. Dieses Rufen und Husten wiederholte sich nun allnächtlich während einer Woche, und danach etwa neun Wochen lang mit

[1] ASP 1897 114, berichtet von F. Bodroux.

Überspringung einiger Tage, mitunter während der ganzen Nacht anhaltend. 'Einmal waren es die Worte 'Georgie! Ich bin es! O Georgie!' Oder 'Georgie, bist du zuhause? Willst du nicht zu Irwin sprechen?' Dann eine lange Pause, und nach etwa 10 Minuten ein seltsamer, unirdischer Seufzer, oder ein Husten — ein ganz absichtsvolles, gezwungenes Husten.' In einer nebligen Nacht lief Mrs. F. hinaus, überzeugt, daß ihr Gatte da sei und sich vor ihr verberge, und rief nach ihm. 'Eine Stimme, die höchstens 3 m von mir entfernt zu erklingen schien, rief aus dem Nebel: 'Es ist nur Irwin', und ein ganz entsetzlicher, lauter und gleichsam übernatürlicher Seufzer verklang in der Ferne... Eines Tages, nach Ablauf von etwa 9 Wochen, kam ein [von mir nach Italien abgeschickter] Brief zurück mit dem Vermerk: 'Signor O'Neill e morto', nebst einem Brief des [britischen] Konsuls, der mir mitteilte, daß O'N. am 28. Nov. 1888 gestorben sei, dem Tage, an dem er mir erschienen war... Das Seltsame ist, daß von dem Augenblick an, da ich auf natürlichem Wege von seinem Tode unterrichtet war, sein Geist befriedigt zu sein schien, denn keine Stimme erklang je wieder; es war, als hätte er mir mitteilen wollen, daß er gestorben sei, und als wüßte er, daß ich die Nachricht noch nicht auf menschlichem Wege erhalten hatte. — Die Erscheinung vom 28. Nov. machte einen solchen Eindruck auf mich, daß ich sofort das Datum niederschrieb, um es ihm mitzuteilen, wenn ich ihm schriebe. Mein Brief erreichte Sarno am Tage seines Todes, oder einen Tag danach. Jeder Zweifel ist ausgeschlossen, daß es *seine* Stimme gewesen war, denn er hatte eine eigenartige und ungewöhnliche, wie ich sie ähnlich nie von jemand sonst gehört habe...' [1]

Fälle dieser Art leiden nun allerdings an einer naheliegenden psychologischen Zweideutigkeit, die ihre spiritistische Beweiskraft nicht unwesentlich vermindert. Vorausgesetzt nämlich, daß die fraglichen Erscheinungen (in jedem Falle ja den Perzipienten bekannte Personen darstellend) die sinnliche 'Hinausverlegung' eines telepathisch empfangenen Wissens sind, also gewissermaßen Mitteilungen des übernormal belehrten 'Unterbewußtseins' an das noch ahnungslose Wach-Ich: so liegt — ähnlich wie bei unterbewußten 'Antrieben', die sich wiederholen, bis man ihnen nachgibt — die Annahme nahe, daß die 'wissende Stelle' davon Kenntnis erhalte, ob ihre 'Mitteilung' verstanden werde, und, falls dies zunächst ausbleibt, die Mitteilung wiederhole, bis sie verstanden wird. Im zweiten der obigen Beispiele dürfte diese Deutung allerdings schon reichlich gesucht erscheinen; doch liegt das teilweise an Einzelheiten, die erst künftig zur Sprache kommen werden. (Man überlege z.B. die große Natürlichkeit der gehörten Worte vom Standpunkt des Verstorbenen aus.) — Anderseits ist zu betonen, daß das Verschwinden nach erzieltem Verständnis auch in spiritistische Voraussetzungen sich besonders natürlich einfügen würde. Wie

---

1) Stead 108 ff.

sehr Phantome, und darunter auch fraglose Autophanien, sich zu Wesen auswachsen können, mit denen der Perzipient in Verkehr treten kann, die also auch auf die Reaktionen desselben ihrerseits reagieren (wie ja das Verschwinden eine solche Reaktion wäre!), davon werden wir mit dem Fortschritt der Untersuchung noch hören. Und wenn wir dem Verstorbenen die voraussetzungsgemäß höchst natürliche Absicht zuschreiben, seinen ahnungslosen Nächsten sein Abscheiden mitzuteilen, so dürfen wir wohl erwarten, daß er die vielleicht bedeutende Anstrengung, welche die Wahrnehmbarmachung erfordert, in dem Augenblick aufgeben werde, in dem er die Gewißheit erhält, daß ihr Zweck erreicht ist: daß er gesehn und verstanden worden ist. — Wir wollen also in dem fraglichen Umstande immerhin ein Indiz erblicken, das es sich lohnt für den Fall zu merken, daß sich andre, gewichtigere entdecken lassen, an die es natürlichen 'Anschluß' und dadurch auch seinerseits Gewicht gewinnt.

4. Das Argument aus der Verabredung der Erscheinung

Eine weit stärkere Verlockung, aus der zeitlichen Nähe von Tod und Erscheinung auf den Verstorbenen selbst als ihren Urheber zu schließen, leitet sich von einem andern Umstand ab, der vielen solchen Erscheinungen vorausgegangen ist. Ich rede von Fällen, wo der Verstorbene zu Lebzeiten die Absicht bekundet hatte, wenn irgend möglich seinen Tod durch Erscheinen anzuzeigen; eine Absicht, die besonders häufig als Teil einer Abmachung zwischen Zweien auftritt: wer zuerst sterbe, solle sich dem Andern bemerklich machen.[1] Die — wahrscheinlichkeitsrechnerisch gesprochen — Überhäufigkeit von Phantomerscheinungen, die auf solche Abmachungen zurückweisen, fiel schon Gurney zu Beginn seiner umfassenden Sammeltätigkeit auf. 'Erwägt man', schrieb er, 'wie wenige Menschen eine solche Abmachung treffen, verglichen mit denen, die es nicht tun, so kann man sich schwerlich der Folgerung entziehn, daß ihr Gegebensein eine gewisse Wirkung hat.'[2] Auch die Verfasser des Zensus-Berichts fanden, daß — obgleich sie nach 'Versprechen, zu erscheinen' nicht gefragt hatten, also auch nicht erwarten konnten, daß dieser Umstand in jedem Falle erwähnt werden würde — die freiwilligen Erwähnungen dieses Umstands über das wahrscheinliche Maß hinausgingen.

Eine solche Versprechung wurde erwähnt in 3 unter den 80 Fällen von Zusammentreffen der Erscheinung mit einem Todesfall; desgleichen in einem

---

1) S. z. B. Gurney I 395. 427. 506. 531; II 63. 477. 489. 496; Daumer I 254 ff.; Calmet, Kap. XLVI.   2) Bei Myers II 43.

von den 9 Fällen von Erscheinungen nach dem Tode, wobei der Tod dem
Perzipienten unbekannt war; desgleichen in einem von den 11 Fällen von
Erscheinung während tödlicher Krankheit des Erscheinenden, die gleichfalls
dem Perzipienten unbekannt war. 'Wir dürfen aber wohl annehmen, daß
weder 5 Personen von 100, noch 3 Personen von 80 aller Klassen, Geschlechter
und Altersstufen das Versprechen geben, wenn möglich ihren Freunden nach
dem Tode zu erscheinen; und unter dieser Voraussetzung dürfen wir
schließen, daß das Gegebensein einer solchen Zahl von Abmachungen unter
anscheinend 'veridiken' Fällen nicht dem Zufall allein zuzuschreiben sei...
In den erwähnten Fällen erscheint es aber auch unwahrscheinlich, daß [jene]
Verknüpfung vom Zustande des Perzipienten abhängt, [der von dem bevorstehenden oder eingetretenen Tode nichts wußte und folglich keine Erscheinung 'erwarten' konnte]. Wir sind demnach genötigt anzunehmen, daß
die Wirksamkeit des Versprechens abhing vom Zustande der verstorbenen
oder sterbenden Person. Wenn dem so ist, so haben wir anscheinend in den
Fällen von Erfüllung eines Versprechens sich mitzuteilen, in Anbetracht
ihrer Lagerung um die Zeit des Todes, und zwar sowohl vor wie nach demselben — einen weiteren Hinweis darauf, daß für den Sterbenden mit dem
Tode keine schroffe Veränderung eintritt, — *that there is for the dying
person no abrupt transition at death.*'[1]

　　Allerdings muß ich hier, zumal nach den bisherigen Überlegungen,·
sogleich eine wichtige Einschränkung machen. Da nämlich die fragliche Abmachung die Neigung haben muß, schon dem Sterbenden,
also noch nicht 'Toten', bewußt oder doch im Hintergrunde seiner
Seele wirksam zu werden, so hätten wir, vor einer spiritistischen Deutung, offenbar alle Fälle auszuschließen, in denen die Erscheinung in
solche zeitliche Nähe des Todes fällt, daß sie als verspätete Versinnlichung einer Einwirkung des Noch-lebenden aufgefaßt werden kann,
— also in die mögliche Latenzzeit eines unterbewußt-telepathisch erlangten Wissens; — es sei denn, daß die Erscheinung aus irgendwelchem Grunde sich überhaupt nicht als bloße Halluzination auffassen läßt, ein Tatbestand, mit dem wir es aber hier noch nicht zu tun
haben. Und diese Annahme einer Wirkung des Noch-lebenden liegt
natürlich vollends nah in Fällen, wo zwar die Verabredung einer Erscheinung vorausgegangen war, diese dann aber garnicht den Tod des
Erscheinenden anzeigt, sondern nur einen Augenblick höchster Lebens-
gefahr.[2]

　　Gestehen wir nun aber dem Animisten wiederum die Möglichkeit unbegrenzter Latenz zu, so würde offenbar das Argument aus der Verabredung überhaupt seiner besten Kraft verlustig gehen. Unter den
von Gurney in *'Phantasms of the Living'* mitgeteilten Fällen ist einer,
in welchem vermutlich 14 Stunden zwischen dem Empfang eines töd-

1) Pr X 377.　　　2) z. B. Gurney I 419 f. 527 f.

lichen Kopfschusses und der Erscheinung des Betreffenden verflossen waren,[1] und der Zensus-Bericht erwähnt 5 Fälle erfüllter Verabredung, in denen der fragliche Zeitabschnitt zwischen einigen Monaten und 5 Jahren lag (teilt aber nur den letzerwähnten ausführlich mit, der keinerlei Wert besitzt, da der Tod in diesem Fall der Perzipientin längst normal bekannt war).[2] In diesen Fällen größeren Zeitabstandes nimmt natürlich der Einspruch des Animisten wieder das Gepräge der Willkür und Gezwungenheit an, und wir gewinnen das Recht, in der Erfüllung der Abmachung zum mindesten ein Indiz zu erblicken, das neben andern wohl in die Wagschale fällt.

Im allgemeinen werden wir hier natürlich nur solche Fälle berücksichtigen können, wo der Tod des abmachungsgemäß Erscheinenden — und, wenn möglich, auch jede Krankheit desselben — dem Partner der Abmachung normalerweise noch unbekannt ist; da andernfalls ja gerade der Gedanke an die getroffene Abmachung die Erwartung einer Erscheinung und damit eine rein subjektive, nur scheinbare Erfüllung der Verabredung bewirken könnte. Wo dagegen der Todesfall dem Perzipienten bereits bekannt ist, da werden wir zum mindesten fordern, daß irgendeine 'wahre' Einzelheit der Erscheinung ihm unbekannt sei, was ja ihre Auffassung als echte Autophanie begünstigen müßte, also als Erscheinung, die dem Selbstbewußtsein des Erscheinenden selber entsprungen ist.

Einen Beleg hierfür finden wir z. B. in einem Bericht, welchen Flammarion von M. Castex-Dégrange, Direktor der Kunstakademie in Lyon, erhielt, einem 'hervorragenden Forscher', wie der berühmte Astronom bezeugt. — M. Castex-Dégranges ihm sehr nahestehende Tante, Mme A. B., hatte mit einer Jugendfreundin, Mme C., die bewußte Abmachung getroffen. Mme C. starb, zum großen Kummer ihrer Freunde. 'Einige Tage danach', während Mme B., nicht ganz wohlauf, in einem halberleuchteten Zimmer das Bett hütete, erblickte sie plötzlich ihre Freundin in einem Lehnstuhl sitzend. Mme C. trug über ihrem Kleide eine Art Kapuzenüberwurf (*capeline à capuchon*), den meine Tante sie nie hatte tragen sehn', was jene überraschte. Als sie dies einen oder zwei Tage später der sie besuchenden Tochter der Toten erzählte (wobei sie von ihrer 'Halluzination' sprach), erfuhr sie, daß die Verstorbene in jener Pelerine eingesargt worden sei, 'die sie nur abends, wenn sie allein war, zu tragen pflegte und für die sie eine alte Vorliebe hatte'.[3]

Mit allen diesen leidlich 'abstrakten' Erwägungen ist nun aber unsre Frage wieder bei weitem nicht erledigt. Es lassen sich vielmehr auch an 'Verabredungsfällen' noch gewisse Eigentümlichkeiten entdecken, die mindestens dazu beitragen, die Verabredung als wirklich wirksam zu erweisen, und somit als Hinweis auf die autophane Natur der Er-

1) Capt. Colts Fall, Gurney 556 f.   2) Pr. X 377 f.   3) Flammarion III 59 f.

scheinung. — Einen solchen Hinweis besonderer Art erblicke ich in
der zuweilen zu beobachtenden Tatsache, daß das Phantom ausdrücklich auf sein Versprechen Bezug nimmt, indem sich z. B. mit der
Vision gehörte Worte entsprechenden Sinnes verbinden. Denn ein
'Reden' im Sinne der Erscheinung überhaupt ist auch bei Autophanien Lebender durchaus nichts Seltenes. Die Frage, wie solches
'Reden' zustandekommt, braucht uns noch gar nicht zu beschäftigen;
es darf uns zunächst genügen, auch die 'Äußerungen' des Phantoms als
vom Erscheinenden selbst 'gelenkte' Halluzinationen zu fassen.

Einen Fall der fraglichen Art liefert uns Mrs. I. Bishop, geb. Bird, eine
ehemals sehr bekannte englische Reiseschriftstellerin; doch ist hier das Zeitverhältnis von Tod und Erscheinung leider nicht eindeutig festzustellen. —
Miss Bird hatte während ihres Aufenthaltes im nordamerikanischen Felsen-
gebirge großen persönlichen Einfluß auf einen etwas wüsten Halbblut-
indianer namens Nugent, alias Mountain-Jim, gewonnen, mit dem sie noch
kurz vor ihrer Abreise über die Fragen des Fortlebens gesprochen hatte.
Bei ihrem Abschied von ihm, der den Mann tief bewegte, hatte er ihr wiederholt und in der nachdrücklichsten Weise versprochen sie wiederzusehen,
'wenn er sterbe'. Er schrieb ihr danach häufig, und sie hatte schließlich gehört, daß er an einer im Streit empfangenen Wunde kranke, daß es ihm aber
besser gehe und er sich mit Rachegedanken trage. — 'Einige Zeit' nach den
letzterhaltenen Nachrichten, am '7. oder 8. September' 1874, lag sie früh um 6
auf ihrem Hotelbett in Interlaken, einen Brief an ihre Schwester schreibend,
als sie, 'ihre Augen erhebend', Mountain Jim vor sich sah. 'Sein Blick war auf
mich geheftet, und als ich ihn ansah, sprach er zu mir mit leiser Stimme, aber
sehr deutlich: 'Ich bin gekommen, wie ich versprochen hatte'. Darauf machte
er ein Zeichen mit der Hand und fügte hinzu: 'Leben Sie wohl.'' Tag und
Stunde wurden sofort aufgezeichnet, und die erste Nachricht vom Tode
Jims schien anzudeuten, daß er gleichzeitig mit der Erscheinung gestorben
war. Erst später ließ sich errechnen, daß diese vielleicht um ein beträchtliches nach dem Ableben des Mannes erfolgt war. Nach dem Totenbericht
nämlich starb Mountain Jim am 7. Sept. 1874 um 3 Uhr nachm. in Fort Col-
lins, Colorado. Dies entspricht 10 Uhr vorm. in Interlaken. Sah Miß Bird
die Erscheinung am 8., so folgte diese dem Tode um 20 Stunden; falls am 7.,
ging sie ihm 4 Stunden voraus. Natürlich müßten wir auch sicher sein, daß
gerade die Worte des Phantoms genau erinnert und nicht etwa halbwegs
hinzuerfunden worden sind: der Bericht der Mrs. Bishop an Gurney erfolgte
nämlich 10 Jahre nach dem Erlebnis. [1]

Eine andre seltsame Verwicklung, die eine Verlockung zur spiritistischen Deutung von Verabredungsfällen enthält, ist gegeben, wenn
die Erscheinung des Verstorbenen nicht von demjenigen erblickt wird,
dem sie der Verabredung gemäß offenbar zugedacht ist, sondern von

---

1) Gurney I 531 f.   Vgl. den Fall der A. Ximenez: Flammarion II 388 f.

einem oder gar mehreren Dritten, die an sich keinen natürlichen Anspruch auf sie haben, aber etwa dem eigentlichen 'Adressaten' örtlich
nahe oder sonstwie verbunden sind. In solchen Fällen ist der Schluß
erlaubt, daß die Erscheinung jenen Dritten nur darum zuteil wurde,
weil sie irgendwie die größere Eignung besaßen, Phantome überhaupt wahrzunehmen.

Eine gewisse Mrs. H. hatte mit ihrer vertrauten Freundin, Lady E., die
hier fragliche Abmachung getroffen. Mrs H. starb als erste am 24. Juni 1874
auf Malta, Lady E. erfuhr dies drahtlich noch am gleichen Tage, 'saß (wie
sie schreibt) die ganze Nacht auf, in der Hoffnung, die Freundin zu sehen,
sah und hörte aber nichts. Dagegen wurde Mrs. H. gesehen — und
zwar 7 Tage nach ihrem Tode, in der Nacht nach der Bestattung (denn sie
hatte sich eine sehr späte ausbedungen) — zuerst von ihrer Tochter, L. H.,
dann von deren Wärterin, und schließlich von ihrem Gatten. 'Ich dürfte einige
Zeit geschlafen haben', schreibt Miss L. H., 'als ich erwachte und, indem ich
mich auf die andre Seite gegen das Fenster hin herumwandte, meine Mutter
an meinem Bette stehn sah, weinend und die Hände ringend. Ich war noch
nicht lange genug wach, um mich zu besinnen, daß sie tot sei, und rief ganz
natürlich aus (denn sie kam oft herein, wenn ich schlief): 'Was gibt's, meine
Liebe?', und dann, mich plötzlich erinnernd, schrie ich auf. Die Nurse lief
aus dem Nebenzimmer herein, fiel aber auf der Schwelle auf die Knie und
fing an, ihren Rosenkranz zu beten und zu weinen. Mein Vater trat in diesem
Augenblick in die gegenüberliegende Tür, und ich hörte seinen überraschten
Ausruf 'Julia, Liebling'. Meine Mutter wandte sich zu ihm hin und dann zu
mir, sie rang wieder die Hände, zog sich nach dem Kinderzimmer hin zurück und entschwand. Die Nurse erklärte nachher, daß sie deutlich etwas an
sich vorübergehen gefühlt habe...'[1] — Man mag natürlich einwenden, daß
die Wahrnehmung der Erscheinung durch mehrere — ihre 'kollektive' Wahrnehmung — hier wenig zu bedeuten habe, da irgendwelche (nicht berichteten)
Worte der Tochter die andern beiden, überdies durch den Todesfall erregten
Personen zum Mithalluzinieren angeregt haben mögen. Im Verlaufe späterer
Ausführungen wird sowohl dieser Umstand als auch das dramatische Benehmen des Phantoms — als wäre es sich wohl bewußt, wo und wem es erscheine — uns doch vielleicht in andrem Licht erscheinen. Jedenfalls haben
wir hier eine sehr eindrucksstarke Erscheinung, der das Versprechen zu erscheinen vorausgegangen ist, das sich aber nicht der Partnerin desselben,
sondern mehreren andern gegenüber erfüllt.

Immerhin liegt eine Schwäche des Falles darin, daß diese andern
auch an sich, als nahe Verwandte, soz. ein natürliches Recht auf eine
Erscheinung hatten; sodaß wir nicht genügenden Grund zur Annahme
haben, die Erscheinung sei ihnen nur deshalb zuteil geworden, weil
die Partnerin der Verabredung sich als unzugänglich erwies. Das fol-

1) Pr V 440 f. (Myers, der Sammler des Falles, kannte Lady E. und Miss H.)

gende Beispiel leidet an dieser Schwäche nicht; denn der tatsächliche Perzipient, Rev. Arthur Bellamy, hatte die Erscheinende, eine Jugendfreundin seiner Frau, zu Lebzeiten überhaupt nicht gekannt, auch nie ein Bild von ihr gesehn, sodaß erst seine genaue Beschreibung des Phantoms zu dessen Identifizierung führen konnte.

Der Todesfall war zur Zeit der Erscheinung beiden Eheleuten Bellamy schon bekannt geworden, und auf die Nachricht hin hatte Mrs. Bellamy ihrem Gatten auch von ihrer Abmachung gesprochen, die aber auf diesen angeblich gar keinen Eindruck gemacht hatte. In einer der folgenden Nächte erwachte Mr. Bellamy 'plötzlich' und sah beim Schein der brennenden Kerze und des Kaminfeuers eine Dame am Bett seiner fest schlafenden Frau sitzen, deren genau beobachtetes Aussehn er bis ins kleinste sich merkte und in seinem Bericht beschreibt, und zwar besonders die übersorgfältig gebürstete Frisur, die seine Frau, als sie nach einigen Stunden seinen Bericht empfing, auf eine unverfängliche Frage nach 'besonderen Merkmalen' hin von sich aus als Eigentümlichkeit der Verstorbenen angab.[1] — Gurney bezeichnet als nächstliegende Deutungen des Vorgangs 1) die Übertragung einer Halluzination (vielleicht eines Traumbilds) seitens der Frau; 2) die Übertragung einer Autophanie der Verstorbenen durch Mrs. Bellamys Unterbewußtsein hindurch auf den Gatten. Am unwahrscheinlichsten erscheint ihm das Fehlgehn eines 'soz. direkten Einflusses' und sein Abgleiten auf einen der Agentin Fremden. Ich glaube vielmehr, daß der Fortgang der Untersuchung gerade diese Deutung dem Leser mit wachsender Dringlichkeit empfehlen wird.

Auch im nächsten wiederzugebenden Falle haben wir nicht den mindesten Grund zu glauben, der anscheinende Agent habe sich der tatsächlichen Perzipientin ebenso gut bemerkbar machen wollen, als dem eigentlichen Partner seiner Abmachung. Dieser ist vielmehr anscheinend außerstande, die Erfüllung entgegenzunehmen, und eben dies führt zu ihrer 'Ablenkung'.[2] Der Fall leitet uns aber außerdem noch über den eben behandelten Typ hinaus zu einer Besonderheit gewisser verabredeter Erscheinungen, indem hier die Verabredung sich auf eine ganz bestimmte Art der Kundgebung nach dem Tode bezogen hatte und die Erfüllung eben diese Form annahm. Daß diese besondere Art der Autophanie über das bisher zumeist berücksichtigte bloße 'Erscheinen', also Gesehenwerden, hinausgeht, soll uns nicht anfechten: man mag dies Neuartige einstweilen als Bestandteil einer mehrsinnigen Halluzination auffassen, aber einer eben so und nicht anders vom Erscheinenden selbst bezweckten.

Im Jahre 1882 schloß Graf Carlo Galateri Freundschaft mit einem gewissen Virgini, ehemaligen Offizier der Grenadiere, auf den er vergeblich im Sinne seiner spiritistischen Überzeugungen Einfluß zu gewinnen suchte. 'Eines Tages

---

1) Gurney II 216 Anm. — Vgl. auch d. Fall der Gräfin Kapnist: Pr X 284 f. (Ersch. 2 Tage vor d. Tode).   2) 'Deflected cases' der englischen Forschung.

versprachen sich die beiden gegenseitig, halb im Ernst und halb im Scherz,
daß wer von ihnen zuerst stürbe, den andern davon benachrichtigen würde,
und zwar **indem er ihn an den Füßen kratzte**... Im November 1887
teilte Sgr. Virgini seinem Freunde mit, daß er bei den Truppen in Afrika
in Dienst getreten sei. — Am Abend des Sonntags, 5. Aug. 1888, befand sich
Graf Galateri bereits im Bett, als seine Gattin, die ihm zur Seite lag, ein
wenig mißgelaunt zu ihm sagte: 'Gib doch Ruhe!' Ihr Gatte fragte sie, ob sie
träume, denn er hatte sich gar nicht gerührt; worauf sie: 'Ich sage dir, gib
Ruhe! Kitzle mir nicht die Füße!' Man machte Licht und suchte nach einem
Insekt, aber vergeblich. Kaum war das Licht gelöscht, als die Gräfin ausrief:
'Sieh doch, sieh am Fuße des Bettes!' (Ihr Gatte sah aber nichts.) 'Da steht
ein hochgewachsener junger Mann, lächelnd, mit einem Kolonialhelm auf
dem Kopf... Er sieht dich an und lacht!... O der Unglückliche! Welch grausige Wunde hat er in der Brust! Und dann ein zerschlagenes Knie!... Er
grüßt dich mit zufriedener Miene... Er verschwindet!' — Am Tage darauf erzählte die Gräfin den Vorfall mehreren Freunden und Verwandten. Am
Dienstag, d. 14. Aug., meldeten die Zeitungen einen Kampf italienischer
Truppen gegen Abessinier bei Saganeiti, wobei die Leutnants Poli, Brero und
Virgini gefallen seien. Virgini, der letzte überlebende Offizier, war schließlich
am Knie getroffen und dann durch einen Flintenschuß in die Brust abgetan
worden. [1]

Auch in den folgenden Beispielen geht die Form der Erfüllung über
eine Erscheinung im engern Sinn hinaus, ja z. T. wird eine solche überhaupt umgangen. Man wird mir dieses V o r g r e i f e n aber gewiß nicht
verübeln: denn nachdem wir einmal auf die Tatsache der 'eingehaltenen
Abmachung' gestoßen sind, muß es sich empfehlen, sie mit a l l e n
verfügbaren Mitteln auch a n s i c h glaubhaft zu machen; die Tatsache,
daß das Vorausgehen einer Abmachung dem E r s c h e i n e n - n a c h - d e m -
Tode wirklich einen Sinn a u s d e m W o l l e n d e s E r s c h e i n e n d e n
h e r a u s verleihen kann, wird dadurch sehr an Glaublichkeit gewinnen.
— Den nächsten Bericht entnehme ich wiederum Flammarions umfangreicher Briefsammlung.

M. Bouin, Ehrendomherr und Curé von Douze in der Dordogne, berichtet,
er habe (etwa 12 Jahre vor seinem Bericht) einen Freund sagen hören, daß
mehrere Verstorbene sich zur Zeit ihres Todes bei ihm durch Stöße auf die
Schulter gemeldet hätten. Da Bouin und die andern Anwesenden darüber
lachten, versprach der betreffende, sich, wenn er stürbe, auf eben diese Weise
bei ihm zu 'melden'. Sechs Monate später, während Bouin in der Kirche in
einem Betstuhl kniete, fühlte er 'einen plötzlichen Stoß an der Schulter, der
mich eine heftige Bewegung nach vorne machen ließ. Ich wandte mich sofort um, in der Absicht festzustellen, von wem diese wenig angebrachte Ver-
traulichkeit ausging.' Die ihm nächste Person befand sich jedoch mindestens

---

1) Flammarion III 67 f. (auch LO Nov. 1905; ASP Dez. 1905). Ein Datum des Kampfes
wird nicht angegeben.

6 m von ihm entfernt. Erst jetzt fiel ihm jene Unterhaltung ein, und 'ich
bildete mir ein, daß möglicherweise irgendein Bekannter sich auf diese über-
oder außernatürliche Art kundgegeben habe. Einige Tage später erfuhr ich
den plötzlichen und niederschmetternden Tod meines ausgezeichneten Amts-
bruders, der genau am Tage und zur Stunde dieser Kundgebung verschieden
war.'[1] — Der Bericht läßt leider nicht erkennen, ob und um welche Zeitspanne das Erlebnis erst nach dem Tode des 'Partners' erfolgte.

Der demnächst wiederzugebende, bereits zu einiger Berühmtheit gelangte Fall führt uns vollends von 'Erscheinungen' ab in das Gebiet der
sog. 'physikalischen Phänomene' hinüber, veranschaulicht aber den
Tatbestand der Einhaltung einer seltsam 'besonderen' Abmachung in so
schlagender Weise, daß ich der Versuchung nicht widerstehn kann,
ihn schon in diesem Zusammenhang — reichlich vorgreifend — anzuführen.

Der Beobachter, Dr. Vincenzo Caltagirone, ein praktischer Arzt, veröffentlichte ihn in Form eines Briefes an den Herausgeber der Zeitschrift Filosofia
della Scienza[2], Dr. Innocenzo Calderone. Er erzählt zunächst, daß sein
Freund und Arzt, Benjamin Sirchia, ein Ungläubiger 'im umfassendsten Sinn
des Wortes', ihm gelegentlich einer Unterhaltung über die medialen Phänomene und ihre möglichen Deutungen im Mai 1910 das Ehrenwort gegeben
habe: wenn er als erster sterbe ('denn ich bin alt und Sie sind jung'), ihm
'einen Beweis für die Wahrheit zu geben, falls ich fortlebe'; wobei er, Caltagirone, zu ihm gesagt habe: 'Bekunden Sie sich also, indem Sie irgendetwas
in diesem Zimmer [dem Speisezimmer Caltagirones] zerbrechen, etwa die
Hängelampe über dem Tisch,' und ihm auch seinerseits das gleiche Versprechen gegeben habe. Nachdem Sirchia an einem der nächsten Tage nach
der Provinz Girgenti verreist war, fand zwischen den beiden keinerlei direkter
oder mittelbarer Verkehr mehr statt, bis zu dem Eintritt der nunmehr zu beschreibenden Ereignisse.

Am 1. oder 2. Dezember 1910, erzählt Caltagirone, 'etwa um 6 Uhr nachm.,
saß ich mit meiner Schwester, der einzigen Person, mit der ich zusammenlebe,
bei Tisch, als unsre Aufmerksamkeit durch mehrere kleine [fast taktmäßige]
Schläge erregt wurde, die bald gegen die Glocke der Lampe, die in der Mitte
des Speisezimmers an der Decke hing, bald gegen den kleinen beweglichen
Porzellanhut über dem Glaszylinder geführt wurden, ... trockne Schläge von
eigenartigem Klang, als würden sie von Fingerknöcheln oder mit einer metallenen Rute ausgeführt.' Caltagirone, der an eine Wirkung der Flamme
dachte, stieg auf den Stuhl, konnte aber nichts Aufklärendes entdecken. 'Am
folgenden Abend wiederholte sich der Vorgang, und so hintereinander an 4
oder 5 Abenden, jedesmal in mir die stärkste Neugier erregend. Am letzten
dieser Abende zerbrach ein starker und wuchtiger Schlag das bewegliche
Porzellanhütchen in zwei Stücke, die in der Umfassung des metallenen Gegen-

1) Flammarion III 63.   2) Mai 1911 65 ff. — Vgl. den Fall Flammarion III 80 und den
von Prof. Dr. L. Jahn in ZP 1931 336 ff. mitgeteilten.

gewichtes hängen blieben, was ich feststellte, indem ich auf den Tisch stieg.' Obwohl die mittlere Flamme ausgelöscht und ein andrer Gasarm angezündet worden war, erklangen die Schläge mit der gleichen Stärke auch weiterhin an der bezeichneten Stelle. Dr. C. versichert ehrenwörtlich, daß er während des ganzen Verlaufs dieser ihm unerklärlichen Erscheinungen nicht ein einziges Mal an seinen Freund Sirchia und das mit ihm geführte Gespräch gedacht habe.

Am Morgen um 8 nach dem zuletzt beschriebenen Vorgang, während Dr. C. sich allein in seinem Arbeitszimmer befand, die Schwester vom Balkon aus etwas auf der Straße beobachtete und das Dienstmädchen ausgegangen war, 'brach im Speisezimmer ein gewaltiger Lärm los, als wäre ein starker Stockhieb auf den Tisch geführt worden.' Er und die Schwester liefen hinzu und 'fanden auf dem Tisch, wie von einer menschlichen Hand hingelegt, die eine Hälfte des Porzellanhütchens, während die andre noch an ihrem Platze hing. Der gewaltige Schlag, den wir gehört hatten, stand in offenbarem Mißverhältnis zu dem tatsächlichen Vorgang, ... der sich am hellichten Tag und ohne jede Mitwirkung von Wärme zugetragen hatte.' Dabei mußte auffallen, daß das halbe Porzellanhütchen weder durch die obere Öffnung der Glocke gefallen sein konnte (die dafür, ohne Zerbrechen des Zylinders und Glühstrumpfes, nicht genügend Raum bot) noch über die Außenseite der Glocke hin, in welchem Fall es diese hätte zerbrechen oder aber seitwärts geprellt werden müssen: tatsächlich lag es genau in der Achse der Lampe unter dieser auf dem Tische. Selbst nach dieser Beobachtung kam dem Dr. C. kein Gedanke an seinen Freund Sirchia(!), und erst zwei Tage später machte ihm der Arzt Rusci, den er traf, die Mitteilung, daß Sirchia zwischen dem 27. und 28. November, also 3—5 Tage vor dem Beginn der Phänomene, gestorben sei. Jetzt erst deutete Caltagirone sich diese im Zusammenhang mit seiner 'Abmachung'.

Ich schließe einen noch jüngeren Fall verwandter Art an, den der sorgfältige J. Illig mitgeteilt hat.

'Eine mir gut bekannte Dame starb am 22. März 1926. Sie war von der Fortdauer nach dem Tod überzeugt... Ungefähr 10 Minuten vor ihrem Tod bat sie ihr Mann, während sie noch bei vollkommen klarem Bewußtsein war, wiederholt und eindringlich, sie möchte ihm, wenn sie nach dem Tod weiterlebe und dazu imstande sei, ein Zeichen geben, am liebsten an der Uhr. Sie erwiderte: Ja, das will ich tun, wenn ich darf. Am folgenden 6. April, gegen 8 Uhr abends, saß der Witwer mit seinen beiden Töchtern im Wohnzimmer. Eine der beiden Töchter schrieb eben einen Brief, als sie plötzlich einen Drang in sich verspürte, an die Uhr hinaufzusehen. Diesem Gefühl Folge leistend, sah sie gerade noch, wie das Pendel einige letzte schwache Schwingungen machte und dann stillestand. Da die Uhr erst am Vormittag des gleichen Tages aufgezogen worden war, konnte man sich dieses Stillestehen nicht recht erklären. Aber man dachte sich zunächst nichts Besonderes dabei, weil die Uhr normal weiterlief, nachdem man das Pendel wieder in Bewegung gesetzt hatte. In den folgenden Wochen wiederholte sich jedoch

dieses merkwürdige Stillestehen der Uhr noch mehrmals und — nun folgt das
Überraschende — sie setzte sich jeweils nach 1 bis 1¹/₂ Stunden von selbst
wieder in Bewegung, ohne daß sie zuvor von einer Menschenhand berührt
worden war. Zu gleicher Zeit spielte sich auch an der Taschenuhr des Witwers der gleiche Vorgang ab. Er spürte einen Drang, sie herauszuziehen,
und während er sie herauszog, stand sie still, um sofort wieder weiterzulaufen,
sobald er sie wieder in die Tasche gesteckt hatte. Beide Uhren liefen nach
einigen Wochen wieder normal, ohne in Reparatur gegeben worden zu sein. —
Einige Wochen hernach erschien die Frau ihrem Mann... Es war aber nur
der Kopf und die Brust ausgebildet... Dem Erscheinen ging ein Knallen
und Sausen voraus, das auch dem Verschwinden folgte. Der Mann war so erschrocken, daß er nicht fähig war, die Erscheinung anzureden. Einige
Wochen später zeigte sich die gleiche Erscheinung wieder, diesmal ohne be-
gleitendes Knallen und Sausen, und er fand die Kraft, sie anzureden und
nach ihrem Befinden zu fragen. Sie erwiderte, sie befinde sich sehr wohl,
aber es sei alles ganz anders, als man sich's vorstelle. Auf die Frage, ob sie
sich auch den Töchtern zeigen wolle, antwortete sie: 'Diese sind noch nicht
so weit.' Dann verschwand sie wieder.'[1]

Daß der spiritistische Anschein solcher Verabredungsfälle, auch ohne
die anfangs berührten statistischen Überlegungen, ein überwältigender
sei, wird niemand leugnen, und man muß sehr starke Einwände gegen
die Glaublichkeit des Überlebens überhaupt haben, um sich diesem
Anschein entziehen zu wollen. Abstrakte Möglichkeiten seiner Umgehung bestehen natürlich, und das Erdenken solcher ist dem Animisten
nachgerade zu einer besonderen Fertigkeit geworden. Also etwa: —
Eine 'versprochene' Erscheinung an und für sich ist, wenn der Tod des
Erscheinenden bekannt war, offenbar noch weniger problematisch, als
eine nicht versprochene, wobei der Tod unbekannt war: es würde sich bei
jener um eine 'Erwartungshalluzination' handeln. (Hier wäre der Fall der
Mrs. H. ein Beleg, trotz der 'Kollektivität' der Wahrnehmungen, also
ihrer Verteilung auf mehrere Perzipienten.) War der Tod nicht bekannt, so muß von vornherein übernormale Vermittlung des Wissens
darum vorausgesetzt werden; aber ein solches angenommen, könnte
gerade die vorausgegangene Verabredung des Erscheinens die Verarbeitung jenes Wissens zur halluzinatorischen Erscheinung begünstigen.
Weist die Erscheinung in ausdrücklichen Worten auf ihren Zusammenhang mit der vorausgegangenen Abmachung hin, so wäre eine weiter
vorgeschrittene 'Dramatisierung' des unterbewußten Wissens anzunehmen. Tritt die Erfüllung der Verabredung erst verhältnismäßig
lange Zeit nach dem (unbekannten) Todesfall ein, so meldet sich die
Unsicherheit, die den Latenzbegriff umlagert, oder die nicht geringere

1) ZP 1932 72 f.

Schwierigkeit der Auffindung eines geeigneten Agenten für die Bildlieferung. (Den Spiritisten übrigens brauchte eine solche Verzögerung nicht anzufechten; denn er entsinnt sich der zahlreichen Behauptungen von 'drüben' her, daß manche Verstorbene nach dem Übertritt zunächst eine Zeit des Ruhens durchmachen müssen, ehe sie die Lebendigkeit zurückgewinnen, die ja auch zur Einhaltung einer Verabredung erforderlich wäre. Darüber hinaus besitzen auch die zahlreichen Fälle, in denen getroffene Verabredungen schließlich ganz ergebnislos bleiben,[1] nur sehr geringes Gewicht als 'negative Instanzen' einer Induktion: muß doch der Erfolg eines jenseitigen Bekundungswillens von vielerlei Bedingungen abhängig sein, die wir nicht annähernd überblicken können. Freilich kommen Überlegungen dieser Art auf der gegenwärtigen Stufe unsrer Untersuchung noch kaum in Betracht.)

Aber weiter: auch der Schwierigkeiten in Fällen von 'abgelenkter Erfüllung' wird der Animist wohl irgendwie Herr zu werden wissen. A hat B versprochen, ihm nach dem Tode zu erscheinen, oder ihn zu 'kitzeln'; aber C allein, der in B.s Nähe weilt, sieht den A oder fühlt sich gekitzelt. Nun denn: der telepathische Einschlag (beliebig lange latent geblieben) hat wirklich B getroffen, aber B hat ihn nicht versinnlicht, sondern 'unbewußt' auf C übertragen, der sich gefälliger erweist, — und müßte denn nicht auch der Spiritist annehmen, daß der Verstorbene bei C das größere 'Entgegenkommen' gefunden habe? Oder man könnte auch C noch unmittelbarer in den Vorgang einbeziehn, indem man ihm etwa eine hellsichtige Erwerbung des unterbewußten Bildes in B zuschreibt (das dieser nicht zu 'sensualisieren' vermag), oder gar noch ein übernormales Wissen um die weit zurückliegende Verabredung, geschöpft aus B, oder selbst aus A(!), und beliebig lange in C latent geblieben. Ist nicht der Mensch potentiell allwissend, — sobald es gilt, einer allzu einfachen spiritistischen Deutung von Beobachtungen zu entrinnen?

Aber nochmals weiter: die Erfüllung des Versprechens nimmt nicht die billige Form der Erscheinung an, sondern die einer ganz bestimmten Handlung, etwa gar eines 'paraphysikalischen Phänomens'. A hat versprochen, ein Porzellanhütchen zu zerschlagen; das Hütchen wird zerschlagen, und B, mit dem die Abmachung getroffen wurde, behauptet, während aller Vorgänge am Hütchen gar nicht an A und sein Versprechen gedacht zu haben. Eine sehr verdächtige Gedächtnishemmung aus unbewußten Tiefen der Seele her! B hat offenbar die ganze Zeit über 'in jener Tiefe' gewußt, daß A inzwischen gestorben sei; er hat sich auch (unbewußt) erinnert, was A nach dem Tode mit dem Hütchen vorgehabt; und in der Absicht, sich selbst einen spiritistischen

---

1) S. z. B. Flammarion III 77.

Beweisfall vorzuspielen, verdrängt er dies alles aus dem Bewußtsein und führt das Versprechen mit eigenen Mitteln aus. Etwa mit der Hand in somnambulem Zustand, und erst nach der Tat erwachend? Nun, dieser beliebte Ausweg erscheint im Falle Sirchia allerdings durch jedes Wort des Berichtes versperrt. Indessen was hindert uns, dem Dr. Caltagirone die Fähigkeiten eines 'telekinetischen' Mediums hohen Grades beizulegen? Er hat sie zwar nie zuvor und nie hernach betätigt; um so sicherer hat er sie 'latent' besessen, und in der (unterbewußten) Entschlossenheit, den Freund nicht noch nach dessen Tode zu blamieren, läßt er die verborgene Gabe alle Hemmungen durchbrechen und ein verblüffendes Phänomen bewirken. Überdies: hatte der Doktor nicht eine Schwester? Kann diese nicht Hilfsstellung bezogen, oder sogar die ganze Leistung allein übernommen haben? — Auf den letzten, von Illig berichteten Fall wären natürlich ähnliche Überlegungen anzuwenden. (Anderseits könnte gerade der vom Witwer gespürte 'Drang', die Taschenuhr zu ziehn, von dem unterbewußt erlangten Wissen ausgehn, daß eben jetzt die Verstorbne die verheißene Wirkung ausübe; während der ähnliche Drang der Tochter, nach der Wanduhr zu blicken, sogar einfach auf der Beobachtung eines 'Versickerns' der Pendelschläge beruhen könnte.)

Wir sehen uns also schließlich in ein ganzes Gewebe des Für und Wider verstrickt, worin wir zwar sogleich die Deutungen nach ihrer Einfachheit und Natürlichkeit gegen einander abwägen können, aus dem wir aber letztlich doch wohl die Einsicht gewinnen, daß Einzelfälle oder kleine Gruppen von solchen uns zu einer endgültigen Entscheidung schwerlich verhelfen werden. Nur die Gesamtheit von Beobachtungen und Überlegungen vermag dies, und eben daher mein Entschluß, das Ganze der Tatsachen und Argumente einmal im Zusammenhang auszubreiten. Wappne sich also der Leser mit Geduld. Nicht das einzelne Indiz macht einen Beweis aus, sondern nur die Verwebung aller einzelnen. Und wenn wir uns entsinnen, daß schon das statistische Argument, mit dem wir dieses Kapitel begannen, eine echte Wirksamkeit von Verabredungen überhaupt erkennen ließ, so gewinnen die zuzüglichen Hinweise, die wir den nachfolgenden Fällen entnahmen, offenbar beträchtliches Gewicht und rücken die künstlich verzwickten Deutungen des Animisten in eine sehr seltsame Beleuchtung.

5. Das Argument aus der Datierung der Erscheinung

Der Eintritt von Erscheinungen Verstorbener bald nach dem Tode ist nicht der einzige 'zeitliche' Hinweis darauf, daß die Erscheinung vom Erscheinenden selbst gewollt ist (ein Hinweis, den das letzte Kapitel durch die Aufzeigung eines schon zu Lebzeiten gefaßten Entschlusses-zur-Erscheinung zu verstärken suchte). Wir begegnen zunächst einer weiteren Gruppe von Fällen, wo sich jenes zeitliche Verhältnis von Tod und Erscheinung gewissermaßen 'rekapituliert', indem die Erscheinung sich an bestimmten Zeitpunkten wiederholt, die zu dem des Todes oder eines andern lebensgeschichtlich wichtigen Ereignisses in sinnvoller Beziehung stehen: also an dem gleichen Datum, oder in der gleichen Stunde. Wir begegnen nicht selten angeblichen Äußerungen Abgeschiedener, die sich auf Daten und Gedenktage beziehn (wie wenn z. B. das Medium Watson die Mutter des Mr. Frank Knight 'sieht' und behauptet: 'Ihre Mutter ist hier im Zimmer..., sie sagt mir, daß es heute genau ein Jahr seit ihrem Tode her ist').[1] Es würde danach nicht wundernehmen, wenn sie an solchen Daten auch einmal eine Autophanie bewirkten. Von solchen datierten Erscheinungen wird man aber zunächst fordern müssen, daß sie einen dem Perzipienten Unbekannten darstellen, weil andernfalls die Möglichkeit nicht abzuweisen wäre, daß die Erinnerung an die Bedeutung des Tages sich in einer rein subjektiven Halluzination auswirke. Es handelt sich hier zumeist um Erscheinungen an Jahrestagen, und innerhalb eines Jahres haben wohl die meisten, die den Toten überhaupt erkennen könnten, auch von seinem Ableben gehört.

Einen Fall der fraglichen Art — ich kann nicht sagen, wie gut beglaubigt — entnimmt Kemmerich kurz einem Buche des Grafen Pfeil, 'Zwischen den Kriegen'. Als junger Mann nach dem Besuch der Adelsberger Grotte im Wirtshaus übernachtend, sah er zu seinem Entsetzen einen Herrn durch das Zimmer gehn und in der Fensternische verschwinden. Der Zufall ergab die Möglichkeit einer sofortigen Identifizierung durch die Wirtin: es war ein Bewohner des Zimmers gewesen, der dort genau vor einem Jahr einem Herzschlag erlegen war.[2]

Hier wird also die Wahrnehmung von jemand gemacht, dem der Erscheinende völlig unbekannt ist, der auch von der Bedeutung des Tages für den Erscheinenden nichts weiß. Immerhin aber sind, wie der Fortgang beweist, Personen in nächster Nähe, denen beides wohlbekannt, jedenfalls erinnerbar war, und damit treten die naheliegenden animistischen Deutungsmittel ins Spiel, die mit der Aufspürbarkeit eines telepathischen 'Gebers' für eine Heterophanie zusammenhängen, deren Bedenklichkeit ich aber nach dem oben Gesagten nicht nochmals zu erörtern brauche. Dabei wäre es freilich nicht einmal nötig anzunehmen, daß diese Wissenden sich des Jahrestags überhaupt oder gar

1) Hill, New Evid. 47. — 'Myers' als Kommunikator nahm wiederholt Bezug auf seinen Geburtstag.   2) Kemmerich 356.

'erregt' erinnerten. Das animistische 'Unterbewußtsein' wirkt ja ganz
für sich in der Stille.

Bedenklicher wird diese gefällige Aushilfe, wenn der Todestag nicht
nur dem Perzipienten unbekannt ist, sondern so weit zurückliegt, daß
er als gründlich vergessen und seiner gefühlsmäßigen Bedeutung für
jedermann entkleidet gelten kann. Dieser Art ist der allererste von
der engl. Ges. f. psych. Forsch. veröffentlichte Spukfall, einer von
wieder großenteils klanglichem Inhalt; doch haben wir uns über diese
Erweiterung des Begriffs der Erscheinung ja schon geeinigt.

Der Berichterstatter, welcher als X. Z. namenlos bleibt, war eine in England allbekannte Persönlichkeit von 'bedeutender geistiger Stellung'. Dieser
Herr sah zuerst am 22. Sept. 1852, etwa um 1 Uhr nachts, als er sich zur Ruhe
begeben wollte, einen von ihm betretenen Gang von hellem Licht erfüllt,
'weiß wie Tages- oder elektrisches Licht, und heller als Mondlicht'. Zugleich sah er am Ende des Ganges 'einen alten Mann in gemustertem Schlafrock', dessen deutlich erkennbares Gesicht von großer Häßlichkeit war und
sich schon darum seinem Gedächnis unauslöschlich einprägte. Die Gestalt
verschwand und das Licht mit ihr; der Gang war wieder nachtfinster. Z.
hielt dies für eine Halluzination; aber die Aussage zweier Dienstboten, die
wegen unerklärlicher Lärmerscheinungen gekündigt hatten, veranlaßte ihn
zu Nachforschungen im Dorfe, wobei er von einem alten Rechtsanwalt erfuhr, daß der Großvater des gegenwärtigen Besitzers seine Frau erdrosselt
und dann sich selbst die Kehle durchschnitten hatte, und zwar an der Stelle
der Erscheinung. Aus dem Gemeinderegister stellte er fest, daß dies am
22. September 179— geschehen war. Auch der gemusterte Schlafrock erwies
sich als wirklichkeitgetreu.

Am 22. Sept. 1853 wurde ein Gast des Hauses, der von nichts wußte, aufs
höchste erschreckt durch 'den Klang von Weinen und Stöhnen, gottesläster-
liche Verwünschungen und verzweifelte Schreie', die von der Stelle der früheren Erscheinung herkamen. In seinem Schlafzimmer war der Mord geschehen, und vor der Tür des Schlafzimmers hatte der Mörder sich selbst
entleibt. — Drei Jahre später sah Z. ein Bildnis jenes Großvaters des Besitzers, in welchem er sofort die Erscheinung wiedererkannte. — 'In dem
Hause öffneten und schlossen sich auch Türen ohne erkennbare Ursache,
Glocken läuteten mitten in der Nacht... und die Einwohner erklärten, daß
Fußtritte eines Unsichtbaren ihnen den ganzen Korridor entlang gefolgt
waren.' — Übrigens war Mr. X. Z. während des September der meisten Jahre
abwesend, und das Mordzimmer wurde für gewöhnlich als Gastzimmer be-
nützt. Man mag also annehmen, daß andernfalls noch weitere Beobachtungen
an einem 22. September gemacht worden wären. Im Jahre 1856 verließ Z. das
Haus endgültig.[1]

Hier liegt, wie man sieht, mehr als ein halbes Jahrhundert zwischen

1) Pr I 106 f.   Bericht aus d. J. 1882.   Vgl. II 139; Maxwell 347; Illig 229; den seltsam
'romantischen' Fall: Bates 129 ff., bes. 135.

dem ursprünglichen Datum, von welchem der Spuk seinen Ausgang nimmt, und der ersten berichteten Erscheinung, die dieses Datum 'rekapituliert'. Ob während dieser mehr als 50 Jahre ähnliches beobachtet worden ist, wissen wir nicht; falls es der Fall gewesen, so hat doch unser Perzipient davon nichts erfahren, und es wäre völlige Willkür anzunehmen, daß sich gewissermaßen die 'Überlieferung' des Datums und die Erwartung spukiger Erscheinungen am 22. September soz. von Zeuge zu Zeuge — alle einander unbekannt! — in der Form einer 'unterbewußt-telepathischen Suggestion' (!) fortgepflanzt habe; — ganz abgesehn davon, daß der Spuk in diesem Falle Einzelheiten enthielt, die wir (wie sich mehr und mehr ergeben wird) ohne Frage nicht dem Perzipienten als Leistung zuschieben dürfen. Lassen sich aber Beunruhigungen durch spukige Vorgänge auf den jenseitigen Zustand eines Menschen zurückführen (und dafür werden wir bald ganz neue Beweise erhalten), so ist in diesem Falle nur eine Person ausfindig zu machen, der sowohl die Erscheinungen als auch die Erinnerung an das Datum auf natürliche Weise zugeschrieben werden können: nämlich der Erscheinende selbst.

Im folgenden Fall ist zwar wieder ein 'Kenner' sowohl der Erscheinung als auch der Bedeutung des Tages in nächster Nähe anwesend; doch gewinnt der Vorgang besondere Eindruckskraft teils aus einer gewissen Kollektivität, und zwar in eigenartiger gegenseitiger Ergänzung der Einzelwahrnehmungen (was hier aber wieder nur 'vorgreifend' betont wird); teils aus einer merkwürdigen Sinnbeziehung von Besonderheiten der Erscheinung auf die Bedeutung des Tages, was diese Besonderheiten weit natürlicher auf das Bewußtsein der Erscheinenden beziehen läßt, als auf das des 'wissenden' Perzipienten. Diese etwas geheimnisvollen Vorbemerkungen werden dem Leser bei unvoreingenommenem Lesen des Berichts sogleich verständlich werden.

Dieser stammt von Hrn. Ulysses J. C. Cabral in Rio de Janeiro, der ihn am 12. März 1892 Prof. Alfred Alexander daselbst mitteilte, dem wir die Nachprüfung der Verlässigkeit der Aussagen verdanken. — Im Jahre 1886 hatte Hr. Cabral ein Kind, namens Deolinda, in großer Armut angetroffen, versorgt und bald danach durch den Tod verloren. Einige Monate später wachte er bei der schwerkranken Schwester eines Freundes. Die Müdigkeit veranlaßte ihn, sich niederzulegen und sich von zwei Schwestern ablösen zu lassen. 'Nachdem ich mich auf dem Bette ausgestreckt, ward ich erfüllt von einem Gefühle grenzenloser Freude [das ihn am Schlafen hinderte] ... Ich hatte die Empfindung [einer leichten, aber deutlichen Zusammendrückung des Kopfes], als hielte jemand meinen Kopf und legte etwas um ihn herum. Erstaunt über diese Wahrnehmung, rief ich die Damen an, die im Nachbarzimmer wachten, und Donna Feliciana Dias antwortete mir, obgleich sie mich von ihrem Platz aus nicht sehen konnte: 'Ich erblicke an Ihrem Bette den Geist eines Kindes in weißem Kleide. Sie legt einen Kranz von Rosen um Ihren Kopf. Sie sagt, ihr Name sei Deolinda und sie sei gekommen, Ihnen zu danken für die Güte und Liebe, die Sie ihr erwiesen haben.' Ich war verblüfft über diese Aussage, denn es war der genaue Jahrestag von Deolindas Tod, und weder ich noch sonst jemand im Hause hatte sich dessen erinnert. Außerdem hatte ich nie über die Sache gesprochen.' Das letztere wurde, wie Prof. Alexander feststellte, von allen andern in Frage Kommenden bestätigt: Hr. Cabral hatte tatsächlich aus Zartgefühl seine Wohltaten geheimgehalten. Donna Feliciana Dias war, nach dem Zeugnis ihrer Freunde, ein bedeutendes Medium, und es ist natürlich zunächst ganz gleichgültig, ob wir ihre und Hrn. Cabrals Wahrnehmungen als 'wahre induzierte Halluzinationen' oder als sonst etwas deuten.

Im übrigen will ich zur Beurteilung des Falles mich diesmal auf die Anführung der Worte beschränken, mit denen die bekanntlich sehr kritisch, ja zweiflerisch eingestellten Verfasser des 'Zensus-Berichts' die Veröffentlichung der Zeugnisse begleiten: 'Es sei denn, daß wir uns auf ein zufälliges Zusammentreffen berufen [auch bez. der Namensnennung und der Mitteilung über Deolindas Dankbarkeit?], so sind die Beweise für eine Betätigung der Toten sicherlich stark, weil jede andre Deutung, die sich mit der Wahrheitsliebe der Erzähler verträgt, eine sehr verwickelte und unwahrscheinliche Hypothese bez. der unterbewußten Betätigung des Hrn. Cabral erfordert... Falls wir nämlich eine Betätigung seitens Deolindas ausschließen wollen, müssen wir annehmen, daß Hr. Cabral unterbewußt an den Jahrestag ihres Todes dachte und daß diese unterbewußte Erinnerung durch Assoziation das Gefühl des Glücks und die Berührungshalluzination erzeugte, ohne selbst dann eine bewußte Erinnerung wachzurufen; und ferner, daß die übrigen Zeugen eine telepathische Beeinflussung durch seine unbewußte Erinnerung erlitten. Dies ist eine höchst gezwungene Hypothese, und einige weitere gut bezeugte Fälle dieser Art würden viel dazu beitragen, eine Betätigung von Verstorbenen zu beweisen.' [1]

Ich führe schließlich noch zwei Fälle an, in denen nicht ein Tagesdatum, sondern (wenn ich so sagen darf) ein Wochentags- und Stundendatum den zeitlichen Sinn der Spukvorgänge begründet, die diesmal keinerlei Gesichts-, sondern nur klangliche Bestandteile enthalten und insofern wieder einen 'Seitensprung' für uns bedeuten. Aber an solche Seitensprünge werden wir uns bei dem innigen Zusammenhang aller dieser Dinge gewöhnen müssen. Es liegt mir hier eben vor allem an der Belegung eines besondern Merkmals, welches Sinnbezogenheit auf eine bestimmte verstorbene Persönlichkeit begründet, und wir werden mehr und mehr erkennen, daß sich solche Sinnbezogenheit auch dann offenbaren kann, wenn sich jene Persönlichkeit nicht eigentlich 'zeigt', sondern nur aus der Geschichte des Spukhauses oder sonstigen

1) Pr X 383 ff.

Merkmalen erschließen läßt. Erweist sich aber jenes Zeitelement in irgend einer Form des Spukens als wirklich vorhanden, so werden wir es umso eher auch bei zeitlich gebundenen Erscheinungen (im engern Sinn) als echten persönlichen Bestandteil anerkennen können.

Den ersten Fall verdanken wir wieder der Sammeltätigkeit des ausgezeichneten Spukforschers Joh. Illig, dem er vom 'Vater eines verstorbenen Sohnes' wie folgt mitgeteilt wurde. — 'Am 16. November 1918 kam einer meiner Söhne aus dem Felde heim. Als er eine Woche bei uns zu Hause gewesen war, bekam er den Befehl, wieder einzurücken und sich nach der Garnisonstadt zu begeben. Kaum war er zwei Wochen dort, als er an einer heftigen Grippe und Lungenentzündung erkrankte, der er schon nach 4 Tagen erlag. Da niemand von uns ans Sterben dachte, kam ich leider mit meinem Besuch zu spät. Ich traf ihn nur noch als Leiche an. Er war in der Nacht zuvor um $3^{1}/_{2}$ Uhr gestorben. Einige Tage nach der in der Heimat stattgefundenen Beerdigung erfolgten früh $3^{1}/_{2}$ Uhr drei so heftige Schläge am Kopfende meines Bettes, daß die Fensterscheiben klirrten. Es war, wie wenn ein Zimmermann die Schläge mit einer Axt gegen die Wand geführt hätte. Ich lag schon eine Stunde lang wachend im Bett, so daß der Einwand des Traumes nicht erhoben werden kann. Sofort erhob ich mich dann auch vom Bett und öffnete das Fenster... Ich sah aber niemand und hörte auch nicht, daß sich jemand entfernt hätte. Nach einer Woche wiederholte sich dieser Vorgang in der gleichen Stunde und genau in derselben Weise. So ging es 5 Wochen lang fort, ohne daß es mir gelungen wäre, eine Ursache festzustellen... In der fünften Woche hörte es auch mein 16 jähriger Sohn, der sehr erschrak und mich... wecken wollte,... ich war [aber schon] seit über einer Stunde wach gewesen. Nach etwa 5 Minuten erfolgte ein weiterer Schlag, von da ab war es still, und die Schläge wiederholten sich auch in der Zukunft nicht mehr.'[1] — Da die Angehörigen hier zunächst an den Wahrnehmungen des Vaters gezweifelt hatten, so erblickt Illig in dem Aufhören der Phänomene, sobald ihre Bedeutung auch von einem zweiten Zeugen erkannt und bestätigt war, eine Andeutung von Zielstrebigkeit; womit wir auf ein früher auch an echten 'Erscheinungen' aufgewiesenes Merkmal zurückgreifen würden.

Den andern hier anzuführenden Bericht lieferte dem Spukhaus-Ausschuß der Ges. f. ps. F. ein 'bekannter Würdenträger der Kirche', dessen Name nicht genannt, dessen Schilderung aber auch von seiner Gattin als 'in jeder Einzelheit genau' bestätigt wird. Hier bleiben allerdings die Urheber des Spuks überhaupt anonym, und wir erfahren nur, daß bestimmte Vermutungen in dieser Hinsicht aufgestellt worden sind, die, wie schon im Falle des Mr. X. Z., in eine so ferne Vergangenheit zurückgriffen, daß die Deutung durch 'fortgepflanzte' Gedankeneinwirkungen Lebender im höchsten Grade abgeschmackt erscheinen muß.

---

1) ZP 1932 71 f. Vgl. den Fall: Illig 103 f.

Im übrigen bezog sich die stundenmäßige Auszeichnung der Phänomene nur auf deren hervorragendsten Bestandteil, den eine Fülle weniger eindrucksstarker Vorgänge von typisch spukiger Art umlagerte.

Der genannte Geistliche hatte zu Beginn seiner Laufbahn die erste eigene Pfarre bezogen und sich nach zweitägiger Einräumungsarbeit mit seiner Frau einem tiefen, traumlosen Schlafe hingegeben, als beide plötzlich von einem starken Lärm aufgeschreckt wurden. Dieser erschien 'wie das Getöse von Eisenstäben, die plötzlich zu Boden fielen. Sicherlich war darin ein scharfer metallischer Klang. Überdies zog es sich lang hin, und anstatt von einem bestimmten Punkt herzukommen, schien es durchs Haus zu ziehn wie eine Folge rasselnder Echos, von denen eines immer unmittelbar dem andern folgte.' Eine sofortige gründliche Untersuchung des Hauses brachte nichts zutage: alles befand sich an seinem ordnungsmäßigen Platz. Die Zeit wurde festgestellt als 5 Minuten nach 2 Uhr. Eine Frau aus dem Dorf, die während des Tages beim Einzug geholfen hatte, war in gleicher Weise durch den Lärm geweckt worden; sie behauptete, von der Sache schon reden gehört zu haben, und strebte fortzukommen.

Dieser 'große Lärm' wiederholte sich zuweilen wochenlang nicht. 'Aber so oft wir ihn hörten, fanden wir stets — falls wir uns bemühten dies festzustellen —, daß er um 2 Uhr morgens am Sonntag stattfand. Im Laufe der Zeit erhielten wir unwiderlegliche Beweise dafür, daß er sich einigen Personen im Hause kundgab, ohne daß meine Frau oder ich selbst uns seiner bewußt wurden. Da ich weiß, wie überwältigend dieser Klang mir stets erschien, wenn ich ihn tatsächlich hörte, so muß ich dies als einen der wunderbarsten Umstände an der ganzen Sache betrachten.'

Einmal nächtigte eine ahnungslose Verwandte in dem Hause. Als die Nacht auf Sonntag verstrichen, war ihre erste Frage an ihre Gastgeber in der Frühe, was der Lärm in der Nacht gewesen sei. Er habe sie so wach gemacht, daß sie nicht wieder zur Ruhe gegangen sei; als sie am Fenster gestanden, habe die Turmuhr 2 geschlagen. Ihre Beschreibung deckte sich mit den Beobachtungen der Hausbewohner bez. des 'großen Sabbat-Alarms'. — Die übrigen Wahrnehmungen in dem Hause waren durchweg die typischen eines Gehörs-Spuks. Von einem langen Gang im Oberstock her wurden häufig 'langsame, aber harte menschliche Fußtritte' gehört. Von den fest verschlossenen Bodenräumen her erscholl ein Lärm, als würden die dort gespeicherten Kisten und Koffer umhergestoßen und gestürzt. Ferner hörte man — durchschnittlich viermal wöchentlich — Klopftöne, die in ihrer Art wechselten. 'Zuweilen waren sie hastig, heftig, ungeduldig; zu andern Zeiten langsam und zögernd.' Und auch diese Klopftöne schienen etwas Seelisches zu verraten. Wenn nämlich der Hausherr sie zur Ruhe aufforderte oder, 'falls sie irgendeine Klage vorzubringen hätten, es mannhaft und geradeaus zu tun', so 'führte das stets zu lauterem, hastigerem und — wenn ich so sagen darf — leidenschaftlicherem Klopfen.' 'Ich will nicht behaupten, daß notwendigerweise eine Verknüpfung [zwischen Aufforderung und Änderung] bestanden haben müsse. Ich stelle einfach die Tatsache fest, daß gleichzeitig mit meiner Aufforderung das Klopfen an Stärke zunahm.' Die erwähnte Verwandte hatte überdies in Verbindung mit den Schritten an ihre Tür klopfen gehört (aber ohne daß diese auf ihr 'Wer da?' geöffnet worden wäre), und außerdem ein oder zweimal unter ihrem Fenster einen Klang wie vom Graben mit einem Spaten, das sie für wirklich hielt und über das sie sich wunderte. Vor allem aber ist erwähnenswert, daß zwei schottische Terrier, für gewöhnlich mutige und sofort anschlagende Tiere, bei den Lärmerscheinungen in einen Zustand 'erbarmungswürdiger Angst' gerieten. Es erwies sich als offenkundiges Geheimnis, daß auch die Voreinwohner ähnliches beobachtet hatten, und man berichtete gewisse Geschehnisse aus dem vorigen Jahrhundert, die eine Deutung des Spukes nahelegten.[1] — Wir werden allen diesen Elementen noch so oft begegnen, daß ihre typische Artung schließlich sowohl ihre Abnormität wie ihre Sinnhaftigkeit über jeden Zweifel erheben wird.

Ich frage mich schließlich, ob der Hinweis auf einen persönlichen Sinn in solchen Datierungen, der sich dann nur auf den Urheber der Erscheinungen beziehen könnte, doch irgendwie sich bezweifeln ließe. Dies wäre offenbar nur möglich, wenn eine Grundlage sich fände, auf der ein 'Datum' im objektiven Sinn als gesetzlich wirkende Auslösung spukiger Vorgänge gedeutet werden könnte. Daten als Jahrestage haben unbestreitbar — das lehrt die gewöhnlichste Menschenkenntnis — subjektiv-psychologische Bedeutung; sie stellen Erinnerungen dar und lösen als solche weitere seelische Vorgänge aus, die dann ihren objektiven Niederschlag in Handlungen finden mögen. Ein Todestag als 'Erinnerung' bewirkt bei Hinterbliebnen bestimmte Gedanken und Gefühle, die etwa zum Besuch eines Grabes, zur Niederlegung eines Kranzes, zur Abfassung von etwas Schriftlichem führen. Der Jahrestag eines Verbrechens, als Erinnerung, erweckt unter Umständen beim Verbrecher oder bei seinem Opfer (falls es lebt!) Gedanken und Gefühle, die gleichfalls Äußerungen der Reue oder Unruhe veranlassen mögen. Dies alles kann ohne weiteres gewisse datierte Spukvorgänge in sinnvolle Analogie zu Handlungen Lebender bringen, sofern wir die Verstorbenen, mit denen der Spuk einen Zusammenhang andeutet, als lebend ansehn dürfen. Dagegen können wir uns — kann wenigstens ich mir — keinen objektiven Zusammenhang ersinnen zwischen Spukvorgängen und bestimmten Tagen des Kalenders oder Stunden des Tages. Was ohne menschliches Zutun gesetzlich geschieht, ist wohl an zeitliche Ablaufswiederholungen mannigfacher Art gebunden, aber nicht an bestimmte Einzeldaten; denn die Abschnitte des Kalenders stehen mit

1) Pr II 144 ff. — Einen Spukfall, in welchem die Erscheinungen sich in der Zeit zwischen Tod und Begräbnis um die genaue Todesstunde — 23.15 — besonders nachdrücklich gezeigt zu haben scheinen, berichtet Dr. med. Zenker ZP 1932 59 ff. Vgl. ferner Pr V 478; APS V 197; RB 1925 152 f.; Bozzano, Hant. 16 und Maxwell 302 Anm. 1!

den objektiven Grundtatsachen des Jahresablaufs nur in einem ungefähren Verhältnis, mit den übrigen Abläufen der Natur aber in
einem durchaus lockeren, das nirgends die feste Verknüpfung gesetzlich geregelter Vorgänge mit bestimmten Zeitpunkten des Kalenders
gestattet. Dieses 'lockere' Verhältnis würde also auch nicht eine 'Datierung' von Spukvorgängen erklären lassen, falls diese als objektive
Wirkungen etwa 'örtlicher Spuren' oder irgendwelcher gegenständlicher
'Überbleibsel' der im Spuke 'dargestellten' Persönlichkeiten aufgefaßt
werden sollten. — In diesen Gedankengang ist zugestandenermaßen ein
negativer Umstand miteingebaut: unser Nicht-ersinnen-können; aber
dem steht die natürliche Deutbarkeit der Datierung von Erscheinungen unter den psychologischen Voraussetzungen des Spiritisten
gegenüber. Der Wahrscheinlichkeitsgrad eines solchen spiritistischen
Indizienbeweises übertrifft somit sehr bedeutend den Wahrscheinlichkeitsgrad einer bloß geforderten, aber nirgends zu erspähenden objektiven Deutung der fraglichen Tatsachen.

Ich kann mir übrigens abschließend nicht versagen, einen älteren Bericht
zu erwähnen, der — wenn er glaubhaft wäre! — den Vorgang der Hinüber-
nahme einer Zeitsuggestion aus dem diesseitigen in den jenseitigen Zustand
aufweisen würde; dazu ihre erste Verwirklichung; ein Bericht also, der die
hier nur erschlossene Wahrheit so überraschend als Tatsache der Beobachtung darbieten würde, daß er gewissermaßen 'wohl verdiente, wahr zu sein'.
— Eine alte Kinderfrau lag im Sterben. In ihrer letzten Nacht, während ihre
Wärterin schlief, stand sie auf (es war um 1 Uhr) und begab sich in das
Zimmer, wo das von ihr innigst geliebte Kind schlief. Als man sie mit Mühe
ins Bett zurücknötigte, soll sie wiederholt gesagt haben: Morgen um diese
Zeit komme ich doch wieder. In der nächsten Nacht um die gleiche Stunde
war sie bereits tot, 'klopfte' aber an der Tür, und dies wiederholte sie angeblich einige Wochen lang; freilich ohne dabei als sichtbares Phantom zu erscheinen. [1]

6. Das Argument aus der Anteilnahme
am Sterben Hinterbliebener

Eine weitere Eigentümlichkeit zahlloser Erscheinungen Verstorbener
ist so oft als Argument zugunsten der spiritistischen These verwendet
worden, daß ich schon deshalb hier nicht über sie hinweggehn könnte:
ich meine das Zusammentreffen solcher Erscheinungen mit
einem Todesfall. Dies ist stets aufgefaßt worden als Ausdruck einer
Anteilnahme der schon ins Jenseits Eingegangenen an dem nahen Über-
tritte Lebender dorthin (fast immer natürlich persönlich naheste-

1) Kerner in BP V 107.

hender), also auch als Anzeichen eines Wissens um das nahe bevorstehende Sterben und als 'Ankündigung' desselben; welch letzteren Sinn ja schon der volkstümliche Glaube andeutet, daß der Zustand eines Kranken hoffnungslos sei, wenn er erst 'mit seinen Toten spricht'.[1] Ich will die Darstellung dieses Tatbestands einleiten mit einem Fall, in dem die Erscheinungen dem 'angekündigten' Todesfall **längere Zeit vorausgingen, sich aber mehrfach wiederholten.** Dies längere Vorausgehn könnte natürlich eine sinnvolle Verknüpfung zwischen Erscheinung und Sterben in Frage stellen; daß aber die Wiederholung der Erscheinung diesem Zweifel entgegenwirkt, machen gewisse Beobachtungen immerhin fühlbar.

Der Fall wurde erstmalig von Richet veröffentlicht,[2] und ich gebe ihn in seinen eigenen Worten wieder. — 'Luise F. stirbt im Alter von 48 Jahren an den Folgen einer Unterleibsoperation (Januar 1896). Während ihrer Krankheit hatte sie inständig gebeten, man möge ihr nach ihrer Genesung erlauben, ihre kleine Nichte, **an der sie sehr hing,** aufs Land mitzunehmen. Diese Nichte war die $3^1/_2$ jährige Tochter Lili von Luise F.s Bruder. Die begabte und frühreife Lili, die stets gesund gewesen war, begann etwa einen Monat nach dem Tode ihrer Tante ab und zu ihr Spiel zu unterbrechen, ans Fenster zu treten und starr hinauszublicken. Lilis Mutter fragte, was sie da sehe, und Lili antwortete: 'Tante Luise streckt ihre Arme nach mir aus und ruft mich'... Einige Wochen lang hörte alles derartige auf. Gegen den 20. Mai erkrankte Lili, von ihrem Bett aus sah sie immer zur Zimmerdecke auf und sagte, sie sehe ihre Tante, die sie rufe, von kleinen Engeln umgeben [ein Umstand, der — seine Wahrheit vorausgesetzt; der berichtende Bruder war z. Z. 11 Jahre alt — natürlich **verschiedene** Deutungen vertrüge und nicht gegen die autophane Natur der Erscheinung der Tante streiten würde]. 'Wie schön das ist, Mama!' sagte sie. Von Tag zu Tag wurde das arme Kind kränker, immer wiederholte es: 'Meine Tante kommt, um mich zu holen; sie streckt die Arme nach mir aus.' Lili starb am 9. Juni desselben Jahres an tuberkulöser Hirnhautentzündung, $4^1/_2$ Monate nach dem Tode ihrer Tante Luise F.'

Richet, der Gegner des Spiritismus, sagt, er habe für diese Tatsache keine Erklärung und suche auch keine. Nun, suchen dürfen wir ja immerhin nach einer, wobei wir anscheinend folgende Wahl haben: Lilis Krankheit war in ihren **Grundlagen** längst im Körper angelegt; ein tödlicher Ausgang durch Auslösung einer Meningitis wäre daher — nach allem, was wir über Vorschau von Todesfällen wissen[3] — hier sogar besonders leicht 'vorauszusehn' gewesen, im normalen oder im metapsychischen Sinn. Sofern die Erscheinungen überhaupt ein wirkliches 'Rufen' enthielten und der Ausdruck einer Vorschau waren, könnte man ihre Quelle entweder in der Kranken oder in der Erscheinenden suchen (während ihre Rückführung auf dritte Lebende sehr gekünstelt erschiene); im ersteren Falle wäre noch eine besondere 'Dramati-

---

1) Bozzano, Phén. 2.   2) Richet 277 f. Vgl. den Fall Flammarion III 209 f.   3) Vgl.
Mattiesen 437 ff.

sierung' der Vorschau anzunehmen.   Wir hätten also zwei Möglichkeiten gegen einander a b z u w ä g e n, wobei auf der einen Seite die vermutlich größere 'ärztliche Einsicht' der Erwachsenen — also der Verstorbenen — zu bedenken wäre,[1] auf der andern der Umstand, daß das Kind seinem physiologischen Schicksal doch soz. 'die Nächste' war.

Unser Problem, das hier doch nur erst anklang, entwickelt seine volle Schärfe, wenn die Erscheinung in das betonteste Zeitverhältnis zum Vorgang des Sterbens tritt, das wir uns denken können: wenn sie dem Augenblick des Hinscheidens kurz vorausgeht und dabei einmalig ist. Dieser Art ist die weitaus überwiegende Masse der Fälle von Sterbebettgesichten, auf die sich unser Argument beruft.[2] In der Tat ja dürfte man erst in unmittelbarer Nähe des Sterbens eine solche Zuspitzung der zum Tode führenden Veränderungen — e i n s c h l i e ß l i c h d e r m e t a p s y c h i s c h e n — voraussetzen, daß ihre Wahrnehmung durch Jenseitige natürlich erscheinen könnte; also durch Bewohner jenes Reiches, dem sich der Sterbende voraussetzungsgemäß a n ä h n l i c h e n würde. Nimmt man ein Fortleben an sowie ein Wahrnehmungsvermögen der Verstorbenen für das, was mit ihren Überlebenden zusammenhängt (wofür sehr vieles spricht, wie wir noch hören werden), so erscheint unstreitig die Wandlung der Todesstunde, mit ihrer Verheißung einer Wiedervereinigung und ihrer beginnenden Verwirklichung der Voraussetzungen dafür, als derjenige Zeitpunkt, an dem sich ein erdenzugewandtes Interesse der Verstorbenen wohl verraten müßte, mit allen Mitteln, die ihnen zur Verfügung stehn, worunter die Autophanie ja doch eins der willigsten sein dürfte. Auch daß dabei am häufigsten bloß der Sterbende den Verstorbenen schaut, könnte gerade unter spiritistischen Voraussetzungen natürlich erscheinen, die ja die Annahme einschließen würden, daß die zur Trennung vom Leibe sich anschickende Seele eben damit auch die Wahrnehmungsfähigkeit für eine unsichtbare Welt und ihre Bewohner, oder aber eine erhöhte Beeindruckbarkeit durch diese erwerbe. Anderseits aber könnte natürlich der rein 'medizinisch' wie auch der animistisch Denkende geltend machen, daß gerade der zugespitzt krankhafte Zustand des Sterbenden für eine bloß subjektiv-halluzinatorische Natur dieser Erscheinungen spreche.

Gegenüber dieser 'natürlichen' Auslegung hat nun die spiritistische Auffassung seit längerem auf die angebliche seltsame Tatsache hingewiesen, daß Sterbebett-Visionen, sofern sie überhaupt Menschen darstellen, i m m e r n u r V e r s t o r b e n e zum Inhalt haben, und n i e m a l s

---

1) An Fällen anscheinender Vorschau physiologischer Entwicklungen seitens Verstorbener ist kein Mangel, wie der Belesene weiß.   2) Vgl. allgemein Daumer I 323 ff.; Splittgerber, Leben 327 ff.; Hyslop, Psych. Res. 81 ff.; Pike 9 ff.; Clarke 266 f. 277; Bozzano, Phén. 1 ff.; Barrett, Vis. u. a. m.

Lebende. 'Hätten die fraglichen Erscheinungen', schreibt z. B. Bozzano, 'ihre Wurzel in den Gedanken des Sterbenden, die sich auf die von ihm Geliebten richten, so würden auch seine Halluzinationen, anstatt ausschließlich Verstorbene, viel häufiger lebende Personen darstellen; das aber findet nie statt;' und Bozzano beruft sich ausdrücklich auf seine unbestritten außerordentliche Belesenheit, wenn er behauptet, daß man 'kein einziges Beispiel einer Erscheinung Lebender am Sterbebett kenne'.[1] —

Indem ich mich an die Erwägung dieser widerstreitenden Auffassungen und ihrer Begründungen mache, will ich zunächst darauf hinweisen, daß der Zustand des Sterbenden während seines Schauens Verstorbener durchaus nicht immer jener fieberwahnhafte ist, den die 'medizinische' Auffassung wohl gern voraussetzen würde.

Die an Diphtherie sterbende Miss Hattie Pratt z. B., deren Erfahrung ihr Bruder, Dr. E. H. Pratt in Chicago, dem Prof. Hyslop berichtete, befand sich in 'vollkommener Ruhe und anscheinend ohne Leiden, ... ihr Geist erschien klarer und vernünftiger als je zuvor. Sie wußte, daß sie sterben müsse, und übergab ihrer Mutter ihre letzten Anordnungen bez. der Verteilung gewisser Besitztümer an ihre Freundinnen, — als sie plötzlich ihre Augen gegen die Decke in der entlegensten Ecke des Zimmers erhob, mit gespannter Aufmerksamkeit hinblickte, als höre sie jemand sprechen, und schließlich, mit dem Kopf ein Zeichen der Zustimmung gebend, sagte: 'Ja, Großmutter, ich komme, ich komme, warte nur, bitte, einen Augenblick.' Nachdem sie ihr Erstaunen darüber geäußert, daß die andern nichts sähen, 'beendete sie das Diktat ihrer Anordnungen', horchte wieder nach ihrer Großmutter hin und nahm von allen Abschied. 'Ihre Stimme war sehr schwach, aber der Blick ... voll Geist und Leben. 'Jetzt bin ich bereit, Großmutter', sagte sie, und indem sie immerzu in jener Richtung blickte, erlosch sie ohne Kampf und Leiden.'[2]

Ähnlich erzählt Dr. Wilson (New York) von dem s. Z. bekannten Tenoristen James Moore, den er behandelt hatte und an dessen Sterbebett er zugegen war: der Kranke sei 'vollkommen bei Vernunft und geistig so klar gewesen, wie ich nur je einen Menschen gesehn', — als er mit besonders lauter Stimme sagte: 'Da ist meine Mutter! Wie, Mutter, bist du zu mir gekommen? Nein, nein, ich komme zu dir. Wart einen Augenblick, Mutter, ich bin fast hinüber. Ich kann hinüberspringen. Warte, Mutter.' Der Arzt drückt seine 'feste Überzeugung' aus, daß Moore 'mit seiner Mutter gesprochen habe'; er schrieb 'augenblicklich jedes seiner Worte nieder'.[3]

In einem andern sehr merkwürdigen Fall, den wiederum der behandelnde Arzt, Dr. W. C. in Seranyn, ausführlich berichtet, litt der Kranke, Jean Vitalis, zwar an heftigem Fieber mit starken Symptomen von Gelenkrheumatismus, wurde aber gerade durch das todankündigende Gesicht anscheinend

1) A prop. 103; Phén. 5. 109. (Über Bozzanos unvergleichliche Tatsachenkenntnis s. RS 1934 99.)　　2) JAmSPR 1918 (XII) 623 f.　　3) Hyslop, Psych. Res. 97. Vgl. die Fälle Lt 1901 36 (Dr. Worthen); JSPR III 359; Welby 74 ff. (auch bei Hennings 780 ff.).

völlig gesund. Als der Arzt ihn nämlich am Morgen des 16. Krankheitstages 'in Kleidern, lächelnd, Füße und Hände völlig frei, und ohne das mindeste Fieber' antraf, berichtete ihm Vitalis, sein Vater habe ihn in der Nacht zuvor besucht: nicht im Traum, sondern bei 'völligem Wachsein'; 'er betrat mein Zimmer durch das Gartenfenster, hat mich zunächst aus der Entfernung scharf angeblickt, sich mir dann genähert, mich überall leicht berührt, um mir die Schmerzen und das Fieber zu nehmen, und mir dann angekündigt, daß ich heute abend punkt 9 Uhr sterben werde; er hoffe, daß ich mich als guter Katholik auf diesen Tod vorbereiten werde.' Vitalis berief in der Tat einen Beichtiger und ließ sich die Sterbesakramente erteilen. 'Sein Puls war voll, ruhig, regelmäßig, die Temperatur normal', und er schien auch am Nachmittag 'in vollkommener Gesundheit' zu sein. Dr. C. zog einen zweiten erfahrenen Arzt zu, der eine Erkrankung des Gehirns vermutete (wohl nur zur Deutung der Vision?). Bei völliger Heiterkeit und Ruhe des Geistes, in Gegenwart des wiedergekehrten Arztes, nahm Vitalis von den Seinen Abschied, legte sich eine Minute vor 9 aufs Bett 'und rührte sich nicht mehr'. Dr. C. konnte nur den eingetretenen Tod feststellen. [1]

Die hier beobachtete Zuspitzung der von der Erscheinung ausgehenden Todesansage bis auf die genaue Stunde finden wir auch in einem andern Falle, der aber zu umfangreich ist, um hier mehr als umrissen zu werden.

Über die letzten vier Lebenstage der kleinen Daisy Dryden, die 10jährig 1864 in San José (Calif.) an Darmentzündung starb, besitzen wir einen ausführlichen tagebuchartigen Bericht der offenbar gebildeten Mutter. Das Kind scheint durchweg 'bemerkenswert klar' und geistig sehr tätig gewesen zu sein und dabei gewissermaßen die Geisterwelt fast dauernd offen und mehrere seiner Verstorbenen im einzelnen gesehn zu haben. Besonders häufig erschien ihm der vor 7 Monaten im Alter von 6 Jahren verstorbene Bruder 'Allie', an den Daisy Fragen stellen konnte und der ihr daraufhin über das Ergehen Verstorbener im Jenseits Auskunft erteilte, — wovon manches den Anschauungen und Erwartungen ihrer selbst und der Ihrigen durchaus widersprochen haben soll. Allie sagte ihr auch ihren Tod auf 11.30 des vierten Tages voraus; Daisy verabschiedete sich in der zärtlichsten Weise und bei anscheinend voller Klarheit des Geistes von den Ihrigen, den Blumen und Bäumen, und sagte 15 Minuten nach 11: 'Jetzt, Papa, hebe mich auf, Allie ist gekommen', verbot ihre bereits schlafende Schwester zu stören, sagte punkt $1/_2$12: 'Komm, Allie' und atmete nicht mehr. — Des Kindes 'Erfahrung im Sterben (sagt die Mutter) war nicht das Ergebnis eines sonderlich geistlichen Lebens, noch war es im geringsten nach mystischen oder spiritistischen Lehren erzogen worden.' [2]

Ähnlich sah der erkrankte Rev. Lloyd Ellis seinen verstorbenen Vater und erklärte danach: er habe 'eine Verabredung mit ihm für nächsten Mittwoch 3 Uhr'; er starb an diesem Tage um die bezeichnete Stunde. [3]

---

1) Bei Bozzano, Phén. 15 ff.　　2) JAmSPR XII Nr. 6.　　3) Hyslop, Psych. Res. 98.

In der anscheinenden Ansage der Todesstunde durch das Phantom des Verstorbenen liegt ein gewisser Anreiz — wenigstens für den von Zweifeln Unbeschwerten —, die Erscheinung nicht als eine Leistung des Sterbenden, sondern des Erscheinenden selbst aufzufassen: also in diesem den wirksamen Partner der Begegnung, den 'Agenten' zu vermuten. Dem entspricht auch die häufige Angabe des Schauenden, daß der Verstorbene — oder eine Mehrzahl solcher — 'gekommen sei, ihn abzuholen', daß jener ihm 'winke', oder ihn 'rufe'.

Die sterbende Mrs. Smedley 'sieht' ihre Eltern und drei Geschwister und fragt ihren Gatten, ob er sie denn nicht auch sehen könne: 'Sie sind alle hier und sind gekommen, mich mit sich fortzutragen'; oder wie es in einem ähnlichen Falle heißt: 'Sie sagen, daß sie gekommen sind, mich mit sich fortzunehmen'.[1] Ein 12jähriger Knabe, Tommy Brown, von dem die freiwillige Krankenwärterin Mrs. C.-J. Chambers (allerdings zweiter Hand) berichtet, daß er wiederholt seinen zwei Jahre zuvor im gleichen Krankensaal verstorbenen Vater gesehn habe, behauptet mehrfach: 'er macht mir ein Zeichen mit der Hand, er wünscht, daß ich mit ihm gehe', und will sich trotz der Schwäche emporheben; und ein andermal: 'er ist da neben dem Bett und winkt mir mit der Hand. Seht ihn doch alle an: er ist da und ruft mich.'[2] Und ähnlich in vielen Fällen. —

Zwei mögliche Einwände gegen die bisher, zumal die zuletzt betrachteten Formen unsres Tatbestands drängen sich auf. Der erste würde sich auf die Möglichkeit berufen, daß die fraglichen Gesichte 'reinphantastisch', oder vielleicht als dramatische Verbildlichung einer unbestimmten Todesfurcht, oder gar einer Todessehnsucht entstanden seien, sich dann aber autosuggestiv verwirklicht hätten.[3] Der Begriff der autosuggestiven Selbsttötung ist ja der Wissenschaft nicht völlig fremd, wenn er auch weit weniger der wirklichen Beobachtung entsprungen ist, als dem Bedürfnis nach 'natürlicher' Erklärung von Vorgängen, die sonst unrettbar dem Gebiet des Übernormalen verfallen würden.[4] Angesichts der ganzen hier fraglichen Tatsachenmasse trägt er freilich alle Schwächen gewaltsam rationalisierender Deutelei an sich. Eine so erstaunliche organische Leistung in solcher Häufigkeit anzunehmen, und zwar ganz vorwiegend im Zusammenhang mit einem andern typisch sonderbaren Geschehn — dem Schauen Verstorbener —, sieht einer verzweifelten Ausflucht ähnlicher, als einer ehrlichen wissenschaftlichen Hypothese. Ich will keine weiteren Worte darauf verwenden.

Weit sinnvoller erscheint mir der andre Einwand, gegründet auf die unleugbare Tatsache, daß ein Mensch sein eignes Sterben voraussehn

---

1) Nach Smedley bei Barrett, Vis. 53. Vgl. den Fall das. 48.   2) Lt 1915 502.
3) Vgl. Saltmarsh Pr XL 118.   4) Vgl. Mattiesen 436 ff.

6*

und voraussagen kann, auch wo solches Wissen normalerweise ausgeschlossen erscheint; ja daß er eine übernormale Vorschau der genauen Todeszeit erlangen kann.[1] Wir wissen aber auch, daß jedes prophetische Wissen sich unter Umständen dem Bewußtsein in Form symbolischer Gesichte darstellen kann. Wäre es also nicht möglich, die Erscheinungen Verstorbener am Sterbebett, die dem Sterbenden 'winken' oder ihn 'rufen', oder auch durch ihr bloßes Erscheinen ihn auf sein Sterben vorzubereiten scheinen, als visionäre Dramatisierungen eines Vorwissens zu deuten, wenn auch — im äußersten Falle — eines übernormalen? Und zweifellos wäre unter solcher Voraussetzung nur das Halluzinieren eines Verstorbenen sinnvoll: denn eben der 'unterbewußte' Gedanke, daß die ins Jenseits 'Vorausgegangenen' den Kranken 'abzuholen' kommen, wäre die eigentliche Springfeder der sinnbildlichen Ausgestaltung. Damit verlöre tatsächlich der übliche Hinweis auf das völlige Fehlen von Erscheinungen Lebender an Sterbebetten seinen Sinn als spiritistisches Beweismittel.

Ich habe diesen möglichen Einwand an dieser Stelle eingeflochten, weil er allenfalls die bisher behandelten Typen unsres Tatbestandes treffen mag, durch die weiterhin zu behandelnden aber widerlegt wird. Zwar daß gelegentlich auch Personen, die während ihres ganzen Lebens nicht an eine Seele und ihr Fortleben geglaubt, in ihren letzten Stunden die Erscheinung eines nach ihrer Ansicht doch nicht mehr Existierenden sehen,[2] wird man als Widerlegung jenes Einwands schwerlich gelten lassen. Mag man doch auch im 'Unterbewußtsein' von Zweiflern irgendwelche Glaubensreste vermuten, an die eine symbolische Vision wohl anknüpfen könnte.

Bedeutsamer schon erscheint der Umstand, daß Sterbebett-Gesichte zuweilen inhaltlich stark von den Vorstellungen abweichen, die der Schauende gewissermaßen für die unterbewußte Ausarbeitung solcher Visionen bereitgehalten hat; wie im Falle des 1902 am Krebs verstorbenen Werkführers G. Hall Tench (eines Mannes von makellosem und stählernem Charakter): als man ihn schon für tot hielt, öffnete er noch einmal die Augen, blickte mit dem Ausdruck größter Anteilnahme über die Bettlehne weg und sagte 'laut und deutlich': *'Why, they're all plain people'* — 'Aber die sehn ja grade wie wir aus', woraus man wohl[3] schließen darf, daß Tench sich eine andre, 'romantischere', eine 'Flügel und Harfen'-Vorstellung von den Jenseitigen gebildet hatte.[4] — Wem dies nicht bündig erscheinen will, der mag an die mancherlei

---

1) S. Mattiesen, Kap. XLII.   2) S. z. B. den Fall Giltermann: Hyslop in JAmSPR 1918 603 f.   3) mit S. B. Bennett, der den Bericht an Prof. Hyslop einschickte. 4) JAmSPR 1918 607; Barrett, Vis. 70 f.

todankündigenden Phänomene erinnert werden, die wirklich von allem
'zu Erwartenden' gründlich abliegen: Lichterscheinungen, 'Schreie' und
andre Formen des *'banshee'*, die ja häufig sogar unverkennbar kollektiv,
ja auch von Tieren wahrgenommen werden.[1] Doch will ich auf diese
merkwürdigen Dinge nicht weiter eingehn, da ihre Wesensverwandt-
schaft mit dem todverkündenden Phantom jedenfalls nur mittelbar zu
erschließen ist.
Weit eindeutiger hinfällig wird unser Einwand andern Tatbeständen
gegenüber. Einer von diesen liegt vor, wenn der dem Sterbenden Erscheinende zwar wirklich einen Verstorbenen darstellt, aber einen, den
der Sterbende von Aussehn gar nicht kannte.

Diesen Typ belegt z. B. der Fall eines 9 jährigen Knaben, der (wie ein Un-
genannter dem Prof. Hyslop berichtete) neben drei andern Verstorbenen
auch seine Großmutter 'sah', die vier Jahre vor seiner Geburt gestorben war
und die er anscheinend in Einzelheiten ihrer Erscheinung der anwesenden
Mutter richtig beschrieb: 'viel größer und stärker als du ... die Hand ist
auch viel größer als die deine'. (Ich vermisse allerdings Angaben darüber,
wieweit der Knabe sich nach Bildern eine Vorstellung von der nie Gesehenen
hatte bilden können.)[2] — Wird man am Ende das Schauen der Großmutter
als übertragene Vorstellung der Mutter auffassen wollen? Aber der Knabe
sah auch noch seine verstorbene Schwester, einen verstorbenen kleinen
Freund, Roy, und eine verstorbene Mrs. C., die er zu ihren Lebzeiten 'sehr
geliebt' hatte. Diese Gesichte wird der Zweifler doch wohl für Erzeugnisse
des Sterbenden selber ansehn? Und wenn das für die Großmutter nicht an-
ginge, — wird er seine Deutungen 'mischen' wollen?

Ein zweiter Tatbestand, geeignet, unsern Einwand zu widerlegen, hat
im Rahmen unsres Problems eine gewisse Berühmtheit erlangt. Ich
meine die Sterbebett-Erscheinungen solcher Personen, die der Sterbende für lebend hält, die aber tatsächlich schon gestorben sind.
Denn daß diese der Hypothese von der unterbewußten Ausarbeitung
eines symbolischen Vorschaugesichts nicht dienen können, liegt auf
der Hand. Dagegen könnten sie, auf den ersten flüchtigen Blick, den
schwächlichen Einwand zu stützen scheinen, daß die Sterbebett-Gesichte Halluzinationen seien, der Beschäftigung des Sterbenden mit
'seinen Lieben' insgesamt entsprungen. Denn hier scheint es sich ja zu
bestätigen, daß der Sterbende wahllos Verstorbene oder Lebende hallu-
ziniere, d. h. solche, die er für lebend hält. — Nun, kurze Überlegung
läßt uns die Seichtigkeit dieses Gedankens erkennen. Das spiritistische
Argument, das sich auf das Erscheinen ausschließlich Verstorbener
an Sterbebetten beruft, verstärkt sich im Gegenteil sehr bedeutend,
wenn Erscheinungen derer, die der Sterbende für lebend hält, sich aus-

1) Pr V 304. 306 ff.; PS XXXIV 22 u. a. m.   2) JAmSPR 1907 47.

nahmelos als Erscheinungen tatsächlich schon Verstorbener erweisen. Eine Regel wird vollends zum Gesetz, wenn jede scheinbare Ausnahme sich bei genauem Zusehn als Bestätigung der Regel entpuppt.

Die Fälle dieser Art kann man (mit Bozzano) in zwei Gruppen teilen, je nachdem die Tatsache, daß der Erscheinende nicht mehr lebt, nur dem Sterbenden selbst, oder auch den andern am Sterbebett Anwesenden unbekannt ist. Von beiden Arten besitzen wir eine ziemliche Anzahl gut beglaubigter Berichte.

Zur ersten gehört z. B. die Erzählung des Vikars von H. (der seinen Namen nicht zu veröffentlichen erlaubte) von dem Tode (an Scharlach) seiner beiden kleinen Söhne David Edward und Harry am 2. und 3. Nov. 1870. Der letztere starb in Abbots Langley, 14 engl. Meilen vom Pfarrhaus des Vaters entfernt. Man verheimlichte seinen Tod dem kranken Bruder mit größter Sorgfalt. David starb zu Hause, und etwa eine Stunde vor seinem letzten Atemzug richtete er sich im Bett empor, wies auf etwas Unsichtbares am Fußende hin und rief: 'Da ist klein Harry und ruft mich.' Der Vater ist dieser Worte ganz gewiß.[1]

An der gleichen Stelle wird ein ersthändiger Bericht der Miss Harriet H. Ogle mitgeteilt, nach welchem ihr Bruder etwa eine Stunde vor seinem in Leeds erfolgten Tode (ohne Fieberwahn oder Bewußtseinstrübung) zunächst seinen vor 16 Jahren verstorbenen Bruder Joe sah und gleich danach im Tone größter Überraschung 'George Hanley!' ausrief, den Namen eines Bekannten, nicht eines besonders nahen Freundes, von dem nur die aus dem 40 Meilen entfernten Melbourne, dem Wohnort Hanleys, herangereiste Mutter wußte, daß er 10 Tage zuvor gestorben war.

In einem weiteren Falle, den Dr. Savage dem Prof. Hyslop verbürgte, war von zwei im Juni 1889 an Diphtherie erkrankten Mädchen das eine, Jenny, bereits 3 Tage tot, als das zweite zum Sterben kam. Man hatte auch ihr aus ärztlicher Vorsicht den Tod der andern sorgfältig verheimlicht, so daß sie dieser noch am Sterbetage Abschiedsgrüße schickte und zwei Bilder für sie aussuchte. Die kleine Kranke schien keine Furcht vor dem Tode zu haben und sprach vom Sterben; sie schien einige Freundinnen zu sehen, von denen sie wußte, daß sie tot waren. Plötzlich, wieder im Tone höchster Überraschung, rief sie ihrem Vater zu: 'Aber Papa, ich werde Jenny mit mir nehmen. Warum hast du mir nicht gesagt, daß Jenny hier ist?' und mit ausgestreckten Armen: 'O Jenny, ich bin so froh, daß du da bist.'[2]

Sehr viel bedeutsamer — wie sich gleich zeigen wird — sind die Fälle, in denen der Tod des Erscheinenden nicht nur dem Sterbenden, sondern auch den um ihn Versammelten unbekannt ist.

Dieser Art ist der zuerst im 3. Bd. der Proc. S. P. R.[3] abgedruckte, nachher mehrfach angeführte Fall, den ein 'wohlbekannter irischer Gentleman, Oberst

---

1) Pr V 459 f. Anm.   2) Hyslop, Psych. Res. 88 (auch Savage 42 f.). Vgl. die Fälle Barrett, Vis. 10 ff.; JSPR XXI 347; Pike 49; Henslow 139; Barrett, Threshold 159 f.
3) S. 92 ff.

N. N.', unter dem 1. März 1885 mitteilte. Seine Frau, die am 13. Feb. 1874 starb, war bis zuletzt geistig klar und ordnete noch am letzten Tage in überlegener Weise ihre Angelegenheiten. Während dieser Tätigkeit fragte sie ihn, ob auch er gewisse 'Stimmen singen' höre, die sie schon mehrfach vernommen habe ('als wenn Engel ihr ein Willkommen sängen') und von denen eine Stimme ihr sehr bekannt erscheine. Dann, plötzlich auf einen Punkt über dem Haupte des an ihrem Bette sitzenden Gatten weisend: 'Da ist sie, [die Sängerin,] in der Zimmerecke; es ist Julia X; sie kommt heran; sie beugt sich über dich; sie hebt die Hände; sie betet; sieh doch hin, — jetzt geht sie ... sie ist fort.' Julia X war am 2. Feb., also 11 Tage zuvor, gestorben und hatte soz. bis zu ihrem letzten Augenblick gesungen. Sie hatte sich vor ihrer Heirat zur Sängerin ausbilden wollen und vor 6—7 Jahren eine Woche im Hause der N. N.s verbracht, um die Gäste durch ihren Gesang zu unterhalten. Oberst N. N. erfuhr von dem Tode der Julia X, verehelichten Webley, erst 2 Tage nach dem Ableben seiner Gattin.[1]

Wenn Bozzano von den Fällen der ersten Gruppe sagt, daß hier die Annahme einer telepathischen Wissens- oder Bildübertragung seitens der am Sterbebett Anwesenden dem Animisten genügen dürfe,[2] so mag man, wenn man will, ihm Recht geben: am Ende ist es gerade der Wunsch, eine Trauernachricht vor dem Sterbenden geheimzuhalten, was ihn in ihren Besitz gelangen läßt; woraus dann die Vision sich verständlich ergibt. — Bei Fällen der zweiten Gruppe liegt die Sache offenbar nicht so einfach. Hier müßte man, wie auch Bozzano bemerkt, eine telepathische Übermittlung aus der Ferne annehmen, nämlich seitens solcher Personen, die vom Tode des Erscheinenden normalerweise wissen, im Falle der Julia X also etwa seitens ihres Gatten oder Vaters, — denn eine telepathische Wirksamkeit der Dame selbst in ihrer Todesstunde erscheint weniger wahrscheinlich angesichts der Zeitspanne zwischen ihrem Tode und dem der Freundin. Hiergegen erinnert Bozzano,[3] daß eine solche telepathische Betätigung recht unwahrscheinlich sei, da alle fraglichen Personen der Perzipientin unbekannt, also auch nicht im 'sympathetischen Rapport' mit ihr waren; da ferner die Übertragung eines Fremdbildes im Falle 'spontaner' Telepathie sehr selten sei; und da endlich auch die Wahrnehmung eines Gesangs, worin die Stimme der gleich darauf Gesehenen sich heraushob, schwerlich auf die Einwirkung einer dritten Person zurückzuführen wäre. Und Bozzano fügt scharfsinnig hinzu, daß wenn auch keins dieser Argumente, für sich genommen, zwingend sei, sie doch dadurch schwerer wögen, daß drei an sich seltene Abweichungen von der Regel bei telepathischen Vorgängen sich hier in einem Falle vereinigt finden sollen. — Man könnte auf diese kluge Argumentation vielleicht erwidern, daß ein Bestehen

1) Pr III 92 f. — Vgl. etwa JAmSPR 1918 590.   2) Bozzano, Phén. 42.   3) aaO. 51.

natürlicher 'Sympathie' (ganz abgesehn von persönlicher Bekanntschaft) zwischen Mrs. N. N. und ihren möglichen Bildlieferern nicht
auszuschließen sei, und daß die eigentümliche Form ihres Erlebnisses
durch 'Ausarbeitung' einer sehr viel einfacheren telepathischen 'Mitteilung' gewonnen sein könnte; lebte doch in ihrer Erinnerung Mrs. Webley vornehmlich als 'Sängerin'. Auch eine Latenzzeit von 11 Tagen mag
man schließlich nicht für unmöglich halten, sodaß immerhin die
sterbende Julia X als Agentin in Frage käme; doch wäre eine solche
Weitherzigkeit gerade in diesem Falle wieder fragwürdig, denn eine 11-
tägige Krankheit mit allen ihren Schlummern und Halbwachzuständen
hätte selbstverständlich vielfach Gelegenheit zur Verbildlichung geboten.

Wie man sieht, stürzt die grundsätzliche Feindschaft des Animisten
gegen jeden spiritistischen Anschein uns auch hier in ein Gewirr von
Möglichkeiten und Unwahrscheinlichkeiten. Die Annahme eines Bild-
gebers in der Ferne, von dessen Motiven zu solcher Leistung doch nichts
zu ersehn ist und der sich mit Vorliebe Schwerkranke als Opfer wählt;
dazu die Annahme einer Latenz des Versandten durch alle reizbaren
Dämmerstunden einer Krankheit ausgerechnet bis zur Sterbestunde, —
das sind zwar 'unwiderlegbare' Konstruktionen, die aber doch keine
günstige Figur machen gegenüber dem ungekünstelten Schlußverfahren
des Spiritisten: daß die nachträgliche Erweisung jeder scheinbaren
Ausnahme von der Regel als nur scheinbar die Regel sehr stark unter-
streiche, nach welcher Erscheinungen an Sterbebetten ausschließlich
Verstorbene darstellen und folglich deren Beteiligung an ihrer Erzeugung nahelegen.

Nun läßt sich allerdings unser Argument über diesen Punkt verhält-
nismäßiger Unentschiedenheit noch hinaustreiben; jedoch nur unter
der Bedingung, daß wir die schlichte Fassung überschreiten, in der bisher von 'Erscheinungen' die Rede war, und auf Besonderheiten gewisser
Sterbebett-Phantome eingehn, deren ganze Bedeutung erst woanders
zu würdigen sein wird. Wir müssen also wiederum vorgreifen. Aber
daß sich das, bei der innigen Verwobenheit aller Tatsachen unsres Gebietes, kaum vermeiden läßt, haben wir schon mehrfach erfahren. Es
wird sich empfehlen, auch den eben fraglichen Tatbestand im Zusammenhang zu Ende abzuhandeln, auch um den Preis eines leichten
Vorstoßes in Gebiete außerhalb der bisherigen Voraussetzungen. Der
besondere Umstand aber, zu dessen vorzeitiger Erwähnung ich mich
auch hier wieder gedrängt fühle, besteht in der Wahrnehmung von
Sterbebett-Phantomen durch mehrere Personen; ein Umstand, der
unstreitig geeignet ist, die Theorie der Erzeugung dieser Phantome

durch irgendwelche lebende 'Agenten' mindestens zu erschweren, in Verbindung mit sonstigen Umständen vielleicht zu widerlegen.

Etwas undeutlich zeichnet sich dieser Tatbestand in einer Beobachtung ab, die Mrs. Laura C. Homers aus eigner Erfahrung berichtet. Ich führe sie gleichwohl an, weil sie für später zu Behandelndes eigenartige Anknüpfungspunkte darbietet. — Etwa eine Woche vor dem Tode eines Mr. Quimby, an dessen Bette die Dame wachte, nahm sie, gegen 11 Uhr abds., zur Seite des Bettes zwischen ihr und dem Kranken eine Art ziemlich undurchsichtigen Nebels wahr, etwa $1^1/_2$ Fuß lang und ebenso tief, und etwa 3—4 Fuß über dem Boden, eine leidliche Zeit reglos verharrend. Als er verschwunden war, erzählte sie dem Kranken von ihrer Wahrnehmung, worauf dieser erwiderte: 'Ich fühlte, daß mir zur Seite meine Mutter sich befand; jetzt weiß ich es.'[1]

Der folgende Fall zeigt bereits eine gewisse Steigerung. — Mrs. Z. G., eine 'keineswegs leichtgläubige' Dame und zur Zeit des Erlebnisses von nüchternen Überlegungen eingenommen, fragte ihre seit langem bettlägerige 17-jährige Tochter, die bis zuletzt 'einen ungewöhnlichen Grad von Geistesklarheit und Willen' bewahrte: in welcherlei Gedanken sie versunken sei. 'Sieh dorthin, kleine Mama', erwiderte diese, indem sie auf die Bettvorhänge wies. 'Ich folgte der Richtung ihrer Hand und sah die Gestalt eines Mannes, vollkommen weiß, die sich ganz deutlich gegen den dunklen Vorhang abhob...' 'O kleine Mutter (sagte die Tochter), ich habe dasselbe seit 3 Tagen um dieselbe Stunde gesehn; es ist mein lieber Vater, der gekommen ist, mich zu holen.' Das Kind starb erst 15 Tage später, aber die Erscheinung wiederholte sich nicht.[2] Aus dem Umstand, daß die Mutter nicht angibt, ihren Gatten erkannt zu haben, mag man schließen, daß (wie so häufig) nicht beide Perzipientinnen das Phantom mit der gleichen Deutlichkeit wahrnahmen.

Gut bezeugt ist der Fall der Erscheinungen des verstorbenen Walt Whitman am Sterbebett seines Freundes und Lebensdarstellers, des Dichters Horace Traubel, eines Mannes von hoher und idealistischer Geistigkeit. Zufolge ausführlichen Berichten[3] hatte Traubel in den letzten Tagen seines Krankenlagers mehrmals Erscheinungen Whitmans und anderer vorausgegangener Freunde (darunter Dr. Buckes, in dessen Buch über das 'Kosmische Bewußtsein' ja Whitman wie auch Traubel behandelt werden). Whitman erschien, nach der Weise zahlreicher 'wahrer' Phantome, strahlend und von einem goldigen Strahlenschein umgeben, grüßte ermutigend mit der Hand und sprach; doch konnte Traubel nur die Worte 'komm, ich erwarte dich' verstehn. Ein andres Mal hörte Tr. nur Whitmans Stimme, welche sagte: 'Komm mit mir; komm, ich erwarte dich.' — Der Teilnehmer an der anscheinend einzigen kollektiven dieser Wahrnehmungen war der Oberst Cosgrave, und es lohnt sich, ihn zunächst über seine Eigenschaften als Zeuge zu hören. 'Während

---

1) JAmSPR 1918 503.   2) Nach C. Borderieux bei Barrett, Vis. 33 ff.   3) in JAmSPR 1921 114 ff. Vgl. den etwas 'romantisch' aufgetönten Fall der Mrs. Joy Snell bei Barrett, Vis. 109 ff.

des August und September 1919', schreibt er, 'habe ich auf vertrautem Fuß
mit Horace Traubel gelebt… Bis dahin hatte ich ihn nicht persönlich gekannt;
desgleichen besaß ich nur eine oberflächliche Kenntnis der Schriften und der
Gedankenwelt Walt Whitmans… Ich bemerke überdies, daß mein langer
Dienst in Frankreich bei der kanadischen Armee, und zwar fast immer in der
vordersten Linie, vom Januar 1915 bis zum Waffenstillstand, mich natürlich
mit dem Tode vertraut gemacht hatte; infolgedessen erzeugte die Nähe eines
Sterbenden in mir zwar Ehrerbietung, aber keineswegs jene nervöse Spannung
des Gefühls, wie bei Leuten, die mit dem Tode nicht vertraut sind… Horace
Traubel [an dessen Bett Col. Cosgrave während der frühen Morgenstunden
der drei letzten Nächte wachte] starb an Lähmung und Erschöpfung, schien
aber nicht zu leiden. Er war halbbewußt und brachte infolge der Zungen-
lähmung Worte nur mühsam hervor; aber seine Augen, stets lebendig und
ausdrucksvoll, ließen seine Wünsche leicht erraten. In der letzten Nacht,
gegen 3 Uhr morgens, verschlimmerte sich der Zustand plötzlich; die Atmung
wurde fast unwahrnehmbar, die Augen schlossen sich; er schien in einem
schwer benommenen Zustand zu sein, während sein Körper von Krämpfen
geschüttelt wurde. Einige Zeit danach öffnete er wieder die Augen und
blickte fest nach dem Fußende des Bettes; die Lippen bewegten sich in einem
vergeblichen Versuch zu sprechen… [Schließlich] fühlte ich mich unwider-
stehlich angetrieben, nach jener Seite zu blicken. Das Zimmer war unvoll-
kommen erleuchtet von einer Nachtlampe, die in der Ecke hinter einem Vorhang stand. Allmählich erhellte sich der Punkt, nach welchem wir blickten;
eine kleine Wolke erschien, die sich rasch ausbreitete und bald eine menschliche Gestalt annahm, an der wir die Züge Walt Whitmans erkannten [in der
bei ihm gewohnten Kleidung und Haltung]… Er blickte Traubel an und
lächelte ihm liebevoll zu, als wollte er ihn ermutigen und willkommen heißen.
Zweimal machte er ihm ein Zeichen mit dem Kopf, wobei der Ausdruck des
Gesichts zu erkennen gab, daß er Traubels Mut heben wollte. Er blieb etwa
eine Minute lang vollkommen sichtbar, worauf er sich allmählich verflüch-
tigte .. Aber ehe er verschwand und während Horace und ich ihn angespannt
anblickten, bewegte er sich und näherte sich Horace. Dieser, infolge seiner
Lähmung nicht imstande, lange Zeit den Kopf zur Seite gewandt zu halten,
mußte in die normale Lage zurückkehren; indem er dies tat, murmelte er:
Walt ist hier. In diesem Augenblick bewegte sich das Phantom auf mich zu,
schien durch das Bett hindurchzugehn und berührte meine Hand, wie um mir
Lebewohl zu sagen. Diese Berührung empfand ich wie eine leichte elektrische Erschütterung. Schließlich lächelte Walt ein letztes Mal Horace zu
und entschwand unsern Augen. Dies fand statt am 6. Sept. [1919], zwei
Stunden, ehe der Kranke seinen letzten Atemzug tat…'

Im folgenden Fall nimmt die Kollektivität beträchtlich weiteren Umfang an. Der Bericht ist leider 24 Jahre nach dem Ereignis abgefaßt;
doch ist dieses von so massiger Art, daß man annehmen möchte, die Erinnerung daran habe sich im wesentlichen fehlerfrei bei den Angehörigen der Sterbenden erhalten.

Die Haupterzählerin, Miss Pearson, war z. Zt. in Gemeinschaft mit zwei Verwandten, Mrs. Coppinger und Mrs. John Pearson, mit der Pflege ihrer schwerkranken Tante, Miss Harriet Pearson, beschäftigt. In der Nacht des 22. Dez. 1864 befand sich Mrs. P. am Bette der Kranken, während die Erzählerin und Mrs. Coppinger in einem anstoßenden Zimmer in ihren Betten lagen. 'Das Haus war auf den Treppen und ihren Absätzen erleuchtet, unsre Tür weit offen. Etwa um 1 oder 2 Uhr früh am Morgen des 23. Dez. fuhren Mrs. Coppinger und ich im Bette hoch; wir waren beide wach, da wir auf jedes Geräusch im Nebenzimmer achteten. Wir sahen jemand an der Tür vorübergehn, klein von Wuchs, in ein altes Umschlagtuch gehüllt, eine Perücke mit drei Locken auf jeder Seite und eine alte schwarze Haube auf dem Kopf. Mrs. Coppinger rief aus: Emma, steh auf, das ist Tante Ann [die 6 Jahre zuvor verstorbene Schwester der Kranken]. Freilich, sagte ich, dann wird Tante Harriet heute sterben. Wir sprangen auf und Mrs. John Pearson kam aus dem Krankenzimmer gestürzt und sagte: Das war die alte Tante Ann; wo ist sie hingegangen? ...' Niemand war zu finden; die Magd lag im oberen Stock im Schlaf. Miss Harriet Pearson starb um 6 Uhr nachm. desselben Tages, und vor ihrem Tode gab auch sie an, daß sie ihre Schwester gesehen habe, die gekommen sei sie abzurufen.[1]

Der letzte zu unserm Tatbestand anzuführende Bericht — anscheinend ziemlich 'frisch' niedergeschrieben und von der Hauptperzipientin, Frl. v. Huschberg in Nürnberg, an Daumer eingesandt[2] — geht in der Dauer, Lebendigkeit und Umfänglichkeit der Erscheinungen noch über die vorstehenden hinaus. Wir erhalten keine Gewißheit darüber, ob das Phantom wenigstens dem Kranken bekannt gewesen sei (den Übrigen war es offenbar unbekannt), dürfen es aber vermuten. Die am Schluß der Erzählung eingeführte Tatsache, daß die Erscheinung etwas Dingliches 'zeigt', was offenbar zu seiner Identifizierung dienen soll, wird ihre Seltsamkeit verlieren, wenn der Leser zu den Tatsachen des dritten Abschnitts gelangt; desgleichen wird er noch häufig auf die Tatsache stoßen, daß eine von mehreren wahrgenommene Erscheinung dennoch nicht allen sichtbar wird, von denen man nach rein örtlichen Verhältnissen dies erwarten würde.

'Während der letzten Krankheit meines Vaters', schreibt Frl. v. Huschberg, 'kehrte ich mittags von einem Geschäftsgange zurück. Indem ich über den Markt auf unsre Wohnung zuging, bemerkte ich eine Frau in vorgerücktem Alter, in noch älterer Tracht, am Fenster eines Zimmers stehen, welches in jener Zeit nicht bewohnt war. Sie stand aufrecht am Fenster, die Hände gefaltet, als ob sie den Kreuzstock damit umfassen wollte. Ich traute meinen Augen nicht, nahm die Lorgnette und konnte mit Hilfe derselben jeden Zug ihres erdfahlen, hohlen Gesichtes unterscheiden. Ich trat ins Haus, welches zwei Türen hat, eine auf den Markt, eine auf den Platz, der um die Kirche

1) Pr VI 20 f. — Vgl. Pr X 372; VI 293 f.; Pike 47 f.; Marryat 121.   2) Daumer II 181 ff.

herumgeht und ehemals als Kirchhof gedient hatte. Indem ich über den Vorplatz schritt, auf dem ein Tagelöhner mit Holzmachen beschäftigt war, schritt die Dame die Stiege herunter, die ich, von der Straße betrachtet, immer noch für einen Besuch vom Lande gehalten. Ich fragte den Holzhauer, wer dort komme; er sah auf die Stiege, dann etwas verwundert auf mich, und sagte, er sähe niemand, [auch als Frl. v. H. auf die Gestalt hinwies. Eine 'unbegreifliche Scheu und noch nie empfundene Beängstigung' hielt diese ab, die Herabkommende anzureden.] Die Frau war groß, gut gebaut, [hatte] eine sehr stolze Haltung, besonders im Tragen ihres Kopfes, graue Haare; sie trug eine weiße Haube von Spitzen von einer nie von mir zuvor gesehnen Form, ein weites, schwer seidenes [blaßrotes] Kleid, mit grünem Laub und dunklen Blumen durchwirkt... Der Ausdruck ihrer Züge war Kälte und Ernst mit Sorge verbunden. An der Stiege blieb ich stehen, sie ging an mir vorüber gegen die Kirche hinaus, ich folgte ihr mehrere Schritte, sie verschwand an der Ecke des Nachbarhauses.

Oben auf dem Vorplatz stand mein ältester Bruder Wilhelm voll Erstaunen, in einer Hand den Zimmerschlüssel, in der andern eine Flasche haltend. Ich fragte, wer dagewesen? Er sprach schnell und heftig gegen mich, ich solle schweigen, da die Geschwister sich fürchteten [die also auch etwas gesehen hatten]; er habe in jenem unbewohnten Zimmer Wein geholt und beim Öffnen die Fremde bemerkt, die nicht zu den Lebenden gehöre; sie sei jammernd an ihm vorbeigeschritten.

Die nächste Nacht wachte ich in Gesellschaft einer meiner Schwestern am Bette meines Vaters; gegen 4 Uhr verlangte er Kaffee; ich ging eilends in die Küche, fand aber im Vorplatz dieselbe Frau. Sie folgte mir bis auf die Schwelle der Küche; ich nahm im Anfang keine Notiz von ihr, allein ihr Händeringen und Jammern war mir unerträglich, ich rief ihr daher sehr rauh zu, was sie wolle, sie hindere mich; sie prallte bis ans Ende des Ganges zurück, kam aber wieder ganz langsam näher, und wie ich zur Türe hinausging, folgte sie mir auf den Fersen bis zur Tür meines Vaters. Beim Eintreten sah dieser scharf gegen die Türspalte und sagte zu mir: Laß mir nur diese nicht herein! [Kannte er sie also? Jedenfalls scheint er sie schon vorher gesehn zu haben.] Mit meinem Willen nicht, gab ich zur Antwort. Er verlangte frisches Brot; ich besann mich nicht lange, lief bis zum Ende des Kirchhofs und holte welches; die Figur verließ mich auch während dieses Ganges nicht.

Von dieser Zeit an bis zum Tode meines Vaters, der ungefähr 3 Wochen darauf erfolgte, sah ich sie beinahe zu jeder Zeit und Stunde, meine Mutter und mein Bruder ebenfalls, und eine meiner Schwestern beklagte sich, sie trete ihr beinahe auf die Fersen, wenn sie gehe. Den 2. März, abends 7 Uhr, verschied mein Vater; nach 11 Uhr trat ich aus seinem Zimmer; sie stand nahe bei der Türe mit verhülltem Gesicht. Ich sah nichts mehr von ihr bis letzt verflossenen Dezember, wo sie schnell an mir vorüberglitt. Nach 14 Tagen starb mein Neffe. Jetzt kam sie wieder jammernd und drohend jeden Tag; keine Stunde, keine Beschäftigung konnte mich dieses Besuches entheben, und ich hatte das bestimmte Gefühl, es gelte meinem Bruder Wilhelm. Anfangs März kam sie gegen Abend; ich lag auf dem Kanapee und es waren noch 3 Personen im Zimmer. Sie trat ein, den einen Arm oben über den Kopf haltend, um welchen sie ihre grauen Haare geschlungen, und zog nun mit ihrem Arme die Haare empor, daß die Augenhöhlen weit und groß und leer vor mir lagen. [Auf ein ihr zugerufenes barsches Nein hin entfernte sie sich.] Meine Umgebung hatte nichts gesehen. Beim Ablauf des Monats starb mein Bruder, und seit seinem Todestage habe ich Ruhe vor ihr...

Den Gedanken, was sie wohl bewegen möge, zu kommen, ... beantwortete sie, indem sie mir einen ovalrunden Schild vorhielt, worauf, in Öl gemalt, das Bild eines Kreuzherrn in weißem Mantel mit rotem Kreuz und der Kopf eines Mönches mit der Inful daneben. Dieser Kopf hatte große Ähnlichkeit mit meiner Mutter Bruder, dem verstorbenen Abt.' [Danach würde es scheinen, daß das Phantom eine Vorfahrin der Familie dargestellt und sich durch das 'gezeigte' Bild habe identifizieren wollen.]

Eine besonders wichtige Abart solcher kollektiven Wahrnehmung an Sterbebetten bilden weiterhin die Fälle, in denen, wenigstens dem Anschein nach, nur die am Krankenlager Anwesenden das Phantom erblicken. 'Dem Anschein nach'; denn ob der Sterbende selber irgendein Bewußtsein der Nähe des Verstorbenen habe, ist hier im Grunde ungewiß, indem er nach außen zwar meist 'bewußtlos' erscheint, sein wirkliches Erleben aber fraglich bleibt. Wissen wir doch, daß selbst für tot Gehaltene, aber dann ins Leben Zurückgekehrte nachträglich von vielen und reichen Erlebnissen berichtet haben.

In Flammarions bekanntem Sammelwerk 'L'Inconnu' berichtet z. B. Mme B. de L. in Lacapelle vom Sterben ihrer 15jährigen Tochter an Diphtherie, am 29. Mai 1894. Zwei Nächte vor dem Ende wachte sie selbst in einem Nebenraum, dessen zum Krankenzimmer führende Tür offen stand, und eine Pflegerin in diesem selbst. Die Kranke 'schlummerte'. 'Plötzlich erhellte ein starkes Licht, vergleichbar der Mittagsonne im August, das Zimmer. Ich rief sofort nach der Wärterin, die aber nicht gleich antwortete. Inzwischen war ich schon am Bette meiner Tochter, aber das Licht war erloschen. Die Pflegerin erschien entsetzt und gab keine Antwort auf meine Fragen; aber am Tage darauf sagte sie ihren Vertrauten und sagt es noch jedermann, daß sie meinen Mann, der 6 Monate zuvor gestorben war, zu Füßen des Bettes meiner Tochter gesehen habe...'[1] — Hierbei muß ich daran erinnern, daß zerstreutes helles Licht, oft ohne feststellbaren Ausgangspunkt, sowohl als Begleiterscheinung wie auch als 'Äquivalent' von Phantomen nicht selten beobachtet wird.[2] Natürlich muß hier die Frage offen bleiben, ob Mme de L. nur darum nicht auch das eigentliche Phantom beobachtet hat, weil sie nicht 'rechtzeitig' im Krankenzimmer eintraf.

Einen Fall, in welchem die Wahrnehmung der Verstorbenen anscheinend nur einem Anwesenden möglich war, aber eben nur einem einzigen,

1) bei Bozzano, Phén. 87 f.   2) S. z. B. Pr V 451.

sodaß das Merkmal der Kollektivität hier fortfällt, berichtet der Bibliothekar Pelusi in Rom. Das Sterbebett eines 4monatigen Kindes umgaben dessen Vater, G. Notari, seine Frau und Mutter, die Hauswirtin, Sgra J. Masca, und Notaris 3jähriges Töchterchen Ippolita, eine Halbgelähmte, die auf dem Bette des sterbenden Kindes saß und es voll Mitleid anblickte. Genau eine Viertelstunde vor dessen letztem Atemzug streckte Ippolita die Arme gegen eine Zimmerecke aus und rief: 'Mama, siehst du die Tante Olga?' (eine Schwester der Mutter, die ein Jahr zuvor durch Selbstmord geendet hatte), und wollte vom Bett herabspringen, um sie zu umarmen. Das Kind lief schließlich auf einen leeren Stuhl zu, wo es verwirrt stehen blieb, weil die Vision inzwischen den Ort gewechselt hatte. 'Dort ist sie, die Tante Olga', rief das Kind dann und lief darauf zu. Der Tod der Kleinen unterbrach die Beobachtung.[1]

Halten wir hier zu einigen Erwägungen inne. — Über den Begriff, mit dem der Animist diesen Fällen von kollektiver Wahrnehmung beizukommen suchen muß, kann kein Zweifel bestehn. Da er die Erscheinungen Verstorbener an Sterbebetten als subjektive Halluzinationen auffaßt, deren überwiegender Anreiz natürlich beim Sterbenden — als dem krankhaft Veränderten — liegen muß, so ergibt sich für ihn ohne weiteres die Annahme, daß die Wahrnehmungen der andern — übertragene Halluzinationen seien, übertragen durch normale (wennschon ungewollte) oder durch telepathische Suggestionen des Sterbenden. Diese Annahme soll hier noch nicht an sich auf ihre Zulänglichkeit gegenüber kollektiven Phantom-Wahrnehmungen geprüft werden. Daß sie sich schon auf die Fälle der ersten der obigen Gruppen nicht ganz 'glatt' anwenden läßt, ist leicht ersichtlich: nehmen doch die sterbende und die bei ihr anwesende Person nicht einmal d a s g l e i c h e wahr. In den Fällen der zweiten Gruppe tritt hierzu noch ein andres Bedenken. Die eigentliche Quelle der Wahrnehmungen wäre natürlich auch hier im Sterbenden selbst zu vermuten; aber von Visionen, die er übertragen könnte, hören wir ja hier überhaupt nichts. Nun sagte ich schon, daß wir solche —. wenn auch ungeäußerte — doch auch nicht ausschließen können, und so müßten wir es hier mit der Annahme versuchen, daß irgendein 'innerliches Schauen', ein 'Traum' des Sterbenden sich als äußere Vision auf einen oder mehrere Anwesende übertrage, die, weil sie allein uns davon berichten, als die einzigen Wahrnehmenden erscheinen. Eine solche telepathische Leistung des Sterbenden glaubt Bozzano in Fällen, wie dem ersten der letzten Gruppe, dem der Mme de L. — bezweifeln zu müssen, weil die Sterbende (hier ja eine Schlafende) 'nicht genug Bewußtsein' gehabt habe, um eine übertragungsfähige Vorstellung zu bilden;[3] ein Argument, das mich wundernimmt

---

1) LO 1920 20. Pelusis Bericht wurde 6 Tage nach dem Vorgang abgefaßt.   2) Bozzano, Phén. 87 (Coma).

bei einem Spiritisten, der doch selbst dem Verstorbenen die Fähigkeit aktiver Telepathie zuschreiben muß und für den das Sterben durchaus nicht mit einer Verminderung des 'inneren' Bewußtseins verbunden zu sein braucht. — Dem zweiten Fall, dem der kleinen Ippolita gegenüber verweist er — mit besserem Recht — auf das sehr jugendliche Alter (4 Monate) des sterbenden Kindes, was die Ausbildung einer übertragungsfähigen Vorstellung (der Erscheinenden) überhaupt sehr unwahrscheinlich, ja unglaubhaft mache; ebenso unwahrscheinlich aber sei es, daß die dreijährige Perzipientin 'autosuggestiv' ein halluzinatorisches Phantom erzeugt habe, 'denn ihr kleines Hirn kam sicherlich nicht darauf, die Möglichkeit 'transzendentaler' Erscheinungen am Bette des sterbenden kleinen Bruders sich vorzustellen'.[1] Selbst Richet, der eingefleischte Antispiritist, habe gemeint, daß solche Fälle kaum eine andre Deutung als die spiritistische vertrügen. In der Tat, diese Unwahrscheinlichkeit grenzt an Undenkbarkeit. Sie könnte nur noch durch einen Umstand gesteigert werden: wenn nämlich das perzipierende Kind die erscheinende Person nicht einmal von Ansehn kennte und diese sich nachträglich doch identifizieren ließe. Ein solcher Fall von Kinder-Perzipienz am Kindersterbebett nun ist mir allerdings nicht bekannt. Doch liegen Berichte von Sterbebett-Gesichten vor, wonach die erscheinende Person von Erwachsenen wahrgenommen wurde, die sie gleichfalls nicht von Ansehn kannten, also auch nicht selbständig identifizieren konnten.

Als erstes Beispiel dieser Art lege ich einen Fall vor, den der bedeutende Altphilologe Prof. Sir George Kelrewich berichtet. Seine Schwester, die sich im Augenblick des Todes ihrer Mutter in deren Zimmer befand, kam zu ihm und bezeugte: 'Im Augenblick, als unsre Mutter ihren letzten Atemzug tat, sah ich über ihr ein Phantom mit fuchsroten Haaren schweben, was umso unerklärlicher ist, als unsre Mutter, wie du weißt, eine besondere Abneigung gegen rothaarige Personen hatte.' K. gab dies zu, teilte ihr aber mit, daß die jüngere Schwester der Mutter, der diese leidenschaftlich zugetan gewesen und welche jung verstorben war, eben rote Haare gehabt hatte.[2] — Man fragt sich, ob etwa gerade die 'leidenschaftliche' Erinnerung der Sterbenden an die Schwester zur Erzeugung der Erscheinung beitrug, oder ob die Perzipientin selbst eine vergessene Erinnerung an Bilder ihrer Tante oder Erzählungen von ihr besaß?

Merkwürdiger erscheinen mir die beiden folgenden Fälle, die ich denn auch in den Mittelpunkt dieser Gruppe stellen will. — Der erste, von Prof. W. C. Crosby, einem Mitgliede der Ges. f. ps. Forsch. gesammelt, wird von Mrs. Mary Wilson, einer 45jährigen Krankenschwester von Beruf, berichtet, einer 'klugen und wahrheitliebenden Person'. Diese pflegte im März und April 1890 eine gelähmte Mrs. Rogers, 72 Jahre alt, die nach 6 wöchigem Krankenlager

1) das. 91 f.   2) Lt 1916 301.

am 15. April verstarb. Sie war zweimal verheiratet gewesen; ihr erster Mann, ein Mr. Tisdale, war vor etwa 35 Jahren gestorben. Mrs. Wilson hatte sie vor ihrer Krankheit nie gesehn und wußte nichts von ihren Familienangelegenheiten. In den Gesprächen der beiden bezog sich die Kranke stets nur auf ihren zweiten, gleichfalls verstorbenen Gatten, Mr. Rogers. — Am 14. April verlor sie das Bewußtsein, das sie nicht mehr wiedererlangte, und während der letzten Nacht leistete Mrs. Wilsons 25 jährige Tochter Ida ihr Gesellschaft. Alle Türen zum Treppenflur waren abgeschlossen, und eine Lampe erhellte das Zimmer, in welchem Mrs. W. und ihre Tochter wachten. Mrs. W. war einigermaßen erschöpft, außerdem 'nervös und furchtsam', da sie den Tod der Mrs. Rogers erwartete und diese wiederholt davon gesprochen hatte, daß sie ihre Verstorbenen sehe. 'Zwischen 2 und 3 Uhr morgens, während ihre Tochter schlief und sie selbst völlig wach auf einem Sofa ruhte, blickte sie zufällig[1] nach der [offenen] ins Nebenzimmer führenden Tür und sah, genau in der Türöffnung, einen Mann stehen... Er war von mittlerer Größe, breitschultrig, mit rückwärts gezogenen Achseln, hatte eine blühende Gesichtsfarbe, rötlich-braunes Haar (ohne Kopfbedeckung) und einen Bart, und trug einen weiten braunen Überrock, welcher aufgeknöpft war. Sein Gesichtsausdruck war ernst, weder streng noch liebenswürdig, und er schien, ohne sich zu bewegen, erst Mrs. Wilson und dann Mrs. Rogers anzublicken. Mrs. W. hielt ihn natürlich für einen wirklichen Mann und suchte sich klarzumachen, wie er ins Haus gelangt sein könnte. Als er aber völlig reglos verharrte, kam er ihr etwas unheimlich vor, sie fing an sich zu fürchten, wandte ihr Gesicht ab und rief ihre Tochter an... Als sie nach 1 oder 2 Minuten[?] wieder nach der Tür blickte, war die Erscheinung verschwunden; sie war geräuschlos gekommen und gegangen, und Mrs. Rogers verharrte währenddessen vollkommen ruhig und, soweit sich feststellen ließ, ganz ohne Bewußtsein... Am Morgen wurden alle Türen des Hauses verschlossen gefunden. Als Mrs. Hildreth, eine Nichte der Mrs. Rogers, am Morgen diese zu besuchen kam, fragte Mrs. Wilson sie, ob die Erscheinung dem verstorbenen Mr. Rogers geglichen habe; was Mrs. Hildreth aufs entschiedenste verneinte. Dagegen sagte sie, daß die Beschreibung 'genau' auf Mr. Tisdale, den ersten Gatten der Mrs. Rogers, paßte. Mrs. H. war 'die einzige Person in der Gegend, die jemals Mr. Tisdale gesehn hatte, und in Mrs. Rogers' Hause war weder ein Bild von ihm noch irgendetwas, was auf seine äußere Erscheinung hätte bringen können.'[2]

Jede Erläuterung verschiebend, schließe ich hieran sogleich die kurze Zusammenfassung eines weiteren Falles, über den wir mehrere, aus verschiedenen Zeiten und von verschiedenen Personen stammende Berichte besitzen, die in Einzelheiten von einander abweichen, die folgenden Grundzüge des Hergangs aber doch so gut wie außer Zweifel stellen.[3] — Danach saßen an einem Herbstabend des Jahres 1876 mehrere Offiziere des 5. Ulanenregimnts

---

1) Die Leugnung dieser Zufälligkeit brauchte den Vorgang keineswegs bedeutungsärmer zu machen.   2) Pr VIII 229 ff.   3) S. Gurney II 208 f.; JSPR VIII 76 f.; Tweedale 123.

in der östlichen Kavallerie-Kaserne in Aldershot bei der Nachtischzigarette einer sehr mäßig und ruhig verlaufenen Messe-Mahlzeit, als zum mindesten zwei von ihnen eine Dame, in weißem Abendkleide mit langem Brautschleier,[1] außerhalb des Fensters sich vorüberbewegen sahen, welches 20—30 Fuß über dem Erdboden lag. Mindestens einer der Offiziere scheint die Dame erkannt oder doch nach der Beschreibung der Perzipienten identifiziert zu haben, nämlich als die Gattin des Tierarztes N. N., deren Lichtbild, inBraut-kleidung, einer der Perzipienten, Oberstabsarzt Atkinson, in der Wohnung des Veterinärs häufig gesehn hatte.[2] Diese Dame war Jahre zuvor in Indien gestorben. Tweedales Bericht nun enthält des weiteren die Angabe, daß alle Offiziere den Veterinär z. Zt. auf Urlaub wähnten. In Wahrheit war er am Nachmittag desselben Tages vorzeitig nach Aldershot zurückgekehrt und hatte sich 'müde' gefühlt. 'Am nächsten oder übernächsten Tage' nach Gur-neys Bericht, 'wenige Tage später' nach Tweedale, starb er, anscheinend un-erwartet für alle: 'sein Bursche ging in sein Zimmer hinauf und fand ihn sterbend im Bett'.

Solche Fälle, in denen die Kollektivität der Wahrnehmung auch Per-sonen umschließt, denen der Erscheinende völlig unbekannt ist,[3] ent-halten offenbar eine verstärkte Verlockung, die Erscheinung für etwas 'Wirkliches' zu halten und damit das ganze künstliche Netz animisti-scher Deutungen zu zerreißen, die auf den Begriff hin-und-her-über-tragener bloßer Bildvorstellungen sich gründen. Wenn mehrere Per-sonen, selbst solche, die von dem bevorstehenden Sterben nichts ahnen, gleichzeitig die Erscheinung einer Fremden sehen, die aber die ver-storbene Nächste des Sterbenden ist (wie im Falle des Veterinärarztes N. N.), oder wenn die Pflegerin Wilson bei einem zufälligen Blick ins Nebenzimmer dort ein Phantom gewahrt, das sie nicht erkennen kann, das aber den längst verstorbenen ersten Gatten der neben ihr Sterben-den darstellt, — wie sollten wir da nicht an etwas Objektives denken, was nur gesehen wird, weil sich der Perzipient 'zufällig' in der Nähe des Todgeweihten befindet?

Verlockungen dieser Art nun werden uns erst in einem später zu ver-öffentlichenden Teil dieses Werkes genauer beschäftigen können. Hier muß ich, um den Fragenbestand von vornherein in der richtigen Gliede-rung für den späteren Anschluß bereitzustellen, nur noch eine (gleich-falls erst später einzuführende) Möglichkeit erwähnen, die manchem Leser zunächst phantastisch erscheinen mag, die er sich aber vielleicht doch vorläufig gefallen läßt, weil sie ja der Umgehung spiritistischer Deutungen dienen soll. Ich meine die Möglichkeit, daß der Sterbende

---

1) Kann es sich nicht einfach um die 'weiße Umhüllung' so vieler Phantome gehandelt haben?   2) Nach einem anderen Bericht wäre diese identifizierende Photographie erst später unter den Papieren des Veterinärs oder auf seinem Zimmer entdeckt worden.
3) Vgl. noch ASP 1891 98 (auch kurz Pr VIII 228 f.; JSPR 1904 187).

selbst, dem ja bisher in jedem einzelnen Falle der Erscheinende dem Äußern nach bekannt war, ein diesem Wissen entsprechendes 'objektives', also auch Dritten wahrnehmbares Phantom 'ideoplastisch' erzeugt habe. Die Erwägung einer solchen Möglichkeit gehört natürlich in die 'Ontologie' des Phantoms. Lassen wir jede Entscheidung darüber hier in der Schwebe. Sollte sie bejahend ausfallen, so würden sich auch in den angeführten Fällen Hinweise zu ihren Gunsten entdecken lassen; wie z.B. in der 'leidenschaftlichen Liebe', welche Mrs. Kelrewich sen. mit ihrer verstorbenen Schwester verbunden hatte. Nur ein Schema des Vorgangs würde wohl auch diese sonderbare Möglichkeit nahezu ausschließen: ich meine den Fall, daß das Sterbebett-Phantom dem Sterbenden und — am besten — auch den andern Anwesenden völlig unbekannt wäre,[1] sich aber dennoch nachträglich als ein am Sterbefall sinnvoll Interessierter bestimmen ließe. Einen Beleg für diesen Tatbestand aber kenne ich nicht, und es bleibt uns einstweilen nichts übrig, als nach einem solchen auszuschauen. Ich weiß allerdings von Fällen, in denen der Sterbende einen Unbekannten erblickte, nachdem zuvor während einer in der Ferne stattfindenden 'spiritistischen Sitzung' ein 'Geist' versprochen hatte, jenem Sterbenden zu erscheinen: aber hier war dieser Geist ein sog. 'Führer' des Mediums jener Sitzung, seine 'Hauptkontrolle': der berühmte 'Dr. Phinuit' der Mrs. Piper, also eine nicht oder kaum 'identifizierbare' Person.[2] Solche Fälle kämen für uns somit nur in Betracht, falls über die unabhängige Existenz von 'Führern' Klarheit bestände; und das ist bekanntlich ein dunkles Kapitel, über das hier vollends nicht zu reden ist. Dagegen führt unser Zusammenhang uns hiermit allerdings auf den sonderbaren Tatbestand — dessen Erwähnung wiederum ein 'Vorgreifen' bedeutet —, daß mitunter Sterbebett-Erscheinungen eindeutig identifizierbare 'menschliche' Verstorbene darstellen, die ihre Absicht, eben so zu erscheinen, an andrem Ort ausdrücklich bekundet hatten; wodurch natürlich der hier erwogene Sinn der Erscheinung als einer bezweckten Todankündigung unleugbar unterstrichen wird. Ich will zwei Fälle dieser Art anführen, die eine gewisse klassische Geltung erlangt haben.

Der erste, der beinahe zwei Geister zu verbürgen scheinen könnte, findet sich in den Urkunden über Mrs. Piper, leider nur in Form eines zusammenfassenden Berichts. — F., ein naher Verwandter der Frau Eliza Mannors (pseud.), die zuerst am 17. Mai 1892, einige Monate nach ihrem Tode, in Mrs. Pipers Trans sich gemeldet hatte, war seinerseits gestorben und die Nachricht davon in einer Bostoner Morgenzeitung veröffentlicht worden, wo Dr. Hodgson, der Leiter der Piper-Sitzungen, sie gelesen hatte, während er

---

1) Wäre sie diesen bekannt, so dürften sie wenigstens nicht vom bereits erfolgten Tode des Erscheinenden wissen!   2) Hierüber später mehr.

sich zum Medium begab. 'Die erste Schrift in dieser Sitzung', berichtet er, 'kam, mir unerwartet, von Mme Eliza. Sie erklärte in deutlicher und kräftiger Schrift, daß F. mit ihr anwesend, aber unfähig sei, unmittelbar zu sprechen, und daß sie mir zu berichten wünsche, in welcher Weise sie F. geholfen habe, sie zu erreichen. Sie sei, sagte sie, an seinem Sterbebett zugegen gewesen und habe zu ihm gesprochen, und wiederholte, was sie gesagt hatte — eine ungewöhnliche Form des Ausdrucks —, und gab zu verstehen, daß er sie gehört und erkannt habe. Dies wurde bis ins Einzelne bestätigt auf die einzige damals noch mögliche Art: durch einen sehr nahen Freund von Mme Eliza und mir, wie auch des nächsten überlebenden Verwandten von F. Ich zeigte meinem Freunde den Bericht über die Sitzung, und diesem Freunde berichtete jener Verwandte, welcher am Sterbebett zugegen gewesen war, einen oder zwei Tage später ungefragt, daß F., kurz bevor er starb, gesagt habe, er sehe Mme Eliza, die zu ihm spreche, und wiederholt habe, was sie sagte. Die so wiedergegebenen Ausdrücke, welche jener Verwandte meinem Freunde gegenüber anführte, waren dieselben, die ich von Mme Eliza durch Mrs. Piper erhalten hatte, zu einer Zeit, als der Vorgang am Sterbebett mir natürlich völlig unbekannt war.'[1]

Der zweite Fall wurde — in der vorliegenden Form allerdings erst 11 Jahre nach den Ereignissen — von Mr. E. Paige berichtet. Während der letzten Krankheit seiner Frau, die an Magenkrebs starb, war dieser 'als ein Fremder' (nämlich pseudonym) zu dem Medium S. N. White gegangen, das ihm im Namen seiner verstorbenen Schwägerin Maria verschiedene richtige Angaben machte und den baldigen Tod seiner Frau voraussagte. 'Innerhalb dreier Tage, fuhr die Transpersönlichkeit fort, wird Eliza Anne [die Kranke] sagen, daß sie mich gesehen habe, und Mutter auch, falls ich Mutter bewegen kann, mitzukommen.' (Diese Mutter war etwa 45 Jahre früher gestorben, die Schwägerin vor 6—8 Jahren.) 'Ich behielt diese Einzelheiten', schreibt Paige, 'für mich, aber innerhalb dreier Tage kam die Krankenschwester meiner Frau zu mir gelaufen und sagte, daß der Zustand sich verschlechtert und sie das klare Bewußtsein verloren habe; daß sie Maria und Mutter angerufen habe und aus dem Bett gesprungen und auf die Tür zugelaufen sei mit dem Rufe: Halt, Maria, halt, Mutter! Geht noch nicht fort.' — 'Maria' gab dann im Verlaufe weiterer Sitzungen verschiedene Vorschriften über die Kost der Kranken und sagte schließlich auf die Frage, wie lange diese noch zu leiden haben werde: 'Wenn sie das nächste Mal sagt, daß sie mich gesehen habe, so geh nicht wieder von ihr.' 'Einige Tage darauf, als ich die Pflegerin etwa um 3 oder 4 Uhr morgens ablöste, sagte diese: 'Ihre Frau behauptet, sie habe wieder Maria gesehen.' Wenige Minuten darauf sagte meine Frau: 'Ich muß gehen' und starb.'[2]

Zusammenfassend möchte ich sagen, daß nach allen Abstrichen für mein Gefühl zunächst die Fälle das meiste Gewicht behalten, in denen ein kollektiv beobachtetes Phantom in zeitlichem Abstand von der Todesstunde und zunächst auch räumlich entfernt vom Sterbenden auf-

1) Pr XIII 378 Anm.　　2) Pr VIII 227 f.

7*

tritt und sich mit sinnvoller Selbständigkeit und Lebendigkeit benimmt: also etwa die Erscheinung der Veterinärsgattin, die einen oder gar mehrere Tage vor dem Hinscheiden des Mannes in einiger Entfernung von dessen Krankenzimmer auf dieses hin sich bewegend von mehreren gesehen wird, die sie z. T. gar nicht kennen. Hier scheinen mir alle vorgetragenen animistischen Deutungen reichlich brüchig zu werden, und eine größere Anzahl solcher Fälle in guter Bezeugung dürfte genügen — auch ohne Erörterung von Einzelheiten in typischen Gruppen —, eine spiritistische Deutung von Sterbebett-Erscheinungen zu sichern.

Steht aber so der Tatbestand an sich erst einigermaßen fest, so gewinnen noch weitere Feststellungen an Bedeutung, die ihn in mehreren Richtungen sehr natürlich abrunden. Ich erwähne von solchen, daß auch gut identifizierte 'Kommunikatoren' des Medien-Trans (also durch Medien sich äußernde 'Geister') nicht selten behaupten, vor ihrem Abscheiden gewisse verstorbene Lieben geschaut zu haben, was sie bloß in ihrer Todesstunde nicht hätten aussprechen können;[1] daß Medien gelegentlich zu spüren behaupten, ein bestimmter Abgeschiedener warte auf den nahe bevorstehenden Tod eines alten Freundes, — wobei dann ein solcher auch wirklich binnen kurzer Zeit stirbt, während das Medium von persönlichen Beziehungen beider gar nichts wußte;[2] daß überhaupt zutreffende Voransagen bevorstehender Todesfälle seitens gut identifizierter Abgeschiedener ziemlich häufig sind, — Voraussagungen also, denen eine nachträgliche Erscheinung am betreffenden Sterbebett nicht folgt;[3] wie es anderseits nicht an Fällen fehlt, in denen Sterbende einem Überlebenden versprochen haben, ihm vor seinem Tode zu erscheinen, und dies Versprechen halten.[4] Ich finde ferner die Tatsache glaubhaft berichtet, daß der Kommunikator einer Sitzung angibt, er müsse sich nun fortbegeben, um einer namhaft gemachten Person beizustehn, die soeben unter näher angegebenen Umständen Selbstmord verübt habe, — was sich alles nachträglich bestätigen läßt;[5] ja ein Bericht aus Havana behauptet sogar, daß bei der Photographierung einer schon eingesargten Zehnjährigen, die kurz vor ihrem Tode einen 'alten Mann' im Zimmer gesehn hatte, der sie 'fortnehmen' wolle, die Platte 'vollkommen deutlich' vor dem Sarge das Gesicht ihres verstorbenen Großvaters gezeigt habe, 'Zug für Zug' seinem Gesicht auf einer verschlossenen Medaillon-Photographie gleichend, die in einem Nebenzimmer hing, welches der Photograph nicht betreten hatte.[6]

1) Thomas, Life 59; Allison 229 f. 233 ff.; Appleyard 41; Sims 74; Hyslop, Science 215. 2) S. z. B. Hill, New Evid. 26 f. 31.   3) S. z. B. Lombroso 284 ff.; Pr V 311; Hegy 25 f.; Travers-Smith 65 f.; Savage 43 ff.; vor allem Walker 62 f. 156. 163 f. 179. 194.   4) S. Dr. Lysius' Bericht bei Horst I 188 f.; Flammarion II 226.   5) APS IV 33.   6) RS 1926 463 (von mir ref. RB 1926 349).

Ich verzichte darauf, alle diese Tatsachen zu belegen oder gar zu beglaubigen; ich führe sie nur an, um auch an dieser Stelle fühlbar zu machen, wie sehr es eben die natürliche Verästelung und Verzahnung der Tatsachen nach allen Richtungen hin ist, was dem Belesenen die Neigung zu einer bestimmten Gesamtdeutung weckt und ihn den rein begrifflichen Einwänden des Gegners unzugänglich macht.

Das Hauptgewicht freilich wäre schließlich darauf zu verlegen — und damit kehre ich zu unsrem Ausgangspunkt zurück —, daß alle solche Einwände uns eine Erklärung dafür schuldig bleiben, daß die Erscheinungen an Sterbebetten ausnahmelos Verstorbene darstellen. Daß dem so sei, bleibt eine wesentliche Voraussetzung der spiritistischen Deutung unsres Tatbestands, und ich darf daher nicht unerwähnt lassen, daß auch diese Voraussetzung bestritten worden ist.[1] Ich habe diese Bestreitung aber nie durch Belege gestützt gesehn und muß solche — da ich selbst bei leidlicher Belesenheit keinem begegnet bin — jedenfalls für äußerst selten halten. Warum sollte denn auch nicht ganz vereinzelt ein Sterbender einen Lebenden 'halluzinieren', wenn er überhaupt — also auch Sachliches — halluziniert? Das jedenfalls erdrückende Überwiegen von Verstorbenen-Erscheinungen an Sterbebetten wird davon nicht berührt, und man erklärt es nicht annähernd durch die Behauptung, gewisse Bevölkerungsklassen hielten es nur für recht und angemessen, daß der Sterbende Visionen des Himmels und seiner verstorbenen Nächsten habe.[2] Warum soll sich diese Meinung nicht eben auf die Tatsache gründen? Wir finden das gleiche Überwiegen doch fraglos auch da, wo offenbar von solcher Meinung nichts zu entdecken ist. Die oben 'vorgreifend' belegten Tatbestände aber führen vollends über den naiven und abstrakten Standpunkt des Animisten weit hinaus, — weiter freilich, als auf dieser Stufe unsrer Untersuchung jedermann ersichtlich sein mag.

7. Das Argument aus dem sinnvollen Ort der Erscheinung

Neben den bisher behandelten zeitlichen gibt es auch räumlich-örtliche Indizien für die Verursachung einer Verstorbenen-Erscheinung durch den Erscheinenden selbst. Ich belege zunächst die Tatsache, daß der Hinweis auf die wahre Bildquelle ausschließlich darin gelegen sein kann, daß das Phantom an einem bestimmten Ort gesehn wird. Zwar verschlingen sich, wie wir sehn werden, meist noch andre Einzelindizien mit diesem einfachsten Tatbestande; wie ja schon gewisse

---

1) Saltmarsh in Pr XL 118 (der übrigens nichts von den obigen ergänzenden Argumenten berücksichtigt!).   2) Saltmarsh aaO.

frühere Beispiele, die uns bloß die Erlangung eines unbekannten Erscheinungsbildes belegen sollten, daneben die Sinnhaftigkeit auch des Orts seines Auftretens erkennen ließen.[1] — Der hier zunächst anzuführende Fall mag von der letzten Gruppe zu der neuen hinüberleiten, indem er anscheinend zwei 'Interessen' des Erscheinenden miteinander verkoppelt zeigt: das an dem Tode einer Hinterbliebenen und das an dem Schauplatz dieses Ablebens: seiner ehemaligen Behausung.

Mrs. Bacchus, eine Dame der besten Gesellschaft, berichtete i. J. 1886, daß sie im Herbst 1868 in Cheltenham in einem Fremdenheim zwei Zimmer bezogen habe, um von dort aus Verwandte zu besuchen. Beim ersten Ausgang erfuhr sie, daß eine alte Dame im Hause ungefährlich krank sei, und dachte nicht weiter daran. Am nächsten Morgen war diese Dame gestorben. In der Nacht darauf erwachte Mrs. Bacchus, 'nicht durch irgendeinen Lärm aufgeschreckt und ohne Grund, und erblickte deutlich am Fußende des Bettes einen alten Herrn mit rundem, rosigem Gesicht, lächelnd, den Hut in der Hand, gekleidet in einen altmodischen blauen Rock mit Messingknöpfen, helle Weste und Hosen. Je länger ich ihn anschaute, desto deutlicher sah ich jede Einzelheit seiner Kleidung usw. Ich war nicht sehr erschrocken und schloß nach einiger Zeit die Augen auf eine oder zwei Minuten, und als ich wieder hinblickte, war der alte Herr verschwunden.' Am nächsten Tage konnte sie feststellen, daß die Erscheinung völlig dem weiland Dr. R., dem vor einem Jahr verstorbenen Gatten der Tags zuvor verschiedenen Dame geglichen hatte. Mrs. B. hatte nie den Dr. R. oder ein Bild von ihm gesehn; die Töchter ihres Schwagers aber, den zu besuchen sie nach Cheltenham gekommen war, kannten sein Aussehen.[2]

Natürlich flüchtet sich der Animist hier wieder in die Annahme: jene Nichten hätten an das Haus 'gedacht', worin die Tante eingekehrt war, an die Kranke, die sie darin wußten, und durch Gedankenverknüpfung auch an den verstorbenen Gatten derselben, dessen Bild sie infolgedessen auf die Tante 'übertrugen'. Daß sie gerade das Bild des Toten bis zur Halluzinierung übertrugen, und nicht das der Kranken, oder gar — nach soviel Analogien! — ihr eigenes, das mag uns wieder einmal die Perversität beweisen, womit die Natur dem spiritistischen Schein und dem Scharfsinn des Animisten in die Hände zu spielen pflegt. Oder hatte gar die Sterbende selbst in ihrer letzten Stunde dem ihr völlig fremden Gaste das Bild ihres Gatten 'geliefert' und Mrs. Bacchus es 'latent' bewahrt, bis es im Schlaf 'aufsteigen' und sie — wecken konnte? Aber wozu sie erst wecken, wie — in Hunderten von Fällen — das Gefühl einer 'Anwesenheit' den schlafenden Perzipienten weckt? Warum verwob sich das Bild nicht in ihre Träume? — Wie einfach erscheint neben solchen Kunstbauten die Annahme: der Verstorbene sei am Sterbebette der Gattin irgendwie gegenwärtig gewesen (die ihn vielleicht auch geschaut hatte, ohne es äußern zu können) und sei danach noch einer Zweiten erschienen, weil er noch länger in seinem alten Hause 'verweilte' und dort einer Fremden begegnete, die genügend wahrnehmungsfähig war!

1) z. B. Mrs. Clerkes, Mr. Masseys u. Mrs. Lewins Fall, o. S. 19 f. 21 f.   2) Pr V 422 ff.

Das nächste Beispiel scheint mir ein Interesse des Erscheinenden am Ort seines Erscheinens mit besonderer Ausschließlichkeit zu veranschaulichen. Der Fall hat den Vorzug leidlich frischer Aufzeichnung.

Der Perzipient, Mr. Alfred Bard, ein Gärtner in Sawston (nahe Saffron Walden in der engl. Grafschaft Essex), wird vom Rev. C. F. Forster, der ihn zwei Tage nach dem Vorfall verhörte, als 'ein Mann von scharfer Beobachtungsgabe, ein Autodidakt in naturwissenschaftlichen Dingen' bezeichnet: 'Ich bin vollkommen überzeugt, daß er die Wahrheit ohne jede Übertreibung zu sagen bemüht ist.' Der eigene Bericht des Perzipienten vom 21. Juli 1885 lautet wie folgt: 'Auf meinem Heimwege von der Arbeit überschreite ich stets den Friedhof von Hinxton [der Pfarre des Rev. Forster]. Am Freitag, d. 8. Mai 1885, machte ich diesen Weg wie üblich. Als ich den Friedhof betrat, blickte ich sorgfältig umher, weil ich eine Kuh und einen Esel sehen wollte, die gewöhnlich gerade innerhalb der Eingangspforte lagerten. Während ich dies tat, sah ich geradeaus nach dem viereckigen Steingewölbe, worin der verstorbene Mr. de Fréville s. Zt. bestattet worden ist. Dabei erblickte ich Mrs. de Fréville, die sich auf das Geländer lehnte, ungefähr in der Kleidung, in der ich sie meist gesehen hatte... Sie blickte mir voll ins Gesicht. Ihr Antlitz war sehr blaß, viel blasser, als gewöhnlich. Ich kannte sie gut, da ich früher bei ihr angestellt gewesen bin. Ich nahm sofort an, sie sei zu dem Gruftgewölbe gekommen, um es öffnen zu lassen und zu betreten. Ich vermutete, daß Mr. Wiles, der Maurer aus Cambridge, im Grabe mit irgendetwas beschäftigt sei. Ich umschritt das Grab, ... wobei ich die Dame im Auge behielt, von der ich nie mehr als 5—6 m entfernt war. Ihr Gesicht wandte sich und folgte mir. Ich ging zwischen der Kirche und der Grabstätte hindurch (der Zwischenraum beträgt etwa 4 m) und lugte vorwärts, um zu sehn, ob das Grab offen sei, da sie den Teil desselben, der sich öffnen ließ, verdeckte. Dabei stolperte ich über ein Grasbüschel und blickte nur einen Augenblick auf meine Füße. Als ich aufsah, war sie verschwunden. Sie konnte keinesfalls den Friedhof verlassen haben, ... daher nahm ich als sicher an, daß sie eilig das Grab betreten habe. Ich trat an die Tür [des Begräbnisplatzes] heran, die ich offen zu finden erwartete, aber zu meiner Überraschung war sie verschlossen ... und kein Schlüssel im Schloß ... Ich war sehr erschrocken und sah auf die Uhr, welche 9.30 zeigte. Als ich heimkam, suchte ich mir einzureden, daß es eine Einbildung gewesen sein müsse, erzählte aber meiner Frau, daß ich Mrs. de Fréville gesehen.' (Der bestätigende Bericht der Mrs. Bard liegt vor.) [1]

Mrs. de Fréville war, wie B. erst am folgenden Tage erfuhr und wie sich unabhängig feststellen ließ, am Tage des Erlebnisses um 2 Uhr nachm. gestorben, also etwa $7^1/_2$ Stunden vor dem Zeitpunkt der Erscheinung.[2] Schreiben wir der noch Lebenden die Erzeugung einer telepathischen Halluzination zu, so erscheint die Wahl des Perzipienten einigermaßen seltsam. Diese Halluzination für ganz subjektiv und zufällig zu erklären, wäre fraglos noch

---

1) Gurney I 212. Vgl. den Fall JSPR XII 118 ff.   2) S. hierzu Pr V 415.

weit sinnloser: Mr. Bard hat, wie er angibt, 'niemals irgendeine andre Halluzination gehabt', und daß seine 'einzige' zeitlich so nahe mit dem Tode der
Gesehenen zusammenfiel, kann natürlich kein Zufall sein. Alle solche Er-
klärungsversuche würden überdies den entscheidenden Umstand übergehn,
daß für die Verstorbene selbst ein natürlicher Grund vorlag, gerade
am Ort ihres Gesehenwerdens zu erscheinen. Wir erfahren nämlich durch den
Rev. Forster, daß Mrs. de Fréville 'eine etwas überspannte Dame war und im
besondern eine fast krankhafte Vorliebe für Gräber u. dgl. hatte'.[1] Es erscheint daher, wie schon Myers und Gurney bemerkt haben, weit natürlicher,
die Erscheinung als eine Art beginnenden Spuks, also als an eben jenem
Ort von der Erscheinenden selbst beabsichtigt aufzufassen, den vorübergehenden Gärtner Bard aber nur als zufälligen Zeugen dieser ersten Anwesenheit am Spukort. Daß ihm bei seiner Ortsbewegung die Erscheinung
mit dem Blicke folgte (falls dies genau beobachtet ist), braucht nicht einmal
ihre rein halluzinatorische Artung zu beweisen (also ein Verharren des
gleichen Bildes 'vor' dem Perzipienten, unabhängig von seiner Ortsverände-
rung); außerdem war auch die 'Stellung' des Phantoms, falls gut beobachtet,
sehr 'natürlich' durch seinen Ort bedingt (Mrs. de Fréville 'lehnte sich auf
das Geländer des Begräbnisplatzes'), und so könnte ja auch das 'Anblicken'
ein Stück 'natürlichen Benehmens' aus der Lage des Phantoms heraus sein,
wie wir dergl. alsbald noch näher kennenlernen werden. Daß schließlich die
Erscheinung nach dem Stolpern des Perzipienten verschwunden war, ist ein
so vieldeutiger Vorgang, daß er einstweilen ganz außer Betracht bleiben muß:
wir werden dem durch 'Schock' bedingten Verschwinden noch bei Phantomen
von ganz andren Objektivitätsansprüchen begegnen.

Halten wir uns also an Gurneys feinsinnige Bestimmung dieser Erscheinung als beginnender Spuk: wäre Mrs. de Fréville häufig und
unabhängig von vielen, etwa auch von solchen, die sie dem Aussehn
nach gar nicht kannten, an jenem Grabe gesehn worden, das ihr natürliche persönliche Teilnahme einflößen mußte, so hätten wir hier einen
Musterfall von ortgebundenem Spuk mit deutlich sinnvoller Beziehung auf den Ort des Erscheinens, wobei das 'Spuken' ausschließlich
im Gesehenwerden ohne alles weitere 'Drum und Dran' bestände. Die
meisten Fälle ortgebundenen Spuks aber bieten wohl ein solches weiteres Drum und Dran dar, und deshalb verdienen sie eine Absonderung
von jener allereinfachsten Form, die uns der Fall der Mrs. de Fréville
so säuberlich darbot.

Ehe ich indessen auf diese weiteren Entfaltungen eingehe, will ich das
einfachste Schema zum Anlaß nehmen, einige mögliche oder doch tatsächlich vorgeschlagene Deutungsbegriffe der animistischen Spuktheorie kurz zu besprechen; um so kürzer, als sie uns kaum noch etwas
Neues darbieten; dies wird der Verständigung über alle nachfolgenden
Tatsachenberichte wesentlich vorarbeiten.

---

1) was specially morbid on the subject of tombs etc.

Zwei Theorien sind es hauptsächlich wieder, die auch dem ortgebundenen Spuk die naheliegende spiritistische Deutung strittig zu machen suchen: die telepathische und die psychometrische. Die erstere ist am gründlichsten von Frank Podmore vertreten worden.[1] Setzen wir den Fall, A, der eine gewisse Örtlichkeit oder Behausung zum ersten Mal betritt, erblickt dort die Gestalt eines Unbekannten, B, die sich nachträglich durch Bilder oder Beschreibungen als die eines verstorbenen früheren Bewohners des Hauses oder Ortes identifizieren läßt. A hat B bestimmt nicht gekannt und nie ein Bild von ihm gesehen, noch auch gewußt, daß B mit jenem Orte 'zusammenhing'; aber — so argumentiert Podmore — C, ein andrer Lebender, hat B gekannt, und wenn C, gleichviel wie weit vom Ort der Erscheinung entfernt, an jenes Spukhaus oder an B denkt, so überträgt er telepathisch ein Bild des Verstorbenen auf A.

Diese Theorie darf man wohl ohne weiteres als logisch unehrlich bezeichnen, d. h. als ersonnen einer vorgefaßten Meinung zuliebe, unter gewaltsamer Beiseiteschiebung naheliegender Einwände und entgegen aller Natürlichkeit deutenden Denkens. Wir wollen dabei ganz absehn von der schon besprochenen Seltenheit und Fragwürdigkeit von 'Fremderscheinungen' oder Heterophanien in solcher Ausbildung und Genauigkeit: sie sollen an sich als möglich gelten. Auch dann erhebt sich die Frage: welchen Grund denn in den weitaus meisten Fällen C überhaupt habe, an A oder den Spukort zu denken, mit solcher Stärke, daß ein so seltener Vorgang, wie die vollendete Fremdbildübertragung, sich verwirklicht? Sodann: wie kommt es, daß C dies Denken gerade dann ausübt, wenn A an dem 'spukigen' Ort sich aufhält, nicht aber zu irgendeiner andern Zeit? Oder bleibt die Wirkung dieses 'Denkens' stets latent gerade bis zu dem Augenblick, da A den Spukort betritt, — wobei doch A gar nicht ahnen kann, daß er sich einem 'Spukort' nähert? Soll etwa C auf A stets Bild- und Ortsvorstellung zugleich übertragen und damit den 'Gedanken', daß ihre gleichzeitige 'Wahrnehmung' einen 'Spuk' vortäuschen könnte? Das würde voraussetzen, was doch erst abgeleitet werden soll. Wie aber vollends, wenn jeder (oder nahezu jeder), der jenen Ort betritt, den Spuk dort früher oder später wahrnimmt, und zwar sehr häufig der eine völlig unabhängig von dem andern: beeindruckt C sie alle? Denn wenn wir A den D, und D den E beeindrucken lassen, so vervielfältigen wir ja nur das Problem und die Unwahrscheinlichkeit seiner Lösung. Warum erliegen denn alle jener Beeindruckung am gleichen Ort? Das Gelingen telepathischer Beeinflussung hängt doch nicht von räumlichen Verhältnissen ab, vielmehr

<hr />

1) Pr VI 229 ff. S. auch Baerwald, Okk. 303 ff.

von 'persönlichen Gleichungen', und warum sollen wir diese persönliche Eignung zum telepathischen Bildempfang gerade bei allen am Spukort Anwesenden voraussetzen und nicht bei beliebig vielen irgendwo anders Befindlichen, so daß die Spukgestalt, an die C 'denkt', sich gleichzeitig an vielen Orten zeigen würde? Aber sei es auch: warum, so fragt man schließlich, übt denn C, wenn er so wunderbare Macht über A und D und E besitzt, diese immer nur dann aus, wenn seine Gedanken sich mit der Person eines früheren Bewohners des Spukorts beschäftigen, während er sonst nichts von allen erregenden Gedanken auf jene überträgt, an denen sein tägliches Leben doch sicherlich nicht ärmer ist, als das jedes andern Sterblichen?[1]

Man müßte sich schämen, Gründe von solcher Selbstverständlichkeit ausführlich zu formulieren, wenn nicht die Theorie, die sie bekämpfen, von einem namhaften Forscher mit dem ganzen Scharfsinn des entschlossenen Vorurteils verfochten worden wäre. Und dabei wird noch immer vorausgesetzt, daß es bei allen Spuken sich lediglich um reine Vorstellungsgebilde handelt (wie sie eben 'übertragen' werden können); während doch die ganze Theorie sogleich in Nichts zerfällt, sobald auch nur ein einziger Bestandteil von Spuken sich als 'objektiv' erweist.

Es kann nicht fraglich sein, auf welchen Gedanken alle aufgewiesenen Widersprüche einstimmig hinweisen: die auffallendste und bestimmende Eigentümlichkeit des Spuks, die vor allem begriffen werden muß, ist eben seine Gebundenheit an einen Ort; und gerade daran ja schließt sich die Frage an, die uns augenblicklich beschäftigt: ob diese örtliche Bestimmtheit des Spuks etwa Hinweise liefere auf seinen spiritistischen Ursprung. Ehe diese im einzelnen dargelegt werden, muß aber noch die zweite der beiden erwähnten Theorien erwogen werden, die eine Umgehung der spiritistischen Deutung ermöglichen sollen: die psychometrische, die eben jenem Umstand gerecht zu werden sucht, den die telepathische so leichtsinnig mißachtet: der örtlichen Verwurzelung des Spuks.[2]

Wir haben die Tatsache der Psychometrie bereits unter dem Gesichtspunkt der Bildlieferung betrachtet, und es liegt ja nahe, auch einen Spukort im gegenständlichen Sinn — also etwa Wände und Möbel eines Zimmers — als 'psychometrisches Objekt' aufzufassen, das bei der Annäherung einer sensitiven Person die Erscheinung eines Menschen liefern könne, der einst mit diesen Dingen in räumlicher Berührung gewesen ist. Dafür könnte auch sprechen, daß psychometrische Gegenstände und Spukorte ein bezeichnendes Merkmal gemeinsam zu

1) Vgl. den Gedankengang o. S. 23 ff. 30 ff..   2) Für die psychometrische Deutung des Spuks sind besonders Prof. W. James und Prof. Th. Flournoy eingetreten.

haben scheinen: daß sie nämlich um so leichter und reichlicher 'Bilder liefern', je erregender die Ereignisse waren, die voraussetzungsgemäß den Ausgangspunkt der 'Imprägnierung' bildeten. Schon Frau Prof. Elisabeth Denton, eins der ersten und bekanntesten psychometrischen Subjekte, glaubte beobachtet zu haben, daß 'jeder Seelenzustand, der die Kraft der Ausstrahlung organischer Einflüsse anwachsen läßt — wie ein großer Schmerz, ein schreckenvoller Auftritt, eine freudige Entladung... —, sehr dazu beitrage, die Vorstellungen-liefernde Wirksamkeit dem Stoffe eingedrückter Spuren zu steigern;'[1] anderseits erwartet ja schon der Glaube des Volkes einen Spuk vornehmlich an Orten tief erregender Ereignisse.

In einem meisterhaften Kapitel über die psychometrische Theorie des Spuks hat Bozzano eine Reihe von Beobachtungen beigebracht, die wohl geeignet scheinen, sie zu stützen; wie Fälle von schweren, an bestimmte Räume gebundenen Gemütsbedrückungen oder 'Zwangsvorstellungen' des Perzipienten; wobei sich dann etwa nachträglich herausstellte, daß ähnlich gefühlsbetonte Handlungen in jenen Räumen begangen worden waren, oder ein Fund von menschlichen Gebeinen auf erschütternde Ereignisse in der Geschichte des Hauses hinwies.[2] Auch 'epische' Gesichte von beträchtlichem Umfang, wie sie zuweilen sensitive Personen an bestimmten Orten erleben, lassen sich ungezwungen mit jenen ausgedehnten Schauungen von Personen, Landschaften, Ereignissen usw. vergleichen, wie sie so häufig durch psychometrische Gegenstände ausgelöst werden.[3]

Aber mag man der psychometrischen Deutung (im objektiven Sinn) auch noch so weite Berechtigung zugestehn, — die einzige Denkmöglichkeit bedeutet sie wohl nie; darüber hinaus aber ist gewiß, daß sie nur bei einem kleinen Bruchteil der Spukfälle auch nur versuchsweise anwendbar ist. Die Begründung dieses Satzes wird im Verlauf der Darstellung ein überwältigendes Gewicht erlangen. Aber noch ehe ich sie in gehöriger Ordnung entfalte, will ich hier diejenigen allgemeinen Gegengründe anführen, die schon vor aller Einzelanalyse von Fällen sich aufdrängen. — Zunächst ja ist die 'psychometrische Ortgebundenheit' des Spuks nicht eine Regel ohne Ausnahmen; d. h. es findet ein spukartiges Auftreten Verstorbener auch an Orten statt, die ihnen zu Lebzeiten völlig fremd waren,[4] also auch nicht als psychometrische Anregung dienen können. Doch wollen wir diesen Umstand nicht überbetonen, da wir es ja hier gerade mit örtlichen Indizien für die spiriti-

1) Denton, Psych. (bei Bozzano, Hant. 169).   2) Beispiele bei Bozzano, aaO. 174ff.; Pr IV 154f.   3) Vgl. o. S. 38 f.; Passaro 36; Bates 189 ff. 244 ff.   4) Vgl. den Fall JSPR IX 280 ff., den ich in anderem Zusammenhang anführe.

stische Deutung von Erscheinungen zu tun haben.[1] Da wäre denn demnächst zu bemerken, daß die Häufigkeit von Spukphantomen überhaupt
nicht annähernd die gleiche ist, wie die von stark erregenden Vorgängen
an bestimmten Orten. Mag nun auch dieser Unterschied der Häufig-
keiten aus den mancherlei schwer durchschaubaren Bedingungen
psychometrischer Wahrnehmungsfähigkeit ableitbar sein, so fällt doch
ferner auf, daß Spukphantome sich niemals auf erregende Erlebnisse
z. Zt. noch Lebender zurückführen lassen, sondern stets nur auf die
von Verstorbenen; ein Argument, das seine Kraft allerdings aus einer
rein negativen Feststellung zieht, trotzdem aber mit großer Sicherheit
ausgesprochen werden kann. Die psychometrische Theorie müßte offenbar einen gewissen Hundertsatz von 'Spuken Lebender' erwarten
lassen, der ohne weiteres auffallen würde; denn ist auch die Zeitspanne
eines Menschenlebens nur winzig im Vergleich mit der Vergangenheit
überhaupt, so ist sie es nicht im Vergleich mit der Vergangenheit etwa
eines Hauses; ein noch Lebender würde also einen beträchtlichen Teil
von dieser Geschichte beherrschen, der auch in etwaigen Spukerscheinungen des Hauses vertreten sein müßte. Überdies würde die psychometrische Theorie doch wohl ein allmähliches Abblassen (wenn auch
nicht Schwinden) der 'älteren Spuren' erwarten lassen, was den Anteil
von Spuken Verstorbener vermindern müßte.

Sodann aber muß uns auffallen, daß doch die Spukerscheinungen nur
in seltensten Fällen der Art sind, daß man in ihnen Wiederholungen
oder Abbildungen der ursprünglichen erregenden Ereignisse auch nur
vermuten kann. Dies belegen z. B. ohne weiteres die meisten Lärm-
spuke, deren wir noch zahlreiche kennenlernen werden. Die Spuk-
erscheinung stellt eben in den weitaus meisten Fällen gar nicht jene erregenden Ereignisse dar, die angeblich den Anlaß zum Spuk gegeben
haben, sondern nur den 'Erlebenden' selbst; was doch keineswegs
das Natürliche ist, wenn die Begründung des Spuks in einer psychometrischen 'Ladung' durch die Ereignisse gesucht wird; wohl aber,
wenn die Anregung in denjenigen verlegt wird, der das erregende
Erlebnis ursprünglich hatte. Und diese Rückführung auf den Erscheinenden selbst und nicht auf die Spuren seines Erlebnisses erscheint
noch zwingender, wenn wir bedenken, wie viele Spukerscheinungen gar
nicht dort gesehen werden, wo das als Ursache vermutete Erlebnis, oder
der Tod des Betreffenden, ja auch nur sein Leben überhaupt sich abgespielt hat, sondern an einem soz. unberührten und doch stets gleich-
bleibenden Ort; wie ich denn selbst aus erster Hand von einem Spuk
erfahren habe, der sich in einem neuerbauten, bislang also überhaupt

---

1) Zum Folgenden vgl. z. T. Bozzano, Hant. 206—8.

noch nicht bewohnten und 'beeindruckten' Hause abspielte, das nur eben an der gleichen Stelle stand, an der ein spukbeherbergendes, dann aber abgerissenes gestanden hatte.[1]

Ich muß des weiteren darauf aufmerksam machen, daß manche der in den letzten Kapiteln behandelten Hinweise auf eine Verursachung von Phantomen durch den Erscheinenden selbst auch hier wieder ins Spiel treten und somit eine gegenständliche Theorie des ortgebundenen Spuks, wie die psychometrische, sehr erschweren: ich verweise vor allem auf die nach Stunden oder Tagen 'datierten' Spukerscheinungen. Auch das von manchen Spuken behauptete längere Aussetzen inmitten von Zeiten der 'Virulenz' würde fraglos aus einer psychometrischen Anregung heraus nicht annähernd so leicht zu verstehen sein, wie aus irgendwelchen zu vermutenden, wennschon im Einzelnen schwer bestimmbaren Vorgängen innerhalb des jenseitigen Lebens eines Verstorbenen.

Ein letzter Einwand drängt sich mit solchem Nachdruck auf, daß es mich wundernimmt, ihn von dem scharfsinnigen Bozzano übersehn zu finden. Wir werden zahlreichen Spukfällen begegnen, in denen soz. jeder, der den Spukort betritt, auch ohne von früheren Beobachtungen andrer etwas zu wissen, sehr bald, mitunter sofort, die an den Ort gebundenen Erscheinungen wahrnimmt. Wir können nun aber doch keineswegs annehmen, daß jeder dem Spukort sich Nahende eben dadurch die Gabe des Psychometers erwirbt; ebensowenig aber, daß ein sonderbarer Zufall nur Personen an den Spukort führt, die jene Gabe besitzen. Mehr noch: wir können überhaupt nicht annehmen, daß so viele Personen über diese doch sehr seltene Fähigkeit verfügen, als die Hunderte von Spukfällen an Perzipienten darbieten, die allein die neuere Literatur beschreibt.[2] Wenn Mr. Bard in dem obigen Beispiel auch nur geringe psychometrische Gaben besaß, warum traten sie nur einmal in seinem Leben ins Spiel, und zwar wenige Stunden nach dem Tode der von ihm Geschauten, und an einem Orte, den er ungezählte Male betreten hatte, ohne jene Gaben auszuüben? Dagegen hatte, wie wir sahen, die Geschaute nach ihrem Tode Anlaß, an jenem Ort zu 'erscheinen'; denn es war das Grab ihres Gatten; Gräber aber, und dieses Grab vor allem, hatten für sie einen starken persönlichen Anreiz. — Es genügt, wie man sieht, die fragliche Theorie an einen einzigen Fall heranzutragen, um sie *ad absurdum* zu führen.

1) Vgl. auch Bozzano, aaO. 49; Illig 280.   2) Bozzano (aaO. 9) zählte allein an gut beglaubigten Spukfällen 532, was doch mindestens 1000 Perzipienten ergeben dürfte.

8. Das Argument aus dem ortsgemäßen Verhalten der Erscheinung

Mit den letzten Bemerkungen sind wir schon von der abstrakten Erörterung animistischer Spuktheorien zu ihrer Erprobung an den Tatsachen im Einzelnen fortgeschritten. Wenden wir uns nunmehr ausgiebiger diesen zu, so wird sich die Unzulänglichkeit jener Hypothesen immer peinlicher offenbaren: ihr möglicher Spielraum erweist sich als so beschränkt, daß man es fast vorziehn möchte, auch das, was sie allenfalls erklären könnten, durch die Begriffe zu deuten, die sich der eigentlichen Masse der Beobachtungen gewachsen zeigen. Der Leser mag sie immerhin bei der folgenden Darstellung soz. laufend an den Tatsachen messen: er wird um so williger sich denjenigen Deutungen erschließen, deren Natürlichkeit die genauere Betrachtung der Tatsachen uns mehr und mehr aufdrängt. Der Sinn aber dieser ins Einzelne gehenden Betrachtung von Spukerscheinungen wird immer wieder darin liegen, Indizien eines seelischen Lebens des Spukes zu entdecken, welches nur als das des Erscheinenden aufgefaßt werden kann, oder doch am natürlichsten so aufgefaßt wird; und zwar, der augenblicklichen Fragestellung entsprechend, zunächst Indizien, die auf räumlichen Besonderheiten, auf dem raumbezogenen Verhalten des Spuks beruhen, und die dann etwa auch geeignet sind, die Tatsache seiner Ortgebundenheit als etwas wirklich Persönlichkeit-Entflossenes erscheinen zu lassen.

Ich suche einen ersten Hinweis dieser Art in der sonderbaren Eigenwilligkeit, die sich in den Ortsbewegungen sehr vieler Spukerscheinungen zu offenbaren scheint. Natürlich führen auch rein subjektiv halluzinierte Gestalten Ortsbewegungen aus. Aber wenn wir von denjenigen absehn, deren Subjektivität nicht streng erwiesen ist — ein Gesichtspunkt, der schwerlich genügend beachtet wird —, so läßt sich wohl sagen, daß ihre Bewegungen mehr in den subjektiven Wahrnehmungsraum als in den objektiven Sachenraum fallen, — zwei Ausdrücke, die ich wohl nicht zu erklären brauche. Allerdings läßt sich das erstere auch von einzelnen Spukgestalten sagen, die 'irgendwoher' erscheinen und 'irgendwohin' entschweben; und da wir noch nichts darüber ausgemacht haben, ob Spukerscheinungen 'bloße Vorstellungen' oder etwas 'Wirkliches im Raume' sind, so mögen wir ja solche Spukgestalten, die sich in ihren Bewegungen um die räumlichen Dinge gar nicht kümmern, einstweilen wirklich für bloße Vorstellungen halten — wenn auch inhaltlich 'wahre' oder 'veridike' — und ihre Belegung hier übergehn (falls wir in ihnen nicht etwa Geister erblicken wollen, die bloß nicht zum Bewußtsein dessen gelangt sind, wo sie sich augenblicklich befinden).

Der folgende Fall zeigt bereits einen Übergang von solchen räumlich 'schlecht angepaßten' Erscheinungen zu sinnvoll sich bewegenden; nur der Anfang der beobachteten Bewegung könnte 'sinnlos' und sonderbar erscheinen; ihr Fortgang dagegen verrät eine gewisse Zielrichtung in den Bewegungen des Phantoms, die sich ohne Gewaltsamkeit aus Erinnerungen des Erscheinenden an sein Vorleben innerhalb der betreffenden Umgebung ableiten lassen.

Der Bericht stammt von Mr. J., einem Zeugen von hoher Bildung und Bekannten Fred. Myers', der die mündlichen Aussagen des Herrn $4^1/_2$ Jahre nach dem Vorfall niederschrieb und das MS. vom Perzipienten durchsehn und verbessern ließ. — 'Im Jahre 1880 wurde ich der Nachfolger eines Mr. Q. als Vorsteher des X.schen Bibliothek. Ich hatte weder Mr. Q. noch eine Photographie oder Abbildung von ihm gesehn, als die nachfolgend beschriebenen Ereignisse stattfanden. Es ist natürlich denkbar, daß ich eine Beschreibung seiner äußeren Erscheinung von den Hilfsbibliothekaren vernommen, doch habe ich keine Erinnerung daran. — Eines Abends gegen Ende März 1884, nach Ablauf der Dienststunden, saß ich allein in der Bibliothek, um allerhand Arbeiten zu beenden, als mir plötzlich einfiel, daß ich den letzten Zug nach H., meinem damaligen Wohnort, versäumen würde, wenn ich mich nicht beeilte... Ich ergriff einige Bücher mit der einen Hand, die Lampe mit der andern, und schickte mich an, mein Arbeitszimmer zu verlassen, das durch einen Gang mit dem Hauptsaal der Bibliothek verbunden war. Indem meine Lampe diesen Gang erleuchtete, sah ich anscheinend an seinem entfernteren Ende das Gesicht eines Mannes. Mir kam sofort der Gedanke, ein Dieb habe sich in die Bibliothek eingeschlichen. [Aber nachdem ich, mit einem Revolver bewaffnet, vorsichtig nach dem Hauptsaal vorgedrungen war,] sah ich dort niemand; doch war der Raum groß und mit Bücherborten verstellt. Ich forderte den Eindringling mehrfach mit lauter Stimme auf, sich zu zeigen, mehr in der Hoffnung, einen vorübergehenden Schutzmann heran-, als den Eindringling hervorzulocken. Da sah ich ein Gesicht um die Ecke eines Büchergestells hervorlugen. Ich sage: um die Ecke, doch hatte es den sonderbaren Anschein, als wäre der Körper [des Betreffenden] in dem Bücherständer, so dicht kam das Gesicht an die Kante heran; auch konnte ich keinen Körper sehn. Das Gesicht war blaß und haarlos, und die Augenhöhlen sehr tief. Ich ging darauf zu und sah währenddessen einen alten Mann mit hochgezogenen Schultern anscheinend aus der Seitenwand des Büchergestells sich herausdrehen und, den Rücken mir zuwendend, mit schlürfendem Gang ziemlich hastig vom Büchergestell sich zur Tür eines kleinen Waschraums begeben, der nur von der Bibliothek aus zugänglich war. Ich hörte kein Geräusch. Ich folgte dem Manne sofort in den Waschraum und fand zu meiner äußersten Überraschung dort niemand. [Die sorgfältigste Untersuchung stellte fest, daß ein Entweichen aus dem Raume, selbst durch das fest geschlossene Fenster, ein Ding der Unmöglichkeit war.] Ich gestehe, daß jetzt zuerst jenes Gefühl in mir aufstieg, das die Erzähler als 'spukig' oder 'nicht geheuer' bezeichnen... — Am nächsten Morgen erwähnte ich mein Erlebnis einem örtlichen Geistlichen gegenüber, der nach dem Anhören meiner Beschreibung sagte: 'Wahrhaftig, das war der alte Q.!' Bald darauf sah ich ein Lichtbild von ihm (nach einer Zeichnung), und in der Tat, die Ähnlichkeit war verblüffend. Q. hatte alle seine Haare einschließlich der Augenbrauen verloren, ich glaube, infolge eines Unglücksfalls mit Schießpulver. Sein Gang war ein eigentümliches schnelles Schlürfen mit hochgezogenen Schultern gewesen. Spätere Nachforschungen ergaben, daß er etwa um die Jahreszeit gestorben war, in der ich die Gestalt sah... Ich war zur Zeit bei guter Gesundheit und Stimmung.'[1] — Ein weiterer starker Hinweis auf die spukige Natur dieser Wahrnehmungen liegt übrigens darin, daß zwei andere Angestellte, der erste Hilfsbibliothekar R. und ein junger Beamter P., in derselben Bibliothek eine Beobachtung machten, die für viele Spuke durchaus typisch ist: nämlich das plötzliche Erleuchtetwerden eines Raumes und das ebenso plötzliche Wiedererlöschen dieses normal unerklärlichen Lichtes.[2] R. und P. hatten zur Zeit ihrer Wahrnehmungen nicht die geringste Kenntnis von J.s Beobachtung. Wir werden damit wieder auf die Wahrheit hingeführt, daß zur richtigen Einschätzung von Vorgängen dieser Art stets eine leidliche Übersicht über die Gesamtheit der Tatsachen erforderlich ist.

Die Mehrheit aller Spukerscheinungen vollzieht nun ihre Ortsbewegungen eindeutig und durchgehends in natürlich-lebendiger Anpassung an den dinglichen Raum, bzw. die Dinge im Raum, vollführt also Wege über Gänge, Treppen und Türen hin, genau wie ein Lebender es tun würde.

In einem von Mrs. Yearsley beschriebenen Spukhause ging das von mehreren gleichzeitig gesehene Phantom einer alten Frau mit 'rauschenden Kleidern' an den Perzipienten vorüber eine Treppe hinab, wobei diese sich an die Wand drücken mußten, 'wandte sich dann ein wenig nach rechts und verschwand in einem Ablegeraum'. Die Lärmerscheinungen in diesem Hause waren zu Zeiten fast unerträglich, genau als wenn eine halbe Tonne Kohlen die Treppe hinabgeworfen würde. Das Gesicht der mehrfach beobachteten alten Frau sah 'wie der Tod' aus. Die Yearsleys gaben schließlich das Haus wegen des Spukes auf.[3]

In einem sehr früh von der Ges. f. ps. F. veröffentlichten, übrigens wieder typischen Spukhaus-Bericht heißt es von dem Phantom: 'Als ich [Miss G.] das Zimmer betrat, erhob sich eine Gestalt vom Stuhl [das kann natürlich hinzuillusioniert sein] und näherte sich mir. Ich glaubte meine Schwester zu erkennen [das Licht im Zimmer war schwach] und sagte: 'Bist du hier, H.?' Ich glaubte, du wärst zu Bett gegangen.' Die Gestalt schritt vor und kam mir so nahe, daß ich meine Hand ausstreckte und sagte: 'Renn mich nicht

---

1) Pr VI 57 ff.   2) Vgl. o. S. 72. 93.   3) Pr X 346 ff.

um.' Noch immer keine Antwort, — die Gestalt war verschwunden.' (Das Haus galt als spukig, und ein 'furchtbares Trauerspiel' war 40 Jahre zuvor darin vor sich gegangen; die G.s hatten schon 2 Monate darin gewohnt, bisher aber nichts wahrgenommen.) Eine sofortige Untersuchung stellte fest, daß niemand im Zimmer gewesen war. 'Einige Abende danach öffnete ich eine Tür, die vom hinteren Hausgang auf das obere Ende der Küchentreppe hinaus führte. Eine Gestalt schien die Treppe herauf mir entgegenzulaufen, bewegte sich an mir vorbei, und als ich ihr nachsah, war sie verschwunden... Ich sowohl als andre Mitglieder des Haushalts hörten oft seltsame Geräusche, wie vom Hin- und herziehn von Möbeln, schwere Schritte usw., besonders nachts.' — Ein andermal sah ein Mr. F. die Gestalt eine Treppe herabkommen, hielt sie ebenfalls zunächst für eine der Damen des Hauses, sah sie aber verschwinden, als er auf sie zuschritt. 'Er hörte deutlich das Rascheln eines Kleides und Fußtritte, während die Gestalt eilig die Treppe herab ihm entgegenkam.'[1]

Der nächste Fall zeigt noch reichere Formen ortsgemäßer Bewegung. — Miss Mary E. Vatas-Simpson, von Gurney als eine 'gescheite und verständige Person' bezeichnet (die auch nie sonst eine Halluzination gehabt), berichtet eine zwar weit zurückliegende, aber deutlich bewahrte Erinnerung aus ihrer Kindheit, der ich folgendes entnehme: 'Eines Tages saß ich auf einem der [großen viereckigen] Pfosten [unsrer Flurtreppe], als ich eine kleine alte Dame ganz allein [die Treppe herabkommen und in den unter mir gelegenen] Saal hineingehn sah.' Dies wunderte sie; denn die Treppe war oben durch eine verschlossene eiserne Gittertür abgesperrt, an der man klingeln mußte, um in die oben gelegenen Arbeitsräume des Vaters Einlaß zu erhalten, und diese Gittertür sah Miss Vatas-Simpson von ihrem Platze aus verschlossen. Sie ging mit ihrem Bruder der Dame in den Saal nach und fand niemand. '[Den Saal wieder verlassend,] schrie ich vor Staunen auf, denn aus einer stets verschlossen gehaltenen Tür am untern Ende desselben Treppenabschnitts, auf dem wir gesessen hatten, kam unsre alte Dame. Ich rannte in den Saal, um es [meinem Bruder] Walter zu sagen, und als ich wieder das obere Ende der Treppe erreicht hatte, sah ich sie unterhalb der Gittertür, langsam abwärts schreitend.' — Ein andermal während des Spielens sah sie die Gestalt (in der gleichen, genau beschriebenen Kleidung) in der Tür stehn und hinausgehn, suchte ihr auf einem abschneidenden Wege zu begegnen und sah schließlich, unter sich auf der Treppe, den Bruder 'Walter der alten Dame nachlaufen, die sehr rasch sich fortbewegte, wobei sie sich die ganze Treppe entlang dicht an der Wand hielt.' Die Dienstboten, die sie fragte, blickten einander an und gaben ausweichende Antwort. Die Kinder sahen die Gestalt 'häufig', die Dienstboten desgleichen; eine Magd kündigte wegen dieser Erscheinung und der 'sonderbaren Geräusche' im Hause. Mrs. Vatas-Simpson, die dies in einem gleichzeitig geführten (und ausführlich mitgeteilten) Tagebuch berichtet, erzählt des weiteren, daß die Voreinwohner das Haus aus gleichen Gründen verlassen hatten. Sie selbst

1) Pr I 109 ff. Vgl. 141 f.; III 81 f.

sah mehrfach ein blasses und trauriges Männergesicht im Treppenhause, auch gleichzeitig mit ihrer Tochter L.; hörte, gleich vielen andern, klagende Töne, die in 'kurze, scharfe Schreie der Qual' übergingen, und zu andern Zeiten laut trampelnde Schritte. Auch der völlig ungläubige Gatte sah, während er nach einem wichtigen Geschäftspapier suchte, die alte Dame mit dem 'blassen Gesicht', die bald vor seinen höflichen Fragen (denn er hielt sie für eine Lebende) und seiner Annäherung zurückwich, bald ihn n ä h e r h e r a n k o m m e n l i e ß, wobei sie ihn reglos anblickte. 'Sie bewegte sich — so faßt Mrs. V.-S. die Erzählung des Gatten in ihrem Tagebuch zusammen — mit einer sanften, gleitenden Bewegung, sah ihn höchst gespannt an, bewegte die Hände nicht.' [1]

In weiteren Fällen wird zwar gelegentlich eine Gestalt gesehn, aber nicht in Bewegung; dagegen h ö r t man zu andern Zeiten S c h r i t t e auf deutlich verfolgbaren Bahnen.

Ich verweise z. B. auf den von Miss L. Morris ($5^3/_4$ Jahre nach den Ereignissen) berichteten Spuk. Gleich nach dem Einzug in ein neues Haus hörten sie und die Ihrigen diese Schritte 'um den Tisch im Saal herum wandern'. 'In dieser Nacht konnte ich gar nicht schlafen, denn unablässig rund um das Zimmer herum und die Treppen auf und nieder hörte ich diese ununterbrochenen und unermüdlichen Fußtritte. Ich schlief ein und ... wurde eine Stunde später erweckt durch das Gefühl, es sei jemand im Zimmer, und hörte wieder die gemessenen Schritte... Dieselbe Erfahrung machte ich jede Nacht...' Drei Wochen danach tänzelte Miss Morris, ein Lied trällernd, in den Saal, um einige Walzernoten zu holen, 'als plötzlich vor mir ... die Gestalt einer Frau stand, von Kopf zu Fuß in schwere tiefschwarze Kleidung gehüllt; ihr Gesicht war im höchsten Grade traurig und todblaß, ... und sie blickte mich starr an.' (Auf weitere unerklärliche Wahrnehmungen in diesem Hause, wie Klopfen an Türen, anscheinendes Drehen der Klinken und Läuten der Glocken, kann ich hier nicht eingehn.) [2]

Während der Spukvorgänge im Hause der Familie Varick in Boston hörte man 'schwere Schritte, die regelmäßig vom Kamin [eines bestimmten Zimmers] zum Fenster und wieder zurück zu gehen schienen... Außer diesen schweren Tritten hörte Mrs. Anderson [die 'Nurse'] leichte Schritte, die ihr abends im 3. Stock folgten; diese Schritte begleitete das Rauschen eines weiblichen Kleides. Mr. V. vernahm Schritte in einem Zimmer im 3. Stock, eilte hinauf und hörte, wie sie ihn dort umkreisten; Varick folgte ihnen in ein andres Zimmer. In der Mitte desselben hörte er plötzlich hinter sich Kleiderrauschen; er wandte sich um, ... sah aber niemand.' Andre Beobachtungen in dem Hause betrafen starke Lärmerscheinungen in einem verschlossenen Raum des 3. Stocks; Seufzen, Rufe, Glockenklänge, laute Schläge; das Gefühl, es krieche oder gehe jemand umher, man werde berührt, es sei jemand anwesend. Gelegentlich wurden auch Gestalten gesehn: die 'eines jungen

---

1) Pr III 126 ff.   2) Pr VI 256 ff. Vgl. X 342. Ich selbst und meine Frau haben mehr als einmal ähnliche Vorgänge beobachtet.

dunklen Weibes und eines glattrasierten älteren Mannes'. Der Hund zeigte zu Zeiten größte Unruhe und war nicht zu bewegen, das spukige Stockwerk zu betreten. Das Haus war seit 10 Jahren immer nur auf kurze Zeit zu vermieten gewesen, obgleich es in einem guten Stadtteil lag.[1]

Um endlich noch aus einem älteren, aber in seiner Bezeugung durch geistig hochstehende Personen klassischen Fall etwas anzuführen: Der berühmte John Wesley erwähnt in dem langen Bericht über den bekannten Spuk im Hause seiner Eltern, daß eines Abends, zwischen 9 und 10, seine Schwester Hetty, während sie darauf wartete, die Kerze ihres Vaters fortzutragen, 'jemand die Treppe zum Dachboden herabkommen hörte, der dann langsam an ihr vorüberschritt, darauf die Haupttreppe hinabging, dann die Hintertreppe hinauf und die Bodentreppe gleichfalls; und bei jedem Schritt schien das Haus von oben bis unten zu erzittern'. Mrs. Wesley brachte den ausgedehnten und vielgestaltigen Spuk mit dem Tode ihres Bruders in Zusammenhang, der, damals in Diensten der Ostindischen Kompanie, nach Erwerbung eines großen Vermögens plötzlich verschwunden war und verschollen blieb.[2]

Angaben dieser Art über deutlich gelenkte Bewegungen des Spuks in Anpassung an die dinglichen Gegebenheiten im Raum seines Erscheinens ließen sich beliebig vermehren. Die Verlockung, solche Bewegungen doch noch als 'dramatische Vorstellungsausgestaltungen' seitens des Perzipienten zu deuten, verflüchtigt sich nun freilich in Fällen, wo die Ortsbewegung d u r c h m e h r e r e ü b e r e i n s t i m m e n d beobachtet wird (wie sich dies in einzelnen der vorstehenden Beispiele bereits andeutet). Die Frage, wieweit durch solche Beobachtungen der Spukgestalt irgendwelche Objektivität zugesprochen wird, soll uns dabei noch gar nicht beschäftigen: es soll nur festgestellt sein, daß in derartigen Fällen die Ortsbewegung als Besonderheit einer Halluzination nicht wohl allein von denen, die sie erleben, abhängig sein kann; selbst als 'bloße Vorstellung' aufgefaßt, würde ihr ortsmäßig g l e i c h a r t i g e s Verhalten für jeden beteiligten Perzipienten auf eine einheitliche Quelle s ä m t l i c h e r Wahrnehmungen hindeuten, und da wäre es sehr viel natürlicher und einfacher, diese Quelle in dem Erscheinenden selbst zu suchen, als in einem der Wahrnehmenden (bzw. seinem 'Unterbewußtsein'!), oder gar in irgendeinem Abwesenden, der sich eine Wegzurücklegung der Erscheinung v o r s t e l l t e und diese Vorstellung auf alle Perzipienten übereinstimmend übertrüge.

Ein Beispiel der fraglichen Art bietet uns der bekannte Spuk einer 'weinenden Dame' im Hause der Familie Morton, unstreitig einer der sorgfältigst beobachteten und genauest beschriebenen überhaupt. Seine Ortsbewegung war eine ausgesprochen selbständige und eigenwillige: er bevor-

---

1) Aus BBSPR II ref. v. Lambert in ZP 1926 447 f. (Niederschrift durch Mrs. V. gleich nach Verlassen des Hauses.) Vgl. Piper 82. Weitere ähnl. Fälle von Ortsbewegung werden uns in anderem Zusammenhang begegnen. 2) Owen, Footfalls 161.

zugte den Weg über die Hausdiele nach einer Ecke nahe einem Fenster
des Saales. Nach der ersten Wahrnehmung, schreibt Miss R. C. Morton,
z. Zt. Studierende der Medizin, 'folgte ich der Gestalt mehrere Male vom
oberen Stockwerk treppabwärts in den Saal, wo sie wechselnd lange ver-
blieb [mitunter eine halbe Stunde lang], indem sie rechts vom Erkerfenster
stand. Vom Saal aus begab sie sich längs dem Flurgang zur Gartentür, wo
sie stets verschwand', d. h. wenigstens dem Blick der ihr Folgenden. Denn
bei mindestens einer Gelegenheit wurde die Gestalt von andern Beobachtern,
und zwar in genauem Anschluß an die vorausgegangenen Wahrnehmungen,
gesehn, wie sie noch weiter über den Rasen des Hausgartens und einer Fahr-
straße entlang zum Obstgarten hin sich bewegte. Es handelt sich dabei um
die Wahrnehmungen des 12. Aug. 1884. An diesem Tage, 'etwa 8 Uhr abends',
schreibt Miss R. C. Morton, 'während es noch ganz hell war, sang meine Schwester im hintern Saal. Ich hörte, wie sie unvermittelt innehielt, auf den Hausflur
heraustrat und mich rief. Sie sagte, sie habe die Gestalt, ... während sie am
Klavier saß, dicht hinter sich gesehn. Ich ging mit ihr in das Zimmer zurück
und sah die Gestalt an ihrem gewohnten Platz im Fenstererker ... [Nach
etwa 10 Minuten] ging sie durchs Zimmer, dann den Gang entlang und verschwand ... durch die zum Garten führende Tür. Meine Schwester M. kam
darauf aus dem Garten herein und sagte, sie habe die Gestalt draußen gesehn, während sie (Miss M.) die Küchentreppe heraufstieg. Wir alle drei
gingen daraufhin in den Garten hinaus, als Mrs. K. [die älteste, verheiratete
der Schwestern] aus einem Fenster des ersten Stocks uns zurief, daß sie
die Gestalt soeben den Rasen vor dem Hause habe überqueren sehn und
längs dem Fahrweg nach dem Obstgarten zu gehen.'[1] — Die dem Gesamt-
bericht beigegebenen Pläne scheinen sich mit der Auffassung der drei Wahr-
nehmungsbilder als aufeinanderfolgende Teile einer einheitlichen Gesamt-
bewegung sehr gut zu vertragen.

Ich fasse zusammen: Gesehene und gehörte Spuke sind nicht etwas
'Stehendes'; sie bewegen sich vielmehr im Raum auf Wegen, die vom
Beobachter unabhängig sind, die daher auch von mehreren Beobachtern
übereinstimmend festgestellt werden und die in jedem Fall eine Anpassung des Spuks an seine dingliche Umgebung deutlich erkennen lassen.
Daß diese Wege bei gehörten Spuken genau in der gleichen Art verlaufen wie bei gesehenen, verbürgt aber auch die natürliche und nächstliegende Auffassung der ersteren. Man hat die Meinung geäußert, daß
irgendwelche rhythmische Geräusche — selbst solche an sich spukhafter
Natur — irrtümlich als 'Schritte' aufgefaßt werden könnten. Und in der
Tat ist ja zunächst noch völlig dunkel, wie denn Wesen, die doch jedenfalls nicht von Fleisch und Blut sind, bei ihrer Ortsbewegung das Geräusch von Schritten erzeugen können. Unstreitig. Und doch: daß es
sich um Schritte und nicht um irgendwelche rhythmische Geräusche

1) Pr VIII 317.

handelt, beweist die genaue Entsprechung der Ortsbewegung bloß schreitend gehörter und sichtbarer Spukgestalten; beweist das Zusammenfallen beider Tatsachen in Fällen, wo die Schritte des sichtbar sich hinbewegenden Phantoms gehört werden: wie etwa der 'weinenden Dame' im Hause der Mortons, also einer kollektiv beobachteten Spukgestalt, deren von etwa 20 Personen gehörte Schritte wie das leise Tappen leichtbeschuhter Füße klangen, besonders auf Linoleum, und deren Gehörtwerden häufig dazu führte, daß man die Gestalt dort sah, wo man zunächst die Schritte gehört hatte.[1] Der Glaube an die Objektivität dieser Schritte ruht also einstweilen auf genau den gleichen Gründen, wie der Glaube an die Objektivität einer solchen Gestalt überhaupt: sie werden von allen wahrgenommen, die sie wahrnehmen müßten unter der Voraussetzung, daß 'jemand' wirklich auf bestimmter Bahn sich an den Beobachtern vorüberbewegt. Auch ist nicht leicht zu begreifen, wieso denn eine 'telepathische Suggestion' von spukhaften Vorgängen sich gerade auf bloße gehörte Schritte kaprizieren sollte; man 'stellt' ja doch sich selbst oder einen Dritten fast unter jedem andern Bilde eher 'vor', als unter dem gehörter Schritte; und daß die Schritte nicht zu einem sichtbaren Spuk 'hinzuhalluziniert' werden, beweisen wieder die Fälle, in denen ein Spuk ganz überraschend mit gehörten Schritten einsetzt, und erst nachträglich durch andre Bestandteile seine sinnvolle Bezogenheit auf einen bestimmten Verstorbenen erweist.

Diese Betrachtung, sofern sie die Frage der Objektivität von Phantomen berührt, greift zwar wieder gründlich vor; doch will ich, da ich einmal in diesen unvermeidlichen Fehler verfallen bin, gleich noch erwähnen, daß die Bezogenheit von Schritten auf die Person eines bestimmten Verstorbenen sich gelegentlich auch in der feststellbaren Übereinstimmung ihres Gehörsbildes mit dem der Schritte des Betreffenden zu Lebzeiten ausspricht. (Wobei natürlich die Frage des Wie der Erzeugung wieder ganz beiseite bleiben und nur eine weitere Beziehung des Spuks auf die Person des Spukenden angedeutet werden soll.) Jener Satz wird natürlich dem Zweifel begegnen, ob sich das Persönlich-Kennzeichnende von Schritten unabhängig von allem Gesehenen wirklich genügend eindeutig feststellen lasse. Ich würde diese Frage kaum zu bejahen wagen, wenn wir nicht über mindestens einen Beleg verfügten, der von einem der unbestritten schärfsten Beobachter, also 'Sinnenmenschen' aller Zeiten verbürgt wird.

Kein Geringerer als Linné vermochte den folgenden Bericht über einen offenbar 'beginnenden Spuk' zu verfassen. 'Um 12 Uhr in der Nacht vom

1) aaO. 315.

12. auf den 13. Juli 1765 hört meine Frau, daß jemand lange und mit schweren Tritten in meinem Museum auf und ab geht, und weckt mich. Ich höre es auch sehr gut, obgleich ich weiß, daß niemand dort ist, die Türen verschlossen sind und der Schlüssel bei mir. Nach einigen Tagen erhalte ich Nachricht, daß mein besonderer, vertrautester Freund, der Kommissar Karl Clerk, zur selben Zeit gestorben sei, und wahrlich, der Gang war dem seinigen so gleich, daß wenn ich in Stockholm ihn gehört, ich Clerk am Gange erkannt haben würde.'[1]

Der Fall steht übrigens nicht allein. Ich habe schon früher Dr. J. Maxwell als einen der sorgfältigsten Forscher unsres Gebiets erwähnt. Im Hause des von ihm eingehend beschriebenen, sehr medial veranlagten M. Meurice ließen sich, neben vielen andern spukhaften Vorgängen, auch mehrere Arten von Schritten beobachten, die sich nicht nur von einander in stets gleichbleibender Weise unterschieden, sondern auch größtenteils von Maxwell selbst auf bestimmte Verstorbene bezogen werden konnten. Dies waren nach seinen Worten '1) ein lauter, rascher, entschiedener Schritt, den M. Meurice der Persönlichkeit 'Chappe' zuschrieb; 2) ein ungleicher Schritt, als träte ein Bein schwerer auf, als das andre; die Nachahmung dieses Schrittes durch M. Meurice rief mir H. B.s [des schon erwähnten Freundes von Dr. Maxwell] Schritt in die Erinnerung; 3) ein langsamer Schritt, wie von jemand, der seine Beine schleppt; eine Bewegungsart, die M. Meurice einem meiner verstorbenen Freunde zuschrieb [welcher dem Medium auch mehrfach im Anschluß an diese Schritte erschien[2]], und die ich als für diesen kennzeichnend anerkannte.'[3]

Ein Zweifel freilich fordert genaue Überlegung: ob nämlich in beschrittenen Wegen der beschriebenen Art sich ein Genügendes an Geistigkeit, Bewußtheit, Persönlichkeit andeute, um die Auffassung derselben als gewollte, bezweckte Leistung, als wirkliche Lebensäußerung des Erscheinenden zu rechtfertigen. Ein solcher Zweifel dürfte sich natürlich am ehesten an solche Spuke heften, deren 'Weg' ein immer gleichbleibender, also anscheinend 'mechanisch' vollführter ist und damit auch den Vollführenden als etwas Totes, Unpersönliches erscheinen lassen könnte. Nun sind allerdings solche völlig einförmige Wege durchaus die Ausnahme. Mehrere selbst der wenigen obigen Beispiele — und viele andre — zeigen den Spuk auf sehr wechselnden Bahnen durch Haus und Hof sich bewegend. Er handelt hierin, wie ein 'postumer' Bewohner seines ehemaligen Heims. Auch werden wir bald von andern, sehr viel 'lebendigeren' Betätigungsarten des Spukphantoms hören. Indessen muß schon hier — wieder einigermaßen vorgreifend — bemerkt werden, daß selbst eine leidlich dürftige Art der Ortsbewe-

---

1) Aus Linnés Nemesis Divina bei Perty, Splr. 210. Man fragt allerdings, ob und warum L. den Schritt nicht sofort 'erkannte'; die nachträgliche Erkennung müßte auf sehr klarer Erinnerung beruhn.　　2) Maxwell 160.　　3) das. 293. Vgl. die Berichte der Mme Bovolin bei Flammarion II 295 und des Rev. Père Palmace das. II 299.

gung einer wohldurchdachten spiritistischen Deutung der Spukvorgänge keinerlei Schwierigkeiten bereiten würde. Wir werden noch weiterhin auf Gründe stoßen, auch jenseitiges Leben, gleichwie unsres hier, als in seelischen Schichten verlaufend zu denken, in persönlichere und unpersönlichere Leistungen gegliedert, vollwache und traumhafte, 'synthetisch' höherstehende und halbwegs 'automatische'. Und echte geistige Abläufe, die mehr dem zweiten Gliede dieser Gegensatzpaare entsprächen, würden durchaus genügen, das häufig allerdings halb traumhaft-automatisch anmutende Ortsgebaren des Spuks als wahrer Autophanie verständlich zu machen. Ich bitte den Leser, diesen Gedanken wohl zu überlegen und zur Verwendung bei späteren Erörterungen über andersartige Kundgebungen Verstorbener in Bereitschaft zu halten. —

Einstweilen will ich unsre kurze Tatsachenschau der eigenartigen Ortsbewegungen des Spuks ergänzen durch einen Nachweis, der geeignet ist, den Schluß auf ihre 'seelische' Veranlassung durch den Erscheinenden selbst bis zur Unwiderstehlichkeit zu verstärken. Dieser Nachweis bedeutet eine weitere Anwendung dessen, was im Eingangskapitel über die gegenseitige logische Ergänzung animistischer und spiritistischer Feststellungen gesagt wurde. Ich wünsche nämlich zu zeigen, daß die gleiche 'Selbständigkeit' der Ortsbewegung sich auch bei solchen Phantomen findet, die nachweislich von einem Lebenden bewirkt werden, und zwar sowohl bei unwillkürlich auftretenden als auch bei experimentell erzeugten. — Ich gebe zunächst einen Fall der ersteren Art wieder, der allerdings, weil 20 Jahre nach den Ereignissen berichtet, nicht als ersten Ranges angesehn werden kann.

Ein Domherr X., der ungenannt zu bleiben wünschte, besuchte im August 1869 eine todkranke Freundin in S. (60 engl. Meilen von seiner Landpfarre in Westyorkshire entfernt), die er schlummernd antraf, die ihm aber nach dem Erwachen erzählte, sie sei in B. (jener Landpfarre) gewesen, und ihm einige Verschönerungen beschrieb, die er kurz zuvor in der Kirche hatte anbringen lassen, von denen aber noch niemand außerhalb der Gemeinde etwas wußte. Zwei oder drei Tage darauf starb seine Freundin. Bald nachdem er heimgekehrt war, erfuhr er von einer alten Bedienten, die er für völlig phantasielos und vertrauenswürdig erklärt, und die nicht wußte, daß er nach S. verreist gewesen war (niemand in der Gemeinde wußte es), — sie habe, im Chor der Kirche mit dem Herrichten einer ewigen Lampe beschäftigt, erweislich um die gleiche Zeit, da er die Freundin schlummernd getroffen, zu ihrer Verwunderung eine Dame in einer Ecke der Kirche knieend gesehn, die sich darauf erhoben habe und durch die Sakristei gegangen, dann aber anscheinend 'verschwunden' sei, worüber sich die Beobachterin wunderte, da alle Türen der Kirche verschlossen waren. Sie beschrieb die Erscheinung, einschließlich eigenartiger Kleidung, genau dem Aussehen der inzwischen Verstorbenen entsprechend, und erkannte diese in einem Lichtbilde, das ihr X. mit einer großen Menge andrer vermischt vorlegte: nur sei ihr die Dame 'magerer' und elender erschienen, als auf dem Bilde; woraus wir schließen mögen, daß sie erschien, etwa wie sie in ihrer letzten Krankheit aussah.[1]

Der folgende ähnliche Fall, den ich gleichfalls nur in kurzer Zusammenfassung wiedergebe, wird von Dr. Isnard berichtet. — Am 9. Jan. 1878, abends etwa um 9 oder 9.30, während er mit zwei Schwestern und einem Besucher, M. Menou-Cornuet, bei Tische saß, öffnete sich die aus dem Speisesaal auf den Flur führende Tür, die Türflügel zum nebenan gelegenen Schlafzimmer der erkrankten Mutter schlugen krachend aufeinander und öffneten sich gleichzeitig [ich bitte diesen 'vorgreifenden' Umstand wieder einstweilen in Kauf zu nehmen; die Fenster waren alle geschlossen, ein wirklicher 'Windstoß' ausgeschlossen], und in der [verhangenen] Türöffnung erschien die Gestalt einer kleinen Frau, gebeugt, die Arme auf der Brust gekreuzt, in grauer Verschleierung, das Gesicht nicht sichtbar, — bewegte sich gleitend durch das Zimmer, an Dr. Isnard vorüber, und ging, die Tür umschreitend, in den Flur hinaus, wo sie verschwand. Ein zweiter 'Windstoß' schloß die Türen. Mlle D. Isnard und M. Menou-Cornuet beschreiben den gleichen Weg des Phantoms; sie hielten es für eine Erscheinung der Mutter, die man übrigens sogleich nebenan s c h l a f e n d fand.[2] (Sie scheint nicht lange danach gestorben zu sein.) Falls man diese Identifizierung anzweifelt, wäre wohl eine kollektive todverkündende Sterbebett-Erscheinung anzunehmen.

Ein ähnlich sich bewegendes Phantom eines Lebenden finden wir nun aber auch erwähnt in dem Bericht, den Frl. Alma Haemmerlé über gewisse E x p e r i m e n t e liefert, die von Schulkameraden ihres Bruders, Stankewitsch und Serbow in Chersson (Südrußland), zum Zweck der Erzeugung von Autophanien unternommen wurden.

Im ersten dieser Experimente wurde Stankewitsch um die Zeit seines Erscheinen-wollens — 11 Uhr abends — in der Haemmerléschen Wohnung von Frl. A. H. und ihrem Bruder in dessen Schlafzimmer gesehn, nachdem eine zweite Schwester ihn erblickt hatte, während er durch die Tür des Saales eintrat und an dem dort stehenden Tisch vorüber in das Eßzimmer nebenan sich begab, wobei er ihren Augen entschwand. Erst um 12 Uhr gelang es auch Serbow, zu erscheinen: 'er trat durch das Vorzimmer in den Saal ein, wo er einen Augenblick nahe der Tür stillstand, dann bald nach rechts auf ein Gestell der Bücherei, bald nach links auf ein andres zu sich bewegte; worauf er plötzlich verschwand.' Beide Beobachtungen wurden sofort ausführlich niedergeschrieben und die Niederschrift in einem Umschlag versiegelt. Am nächsten Tage berichteten St. und S. vor mehreren Zeugen 'sämtliche Einzelheiten, welche genau übereinstimmten mit allem, was mein Bruder niedergeschrieben hatte', worauf die Umschläge geöffnet und die Berichte vor

---

1) JSPR Feb. 1889 (Delanne I 104 ff.). Vgl. den Fall Pr I 136.   2) ASP 1891 196 f.
Vgl. Dr. Pritchards Fall bei Dendy 24.

Zeugen verglichen wurden. Serbow sagte daraufhin aus (und diese Nach-
träglichkeit vermindert natürlich das Gewicht der Übereinstimmung), 'daß
er beim Betreten des Saales unschlüssig gewesen sei, welchem der Bücher-
schränke er sich nähern solle, denn er hatte die Absicht gehabt, einen von
ihnen zu öffnen und ein Buch herauszunehmen, verlor aber die Fähigkeit, sich
anzuspannen, und kam wieder zu sich.' [1]

Man kann einen solchen Bericht zweiter Hand über 'Schülerexperi-
mente' natürlich nicht wohl als wissenschaftliches Beweisstück behandeln; immerhin scheinen die jungen Leute mit durchdachter Sorgfalt vorgegangen zu sein, und der Belesene erkennt ohne weiteres, daß
jede Einzelheit sich willig in die Gesamtheit bekannter Tatsachen ein-
ordnet. Insbesondere muß als völlig typisch bezeichnet werden, daß
der Autophanie ein Bewußtsein des Agenten entspricht, am Ort
seines Erscheinens anwesend zu sein; das Besondre des Falles besteht ja
nur darin, daß dies Bewußtsein auch Einzelheiten der Ortsbewegung des
Phantoms umfaßt; doch werden wir später [2] hören, daß diese Entsprechung zwischen Bewußtsein des Erscheinenden und Beobachtung-
von-außen sich zuweilen auf sehr viel eigenartigere Dinge erstreckt, als
auf bloße Ortsbewegung.

Aber nicht nur die anscheinend willkürliche Ortsbewegung ist bei Autophanien Lebender die gleiche, wie bei denen Verstorbener; sondern
bei jenen wie bei diesen verrät sich solche Bewegung auch durch das
rätselhafte Geräusch von Schritten.

Ich erinnere z. B. an den bekannten alten Fall des Predigers Jos. Wilkins,
den sogar die Ges. f. ps. F. der Aufnahme in ihre Sammlungen für würdig
hielt. — W. befand sich i. J. 1754 auf der Akademie in Ortery, als ihm eines
Nachts 'träumte': er begebe sich nach der 100 engl. Meilen entfernten Grafschaft Gloucestershire auf Besuch zu den Seinen, könne nicht zur Vordertür
eintreten, öffne daher die Hintertür, finde den Vater schlafend, die Mutter
aber wach, zu der er sage: 'Mutter, ich gehe auf eine weite Reise und bin
gekommen, dir Lebewohl zu sagen', worauf diese antwortete: 'O mein lieber
Sohn, du bist tot!' Tatsächlich wachte, wie 2 Tage darauf(!) ein Brief berichtete, die Mutter zu eben jener Zeit; hörte, wie jemand zur vorderen
Tür hereinzukommen versuchte, dann aber durch die hintere eintrat; vernahm
die sich nähernden charakteristischen Schritte des Sohnes, sah ihn an ihr
Bett treten und hörte ihn eben jene Worte sprechen, auf die sie so antwortete,
wie Wilkins es gehört. [3]

Auch experimentelle Autophanien fördern zuweilen das gleiche seltsame Phänomen zutage. Die bekannten Versuche des Mr. Fred W. Rose
z. B., eines erfahrenen Hypnotiseurs, führten bei einer Gelegenheit
u. a. zur Wahrnehmung eines sich fortbewegenden 'leuchtenden Nebels'

---

1) Veröff. von Rochas in ASP 1906 569 ff.   2) im VI. Abschnitt.   3) Pr I 122 f.;
Daumer I 164 (nach Welby). Vgl. noch JSPR XVII 44; Gurney II 139 f.

im Zimmer der Mrs. E., der zu erscheinen Rose sich vorgenommen hatte,
und danach des Gesichts des Agenten. In derselben Nacht wurden Mrs.
E.s Tochter A. und ihr Bruder mehrmals jäh aus dem Schlafe geweckt
durch das Geräusch von Schritten, die sich den Flurgang entlang nach
dem Zimmer der Mutter zu bewegten.[1]

Ich schließe hieran noch einen Fall, in welchem der in genau angeb-
barer Ortsbewegung begriffene Hörspuk offenbar von einem etwa
gleichzeitig Sterbenden ausgeht, sodaß es ungewiß bleibt, ob dessen
Auftreten seinem Tode vorausgegangen oder gefolgt sei; wir erhalten
damit gewissermaßen ein Bindeglied zwischen den so gleichartig ortsbewegten Phantomen fraglos Lebender und fraglos Verstorbener.

Eine Frau Freieisen in Bern erzählte dem Prof. M. Perty folgendes. 'Es
war i. J. 1840. Wir wohnten in der Postgasse im 3. Stock, und unsre Türen
wurden immer sorgfältig verschlossen. Etwa um Mitternacht erwacht, vernahm ich schon von der untersten Treppe her schwere unsichere Tritte;
ich hörte einen Kommenden im 2. Stockwerk und dann auf der dritten zu uns
führenden Treppe. Nun öffnete es die Gangtür, und mich überfiel, weil ich
sie verschlossen wußte, der furchtbarste Schrecken... Die Schritte waren
nun in den Saal neben meinem Schlafzimmer und in dieses gekommen, und
endlich sah ich die Vorhänge meines Bettes geöffnet und glaubte eine Gestalt mit undeutlichen Umrissen, nach der ich starren mußte, wahrzunehmen.
Dann folgte wie ein tiefes Ausatmen der Gestalt, das mich am ganzen Leibe
kalt überströmte [die typische 'Eiseskälte' in unmittelbarer Nähe von Phan-
tomen]. Die Vorhänge schlossen sich z. T. wieder, die Tritte entfernten sich
hörbar durch den Saal, über den Gang, die Gangtür öffnete und schloß
sich, und im Moment, wo die Klinke wieder einfiel, entstand im Zimmer
ein schrillender Schall, stark wie eine Explosion, als wenn auf unserem Piano
alle Saiten zugleich gesprungen wären, aber dann übergehend in einen langen,
klagenden Ton,... es fand sich aber keine gesprungen. Am andern Morgen
fragten die unter uns wohnenden Frl. Weber, was die schweren Tritte und
was der Ton bedeutet habe, den sie gleichfalls gehört hatten. Nach einiger
Zeit erhielten wir Nachricht, daß unser lieber vertrauter Freund Bunsen in
Frankfurt in derselben Nacht des 5. April gestorben sei; wir hatten nicht gewußt, daß er krank gewesen.'[2]

Ich stelle, wie gesagt, noch immer nicht die Frage, was solche gehörte und gesehene Spuke an sich seien; sie wird sich immer peini-
gender aufdrängen, je mehr wir ins Dickicht der Tatsachen hineingeraten. Es gilt einstweilen nur festzustellen, daß zwischen dem Selbstbewußtsein eines lebenden Fernerscheinenden und den Beobachtungen
der am Ort der Erscheinung Anwesenden eine Entsprechung auch
hinsichtlich der Ortsbewegungen des Phantoms bestehen kann, welche

---

1) JSPR VIII 250 ff.   2) Perty II 157 f. Ein Datum des Berichts an Perty wird nicht
angegeben; er könnte also 20 Jahre nach dem Erlebnis erfolgt sein.

diese Bewegungen als irgendwie 'persönlich bewirkt' erscheinen läßt. Die natürliche Folgerung hieraus ist, daß auch denjenigen ortsbewegten Spuken Verstorbener, die nur 'von außen' beobachtet werden, eine 'Innenseite' entspricht, worin ein Bewußtsein von diesen Ortsbewegungen gegeben ist. Wir werden diesem Analogieschluß wieder begegnen, wenn wir nunmehr weitere Hinweise auf seelisches Leben des Spukphantoms aus seinem räumlichen und sonstigen Verhalten zu gewinnen suchen.

Eine erste Steigerung des Bisherigen kann man darin erblicken, daß das Phantom auf einzelne Dinge im Raum in sinnvoller Weise Bezug nimmt. Ich will dies durch ein eigenartiges Musterbeispiel verdeutlichen, das ich Owens reichen Sammlungen entnehme.

An einem Tage des März 1846 gegen 2 Uhr nachm. saßen Frau Dr. R. und ihre beiden Töchter (im Alter von 19 und 17 Jahren) im Besuchszimmer ihres Hauses in der C.-Straße in Philadelphia, mit Handarbeiten beschäftigt und in leichter Unterhaltung begriffen. Die Mutter und die ältere Tochter wandten dabei dem Fenster den Rücken zu, so daß ihr Blick das Zimmer und die etwa 4 m entfernte Eingangstür umfassen konnte, die ein wenig geöffnet war; die jüngere Tochter saß ihnen gegenüber. Plötzlich sahen die beiden ersteren gleichzeitig 'eine schwarzgekleidete Dame eintreten, mit einem großen weißen, gekreuzten und an der Brust mit Nadeln befestigten Halstuch — einem Fichu — und einer weißen Haube auf dem Kopf. In der Hand hielt sie einen kleinen Beutel von weißer Seide, dessen Schnüre sich um das Handgelenk schlangen... Als die jüngere Tochter ihre Mutter und Schwester, starr vor Staunen, nach der Tür schauen sah, wandte sie sich auch dorthin um und erblickte dieselbe Person, aber nicht ganz so deutlich, wie die beiden andern. Die Eingetretene bewegte sich langsam ins Zimmer vor, bis sie, etwa einen Meter von der gegenüberliegenden Wand entfernt, vor dem dort zwischen beiden Fenstern hängenden Bildnis des Dr. R. stehen blieb und es mindestens eine halbe Minute lang betrachtete; worauf sie denselben Weg zur Tür zurück einschlug, aber plötzlich, ehe sie dort angelangt war, verschwand...' Die Gestalt war völlig deutlich, greifbar, körperlich, wie eine Lebende, erschienen, doch waren weder Schritte noch ein Rascheln des Kleides zu hören gewesen; sie war gewissermaßen geglitten. Während des Vorgangs hatte keine der Anwesenden gesprochen. Nach dem Verschwinden der Gestalt wandte sich Mrs. R. an ihre ältere Tochter mit der Frage: 'Hast du gesehen, wer es war?', worauf diese erwiderte: 'Es war Großmutter.' Hierüber waren sich alle einig. Zum Überfluß wurde die übliche vergebliche Durchsuchung des Hauses vorgenommen, 'vom Keller bis zum Speicher'. 'Gesicht und Gestalt, ja die kleinsten Einzelheiten der Kleidung waren ein genaues Abbild der verstorbenen alten Dame im Straßenanzug gewesen.' — Für die Deutung der Erscheinung ist nun folgendes wichtig. Einige Tage vor ihrem Tode hatte die alte Mrs. R. ihrem Sohne dringend geraten, ein Haus in der Nachbarschaft ihrer damaligen Wohnung zu kaufen. Eben zur Stunde aber der Erscheinung setzte Dr. R. seinen Namen unter den Kaufvertrag des Hauses, in welchem die Erscheinung stattfand, das seine Mutter aber nie zu Lebzeiten betreten hatte. Von der Absicht dieses Kaufes hatte Dr. R. zu den Seinen zwar gesprochen, aber daß er gerade an diesem Tage den Vertrag abschließen würde, ahnten sie nicht, so daß sie überrascht waren, als er mit diesem in der Tasche heimkehrte. Endlich mag noch erwähnt werden, daß die alte Mrs. R. einige Tage vor ihrem Tode zu einer gewissen Mrs. C. gesagt hatte: wenn ihr Sohn sich gut führe und Gott es ihr erlaube, werde sie aus dem Jenseits kommen, um ihn wiederzusehn und Zeugin seines Wohlergehens zu werden.[1]

Es ist klar, daß wenn man die Erzeugung der Erscheinung einem Lebenden zuschreiben wollte, hierfür nur Dr. R. in Betracht käme; fand sie doch in dem Augenblick statt, da er einen Wunsch der Erscheinenden erfüllte, also Grund hatte, 'an sie zu denken'. Immerhin wäre es unter solcher Voraussetzung seltsam, daß Dr. R. nicht sich selbst diese sinnbildliche 'Belobigung' seines Tuns gegönnt, also nicht selber die Erscheinung geschaut hätte. War sie etwa eine Übersetzung seines Hindenkens zu den Seinen in der entscheidenden Stunde, sollte also gewissermaßen sagen: seht ihr, nun erfülle ich den Wunsch meiner Mutter? Ganz abgesehn von dem wichtigen Problem, das die völlig 'natürliche' Kollektivität der Wahrnehmung durch drei Personen aufgibt (das uns ja erst später beschäftigen soll), finde ich hiermit nicht das sinnvoll-selbständige Verhalten der Erscheinung erklärt, das mich veranlaßt, den Fall gerade hier zu berichten. Angenommen, daß die Verstorbene um das wußte, was zur Stunde geschah (etwa durch die Gedanken des Sohnes an sie), so konnte sie, nachdem sie einmal das Heim des Sohnes und nicht seinen augenblicklichen Aufenthalt als Ort des Erscheinens gewählt hatte (vielleicht der besseren 'Bedingungen' wegen?), ihre eigenen Gedanken über sein Tun nicht deutlicher zum Ausdruck bringen, als indem sie vor sein Bild trat und es betrachtete. Es ist also dies sinnvolle Verhalten innerhalb der dinglichen Umgebung, was es natürlich erscheinen läßt, Ursprung und 'Lenkung' der Erscheinung in die Erscheinende selbst zu verlegen.

9. Das Argument aus dem Verhalten der Erscheinung Ortsanwesenden gegenüber

So bedeutsam nun auch ein 'persönliches' Verhalten des Phantoms den Dingen gegenüber erscheinen muß, bedeutsamer noch ist es, wenn es in irgendwie geartete Beziehungen zu den Lebenden tritt, die es

---

1) Owen, Deb. L. 319 ff. Vgl. den nicht eindeutigen Fall Flammarion III 171.

am Ort seines Erscheinens antrifft; wenn es also nicht nur ein Bewußtsein dessen verrät, wo es sich befindet, sondern auch dessen, wen es
vor sich hat. Denn nur im Umgang von Person zu Person offenbart
sich ja das volle Leben der Seele.

Eine erste, fast noch traumhaft verschwommene Reaktion dieser Art
könnte man in dem Umstand erblicken, daß Spukphantome — und darunter vorzüglich und häufig beobachtete — sich von den Lebenden
nicht greifen lassen.

Dies war z. B. bei dem schon erwähnten Phantom der 'weinenden Frau' im
Mortonschen Hause der Fall. 'Ich versuchte die Gestalt zu berühren', schreibt
Miss R. C. Morton, 'aber sie entwich mir stets, — *she always eluded me.*
Nicht als ob da nichts zu berühren gewesen wäre [man hörte sie ja stets leise
auf den Fußboden auftappen], sondern sie schien immer jenseits meines
Arms — *beyond me* — zu sein, und wenn ich ihr in eine Ecke folgte, verschwand sie einfach.'[1] — In einem andern, sehr bedeutenden und verwickelten
Spukfall sagte die eine Beobachterin aus: 'Als die Gestalt an mir vorüberschritt, streckte ich die Hand aus, um sie zu berühren, aber sie bewegte sich
zur Seite, und wiederum auf die andre Seite, als ich ihr folgte. Schließlich
bewegte sie sich durch mich und an mir vorüber und verschwand...'[2]

Wird man den Einwand machen, daß gerade 'reine Halluzinationen'
sich so verhalten müßten, im subjektiven Wahrnehmungsraum vor dem
Halluzinierenden schwebend und eben darum natürlich 'nicht zu
fassen'? Man warte ab, erwidere ich, wieweit wir mit dem Begriff der
reinen Halluzination bei Phantomen kommen werden, das der Mortons
eingeschlossen; man lese aber auch Angaben wie die obigen nicht
bloß flüchtig; man wird dann finden, daß sie offenbar mehr behaupten,
als das gleichförmige Schweben eines Bildes vor den Augen. Die Phantome, nach denen vergeblich gegriffen wurde, bewegten sich ja schon
vorher durchaus natürlich im äußeren Raum, und sie bewegen sich
auch beim Greifen-nach-ihnen deutlich nicht nur 'weiter fort', sondern
hin und her, und schließlich selbst auf den Greifenden zu und an ihm
vorüber. Wir müssen schließlich auch diesen seltsamen und noch gar
nicht gewürdigten Umstand im ganzen Zusammenhang der Tatsachen
erwägen.

Indessen nimmt der 'persönliche' Verkehr zwischen Phantom und
Perzipient noch sehr viel deutlichere Formen an. Eine erste Stufe
möchte ich als mimische Unterredung bezeichnen. Bozzano konnte
behaupten, daß unter 311 von ihm statistisch erfaßten Phantomen nicht
weniger als 114 die am Ort ihres Erscheinens anwesenden Personen
zu erkennen schienen.[3] Das mindeste Merkmal nun solchen Erken-

---

1) Pr VIII 322.   2) Pr VI 276. (Ich komme bald auf d. Fall zurück.)   Die Angaben
'durch mich' und 'an mir vorüber' dürften sich unschwer vereinigen lassen.   3) Hant. 14.

nens und eines entsprechenden 'stummen Verkehrs' mit dem Lebenden möchte ich in dem oft beschriebenen gespannten Angeblicktwerden desselben seitens des Erscheinenden sehen.

Ein Beispiel liefern die Beobachtungen der Damen M. W. und L. Scott, die uns das wiederholt auf einer Landstraße auftretende — übrigens zu andern Zeiten von vielen weiteren gesehene — Phantom eines Mannes in langem schwarzem Rock, Gamaschen und Kniehosen, mit weißer Halsbinde und niedrigem Hut beschreiben; im Äußern also etwa einem schottischen Geistlichen des 18. Jahrhunderts ähnelnd. Einmal, im Juni 1893, wiederholten sie den mehrfach gemachten Versuch, die vor ihnen her gehende Gestalt einzuholen, wobei sie sich ihr auf wenige Meter näherten. 'Da bin ich also nun', schreibt Miss M. W. Scott, 'dem Gespenst gegenüber... Es hatte haltgemacht und betrachtete mich mit einem geistesabwesenden Gesichtsausdruck... Während einiger Zeit fuhr es fort, mich starr zu betrachten, dann wandte es sich um, machte einige Schritte vorwärts, um dann wieder stehnzubleiben, schaute mich nochmals an und verschwand vor meinen Augen, wie gewöhnlich, in der Nähe der Hecke, rechts vom Wege. Diesmal hatte ich Muße, es genau zu betrachten,' und es folgt nun etwa die oben wiedergegebene Beschreibung. — Berichte über dieses Phantom liegen aus einem Zeitraum von 9 Jahren vor.[1]

Eine ähnliche Beobachtung berichtete i. J. 1899 Mme L. Delvert an Flammarion, leider nur aus zweiter Hand und ohne daß sich sagen ließe, wie lange nach den Ereignissen; immerhin wird die hier fragliche Einzelheit stark betont. — Gegen Ende ihrer Klostererziehung habe eine Aushilfslehrerin, Mlle Adrienne aus Paris, eines Tages erklärt, nicht länger in ihrem Zimmer schlafen zu wollen, da sie dort von einer Schwester geängstigt worden sei. Als man ihr nachwies, daß zu jener Zeit (um 6.30) sämtliche Insassen, außer ihr allein, in der Frühmesse gewesen seien, gab sie dies zu; es habe sich aber auch um eine 'unbekannte Schwester' gehandelt, 'groß, schlank, sehr blaß; sie hat sich meinem Bett genähert, mich angesehn, ich habe zu ihr gesprochen, sie hat mir nicht geantwortet, aber diesen Blick werde ich nie vergessen; sie ist langsam ums Zimmer geschritten und dann gegangen.' Keine der Schwestern entsprach der gelieferten Beschreibung, und erst am Abend kam jemand darauf, Mlle Adrienne das Bild der Schwester Bouchez zu zeigen, die 'im zweiten Monat vor Mlle Adriennes Ankunft gestorben war. Mlle Adrienne erkannte sie sofort. Die Schwester Bouchez hatte [man beachte dies] gewöhnlich in jenem sogenannten 'Zimmerchen' gearbeitet, wo sie allerhand Gegenstände für die Kranken sammelte' und welches Mlle Adrienne bewohnte.[2]

Ich füge einen ähnlichen Fall aus der gleichen Quelle hinzu, den Flammarion am Orte selbst noch weiter hat untersuchen lassen, wobei er alle Angaben bestätigt fand. — Sgr. Giuseppe Cavagnaro berichtete ihm 'unter seinem Eide' am 22. Juli 1899, daß er als 18 jähriger Student in Genua, bei dem

---

1) Ausführl. Urkunden JSPR VI 146 ff.; IX 299 ff.   2) Flammarion III 308 f.

Vater wohnend, eines Morgens gegen 7, während er ein griechisches Buch las, eine Tür sich öffnen hörte und aus der Küche ein junges Mädchen 'im Hemde' [vielleicht nur in 'weiß'?] kommen sah, 'von sehr heller Hautfarbe, groß, schön, mit langen kastanienbraunen und gelockten Haaren, die ihr den Rücken herabfielen. Als sie vor mir vorüberging, sah sie mich an und lächelte fast, dann trat sie ins Zimmer meines Vaters, indem sie die Tür öffnete und sehr geräuschvoll schloß.' Als nach 10 Minuten der Vater aus seinem Zimmer trat [von Wahrnehmungen desselben wird nichts gesagt], untersuchte G. C. dasselbe aufs genaueste, fand aber nichts. Das Zimmer hatte keinen andern Ausgang, und die Wohnung lag im 4. Stock. Die Haustür erwies sich als verschlossen; niemand hatte das Haus betreten oder verlassen, wie der Pförtner bezeugte. Ein Nachbar, dem man das Vorgefallene erzählte, der Advokat Manzini, war nicht im mindesten erstaunt, indem er nach der Beschreibung ein 18jähriges Mädchen erkannte, das ein Jahr zuvor in dem vom Vater bewohnten Zimmer gestorben war. Was aber weiter für die Echtheit des Spukes spricht: eine Familie, die das Haus vor den Cavagnaros bewohnte, hatte dies Zimmer wegen entsprechender Erscheinungen aufgeben müssen.[1]

In den weiter wiederzugebenden Fällen treten, z.T. neben einem Anblicken seitens der Erscheinung, andre Formen stummen Verkehrs mit dem anwesenden Lebenden ins Spiel, teils als Reaktion auf Handlungen des letzteren, teils als völlig spontane Anläufe zu einer zwar dürftigen, aber doch sinnvollen und verständlichen 'Äußerung' durch Mienenspiel oder Gebärde.

Nach einem von Fred. Myers niedergeschriebenen und von der Perzipientin 'verbesserten' Bericht sah diese, eine Miss J., kurz vor einer Liebhabervorstellung, an der sie teilnahm, einen Bekannten, Mr. H., 'mit traurigem Ausdruck' des Gesichts an einer Tür lehnen. Sie streckte ihm die Hand hin, — 'er nahm sie nicht, sondern schüttelte langsam den Kopf, ohne ein Wort, und entfernte sich den Korridor entlang...' Miss J. eilte weiter, um sich anzuziehn, und glaubte, einen Lebenden gesehn zu haben. H. war aber zwei Tage zuvor gestorben.[2]

Sehr ähnlich lautet ein Bericht in Gurneys unerschöpflicher Sammlung. Miss N. N. sah ihren Freund Bertie ins Zimmer treten, sprang auf, um ihm einen Stuhl ans Kaminfeuer zu schieben, weil er zu frieren schien und es draußen schneite, und schalt ihn, weil er ohne Mantel gekommen sei. Bertie ging durchs Zimmer und setzte sich dem Kamin gegenüber. 'Er sagte kein Wort, führte aber die Hand an die Brust und schüttelte den Kopf, was ich dahin mißverstand, daß er in der Brust eine Erkältung spüre und die Stimme verloren habe, was ihm oft widerfuhr.' Ein Dr. G. trat ein und fragte sie, zu wem sie spreche, und sie schalt noch einmal vor ihm auf den Jungen. 'Ich werde nie das Entsetzen vergessen, das sich auf des guten

---

1) das. III 295 f. Vgl. ferner die Fälle o. S. 46 ff. 83. 90. 96. 114; Daumer I 215 ff.; Werner 409.   2) Pr VIII 222 f.

Doktors Gesicht malte, da er wußte (was ich nicht ahnte), daß der arme Junge eine halbe Stunde vorher gestorben war.'[1] Der nachstehende Bericht, der von Mr. John E. Husbands aus Grimsby stammt und 20 Monate nach dem Vorfall niedergeschrieben wurde, zeigt uns gleichfalls eine spontane und sehr sinnvolle Gebärde des Phantoms. — 'Im Januar [wahrscheinlich 3. oder 4. Feb.) 1885 schlief ich in einem Hotel auf Madeira. Es war eine sehr helle Mondnacht; die Fenster standen offen, die Fenstervorhänge waren hochgezogen. Ich fühlte, daß jemand im Zimmer war. Als ich die Augen öffnete, sah ich einen jungen Mann im Alter von etwa 25 Jahren, in einen Flanellanzug gekleidet, zur Seite meines Bettes stehn und mit dem Zeigefinger seiner Rechten auf den Platz zeigen, wo ich lag. Ich verhielt mich einige Sekunden still, um mich zu überzeugen, daß wirklich jemand da war. Dann setzte ich mich aufrecht hin und blickte ihn an. Ich sah seine Gesichtszüge so deutlich, daß ich sie in einem Lichtbild wiedererkannte, das mir einige Tage später gezeigt wurde. Ich fragte ihn, was er wolle; er sprach nicht, aber seine Augen und Hand schienen mir zu sagen, daß ich an seiner Stelle sei. Da er nicht antwortete, schlug ich im Sitzen mit der Faust nach ihm, doch ohne ihn mit der Hand zu erreichen, und als ich daran war, aus dem Bette zu springen, verschwand er langsam durch die Tür, die geschlossen war, wobei er fortwährend die Augen auf mir ruhen ließ... Durch Erkundigungen brachte ich heraus, daß der junge Mensch, der mir erschienen war, in dem von mir bewohnten Zimmer gestorben war ...', und zwar, wie Miss K. Falkner, die zu gleicher Zeit im Hotel wohnte, hinzufügt, 'unerwartet einige Monate zuvor [am 29. Jan. 1884]... Seltsamerweise hatte Mr. Husbands nie von ihm oder seinem Ableben gehört. Er erzählte mir die Geschichte am [selben] Morgen, nachdem er die Gestalt gesehn, und ich erkannte den jungen Menschen nach seiner Beschreibung, ... erwähnte dies aber weder ihm noch sonst jemand gegenüber, bis ich Mr. Husbands dieselbe Geschichte meinem Bruder erzählen hörte; wir trennten uns von Mr. H. und sagten gleichzeitig: 'Er hat Mr. D. gesehen.' Die Sache wurde einige Tage lang nicht mehr berührt; danach zeigte ich Mr. H. plötzlich die Photographie. Er sagte sofort: 'Das ist der junge Mensch, der mir neulich in der Nacht erschien, nur war er anders gekleidet,' und er beschrieb einen Anzug, den jener häufig trug: 'Cricket- oder Tennis-Kleidung, am Halse mit einem Schifferknoten befestigt.'' — Gurney, dem das Lichtbild vorlag, verhörte Mr. H. sowohl als Miss F. und erklärte beide für 'durch und durch praktisch; auch hatten sie vorher keinerlei Sinn für derartige abnorme Erfahrungen gehabt... Mr. H.s Bericht über sein Gesicht ging offenbar jedem Wissen um den Todesfall in seinem Zimmer voraus. Er hat nie irgendeine andre Halluzination gehabt.'[2]

Schon ein solches Verhalten läßt das Phantom durchaus nicht nur als bewußtes Wesen im Raum, sondern als Wesen unter Wesen

---

1) Gurney I 532 f. Vgl. II 88 ('magnetische Striche' des Phantoms, deren 'Einfluß' angeblich gefühlt wird).   2) Pr V 416 f.   Vgl. den 'frisch' berichteten Fall (nach Howitt) Crowe 337 ff. (bes. 346).

erscheinen, und dieser Eindruck verstärkt sich mit der wachsenden Ausdrücklichkeit seines Verkehrs mit den Ortsanwesenden. Sie erreicht ihr Höchstmaß natürlich erst dann, wenn zum Schauen des Phantoms das Hören seiner Rede tritt. Ich ziehe diesen Umstand in Erwägung, ohne wieder im mindesten etwas über das Wesen dieses 'Sprechens' ausmachen zu wollen — mag es immerhin 'übertragene Vorstellung' sein —; stelle vielmehr nur die Frage nach seinem letzten Ursprung und Quellpunkt. Dabei kann es allerdings mitunter zweifelhaft sein, ob wir es hier wirklich noch mit Äußerungen eines Ortsbewußtseins des Phantoms zu tun haben; ja im Grunde betrifft dieser Zweifel schon manche Fälle der zuletzt betrachteten Gruppe. Ein Phantom, das sich mimisch oder 'mündlich' mit seinem lebenden Gegenüber in einen — wenn auch noch so einfachen — Verkehr einläßt, könnte gewiß damit zu beweisen scheinen, daß es weiß, vor wem, also wo es sich befindet. Es braucht damit aber nicht mehr zu beweisen, als daß es sich irgendwie mit einem Lebenden in Berührung gekommen fühlt, dem es — durch dramatische Belebung seiner Autophanie — etwas von seinem Innenleben erkennbar machen kann; auch wenn dieser Vorgang nur an einem Orte stattfindet, der für den Erscheinenden besonderen Sinn hat, an den er ja aber auch ohne sein Wissen und Wollen 'hingezogen' sein könnte; weswegen wir eben für den Erweis eines Ortsbewußtseins noch ein besonders entsprechendes Verhalten des Phantomes fordern. (Hiernach wäre es immerhin statthaft gewesen, das 'Reden' von Phantomen schon unter den allgemeinen Merkmalen einer hinter der Autophanie wirksamen 'Aktivität' zu besprechen.)

Auch dieser ausdrücklichere Verkehr des Phantoms mit seiner lebenden Umgebung durchläuft sehr mannigfache Stufen. Auf der ersten entsteht der Anschein, daß die Erscheinung sprechen wolle, ohne aber ein Wort hervorbringen zu können. Die schon erwähnte Miss Morton z. B. und die Ihren versuchten mehrfach, die 'weinende Dame' anzusprechen. 'In solchen Fällen', schreibt die Verfasserin des Berichts, 'bewegte sie sich, und ich dachte, sie wäre im Begriff zu sprechen, aber sie öffnete nur den Mund, als schnappe sie nach Luft, — *she gave a slight gasp,* — und bewegte sich auf die Tür zu.'[1]

Eine andre Form einfachster lautlicher Äußerung des Spuks mag hier einschaltungsweise kurz erwähnt werden, obwohl sie zugestandenermaßen weder ein Bewußtsein der örtlichen Umgebung noch ein Element des Verkehrs mit ortsanwesenden Lebenden deutlich erkennen läßt; wenn man ihr auch etwas Persönliches, d. h. den gefühlsmäßigen Sinn des Spukens überhaupt Ausdrückendes kaum absprechen kann.

1) Pr VIII 314. Vgl. Daumer I 214; Pr III 144 Anm.

Ich denke an die spukhaft-gehörten Laute von deutlich menschlich-stimmlicher Artung: Seufzern, Stöhnen, Schreien u. dgl. Ich will mich auf die Mitteilung eines Beispiels beschränken, das gleich die äußerste Form dieser Gehörs-Erscheinungen belegt.

In einem Tagebuch des M. F. de X., Besitzers eines Schlosses im Departement Calvados (Frankreich), aus dem Jahre 1875 finden wir u. a. folgende Einzelheiten eines äußerst umfangreichen und vielgestaltigen Spuks verzeichnet: '[Am 10. Nov.] um 1.20 klinkt man die Tür des grünen Zimmers auf [und es erfolgen Schläge]. In diesem Augenblick hören wir alle einen Schrei, wie den gezogenen Ton eines Signalhorns ... Er scheint mir von draußen zu kommen. Kurz darauf hören alle drei schrille Schreie: sie kommen von außen, nähern sich aber sehr deutlich dem Hause. Um 1.30 ein dumpfer Schlag im zweiten Stockwerk; noch ein sehr langer Schrei, dann ein zweiter, wie von einer Frau, die draußen ruft. Um 1.45 hören wir plötzlich drei oder vier laute Schreie auf dem Vorplatz, dann auf der Treppe. [Vergebliche genaue Untersuchung.] Um 3.20 hört man eine Galoppade im Flurgang. Wir hören zwei schwächere Schreie, aber doch im Hause.

Freitag, d. 12. Nov. — Um Mitternacht steht alles auf. Man hört Schreie im Keller, dann im Innern des grünen Zimmers, dann das Schluchzen und die Schreie einer Frau, die furchtbar leidet.

Sonnabend, d. 13. Nov. (nachts). — Ein Viertel nach 12 Uhr zwei sehr laute Schreie auf dem Treppenabsatz; das sind nicht mehr die einer weinenden Frau, vielmehr schrille, wütende, fluchende, verzweifelnde Schreie von Verdammten oder Höllengeistern ...

Nacht vom 25./26. Jan. 1.30 Uhr ... In diesem Augenblick hört man etwas wie Rindergebrüll, dann andres, unmenschliches, wütendes Gebrüll im Flurgang ... [Während alle aufstehn,] hört man noch zweimal Brüllen und einen Schrei.' [1]

Kommen wir aber nunmehr auf Fälle gegliederten Redens, so fällt sogleich auf, wie sehr damit das Phantom fast immer beweist, daß es sich seines ortsanwesenden Gegenüber bewußt ist.

Eine Dame, die ihren Namen nicht veröffentlicht zu sehen wünschte, lieferte der Ges. f. ps. F. den folgenden Bericht im Feb. 1889, 6$^1/_2$ Jahre nach dem Erlebnis, von dessen Einzelheiten, wie sie sagt, 'sie nie in ihrem Leben das Geringste vergessen könnte'. — 'Als ich im August 1882 mit meinen Kindern, zwei Töchtern und einem Sohn, das Kloster zu St. Quay in Pontrieux besuchte, hatten die Schwestern nur ein Zimmer für mich und meine beiden Mädchen zur Verfügung. Es war der Raum in des Priesters Hause, den der Bischof von St. Brieux benutzte, so oft er das Kloster visitierte. Am Morgen nach unsrer Ankunft ging ich nicht mit den Kindern zusammen aus, sondern legte mich, da ich sehr müde war, auf einem kleinen Bette nieder. Die Sonne schien und es war sehr heiß, aber ehe ich mich niederlegte, stellte ich einen Stuhl gegen die Schlafzimmertür, da diese nur einen Schnapper hatte, aber

1) Bozzano, Hant. 34 ff. (Daraus auch Kemmerich 476 ff.)

weder Riegel noch Schlüssel. Ich schlief nur auf wenige Minuten ein und wurde erweckt durch eine leichte Berührung auf meiner Brust. Als ich die Augen öffnete, erblickte ich einen ehrwürdigen alten Mann in einer Art weiß- und schwarzer Bekleidung, der zur Seite meines Bettes kniete mit betend gefalteten Händen und zur Wand überm Bette erhobenen Augen. Ich blickte ihn schweigend an, er erhob sich, und während er zur Tür ging, hob er seine beiden Hände auf und sagte dreimal ganz deutlich: 'Te béni' [je te bénis?], worauf ich ihn aus den Augen verlor. Ich erhob mich sofort und ging zur Tür, denn ich hielt ihn für irgendeinen alten Priester, der gekommen wäre, vor dem Kruzifix zu beten, das ich erst jetzt an der Wand über dem Bette bemerkte; aber zu meiner Überraschung fand ich die Tür geschlossen und den Stuhl davor ... Die alte Schwester, die uns bediente, hatte ihr Zimmer nahe dem unsrigen; ich rief sie also und sagte ihr, daß ein alter Priester in mein Zimmer gekommen wäre, vor dem Kruzifix zu beten. Die alte Nonne sagte, daß kein Mann im ganzen Bereich des Klosters anwesend sei, auch kein Priester, da sie alle zum Begräbnis des Bischofs von St. Brieux gegangen seien, welches gerade jetzt in einer Entfernung von 24 km vor sich gehe. Ich beschrieb die Erscheinung und ihre Kleidung, und was sie zu mir gesagt hatte. Augenblicklich ließ sich die Nonne vor mir auf die Knie nieder und sagte: 'Sie sind wahrlich gesegnet, denn es war der Bischof selbst. Er hatte zum letzten Mal auf Erden seinen alten gewohnten Gebetplatz aufgesucht.' (Die Erzählerin hat nie eine andre Halluzination gehabt und weigert sich überdies, diese Erfahrung als eine solche aufzufassen. Beide Töchter bestätigen aus 'lebhafter Erinnerung', daß die Mutter ihnen sofort nach ihrer Heimkehr vom Spaziergang die Sache erzählt habe. Nachfragen beim zuständigen Standesamt ergaben, daß Mgr Augustin David, Bischof von St. Brieux, am 27. Juli 1882 gestorben und am 1. Aug. um 10 Uhr vorm. in St. Brieux bestattet worden war.[1] Der Zweifler könnte einwenden, daß die wirkliche Ähnlichkeit der Erscheinung mit dem Lebenden nur ungenügend verbürgt sei durch seine 'Erkennung' seitens der Nonne auf eine bloße Beschreibung hin. Dem steht gegenüber, daß die 'einzige' Halluzination der Perzipientin — eine stark dramatisch ausgestaltete und ausgesprochen spukhafte — sich auf eine Persönlichkeit deuten ließ, für die sowohl der Ort als auch der Zeitpunkt der Erscheinung besonders sinnvoll waren. Daß sie sich an einen Schlummer der Beobachterin anschloß, braucht nicht an einen ins Wachen herübergenommenen Traum denken zu lassen, ganz abgesehen davon, daß auch ein Traum eine 'wahre' Halluzination vertreten kann. Phantome, die stärkste Ansprüche auf objektive Gültigkeit haben, beginnen sogar häufig, wie wir schon wissen, mit einem Aufwecken des Perzipienten, das mit normalem, von innen her bedingtem Aufwachen durchaus keine Ähnlichkeit hat.

Immerhin, da die Worte des Phantoms in diesem Falle nur typische Bedeutsamkeit, nicht aber eindeutige Bezogenheit auf die Perzipientin

1) Pr V 460 f.

haben, so könnte man auf den Einfall geraten, zwar die Gestalt für eine echte Autophanie, die Worte dagegen für eine 'hinzuhalluzinierte' dramatische Ergänzung zu erklären. Das folgende Beispiel unterliegt diesem fragwürdigen Einwande nicht.

Mrs. O'Donnell schreibt am 5. Sept. 1898, wenige Monate nach ihrem Erlebnis, sie habe im März desselben Jahres mit ihrer Tochter in Hove bei Brighton (dem bekannten Seebadeort) Zimmer gemietet, sei aber schon während der ganzen ersten Nacht durch 'ein starkes Geräusch von Schritten im oberen Stockwerk' gestört worden. Ihr Zimmer schien ihr voll von Leuten zu sein, — eine Andeutung des typischen 'Gefühls unsichtbarer Anwesenheit'. Am Morgen erfuhr sie, daß der obere Stock z. Zt. unbewohnt sei. In der zweiten Nacht waren die Schritte noch lauter, sodaß Mrs. O'Donnell gar nicht zum Schlafen kam und den nächsten Tag im Bette blieb. In der dritten Nacht — nachdem ihre Tochter sie um 11 Uhr verlassen — machte sie zu ihrem Schrecken die gleiche Beobachtung. 'Ich blickte etwa eine Stunde lang in das offene Kaminfeuer und gedachte dann mich zur Wand zu kehren, wo ich aber — grausig zu melden — eine schreckliche Gestalt neben meinem Bette stehen sah, die mit dem einen Arm in das ['leerstehende'] Nachbarzimmer wies, mit dem andern aber auf mich, ganz nahe meinem Gesicht. Ich rang nach Atem und bedeckte mein Gesicht mit dem Bettlaken. Nach einiger Zeit ... wandte ich mich wieder in der Richtung, wo ich die fürchterliche Erscheinung gesehen hatte. Sie war noch da. Ich schrie vor Schreck und rief aus: 'O mein Gott, was ist das?' und streckte meine linke Hand aus, gleichsam um zu fühlen, ob sie wirklich sei; aber man denke sich mein Entsetzen, als ich von einer eisigen Totenhand gefaßt wurde. [Von da ab] fehlt mir jede Erinnerung ... Die Erscheinung, die ich sah, stellte einen ziemlich kleinen Mann dar, sehr brünett, mit sehr kleinen Händen und von Kopf zu Fuß in einen zerrissenen schwarzen Anzug gehüllt, sodaß er mehr einer Vogelscheuche glich, als einem menschlichen Wesen.

Die folgende Nacht ... verbrachte ich in meiner Tochter Zimmer, konnte aber nicht schlafen. Mitten in der Nacht öffnete sich die Tür (ich hatte sie verschlossen). Ein kleiner, brünetter junger Herr trat herein und sagte: 'O, Sie bewohnen also [jetzt?] das Zimmer des Schotten!', lächelte verbindlich und schritt aus dem Zimmer, wie er gekommen war ...'

Es stellte sich heraus — gegen das anfängliche Leugnen der Wirtin —, daß in diesem Hause einige Wochen zuvor ein junger Mann Selbstmord verübt, der im Äußeren durchaus dem Spuk geglichen hatte. Er war 24 Jahre alt gewesen, ziemlich klein und sehr brünett. Das Schlafzimmer der Mrs. O'Donnell war das seinige gewesen, das danebenliegende, nach welchem zu er mit dem einen Arm gewiesen hatte, sein Wohnzimmer, aus dessen Fenster er sich in einem Anfall von krankhafter Gemütsverstimmung in den Hof gestürzt hatte. Seine Kleider wurden beim Sturz zerrissen, und er fand augenblicklich den Tod. Ein junger schottischer Herr, ein guter Freund des Selbstmörders, hatte das Zimmer als Schlafzimmer benutzt, welches Mrs. O'Donnell nach der ersten Erscheinung bezogen hatte.[1] Mrs. O'D. versichert, daß sie vor ihren Wahrnehmungen nichts von dem Selbstmord gehört hatte, und selbst Podmore, der verbissenste Kritiker des Übernormalen, erblickte darin, daß sie die betreffenden Zimmer überhaupt mietete, den Beweis dafür, daß sie die Tragödie, selbst falls sie von ihr wußte, nicht in jenes Haus verlegte. Er hält es aber 'vielleicht für denkbar, daß die Vision auf der Wiederbelebung einer vergessenen Erinnerung an den Zeitungsbericht beruhte' (!).[2] Freilich wendet er sich selber gleich darauf ein, die große Zahl ganz ähnlicher Fälle mache es schwierig zu leugnen, 'daß diese Erscheinungen auf irgendeine Weise mit den verstorbenen Personen, die sie darzustellen vorgeben, verknüpft sind.' Und dennoch versucht er, auf unsern Fall alle jene psychometrischen und telepathischen Deutungen anzuwenden, deren Sinnlosigkeit im vorvorigen Kapitel nachgewiesen wurde. Er schwankt zwischen der Annahme eines 'bloßen Bildes' und der einer Bildübertragung seitens der Hinterbliebenen des Selbstmörders (!),[3] ohne auch nur die Frage zu stellen, warum diese Übertragung gerade während der Bewohnung jener Zimmer oder gar Nacht für Nacht wirksam wurde; vor allem ohne mit einem Wort jener Einzelheiten der Erscheinung zu gedenken, die sie doch von einem 'übertragenen bloßen Bilde' unterscheiden, indem sie ein Ortsbewußtsein und ein deutliches Wissen um das lebende Gegenüber beweisen. Der erscheinende Selbstmörder 'zeigt' in das für seine Erinnerung bedeutungsvolle Zimmer; er benennt das zweite Aufenthaltszimmer der Perzipientin in einer seinen Erinnerungen entsprechenden Weise. Dies Verhalten und diese Äußerungen des Phantoms für Elemente einer Dramatisierung seitens der Perzipientin zu erklären, geht nicht an; denn gerade diese Elemente bedeuten die Mitteilung von Tatsachen, die der Perzipientin z. Zt. fraglos unbekannt waren, und gerade sie für telepathisch übertragen oder psychometrisch erfahren zu halten, wäre unbegründete Willkür; lag doch der 'Schotte' außerhalb alles eigentlichen 'Interesses' sämtlicher beteiligten Lebenden. Wir mögen diese Elemente für erdacht und nachträglich eingeschoben erklären. Aber ehe wir so die Tatsachen ihrer gleichzeitig bedeutungsvollen und typischen Elemente berauben, sollten wir lieber gleich erklären, wie sie überhaupt allein beschaffen sein dürfen, um unsern vorgefaßten Begriffen zu entsprechen. Auf einen Fortschritt der Erkenntnis ist jedenfalls nur zu hoffen, wenn wir die Tatsachen in ihrer Ganzheit zu uns sprechen lassen und dann nach der natürlichsten Deutung auch ihrer Einzelheiten suchen. Eine Kritik wie die Podmores aber bedeutet das Ende wirklich wissenschaftlichen Denkens.

Soweit es sich in Fällen dieser Art um Phantome erst kürzlich Verstorbener handelt, deren Tod dem Perzipienten noch nicht bekannt ist, beziehen sich die Äußerungen der Erscheinung nicht selten auf das soeben erfolgte Ableben, etwa auch im Sinn eines Wunsches, Abschied zu nehmen oder den Perzipienten über den Zustand des Verstorbnen in seiner neuen Umgebung zu beruhigen. Auch darin hätten wir offenbar eine weitere Betätigung und Veranschaulichung der Absicht, zu erscheinen, also einer deutlich persönlichen Betätigung auf seiten des Subjekts der Autophanie und nicht des Perzipienten. Wir erhalten damit zugleich eine Ergänzung jenes Indizes, das schon der bloßen Erscheinung in zeitlicher Nähe des Todes innewohnte, sofern eine solche den Willen zur Mitteilung des Ablebens erkennen ließ.[1] — Berichte über Beobachtungen dieser besonderen Art sind sehr häufig.

Nach einem älteren, aber — wie Mrs. Crowe sagt — 'im höchsten Grade beglaubigten' sah Mr. Miles Peter Andrews, nach kurzem fiebrigem Schlaf, seinen vertrauten Freund Lord Littleton, den er gesund verlassen hatte, an seinem Bette stehn (angeblich nachdem er die Vorhänge geöffnet) und hörte ihn sagen, er sei gekommen, um mitzuteilen, daß alles vorüber sei. Mr. Andrews glaubte an einen Scherz, warf einen Pantoffel nach dem sich Zurückziehenden und sprang aus dem Bett, um ihn zu 'züchtigen'. Als er am nächsten Tage vom Tode Lord Littletons erfuhr, fiel er in Ohnmacht und 'war 3 Jahre lang nicht derselbe'.[2]

Einige ähnliche Beispiele entnehme ich wiederum Flammarions Sammlungen. — Der Leutnant Julien Lagarrue erwachte mit Druck auf der Brust und sah seine Großmutter vor sich, die zu ihm sagte: 'Ich komme, dir Lebewohl zu sagen, mein lieber Junge, du wirst mich nicht wiedersehn.' Ihr Tod war 'gleichzeitig' erfolgt.[3]

Der 14jährige René Kraemer in Paris, Vetter des Komponisten André Bloch, erschien am 12. Juni 1896 seiner z. Zt. in Rom lebenden Tante, während diese beim Ankleiden war, und sagte: 'Aber ja, ich bin wirklich tot.' Das merkwürdigste ist, daß K. zur Zeit im Koma lag und erst 6 Stunden später wirklich starb: er hatte mehrmals den Wunsch geäußert, seine Tante zu sehen.[4] Wir werden später noch besser begreifen, wie natürlich dies Sich-selbst-für-tot-halten schon während der letzten Augenblicke ist.

Ein M. Henry Bourgeois in Mâcon schrieb an Flammarion (in dem 4443. diesem zugegangenen Bericht!), daß er eines Abends heimkehrend sich mehrmals von der Stimme eines 16jährigen Freundes, Charles . . ., habe rufen hören. In der Nacht durch eine anscheinende Berührung an der Stirn geweckt, sah er 'deutlich Charles zu Häupten seines Bettes stehn und hörte ihn sagen: 'Adieu, adieu! Ich befinde mich wohl! Tröste meine Familie. Ich werde zu deinen Sitzungen wiederkehren.' (Sie hatten zusammen spiritistische Sitzungen abgehalten.) Ch. hatte sich, irgendwo auf dem Lande, selbst vergiftet.[5] — Es erhebt sich allerdings die Frage, ob M. Bourgeois nicht normale Befürchtungen bez. selbstmörderischer Absichten des Freundes gehabt habe, und die reichlichen Äußerungen machen mir fast den Eindruck, als seien sie dramatisch 'ergänzt' worden. Ist doch der Brief an Flammarion erst 13 Jahre nach dem Ereignis geschrieben.

---

1) S. o. S. 52 ff.   2) Crowe 197 f.   3) Flammarion II 328.   4) Flammarion,
l'Inconnu 70 f.   5) Flammarion III 138 f.

Auch die verlässigeren Schatzkammern der Ges. f. ps. F. liefern uns Berichte dieser Art. — Mrs. J. P. Smith z. B. wurde von der Erscheinung einer Freundin, von deren bevorstehender Entbindung sie wußte, angeblich wach-'geschüttelt' und hörte sie sagen: 'Ich bin gestorben, aber das Kind wird leben,' worauf das Phantom 'das Zimmer durch die Tür verließ'. Die Ansage, die völlig den Tatsachen entsprach, wurde gemeinsam mit der alsbald geweckten und unterrichteten Schwester aufgeschrieben.[1]

In den meisten dieser Fälle bezieht sich die Äußerung mehr oder weniger ausdrücklich auf das, was auch die Erscheinung als solche 'besagen' soll: auf den erfolgten Tod des Erscheinenden; und in solchen Fällen könnte man am ehesten vermuten, daß sie soz. demselben telepathischen Impakt — und etwa gar seiner bloßen Dramatisierung — entstamme, der auch die Erscheinung als solche bewirkt hat. Aber hier und da ging die Äußerung schon darüber hinaus: sie umfaßte des weiteren nicht nur ein Abschiednehmen, sondern auch den Wunsch, zu trösten, über den Zustand des Verstorbenen zu beruhigen oder gar etwas mitzuteilen. Ich halte es für einen wichtigen und noch gar nicht genügend beachteten Umstand, daß auch dieses Maß von Zutaten oder von 'Abgelegenheit' der Äußerung zuweilen stark überschritten wird. Denn je mehr sich die Äußerung von einer bloßen 'Umschreibung' der Erscheinung selbst entfernt, desto schwieriger wird offenbar die Annahme, daß diese Erweiterung bloß eine Leistung des Perzipienten, eine dramatische Ausschmückung oder dgl. sei; desto deutlicher wird anderseits der Hinweis auf irgendein persönliches Äußerungsbedürfnis des Erscheinenden selbst. Dies ist z. B. auch der Fall, wenn die unmittelbare Bekanntgabe des Ablebens verbunden wird mit der Äußerung eines Wunsches, daß andere davon in Kenntnis gesetzt werden.

Mme Poncet aus Marseille z. B. sieht, im Cholerajahr 1884, während sie (seit einer Woche) mit ihrer Familie in Bagnères ist, eines Nachts nach jähem Erwachen den Schwager ihres Mannes, von einer 'leuchtenden Aureole' umgeben, auf dem Bettvorleger stehn und hört ihn sagen: 'Benachrichtige Adolphe, sage ihm, daß ich gestorben bin.' Am Tage darauf lief die Nachricht ein, daß der Erschienene innerhalb weniger Stunden an Cholera verstorben war.[2]

Während also hier die 'Mitteilung' des Todes durch Erscheinung und 'Äußerung' im Grunde gar nicht dem Perzipienten gilt, sondern nur gleichsam den Umweg über diesen nimmt, etwa weil er die größere Wahrnehmungsfähigkeit besitzt, — deutet sich in andern Fällen der wahre Ursprung der Äußerung darin an, daß sie, ohne sich ausdrücklich mit dem Todesfall zu befassen, Gedanken formuliert, die gerade

---

1) Pr X 215. Vgl. noch das. 373; Flammarion, l'Inconnu 97 (auch Pr XV 425); Flammarion II 322 f. 329. 339. 352. 355; Jung 270 ff.   2) Flammarion II 327.

vom Standpunkt des Erscheinenden aus natürlich und seiner 'Begegnung' mit dem Perzipienten angemessen erscheinen.

Ich erinnere zunächst an einen früher häufig angeführten Fall aus Jarvis' zwar alter, aber in ihrer Art sorgfältigen Sammlung 'Beglaubigte Geistergeschichten'. Hier erscheint das Phantom eines Seeoffiziers seiner Schwester, während diese mit andern zusammen das Yorker Münster besichtigt. Die Geschwister hatten früher öfter mit einander die Frage eines Jenseits besprochen, und offenbar nimmt das Phantom darauf Bezug, wenn es die Äußerung tut (oder 'überträgt'): 'Es gibt eine andre Welt.' [1] Jedenfalls wäre die Annahme verwickelter, daß die Schwester sogleich die Erscheinung als Todesankündigung begriffen und in jenen Worten ihre unterbewußte Auslegung derselben ausgedrückt habe.

Die folgenden Fälle verdeutlichen ähnliche Erwägungen. — In Gurneys Sammlung findet sich ein Bericht der Bildhauerin Hosmer, die eines Nachts aus tiefem Schlaf mit dem Gefühl einer 'Anwesenheit' im Zimmer erwachte: als eine Uhr 5 schlug, sah sie die Gestalt einer früheren Bedienten, einer jungen Italienerin namens Rosa, die ihre Stellung krankheitshalber aufgegeben hatte, von ihrer Herrin aber häufig besucht worden und beim letzten dieser Besuche (am Tage zuvor) besonders wohlauf gewesen war. Gleichzeitig erhielt Miss Hosmer 'den Eindruck der Worte' (was also auch wohl unvollständige Versinnlichung 'übertragener' Gedanken andeutet): 'Jetzt bin ich glücklich und zufrieden.' Worauf die Erscheinung verschwand. (Da Miss Hosmer von dem Augenblick an überzeugt war, daß Rosa tot sei, kann diese Äußerung und das sofortige Verschwinden des Phantoms auch die Befriedigung der Verstorbenen über ihr 'Verstandensein' ausdrücken!) Rosa war in der Tat 'um 5 Uhr' gestorben. [2]

In der gleichen Sammlung erzählt der bekannte Kulturhistoriker John Addington Symonds, daß er während seiner letzten Jahre in Harrow einmal bei Tagesanbruch erwachte und, während er nach einigen Büchern griff, 'plötzlich das Gefühl hatte, den Kopf nach einer andern Seite drehn zu müssen. Dort stand zwischen mir und der Tür Dr. Macleane im schwarzen Gewand eines Geistlichen. Er neigte sein hageres Gesicht ein wenig mir zu und sagte: 'Ich gehe weit fort, — achten Sie auf meinen Sohn.' Dr. M. war in derselben Nacht gestorben; das genaue Zeitverhältnis zur Erscheinung ist nicht zu bestimmen. [3]

Aus noch eigenartigerem Grunde verbietet es sich, den Ursprung der Äußerung in den Perzipienten zu verlegen, wenn diese ausdrücklich den Zweck verfolgt, die Identifizierung des sich Meldenden zunächst zu verhindern (!), und dennoch — ja auch eben darum — sich als die seine offenbart. Natürlich muß sich dann der Vorgang auf Ge-

---

1) bei Crowe 205 f. Vgl. den gleich bekannten Fall der Marg. de Rambouillet bei Calmet (Brofferio 127), den eigenartigen: Gurney II 460 und Schlichtegrolls Bericht bei Daumer I 263 Anm. 2) Deutsche Übers. 318 ff. Vgl. auch Gurney II 227. 3) Deutsche Übers. 302 f.

hörseindrücke beschränken, da eine gleichzeitige Erscheinung ja die Absicht der Selbstverhüllung vereiteln würde.

Schwester Bertha Foertsch, Oberin des *House of Mercy* in Newton Abbot, deren Bericht wenige Monate nach dem Vorfall aufgezeichnet wurde, saß am 10. Nov. 1861 abends spät (die genaue Zeit kann sie nicht angeben) wach in ihrem Bette, weil es einer Kranken im Nebenzimmer nicht gut ging. 'Ich hörte eine Stimme, die ich sofort als wohlvertraut erkannte, und dachte zuerst an meine Schwester. Sie sagte im hellsten und heitersten Ton: 'Ich bin hier bei dir.' Hinblickend und nichts sehend, erwiderte ich: 'Wer bist du?' Die Stimme sagte: 'Das sollst du noch nicht wissen — *you must n't know yet.*' Ich hörte nichts weiter und sah auch nichts, und bin gewiß, daß die Tür nicht geöffnet oder geschlossen wurde. Ich war nicht im mindesten erschrocken, aber fest überzeugt, daß es Lucys Stimme sei [d. h. die ihrer nahen Freundin Lucy Gambier Parry, deren Erzieherin die Perzipientin lange gewesen war]. Ich habe nie seit jenem Augenblick daran gezweifelt. Ich hatte nicht gehört, daß es ihr schlechter ging; die letzte Nachricht hatte günstig gelautet, und ich erwartete zu hören, daß sie in Torquay sei [einem Seebade; handelt es sich also um einen Schwindsuchtfall von längerer Dauer?].' — Am Tage darauf erfuhr Schwester Foertsch, daß Lucy Parry am Morgen des 10., etwas mehr als 12 Stunden vor dem Hören der Stimme, gestorben war.[1] — Man frage sich unvoreingenommen, für welche 'Persönlichkeit' ein solches einstweiliges Vorenthalten des Namens mit größerer Natürlichkeit angenommen werden könne: für das 'Unterbewußtsein' der Perzipientin oder für die Verstorbene selbst.

Indessen ist unser Tatbestand noch weiteren Verwicklungen zugänglich. Ich finde einen Fall, wo die gehörte Todankündigung gar nicht von dem eben Verstorbenen selber auszugehen vorgibt, sondern von jemand, der mit ihm anwesend zu sein behauptet und anscheinend für den zum Reden noch Unfähigen die Mitteilung übernimmt.

Diesen Fall teilte Dr. Philip Frank in St. Louis der Bostoner Ges. f. ps. F. mehr als 2 Jahre nach dem Vorgang mit. — Dr. Frank hörte eines Nachts, in einem Zustand nahe dem Einschlafen, eine 'hohe weibliche Stimme etwa von der Mitte des Zimmers her diese Ankündigung äußern: 'Ihr [oder dein?] Onkel ist gestorben.' In Gedanken schien ich die Frage zu stellen: 'Woher weißt du das?', worauf die Antwort erfolgte: 'Er ist hier und sagt, daß er eben gestorben ist.' Dr. Frank berichtete das Gehörte sofort seiner Frau, die er dadurch weckte, daß er aus dem Bette sprang, und stellte die Zeit — 1 Uhr — fest. Als er am nächsten Tage von einer Kusine aus New York die Draht-Nachricht vom Tode seines Onkels erhielt, schrieb er ihr von seinem Erlebnis und erfuhr, daß der Tod ganz plötzlich (im Bade) erfolgt war. Ein Schwager des Verstorbenen, Mr. Salzburg, 'erhielt die ganz gleiche Botschaft zur gleichen Zeit in Wilkes-Barre (Pennsylvanien).'[2] — Auch hier würde

1) Gurney I 522.   2) Lambert, Helen C. 43 ff.

eine 'unterbewußte' Deutung offenbar in ein wahres Gestrüpp von Unwahrscheinlichkeiten hineinführen.

In noch andern Fällen verbindet sich die schon belegte, gerade vom Standpunkt des Erscheinenden aus natürliche Mittelbarkeit der Äußerung mit außerordentlich gesteigerter Dramatik der Kundgebung überhaupt.

Dies kennzeichnet ein Erlebnis, das wir in jedem Fall zu den bemerkenswertesten dieser Gruppe zählen dürfen und über das ein von Gurney veröffentlichter Bericht der Mrs. Frances Lightfoot vorliegt, einer gebildeten und, nach eigener Aussage, durchaus zweiflerisch und furchtlos veranlagten Londonerin. Diese hatte in Indien eine Freundin, Mrs. Reed, mit deren Gesundheit es nicht zum besten stand und deren Ankunft in England zwecks Luftwechsels sie erwartete. In der Nacht vom 20. auf den 21. Sept. 1874 wurde sie, nach etwa 3 stündigem Schlaf, plötzlich v ö l l i g wach durch ein heftiges Geräusch an der verschlossenen Tür, die sie, ohne irgendwie Angst zu empfinden, aufreißen zu hören glaubte, worauf sie fühlte, daß jemand oder etwas im Zimmer sei. 'Den hundertsten Teil einer Sekunde schien es dicht an der Tür zu halten, und dann, mit einer unbeschreiblichen Bewegung — einem plötzlichen Vorstoßen — war es am Fußende meines Bettes. Wieder eine Pause von einer hundertstel Sekunde, und die Gestalt erhob sich. Ich h ö r t e sie, aber im Ansteigen beruhigten sich ihre Bewegungen, und schon war jenes Etwas über meinem Bette, in wagerechter Lage, das Gesicht abwärts gekehrt, parallel meinem Gesicht, und seine Füße den meinen, aber in einem Abstand von 3—4 Fuß. So verharrte es einen Augenblick, während ich voll Staunen und Neugier wartete (denn ich hatte nicht die entfernteste Ahnung, wer oder was es sei), doch keineswegs angstvoll, — und dann sprach es. Augenblicklich erkannte ich die Stimme, die alte vertraute herrische Art zu sprechen, während mein Vorname deutlich und laut durchs Zimmer scholl: 'Frances, ich bedarf deiner; komm mit mir. Komm sofort.' [Und auf die Frage, wozu die Eile,] die sofortige Antwort in befehlendem Ton: 'Aber du mußt sofort kommen, komm unverzüglich und ohne einen Augenblick zu zögern.' Es war mir, als würde ich von einer außerordentlichen magnetischen Kraft emporgezogen und dann ebenso plötzlich und gewaltsam wieder niedergeworfen.' In der nachfolgenden Totenstille kam Mrs. L. sogleich die Überzeugung, daß die Freundin gestorben sei. Sie schraubte das Gas auf, fand ihr 3 jähriges Kind ruhig schlafend und die Tür fest verschlossen, und schrieb Datum und Stunde nieder. (Die Aufzeichnung ist verlorengegangen.) 'Noch jetzt', schreibt sie, 'ist der Eindruck so lebhaft, als wenn das Ganze erst gestern geschehen wäre.' — Das genaue Zeitverhältnis zwischen Tod und Erlebnis läßt sich leider nicht feststellen. Nach Zeitungsnachrichten starb Mrs. Reed am 20. Sept. 1874. Gurney hält es nach Erwägung aller Umstände für wahrscheinlich, daß das Erlebnis dem Sterben um 8—9 Stunden folgte.[1]

Es wird dereinst Verwunderung erregen, w a s alles die frühere For-

1) Gurney I 453 ff.

schung in den simplen Begriffsrahmen 'spontaner Telepathie' zu pressen versucht hat. Auch dieser Fall lief selbstverständlich bisher unter dieser Flagge, und wir würden einen weiten Weg zurücklegen müssen, ehe wir ganz begreifen, wieweit und worin er über jenen Rahmen hinausgreift. (Für den Kundigen ist z. B. das 'Emporgezogen- und Wiederniedergeworfenwerden' der Perzipientin von großer Bedeutung.[1]) Hier muß die Feststellung genügen, daß Mrs. Reeds Erscheinung wesentlich, aber nicht restlos akustischer Natur war, vor allem aber, daß ihre 'Äußerungen' wieder ganz und gar nicht dem entsprechen, was wir von der 'dramatischen Ausgestaltung' eines telepathischen Impaktes durch die Perzipientin selbst erwarten würden, dagegen völlig natürlich anmuten unter der Voraussetzung, daß die Äußerungen soz. laufend von der Erscheinenden selber ausgingen, ja daß sie der Ausdruck einer Verwirrung und Ratlosigkeit waren, wie sie manche eben Verstorbene in der neuen Umgebung befallen mag, aus der heraus sich Mrs. Reed zu ihrer besten Freundin geflüchtet zu haben scheint, der sie sich unverkennbar gegenüber wußte.

Der Fall ist nun aber nicht der erste unsrer Reihe, der einen Umstand andeutet, nach dessen weiterer Entwicklung der Leser wohl schon selber auszuschauen begonnen hat. Es drängt sich ja doch geradezu die Frage auf, ob ein überhaupt redendes Phantom auch Antwort stehen werde, wenn man es anspricht; ob also zu der sprachlichen Äußerung eines Bewußtseins von Ort und Gegenüber auch noch ein sprachlicher Verkehr mit letzterem treten kann, also eine Unterhaltung zwischen Spuk und Lebendem.

Ehe ich mich der Beantwortung dieser Frage zuwende, möchte ich — obwohl damit wieder vorgreifend und die gerade Straße verlassend — eine Tatsache erwähnen, die doch das Wesentliche des augenblicklichen Problems belegen hilft: daß nämlich auch der reine Geräusche-Spuk zuweilen ein Element des 'Verkehrs' mit dem lebenden Beobachter erkennen läßt: er 'reagiert' z. B. auf Bemerkungen des letzteren, er 'antwortet' ihm durch Abwandlungen im Sinne jener Bemerkungen, und verrät damit anscheinend ein Wesen, das sowohl den Lebenden verstehen als auch die Lärmphänomene beeinflussen kann, — deren Beherrschung wir doch keinesfalls dem — so oft wechselnden — Beobachter zuschreiben können.

In einem Lärmspukfall, auf den ich noch zurückkomme, machte einer der Beobachter die Bemerkung, daß der scheinbar die Treppe herabrollende Körper, nach dem Geräusch zu urteilen, recht schwer sein müsse: sogleich schrumpfte das Geräusch bis auf das 'Echo' einer leichten Berührung ein, die

---

1) Das Verständnis hierfür dürfte uns im VI Abschnitt aufgehen.

von einer Stufe zur andern sich fortzubewegen schien. Auch hörte ein Lärm stets auf, wenn man den Raum betrat, aus dem er ertönte, um wiederzubeginnen, wenn man sich entfernte [1] (ein Umstand, den nur der gänzlich Ahnungslose für 'verdächtig' halten kann). — Illig berichtet, daß eine nachts durch den Spuklärm Geweckte ausgerufen habe: 'Ach, bekommt man denn gar keine Ruhe?', worauf es plötzlich still geworden sei. [2] — Ebenso gibt es gute Beobachtungen, nach denen gelegentlich die Z a h l der Klopftöne durch Aufforderungen bestimmt werden konnte; wie z. B. General Campbell berichtet, daß seiner wiederholten Aufforderung, dreimaligen Klopflärm zu erzeugen, dieses Geräusch tatsächlich entsprach. Es handelte sich dabei um laute Krache, 'etwa ein Mittelding (sagt der General) zwischen dem Zerspringen eines Baumstamms durch Blitz, dem plötzlichen Brechen eines dreizölligen Brettes über einem festen Stützpunkt, und dem Knall einer Büchse, aber länger andauernd.' [3] — Im Fall des Spukes 'Gaspar', von dem auch noch die Rede sein wird, begann der Verkehr zwischen ihm und den Hausbewohnern damit, daß der Berichterstatter sagte: 'Wenn du wirklich ein Geist bist, so klopfe sechsmal', worauf augenblicklich 6 Schläge ertönten. [4] — Der klassische Spuk in Hydesville gar und manche andere zeitigten lange Unterhaltungen in Klopflauten. [5]

Doch will ich diesen Dingen hier nicht weiter nachgehen, sondern mich gleich der Tatsache des s p r a c h l i c h - a r t i k u l i e r t e n V e r k e h r s zwischen Spuk und Lebenden zuwenden. — Im ersten der mitzuteilenden Fälle, dem der Erscheinung des Majors Poole, nehmen die Äußerungen des Phantoms ausdrücklich auf den Tod des Erscheinenden Bezug; dazu bietet das Phantom gewisse Einzelheiten dar, die dem Perzipienten unbekannt, aber wirklichkeitgetreu waren. Der zweite, die Schwägerin des Hrn. Illig betreffende Fall gehört wieder der Klasse derjenigen an, in denen der Sinn der Erscheinung als Todesankündigung nur umschrieben wird, und auch sonst wird hier sehr merkwürdig von allerhand andren Dingen geredet und anscheinend auch entsprechendes bewirkt.

Col. H. berichtet im Feb. 1886 das folgende: In der Frühe des 29. (?) Jan. 1881 (zur Zeit des Transvaal-Krieges) fuhr er mit einem Ruck aus dem Schlaf. 'Die Morgendämmerung stahl sich durch die Fenster herein ... Neben meinem Bette stehend, zwischen mir und der [scharf beleuchteten] Schubtruhe [am andern Ende des Zimmers] erblickte ich eine Gestalt, die ich trotz der (für mich wenigstens) ungewohnten Kleidung und eines schwarzen Vollbarts sofort als die meines alten Waffengefährten Major J. Poole erkannte. [Die Uniform und kriegsmäßige Ausrüstung wird dann genau beschrieben.] Ich bemerkte alle diese Einzelheiten in dem Augenblick, da ich aus dem

---

1) Bozzano, Hant. 52.   2) Illig 275.   3) Pr V 479.   4) Owen, Footfalls 341.
5) Podmore, Spir. I 180 f.   — Vgl. ferner Pr XVIII 459; ZP 1927 84. 86; 1932 66. 70;
Owen, Footfalls 165. 167. 181 f. (Fall Wesley); Kerner, Ersch. 296; JSPR XVII 41 (Aufhören von 'Schritten' auf die Frage 'Was willst du?').

Schlaf emporfuhr, und saß, ihn anblickend, aufrecht im Bette da. Sein Gesicht war blaß, aber seine blitzenden dunklen Augen leuchteten hell ... Von der lebhaften Einbildung beherrscht, daß wir zusammen in Irland in Garnison seien und ich in meinem Kasernenzimmer, sagte ich: 'Hallo, Poole, bin ich zu spät zur Parade?' P. blickte mich fest an und erwiderte: 'Ich bin erschossen.' 'Erschossen?' rief ich aus, 'großer Gott, wie und wo?' 'Durch die Lunge,' antwortete P. und erhob, während er sprach, seine linke Hand langsam zur Brust, bis die Finger über der rechten Lunge ruhten. 'Was tatest du?' fragte ich. 'Der General schickte mich vor,' antwortete er, und die rechte Hand entfernte sich von der Brust und bewegte sich langsam nach vorn, sodaß sie über meinen Kopf hinweg nach dem Fenster wies, und in diesem Augenblick schmolz die Gestalt dahin. Ich rieb meine Augen, um mich zu vergewissern, daß ich nicht träumte, und sprang aus dem Bett. Es war 4.10 nach der Uhr auf meinem Kaminsims.' —

Um diese Zeit kann im Januar natürlich nicht die 'Morgendämmerung' hereingeschienen haben. Col. H. gibt dies nachträglich zu und meint, es könne auch 7.10 gewesen sein. Ich möchte fragen: war vielleicht die Erscheinung, wie so viele andre, 'selbstleuchtend', und hat Col. H. daraus irrtümlich auf Morgendämmerung geschlossen? — Er erfuhr später, daß J. P. zur Zeit seines Todes eine Uniform genau wie die von ihm gesehene getragen, daß er sich einen Bart hatte wachsen lassen (was H. nicht wußte) und daß der Schuß tatsächlich durch die rechte Lunge gegangen war. Die Schlacht von Langs Neck, in der er fiel, begann am 28. Jan. 1881 um 9.30 vorm. Major Poole wurde wahrscheinlich zwischen 9 und 10 Uhr vorm. (engl. Zeit) getötet. Aus dieser und andern Einzelheiten der Zeugnisse scheint mir mit ziemlicher Sicherheit hervorzugehn, daß der Tod des Majors seiner Erscheinung um mindestens 18 Stunden vorausging.[1]

Als einen Fall, für den er 'die volle Verantwortung übernehmen' könne, teilt Illig ein Erlebnis seiner Schwägerin K. mit, das er von dieser binnen weniger Tage erfuhr und von dem deren Familie Kenntnis hatte, ehe soz. die Bestätigung bei ihnen eingetroffen war. — Frau K. hatte sich während der Nacht, etwa um 4 Uhr, erhoben, um ihr Kind zu stillen. 'Als sie sich kaum wieder zu Bett gelegt hatte [also vermutlich völlig wach war], öffnete sich geräuschlos die Schlafzimmertür, und herein trat eine schwarzgekleidete Gestalt mit hellem, ganz weißem Gesicht, in welchem sie sofort meine [Illigs] älteste Schwester [also ihre eigne Schwägerin] erkannte, die etwa 100 km vom Ort der Erscheinung wohnte. In ihrer ersten Überraschung glaubte die Frau nicht anders, als diese sei während der Nacht auf Besuch gekommen [auch hiermit ihre wache Klarheit beweisend], weshalb sie die Frage an sie richtete: 'Wie bist du denn ins Haus gekommen? War denn die Tür nicht geschlossen?' Die Erscheinung antwortete: 'Ich bin dennoch hereingekommen.' Hierauf beugte sie sich über das Bett des kleinen Kindes und sagte: 'Das gibt auch ein

1) Pr V 412 ff. — Vgl. noch VIII 236 f.; Hennings 590; Harrison 40 ff. (Lord Tyrones berühmte Erscheinung bei Lady Beresford); Welby 79 f. (Rev. Hughes' [Cambridge] Bericht über Mr. Shaws [vom St. Johns College, Cambridge] Gespräch mit dem verstorb. Mr. Nailor).

schönes Engelein.' Dann sagte sie etwas zu der Schwägerin, was dieser aber alsbald aus der Erinnerung entschwand,' was sie aber auf den Sinn der Erscheinung bezog und wodurch sie zum Abbeten eines Gesangbuchverses bewogen wurde, dem das Phantom 'still zuhörte', worauf es sagte: 'Nun muß ich wieder fort, ich will dir aber zuvor noch ein Licht machen.' Alsbald leuchtete das ganze Zimmer von einem wunderbar klaren und regenbogenfarbigen Licht auf, das alle Räume erfüllte, ohne daß eine besondere Lichtquelle erkennbar gewesen wäre.' (Ein typischer Vorgang, dem wir bei vielen 'wahren' Erscheinungen begegnen.) 'Während dieses Lichtspiels ging die Gestalt wieder zum Zimmer hinaus und verschwand so geräuschlos, wie sie gekommen war.' Frau K. weckte sogleich ihren Mann, der natürlich nichts wahrgenommen hatte, und besprach die Erscheinung im Laufe des Tages mit ihm und den andern Kindern; unterließ aber leider, ihren genauen Zeitpunkt festzustellen, 'sodaß nicht mit Sicherheit gesagt werden kann, ob die Erscheinung dem Augenblick des Todes voranging oder ob sie gleichzeitig mit dem Tod oder gar erst nach diesem erfolgte.' Um 11 Uhr vorm. meldete ein Telegramm den infolge Herzlähmung während der Nacht erfolgten Tod der Schwägerin, der allen 'überraschend kam, weil sie nichts von einer ernstlichen Erkrankung' bis dahin gewußt hatten. Diese 'hatte ihr nahes Ende offenbar gefühlt, denn sie bat ihre Tochter, die Verwandten von dem Ernst ihres Zustands zu unterrichten, was jene jedoch unterließ. So hat sie denn wohl (schließt Illig) im Zustand des Sterbens ihren Wunsch selber ausgeführt.' [1]

Die dritte und letzte hier mitzuteilende Erfahrung ist in mancher Hinsicht die bemerkenswerteste. Sie folgte dem Todesfall um mehrere Jahre; sie fiel in eine Stunde unzweifelhaft vollkommenen Wachseins des Beobachters; sie bot Einzelheiten der Erscheinung dar, von denen dieser kein normales Wissen besaß, und die Erscheinung selbst macht in manchem einen besonders 'objektiven' Eindruck (soll aber natürlich hier in dieser Hinsicht noch nicht erwogen werden). Wir hören nicht eigentlich von Rede und Gegenrede der beiden sich Begegnenden, aber die Reden des Phantoms scheinen umfangreich und sinnschwer gewesen zu sein, wenngleich sie uns aus persönlichen Gründen vorenthalten werden. In diesem Betracht sprengt der Fall beinahe schon das hier betrachtete Schema und leitet in einen Zusammenhang hinüber, in welchem wir das Problem der sachlichen Äußerungen, der 'Mitteilungen' Verstorbener an sich zu untersuchen haben werden.

Herr N. Heintze, ein Gerichtsbeamter, wohnhaft in St. Petersburg, Puschkinstraße 2, war eines Tages, etwa am 15. April 1884, gegen 4 Uhr aus dem Dienst gekommen, hatte gespeist und dann zum Lesen auf einem Sofa Platz genommen. Das Zimmer war von der Sonne erhellt. Gegen 5, bei einem 'zufälligen' Blick vom Buche auf die Eingangstür, bemerkte er 'eine kleine runde Lichtscheibe', stand auf, um festzustellen, ob dies ein Widerschein von irgend-

---

1) Illig 110 ff. Vgl. d. Fall das. 217 f.

woher sei, konnte aber nichts entdecken. 'Der runde Lichtfleck vergrößerte sich mehr und mehr, und als er endlich die ganze Tür umfaßte, erschien in seiner Mitte etwas Dunkles. Eine menschliche Gestalt bildete sich mit zunehmender Deutlichkeit, löste sich von der Wand ab und kam langsam auf mich zu. Ich verharrte reglos, wie versteinert. In dieser Gestalt erkannte ich meinen im Januar 1880 verstorbenen Vater. Er war im Frack, trug einen stark ergrauten Schnurrbart, wie zu Lebzeiten, aber außerdem einen kurzen weißen Bart, den ich nicht an ihm gekannt hatte. Die Erscheinung näherte sich dem vor dem Sofa stehenden Tisch, bewegte sich um ihn herum und nahm neben mir auf dem Sofa Platz. Ich war nicht imstande zu sprechen, der Schreck hatte mir die Zunge gelähmt. Die Erscheinung bot mir die Hand, unwillkürlich reichte ich ihr die meine; ihre Hand hatte nicht die Eiseskälte eines Leichnams, sie war nur kühl. Er begann zu sprechen: seine Stimme war dumpf und matt, aber sie glich der Stimme meines Vaters. Ich kann die Worte hier nicht anführen, die sich ausschließlich auf mich bezogen und von vertraulich persönlichem Inhalt waren. Nachdem er zu reden aufgehört, verschwand er plötzlich. — Ich war zur Zeit bei vollkommener Gesundheit, ich habe nie an Halluzinationen gelitten, und ich bin gewiß, daß ich in diesem Augenblick vollkommen wach, frisch und munter war. Darüber hinaus kann ich Beweise für die Wirklichkeit dieser Erscheinung beibringen.

Mein Vater war von Beruf Musiklehrer in Moskau gewesen; er starb nach einem Krankenlager von 3 Monaten, als ich fern von Moskau war, und wurde in meiner Abwesenheit begraben. Als ich nach Moskau zurückkehrte, fand ich meine Mutter von Gram gebeugt vor; ich vermied es, mit ihr über dies traurige Ereignis zu sprechen, sodaß die Einzelheiten der Krankheit und der Bestattung meines Vaters mir unbekannt blieben. Aber am Abend nach jener Erscheinung begab ich mich zu meiner Mutter, entschlossen, sie über alles zu befragen. Ich erfuhr, daß er im Frack begraben worden, daß er bis zuletzt keinen Bart getragen, daß aber während seiner Krankheit ein kurzer, völlig weißer Bart ihm gewachsen war, mit dem er begraben wurde.' [1]

Die Verfasser des Zensus-Berichts bemerken mit einigem Recht, daß ein solcher Umstand vielleicht hätte vermutet werden können, und wir dürfen hinzufügen, daß auch der Frack als Leichenkleidung nichts eigentlich Ungewöhnliches sei. Um so mehr muß man bedauern, daß der Perzipient es nicht für möglich gehalten hat, den Inhalt der vertraulichen Äußerungen des Phantoms zu offenbaren.

Ich fasse die deutenden Gedanken zusammen, die uns die letzten Gruppen von Tatsachen aufdrängten und die ich im Anschluß an einzelne Fälle bereits formulierte, wobei ich sie durch einige weitere Bemerkungen ergänze und abrunde.

'Äußerungen' und 'Antworten' von Phantomen verstärken fraglos den Anschein, daß hier ein Mitteilungswille im Spiel sei, in welchem wir den eigentlichen Sinn der Erscheinung vom Standpunkt des Erscheinenden

---

1) Pr X 378 f.

aus zu suchen hätten. Natürlich müssen wir, vor solcher Auslegung, die Sicherheit haben, daß gerade d i e s e Einzelheiten des Erlebnisses völlig genau erinnert und berichtet sind, und der Zweifler mag, besonders in Fällen verspäteter Aufzeichnung, leicht vermuten, daß die Phantasie an der eindrucksvollen Abrundung dieser Einzelheiten mitgewirkt habe. — Ich will mich bei diesem Einwand nicht lange aufhalten. Der Leser mag versichert sein, daß er dem weitern Verlauf der Untersuchung nicht standhalten wird: wir werden von noch reichlicherem Reden noch eindrucksvollerer Phantome so viel hören, daß uns Mut und Lust vergehen werden, die spärlichen Äußerungen der obigen flüchtigen Erscheinungen zu bezweifeln. Überdies erscheint der Einwand, wie alle solche Einwände, abstrakt betrachtet sehr viel gewichtiger, als bei genauer Prüfung der Berichte. Die mitgeteilten Äußerungen sind vielfach ganz und gar nicht von der Art, die auf nachträgliche Erfindung schließen läßt, und zwar gerade in den Fällen, die vergleichsweise frisch, ja mitunter sofort nach dem Erlebnis mitgeteilt wurden. Ich verweise z. B. auf die Berichte der Mrs. O'Donnell, der Schwester Foertsch, der Schwägerin des Herrn Illig. In einzelnen dieser Fälle, darf man sagen, trifft völlige Unerfindbarkeit der Äußerungen mit höchster Glaubwürdigkeit der Urkunden zusammen. In einem hier nicht wiedergegebenen Fall eines Phantoms, das zunächst seinen Tod erwähnt ('Ich habe meinen lieben John verlassen') und dann 'Worte des Erbarmens, des Trostes und der Verheißung' hinzufügt, hat uns der Zufall die Möglichkeit gegeben, den innerhalb zweier Wochen nach dem Erlebnis aufgesetzten Bericht mit einem 30 Jahre (!) später auf Wunsch verfaßten zweiten zu vergleichen, und — wie Myers sich ausdrückt — 'der Vergleich zeigt, was‚ glaube ich, häufig der Fall ist, daß das Erinnerungsbild des übernormalen Vorgangs nicht gewachsen, sondern geschrumpft war.' [1]

Aber lassen wir auch die fraglichen Äußerungen unserer Phantome als völlig glaubhaft gelten: liegt es auch dann nicht mehr als nahe, sie für Halluzinationen, für Bestandteile eines halluzinatorischen Gesamterlebnisses zu erklären und damit doch wieder, scheint es, ausschließlich in den Perzipienten zu verlegen? Selbst der Wahnsinnige hört doch die Gestalten, die er sieht, auch reden.

Nun, wie schon angedeutet, gegen die halluzinatorische Artung der bisher beschriebenen Phantome brauche ich hier nicht zu streiten, wenn auch manches, dessen Erwähnung sich nicht umgehen ließ, die eilfertige Anwendung dieses Begriffes verdächtig machen könnte. Gleichviel, auch der halluzinatorische Status solcher Phantomreden beweist natürlich nichts gegen ihre übernormale Erzeugung, und da stellen sich denn

1) Pr VIII 237. Der Fall das. 236 f.

die möglichen Deutungen wieder in folgender Reihenfolge dar: Entweder es werden auch die sprachlichen Äußerungen, einschließlich der Unterredungen, von einem dritten Lebenden telepathisch eingegeben; oder alle diese Äußerungen werden auf Grund einer übernormalen Erlangung von Bild und sonstigem Wissen durch den Perzipienten selbst in seine visionäre Ausgestaltung des von ihm Erlangten hineinverarbeitet; oder endlich die Äußerungen und Gegenreden gehen, ebenso wie die Erscheinung selbst, irgendwie von dem Erscheinenden aus, d. h. sie fallen gleichfalls unter den Begriff der Autophanie, und zwar insoweit der akustischen.

Daß die erste dieser Hypothesen, über deren allgemeine Fragwürdigkeit wir uns schon geeinigt haben, gegenüber der sprachlichen Ausstattung von Phantomen vollends zu willkürlichen und unsinnigen Annahmen führen muß, habe ich z. B. am Falle der Mrs. O'Donnell ausgeführt, und es wird dem Leser leicht fallen, ähnliche Überlegungen auf die meisten der übrigen Beispiele anzuwenden. Unsere eigentliche Wahl liegt vielmehr zwischen den beiden weiteren Hypothesen; wobei ja im Falle der ersteren noch die Möglichkeit — und oft Wahrscheinlichkeit — bestehen bliebe, daß das der Dramatisierung unterliegende Wissen vom Erscheinenden selbst geliefert würde.

Die Hypothese der Dramatisierung durch den Perzipienten ist natürlich, wie ich schon andeutete, dort am ehesten anwendbar, wo die Äußerungen des Phantoms nicht mehr enthalten, als den unmittelbaren Ausdruck jenes Wissens, dessen Erwerbung gleichzeitig mit der Erzeugung des Bildes man noch am ehesten vermuten könnte: des Wissens um das erfolgte Ableben des Erscheinenden. 'Sagt' das Phantom z. B.: 'Ja, ich bin wirklich tot' (Fall Kraemer), oder 'Ich komme, dir Lebewohl zu sagen' (Fall Lagarrue) oder etwas ähnlich Dürftiges und Naheliegendes, so mag sich die fragliche Deutung in der Tat empfehlen. Aber diese Dürftigkeit ist, wie wir sahen, sehr selten. In einzelnen Fällen müßten wir schon ein ziemliches Maß von unterbewußter Verarbeitung und Weiterspinnung annehmen, um die berichteten Äußerungen abzuleiten; wie etwa im Falle Bourgeois, wo das Phantom nicht nur Abschied nimmt, sondern auch sein Wohlbefinden betont, seine Familie zu trösten bittet und sein künftiges Erscheinen bei Sitzungen in Aussicht stellt.

Verwicklungen besonderer Art entstehen in Fällen von Unterredungen, etwa mit Frage und Antwort. Hier müßte der Animist wohl annehmen, daß ein unterbewußt gespeichertes Wissen um den Tod und oft auch um das Aussehen der Leiche sich in ein zweipoliges, zur Hälfte halluzinatorisches Drama umsetzt, der Perzipient also soz. mit sich selbst, sein 'Ober-' mit seinem 'Unterbewußtsein' sich unterredet. Im Falle der Schwester Foertsch etwa sagt ihr Unterbewußtsein, das vom Tode der Lucy Parr seit zwölf Stunden übernormal unterrichtet ist, die Sache aber bisher für sich behalten hat, bis ihm der Augenblick gekommen schien, die Rolle der Toten zu übernehmen, — es sagt *per hallucinationem* 'im hellsten und heitersten Ton' zum Oberbewußtsein: 'Ich bin hier bei dir.' 'Wer bist du?' fragt Oberbewußtsein. 'Das darfst du noch nicht wissen', erwidert Unterbewußtsein. Warum es sich zu diesem neckischen Dramolet entschlossen hat, wenn es doch nichts verraten wollte? Man fragt es sich erstaunt, aber vergeblich. Dem gegenüber wäre es eine durchaus natürliche Vermutung, daß die Verstorbene selbst zunächst ihrer Freude darüber Ausdruck verleiht, daß sie fortlebt und ihrer Freundin nahe sein kann, sich aber dann besinnt und 'nicht weitergeht', etwa weil sie fürchtet, dieser mit ihrer Namensnennung einen Schreck zu bereiten.

Aber dies alles sind schließlich Argumente mit großenteils negativem Vorzeichen. Weit wichtiger ist der positive Nachweis, daß viele der Äußerungen und Unterredungen ihrem eigentlichen Sinne nach durchaus den Standpunkt des Erscheinenden ausdrücken und nur in seinem Munde verständlich und natürlich erscheinen; während sie dem 'personierenden', also die Rolle des Abgeschiedenen übernehmenden Unterbewußtsein des Beobachters ehrlicherweise überhaupt nicht zugeschrieben werden können: haben wir es hier doch nirgends mit 'eingeübten' Medien zu tun, denen man eine solche Maskerade allenfalls zumuten könnte, sondern mit Zufallsperzipienten außerhalb alles spiritistischen Herkommens, für die solche Begegnungen und Unterredungen mit Phantomen meist einmalige und einzigartige Erlebnisse darstellen. Man braucht nur eine Anzahl der mitgeteilten Äußerungen unter solchem Gesichtspunkt zu überlegen, um die Stärke dieses schon mehrfach angedeuteten Arguments zu fühlen. Eine ganze Gruppe würden allein die Fälle bilden, in denen das Phantom ausdrücklich zu erkennen gibt, daß sein Erscheinen im Grunde gar nicht dem Perzipienten gelte, sondern einem Dritten; daß es also jenem nur erscheine, etwa weil er die Vorbedingungen zur Sichtbarmachung und 'Äußerung' erfüllt: wie wenn z. B. Mme Poncets 'Schwager' bittet: 'Benachrichtige Adolphe, daß ich gestorben bin', oder 'Dr. Macleane' den jungen Symonds: 'Ich gehe weit fort, achten Sie auf meinen Sohn'; wobei wir wohl vermuten mögen, daß in beiden Fällen noch besondere Gründe bestanden, die gerade diese Aufträge persönlich-natürlich erscheinen ließen.[1] Es klingt hier — und nicht zum ersten Mal —

---

1) Einen unter diesen Gesichtspunkten besonders bedeutsamen Fall gebe ich im Anhang zum VI. Abschnitt wieder.

eine Tatsache an, die sogleich und immer wieder große Bedeutung für unsre Gesamtargumentation gewinnen wird: die Tatsache eines klar erkennbaren Wunsches oder Bedürfnisses, entspringend aus ehemaligen irdischen Beziehungen und Verschlingungen des Erscheinenden. Nur hängt hier die Bekundung solcher Wünsche deutlich mit der Tatsache des Abscheidens zusammen, der Trennung von Menschen, mit denen der Verstorbene mehr oder minder verwachsen, und denen sich wenigstens zu zeigen, ihm dringend erwünscht war. So klingt es z. B. vom Standpunkt der früheren Magd Rosa aus natürlich, wenn sie, etwa weil ihr das Erscheinen gelungen ist und sie die Herrin noch einmal 'gesehn' hat, die Worte vernehmen läßt: 'Jetzt bin ich glücklich und zufrieden.' Ebenso ist es, wie schon oben bemerkt, natürlich, wenn die eben verstorbene Mrs. Reed sich bei ihrer besten Freundin kundgibt mit den gewaltig hervorgestoßenen Worten: 'Ich brauche dich, komm sofort, usw.' Nur eine geradezu unredliche Gewaltsamkeit könnte solche Äußerungen auf dem Umweg über allerhand Rollen- und Sinnvertauschungen aus den dramatisierenden Neigungen des Unterbewußtseins Lebender ableiten wollen. Dazu kommen schließlich Fälle, wo die Äußerungen in ihrer persönlichen Selbständigkeit so völlig von aller Beziehbarkeit auf den Perzipienten abliegen, daß jeder Versuch der Ableitung aus ihm im Keim erstickt wird. Ich erinnere an das Phantom der Schwester des Herrn Illig, das von einem anwesenden Kinde sagt: 'Das gäbe auch ein schönes Engelein', und dann 'ein Licht zu machen' verheißt, — und es auch tut!

Ich sagte, daß das Wesen-an-sich solcher gehörten Äußerungen uns noch ganz gleichgültig sein dürfe; es genügt einstweilen, wenn wir sie als akustische Bestandteile einer gewollten mehrsinnigen 'Erscheinung' bestimmen; und ich möchte schließlich nicht versäumen, darauf hinzuweisen, daß auch die Tatsache der Unterredung mit dem Phantom selbst solcher allgemeinen Auffassung sich ohne Schwierigkeiten einfügen würde. Die Persönlichkeit, die hinter dem Erscheinungsganzen sich verbirgt, verhält sich ebensogut aufnehmend, wie tätig und gebend (wir werden noch vielen Belegen dafür begegnen); sie 'steckt' so weit in ihrer Erscheinung 'drin', daß diese nicht nur in allen ihren Lebensäußerungen von Denken und Wollen der sie 'informierenden' Persönlichkeit abhängt, sondern — umgekehrt — diese Erscheinung auch auf alles, was um sie her geschieht und gesagt wird, in persönlicher Weise reagieren kann. Ohne im mindesten schon eine Wesensbestimmung des Phantoms zu versuchen, können wir dieses doch soz. als eine 'psychische Prothese', ein erscheinungsmäßig vorgeschobenes Glied oder Werkzeug des verstorbenen 'Agenten' bezeich-

148 *Argumente aus der Erscheinung Abgeschiedener*

nen, das mit dessen Innenleben in einem dauernden 'funktionalen' Verhältnis steht, in zentripetaler sowohl, als in zentrifugaler Richtung, sagen wir meinetwegen: hellsichtig aufnehmend und telepathisch darstellend. Dies alles mag noch dunkel und formelhaft klingen; aber der Verlauf der Untersuchung wird es mehr und mehr mit Anschauung und Überzeugungskraft erfüllen.

Es fehlt uns jetzt schließlich nur noch eins, um den Beweis für die Richtigkeit unsrer Auffassung abzurunden: nämlich daß auch hier wieder die 'animistische Gegenprobe' gelinge, d. i. der Nachweis, daß auch Phantome Lebender die Fähigkeit zu ähnlichen 'Äußerungen' besitzen. Zeigen uns die Tatsachen, daß ein Lebender in seiner Autophanie so weit 'drinstecken' kann, daß er am fernen Ort sich sprachlich gebend und empfangend verhält, so können wir mit noch größerer Sicherheit den Schluß ziehn, daß in der entsprechend sich verhaltenden Erscheinung eines Verstorbenen — ein 'Lebender' stecke. Denn dort wäre ja nachweislich ein zweites selbständiges Subjekt gegeben, und damit verringerte sich sehr bedeutend der Anreiz, das Persönliche im Auftreten seines Phantoms, etwa auch dessen Fähigkeit zur Unterredung, dem dramatisierenden Unterbewußtsein des Perzipienten zuzuschreiben. — An solchen Erscheinungen Lebender nun fehlt es nicht. Ich führe einige an, und zwar auch solche, die an sich nicht sonderlich gut bezeugt sind, da sie ja hier nur nebensächliche Beweislast tragen. Bei diesen Vergleichsbelegen aus dem Bereich von Phantomen Lebender will ich indessen ein wenig über die Grenzen unserer letzten Gruppe zurückgreifen. Zur Tatsache der redenden und sich unterhaltenden Erscheinung leitete ich oben über durch Beispiele 'mimischer Unterredung', und diesen wieder gingen Fälle voraus, in denen die Erscheinung durch ihr allgemeines Verhalten zu erkennen gab, daß sie sich einem Lebenden gegenüber 'wisse', z. B. indem sie sich von diesem nicht greifen ließ.[1] Ich will also an diesem Punkt einsetzen und zunächst einen Fall vorlegen, in welchem ähnlich das Phantom einer Lebenden am fernen Ort sich so 'verhält', als wäre es sich der fleischlich Mitanwesenden bewußt.

Der Bericht, leider erst 26 Jahre nach dem Erlebnis aufgesetzt, stammt von Mr. S. R. Wilmot und seiner Gattin. — Mr. W. schiffte sich am 3. Okt. 1863 in Liverpool auf dem Dampfer 'City of Limmerick' nach New York ein. In der 8. Nacht eines Sturmes 'träumte' er, daß seine Frau seine Kajüte betrete, an der Tür bemerke, daß er den Raum nicht allein bewohne, ein wenig zögere, dann an seine Koje herantrete, sich vorbeuge, ihn küsse und streichle und sich wieder entferne. Nach dem Erwachen berichtete ihm sein Kajütengenosse, William J. Tait, vom 'Besuch einer Dame', die er

1) o. S. 125 ff.

für eine Lebende gehalten hatte, und dieser Bericht 'entsprach genau meinem Traum'. Nach der Heimkehr aber erzählte ihm seine Frau, sie habe, durch das stürmische Wetter beunruhigt, in der gleichen Nacht das Gefühl gehabt, über das Weltmeer weg und durch die Gänge des Schiffes ihn in seiner Kajüte 'besucht' zu haben. Sie beschrieb diese einschließlich einer Besonderheit (die obere Koje reichte weiter nach hinten als die untere) und gab an: 'Ein Mann lag in der oberen Koje, der mich geradezu ansah, und einen Augenblick lang fürchtete ich mich einzutreten; aber dann trat ich doch an die Koje heran, beugte mich über dich, küßte und umarmte dich und entfernte mich wieder.'[1]

Ich kann hier ferner den Fall der Mrs. Elgee anschließen, die, mit ihrer Begleiterin Miss Dennys in einem Hotel in Kairo übernachtend, jäh aufwachte und im Morgenlicht die Gestalt eines alten Freundes erblickte, den sie in England wußte. 'Er schien dringend zu mir sprechen zu wollen', und sie fragte ihn, wie er in das ängstlich abgesperrte Zimmer gekommen sei. 'Er schien sich einen Schritt mir zu nähern, als er plötzlich mit dem Finger auf die andere Seite des Zimmers hinwies und ich, mich umwendend, Mlle D. in ihrem Bette aufrecht sitzend gewahrte, die diese Gestalt mit dem Ausdruck heftigsten Schreckens anblickte. Ich wandte mich zurück, mein Freund schien den Kopf zu schütteln und zog sich langsam Schritt für Schritt bis zur Tür zurück...' Miss D. hielt noch am nächsten Morgen die Erscheinung für die eines Lebenden, der trotz der verrammelten Tür ins Zimmer gelangt wäre, beschrieb aber den Freund, trotzdem sie ihn nicht kannte, aufs genaueste. Nachher stellte sich heraus, daß der Geschaute gleichzeitig mit der Erscheinung eine äußerst wichtige Entscheidung zu fällen gehabt und dabei, am Kaminfeuer sitzend [halbwach?], den heftigen Wunsch verspürt hatte, sich darüber mit seiner Freundin zu beraten.[2]

Gehen wir nunmehr zu Fällen 'mimischer Unterredung' über. Schon die allereinfachste Form solchen stummen Verkehrs mit dem Gegenüber, wobei nämlich das Phantom den leiblich Anwesenden 'unverwandt anblickt', ließe sich ausgiebig belegen.[3]

Mrs. Ellen Green z. B. sieht einen Bekannten, den sie zwei Tage zuvor verlassen, Capt. Ward, außen an einem Erkerfenster stehn und 'auf mich hereinblicken, als wünschte er mit mir zu sprechen'; sie läuft hin, ruft ihn an und findet niemand. Capt. W. hatte einen Unfall erlitten, lag z. Zt. auf einem Sofa (ganz wach?) und hörte 'gleichzeitig' den Ruf der Mrs. Green.[4]

Besonders kraß und dramatisch prägt sich die gleiche Einzelheit in dem vielfach angeführten Berichte des Capt. G. F. Russell Colt vom Jahre 1882 aus, der in der Nacht des 8. September 1855, plötzlich erwachend, seinen

---

1) Pr VII 41 ff. Vgl. V 438 f.; III 87 ff. — War übrigens Mr. Wilmots Erlebnis wirklich nur 'Traum', und nicht Wahrnehmung eines Erwachenden? W. sah seinen Kajütengenossen noch in der Stellung, in der in dieser das Phantom beobachtet hatte!   2) Gurney II 239 f. u. JSPR I 329. Vgl. den noch seltsameren Fall Gurney II 256 f. und Dr. Meiers Bericht bei Daumer I 169.   3) z. B. Gurney, deutsche Übers. 91. 101. 312.   4) Podmore, Nat. 121 f. (aus JSPR Feb. 1906).

Bruder in kniender Stellung erblickte, 'umgeben von einem leichten phosphoreszierenden Nebel'. Zweimal wegblickend, sah er ihn jedesmal wieder an der gleichen Stelle, 'liebevoll, flehend und traurig mich anblickend'. 'Ich schloß meine Augen, schritt durch ihn hindurch und erreichte die Tür des Zimmers. Während ich die Klinke drückte und ehe ich das Zimmer verließ, blickte ich nochmals zurück. Die Erscheinung wandte langsam den Kopf und schaute mich wieder angstvoll und liebend an, und jetzt zuerst sah ich eine Wunde an der rechten Schläfe mit einem von ihr ausgehenden roten Rinnsal.' — Colts Bruder hatte bei der Erstürmung des Redan vor Sebastopol eben eine solche Wunde erhalten.[1] Die Erscheinung mag der tödlichen Verwundung um einige Stunden gefolgt sein (die Erstürmung des Redan fand zwischen 12 und 2 Uhr am 8. September statt); indessen ist ja der Augenblick des Sterbens während einer Kampfhandlung nicht genau festzustellen, weshalb der Fall als Grenzfall zu bezeichnen ist.

Noch weiter in der Bezugnahme des Mienenspiels auf das Gegenüber geht das Phantom im folgenden Fall. Mrs. Crowe berichtet von einem Herrn R. ('der sich durch einige wissenschaftliche Entdeckungen öffentlich bekannt gemacht hat'), daß er, während einer Genesung in Rotterdam eines Morgens noch im Bette liegend, eine nahe Bekannte, die er in England wußte, 'in Tränen' eintreten sah ('die Tür öffnete sich'): 'sie schritt rasch auf sein Bett zu, rang die Hände, drückte durch ihre Gebärden äußerste Seelenqual aus und ging aus dem Zimmer', ehe er eine Frage an sie richten konnte. Tag und Stunde wurden aufgezeichnet, und eine Nachfrage ergab, daß um die gleiche Zeit diese Dame durch den Tod ihres Sohnes in tiefen Schmerz versetzt worden war. Mrs. Crowe hat nicht in Erfahrung bringen können, ob ihre Gedanken sich besonders stark mit R. beschäftigt hatten.[2]

Im folgenden Fall erscheint der 'dialogische' Sinn des Mienenspiels und der Gebärden des Phantoms noch deutlicher ausgeprägt. Dieses stellte einen etwa 'gleichzeitig' Gestorbenen dar, den wir also auch vielleicht für einen noch Lebenden halten dürfen.

Miss L., eines Nachmittags um 3 Uhr im Juli 1860 in ein Buch vertieft, erblickte ihren Großonkel, den sie seit ihrer frühen Kindheit nicht mehr gesehen hatte, aber gleichwohl erkannte, ins Zimmer tretend, und hielt ihn für den Lebenden. Die Kleidung einschließlich eines großen Stocks wird uns genau beschrieben. 'Er hielt in der Hand eine Papierrolle und machte einen erregten Eindruck.' Als sie ihm sagte, ihr Vater sei leider nicht zu Hause, 'schien er noch mehr erregt und bestürzt zu werden', sagte aber nichts und verließ das Zimmer. Der Erschienene hatte vor seinem Tode in großer Erregung nach seinem Neffen, dem Vater der Perzipientin, gerufen, man fand eine Papierrolle unter seinem Kopfkissen, und es bestand Grund zur Vermutung, daß er in seinem Testament etwas zugunsten des Neffen hatte ändern wollen.[3]

---

1) Gurney I 556 (auch Myers II 348 f.). Vgl. JSPR VIII 321 f.; Pr X 418 ff.; Flammarion II 74 f. 146.   2) Crowe 169 f. Vgl. Flammarion II 101. 111; III 203.   3) Gurney I 559 (sehr spät berichtet).

Indem ich mich wirklichen 'Äußerungen' des Lebenden-Phantoms zuwende, trifft es sich seltsam, daß eine Vorstufe dazu, die schon unter Erscheinungen Verstorbener aufgewiesen wurde, auch hier sich belegen läßt. Der Leser entsinnt sich der anscheinenden 'Ansätze zum Sprechen' bei der Erscheinung im Hause der Mortons. Damit vergleiche man nun den bekannten Fall der Mary Goffe in Rochester, der trotz seines Alters als gut bezeugt gelten kann.

Mary Goffe, Weib des Joseph Goffe, wurde in krankem Zustande in das Haus ihres Vaters nach West Malling, 9 Meilen von Rochester, gebracht, wo sie am 4. Juni 1691 starb. Am Abend vor ihrem Tode drückte sie den heftigsten Wunsch aus, nochmals zu ihren Kindern nach Rochester gebracht zu werden, was aber unmöglich war, und verfiel zwischen 1 und 2 Uhr früh in eine Art Ekstase (ohne Atem), aus welcher erwacht sie behauptete, bei ihren Kindern gewesen zu sein. Die Witwe Alexander, die diese z. Zt. betreute, gab an, sie habe Mary Goffe aus dem Zimmer, worin das älteste Kind schlief, hervorkommen und 'etwa eine Viertelstunde' lang an dem Bette stehen gesehn, worin sie, die Alexander, mit dem andren Kinde lag; 'sie beobachtete, daß die Augen und der Mund sich bewegten, wiewohl sie keinen Laut hörte. Mrs. Alexander erklärte sich bereit, dies auf das Sakrament zu beschwören. Sie sei völlig wach gewesen, habe aufrecht im Bette gesessen, die Erscheinung aufmerksam beobachtet (es dämmerte bereits) und die Uhr auf der Brücke 2 schlagen gehört.' Das Phantom verschwand, als sie es im Namen der Dreieinigkeit ansprach. Mary Goffe behauptete ihrerseits vor ihrem Tode, daß sie diese Worte der Pflegerin gehört habe.[1]

Ein Fall von ausdrücklichem 'Reden' — leider sehr lange nach dem Erlebnis aufgezeichnet — wird in Gurneys großer Sammlung von Miss Charlotte A. (durch Vermittlung der Mrs. Saxby) berichtet.

Während sie mit ihrer Schwester Mary in einem Bette schlief, 'bewegten sich plötzlich an der Seite, wo ich lag, die Bettvorhänge, und ich sah Mr. L. vor uns stehen. Er rief mich beim Namen und sagte: Meine Mutter ist gestorben.' Miss A. überzeugte sich, daß sie nicht träume, und die Erscheinung wiederholte sich kurz darauf mit der gleichen Mitteilung. Miss A. wurde beim Frühstück ihres 'Traumes' wegen verlacht; aber noch im Lauf des Vormittags ritt das Töchterchen des Mr. L. an ihrem Hause vorüber und teilte ihr persönlich mit: 'Man hat meinen Vater holen lassen, die Großmutter ist gestorben.' — Eine schriftliche Bestätigung der Miss Mary A. liegt vor.[2]

Gewichtiger ist folgender Bericht in Gurneys Sammlung: Die Agentin in diesem Fall erwachte nachts mit der Gewißheit, soeben 'bei' einer fernen Freundin gewesen zu sein, wo sie vier Damen, darunter zwei ihr fremde, bei den Vorbereitungen zum Schlafengehen 'gesehen' habe. Sie war ihnen

[1] Baxter 147 ff. (Sorgfältige Untersuchung durch Rev. Th. Tilson.) Vgl. den Fall Lee 64 ff. (auch Stead 134 f.).   [2] Gurney, deutsche Übers. 262.

eine Treppe hinauf in ein Schlafzimmer 'gefolgt', hatte ihre Freundin etwas
in eine Schachtel tun, sich entkleiden und niederlegen gesehn, sie dann an
der Hand gefaßt und zu ihr gesagt: 'Bessie, wir wollen uns wieder vertragen.' Unabhängig von ihrer Aussage bezeugt diese Bessie, sie habe
die Agentin unerwartet gesehen, die sie berührt und gesagt habe: 'Wir
wollen uns wieder vertragen.' Auch die zwei Fremden waren korrekt gesehen worden.[1]

Um endlich auch einige Beispiele ausdrücklicher Unterredung zu
liefern, erinnere ich an einen bekannten Bericht, den der namhafte
Elektrotechniker Cromwell Varley, F. R. S., vor dem Ausschuß der
Londoner Dialektischen Gesellschaft erstattete.

Im Hause seiner schwerkranken Schwägerin zu Gast, wurde er von einem
albdruckartigen Zustand befallen, worin er keinen Muskel bewegen konnte.
In diesem Zustand, sagte er, 'sah ich den Geist meiner [bettlägerigen]
Schwägerin in mein Zimmer kommen... Sie sagte zu mir: 'Wenn du dich
nicht bewegen kannst, wirst du sterben', aber ich konnte mich nicht rühren,
und sie fuhr fort: 'Wenn du dich mir anvertrauen willst, werde ich dich
erschrecken, und dann wirst du wieder imstande sein, dich zu bewegen.' Ich
weigerte mich zunächst, da ich mich noch besser überzeugen wollte, daß
ich es wirklich mit ihrem Geiste zu tun hätte. Als ich endlich einwilligte,
hatte das Herz schon zu schlagen aufgehört. Ich dachte zuerst, daß ihre
Versuche, mich zu erschrecken, mißglückt seien, als sie plötzlich ausrief:
'O Cromwell, ich sterbe!', was mir einen solchen Schreck einjagte, daß ich
meiner Betäubung entrissen wurde und in normalem Zustand erwachte.' Er
fand die Tür fest verschlossen und merkte sich die Zeit: 3,45. Am Morgen
berichtete die Schwägerin, daß sie eine schreckliche Nacht gehabt, sein
Zimmer betreten und ihn dem Tode nahe geglaubt habe. Sie habe ihn nicht
anders erwecken können, als indem sie ausrief: 'O Cromwell, ich sterbe!'
Dies sei zwischen $1/_24$ und 4 Uhr gewesen.[2]

Ein ähnliches Erlebnis berichtet Prof. Hyslop von dem Dr. C. W. S. in
Buffalo: Dieser, im Jahre 1907 von Hause verreist, erwachte an einem
Sonntag nachts 1 Uhr aus tiefem Schlaf mit der Gewißheit, daß jemand in
seinem Zimmer sei, sah, völlig munter geworden, seine Frau am Fußende
seines Bettes stehen und fragte sie: 'Was tust du da?' Sie antwortete: 'Ich
will sehen, wie es dir geht', kam auf ihn zu, umarmte ihn und verschwand.
Heimgekehrt, erfuhr er von ihr, daß sie, angeregt durch etwas Gelesenes,
in jener Nacht den Versuch gemacht habe, vermöge einer vor dem Einschlafen ausgeübten Autosuggestion dem fernen Gatten zu erscheinen.[3]

Der Fall, mit dem ich diese Gruppe beschließe, stellt wohl die äußerste Steigerung unsres Tatbestands dar, ist aber so gründlich im
Schoß der Ges. f. ps. F. (u. a. von Prof. Sidgwick selbst) in allen Rich-

1) Gurney II 159 f.   Vgl. den Fall Flammarion II 60.   2) Ber. Dial. Ges. II 108 f.
Vgl. Richet 218.   3) Aus JAmSPR 1907 bei Lombroso 292 f. Vgl. Flammarion II 82.

tungen nachgeprüft worden, daß ich kein Bedenken trage, ihn hier in kurzer Zusammenfassung anzufügen.

Mr. Dickinson, ein Photograph in Newcastle-on-Tyne, hatte am Morgen des 3. Januar 1891 soeben sein Geschäft betreten, als ein Herr erschien, um sich zu erkundigen, ob seine Bilder fertig seien. 'Ich fragte ihn nach dem Schein, der bei jeder Nachfrage vorzuweisen ist, und er antwortete, daß er keinen habe, daß aber seine Aufnahme am soundsovielten gemacht und daß ihm die Abzüge schon zu einem früheren Zeitpunkt versprochen worden seien. Gemäß seinen Angaben über Datum und Namen [nämlich Thompson] schlug ich in meinem Buche nach und fand den Auftrag entsprechend eingetragen. Ich las ihm Namen und Anschrift vor, worauf er erwiderte: 'Das stimmt." Dickinson bat ihn wiederzukommen, da seine Angestellten noch nicht anwesend seien, und der Kunde 'sagte: 'Ich bin die ganze Nacht gereist und kann nicht wiederkommen.' Damit wandte er sich schroff um und ging hinaus. Er sah blaß und vergrämt aus, wie nach einer schweren Krankheit.' D. machte einen Vermerk der Nummer des Auftrags und unternahm alsbald nach Eintreffen der Angestellten Schritte (die er sehr eingehend beschreibt) zur Erledigung des Auftrags, der wegen schlechten Wetters zurückgestellt worden war. Dabei geschah es, daß Thompsons Platte zu Boden fiel und zerbrach. D. bat diesen nunmehr brieflich um eine neue Sitzung, aber am 9. Januar sprach Thompsons Vater wegen der Bilder des Sohnes vor, und von ihm erfuhr man, daß dieser gestorben sei. 'Das muß sehr plötzlich gekommen sein, sagte ich teilnehmend, denn ich sah ihn ja erst am vergangenen Sonnabend. Der alte Herr schüttelte traurig den Kopf und sagte: Sie irren sich, denn er starb am vergangenen Sonnabend [an Typhus]. Nein, erwiderte ich, ich irre mich nicht, denn ich erkannte ja die Platte nach ihm.' Thompson sen. blieb aber dabei, daß ein Irrtum vorliegen müsse: 'niemand war beauftragt, nach den Bildern zu fragen, auch gebe es keinen Freund oder Verwandten, der von der Bestellung der Bilder gewußt hätte oder der mit dem Sohn verwechselt werden könnte.' — Eine Woche darauf teilte Thompson sen., der inzwischen ruhiger geworden war, noch mit, daß sein Sohn am Sonnabend, d. 3. Jan., gleich nach 2 Uhr nachmittags gestorben und um die Zeit, da Dickinson ihn sah, bewußtlos gewesen und es bis zu seinem letzten Atemzuge geblieben sei. Er hatte im Fieberwahn von den Bildern gesprochen, an denen ihm sehr viel zu liegen schien, denn er hatte zu Neujahr allen seinen besten Freunden Abzüge schenken wollen.[1]

Wie wir sehen, besteht auch bez. aller Arten der 'Äußerung' eine völlige Übereinstimmung zwischen Erscheinungen Lebender und Verstorbener, und dies legt, wie gesagt, den Schluß nahe, daß in beiden Fällen die dramatische Sinnerfülltheit des Auftretens gegenüber Ortsanwesenden den gleichen Ursprung hat: die Erscheinung ist hier wie dort irgendwie das Erzeugnis der lebenden Persönlichkeit des

1) JSPR V 147 ff. (auch Myers I 675 ff.). Mehrere Nebenzeugnisse.

Erscheinenden selbst. Wie rätselvoll die Art dieses 'Erzeugens' auch sein mag (und der Begriff der telepathischen Bewirkung sagt sicherlich so gut wie nichts darüber aus): die echte Lebendigkeit der Erscheinung beweist, daß dieses Erzeugen ein 'zeitlich-funktional ausgebreiteter' Vorgang ist; daß Tun und Reden der Erscheinung parallel verlaufen dem seelischen Geschehen, das ihr zugrunde liegt.

Der einzige Einwand von einigem Gewicht gegen diesen Schluß könnte sich erheben, wenn etwa auch Heterophanien — also Erscheinungen, die einen andern, als den Erzeuger, darstellen — die gleichen Merkmale persönlicher Beseeltheit zeigen würden. Nun soll, wie sich der Leser entsinnt, das berühmte anscheinend von Hrn. Wesermann erzeugte Phantom einer verstorbenen Dame zweien Perzipienten, darunter einem Wesermann Unbekannten, wiederholt 'zugenickt' und sie mit der Hand gegrüßt haben. Aber dieser Einwand hat keinen größeren Spielraum, als die Tatsache der Heterophanie selbst, und ich habe schon oben gezeigt, wie spärlich sie in wirklicher Eindeutigkeit zu belegen ist, ja daß selbst der klassischste dieser Belege zweideutig ist; wie er auch über — am Ende fragliche — Gebärden gar nicht hinausgeht. Wären uns aber auch sinnvoll belebte Heterophanien unzweifelhaft verbürgt, so müßten wir sie eben als seltenste Ausnahmen von der Regel gelten lassen, d. h. zugeben, daß gelegentlich etwa ein telepathisch übertragenes Fremdbild vom Empfänger so weit dramatisch ausgebildet werden könne, daß es einer beseelten Autophanie ähnelte. Die Tatsache, daß nahezu alle sich beseelt benehmenden Erscheinungen — Autophanien darstellen, bliebe aber auch dann bestehen und damit das spiritistische Indizium, das wir daraus geschöpft haben.

Wen diese logische Abschlußrechnung nicht voll befriedigt, der bedenke, daß wir mit allem Bisherigen erst in den Anfängen stecken, und daß das Wesen der Beweiskraft von Indizien in ihrer Häufung und Gleichsinnigkeit besteht. Die Steigerung unsrer Beweismittel aber wird zunächst in zwei Richtungen erfolgen: die Hinweise auf persönliche Sinnerfüllung der Erscheinung werden sich vermehren und verstärken, und die Wesensart der Erscheinung, über die wir bisher noch gar nichts ausgemacht haben, wird allmählich Eigenschaften offenbaren, die uns in Probleme von höchster Seltsamkeit verstricken. —

Als Überleitung zum Fortgang der Untersuchung will ich, im engsten Anschluß an die zuletzt besprochene Gruppe, zwei Fälle anführen, die einerseits das Element der artikulierten Unterredung in höchster Steigerung darbieten (einer Steigerung, die schon an sich den eben erwähnten Zweifel zu entkräften vermag); anderseits aber unsrer Suche nach den persönlichen Sinnquellen der Erscheinung ganz neue Gebiete erschließen.

Der erste anzuführende Fall ist so außerordentlich, daß einige Worte über seine Glaubwürdigkeit vorausgeschickt werden müssen. R. D. Owen veröffentlichte ihn[1] in Form des wörtlichen Berichts eines Herrn von augenscheinlich bedeutender Bildung, S. C. Hall, Gatten einer ehemals bekannten Schriftstellerin dieses Namens. Hall hatte die Geschichte einige Wochen vor Abfassung seines Berichts von der Perzipientin selbst gehört und gibt sie 'so genau, als mir möglich ist, in ihren eigenen Worten' wieder. Die Dame wird von ihm und dem Bankherrn, bei dem er sie kennen lernte und der sie mehr als 30 Jahre gekannt hatte, als im höchsten Grade wahrheitsliebend und vertrauenswürdig bezeichnet, 'makellos in ihrem Lebenswandel, starken Geistes und auf allen Gebieten begabt', sodaß auch an Selbsttäuschung nicht zu glauben sei. Sie sprach nur ungern von ihren Erlebnissen, war 'keine gläubige Spiritistin und hatte fast nichts von diesen Dingen gehört'. 'In ihrem Gesicht und Wesen (sagt Hall), selbst im Ton ihrer Stimme lag jenes unsagbare Etwas, das selten täuscht, vielmehr von der Wahrheit überzeugt.'

Um das Jahr 1820 (berichtete die Dame) lebte sie, damals 18 Jahre alt, mit ihren Eltern und Geschwistern in der Nähe einer französischen Hafenstadt in einem einsam gelegenen Hause, von breitem, offenem Strand umgeben. 'Eines Abends sah mein Vater eine Gestalt, die, in einen weiten Mantel gehüllt, nur wenige Meter von seiner Tür entfernt auf einem Felsblock saß.' Ein Gruß wurde nicht erwidert, beim nächsten Umblicken war die Gestalt verschwunden, und von einem Menschen konnte nichts in der ganzen, leicht überschaubaren Gegend entdeckt werden. Die Behauptung des Vaters, er habe ein 'Gespenst' gesehen, wurde mit allgemeinem Gelächter aufgenommen. In mehreren der folgenden Nächte aber hörte man 'seltsame Geräusche in verschiedenen Teilen des Hauses', Stöhnen, Kratzen, Trampeln und Klopflaute (mitunter 20—30 in einer Minute). 'Eines Abends, während des üblichen Klopfens, kam mir der Einfall, laut zu sagen: 'Wenn du ein Geist bist, klopfe sechsmal', was augenblicklich geschah. Einige Wochen danach 'fingen wir an, außer den Klopflauten in unsrem Schlafzimmer eine anscheinend menschliche Stimme zu hören, meist im Empfangszimmer. Als dies erstaunliche Phänomen zum erstenmal auftrat, hörten wir die Stimme sich an einem Gesang von Mitgliedern der Familie beteiligen, während meine Schwester am Klavier saß ... Einige Zeit danach begann die Stimme klar und verständlich zu uns zu sprechen, wobei sie sich von Zeit zu Zeit an der Unterhaltung beteiligte. Die Laute waren leise, langsam und feierlich, aber ganz deutlich, die Sprache stets französisch. Der Geist — so nannten wir ihn — gab seinen Namen als Gaspar an, verharrte aber schweigend, sooft wir nach seiner Geschichte und seinen Lebensumständen fragten ... Die Familienmitglieder nannte er stets bei ihren Taufnamen. Gelegentlich

---

1) Footfalls 339 ff.

führte er Zeilen von Gedichten an. Er sprach nie über Dinge religiöser Art, schärfte aber beständig christliche Sittenlehren ein... Als meine Schwester und ich einmal einen kleinen Streit hatten, hörten wir die Stimme sagen: 'M. ist im Unrecht, S. im Recht.' ... Er gab uns immerfort Ratschläge und stets zu unsrem Besten. Einmal war mein Vater ängstlich bemüht, einige wertvolle Papiere wiederzuerlangen, deren Verlust er befürchtete. Gaspar sagte ihm genau, wo sie seien: in unsrem alten Hause in Suffolk; und wahrhaftig, dort wurden sie genau an dem bezeichneten Platze gefunden.

So ging die Sache mehr als 3 Jahre lang fort. Jedes Mitglied der Familie, auch die Dienstboten, hatten die Stimme gehört. Der Geist galt allen als gern gemochter Gefährte und Beschützer. Einmal kündigte er ausdrücklich eine mehrmonatige Abwesenheit an und wurde nach ihrem Ablauf von allen freudig begrüßt. — Wenn die Stimme sich vernehmen ließ, sahen wir nie irgendwelche Erscheinung; aber eines Abends sagte mein [jüngerer] Bruder: 'Gaspar, ich würde dich gerne sehn', worauf die Stimme erwiderte: 'Du sollst mich sehn. Ich werde dir begegnen, wenn du nach der entferntesten Seite des Vorplatzes gehst.' [Der Bruder ging und sah Gaspar.] 'Er trug einen weiten Mantel [beschrieb er dann] und einen breitrandigen Hut. Ich blickte unter den Hut, und er lächelte mich an.' 'Ja', fiel die Stimme ein, 'das war ich.' — Gaspar verließ die Familie erst, nachdem diese nach Suffolk zurückgekehrt war; wie er sagte, 'um Mißverständnissen ihrer Umgebung vorzubeugen'. Nach diesem ausdrücklichen Abschied wurde seine Stimme nie wieder gehört. —

Daß die Geschichte, als Tatsache an sich betrachtet, nicht so staunenswert einzigartig und unglaubhaft ist, wie es zunächst wohl scheinen mag, wird dem Leser nach und nach aufgehn. Die sog. 'direkte Stimme' ist m. E. ein gar nicht mehr abzustreitendes Phänomen.[1] Ihr Auftreten setzt die Anwesenheit eines 'Mediums' voraus; aber ein solches mag sich ja in jenem Haushalt unerkannt befunden haben. Unsre Frage richtet sich daher wesentlich auf die Ermittlung der 'Quelle', und dabei fällt zunächst ins Gewicht, daß eine eindeutige Beziehung auf einen bestimmten Verstorbenen sich nicht ergeben zu haben scheint. Man könnte daher versucht sein, Gaspar zu vergleichen mit jenen halluzinatorischen Personationen von 'Führern', die zuweilen bei 'Somnambulen' und Hysterischen gewisse Neigungen der unterbewußten Psyche zum Ausdruck bringen und ihren Anteil an allen Verrichtungen des täglichen Lebens fordern.[2] Wir müßten dann annehmen, daß das Subjekt dieser Spaltung (ein Mitglied der Familie) zugleich auch die allen hörbare 'direkte Stimme' geliefert und geleitet habe. — Aber gegen diese Deutung erheben sich Bedenken. Es ist höchst unwahrscheinlich, daß eine so seltsame Veranlagung und Befähigung sich im übrigen gar nicht der Beobachtung der Familie aufgedrängt und daß sie sich mit Gaspars Abschied freiwillig von aller Betätigung zurückgezogen habe. Und sodann: Gaspar wurde ja auch gesehn. Und selbst wenn wir die zweite dieser

---

1) Näheres (vor allem nach Findlay) in der später zu veröffentlichenden ausführlichen Fassung von Kap. 11 dieses Abschnitts.　　2) S. Mattiesen 93 f. 257 f.

sichtbaren Erscheinungen gewaltsam als Erwartungshalluzination deuten wollten (denn fraglos erinnerte sich der Sohn an die Beschreibung der ersten Erscheinung seitens des Vaters), so dürfen wir nicht vergessen, daß diese e r s t e Erscheinung demjenigen Familienmitglied zuteil wurde, in welchem wir doch sicherlich zu allerletzt das Subjekt jener seelischen 'Spaltung' und das 'Medium für direkte Stimme' vermuten würden! Eine animistische Deutung aber müßte soz. Personalunion dieser drei Leistungen fordern. Die erste Erscheinung glich im übrigen ebenso gut einem typischen Spuk (hinter dem wir sehr wohl einen Abgeschiedenen vermuten mögen), wie die danach gehörten Klopflaute sich in das typische Bild eines solchen einfügen. Ich darf in Aussicht stellen, daß der Fortgang der Untersuchung dem eben Gesagten vermehrtes Gewicht zuführen wird.

Wer übrigens den Fall Gaspar schon jetzt ein wenig aus seiner Vereinzelung herausgelöst sehen möchte, dem empfehle ich — außer dem Studium ganz ähnlicher anderweitig beobachteter Tatsachen[1] — den von Amtsgerichtsrat i. R. Geheimrat Drießen in Witzenhausen, einem geistig sehr hochstehenden Zeugen, veröffentlichten Bericht über ein jahrelang in seinem Hause vernehmbares Klopfen von wechselndem Klang, welches deutlich psychische Lenkung, ja erzieherische Absichten erkennen ließ und schließlich durch einen Hellseher — nicht ohne Wahrscheinlichkeit — mit einem verstorbenen Freunde des Berichterstatters in Verbindung gebracht wurde. Das Phänomen war n i c h t an die Anwesenheit einer bestimmten Person gebunden. Regelrechte Unterredungen 'durch Verabredung einer Methodik' konnten hier nicht erzielt werden. Das Phänomen war zur Zeit der Abfassung des Berichts noch im Gange.[2]

In dem zweiten hier mitzuteilenden Falle von hochentwickelten Wechselreden des Phantoms unterliegt seine Identifizierung keinem Zweifel; dagegen treten die Gehörseindrücke hinter den mimischen stark zurück.

Mrs. Dora Blackwell berichtet[3]: — 'Am Morgen des Freitag, d. 1. März 1901, verstarb die Schwiegermutter meiner Kammerfrau im Krankenhaus an Krebs. Ich hatte die alte Frau nie gesehn, hatte keine Ahnung von ihrem Aussehn und nie ihren Taufnamen nennen gehört: meine Kammerfrau, wenn sie von ihr sprach, nannte sie stets 'meine Schwiegermutter'. Die Beerdigung fand am Nachmittag des nächsten Tages statt. Gegen 6 Uhr Abends an demselben Sonnabend las ich in meinem Zimmer und befand mich soz. allein im Hause, denn mein Mann war ausgegangen und die Dienstboten waren alle im Kellergeschoß, 2 Treppen tiefer. Während mehr als einer halben Stunde hörte ich, mehrmals von neuem beginnend, sehr starke Schläge, bald einen, bald mehrere in rascher Folge, und verschiedene Geräusche, als würden Gegenstände im Zimmer selbst umhergezogen, sodaß ich alle Augenblicke den Kopf erhob, jedesmal erwartend, jemand zu sehn, obgleich ich an das

1) S. z. B. Britten 539; Lt 1889 620 ff.; APS VII 431 u. a. (Holms 273 f.); Maxwell 436.
2) ZpF 1929 178 ff.   3) RSMS 1902 717 f. (auch Flammarion III 198 ff.; Delanne II 35 ff.).
Bezeugt von Miss A. Bird, Mr. P. D. Wise, Lady Blackwell u. Dr. A. Blackwell.

Hören solcher Geräusche gewöhnt bin. Mehrmals auch hörte ich Schritte im Flurgang, als beträte jemand das Ankleidegelaß neben meinem Zimmer und ginge dann wieder hinaus. Zweimal stürzte ich nach der Tür und öffnete sie rasch: es war niemand [irgendwo in der Nähe].' Nach der Abendmahlzeit zu zweien meldete sich die Kammerfrau zurück und berichtete in wenigen Worten von der Beerdigung, und eine junge Freundin der Hausfrau kam auf den Abend zu Besuch. 'Bald danach, gegen 9.30, sah ich plötzlich eine undeutliche Gestalt in einigem Abstand auf der andern Seite des Saales. Ich lenkte sofort die Aufmerksamkeit meines Mannes und meiner Freundin auf sie, aber beide sahen nichts. Allmählich wurden die Umrisse dieser Gestalt bestimmter, und bald sah ich sie klar und deutlich und so undurchsichtig, daß die hinter ihr stehenden Möbel verdeckt wurden, wie von einem stofflichen Körper. Die Gestalt schien die einer alten Frau zu sein, mit sehr glänzenden und durchdringenden Augen, ziemlich spitzer Nase und grauen Haaren, die über der Stirne dunkler waren. Das Kleid, zuerst scheinbar schwarz, ging bald ins Dunkelblaue über. Auf dem Kopfe trug sie ein anscheinend seidenes Tuch, gewürfelt mit einer Beimischung von Rot. Ihre erste Bewegung bestand darin, daß sie die Hand zum Kopf erhob, das Kopftuch zurückwarf und es auf den Nacken fallen ließ ...

Mein Mann und ich sprachen sie auf englisch an, aber sie schien uns nicht zu verstehn, wiewohl ihr Blick uns angstvoll zu fragen schien. Darauf sprachen wir zu ihr auf französisch. Diesmal wurde sie ganz aufgeregt und schien mit Zungenfertigkeit zu erwidern, aber ohne daß ich ihre Worte verstehen konnte. Obgleich für die beiden andern Zeugen dieses Auftritts unsichtbar, schien sie dieselben zu sehn und zu hören. Meine Freundin hatte die starke Empfindung einer Bedrückung oder des Erstickens, wie durch eine 'unangenehme Anwesenheit' [unverkennbar ein Anzeichen der medialen Beihilfe-zur-Erscheinung und schon insofern ein Beweis dafür, daß diese mehr war, als eine 'wahre Halluzination']. Ich wandte mich an die Gestalt, aber ohne ihre Antwort hören zu können, was sie zu erregen schien. Endlich sprach meine Freundin die Vermutung aus, daß es Mme M., die Schwiegermutter meiner Kammerfrau, sein könne. [Daraufhin] nickte sie lebhaft bejahend mit dem Kopf. Ich konnte dann einige Laute unterscheiden und verstand schließlich das Wort 'Clémence'. 'Ist das Ihr Name?' fragte ich sie. 'Ja', gab sie durch ein Zeichen des Kopfes zu verstehen. 'Dann kann es nicht Mme M. sein', sagte meine Freundin, 'denn ich habe ihren Namen in der Totenliste in der Zeitung gelesen, und dieser Name war Marthe M...' (Ich hatte die Zeitung nicht gelesen.) Der Schatten machte ein bejahendes Zeichen mit dem Kopf. Durch Fragen brachte ich dann heraus, daß sie beide Namen geführt hätte, ferner, daß sie uns um etwas zu bitten habe, daß sie nicht wisse, daß sie tot sei [eine häufige Angabe eben Verstorbener], obgleich sie zugab, daß sie erst am Nachmittag ihrer eigenen Beerdigung beigewohnt habe! Als ich sie fragte, ob sie bedaure, gegen ihre Schwiegertochter hart gewesen zu sein, verneinte sie durch ein Zeichen. Auf alle meine Fragen antwortete sie durch Zeichen des Kopfes; aber hernach verstand ich das Wort 'Pflaume' *(prune)*. Da, wie ich mich entsann, meine Kammerfrau mir gesagt hatte, daß sie ihr häufig Pflaumen hinbrächte, fragte ich sie, ob sie welche wünsche. Sie verneinte mit dem Kopf. Darauf, nach mehreren Versuchen, riet mein Mann, sie wolle wohl sagen 'ein pflaumenfarbiges Kleid', worauf sie sehr befriedigt schien ... Ich fragte sie, ob sie jemand ein pflaumenfarbiges Kleid zum Geschenk machen wolle; aber sie gab zu verstehn, indem sie wiederholt mit dem Finger auf sich selber wies, daß sie das Kleid für sich persönlich wolle. Wir versuchten ihr ihren neuen Zustand zu erklären, jedoch vergebens. Ich wollte mich ihr nähern, aber die Gestalt wurde undeutlich und schien heftig zu schwanken. Endlich verschwand sie nach und nach meinen Blicken. Während der Dauer dieser Unterredung war der Saal strahlend elektrisch erleuchtet.'

Durch unverfängliche Fragen erfuhr Mrs. Blackwell von der Kammerfrau, daß ihre Schwiegermutter in der Tat Marthe Clémence geheißen und den letzteren Namen stets vorgezogen hatte; sie (die Schwiegertochter) habe zwar die Alte schon eingesargt gefunden, aber erfahren, daß man der Leiche ein dunkelblaues Kleid angezogen und, wie sie meinte, ein rotgewürfeltes baumwollenes Tuch auf den Kopf gelegt habe. Mit einiger Mühe auch brachte Mrs. B. heraus, daß die Frau 72 Jahre alt gewesen und die Gewohnheit gehabt hatte, ihre grauen Haare am Vorderkopf zu färben (vgl. o.); daß sie glänzende Augen gehabt hatte; daß von ihren meist schlechten Kleidern nur zwei aufhebenswert gewesen waren: ein schwarzes und ein pflaumenfarbenes, beide fast neu, von denen die Alte besonders das letztere geschätzt habe. Ein zweites, unter ablenkendem Vorwand unabhängig vorgenommenes Verhör seitens des Mr. Blackwell förderte genau die gleichen Aussagen zutage. —

Gegen eine Deutung des Falles durch 'Dramatisierung unterbewußten Wissens' spricht augenscheinlich schon die Tatsache, daß das Phantom sich auf die Sprache nicht einließ, die der Erscheinenden unbekannt gewesen, dem 'Unterbewußtsein' der Perzipientin und Unterrednerin aber offenbar die vertrauteste war. Auch abgesehn von den (ganz typischen) spukigen Geräuschen zu Beginn des Erlebnisses, muß man doch sagen, daß der Anteil des Phantoms an der Unterredung mit einer Sinnfülle und Natürlichkeit in Mienen und Gebärden durchgeführt wird, die den überwältigenden Eindruck einer selbständigen, von der Unterrednerin unabhängigen Persönlichkeit erzeugt. Daß nicht alle Anwesenden die gleiche Wahrnehmungsfähigkeit für die Erscheinung besaßen, ist ebenfalls ein typischer Umstand solcher Erfahrungen, dem wir schon begegnet sind und noch oft begegnen werden, und der in keiner Weise gegen die nicht-subjektive Art der Erscheinung streitet.

10. Das Argument aus der inneren Motivierung der Erscheinung

Es ist indessen im Falle Blackwell nicht nur die Tatsache ungewöhnlich ausgedehnter Unterredung zwischen Lebender und Phantom an sich, was uns veranlaßt, den Ursprung des letzteren in einer persönlichen Quelle außerhalb der Beobachter zu suchen. Noch wichtiger erscheint mir die Tatsache, daß diese Unterredung eine fast lächerliche Kleinigkeit zutage förderte, welche doch, unbefangen betrachtet, einen Sinn enthüllt — und zwar einen erstaunlich 'menschlich-natürlichen'! —, wenn man darin den Ausdruck einer beunruhigenden Vorstellung sieht, welche Mme Marthe Clémence ins Jenseits 'hinübergenommen' hatte. Ich meine die Erwähnung ihres geliebten pflaumenfarbenen Kleides, das man ihr, vielleicht entgegen geäußerten oder doch gehegten Wünschen, im Tode nicht angezogen hatte. Und wer die Denkweise 'kleiner Leute' kennt, dem wird sich die Vermutung beinahe aufdrängen, — falls eine spiritistische Deutung für ihn überhaupt in Frage kommt, — daß hier das eigentliche Motiv der Erscheinung zu finden sei.

Dieser Schritt von der Suche nach Quellen des Spuks oder Phantoms zu der nach Beweggründen würde offenbar, falls er gelänge, große Bedeutung haben. Motive sind Bestandteile einer ausgesprochen personhaften, soz. biographischen Betrachtungsweise, und sollte es sich als möglich erweisen, ohne Willkür der Deutung aus der Tatsachenverwobenheit einer Erscheinung auf gewisse Beweggründe derselben zu schließen, so wäre damit nicht wenig gewonnen für eine Auffassung, die in Erscheinungen eine Äußerung persönlichen Lebens außerhalb aller Beobachter findet.

Ein solches Unternehmen könnte man für zweifelhaft halten, sofern es, fast mehr noch als die bisherigen Bemühungen, ins eigentlich Innerste des Spukes vorzudringen sucht. Doch wollen wir uns mit abstrakten Bedenken nicht aufhalten; sie haben schon allzu viel Unheil in unsrer Forschung angerichtet, von dem uns nur der ständig erweiterte Blick auf den Reichtum der Tatsachen befreien kann. An ihnen allein soll sich auch der neue Deutungsbegriff erproben, der für uns ja im Grunde nicht einmal wirklich neu ist, indem z.B. schon die Tatbestände der 'vereinbarten' und der 'datierten' Erscheinung, der Erscheinung am Sterbebett Hinterbliebener sowie des Willens zur Todesanmeldung uns Blicke in die 'Motivierung' von Phantomen tun ließen. — Dabei soll die Darbietung des Stoffes nach folgender Regel geschehen: Ich will die Art der anscheinenden Motivierung zum wesentlichen Teilungsgrunde machen, in jeder der entstehenden Gruppen aber solche Fälle voranstellen, in denen die Motivierung aus den Umständen des Spuks nur erschlossen werden kann, und danach solche anführen, in denen sie durch die Erscheinung selbst mehr oder minder deutlich geäußert wird. Bei solcher Anordnung werden offenbar die Fälle der zweiten Art die Auffassung derjenigen der ersten unterstützen; sie werden uns ermutigen, einer Deutung zu trauen, die hier nur aus der gesamten Lagerung des Falles entspringt, dort aber, bei ähnlicher oder gleicher Lagerung, auch noch ausdrücklich behauptet wird, — und zwar behauptet von dem gleichen Wesen, auf welches auch die Gesamtheit der 'stummen' Vorgänge zurückweist. Es wird dabei wieder nicht ausbleiben können, daß gelegentlich Einzelheiten erwähnt werden, die, streng genommen, erst in einen späteren Zusammenhang gehören. Aber diese Schwierigkeit, jedes Argument ausschließlich mit 'reinen' Fällen zu belegen, haben wir ja schon mehrfach kennen gelernt. Sie birgt den Vorteil, daß der Leser die innere Verwachsenheit aller Teilansichten unsres Problems empfinden lernt.

Ich beginne mit dem Hinweis auf Beobachtungen, die darauf deuten, daß eine gewaltsame und für die Welt geheimnisvolle Todesart den Verstorbenen 'beunruhigen' kann; so daß sie ihn etwa als Ankläger seiner Mörder auftreten läßt, oder zur Aufklärung des Dunkels antreibt, das über seinem Tode liegt. Unter dem ersteren Gesichtspunkt könnte man einen der berühmtesten Spukfälle aller Zeiten aufzufassen suchen: die Vorgänge der Jahre 1847/8 in Hydesville, einem Dorf im Staate Newyork, die ja meist als der Ausgangspunkt des 'neueren Spiritismus' angesehen werden. Ohne die oft beschriebnen Ereignisse nochmals ausführlich wiederzugeben, will ich mich auf Andeutung der wichtigsten Punkte beschränken.[1]

Vier Jahre, ehe die Familie des frommen John D. Fox ihr einfaches Zwischenheim in Hydesville bewohnte, war dasselbe die Behausung des Ehepaares Bell gewesen. Bei diesem sprach eines Tages ein etwa 30jähriger wandernder Händler mit Stoffen vor, gekleidet in einen schwarzen Gehrock, helle Weste und helle Hosen. Gleich nach diesem Besuch entfernte Mrs. Bell ihre Dienstmagd Lucretia Pulver aus dem Hause unter dem Vorwand, sie nicht länger halten zu können, holte sie aber bereits nach drei Tagen zur Überraschung der Magd zurück. Ein Auftrag, den der Händler der Magd vor ihrer Entfernung auszuführen versprochen hatte (einen gewissen Stoff bei ihrem Vater abzuliefern), war nicht ausgeführt worden, auch wurde der Mann nie wieder gesehen; dagegen bemerkte das Mädchen viele Gegenstände aus dem Koffer des Händlers in Mrs. Bell's Besitz. Auch beobachtete sie, daß die

---

1) Ausführl. Darstellung nach d. ursprüngl. Quellen: Owen, Footfalls 204 ff.; Tweedale 437 ff.

Frau zwei Röcke ihres Mannes zertrennt hatte und wieder zusammennähte, angeblich weil sie ihm zu groß wären und geändert werden müßten. Von da ab hörte sie unter dem Bettfuß in ihrem Schlafzimmer, welches der Händler eine Nacht bewohnt hatte, Klopftöne. (In demselben Zimmer schliefen nachmals Mr. und Mrs. Fox.) Als einmal das Ehepaar Bell von Hause fort war und die Magd Lucretia ihren Bruder und eine Freundin (Miss Losey) zu sich gebeten hatte, hörten sie alle nachts die Schritte eines Mannes vom Schlafzimmer in die Küche, die Kellertreppe hinab und bis zu einem plötzlichen Halt im Keller gehen. Der Hund saß unter dem Fenster des Schlafzimmers und heulte die ganze Nacht. Etwa eine Woche nach dem Besuch des Händlers stolperte Lucretia im Keller über ein mit lockerer Erde ausgefülltes Loch; Mrs. Bell, die herzukam, sprach von Rattenlöchern, und einige Nächte danach beobachtete die Magd, daß Mrs. Bell die 'Rattenlöcher' mit herbeigeschaffter Erde gründlicher ausfüllte. Während der Folgezeit wurden die Schritte immer wieder nicht nur von Lucretia, sondern auch von Mrs. Bell gehört. Als einige Monate später die Bells die Gegend verließen und das Haus von dem Ehepaar Weckman bezogen wurde, vernahmen auch diese die Klopflaute, denen man nicht auf die Spur kommen konnte, desgleichen Lärm bei Nacht und Schritte im Keller. Das achtjährige Kind der Weckmans schrie gelegentlich auf, weil 'etwas wie eine Hand ihm über Gesicht und Kopf gefahren sei'. Eine Mrs. C. Lape, die zeitweilig bei den Weckmans lebte, sah 'einen Mann in dem an die Küche stoßenden Schlafzimmer. Ich sah ihn deutlich. Ich erschrak, weil ich lange in der Küche gewesen war und nur eine Tür aus ihr ins Schlafzimmer führt, ich also wußte, daß niemand in jenes Zimmer hineingelangt sein konnte. Der Mann stand mit dem Gesicht mir zugewandt. Er trug helle Hosen und einen schwarzen Gehrock. Ich kannte niemand in der Nachbarschaft, der ihm glich. Ich glaubte damals und glaube noch, daß die Erscheinung übernatürlich war.' Infolge dieser Erfahrungen verließen die Weckmans das Haus, welches gegen Ende 1847 von der Familie Fox als Zwischenheim während der Erbauung ihres eigenen größeren Hauses bezogen wurde.

Die Fox wurden nun durch ähnliche Geräusche gestört: teils wieder Klopftöne, die bald im Schlafzimmer, bald im Keller zu erklingen schienen, teils Schritte in verschiedenen Zimmern. Einmal, Ende März 1848, fühlte Kate Fox, die damals 9jährige jüngere Tochter, 'eine kalte Hand auf ihrem Gesicht'. Es wurde nachts am Bettzeug gezogen, und Stühle bewegten sich von ihrem Platz. Gründliche Nachforschungen nach der Ursache dieser Störungen führten zu nichts. Klopfte es an der Tür, während Mr. Fox bereit stand, sie sofort aufzureißen, so fand man niemanden dahinter. Am Freitag, d. 31. März 1848, wurde zum erstenmal die Beobachtung gemacht, daß die Klopftöne die Zahl der 'Fingerschnappe' wiederholten, welche ein anwesender Lebender ausführte, selbst wenn Daumen und Finger nur 'zusammengelegt', aber nicht 'geschnappt' wurden. Damit begann das berühmte Frage- und Antwortspiel mit dem unsichtbaren Störer, auf das ich indessen, der Kürze und Vereinfachung zuliebe, hier nicht eingehen will. Genüge es zu sagen, daß die schließlich in Gang gebrachte 'alphabetische' Unterhaltung mit dem Unsichtbaren die Behauptung zutage förderte, daß er der Geist eines Mannes namens Charles B. Rosma sei, 31 Jahre alt und Witwer, der 5 Kinder hinterlassen habe, nachdem er in jener Dienstagnacht, als Lucretia Pulver von Hause geschickt wurde, gegen Mitternacht ermordet und seiner Gelder und Waren im Werte von rund 500 Doll. beraubt, sein Leichnam aber durch die Küche die Kellertreppe hinab geschleppt und in der Mitte des Kellers verscharrt worden sei. Am 2. April, einem Sonntagmorgen, wurden die Töne zum erstenmal auch bei Tageslicht gehört, vonseiten der vielen, die nun schon das Haus besuchten. Am Tage darauf begann das Nachgraben der Fox und anderer im Keller, das zunächst durch den hohen Wasserstand jenes Monats unterbrochen wurde.[1] Aber im Sommer 1848 wurde es unter günstigeren Bedingungen wieder aufgenommen, und man fand eine Planke, einen Hohlraum, Teile eines irdenen Waschgefäßes (der Geist hatte stets behauptet, daß der Mörder sein Blut in einer Schale aufgefangen habe), Spuren von Holzkohle, Ätzkalk, menschliches Haar, Knochenstücke und Teile eines Schädels. Während der Folgezeit hörte man wiederum das Geräusch eines Kampfes, von Schritten und des Schleppens eines schweren Körpers durch die Zimmer und die Kellertreppe hinab, sowie des Grabens im Keller (doch können diese 'Wahrnehmungen' nach dem nunmehr Festgestellten schwerlich sehr ins Gewicht fallen). — Aber erst im Jahre 1904, in der 3. Woche des November, erfolgte eine entscheidende Bestätigung der schon aus obigem sich deutlich ergebenden Folgerungen: Während Kinder in dem unbewohnten einstigen Hause der Fox in Hydesville spielten, stürzte plötzlich die Ostwand des Kellers ein, wobei eines der Kinder teilweise verschüttet wurde. Als Hilfe geholt worden war, entdeckte man einen Hohlraum zwischen der eingestürzten und der wirklichen Endmauer des Kellers, und in diesem Hohlraum das Gerippe eines Mannes ohne den Schädel. Offenbar hatte der Mörder die zweite Mauer aufgeführt, um ein völlig sicheres Versteck für den Leichnam zu gewinnen.[2]

Podmore gibt eine erbärmlich zurechtgeschnittene Darstellung dieser berühmten Vorgänge, ohne irgendetwas Wesentliches zu ihrer Entwertung beibringen zu können. Gegen Weckmans Zeugnis bemerkt er bloß, daß es erst abgegeben worden zu sein scheine, nachdem die Klopftöne während des Aufenthalts der Familie Fox in dem Hause die ganze Sache allgemein bekannt gemacht hatten! (Wie verständlich ist es, daß man von einer unheimlichen Sache erst spricht, wenn man nicht mehr allein das Odium der Lächerlichkeit zu tragen hat!) Natürlich beruft sich Podmore auch darauf, daß 'keine Bestätigung — *corroborative evidence* — des angenommenen Mordes oder auch nur der Existenz des angeblich gemordeten Mannes je erbracht worden sei'. Zwei Jahre nach Erscheinen seines Buches (1902) war selbst diese Ausflucht widerlegt, die angesichts des geschlossen-natürlichen Zusammen-

---

1) Alle diese Tatsachen wurden am 11. April 1848 vor einem Notar beeidigt.   2) Aus Boston Journal v. 23. Nov. 1904 bei Tweedale 444 f.

hangs der Vorgänge und Beobachtungen an sich schon windig genug erscheinen mußte. Dagegen widmet Podmore 10 Seiten einer Erörterung der Echtheit jener Klopftöne, die in Gegenwart der Schwestern Fox erklangen, und der zugestandenermaßen höchst fragwürdigen — und widerrufenen! — späteren 'Geständnisse' dieser Medien.[1] An der übernormalen Tatsächlichkeit von Klopftönen überhaupt zweifelt heute kein leidlich Wissender mehr, und die *raps* in Hydesville waren ja unbestritten nicht an die Gegenwart der nachmals so berühmt gewordenen Kate, Margaretta und Leah Fox gebunden. Eher schon scheint mir die Frage erwägenswert, wieso diese Klopftöne, falls sie von dem Gemordeten ausgingen, auch auf Fragen Auskunft gaben, deren richtige Beantwortung dieser nicht kennen konnte, während irgendein Anwesender sie jederzeit kannte. Doch ist es schließlich gleichgültig, ob wir eine telepathische Einwirkung dieser Wissenden auf irgendein Medium oder zunächst auf einen 'anwesenden' Verstorbenen annehmen.

Dagegen möchte ich, auch um den Preis des Vorgreifens, einen anderen Umstand gleich hier unterstreichen, der fraglos die an sich naheliegende spiritistische Deutung noch dringender empfiehlt. Der Gemordete machte Angaben über die Stelle, an der sein Leichnam offenbar zunächst verscharrt worden war, überging aber das später zubereitete endgültige Versteck. Dies könnte man[2] unter spiritistischen Voraussetzungen damit erklären, daß er einige Zeit nach seinem Tode das Interesse für seinen Leichnam oder den 'Kontakt' mit ihm verloren hätte. Entstammten die Angaben einem Hellsehn der Medien Fox, oder gar telepathisch verwerteten Gedanken des fernen Mörders an den Tatort, so wäre die Offenbarung des eigentlichen Verstecks zu erwarten gewesen. Diese Auffassung beseitigt aber auch, wie mir scheint, jede Nötigung, aus dem spukhaften Hören des 'Kampfes' und des Abschleppens der Leiche auf einem bestimmten Wege einen Hinweis auf den Mörder als telepathischen Erreger des Spukens zu schöpfen. Dieses trägt vielmehr in allem die Merkmale eines 'örtlichen' an sich, auch in der Beobachtung durch drei aufeinanderfolgende Einwohnergruppen des Hauses, und überdies die eines von innen her persönlich-belebten. Wieweit aus den gemachten 'Enthüllungen' auf ein bestimmtes Motiv auch der vorausgegangenen Spukerscheinungen zu schließen sei, das zu entscheiden, überlasse ich dem Leser, der den Fall einstweilen unbefangen erwägen und mit den nachfolgenden vergleichen möge.[3]

---

1) Vgl. Tischner, Gesch. 15.   2) nach Bozzano (ref. ZP 1931 407).   3) Den in die gleiche Gruppe gehörigen, viel erörterten Fall des Rob. Mackenzie (Pr III 95; vgl. dazu z. B. Dreher in ZP 1926 178) übergehe ich, da seine Behandlung sehr weitläufig würde.

Der eben berührte Gedanke eines Interesses des Verstorbenen an den eignen leiblichen Überresten führt uns auf gewisse Fälle, in denen eben dieses den Schlüssel zur Begründung des Spuks zu bieten scheint; eine Tatsache, die uns am Ende nicht wunderzunehmen braucht angesichts der langen und engen Lebensgemeinschaft, die zwischen beiden bestanden hat. Manchen Lesern wird hier sogleich der häufig angeführte ältere Fall des Adamsschen Skeletts einfallen, über den Prof. Hyslop die noch erreichbaren Zeugnisse gesammelt hat.[1]

Adams hatte mit zwei andren Medizinern die Abmachung getroffen, daß, falls einer von ihnen in der Jugend stürbe, die anderen sein Gerippe zu Lernzwecken übernehmen sollten, aber mit der Verpflichtung zu liebevoller Obhut, oder aber — falls dies nicht tunlich wäre — zur Bestattung. Adams insbesondere soll gedroht haben, Lärm zu schlagen, falls die Bedingung nicht eingehalten würde. Er starb in der Tat bald danach, und sein Gerippe gelangte zunächst in den Besitz John Kinnamans, danach Dr. James Kinnamans (des Vaters des Berichterstatters, Dr. H. A. K.), sodann an dessen Bruder Dr. Lawrence Kinnaman, ferner an Dr. Jackson und schließlich an die beiden Brüder des Erzählers, Robert und Charles K. Und in der Tat soll jedesmal Spuklärm — Schritte, Scherbenpoltern, 'Kugelrollen' u. dgl. — ausgebrochen sein, so oft die Bedingung verletzt, die Gebeine also etwa auf einen Speicher oder in einen Keller fortgeräumt wurden, während jede Rücknahme derselben in die Wohnung und den Kreis der Familie die Störungen aufhören ließ. Ich brauche dem ausführlichen Bericht im einzelnen nicht zu folgen: die behaupteten Tatsachen der angeblich genauen Entsprechung von Behandlung des Gerippes und Spukgeräuschen (die ja an sich durchaus typischer Art sind) liegen größtenteils weit zurück und werden fast durchweg nur zweiter Hand berichtet.

An sinnverwandten Beobachtungen bezüglich sonstiger einem Verstorbenen gehöriger Gegenstände fehlt es nicht. In einem von Lombroso und de Vesme berichteten Fall begannen die Spukvorgänge, als man einen Koffer öffnete, welcher Eigentum des Verstorbnen enthielt; in einem andern, als man gewisse Gegenstände anfaßte und auf einen Bodenraum schaffte, die einem Abgeschiedenen gehört hatten; in einem dritten, als man eine seit einem Todesfall unbenutzte Stube öffnete.[2] — Will man die nächstliegende Annahme umgehn, daß der Verstorbne zunächst mit seiner Hinterlassenschaft irgendwie in Verbindung bleibe und bei einschneidenden Veränderungen, die sie betreffen, in eine Erregung gerate, die sich als sein Spuken äußere, — in welche Deutung will man sich dann flüchten? Sollen wir annehmen, daß das bloße Anrühren, Bewegen, Schütteln der hinterlassnen Gegenstände irgendeinen Einfluß quasi-physischer Art entbinde, der sich in Lärmerscheinungen

---

1) JAmSPR 1910 665 ff.; 1911 484 ff.; Kemmerich 370 ff.; Bozzano, Hant. 50 ff. Vgl. die Fälle ASP 1905 551 ff.; Bates 97 f.   2) Bozzano, Hant. 221.

umsetze? Ich kann mir diese Vorstellung auf keine Weise anschaulich gestalten. Überdies würde sie auf einen Fall, wie den der Adamsschen Gebeine, am wenigsten anwendbar sein: das Gerippe dürfte, wenn es auf den Bodenraum verwiesen war, weniger berührt worden sein, als wenn es in der Wohnstube seiner Besitzer stand. Aber letzteres entsprach einer gestellten Bedingung, also einer erinnerten Vorstellung; ersteres dagegen nicht. Und die Nichtbeachtung dieser Vorstellung allein entfesselte den Spuk. — Oder will man annehmen, daß eine Behandlung der Hinterlassenschaft, von welcher der Überlebende sich sagt (oder unbewußt empfindet), daß sie den Wünschen des Verstorbenen widerspricht, im Überlebenden einen 'Komplex' schafft, der sich in der Erzeugung von spukigen Störungen äußert? Dann müßten wir den Überlebenden zum Halluzinanten oder gar zum Medium stempeln, und beides, vor allem letzteres, erscheint mir bedenklich. In einem so vielfach sich wiederholenden Spuk wie dem Adamsschen jedesmal ein Medium unter den jeweils Anwesenden zu vermuten, wäre unberechtigte Willkür. Dagegen gleichen die Spukvorgänge an sich vollkommen andren, bei denen wir offenbar keinerlei Grund haben, sie bestimmten Lebenden als Medien anzuhängen, weil sie eben nur an einen Ort gebunden erscheinen und von jedem, der den Ort betritt, auch wahrgenommen werden können. Die einzige besondere Voraussetzung aber, zu der uns die spiritistische Deutung nötigt: nämlich daß Verstorbene überhaupt mitunter irdisches Geschehn verfolgen können, kann sich auf zahlreiche Beobachtungen stützen.[1]

Eine andere Wendung erhält das eben belegte Motiv in dem folgenden bemerkenswerten Falle, den Myers zuerst in einer Streitschrift gegen Podmore veröffentlichte.

Herr Karl Dignowitz, Grundbesitzer in Schlesien, 'ein Mann von stark praktischer Veranlagung und äußerst tätigen Lebensgewohnheiten', berichtet das Nachstehende aus offenbar noch frischer Erinnerung: 'Vor etwa einem Jahre [am Sonnabend, d. 15. Sept. 1888, 4.30 nachm., laut vorliegender Todesurkunde] starb in einem Nachbardorf ein Brauer namens Wünscher, mit dem ich befreundet gewesen war [den ich aber nur selten zu besuchen Gelegenheit gehabt hatte]... Ich wußte nicht von seiner [kurzen] Krankheit, noch von seinem Ableben. Am Tage seines Todes ging ich um 9 Uhr zu Bett, müde von der Arbeit, die mein Beruf als Landwirt von mir fordert... Meine Kost ist einfach, Bier und Wein sind seltene Dinge in meinem Hause, und Wasser war wie gewöhnlich an jenem Abend mein Getränk gewesen. Da ich von sehr gesunder Konstitution bin, schlief ich ein, sobald ich mich niederlegte. Im Traum hörte ich den Verstorbenen mit lauter Stimme rufen: 'Junge, mach

---

1) Vgl. zB. Pr VIII 170 ff.; XXIII 114; XXXVI 190 ff. 202 f.; Hyslop, Science 206; Thomas, J. F., Stud. 91 u. a. m.

rasch und gib mir meine Stiefel.' Dies weckte mich, und ich bemerkte, daß um unseres Kindes willen meine Frau das Licht hatte brennen lassen. Ich dachte mit Vergnügen an meinen Traum und wie Wünscher, der ein gutmütig-humorvoller Mann war, lachen würde, wenn ich ihm davon erzählte. Während ich noch daran denke, höre ich Wünschers Stimme draußen dicht unter meinem Fenster schelten. Ich richte mich im Bette auf und horche, kann aber seine Worte nicht verstehen [und ärgere mich über die unbegreifliche nächtliche Störung]. Plötzlich kommt er ins Zimmer, hinter der Wäschepresse hervor, geht mit langen Schritten an den Betten meiner Frau und meines Kindes vorüber, und mit den Armen immerzu wild herumfuchtelnd, ruft er aus: 'Was sagen Sie dazu, Herr Oberamtmann? Diesen Nachmittag um 5 Uhr bin ich gestorben.' Erschrocken über diese Nachricht rufe ich aus: 'O, das ist nicht wahr!' Er erwidert: 'Wahrhaftig, wie ich Ihnen sage; und was meinen Sie? man will mich schon am Dienstag Nachmittag um 2 begraben', wobei er seinen Behauptungen immerzu durch heftige Gebärden Nachdruck verlieh. Während dieser langen Reden meines Besuchers prüfte ich mich selbst, ob ich wirklich wach wäre und nicht träumte ... Ja, dort ist das Licht, dort der Krug, dies ist der Spiegel und dies der Brauer; und ich kam zum Ergebnis: ich bin wach.' Befürchtend, seine Frau könnte erwachen und den Brauer in ihrem Schlafzimmer sehn, überzeugt er sich, daß sie schläft; 'aber sie sieht sehr blaß aus'. Er bittet Wünscher, leiser zu sprechen, worauf dieser in ruhigerem Ton erwidert: 'Seien Sie nicht bang, ich will Ihrer Frau nichts zuleide tun.' 'Es geschehen wirklich Dinge, für die wir keine Erklärung finden', dachte ich bei mir selbst und sagte zu Wünscher: 'Wenn es wahr ist, daß Sie gestorben sind, so bedaure ich es ehrlich; ich will auf Ihre Kinder acht geben.' Wünscher trat auf mich zu, streckte seine Arme aus und bewegte die Lippen, als wollte er mich umarmen [oder gar 'küssen', was D. entschieden zurückwies], aber ehe mein Arm ihn erreichte, war die Erscheinung verschwunden ...' D. überzeugte sich, daß seine Frau noch schlief, stand auf und sah nach der Uhr, die 7 Minuten nach 12 zeigte. — Die Beerdigung Wünschers fand (wieder laut Sterbeurkunde des Standesbeamten des Kreises Sagan) tatsächlich am Dienstag um 2 statt, und Frau Wünscher teilte Herrn D. mit, daß dieser Zeitpunkt 'im Sterbezimmer unmittelbar nach Wünschers Tode festgesetzt wurde, weil entfernt lebende Verwandte drahtlich herbeigerufen werden mußten. Wünscher hatte eine Lungenentzündung gehabt, die in Herzlähmung endete. Während seiner Krankheit hatten sich seine Gedanken viel mit mir [D.] beschäftigt, und er hatte sich oft gefragt, was ich wohl sagen würde, wenn ich wüßte, wie krank er war.' [1]

Es wird uns nicht ausdrücklich versichert, daß diese Erfahrung einzigartig in Hrn. Dignowitz' Leben dastand; aber man glaubt es aus mehreren Angaben fast erschließen zu dürfen. Er selbst läßt sie sich an etwas anschließen, was er als 'Traum' bezeichnet, und der schlecht be-

---

1) Pr VI 341 f. (Ich muß aus d. Engl. zurückübersetzen. Die engl. Übers. gibt die Namensform Dignowity[?].) Eine schriftliche Bestätigung von Frau D. liegt im Druck vor.

lesene Zweifler könnte versucht sein, das ganze Erlebnis für einen in scheinbares oder halbes Wachen hinein fortgesetzten Traum zu erklären, der freilich auch dann noch unerhörte Lebhaftigkeit besessen hätte und für den man telepathischen Ursprung fordern müßte. Über das Wesen-an-sich auch dieses Phantoms brauchen wir uns hier noch nicht den Kopf zu zerbrechen. Es gleicht durchaus hundert andern Spukerscheinungen, die durch irgendwelche Merkmale Objektivität beanspruchen, und wir müssen bedauern, daß Frau D. nicht rechtzeitig erwacht ist, um sich gegebenenfalls an der Wahrnehmung zu beteiligen. Die typische Artung des Phantoms läßt durchaus die Annahme zu, daß D. während seiner Beobachtungen wach gewesen sei, worauf ja zahlreiche Einzelheiten seines Berichtes deuten; des weiteren aber macht das Phantom durchaus den Eindruck, als ginge es in seinen Einzelheiten auf den $7^1/_2$ Stunden vorher Verstorbenen zurück; ja man kann sogar in dem, was Dignowitz selbst noch als 'Traum' bezeichnet, das Einsetzen des Spukablaufs als 'Erlebnisses des Verstorbenen' erblicken: Wünscher 'erlebt innerlich' den 'Gang zum' Freunde; 'ruft' also zunächst nach seinen Stiefeln (was D. noch schlafend 'hört'), fängt, noch ehe er D.s Haus betreten hat, zu 'schelten' an, 'betritt' sodann das Schlafzimmer des Freundes und gerät mit diesem in das berichtete Zwiegespräch. Was aber vor allem die Bewirkung des ganzen Spukablaufs durch Wünscher befürwortet (also gegen dramatische Ausgestaltung telepathischen Wissens um die nackte Tatsache des Todesfalles spricht), ist folgendes: Wie uns ein sehr viel späterer Zusammenhang lehren wird,[1] nehmen eben Verstorbene häufig wahr, was in ihrem Sterbezimmer getan und gesprochen wird. So hat auch W. anscheinend gehört, er solle bereits in drei Tagen beerdigt werden, und dies ist es offenbar, was ihn so sehr 'aufgeregt' hat: wir dürfen vermuten, daß er zu den vielen gehörte, die ein Lebendig-Begrabenwerden fürchten; er 'gestikuliert' mit größtem 'Nachdruck': 'Was meinen Sie? man will mich schon am Dienstag Nachmittag begraben.' Er spürt, daß er sich seinen Hinterbliebenen nicht bemerkbar machen kann; aber mit der hundertfach belegten Sicherheit der Entleibten weiß er den Weg zu einem zu finden, bei dem er es kann; er läuft — in 'innerem Erleben' — zu dem Freunde und macht ihm einen erregten Auftritt, vielleicht — das 'blasse' Aussehn und Nichterwachen der Frau könnte darauf hindeuten — unterstützt in seiner Autophanie durch die Nähe einer medial veranlagten Person (denn Dignowitz selbst möchte man nach den Angaben schwerlich für eine solche halten). — Diese Deutung mag manchem hier noch weit hergeholt erscheinen. Ich bitte gleichwohl, mit

1) Abschnitt VI.

einiger Geduld von ihr Kenntnis zu nehmen. Sie wird hier aus sehr umfangreicher Kenntnis von Tatsachen heraus empfohlen und wird mit
dem Fortschritt der Untersuchung auch für den Leser an Glaubwürdigkeit gewinnen.

Der nächste Bericht, außerordentlich durch die Fülle der Erscheinungen, verschiebt das Interesse der Spukpersönlichkeit wieder um ein
geringes: von den eigenen Überresten an sich auf den Ort von deren
Unterbringung. Beobachtungen, die ein Wissen Verstorbener um ihr
Grab und dessen Behandlung andeuten, sind überhaupt so zahlreich,
daß sich eine eigene Abhandlung darüber verlohnen würde. Der Bericht stammt von dem bereits erwähnten Rev. Ch. Tweedale, einem englischen Geistlichen von vorzüglicher Bildung (er ist Mitglied der Astro-
nomischen Gesellschaft), wie auch besonders geschult in den Erforder-
nissen der Bezeugung schwer glaubhafter Geschehnisse (wie der Bericht
erweisen wird).

'Am 13. August 1905 starb meine Tante, Lea Coates, Tochter des Ingenieurs
Charles Coates in Crawshawbooth, nach einem sehr zurückgezogenen und er-
eignislosen Leben, ... unter erschütternden Umständen. Sie hatte einen Anfall oder eine Ohnmacht, während sie eine Treppe emporstieg, und schlug
beim Fall mit dem Kopf so heftig auf, daß sie das Bewußtsein verlor.' Sie
konnte sich nach einiger Zeit zu ihrer gebrechlichen Schwester hinschleppen,
der es mit Aufbietung aller Kraft gelang, Vorübergehende herbeizurufen.
Nach einigen Tagen starb Lea C., nachdem sie nur auf Augenblicke das Bewußtsein wiedererlangt hatte. Sie wurde in der Familiengruft bestattet. Fünf
Jahre darauf starb auch die kranke Schwester, Elisabeth, und Rev. Tweedales
Mutter, die zeitweilig mit der Schwester zusammengelebt hatte, zog zu ihm
ins Haus. Sechs Monate danach, im November 1910, begann in seinem Hause
eine Reihe von Kundgebungen, über die er allmählich ein Manuskript von
mehreren hundert Seiten zusammenbrachte.

'Am 6. November wurden verschiedene Erscheinungen im Schlafzimmer
meiner Mutter sowie auf der Treppe und dem Treppenabsatz gesehen — von
meiner Mutter, meiner Frau, meinem Sohn, meinen Töchtern und der Dienstmagd. Eine dieser Gestalten war die einer Frau in sehr schöner weißer Gewandung, wie aus feinster Spitze, und mit einer Art Schleier über dem Gesicht. Am 19. Dezember, etwa um 8 Uhr abends, wurde diese Gestalt
wiederum gesehen.

Die Erscheinungen wurden begleitet von einer Reihe außerordentlicher
Phänomene, einschließlich der Erscheinung einer [geflügelten kugelartigen
Form] ... Diese erschien mehrmals über der Tür von Mutters Zimmer, die
Flügel flatterten wie die eines Vogels, und der Vorhang an der Innenseite der
Tür wurde zur Seite gezogen, ... obgleich niemand sich näher als 3 m befand.
Dies wurde gesehn von meinen Töchtern Marjorie und Sylvia, meiner Mutter
und einer Magd. Während dieser Erscheinung hörte man lautes Kratzen wie

von einem großen Vogel oder Tier auf den Türfüllungen, und eine Stimme, anscheinend aus der Richtung der Erscheinung kommend, rief: 'Ich brauche dich.' Dies wurde mehrmals wiederholt, und dann rief die Stimme: 'Marie, Marie,' und schließlich 'Mary, Mary, Mary' [der Name der Mutter]. Darauf folgte ein langes Knurren wie von einem Tier, das in einem Geheul oder Klagelaut endete. Alle vier Zeugen hörten dies, und trotz augenblicklichen Nachforschens konnte nichts entdeckt werden, was die Erscheinung erklärt hätte.' — Ähnliche Beobachtungen durch 6 Personen, darunter den Sohn des Hauses, am 11. Dez. 7 Uhr abends bei 'hellem Lampenlicht'. — Am 18. Dez. 7 Uhr abends, während der Sohn Herschel und die Tochter Marjorie sich mit der Mutter im Speisezimmer befanden, wurde die Tür plötzlich weit aufgerissen und eine Stimme rief wieder: 'Ich brauche dich'. Sofortige Nachforschungen waren vergeblich. Eine halbe Stunde später, während Mutter und Sylvia im Speisezimmer waren und beim Schein einer 100 kerzigen Lampe, erschien hinter einem Vorhang her die weiße hohe Frauengestalt und glitt durchs Zimmer nach der offenen Tür, durchschritt den Vorsaal und begab sich den zur Küche führenden Gang hinab. Die Mutter hielt sich unmittelbar hinter ihr und griff wiederholt nach ihr, 'aber ihre Hände konnten sie nie fassen.'¹ 'Mein Sohn Herschel und meine Tochter waren im Vorsaal, als die Gestalt, von meiner Mutter und Sylvia verfolgt, aus dem Speisezimmer hervortrat, und sahen somit, was vor sich ging. Als die Gestalt den Fuß der Hintertreppe erreicht hatte, die in den Gang mündet, stürmte sie die Treppe empor. In diesem Augenblick betraten meine Frau und die Magd Ida den Gang von der Küche her, und alle sechs sahen die weiße Gestalt. Als diese den Fuß der Treppe erreichte, warf sich Mutter ihr nach mit einem verzweifelten Versuch, sie zu fassen. Die Gestalt betrat die steile Treppe in sehr rascher Bewegung, aber ohne Geräusch. Sie schien zu gleiten. Meine Mutter machte eine letzte Anstrengung, sie zu erreichen und [zu umfassen]. Ihre Hand stieß auf keinen Widerstand, und sie konnte nichts greifen. Alle andern sahen, wie meine Mutter versuchte, die Erscheinung zu fassen. Als sie diesen letzten Versuch machte und ihren Arm geradeaus auf die Gestalt zu schwang, hörten alle ein lautes Knurren oder Brummen, wie von einem Tier.'²

Am 22. Dezember — Rufen und 'Sprechen' im Oberstock nebst 'großem Lärm' und 'Läuten aller Hausglocken'. Sechs Personen hörten die 'Stimme' in langgezogenen klagenden Tönen sehr laut und klar sprechen. Die Mutter mit den beiden Töchtern ging hinauf und 'fragte, wer es sei, die Stimme erwiderte: 'Lea', und eine lange Unterhaltung über vertrauliche Familienangelegenheiten fand statt. Endlich rief die Stimme zweimal: 'Gute Nacht!', in langgezogenem, unbeschreiblich traurigem, klagendem Ton. Sechs Personen also hörten die Stimme bei dieser Gelegenheit und sind gewiß, daß sie vom oberen Ende der Treppe her zu kommen schien. Eine gründliche Nachforschung wurde angestellt, aber niemand sonst im Hause gefunden. Lea

---

1) Vgl. o. S. 125.   2) Sorgfältig ausgearbeitete Protokolle, sofort niedergeschrieben und von allen gezeichnet.

sagte, sie rufe vom 'grauen Zimmer' [im Oberstock] her. Mutter begab sich in dies Zimmer, aber nichts war zu sehen.'[1]

Ähnliche kollektive Beobachtungen fanden am Tage darauf statt, und die Stimme bat wiederum, die Mutter möchte sich in die Gegend begeben, wo Lea gelebt hatte. Auch das klagende 'Ich bra-u-u-u-ch-e d-i-ch' ward gehört. Diesmal nahm der Rev. Tweedale an den Wahrnehmungen teil. Er verriegelte die Gangtür, 'um Dienstboten und Kinder auszuschließen und so die Aufgabe der Untersuchung zu vereinfachen', begab sich hinauf und beobachtete die klagenden, langgezogenen Töne der Stimme. 'Ich habe nichts ähnliches vor- oder nachher gehört. Ich kam zur Ansicht, daß der schrecklich heftige Schmerz, der in den Tönen lag, der Art der Erzeugung der Stimme zuzuschreiben war, und nicht so sehr einem wirklichen Kummer.' (Dies wird aber nicht weiter begründet.) Er stellte wiederum genaueste Nachforschungen an und ließ seine Frau von verschiedenen Stellen aus den Versuch einer Nachahmung der Stimme machen. 'Aber wie sie es auch anstellte: die Wirkung war völlig unähnlich dem, was wir gehört hatten. Bei allen ihren Versuchen konnten wir dem Ton sofort eine Stelle anweisen, ebenso wenn sie und die Kinder es von außerhalb des Hauses her versuchten; die Stimme aber, die wir gehört hatten, schien aus der Luft zu kommen und von Zimmer zu Zimmer sich fortzubewegen in einer Art, die alle Versuche der Nachahmung zuschanden machte.'

Am 25. Dezember trat wiederum die weiße Gestalt im blendend erhellten Speisezimmer hinter einem zurückgezogenen Vorhang hervor und 'durchschritt glatt den Weihnachtsbaum' (ohne ihn umzustürzen oder eine einzige der daran aufgehängten Sachen zu bewegen). Sie stieg die Treppe auf und ab, von vier Personen in verschiedenen Abschnitten ihrer Ortsbewegung gesehen.

Am 29. hörten drei Personen das übliche 'Ich brauche dich' und ein 'Ja' auf die Frage, ob man der Stimme ins graue Zimmer folgen solle. Die Mutter rief das Ehepaar Tweedale herbei, das sich nun gleichfalls dorthin begab und um Verkehr durch Klopftöne bei Hersagen des Alphabetes bat. 'Laute Klopftöne erfolgten sogleich, und Leas Anwesenheit wurde behauptet. Die Begrüßung durch die Familie rief einen 'Schauer lauter, gleichsam jubelnder Klopftöne' hervor. 'Bist du glücklich?' fragte Tweedale. 'Nein.' 'Kannst du uns sagen, worüber du unglücklich bist?' 'Ja.' Dann wurde 'Gruft' und 'Le' hervorbuchstabiert, das letztere aber nicht, wie erwartet, zu 'Lea' ergänzt, sondern zu '*letters*', Buchstaben. Ob sie die Buchstaben der Schrift über der Gruft meine? Lautes 'Ja'. Tweedale besann sich nun auf eine Aussage seiner Mutter, daß infolge ihrer und der Schwester Elisabeth Krankheit und ihres Fortzugs von Crawshawbooth die Inschrift auf dem Granitpfeiler nicht angebracht worden war. Auf eine entsprechende Frage erfolgte ein 'sehr lautes Ja', worauf man Abhilfe versprach. Ein späteres Gespräch dieser Art am selben Abend förderte Leas Wunsch zutage, daß

---

[1] Protokoll, von den 6 Zeugen gezeichnet.

das Versäumte sofort nachgeholt werde, was aber des Winterwetters wegen zunächst nicht möglich war.

Ähnliche Beobachtungen und Unterhaltungen mit der Stimme in Gegenwart mehrerer Zeugen folgten am 30. Dezember, 1. Januar und 8. Jan. 1911. Am 1. März scheint die gesehene Gestalt eine Tür geöffnet und am helllichten Tage in zwei Zimmern allerhand Sachen durcheinandergebracht zu haben. Am 24. März sahen vier Personen die Gestalt, z.T. gleichzeitig, an verschiedenen Stellen des Hauses, und im Verlauf einer 'langen Unterhaltung mit meiner [Tweedales] Mutter sagte die Stimme: 'Marie, Marie, ich will meinen Namen auf der Gruft haben.' 'Wir sind dabei, es zu tun.' 'Tu es jetzt', erwiderte die Stimme' nebst 'Äußerungen der Enttäuschung und Ungeduld, mehrmals wiederholt', worauf alle Glocken läuteten und der Gong in der Halle ertönte. (Am 1. Jan. und 26. Febr. 1911 hatte man Lea den Gong geradezu anschlagen gesehen.)

Seit dem 18. Januar wurden überdies wiederholt und von mehreren sehr lebendige Erscheinungen eines weißen Terriers mit schwarzem Rückenfleck beobachtet, allein oder in der Begleitung der weißen Gestalt (die Tweedales hielten keinen Hund), was natürlich an das vorher wiederholt gehörte Knurren erinnert, besonders beim versuchten Greifen der Gestalt. Im Aussehn glich dieser 'Terrier' aufs Haar einem Hunde, den Lea besessen hatte und der einige Jahre vor ihr gestorben war. Niemand im Hause Tweedale außer dem Hausherrn hatte diesen Hund je zu dessen Lebzeiten gesehen, auch war er nie photographiert worden. Ich gehe aber auf diese Erscheinungen hier nicht näher ein.[1]

Inzwischen waren Anordnungen wegen Anbringung der Inschrift erlassen worden, die aber, 'wie wir später erfuhren, erst nach Ablauf von 6 Monaten ausgeführt wurden'. Im April kehrte die Mutter nach ihrem Geburtsort zurück, man glaubte die Angelegenheit bei ihr gut aufgehoben, und tatsächlich unterblieben weitere Kundgebungen bis zum 24. Sept. An diesem Tage um 7 Uhr abends wurde unerwartet die Stimme vom grauen Zimmer her gehört: 'Marie hat den Namen auf die Gruft gesetzt.' In der Tat war dies kurz zuvor geschehen. Die vorhandene Rechnung ist am 22. Sept. ausgestellt, und Mrs. Tweedale sen. erhielt sie am 23. Eine Postnachricht darüber konnte das Tweedalesche Haus erst nach dem 24. erreichen; man hörte also von der Erfüllung des Wunsches der Verstorbenen zuerst durch die 'Stimme'.

Die Erscheinungen dauerten noch einige Zeit fort, doch wird die Äußerung von Wünschen nicht mehr berichtet. Am 9. Febr. 1913 nahm Leas Phantom aus den Händen der Mrs. Tweedale einen Gegenstand, den sie zu Lebzeiten viel benutzt hatte, indem sie sagte: 'Das ist Lea, das gehörte mir.' Dies war ihr letztes Auftreten. Nur der Hund wurde noch am 8. Okt. 1914, 22. Aug. 1915 und 10. Febr. 1916 gesehen.[2] —

Klare Hinweise auf die mediale Mitwirkung einer Lebenden vermag ich

---

1) Über Tierphantome s. u. Kap. 11 und die später zu veröff. ausführl. Fassung desselben.
2) Tweedale 130 ff. — Vgl. den erstklassig bezeugten Fall Maxwell 297 f.

in dem ganzen Bericht nicht zu entdecken. Das Aussetzen der Erscheinungen nach Abreise der Mutter enthält einen solchen offenbar nicht, denn die Kundgebungen beginnen später mit gleicher Kraft und Deutlichkeit, ohne daß jene zurückgekehrt wäre. Auch Mrs. Tweedale jun., die man nach vielen Berichten ihres Gatten für ein Medium halten darf, ist bei manchen der hier beschriebenen Erscheinungen mindestens nicht zugegen; so würden Vermutungen in dieser Richtung einigermaßen in der Luft hängen. Wir erfahren, daß ein beträchtlicher Teil der im grauen Zimmer stehenden Möbel der Spukenden gehört hatte; aber weder beschränken sich die Kundgebungen auf dieses Zimmer, noch ist zu begreifen, wie denn so lebensvolle Erscheinungen von jenen Gegenständen 'ausgehen' könnten (mögen diese immerhin als 'Anziehung' gewirkt haben). Eine der letzten Erscheinungen des Hundes (am 22. Aug. 1915) erfolgt, während Tweedale, allein in seinem Arbeitszimmer, den eigenen Bericht über die Stimmenkundgebungen seiner Herrin durchliest. Mrs. Tweedale stürzt herein und berichtet, sie habe den 'Terrier' soeben gesehen und bis zur Tür des Schreibzimmers verfolgt. Was soll aber auch das erklären? Ein angenommener Zusammenhang wäre durchaus zweideutig. Anderseits sind Indizien, welche die Erscheinungen auf einen unerfüllten Wunsch der Verstorbenen zurückbeziehen, überwältigend nach Zahl und Gewicht. Die Annahme, daß das 'schlechte Gewissen' der Hinterbliebenen einen 'Komplex' erzeugt und dieser dann die Spukerscheinungen irgendwie (aber ohne jede Beteiligung der Verstorbenen) hervorgetrieben habe, begegnet nicht nur der oben berührten Schwierigkeit, das Medium ausfindig zu machen, sondern verträgt sich auch schlecht mit dem Fortfahren der Kundgebungen, nachdem der Auftrag bez. der Inschrift erteilt ist, also alle Lebenden das Bewußtsein erfüllter Pflicht haben, ja nachdem die vollendete Ausführung des Auftrags allen Lebenden bekannt ist; nur daß wir jetzt nichts mehr von geäußerten Wünschen hören! Überhaupt erwecken gewisse Einzelheiten — wie z. B. das mehrmalige 'Ich brauche dich', das typische Ausweichen der Gestalt bei Greifversuchen, die langen Unterhaltungen über 'vertrauliche Familienangelegenheiten' und über das eigentliche Anliegen — den starken Eindruck wirklichen Eigenlebens des Spuks, dessen ganzer Ablauf ungezwungen verständlich erscheint, wenn er auf die Verstorbene und ihren unerfüllten Wunsch zurückgeführt wird. Auch der Umstand, daß ihr Tod ein plötzlicher gewesen war und sie vermutlich an der Niederlegung jenes Wunsches in wirksamer Form verhindert hatte, würde mit einer solchen Auslegung vorzüglich in Einklang stehen.

Im Falle der Lea Coates hing also die Beunruhigung, die das Spuken hervortrieb, an der Nichterledigung eines Wunsches, den die Verstorbene 'hinübergenommen' hatte. Damit berühren wir ein weites Gebiet verwandter, wiewohl verschieden gefärbter Spukbegründungen, die sich alle etwa dem Begriff des angestrebten Ausgleichs unterordnen lassen: eine Bestimmung, die der Verstorbne getroffen hat, bleibt unerledigt; eine Verpflichtung ruht auf ihm, der er nunmehr nicht folgen kann; ein Versprechen, das er gegeben, kann er nicht mehr erfüllen, — und was dergleichen Schattierungen quälenden 'Abschneidens', der verhinderten Lösung innerer Spannungen mehr sein mögen. — Ich gebe eine Reihe von Beispielen, die der Leser ohne weiteres in die eine oder andre der angedeuteten Abarten einordnen wird, und stelle dabei, wie gesagt, die soz. stummen Spuke den ihren Anlaß 'ausdrücklich' bekundenden voraus. — Vom ersten von jenen könnte man allerdings fast sagen, daß der Spuk selbst die Beziehung auf einen unerfüllten Wunsch wenigstens mimisch angedeutet habe. Der Bericht stammt von dem Rev. Gerrard Lewis, Vikar der St. Paulskirche in Margate, zwar 16 Jahre nach dem Erlebnis niedergeschrieben, aber sehr bestimmt in den wichtigsten Einzelheiten. Ich fasse ihn möglichst kurz zusammen.

Am 19. Sept. 1866 starb in London an der Schwindsucht ein junger Mann, James Henry P., Sohn des Kutschers von Lewis' Schwiegermutter. P.s Vater hatte diesen Sohn dem Erzähler gegenüber nur zweimal flüchtig erwähnt, der sich infolgedessen kaum seines Daseins erinnerte. Am Nachmittag des 22. Sept. ging Lewis am Hause vorüber, dessen Kellergeschoß die P. bewohnten, und sah, als er herantrat, 'einen jungen Mann, in schwarzer Kleidung, ohne Hut, anscheinend etwa 20 Jahre alt', in dem vertieften Vorhof stehen. An der großen Ähnlichkeit meinte er sofort P.s Sohn zu erkennen. Sie blickten einander fest an. 'Plötzlich trat der junge P. noch näher heran und heftete auf mich seine Augen, weit aufgerissen und ohne zu blinzeln ... Der Wunsch zu sprechen war deutlich auf seinem Gesicht zu lesen, aber nichts Hörbares kam von seinen Lippen. Nur seine Augen sprachen; jeder Zug seines Gesichtes sprach, redete soz. eine stumme Sprache, in der sich Schmerz und Vorwurf zu gleichen Teilen zu mischen schienen.' Lewis ärgerte sich, meinte, der junge Mann hätte ihn mindestens grüßen sollen, und ging seines Weges weiter. Am 23. oder 24. September (genaueres nicht zu ersehen) erfuhr L., daß der junge P. gestorben sei, in dem Zimmer, vor welchem er ihn gesehn und in welchem er z. Zt. noch lag! Drei Monate lang und bis zu seinem letzten Atemzuge hatte der Kranke den Besuch des Pfarrers sehnsüchtig erwartet; doch war diesem vom Vater seltsamerweise weder dieser Wunsch, noch selbst die Krankheit des Sohnes mitgeteilt worden. Er ähnelte seinem Vater in auffallendem Maße.[1]

Hier müßte eine animistische Deutung annehmen, daß der sehnliche Wunsch des Kranken sich telepathisch auf den Rev. Lewis übertragen habe, der beim Vorübergehen am Hause, worin der Leichnam lag (und vielleicht mit Hilfe dieser 'psychometrischen' Beziehung?) sein unbewußtes Wissen zu einer Halluzination gestaltete, die jenes Sehnen soz. mimisch dramatisierte. Dabei wäre freilich höchst seltsam, daß die vorausgesetzte telepathische Empfänglichkeit (gerade für P.!)

---

1) Pr III 93 ff.

den Geistlichen während d r e i e r M o n a t e fortgesetzten Sehnens nicht
e i n m a l zu einem Besuch bei dem Kranken angetrieben oder schon
v o r P.s Tode zu einer Halluzination geführt hätte. Auch hatte ja
Lewis den jungen P. nie gesehn. Und wenn wir auch die 'große Ähnlichkeit' der Erscheinung mit dem älteren P. allenfalls auf Lewis'
Wissen um jene Ähnlichkeit zurückführen könnten, so erscheint ein
solches Phantasieschaffen doch nicht gerade wahrscheinlich. (Freilich
erfahren wir auch nichts von einem nachträglichen Vergleich der Erscheinung mit der Leiche oder einem Bildnis des jungen P.) Daß ein
Phantom — trotz langen 'Sehnens' — erst n a c h dem Tode P.s gesehn
wurde; daß es gesehn wurde in dem Augenblick, da der Verstorbene
soz. denken konnte: 'J e t z t kommst du zu meinem Hause, und konntest
es nicht e i n m a l in drei Monaten tun!' —, sowie endlich der 'persönlich-
natürliche' Gesichtsausdruck der Erscheinung[1] — dies alles spricht für
den Unbefangenen deutlich zugunsten einer Autophanie des jungen P.

Einen Fall von noch ausdrücklicherer Bezugnahme auf den unerfüllten Wunsch bringt die große Forscherin und Kritikerin Mrs. Sidgwick
(Prinzipalin eines Cambridger College und Schwester des früheren britischen Erstministers Balfour) in ihrer Arbeit über 'Phantome Toter'
bei; er sei hier wenigstens kurz zusammengefaßt.

Ein Vater willigte nicht in die Verheiratung einer Tochter. Die Mutter
flehte ihn auf dem Sterbebette darum an, hatte aber vor Beginn ihrer Krankheit zu einer andern Tochter gesagt, sie werde, falls sie sterbe, e h e ihr
Mann seine Einwilligung gebe, ihn als Spuk verfolgen, bis er es tue. Dies
hat der Vater n i e e r f a h r e n; aber monatelang täglich um 4 (die Stunde ihres
Todes)[2] erschien ihm die Verstorbene und redete ihm von dem jungen
Paare, und dies hörte erst an dem Tage auf, da der Vater seine Einwilligung gab. Dieser, wie er um die Drohung nicht wußte, soll auch das
Aufhören des Spuks nicht einmal nachträglich mit der Heirat der Tochter
in Verbindung gebracht haben.[3] — Gleichwohl hält Mrs. Sidgwick es für
möglich, daß 'die Erscheinung [in der Einzahl! Es waren aber viele und tägliche!] einfach eine krankhafte Wirkung des Kummers und der Qualen des
Vaters' v o r seiner Zustimmung zur Heirat gewesen sei. Ein seltsames Phänomen bei einem Manne, der sonst wohl niemals Halluzinationen gehabt
hat. Aber Mrs. Sidgwick übersieht dabei n o c h einen seltsamen kleinen
Umstand. Man fragte den Vater, in welcher Kleidung das Phantom erscheine, und er beschrieb sie. Es war die, in welcher die Verstorbene der
Tochter gegenüber ihre Drohung geäußert hatte. Ein kaum verkennbarer
Hinweis auf die Beteiligung von E r i n n e r u n g e n der V e r s t o r b e n e n; man
müßte denn wieder die sehr gewaltsame Vermutung wagen, die — T o c h t e r
habe diese Erscheinungen 'erzeugt'!

Zu dem reichen Kapitel u n e r l e d i g t e r Verpflichtungen des Verstorbenen selber übergehend, beginne ich mit einem 'frisch gepflückten' und in jeder Einzelheit glaubwürdigen Fall.

An einem Freitag des August 1890 wurde Mr. Russell, ein Mitglied des Kirchenchors der St. Lukaskirche in San Francisco, um 10 Uhr vorm. auf der Straße vom Schlage getroffen und starb um 11 in seinem Hause. Etwa um 1.30 erreichte ein vom Geistlichen der Kirche, Rector Wm. W. Davis, abgesandter Bote mit der Todesnachricht das Haus des Chorleiters H. E. Reeves, erfuhr, daß dieser im Oberstock sei, wartete unten im Saal und berichtete inzwischen der Schwester und Nichte des Mr. R. von dem traurigen Vorfall. Als diese einen Ausruf 'Mein Gott!' hörten, liefen sie hinaus und fanden Reeves halbwegs auf der Treppe sitzend, der ihnen sagte, daß er soeben Russell 'gesehen' habe. Als man ihm mitteilte, daß Russell tot sei, kehrte er sich wortlos um und ging auf sein Zimmer zurück, wo man ihn blaß und völlig zusammengebrochen fand. Er war, wie er bekundete, damit beschäftigt gewesen, Musikstücke für den kommenden Sonntag auszuwählen. Auf seinem Ruhebett liegend, war er, einem plötzlichen Antrieb folgend, zur Tür geschritten und hatte am oberen Ende der Treppe Russell stehen gesehn, 'so wirklich und lebend', daß er sich anschickte, ihn zu begrüßen. 'Die Gestalt schien eine Notenrolle in einer Hand und die andre übers Gesicht zu halten... Als ich gegen die Treppe zu vorschritt, schien sich die Gestalt zu wenden, als wollte sie hinabsteigen, und löste sich in Luft auf...'[1]

Es wird als ausgeschlossen bezeichnet, daß Reeves, etwa 'unterbewußt', von der Unterhaltung im Saal irgendetwas gehört, also daraufhin die Gestalt halluziniert habe, 'denn das Haus ist sehr groß (schreibt der Rector Davis) und die Zimmer liegen weit auseinander'. Trotzdem könnte auffallen, daß die Erscheinung auftrat, während der Todesbote unten im Hause saß: die Vermutung einer telepathischen Benachrichtigung R.s dürfte nicht ganz von der Hand zu weisen sein: Reeves kannte ja Russell genau, es ,bedürfte also bloß eines 'abstrakten' Anstoßes zu einer Halluzination, und nicht der Annahme einer Heterophanie.

Davis (und wohl auch Myers) empfehlen die Deutung aus dem Bewußtsein des äußerst g e w i s s e n h a f t e n Russell heraus, den die Unmöglichkeit bedrücken mußte, seiner Probenverpflichtung am nächsten Tage zu genügen. Und in der Tat muß man zugeben, daß die 'dramatischen' Gebärden der Erscheinung — die an den Kopf geführte Hand, die hingehaltene Notenrolle — sich sehr n a t ü r l i c h im Sinn einer entsprechenden 'Mitteilung' deuten lassen: 'beim Kopf hat es mich erwischt, ich muß meinen Dienst als Sänger aufgeben'. (Russell hatte seit Jahren mit großer Treue und umsonst mitgewirkt.) Immerhin kann der Fall wohl nur in Verbindung mit andern einiges Gewicht erlangen.

Ein ehemals berühmter, jetzt aber anscheinend mehr in unverdiente

---

Vergessenheit geratener Fall des gleichen Sinngebietes ist der folgende, den ich auszugsweise, aber möglichst in den Worten des Original- berichtes wiedergebe.

Im Sommer 1746 starb in Braunschweig ein Herr Dörien, Hofmeister (d. i. Lehrer) am Collegium Carolinum, ein sehr pflichttreuer und redlicher Mann. Kurz vor seinem Tode ließ er einen der andern ihm befreundeten Lehrer, Mag. Höfer, wegen einer notwendigen Besprechung zu sich bitten, der aber Dörien bereits mit dem Tode ringend und sprachlos vorfand. (Hier- mit ist die Andeutung eines dringenden Wunsches des Sterbenden gegeben, sowie die eines Charakters, der solchen Wunsch, falls unerfüllt geblieben, mit sich 'hinübernehmen' würde.) Schon 'nach einiger Zeit' verbreitete sich das Gerücht, daß Dörien von mehreren zu verschiedenen Zeiten 'gesehn' worden sei. Aber zuerst im Oktober 1746 sah ihn Mag. Höfer während eines seiner täglichen späten Besichtigungsgänge (11—12) durch die Anstalt. Als er nämlich 'an des Mag. Lampadius Stube kam, sah er den Verstorbenen gleich daneben sitzen, in seinem gewöhnlichen Schlafrock, einer weißen Nachtmütze, welche er unten mit der rechten Hand hielt, so daß man nur die Hälfte seines Gesichts, nämlich den untern Teil vom Kinne bis zu den Augen, doch mit größter Deutlichkeit sehen konnte'. Höfer 'faßte sich' nach anfänglichem Schrecken, besichtigte die Stube und sah, als er wieder heraus- kam, 'den Schatten noch unbeweglich in seiner vorigen Stellung', ging auch auf ihn los, leuchtete ihm ins Gesicht, entsetzte sich aber jetzt und trug eine monatelang anhaltende Schwellung der Hand davon.

Am nächsten Abend begleitete ihn der durchaus ungläubige Mathematik- professor Oeder an die gleiche Stelle, wo dieser aber sogleich ausrief: 'Da ist Dörien leibhaftig!' 'Sie sahen ihn geraume Zeit an; alles an ihm war deutlich, sogar konnten sie den schwarzen Bart genau unterscheiden ... Beide gingen überzeugungsvoll weg, daß sie ... Dörien gesehen hätten.' 'Viele Personen' machten den gleichen Versuch, sahen aber nichts, so wenig als Oeder bei 'mehrmals' erneuertem Betreten der Stelle und Suchen 'in allen Winkeln'. [Dies für die Befürworter von Erwartungshalluzinationen.] Aber 14 Tage danach, 'da Oeder an nichts weniger als an ein Gespenst dachte, wurde er früh zwischen 3 und 4 Uhr plötzlich durch eine äußere Bewegung mit Gewalt aufgeweckt'. Die Augen öffnend, sah er, in zwei Schritt Entfernung, ein 'Schattenbild' in Döriens Kleidung vor sich stehen, das er starr anblickte, 'bis es nach einer Zeit von acht Minuten unsichtbar wurde'. Das gleiche geschah in der folgenden Nacht um die nämliche Zeit, nur daß der Geist 'länger stehen blieb' und auf Oeders fortweisenden An- ruf 'allerhand fürchterliche Bewegungen' mit 'Kopf, Händen und Füßen' ausführte. — Die nächste ähnliche Erscheinung erfolgte erst 8 Tage später, wobei sich Dörien über Oeder 'herbeugte', der nunmehr 'mit Heftigkeit auf das Gespenst losschlug'. Bei dessen wiederholter Annäherung bemerkte Oeder zum erstenmal im Munde des Phantoms 'eine kurze Tabakspfeife' [wir kennen dies 'Zeigen' von sinnvollen 'Beigaben' schon und werden seine Wich- tigkeit noch besser begreifen lernen]. Oeder, welcher wußte, daß Dörien 'einige Thaler Schulden hinterlassen hatte', fragte ihn nun ausdrücklich: 'Haben Sie noch Schulden?', worauf die Erscheinung, einige Schritte zurückweichend, 'sich gerad in die Höhe richtete, nicht anders, als ob jemand etwas mit Aufmerksamkeit anhören wolle [!]. Er wiederholte die Frage noch einmal, worauf der Geist mit der rechten Hand über den Mund hin- ,und herfuhr [die bekannte 'sprechende Gebärde' der Autophanie]. Der schwarze Bart, den der Professor deutlich sehen konnte, veranlaßte ihn, die Frage zu tun: Haben Sie vielleicht noch den Barbier zu bezahlen? Worauf das Gespenst den Kopf verschiedenemal langsam schüttelte. Die weiße Tabakspfeife war der Grund zu folgender neuen Frage: Sind Sie etwa noch ,Tabak schuldig? Hier wich es zurück und verschwand auf einmal.' [Das uns auch schon vertraute Verschwinden beim Verstandensein.] Eine solche Schuld wurde (so verstehe ich den Bericht) am Tage darauf tatsächlich durch die Schwester des Verstorbenen festgestellt und bezahlt.

Dieser Erfolg bewog den Professor Seidler, die nächste Nacht bei Oeder zu verbringen, in der Erwartung einer neuen Erscheinung Döriens. Diese erfolgte auch früh nach 5, wo Oeder 'plötzlich aufwachte': Dörien 'ging in der Kammer auf und ab' und trat dann ans Bett. Oeder weckte Seidler mit dem Worte 'Voyez', der dann aber nur noch 'etwas Weißes sah', im Augenblick, da Oeder sagte: Jetzt verschwindet er. Er erschien aber bald wieder, wobei Oeder erregt forderte, daß er sein Anliegen deutlich zu verstehen gebe. Diesmal konnte Seidler nichts sehen. — Seit dieser Nacht behielt Oeder stets jemand bei sich und brannte Licht, sah deshalb zwar nichts, wurde aber allnächtlich nach 3 oder 5 durch eine Empfindung geweckt, wie 'wenn man mit einem feinen Flederwisch vom Kopf bis auf die Füße gestrichen wird' [das bekannte 'Spinnwebengefühl' der Medien in Gegenwart von Phantomen, von dem wir noch häufig hören werden]. 'Manchmal hörte er auch am Schrank einiges Geräusch oder ein Pochen an der Stubentür.'

Das Phantom blieb dann so lange aus, daß Oeder wieder allein und ohne Licht zu schlafen begann. Aber in der dritten dieser einsamen Nächte erschien das Gespenst abermals 'um die gewöhnliche Zeit, obschon in einem merklichen Grade dunkler. Es hatte in der Hand ein neues Zeichen, mit dem es ungewöhnliche Bewegungen machte. Solches war einem Bilde ähnlich, und hatte in der Mitte ein Loch, in welches der Geist zum öftern die Hand steckte.' Oeder bat die Erscheinung, sich deutlicher zu erklären, oder aber näherzutreten. 'Auf beide Aufforderungen schüttelte das Gespenst den Kopf und verschwand. Eben diese Erscheinungen geschahen noch einigemal, sogar im Beisein eines andern Hofmeisters am Carolino. Nach langem Sinnen und Forschen, was der Verstorbene wohl mit diesem Zeichen haben wolle, brachte man so viel heraus, daß er kurz vor seiner Krankheit etliche Bilder in eine magische Laterne von einem Bilderhändler auf die Probe genommen, die nicht zurückgegeben worden seien. Man gab daher dem wahren Eigentümer die Bilder zurück, und von der Zeit an blieb Oeder in Ruhe.' — Er 'berichtete seine Erfahrungen am Hofe, sowie an mehrere

Gelehrte, Probst Jerusalem, Prof. Gebauer in Göttingen und Prof. Segner, und war erbötig, sein Zeugnis mit einem Eide zu bestätigen'.[1]

In den nunmehr mitzuteilenden Beispielen spricht sich das gleiche Motiv 'ausdrücklich' aus, und solche Fälle werden, wie gesagt, wieder dazu dienen, eine entsprechende Auffassung der bloß 'andeutenden' zu stützen.

Der erste Bericht stammt vom Rev. Charles M'Kay, einem katholischen Priester in der engl. Grafschaft Shropshire, der ihn der Gräfin Shrewsbury in einem Brief vom 2. Okt. 1842 mitteilte, von der ihn Dr. Binns erhielt, ein s. Zt. namhafter Gelehrter, der den Fall seiner bekannten 'Anatomy of Sleep' einverleibte und als 'einen der bestbeglaubigten' bezeichnete. Der Brief lautet in gekürzter Fassung wie folgt: 'Im Juli 1838 verließ ich Edinburg, um die Missionen in Perthshire zu übernehmen. Bei meiner Ankunft in Perth suchte mich eine Angehörige der Presbyterianischen Kirche auf, Anne Simpson, die seit mehr als einer Woche das allerdringendste Verlangen gehabt, einen Priester zu sprechen. [Diese berichtete, daß eine jüngst verstorbene, ihr nur flüchtig bekannte Frau namens Maloy] ihr mehrere Nächte nacheinander erschienen wäre, wobei sie sie antrieb, zu einem Priester zu gehn, welcher eine Summe Geldes, 3 Shill. und 10 Pence, zahlen würde, welche die Verstorbene einer nicht näher bezeichneten Person schuldete. Ich forschte nach und fand, daß eine [Wasch]frau des angegebenen Namens gestorben war ... Weitere Nachforschungen führten mich auf einen Lebensmittelhändler, bei dem sie zu kaufen gewohnt gewesen, und als ich ihn fragte, ob eine Frau namens Maloy ihm etwas schuldig sei, schlug er 'in seinen Büchern nach und sagte mir, daß sie ihm 3 sh. 10 ·d. schulde. Ich bezahlte die Summe. Danach kam das presbyterianische Weib zu mir und sagte, daß sie nicht weiter belästigt werde.'[2]

Die offenbar nächstliegende Deutung ließe sich hier natürlich auf mannigfache Weise umgehn, — und wir werden auf Deutungsversuche dieser Art genauer eingehn, wenn das Problem der 'Mitteilungen' Verstorbener uns beschäftigt. In dieses Fragegebiet greifen ja einzelne der hier im Zusammenhang angeführten Fälle augenscheinlich schon v o r: die Witwe Maloy zeigt sich nicht nur von einer unerfüllten Verpflichtung bedrückt, sondern offenbart auch eine T a t s a c h e, die ihrer p e r s ö n l i c h e n E r i n n e r u n g angehört, der Perzipientin aber unbekannt ist: eine Geldschuld in bestimmtem Betrage. Aber w a r diese der Perzipientin unbekannt? Hatte sie nicht gelegentlich die Verstorbne darüber reden gehört und dies nur wieder vergessen? Peinigte s i e vielleicht der Gedanke, daß die ihr 'flüchtig bekannte' Wäscherin ein Saldo von fast 4 Mark in die Ewigkeit hinübergenommen, und rea-

---

1) Aus Museum des Wundervollen II 5. Stück bei Jung 302 ff. — Vgl. den Fall Daumer, Reich 83. 2) Myers II 348; Owen, Footfalls 294. — Vgl. die beiden Fälle Flammarion III 87 f.

gierte sie dies peinigende Wissen so lange in Träumen ab, bis der Makel getilgt war? Oder wenn sie mit der Toten nie darüber gesprochen, so vielleicht mit dem Händler? Oder hatte am Ende dieser den Ärger über die entgangenen Schillinge telepathisch in alle Winde gestreut und dabei auch das 'presbyterianische Weib' getroffen? Oder hatte die Sterbende das gleiche noch vor ihrem letzten Atemzuge getan? — Ich deute diese scharfsinnigen Denkbarkeiten hier nur an. Sollten sie mit der Zeit in unsern Augen verblassen, so käme das natürlich dem 'nächstliegenden' Gedanken zugute: daß das anhaltende 'Antreiben' von derjenigen ausging, die doch am unmittelbarsten von der Schuld bedrückt sein mußte. Daß die Erscheinende dabei den Namen des Gläubigers nicht genannt haben soll, ließe sich auch dann auf mannigfache Weise deuten. Wir werden noch hören, daß Namen auch bei Transmedien meist nur mit Schwierigkeiten 'durchkommen'; es ist aber auch möglich, daß die Perzipientin ihn bloß nicht recht erfaßt, oder nicht behalten habe...

Auch im zweiten ähnlichen Fall findet die Erscheinung im 'Traum' statt — ein leidlich vieldeutiger Begriff —, und ich brauche nicht zu wiederholen, was ich im Anschluß an den ersten gesagt habe.

Donna Guilhermina Nery in Barbacena, Brasilien, berichtete dem ihr gut bekannten Prof. A. Alexander, korresp. Mitglied der engl. Ges. f. ps. F., daß im Januar 1894 ein Neffe und dessen Kinder nach dem Tode seiner Frau auf einige Tage zu ihr auf Besuch gekommen wären und viel der Verstorbenen gehöriges Gepäck mitgebracht hätten. Etwa 2 Monate darauf [also lange nach der Abreise der Verwandten] um 2 Uhr nachts von einer fröhlichen Gesellschaft heimgekehrt, hatte sie 'einen lebhaften Traum' von Félicité, der Verstorbenen. 'Es schien mir, sie käme in das Zimmer, in welchem ich tatsächlich schlafend lag, setzte sich auf meinen Bettrand und bäte mich um den Gefallen, in einer alten Zinnschachtel unter der Treppe eine gewisse Wachskerze herauszusuchen, die schon einmal angezündet gewesen wäre und die sie Unserer lieben Frau versprochen hätte. Als ich zusagte, es zu tun, verabschiedete sie sich von mir mit den Worten: 'Até o outro mundo' ('Auf die andre Welt'). Ich erwachte, tief beeindruckt von dem Traum. Es war noch dunkel, aber ich konnte nicht länger schlafen.' — Als der Tag kam, ließ die Dame in ihrer Gegenwart die Félicité gehörige Zinnschachtel, die tatsächlich 'unter der Treppe' stand, von einer Dienstbotin durchsuchen. 'Niemand hatte die Schachtel bisher geöffnet. Sie war angefüllt mit alten Kleidern und Flicken,' und das Suchen schien zunächst ergebnislos zu verlaufen. Als man bereits die Sachen glattstrich, um die Kiste wieder zu schließen, 'bemerkte ich das Ende einer Kerze, die ich der Magd sofort befahl herauszunehmen. Sie war von Wachs, von der Art, wie sie zu Gelübden benutzt werden, und — ein noch seltsameres Zusammentreffen — sie war schon angesteckt gewesen.' Die Kerze wurde ihrem Zwecke zugeführt. — Bestätigende Zeugnisse des Senhor Nery, der Magd und des Dieners, der die Kerze zum Priester brachte, werden von Prof. Alexander beigefügt.[1]

Die nächste Gruppe zeigt uns den 'angestrebten Ausgleich' einer 'Spannung' in der Seele des Abgeschiedenen wieder in anderem Lichte. Die Sorge um zurückgelassenen Besitz — vor allem Geld, oder auch 'Papiere' irgendwelcher Art, u. dgl. m. —, namentlich um Besitz, den der Verstorbene irgendwo verborgen hat, oder der infolge sonstiger Umstände seinen Hinterbliebenen unzugänglich ist oder verloren zu gehen droht —, diese Sorge ist sehr häufig die Form, in der die Qual und Unruhe des 'Unerledigten' einen Spuk begründet. Aus einer großen Fülle von Beobachtungen wähle ich die folgenden Beispiele aus.

Das erste, wiederum ein 'stummes', wird von dem uns schon bekannten verdienstvollen Spukforscher Joh. Illig berichtet. Ich kürze seine Darstellung ziemlich stark. — 'Im Frühjahr 1912 starb ein Bauer R. in R. Er hatte die Gewohnheit, Geld zu verstecken, um ohne Kenntnis seiner Familie über Mittel zu verfügen. Es kam darüber öfters zu Aussprachen zwischen ihm und seiner Frau. Noch auf dem Sterbebett fragte ihn seine Frau nach verstecktem Geld. Er verweigerte aber die Auskunft. Als sie ihn beim Herannahen des Todes nochmals fragte, konnte er keine Antwort mehr geben.' (Dieser Umstand ist wieder zu beachten; denn vermutlich hätte der Bauer jetzt Auskunft gegeben, falls er spürte, daß es zu Ende ging.) 'Da im Volke der Glaube verbreitet ist, daß, wer Geld versteckt oder etwas Drückendes auf dem Gewissen hat, nach dem Tode 'umgehn' müsse, wartete man nach dem Tode, ob sich nicht etwas zeigen werde.' Hier ist also wieder eine schöne Gelegenheit, einen Spuk auf 'Erwartungshalluzinationen' zurückzuführen. Um so bedauerlicher, daß die allerersten Beobachtungen erst 'nach ungefähr sechs Wochen' gemacht wurden, ein Zeitraum, in welchem die Erwartung einfacher Menschen flügellahm geworden sein dürfte. Diese und die nachfolgenden Beobachtungen — durchweg typisch und um so weniger hier an sich von Wichtigkeit — umfaßten folgendes: Geräusche wie von 'Werfen' und schwerem Niederfallen von etwas; Empfindungen, daß jemand unsichtbar anwesend sei; 'stundenlang' ertönende 'Tritte' im Sterbezimmer des Vaters, vermischt mit 'Stöhnen und Klagen' (wodurch eine zu Besuch gekommene Tochter zu schleuniger Abreise getrieben wurde); sehr häufiges 'Öffnen und Schließen von Türen'; einmal 'ein so heftiger Schlag auf den Tisch, daß [ein daraufstehender] Kuchen in die Höhe flog ... bei heller Beleuchtung.' (Von solchen Spukvorgängen werden wir später noch mehr hören.) 'Einmal wurde [die Bäuerin] sogar gekniffen, wie es ihr Mann bei Lebzeiten in Gewohnheit hatte.' — Nun aber: 'Nach Verlauf eines Jahres fand die Mutter in einem Loch in der Zimmerdecke einen Geldbetrag, den der Verstorbene versteckt hatte. Nach dieser Zeit trat Ruhe ein.'[2]

1) JSPR VII 188 f.   Vgl. die Fälle bei du Prel, Tod 86 (nach Chardel) und ZP 1930 347.
2) Illig 214 f.

Falls diese Ruhe wirklich sofort und endgültig nach der Entdeckung des Geldes eintrat, würde sie einen Zusammenhang zwischen Spuk und Verbergung wohl eindeutig festlegen. Freilich könnte man auch dann noch behaupten wollen, daß die ('vermutlich') geldgierigen Hinterbliebnen den Spuk 'erzeugt', so lange sie 'gierten', und ihn 'abgeblasen' hätten, sobald ihre Gier befriedigt war. Natürlich müßten sie dann – oder einer von ihnen — bald nach dem Tode des Bauern (und warum nicht sofort?!) 'mediale Fähigkeiten' entwickelt haben. Eine solche 'Annahme (meint Illig) läßt man sich einmal gefallen und spricht dann von Zufall. In [der] Häufigkeit, [in der sie gemacht werden müßte, um alle beglaubigten Vorgänge dieser Art zu deuten,] wirkt sie nicht mehr überzeugend.'

Der folgende Fall, den ich in kurzer Wiedergabe hier einschalte, ist ebenfalls ein 'stummer', und die Sinndeutung des bloß einmal gesehenen Phantoms beruht nur auf einer Annahme. Trotzdem wird — glaube ich — der Kenner den Bericht zu schätzen wissen, der denn auch das Imprimatur der Ges. f. ps. F. erhielt, die ihn aus den Händen der Herren W. S. Irving, eines vorzüglichen Forschers, und F. J. Summers empfing.

Am 11. April 1928, abends etwa um 9 Uhr, betrat Mrs. Ind, Haushälterin des Capt. Hooke auf dem Gute Briery Hill bei Newent, in Abwesenheit des Besitzers dessen Wohnzimmer, um die Lampe anzustecken, stellte das brennende Licht, das sie trug, auf einen kleinen Seitentisch und trat an den Tisch heran, auf welchem die Lampe stand, als sie vor sich die Gestalt eines am Boden knienden, anscheinend etwas suchenden Mannes erblickte, der ihr den Rücken zukehrte (man beachte die 'Ortsnatürlichkeit' dieser Haltung, die nicht auf die Halluzinierung eines normal gekannten Bildes deutet), in grauem Rock, Kniehosen, groben grauen Strümpfen, und mit einer Kappe auf dem Kopf, unter welcher das lange graue Haar bis auf die Schultern herabfiel. Die Gestalt erhob sich langsam und schritt gegen eine Ecke des Zimmers zu, sah dann über ihre rechte Schulter nach Mrs. Ind hin, wobei sie ein graues, knochiges Gesicht von sorgenvollen, scharfen Zügen zeigte, und verschwand. Mrs. Ind, die keinen Schreck empfand, dagegen sich kalt und klammig fühlte (wohl die bekannte 'Kälte' in der Nähe von Phantomen und vielleicht ein Anzeichen medialer Beanspruchung), glaubte eine Ähnlichkeit mit einem Vetter des Capt. Hooke feststellen zu können, welcher den Typ der sehr alten Familie deutlich verkörperte, weshalb Capt. Hooke in der Erscheinung einen seiner Vorfahren zu sehn geneigt ist und sie mit der sicheren Überlieferung von einem zur Zeit des Bürgerkriegs im 17. Jahrh. versteckten Familienschatz in Verbindung bringt.[1] — Illusionsbildung seitens der Mrs. Ind ließ sich durch die Einzelheiten des Schauplatzes ausschließen, und die Perzipientin wird einstimmig als eine sehr verlässige, ruhige und geistig kernige Frau geschildert, die während ihres 15 jährigen Aufenthalts

1) JSPR XXIV 352 ff.

in dem Hause nie etwas Ähnliches gesehen hatte; der wir daher auch nicht wohl eine 'psychometrische' Leistung zuschreiben können. — Ich führe absichtlich auch einen derartig dürftigeren Fall einmal an, um dem Leser zu Bewußtsein zu bringen, wie auch das wenig ausgebildete Phänomen, in einen größeren Zusammenhang eingereiht, seinen eigentlichen Sinn offenbaren kann.

Im nächsten Falle handelt es sich um verborgene 'Schätze', und damit spielt unser Motiv in die 'romantische Gespenstergeschichte' hinüber. Sie tritt aber hier in leidlich 'modernem' Gewande auf, und wir haben die besondere Genugtuung, die Berichte aus den unverdächtigen Forscherhänden des Hrn. — Podmore zu empfangen. Die 'Mitteilungen' des Phantoms nehmen übrigens einen Umfang an, der den Fall wieder eigentlich in einen späteren Zusammenhang verweist.

Nach Podmores Aufzeichnungen sah Mary G., eine Kindermagd im Hause der Familie Z., im Nov. 1885, um 8 Uhr abends, die fragliche Erscheinung in folgender Weise: 'Der Korridor [in dem sie ging] war sehr matt durch eine Gasflamme [von außerhalb] erleuchtet. Ich sah die Gestalt einer Frau, in etwas Helles gekleidet, auf mich zukommen ... und glaubte, es sei die Küchenmagd. Als sie an mir vorüberging, streckte ich die Hand aus, sie zu berühren, aber sie bewegte sich erst auf die eine Seite, und als ich ihr folgte, wieder auf die andre. Endlich bewegte sie sich durch mich hindurch und an mir vorüber,[1] und verschwand, oder ich konnte sie nicht mehr sehen, weil ich das Licht abschnitt. Ich war nicht imstande, irgendwelche Gesichtszüge zu unterscheiden ... Ich sah dieselbe Gestalt wieder am Abend darauf, an derselben Stelle, ... und dann im folgenden März, nachdem L. [der Butler] mir gesagt hatte, was er gesehn; sie stand eines Abends an der Tür des An-kleidezimmers. Eine Gasflamme schien voll auf die Gestalt, ... sie war gekleidet in einen locker fließenden Stoff und verdeckte den Stuhl an der Tür zum Ankleidezimmer. Ich erschrak und schrie auf, worauf die 'Nurse' heraus-trat; aber die Gestalt war verschwunden. — Ich habe auch — dreimal an einem Abend — einen Mann im Ankleidezimmer gesehn ... Und einmal ... sah ich eine Frau in einem braunen Kleide ... Ich habe häufig den Klang von Fußtritten gehört und das Geräusch eines Handgemenges und von etwas Schwerem, das treppabwärts geschleift wurde. Zuweilen erwachte ich nachts und hörte die Geräusche ...'

Umfangreicher und wichtiger sind die Bekundungen des Butler (also des bedienenden Haushofmeisters, in größeren englischen Häusern eine gewich-tige Vertrauensperson), eines 'verfeinert aussehenden' Mannes von etwa 30 Jahren. Dieser L. war — im Okt. 1885 — erst drei Tage im Hause, als er 'einen seltsamen Lärm im Keller vernahm. Es klang mir, als wenn eine Menge Fässer rollten und Holzbretter aufgestapelt würden.' Tags darauf — Lärm in der Speisekammer und ein 'schwerer Schlag' im Keller (wo aber bei sofortiger Nachforschung nichts zu finden war), Türenschlagen, Geräusche

1) Vgl. o. S. 125.

wie von einem Ringkampf, Fußtritte auf der Treppe auf und ab; ähnlich etwa
2 oder 3 mal in der Woche. Also zumeist die typischen Erscheinungen des
Lärmspuks. — 'Am 9. März 1886 (sagt der Butler aus) ging ich um 4.30
in die Bücherei und versorgte das Kaminfeuer; als ich herauskam, setzte ich
den Kohleneimer nieder, um die Tür hinter mir zu schließen. Als ich mich
umwandte, um den Kohleneimer wieder aufzuheben, sah ich eine Gestalt vor
mir stehn; sie war in ein braunes Gewand mit links herabhängenden Quasten
gekleidet,... das Haupt erschien mir wie ein schwarzer Nebel. Ich stand
sprachlos etwa 10 Sekunden da; als ich den Eimer aufgriff, um zu fliehen,
fühlte ich etwas meine linke Seite berühren. Es war wie eine sehr kalte Hand,
und ein sehr kalter Schauer überlief mich gleichzeitig... Ich sprach am
nächsten Morgen zu Mr. Z. [dem Hausherrn]. Er schien nicht im mindesten
überrascht zu sein, da jedermann mit den Lärmerscheinungen vertraut war.'
L. sah die Gestalt wiederum eines Tages beim Anrichten der Tafel und einmal an der gleichen Stelle, wie zuerst: 'sie bewegte sich sehr langsam auf
mich zu...' Er erzählte auch dies Mr. Z., und am 26. Juni abends versuchte
dieser zum ersten Mal und unter Zuziehung des Butlers L. — Tischrücken
zusammen mit dem Obersten und Mrs. Y. sowie Mrs. M., einer medial veranlagten Dame. Der 'Geist' bekundete durch Kippen des Tisches eine Stelle
im Keller, wo ein Kasten mit Schmuck vergraben sei, und daß er um 11 erscheinen wolle. 'Als die Uhr 11 schlug, kam die Gestalt sehr langsam herein
und stand gegenüber dem Umgang des Saales. Sie erschien sehr undeutlich;
das Medium bat sie, sich deutlicher zu zeigen, und alsbald erhob sie sich etwa
3' vom Boden. Mrs. Z. und Mrs. M. konnten alles ebenso gut sehn, wie ich.
[Folgt eine kurze Beschreibung der Kleidung.] Ihre Füße schienen auf einer
schwarzen Wolke zu stehn, sie warf ihre Arme auf und nieder, rang immerzu
die Hände und griff sich ins Haar. Ihr Gesicht erschien lang und verstört,
mit langer dünner Nase. Sie sah sehr jammervoll aus [folgt genauere Be-
schreibung]. Sie bewegte sich im Zimmer umher und kam dicht an mich heran; sie hob die Hand, mich zu berühren, aber ich trat [beiseite]... Jeder
Blutstropfen in meinem Leibe schien gefroren... Mr. Z. drehte das Gas auf;
sie verschwand auf einige Minuten... Als sie wiedererschien,... wünschte
sie, daß ich ihr folge. Sobald ich an sie herantrat, wandte sie sich sehr langsam zur Tür... Ich folgte ihr in den Keller, konnte aber nichts finden. Wir
trugen den Tisch in den Keller, und sie sprach den Wunsch aus, daß wir die
Schätze ausgrüben, die sie vergraben hätte. Sie sagte, ihre Magd hätte ihr
geholfen, sie zu vergraben, und gab ihren eignen Namen als E. H. an.' — Am
Montag darauf begann man mit den Grabungen, stieß auch anscheinend
schließlich auf ein Loch unter den Fliesen, worin sich aber nichts
fand. Man bat 'E. H.', über der betreffenden Stelle zu erscheinen; sie erschien, aber man fand auch dort nichts. 'Sie schien schrecklich aufgeregt zu
sein; als sie verschwand, warf sie ihre Arme in allen Richtungen umher.' Sie
behauptete aber auch weiterhin, das Vergrabene sei dort irgendwo, sie habe
aber den genauen Platz vergessen, und bat um weitere Hilfe. L., der sie noch
mehrmals im Hause sah, ist überzeugt, daß das Vergrabene noch gefunden
werden und die Frau, wie sie gesagt, dann ihre Ruhe finden würde.

Der Hausherr, Mr. Z., bestätigt schriftlich die Wahrheit dieses Berichts; er selbst habe die Erscheinung nie gesehen, wohl aber seine Frau viermal. Er bestätigt ausdrücklich, daß als der Geist sich während der Tischsitzung '3' vom Boden erhob', alle drei Personen, die den Geist überhaupt wahrnehmen konnten, auch diese Bewegung gleichzeitig gesehn und bezeugt hätten; während freilich andre die Gestalt überhaupt nicht hätten wahrnehmen können. — Mrs. Z. bestätigte mündlich Podmore gegenüber alles Obige, soweit es sie mitbetraf; sie bezeugte überdies, daß sie das Gesicht der Gestalt 'deutlich' gesehen und nachträglich in dem Lichtbilde einer Dame wiedererkannt habe, die einige Jahre zuvor in diesem Hause gelebt, die sie aber nie im Leben gesehen hatte, oder irgendein Bild von ihr. Diese Wiedererkennung des Phantoms in einem Bilde gewinnt Gewicht durch die Art ihres Zustandekommens, über die Mr. Z. das folgende berichtet: 'Ein Herr in C., der von den Erscheinungen ... gehört hatte, brachte uns ein halbes Dutzend Photographien, darunter eine des vermuteten Geistes, um meine Frau auf die Probe zu stellen. Sie war nicht im Zimmer anwesend, als er eintraf, sondern betrat es eine Viertelstunde später. Wir enthielten uns absichtlich jeder Anspielung auf die Sache. Indem ich die Photographien in die Hand nahm, fragte ich sie, ob irgendeine von ihnen sie an eine Freundin erinnere, alle Bilder seien etwa 20 Jahre alt. Sie sah sie durch und meinte, eins sei ein Jugendbild einer anwesenden Freundin. Ich hob eins auf und warf es ihr über den Teetisch hin, mit den einzigen Worten: 'Wer ist dies?', und nachdem sie es einen Augenblick angeschaut, sagte sie: 'O, das ist der Geist; wo, um's Himmels willen, kommt das her?' Wir waren alle recht verblüfft über ihr Erkennen, besonders der Herr, der die Bilder mitgebracht, da er die ganze Sache mit Hohn verlacht hatte.'[1]

Podmore, der ja grundsätzlich alles bemäkelt, was über Telepathie hinauszugehen scheint, erklärt es hier für 'möglich', daß die Anwesenden durch ihre 'Gebärden' und 'Blicke' Mrs. Z. unbewußte Winke gegeben hätten, welche Antwort von ihr erwartet werde. Außerdem aber habe, wie Mr. und Mrs. Z. Podmore mitteilten, Oberst Y. die Dame gekannt, von der man glaubte, daß der Geist sie darstelle. Oberst Y. aber war bei den Tischsitzungen zugegen (wenigstens bei einzelnen); und da diejenigen, welche die Erscheinungen sahen, sie auch laut beschrieben, so sei es 'möglich', daß 'führende Fragen und unbewußte Winke', wenn nicht gar Gedankenübertragung seitens des Obersten die Halluzination formen geholfen hätten. Immerhin sei die Erkennung 'ein merkwürdiger Vorgang', — *a remarkable incident.*

Wenn nun nichts an diesen Spukvorgängen Anspruch auf Wirklichkeits-Bedeutsamkeit hätte, so möchte diese gekünstelte und im Einzelnen willkürliche Ausflucht wenigstens hingehn. Aber die Vorgänge beschränkten sich ja nicht auf die bekrittelten Einzelheiten. Podmore selbst muß gestehn, daß sie 'mehrere bemerkenswerte Eigentümlichkeiten' aufweisen, auch abgesehn von ihrer Massenhaftigkeit und allgemeinen Dauer. 'Die Erscheinung eines Phan-

---

1) Pr VI 276 ff. — Vgl. zu dieser Gruppe noch Pr VII 86 f.; RS X 278 (auch Perty, Blicke 154); ÜW X 313; Stead 131. 159; Davies 49; Lombroso 329 f. (aus LO Nov. 1905).

toms zu mehreren Malen und mehrere Minuten hindurch für drei Personen gleichzeitig ist ein Phänomen vielleicht ohnegleichen in unsern Berichten. Auch die Erscheinung eines Phantoms zu vorausgesagter Zeit ist sehr ungewöhnlich, wenn nicht einzigartig.' Daß die Vorgänge insgesamt mit Lärmerscheinungen begannen und daß die Hauptperzipienten des Phantoms keine höhere Erziehung besaßen und anscheinend leicht beeindruckbar waren, erscheint zwar wieder höchst verdächtig. Dem steht aber gegenüber, daß nach Podmores Erkundigungen das Haus schon 'einige 20 Jahre zuvor' als Spukhaus galt, was die Z. und ihre Bedienten nicht gewußt hätten. Da hilft sich nun Podmore schließlich mit seiner letzten Ausflucht allen Spukfällen gegenüber (über deren Gewicht ich mich schon früher ausgesprochen habe): der telepathischen Beeinflussung der sensitiveren Hausbewohner durch Außenstehende! Aber — die allerersten Wahrnehmungen unsrer Zeugen betrafen Lärmerscheinungen: sollen diese Geräusche, die ganz typischer Art sind und außerdem von vornherein auf den erst viel später ausfindig gemachten Hauptherd des Spukes hinwiesen (!), etwa auch durch die Gedanken Hausfremder telepathisch übertragen sein? Aber warum hielten denn diese das Haus für spukig? Und als dann Gestalten zu den Geräuschen hinzutraten, — warum gipfelte ihre anfängliche 'Gesichtslosigkeit' in einer Gestalt mit Gesicht — von Dreien, auch in ihren Bewegungen, wahrgenommen —, welches Gesicht sich in einem Lichtbilde wiedererkennen ließ? Können die Denkbarkeiten und Möglichkeiten unsres Kritikers diesem völlig natürlichen und geschlossenen Zusammenhang der Ereignisse auch nur entfernt die Wage halten? — Der Fall sei, meint Podmore, 'vielleicht' schwerer zu erklären, als andre; aber da von Mrs. Z. nur eine allerdings 'sehr ausführliche', mit allen andern Zeugnissen 'völlig übereinstimmende' und von Podmore selbst niedergeschriebene Aussage vorliege, aber keine schriftliche, und von Mrs. M., der einen Teilnehmerin an den Tischsitzungen, gar keine, so können 'die Beweismittel in diesem Falle schwerlich [!] als vollständig betrachtet werden'.[1] Mit solchen läppischen Nörgeleien arbeitet 'wissenschaftliche Kritik'. Es handelt sich doch nicht darum, ob die Bezeugung eines Vorgangs 'vollständig' sei, d. h. ob alle zum Zeugnis überhaupt Befähigten ein solches schriftlich niedergelegt haben; sondern darum, ob sie ausreichend ist.

Von dem letzten in dieser Gruppe anzuführenden Falle sagt Owen, der ihn sammelte: 'Ich glaube kaum, daß ich unter sog. Geistergeschichten irgendeine Erzählung gefunden habe, die besser beglaubigt wäre, als diese... Sie wurde mir mitgeteilt, nur etwa 14 Monate nach den Ereignissen, von beiden Hauptzeugen, und kurz darauf von einem Dritten bestätigt.' Die Glaubwürdigkeit der ersteren sei über jeden Zweifel erhaben.

'Im Oktober 1857 und während der nachfolgenden Monate bewohnte Mrs. R., die Frau eines Offiziers von hohem Rang in der britischen Armee, [offen-

1) Pr VI 276. 282.

bar um der Jagd willen] das Ramhurst Manor House nahe Leigh in Kent. Von Anbeginn ihres Aufenthalts wurden alle Bewohner des Hauses mehr oder weniger nachts — meist nicht zur Tageszeit — durch Klopftöne und Fuß- tritte, besonders aber durch Stimmen beunruhigt, für die sich keine Er- klärung finden ließ. Die Stimmen waren gewöhnlich zu hören in einem un- bewohnten Nachbarzimmer; zuweilen war es, als rede jemand mit erhobener Stimme, zuweilen, als würde laut gelesen; gelegentlich war es ein Kreischen. Die Dienstboten ängstigten sich sehr.[1] Sie sahen nie etwas; aber die Köchin teilte Mrs. R. mit, daß sie einmal bei hellem Tageslicht das Rascheln eines seidenen Kleides, das sie zu berühren schien, dicht hinter sich gehört habe; sie habe sich rasch umgekehrt, da sie es für ihre Herrin hielt, aber zu ihrem großen Staunen und Schreck niemand sehen können. Mrs. R.s Bruder, ein forscher und leichtlebiger junger Offizier und Sportmann, ohne den gering- sten [Geister]glauben, wurde sehr von diesen Stimmen beunruhigt und be- lästigt, [die er anfangs für die seiner Schwester und einer befreundeten Dame hielt]. Zweimal erhob sich eine Stimme, in der er die seiner Schwester zu erkennen glaubte, bis zu einem scheinbaren Hilferuf, so daß er aus seinem Zimmer mit der Flinte in der Hand ins Schlafzimmer seiner Schwester stürzte, die er aber ruhig schlafend fand.'

Um die Mitte des Oktober traf Miss S. in dem Hause ein, eine Dame, die von Jugend auf gelegentlich Erscheinungen gesehen hatte, der wir also eine er- höhte Empfänglichkeit abnormen Dingen gegenüber zuschreiben dürfen. Schon als diese sich in Begleitung der Mrs. R. im Wagen dem Hause näherte, sah sie auf der Schwelle zwei Gestalten stehen in der Tracht der Zeit der Königin Anna oder der ersten George. Doch hörte sie keinerlei Stimme und schwieg zunächst über ihre Wahrnehmungen, um ihre Gastgeberin nicht zu beunruhigen. (Dürfen wir daraus schließen, daß auch Mrs. R. ihr nichts mit- geteilt hatte, um ihren Gast nicht zu beunruhigen?) Dieselben Gestalten sah sie während der nächsten 10 Tage in verschiedenen Räumen des Hauses und zwar stets bei Tageslicht. 'Bei der dritten dieser Gelegenheiten sprachen sie zu ihr und gaben an, daß sie Mann und Frau gewesen seien, daß sie in früheren Zeiten diesen Herrensitz besessen und bewohnt hätten und daß ihr Name Children sei [ein in England 'sehr ungewöhnlicher Name']. Sie er- schienen traurig und niedergeschlagen, und als Miss S. nach der Ursache ihrer Schwermut fragte, erwiderten sie [was mich veranlaßt, den Fall hier einzu- ordnen], daß sie dies ihr Besitztum schwärmerisch geliebt hätten, daß es ihr Stolz und ihre Freude gewesen sei, daß seine Verbesserung alle ihre Ge- danken beschäftigt hätte und daß es sie gräme zu sehen, daß es ihrer Familie verlorengegangen sei und sich jetzt in den Händen sorgloser Fremder befinde.' Auch erfuhr sie bei andren Gelegenheiten, daß der Vorname des Herrn — Richard gewesen, daß er 1753 gestorben sei, und erblickte einmal einen dritten Geist, den 'Sohn' der beiden, der aber nicht sprach. — 'Ich [Owen] fragte Miss S., wie sie denn sprachen. Sie erwiderte, daß die Stimmen für sie hörbar waren, wie die eines menschlichen Wesens, und daß sie glaube,

1) Auch das Zeugnis eines derselben, Mrs. O., holte Owen persönlich ein.

sie seien auch von andren in einem Nachbarzimmer gehört worden. Dies schloß sie daraus, daß sie nachher gefragt worden war, mit wem sie sich unterhalten hätte.' (Was offenbar nicht beweist, daß auch die Stimmen ihrer Unterredner von Dritten gehört worden waren.)

Dies alles berichtete Miss S. schließlich ihrer Gastfreundin, die aber selber einen Monat lang nichts sah. 'Eines Tages, ... als sie schon aufgehört hatte, für sich selbst eine Erscheinung zu erwarten, war sie gerade dabei, sich eilig [bei Kerzen- und Kaminlicht] zum Diner umzuziehen ... Als sie eben in Hast [denn sie war schon dringend gerufen worden] ihr Schlafzimmer verlassen wollte und nicht im Traum an irgendetwas 'Geistiges' dachte, stand in der Tür dieselbe weibliche Gestalt, welche Miss S. beschrieben hatte, übereinstimmend in Erscheinung und Tracht, selbst bis auf die alte Point-lace-Spitze auf ihrem Seidenbrokatkleide, während neben ihr zur Linken, aber undeutlicher sichtbar, die Gestalt ihres Gatten stand. Sie gaben keinen Ton von sich, aber über der Gestalt der Dame, wie mit Phosphorlicht geschrieben, ... waren die Worte 'Dame Children' sichtbar nebst einigen weiteren Worten, welche andeuteten, daß sie 'erdgebunden' geblieben sei, da sie nie über die Freuden und Leiden dieser Welt hinausgestrebt habe.' Nochmals dringend gerufen und unfähig, anders zu entkommen, lief Mrs. R. 'durch Mrs. Children hindurch'. (Auch für jene seltsame 'Zutat' werden wir Seitenstücke noch reichlich kennenlernen.)

Eingehende Nachforschungen, auch bei alten Leuten der Nachbarschaft, über etwaige Besitzer des Hauses namens Children führten zu nichts. Schließlich kam man auf beträchtlichen persönlichen Umwegen in Berührung mit einer entfernt wohnenden 70jährigen Frau, die sich erinnerte, einen alten Mann getroffen zu haben, der ihr erzählte, daß er in seiner Jugend als 'Hundejunge' bei der Familie Children in Ramhurst gedient hatte. Als Owen im Dezember 1858 den Bericht der beiden Perzipientinnen empfing, beschloß er, wenn möglich sich weitere Bestätigungen zu verschaffen. Die Gräber und Küster der Nachbarkirchen gaben nichts her. Aber bei dem Geistlichen einer der Nachbargemeinden entdeckte er einen Stammbaum, aus dem hervorging, daß ein Richard Children sich zu Beginn des 18. Jahrhunderts in Ramhurst niedergelassen und eine Anna Saxby geehelicht hatte. Sein Todesjahr war aber nicht angegeben. Dagegen fand Owen in Hasteds 'Geschichte von Kent' (1778), auf die er durch einen befreundeten Antiquar verwiesen wurde, die Angabe, daß Ramhurst von der Familie Culpepper, die es Geschlechter hindurch besessen, an die Saxbys, und von William Saxby an die Children verkauft worden war: 'Richard Children Esq. wohnte hier und starb als der Eigentümer im Jahre 1753, 83 Jahre alt.' Aus dem weiteren Wortlaut ging hervor, daß bereits Richard Childrens Erben nicht mehr (wenigstens dauernd) in Ramhurst, sondern in Tunbridge gesessen hatten. Diese verkauften Ramhurst i. J. 1816, das damit zu einem bloßen Pachthof herabsank.[1] —

Suchen wir uns die Bedeutung des Falles im einzelnen und allgemeinen klarzumachen, so könnte die sofortige Wahrnehmung beider Phantome durch die offenbar sensitiv veranlagte Miss S. bei ihrer ersten Annäherung an den

---

1) Owen, Footfalls 304 ff. — Vgl. die Fälle Bates 277 ff.; Stead 312; JSPR IV 27 ff.

ehemaligen Herrensitz der Children zunächst als psychometrische Vision erscheinen. Ein starkes Bedenken gegen die Zulänglichkeit dieser Deutung erhebt sich aber, sobald wir fragen, weshalb denn diese Wahrnehmung sich gerade auf das Ehepaar Children bezog, das doch nur eins unter den vielen Bewohnern des Hauses seit mehr als 100 Jahren war, denen wir 'eindrucksstarke' Erlebnisse in diesen Räumen zuschreiben dürfen, und viele, von denen frischere und tiefere 'Spuren' hinterlassen sein mochten. Für eine solche Auswahl ist bei Miss S. natürlich keinerlei Begründung zu finden; wogegen es unter spiritistischen Voraussetzungen durchaus natürlich ist, eine schließliche Erscheinung derjenigen Persönlichkeiten zu erwarten, die vorher schon die Lärmstörungen verursacht hatten und die für beiderlei Arten von Kundgebungen einen bestimmten Grund anzugeben wußten, — Angaben, die durch mühsame Nachforschungen sich bestätigen ließen. Waren nun aber wirklich die Verursacher des vorausgegangenen Gehörsspuks auch die des nachfolgenden sichtbaren? Wir haben — wenn wir von dem logisch nicht unbedenklichen Wunsche absehen, alle Phänomene eines Spukorts auf eine Quelle zurückzuführen — wenigstens eine positive Andeutung zugunsten dieser Identität, nämlich das 'Rascheln wie von einem seidenen Kleide'; denn das eine und gerade das durchschnittlich am besten sichtbare und auch sonst tätigste der Phantome — die 'Dame Children' — erschien stets in einem brokatseidenen Kleide, das somit wohl einen Hauptinhalt ihrer 'Vorstellung von sich selbst', ihres 'Willens-zur-Erscheinung' gebildet haben dürfte. Daß also eine sensitive Persönlichkeit wie Miss S. bei der ersten Annäherung an das Haus in einer weitergehenden, nämlich visuellen Form Persönlichkeiten wahrnimmt, die sich den minder veranlagten Einwohnern (wie dem 'forschen' Offizier) bis dahin nur in unentwickelter Form bemerkbar gemacht haben, verträgt sich sehr natürlich mit der Annahme einer einheitlichen und selbständigen Quelle sämtlicher Spukvorgänge in Ramhurst Manor.

Daß ferner Mrs. R.s Wahrnehmung sich als bloße Erwartungshalluzination deuten lasse, ist, wie schon Owen bemerkte, sehr unwahrscheinlich. Einen Monat lang seit den Mitteilungen ihrer sensitiveren Freundin hatte diese Erwartung zu nichts geführt. Sollte ihr dann doch noch eine Halluzination entsprungen sein, so wäre dies in der Tat im 'unwahrscheinlichsten' Augenblick geschehen: als Mrs. R., durch die ungeduldigen Zurufe eines hungrigen Jägers zu höchster Eile gestachelt, die letzte Hand an ihre Abendkleidung legte, um ihren Pflichten als Wirtin zu genügen. Auch hier also liegt die Annahme näher, daß der Eintritt der Vision von einem besonderen 'Aktivitätsschub' auf seiten der Erscheinenden in eben jenem Augenblick erzwungen worden sei.

An sich haben die Visionen durchweg die typische Art der aktiven Selbstmitteilung, wie wir sie auch im Trans der Medien noch reichlich beobachten werden: Erscheinungen in kennzeichnender Kleidung, nebst Mitteilungen in Buchstaben. Vollends im Zusammenhang mit den kollektiv wahrgenommenen Schritten, Reden und Schreien tragen sie die Merkmale eines Willens zur Kundgebung deutlich an sich, nicht nur soweit den Perzipienten unbe-

190   *Argumente aus der Erscheinung Abgeschiedener*

kannte, aber wahre Angaben in Frage kommen (was ja hier wieder nur 'vorgreifend' erwähnt wurde), sondern auch soweit wir nach einer persönlich-
psychologischen Erklärung des Erscheinens-überhaupt suchen. Diese durch
Miss S. gelieferte Erklärung ist schließlich so banaler Natur, daß man annehmen möchte, ein bloßer Deutungsdrang und ein ihm entspringendes
Halluzinieren der Perzipienten hätte eine sehr viel 'romantisch-drama-
tischere' zustande bringen müssen. Dagegen trifft jene ausdrückliche Selbst-
deutung des Spuks vorzüglich zusammen mit den nachträglichen archi-
valischen Feststellungen: ein Ehepaar des guten alten Landadels — der *landed
gentry* — haust mit Stolz und Liebe auf seinem Herrensitz, an dessen Verbesserung es jede mögliche Sorgfalt wendet. Aber schon die Erben ziehen in die
'Stadt', verkaufen dann das *Manor House* und lassen es zu einem *farm-house*
herabsinken. Verwundeter Stolz und enttäuschte Liebe fesseln die beiden
Alten an ihren ehemaligen Aufenthalt: sie 'gehen darin um'. Dies alles erscheint menschlich-natürlich. Dagegen ist für das unabhängige Entstehen
spukiger Trugwahrnehmungen bei mehreren, darunter offenbar höchst 'unge-
eigneten' Personen nicht der geringste Grund zu entdecken. Aus solcher Ge-
samtlagerung heraus sollte der vorurteilsfreie Tatsachensinn des echten Wis-
senschaftlers seine Auslegung wählen.

Die bisher als Spukmotive belegten Verflechtungen der Abgeschiedenen mit der diesseitigen Welt, wiewohl natürlich in das 'psychische'
Gebiet der Wünsche und Bedürfnisse gehörend, zeigten doch daneben
noch durchweg dingliche Anknüpfungspunkte, etwas, woran die 'jenseitige Beunruhigung' sich anschloß. Die weiterhin zu besprechenden
Begründungen tragen soz. rein geistiges Gepräge an sich, gehören ausschließlich dem Innenleben der Seele an, den Entzweiungen des Ge-
fühlslebens, den tieferen Bedürfnissen, Strebungen und Verpflichtungen
des Einzelnen gegenüber seinen Mitmenschen und vorzugsweise seinen
Nächsten: Verwandten, Geliebten, vielleicht auch — was ja oft dasselbe
ist — Gehaßten. — Indem ich auch hier wieder mit Spuken beginne,
bei denen die Motivierung nur aus Vorgeschichte und Ablauf zu erschließen ist, fühle ich mich versucht, als Beleg das berühmte Erlebnis
zu wählen, welches die Schauspielerin Clairon[1] in ihren 'Memoiren' erzählt. Dieser Fall hat — vielleicht z. T. durch Goethes 'Travestierung'
in der Geschichte der Sängerin Antonelli[2] — für viele einen etwas
romanhaften Schimmer angenommen; vorurteilslos betrachtet, gewinnt
er aber gerade durch die typische Natur seiner Einzelheiten das Vertrauen zurück, das er von Hause aus verdient. Es ist wahr, daß der
Hauptbericht, nämlich der von der Clairon selbst stammende, ein gutes
halbes Jahrhundert nach Abschluß der Vorgänge (1799) zuerst gedruckt

1) Eigentlich Claire Josephe Hippolyte Legris de la Tude (1723—1803), von Voltaire be-
sungen, von Marmontel bewundert.   2) In den 'Unterhaltungen deutscher Ausgewan-
derter'.

wurde (wann sie ihn niederschrieb, wird sich wohl niemals feststellen lassen). Immerhin ist dieser Bericht in allen wesentlichen Einzelheiten deutlich vorgebildet in der Fassung, die Goethe 1794 vom Prinzen August von Gotha oder von der Herzogin Luise von Weimar empfing, und die (nach H. Maync) auf 'einen guten Pariser Gewährsmann' zurückging; und auch der Bericht zweiter Hand, den die Markgräfin von Ansbach 1826 veröffentlichte, bestätigt nochmals die Genauigkeit der Darstellung in den Memoiren der Clairon. Ja die Herzogin von Abrantes, der diese gleichfalls die Geschichte erzählt hatte, betont, daß Mlle Clairon, so oft sie darauf zu sprechen kam, jede Annäherung an wirkungsvolle Darstellung vermieden habe. Endlich behauptet Owen, daß ein Bericht über die Vorgänge auch in den Archiven der Pariser Polizei vorhanden sei[1], und wir dürfen annehmen, zumal er viel in Paris lebte, daß er dies nicht leichtsinnig sagt. Im übrigen wußte bekanntlich 'ganz Paris' um die Ereignisse während der $2^1/_2$ Jahre ihres Ablaufs. Diese sind an sich so greifbarer und zugleich einfacher Natur und werden von der Clairon mit solcher Genauigkeit des Drum und Dran erzählt, daß nur von vornherein entschlossene Zweifler dem Ganzen der Berichte den Glauben versagen können.

Bekanntlich begannen die Phänomene nach dem Tode eines M. de S., der die junge und berühmte Schauspielerin $2^1/_2$ Jahre lang glühend, aber unglücklich geliebt und sie noch kurz vor seinem Tode beschworen hatte, ihn wenigstens noch einmal zu besuchen. Nach der Aussage seiner nächsten Freundin hätte dieser auf die Weigerung der Clairon hin geäußert: 'Grausames Geschöpf! Aber sie soll dadurch nichts gewinnen. Ich will sie so lange nach meinem Tode verfolgen, als sie mich im Leben verfolgt hat.' Am Abend seines Todes, um 11 Uhr, während einer musikalischen Abendtafel bei der Clairon (deren Gäste sämtlich genannt werden), erklang zum erstenmal jener langgezogene 'durchdringende Schrei' vor ihrem Fenster, der die Singende in eine Ohnmacht warf, 'an jedem folgenden Abend sich stets um die gleiche Stunde wiederholte, von allen, auch der in Gang gebrachten Polizei gehört wurde, zunächst an ihr Heim, nicht an ihre Person gebunden erschien, endlich, als sie ihn auf den Wunsch eines zweifelnden Witzboldes hin während einer Wagenfahrt gewissermaßen herausforderte, dreimal erscholl und dann mehrere Monate lang schwieg. Danach wurde er volle drei Monate lang durch einen um die gleiche Stunde hörbaren 'Flintenschuß' gegen eins ihrer Fenster abgelöst (das aber nie verletzt wurde), dessen Ursprung wieder selbst Polizeiwachen nicht feststellen konnten. Auch dieser Schuß trat zum letztenmal während einer Wagenfahrt auf, die Mlle Clairon und ihre Dienstmagd an dem Sterbehause des M. de S. vorüberführte. Es folgten einige Zeit hindurch Laute wie von

---

1) Dasselbe behauptete vor ihm J. Fr. v. Meyer 'aus zuverlässiger Quelle' (BHW IX [1830] 378).

zusammengeschlagenen Händen (von denen Mlle Clairon sagt, daß sie ihr weniger Eindruck machten, sodaß sie 'keine Aufzeichnungen über die Zeit ihres Auftretens aufbewahrte'; woraus wir wohl schließen dürfen, daß sie dergleichen bezüglich der anderen Phänomene besessen hat.) Diese fanden ihren Abschluß in gewissen 'melodischen Tönen', die gelegentlich erklangen, während die Clairon den Weg vom Carrefour de Bussy bis zu ihrer Haustür in der Rue de Bassy nahe dem Kloster von St. Germain zurücklegte. $2^{1}/_{2}$ Jahre nach dem Tode des M. de S. hörten die Phänomene auf; wären also jene Worte auf dem Sterbebett verbürgt, so hätte der Verstorbene die Geliebte tatsächlich genau so lange verfolgt, als ihr Bild ihn selbst zu Lebzeiten. Der Fall würde also in doppelter Hinsicht, nämlich a u c h hinsichtlich der S t u n d e n, in unsere Gattung des Datenspuks gehören.[1]

Die freigeformte Erzählung der Clairon, die durchweg die Namen der jeweiligen Nebenzeugen und die genauen Umstände von Ort und Gelegenheit anführt, macht auf den vorurteilslosen Leser durchaus den Eindruck größter Vertrauenswürdigkeit. Selbst wenn sie in nebensächlichen Einzelheiten irrte, würde dies nichts besagen gegen die Glaublichkeit solch einfacher, ebenso leicht zu beobachtender wie zu erinnernder, hundertfach wiederholter und von zahllosen Beamten und Privatpersonen wahrgenommener Phänomene. Aber die stärkste Stütze der Glaubwürdigkeit liegt für mich, wie schon angedeutet, in ihrer t y p i s c h e n Natur. Durchdringende Schreie, Knalle (wir brauchen ja nicht gerade an 'Flintenschüsse' zu denken), Klatschlaute und 'melodische Töne' bilden Bestandteile zahlloser bestbeglaubigter Spukabläufe. Der Fall mutet uns also nichts Neues oder Absonderliches zu, und unser Augenmerk darf sich daher ohne weiteres auf die Frage nach dem 'Q u e l l p u n k t' der Vorgänge richten. Als solcher aber kommt doch wohl nur entweder die Clairon selbst oder ihr unglücklicher Liebhaber in Frage. Im ersteren Falle hätten wir anzunehmen, daß die Dame soz. als Medium die Phänomene erzeugt habe, als den Ausdruck einer — wenn man will — verdrängten Gewissensregung gegenüber dem Opfer ihrer mangelnden Liebesbereitschaft. Eine solche jahrelange Selbstquälerei, die zeitweilig den Frieden ihres Lebens völlig zerstörte und ihr manche Ohnmacht in geselligen Kreisen gekostet zu haben scheint, mag uns sehr unwahrscheinlich dünken; für unmöglich dürfen wir sie nicht halten. Gleichwohl ziehe ich die andere, spiritistische Auslegung unbedenklich vor. Und zwar weil die Kraßheit und Beharrlichkeit der Vorgänge mir einen Kräftegrad des fraglichen Aktivitätszentrums vorauszusetzen scheint, den wir in der ungeheuren Leidenschaft des Liebhabers ohne weiteres verwirklicht finden, in der kühlen Überlegsamkeit seiner Angebeteten dagegen ganz und gar nicht. Um diese Unwägbarkeiten der Urteilsbildung richtig einzuschätzen, lese man aufmerksam die Absätze, in denen die Clairon die finstere, menschenhasserische, fast grausam selbstsüchtige Natur ihres Anbeters der eigenen heiteren und leichten Sinnesart gegenüberstellt. M.

1) Aus Clairon 78 ff. bei Owen, Footfalls 318 ff.; Daumer II 16 ff. u. sonst. — Vgl. die Fälle Illig 208 ff. 269; Eckartshausen (1792) 86 ff.

de S. hatte sein ganzes Vermögen flüssig gemacht, um in Paris über die Grenzen seines Ranges hinaus auftreten zu können. 'Dies mißfiel mir. Wer sich seiner selbst schämt, flößt andern Verachtung ein ... Sein Plan war es, [nach unsrer Verehelichung] nur mit mir zu verkehren und mich irgendwohin zu entführen, wo ich nur ihn sehen würde. Dies paßte mir, wie man wohl glauben wird, keineswegs. Ich war bereit, mich mit Blumenbändern leiten, nicht aber, mich mit Ketten fesseln zu lassen.' Er flößte ihr 'Freundschaft', sie ihm eine monomanische Liebesraserei ein. Sobald sie die eigennützigen Ausmaße seiner Leidenschaft begriff, 'sah [sie] die Notwendigkeit ein, jede Hoffnung in ihm zu ersticken und an Stelle seiner täglichen Bewerbungen gelegentliche Besuche in weiten Zeitabständen treten zu lassen'. Bei unparteiischer Erwägung aller dieser Gesichtspunkte wird man erkennen, um wieviel natürlicher die Verlegung der Triebkraft jener merkwürdigen und doch durchaus typischen Phänomene in die Persönlichkeit des Liebhabers ist, als in die seiner Geliebten.

Das Motiv im vorstehenden Falle könnte man, leidlich grob, als Rachsucht bezeichnen: als Bedürfnis nach 'Abreagieren' einer Haßliebe, also einer bei Lebzeiten entstandenen Spannung zwischen Personen. Diese Überwindung persönlicher Spannungen tritt aber auch soz. mit umgekehrtem Vorzeichen auf: als Wunsch, Vergebung zu erlangen oder zu gewähren, also als Aussöhnungsbedürfnis. Ganz 'stumme' Fälle dieser Art dürften nicht leicht zu finden sein: das Verlangen nach Versöhnung kann sich nicht so leicht in Handlungen verständlich äußern, wie der Zorn des Hassenden; als der feinere und innerlichere Antrieb bedarf es fast unvermeidlich der Worte. — Ich bin versucht, als erstes Beispiel einen Spukfall anzuführen, der hinsichtlich seiner Bestandteile zu den reichhaltigsten und zugleich bestbezeugten gehört, während seine mögliche Sinndeutung sich an einen einzigen 'gehörten' Satz anschließt. Aber eben die Massenhaftigkeit der spukigen Tatsachen drängt die Frage nach dem Woher und Wozu so nachdrücklich auf, daß man geneigt ist, schon der geringfügigsten Andeutung Glauben zu schenken.

Zwei Familien, die nacheinander das fragliche Haus bewohnten, berichten von gehörtem und gesehenem Spuk, ohne daß die zweite das mindeste von den Beobachtungen der ersten gehört hätte. Wir besitzen schriftliche Aussagen 1. Hand von den meisten Hauptzeugen (darunter ein Tagebuch der Mrs. G.), die außerdem von führenden Forschern der Ges. f. ps. F. verhört wurden. Eine der Parteien wurde von den 'Geistern' nachgerade aus dem Hause vertrieben, in welchem überdies nur kurze Zeit zurückliegende tragische Ereignisse nachweisbar waren.[1] Ich will aus den 13 enggedruckte Seiten umfassenden Berichten nur einige Angaben herausheben, die eine Vorstellung von der Vielgestaltigkeit der Vorgänge geben mögen.

1) Sich-Erhängen einer Frau i. J. 1879.

Miss Morris hörte, sofort am Abend ihres Einzugs (Ende Okt. 1882), 'ohne jemand zu sehen, schwere Schritte um den Saaltisch stapfen, an dem ich lesend saß'. Sie und ihre Schwester hörten die Schritte die ganze Nacht im Zimmer und auf den Treppen; dazu kam das bekannte 'Gefühl, daß jemand im Zimmer sei'. Dies wiederholte sich Nacht für Nacht. Drei Wochen nach dem Einzug sah Miss M. zum erstenmal die Gestalt einer schwarzgekleideten Frau 'mit traurigem und todblassem Gesicht', und zwar in einem Augenblick heiterster Ablenkung. Es folgten anhaltendes Läuten der Hausklingel, lautes Klopfen an Türen, Aufgehen von solchen ohne Berührung, krachender Lärm, das Sehen von Gesichtern (die um Ecken blickten), von weiteren Gestalten und 'Nebelsäulen', darunter der eines Mannes, weiße Lichter, Erschüttern von Betten, schwere Beängstigungen des sehr 'scharfen' Hundes, usw. Hierzu kamen — und damit nähern wir uns einer Sinndeutung des Geschehens — gehörte Seufzer und Worte; bei einer Gelegenheit ein dreimaliges 'Liebling', ein andres Mal (wie Mrs. G. berichtet, zwei Wochen nach dem Einzug) ein 'tiefes Seufzen und Stöhnen'. 'Wiederum ein Schluchzen und ein Dröhnen, wie vom Aufschlagen von etwas sehr Schwerem.' 'Ich saß aufrecht im Bette [Mrs. G. war unmittelbar vorher ins Kinderzimmer gelaufen, also jedenfalls völlig wach] und blickte im Zimmer umher, als zu meinem Entsetzen eine Stimme (und zwar eine sehr süße) sagte: 'O, vergib mir doch, bitte!' — dreimal. Ich konnte es nicht länger ertragen; ich drehte das stets brennende Gas auf und begab mich ins Zimmer des Mädchens. Sie schlief fest und tief, ich rüttelte sie also wach und bat sie, in mein Zimmer zu kommen. Dann, in 5 Minuten, begann das Schluchzen und Stöhnen von neuem und das schwere Stampfen der Fußtritte und solche Schläge, als würden schwere Kisten mit Geschirr umhergeworfen.'[1]

Podmore sucht sich den überwältigenden Zeugnissen dieses Falles gegenüber mit folgenden logischen Kreuz- und Quersprüngen zu helfen: Die ersten ungewöhnlichen Wahrnehmungen seien in jedem Fall erst gemacht worden, nachdem durch die gehörten 'unerklärlichen Geräusche' ein nervöser Zustand bei den Bewohnern hervorgerufen worden war. Podmore vergißt oder will nicht sehn, daß diese Geräusche bereits typisch-spukiger Natur waren, seine Deutung sich also im Kreise dreht. Er deutet an, die 'unerklärlichen Geräusche' seien vielleicht halluzinatorische Auswüchse um einen 'Kern tatsächlicher Geräusche' gewesen. Aber dies ist wieder lächerlich, denn die 'unermüdlichen Schritte' traten sofort am ersten Tage unvermittelt und mit völliger Klarheit auf. Ferner sei es 'erlaubt zu vermuten', daß die 'Halluzinationen' der z w e i t e n Einwohner des Hauses durch Gedankenübertragung seitens der Miss Morris entstanden seien, 'deren Gedanken doch gewiß gelegentlich zu dem Hause hinschweiften, wo sie so viel Erregung und Schreck erlitten hatte'.[2] Nun, diese besondere Gangart des skeptischen Kleppers haben wir schon früher in Augenschein genommen.[3]

---

1) Pr VI 259 ff. — Vgl. die Fälle Pr VIII 236 f.; M IV (1850) 152 f.; PS 1874 122 ff. 166 ff.
2) aaO. 269.   3) o. S. 105 f.

Von besonderer Ausdrücklichkeit ist folgender Fall der gleichen Art, den man vielleicht zu den bekannteren zählen darf.

Herr N. I. Ponomarew, Schwiegervater des Erzählers, Baron Wassilij Driesen, starb am 21. Nov. 1860. 'Ich hatte mich', schreibt letzterer, 'nicht gut mit ihm gestanden, ... und diese Beziehungen erfuhren keine Änderung bis zu seinem Tode. Er starb sehr ruhig, nachdem er der ganzen Familie, mich selber einbegriffen, seinen Segen erteilt hatte. Eine Seelenmesse sollte am 9. Tage abgehalten werden.' Am Abend vorher begab sich Baron Driesen erst spät — zwischen 1 und 2 — zu Bett, wo er noch in der Bibel las. 'Ich hatte gerade das Licht gelöscht, als sich im Sterbezimmer Schritte hören ließen — ich möchte sagen: der Ton von schlürfenden Pantoffeln —, die vor der Tür unsres Schlafzimmers verstummten.' Baron D. rief: Wer da?, strich zwei Schwefelhölzer nacheinander an und 'sah Hrn. Ponomarew vor der verschlossenen Tür stehn, in seinem blauen, mit Eichkatzenfell eingefaßten Schlafrock, der nur halb zugeknöpft war, sodaß ich seine weiße Weste und seine schwarzen Hosen sehen konnte... Ich erschrak nicht... 'Was wollen Sie?' fragte ich meinen Schwiegervater. Hr. Ponomarew tat zwei Schritte vorwärts, hielt vor meinem Bette an und sagte: 'Wassilij Fjodorowitsch, ich habe Ihnen Unrecht getan. Vergeben Sie mir! Sonst finde ich keine Ruhe.' Er wies mit seiner Linken zur Decke und streckte mir seine Rechte entgegen. Ich ergriff seine Hand, die lang und kalt war, schüttelte sie und erwiderte: 'Nikolai Iwanowitsch, Gott ist mein Zeuge, daß ich nie etwas gegen Sie gehabt habe.' Mein Schwiegervater verneigte sich, trat zurück und begab sich durch die gegenüberliegende Tür ins Billardzimmer, wo er verschwand...'

Soweit könnte man geneigt sein, an die halbschlaf-visionäre Dramatisierung eines 'Komplexes' — der Gekränktheit oder dgl. — zu denken; wennschon man dann außer acht lassen müßte, daß nach der Aussage des Perzipienten gerade in ihm die Entfremdung weniger Wurzel geschlagen hatte, als in dem Verstorbenen. Die Sache verwickelt sich indessen dadurch, daß dieser etwa um dieselbe Zeit noch einem zweiten Perzipienten erschien, nämlich dem örtlichen Priester Wassilij Bajenow (in Koi, Kreis Kaschin, Gouvernement Twer), worüber wir sowohl dessen eigenes als das Zeugnis des Barons Driesen haben, dem der Priester unmittelbar nach Abhaltung der Seelenmesse in Gegenwart der Baronin erzählte, N. I. Ponomarew sei ihm 'um 3 Uhr nachts' erschienen und habe ihn gebeten, ihn (Ponomarew) mit seinem Schwiegersohn auszusöhnen.[1] — Die beiden 'Visionen' entsprechen einander also mit durchaus 'natürlichen' Abwandlungen: die eine stellt einen unmittelbaren Versuch zur Aussöhnung dar, die andre eine Bitte um Vermittlung. Auch sind wir, nach dem Wortlaut der Berichte, nicht genötigt anzunehmen, daß diese Bitte geäußert wurde, nachdem sie eigentlich schon durch den Baron gewährt worden war; denn wie lange hatte

---

1) Pr. X 385 f. (auch Myers II 40 f.). Die Zeugnisse (a. d. Jahren 1890/1) sind etwa 30 Jahre nach d. Erlebnissen niedergeschrieben; aber der 'Sammler' ist Graf Perowsky, bekanntlich einer der größten Zweifler der S. P. R.

dieser 'in der Bibel gelesen'? Anderseits ist zu bedauern, daß wir im un-
klaren darüber bleiben, wieweit der Priester Bajenow in die inneren Beziehungen der beiden Herren eingeweiht und welcher Art gegebenenfalls
seine eigene Parteinahme in deren schlechtem Verhältnis zueinander war.
Diese Ungewißheit verringert unstreitig das Gewicht, welches die Doppel-
erscheinung sonst besäße.

Der nächste Fall, der den Wunsch nach Aussöhnung in der neuen
Spielart eines Beichtbedürfnisses zeigt, bedeutet für uns wieder
insofern ein Vorgreifen, als die Selbstauslegung des Spuks auf Wegen
erfolgte, die uns erst beschäftigen sollen, wenn von den 'Mitteilungen'
der Abgeschiednen und ihrer Selbstidentifizierung durch solche gesprochen wird. Aber mit dem Offenbleiben solcher Verzahnungsstellen
haben wir uns bereits abgefunden; sie sind im Grunde ebenso nützlich
wie unvermeidbar. — Der Fall wird wiederum der sorgfältigen Sammler-
tätigkeit R. D. Owens verdankt, der die Beteiligten, hochgebildete 'Angehörige einer der alten New Yorker Familien', 'genau und von der
besten Seite kannte und daher sich für die Wahrheit der Geschichte
verbürgen konnte', die er im Winter 1869/70, wenige Jahre nach den
leicht zu erinnernden Ereignissen, von der Hauptbeteiligten, Miss V.,
empfing.

Diese, auf Besuch bei einer Tante, in deren vornehmem Landhause am
Hudson ein Zimmer als spukig galt, ließ sich sehr gern überreden, in diesem
zu übernachten, als die Ankunft zahlreicher Gäste sie zur Hergabe ihres
bisherigen Schlafzimmers nötigte. 'Gegen Mitternacht [nach ruhigem Schlaf]
erwachend, sah sie eine ältliche Frau in sauberer, etwas altmodischer Kleidung, anscheinend eine höhere Dienstbotin, im Zimmer sich umherbewegen;
aber das Gesicht war ihr unbekannt.' Sie glaubte zuerst eine Lebende vor
sich zu haben, bis ihr einfiel, daß sie die Tür abgeschlossen hatte. 'Ihre Erregung wuchs, als die Gestalt sich dem Bette näherte, sich auf sie zu beugte
und anscheinend einen angestrengten, aber erfolglosen Versuch zu sprechen
machte.' Miss V. verbarg sich unter der Bettdecke, und als sie wieder her-
vorsah, war die Erscheinung verschwunden.

Einige Zeit darauf entdeckte Miss V., daß eine ihrer nächsten und ge-
schätztesten Freundinnen sich mit Versuchen spiritistischer Mitteilungen befaßte. Bei einem der nun gemeinsam unternommenen Experimente meldete
sich eine gewisse Sarah Clarke.[1] Diese gab an, 'sie sei vor vielen Jahren
Haushälterin in der Familie jener Tante der Miss V. gewesen; sie habe vergeblich versucht, sich unmittelbar Miss V. gegenüber zu äußern, als diese
in dem alten Landhause zu Gast war; ihr Vorhaben sei gewesen, ein Verbrechen zu gestehn, dessen sie sich schuldig gemacht, und die Verzeihung
ihrer alten Herrin zu erbitten. Ein ruheloses Bedürfnis, dies zu tun (sagte
sie), hätte sie veranlaßt, in dem Zimmer zu spuken, das sie zu ·Lebzeiten

---

1) Pseud.; der wahre Name war beiden Damen unbekannt.

bewohnt hatte. Sie fügte hinzu, daß sie der Versuchung erlegen war, mehrere kleine Stücke des Familiensilbers zu stehlen und verbergen, einschließlich einer Zuckerdose und einiger andrer Gegenstände, die sie einzeln aufzählte', und bat Miss V., ihrer Herrin ihren großen Kummer darüber und die Hoffnung auf Verzeihung auszusprechen. Während ihres nächsten Besuches bei der Tante erfuhr Miss V. auf ihre Frage, daß diese in der Tat 'vor 30 oder 40 Jahren' eine Sarah Clarke als Haushälterin gehabt habe; die sie für 'ein gutes, sorgsames, ordentliches Frauenzimmer' erklärte. Auf weitere Fragen aber gab sie zu, daß um die Zeit ihres Dienstes einige Silbersachen abhanden gekommen seien, deren Verlust sie freilich niemals Sarah Clarke zugeschrieben hatte, deren Liste aber, 'soweit die Tante sich entsinnen konnte', übereinstimmte mit der von Miss V. empfangenen. 'Was die Dame von der Erzählung ihrer Nichte dachte, weiß ich nicht; sie sagte nur: daß falls Sarah die Sachen wirklich genommen hätte, sie ihr von Herzen verzeihe... Von da ab war das Spukzimmer frei von allen Störungen. Sarah Clarke erschien nie wieder irgendeinem seiner Bewohner.' [1]

Die Genauigkeit des Berichts vorausgesetzt — und seine Verbürgung ist eine sehr beachtliche —, sehe ich nicht ab, wie hier eine spiritistische Deutung zu umgehen wäre. Daß Miss V. von den weit zurückliegenden Diebstählen nichts wußte, darf man als sicher unterstellen. Daß ihr Aufenthalt in dem ehemaligen Zimmer der Diebin ihr 'psychometrisch' ein Wissen von deren Taten und Aussehen verschafft habe, wäre eine reichlich weit hergeholte Annahme, wobei auch unerklärt bliebe, weshalb dies Zimmer schon seit langem als spukig galt und warum Miss V.s Aufenthalt darin zwar zur Wahrnehmung einer Erscheinung geführt hätte, die etwas 'sagen will', aber nicht zu einer 'Mitteilung' über das von der Erscheinenden Verbrochne. Warum sollte Miss V. sich diese Mitteilung erst soviel später und auf ganz andre Weise zu Bewußtsein geführt haben, wenn der Weg vom 'Unter-' zum 'Oberbewußtsein' sich doch schon in jener Nacht als offen erwiesen hatte: nämlich durch das Erblicken der Gestalt? Und was das vorherige Spuken in dem Zimmer anlangt: sollen wir etwa der Tante nachsagen: sie habe schon längst jahrein jahraus in ihrem 'Unterbewußtsein' die Magd der Diebstähle verdächtigt und darum — telepathisch oder gar 'medial' — die Spukvorgänge in jenem Zimmer zuwege gebracht? Das hieße doch, die Willkür bis zum Widersinn treiben. Anderseits fällt das ganze Gefüge der Tatsachen in eine natürliche Ordnung, sobald sie alle auf die Verstorbene als ihren einheitlichen Quellpunkt bezogen werden: das Woher und das Wozu der Leistungen findet dann eine ungezwungene Deutung, die um das schließlich ausdrücklich bezeichnete Motiv des Spukes kreist.

1) Owen, Deb. L. 226 ff. — Vgl. zu dieser Gruppe noch M II 342; Stead 176 f.

Ich möchte übrigens nicht unterlassen, hier auf ein engverwandtes Motiv vieler Erscheinungen hinzuweisen, das man mit Unrecht nur den 'sagenhaften' Spukgeschichten zuordnen würde (sind doch umgekehrt nicht wenige sog. 'Volkssagen' nichts weiter als etwas sorglos überlieferte, ursprünglich offenbar durchaus typische Spukberichte). Ich denke an die Bitten von Phantomen um die Gebete Hinterbliebener; ein sehr natürlicher Zug unter der Voraussetzung religiös-gedanklicher Kontinuität des jenseitigen Zustands mit dem diesseitigen; — und seelische Kontinuität wird ja buchstäblich von aller spiritistischen Beobachtung gefordert. — Ein einziges Beispiel aus neuerer Zeit mag auch diesen Tatbestand verdeutlichen; ich entnehme es einer brieflichen Mitteilung der Mrs. Napier an J. A. Hill, 'bald nach dem Ereignis im Aug. 1906' niedergeschrieben.

'Ich war nach einem Diner in Gesellschaft sehr müde zu Bett gegangen und — die Wahrheit zu gestehn — nicht in der besten Laune. Kurz vor dem Einschlafen begann ich das elektrische Kribbeln zu fühlen, welches stets [bei mir] Visionen vorausgeht. Ich wehrte mich dagegen mit aller Gewalt, mußte aber nachgeben, wiewohl entschlossen, wenn möglich nichts zu sehn oder zu hören. Es erwies sich aber bald, daß ich es nicht verhindern konnte; denn neben mir hörte ich eine angstgequälte Stimme: 'Mabel, Mabel, um Gottes willen, bete für mich!' Ich schäme mich, meine Antwort niederzuschreiben, und kann als mildernden Umstand nur meine Müdigkeit geltend machen. Ich sagte: 'Bete für dich selbst, wie ich es auch tue! Ich bitte niemanden, für mich zu beten!' Dann war mir, als kniete jemand neben meinem Bett und beugte das Haupt auf die Decke nieder. Ich blickte hin und sah einen Kopf, der mir einigermaßen bekannt vorkam, obschon die Stimme keinerlei Erinnerungen wachgerufen hatte. Daher sagte ich: 'Erhebe dein Gesicht, damit ich dich sehn kann. Du nennst mich bei Namen, — aber wie heißt du denn?' Die Gestalt hob sofort ihren Kopf empor, und ich erkannte in ihr einen Freund aus meiner Mädchenzeit, namens Anthony Grace. Erweicht von dem Ausdruck des Schmerzes in seinem Gesicht, veränderte ich sofort meinen Ton. 'Anthony, ich möchte von Herzen dir helfen', sprach ich, 'nur sage mir, wie.' 'Bete für mich, bete für mich', war die Antwort. 'Ich bin gestorben; kannst du nicht sehn, daß ich gestorben bin?' 'Nein', erwiderte ich, 'du siehst nicht wie ein Toter aus.' (Das war Tatsache.) Ich versprach, seinen Wunsch zu erfüllen, und der Schmerz in seinem Gesicht ließ nach, als er mir dankte. Er sagte etwas von der Mühe, die er gehabt, mich zu finden, und versprach auf meine Bitte, es wiederum zu versuchen. Aber ich habe seitdem nichts mehr von ihm gesehen.'

Mrs. Napier war seit Jahren nicht mit A. G. beisammen gewesen (mit Ausnahme eines Zusammentreffens von 10 Minuten auf einem Bahnhof zu Beginn des Jahres 1905) und wußte normalerweise nichts von seinen gesundheitlichen und allgemeinen Verhältnissen. Eine Schwester von ihr, die später die Gegend Englands besuchte, in der A. G. lebte, stellte durch Nachfragen

fest, daß er im Aug. 1906 ganz plötzlich während des morgendlichen Sich-
ankleidens gestorben war, — also vermutlich etliche Stunden vor seiner Erscheinung.[1]

Es steht dem Animisten natürlich frei, hier eine Dramatisierung telepathisch erworbenen Wissens zu behaupten. Aber während nichts
dafür spricht, außer dem ein für allemal festgelegten Vorurteil, spricht
manches im Grunde dagegen: das durchweg dramatisch-natürliche Benehmen des Phantoms vom Standpunkt des Erscheinenden aus; sein an-
fängliches Nicht-Erkanntwerden seitens der Perzipientin (sie wußte ja
doch 'unterbewußt', um wen es sich handelte; und wird nicht gerade
unser 'Erkennen' durch 'unterbewußte Vorstellungen' bestimmt?); die
seltsam realistische Äußerung über die Mühe beim Finden der Perzipientin, und endlich: die Nicht-Wiederkehr des Erscheinenden, trotz
seines Versprechens und der unbezweifelbaren Erwartung auf seiten der
Perzipientin. —

Die nächste Gruppe scheint mir eine der ausgebreitetsten zu sein:
sie zeigt uns, in mannigfachen Wendungen, ein Motiv des Erscheinens,
also des 'Wiederkehrens', dessen Wirksamkeit wir unter der Voraussetzung des Fortlebens wohl jedenfalls erwarten müßten: nämlich das der
fortdauernden Anteilnahme am Tun und Ergehen der nächsten
Hinterbliebenen, der Sorge um sie und des Bedürfnisses, in ihr Schicksal fördernd einzugreifen. In einigen der oben belegten Todankündigungen klang dieser Beweggrund schon an,[2] und im Grunde beweist ja
die Todankündigung als solche oft eine 'Sorge', die dem Gedanken an
die Folgen des eigenen Abscheidens für die Hinterbliebenen entspringen mag, jedenfalls aber dem an ihren Schmerz. — Ich ordne die
Fälle wieder hauptsächlich nach dem Maße ihrer Ausdrücklichkeit, beginne also mit einem, wo der Sinn der Vorgänge lediglich zu erschließen
ist. Er wird uns nur aus zweiter Hand berichtet und war reichlich 'alt'
bei der Abfassung der Erzählung. Doch scheinen mir die Ereignisse so
einfacher Natur zu sein, daß ihre genaue Festlegung und Erhaltung im
Gedächtnis wohl ohne weiteres angenommen werden darf.

Der Erzähler, der Schriftsteller Charles St. Croix, Übersetzer der Werke
Görres', versichert uns, daß 'drei oder vier Zeugen der Tatsache noch
leben und die Wahrheit bestätigen könnten. Ich habe die Sache sehr häufig
von meinem Vater erzählen gehört.' Und es erhöht unser Vertrauen, wenn
er hinzufügt, sein Vater habe bis zuletzt an nichts Übernatürliches dabei
glauben können; nur das habe einen 'sehr starken Eindruck' auf ihn gemacht, daß sein riesiger, sehr kräftiger und ebenso bösartiger Hund sich

1) Hill, New Evid. 21 f. — Vgl. hierzu Flammarion III 135; Kerner, Ersch. 69 f. 76. 89;
Crowe 388 ff.; JSPR XIII 228 ff. (Auf diesen bedeutsamen Fall komme ich im VI. Abschn.
zurück.)   2) Vgl. o. S. 134 f.

während der Lärmphänomene (auf solche beschränkte sich der Spuk in diesem Falle) ganz gegen seine sonstige Art 'wie vom Schreck erfaßt' benommen habe. — Die Tatsachen sind in aller Kürze diese:

Eines Abends 'gegen 10' wurde die Mutter des Erzählers durch 'ungewohnten Lärm in der Küche' wach, die durch die Eßstube von ihrem Schlafzimmer getrennt war. Ihr Mann, von ihr erweckt, meinte, sie müsse geträumt haben, da er die Tür am Abend verschlossen hatte, und schlief wieder ein. Aber der Lärm begann von neuem, der wiedererweckte Vater meinte nun, er irre sich betreffs der Tür, glaubte, der Hund poltere unter dem Küchengeschirr umher, stellte eine genaue Untersuchung an und fand alles in Ordnung, sodaß er nunmehr seine Sinne verdächtigte. Kaum war er wieder im Bett, als der Lärm noch stärker als zuvor seinen Fortgang nahm, während das Haus vom Speicher bis zum Keller durchsucht wurde. Er zog sich ins Speisezimmer, 'wo es schien, als stürzten Steine von 20—30 Pfund Gewicht aus 8 oder 10 Fuß Höhe auf ein gegen die Wand gelehntes Möbelstück nieder. Nach 8 oder 10 Schlägen dieser Art kündigte ein letzter, sehr viel stärkerer eine Pause an; gleich darauf war es, als ob eine kräftige Hand eine Eisenstange zwischen Pflastersteinen bewegte. Mehrere Nachbarn, durch den Lärm erweckt, kamen ins Haus, um zu erfahren, was los sei, und halfen meinem Vater bei neuen Nachforschungen... Um 3 Uhr morgens entließ er sie und die Dienstboten [da er nun an Diebe doch nicht mehr glauben konnte, was für ihn die Hauptsache war]. Der Lärm hatte etwa 4 Stunden gedauert und war von 7 oder 8 Personen beobachtet worden. Er hörte gegen 4 Uhr morgens auf.'

Gegen 7 traf die Nachricht ein, daß ein Verwandter des Vaters, F., am Abend vorher zwischen 10 und 11 Uhr gestorben war und kurz vor seinem Ende nochmals den Wunsch ausgesprochen hatte, jener möchte die Vormundschaft seiner hinterlassenen Kinder übernehmen. Diesen Wunsch hatte er schon während seiner Krankheit mehrfach, aber stets vergeblich geäußert: der Vater hatte jedesmal Überlastung vorgeschützt und andere vorgeschlagen. Die Mutter, die allein den Lärm sogleich mit dem Todesfall und dem unerfüllten Wunsch des Sterbenden in Verbindung brachte, bestürmte nun von neuem ihren Gatten, erreichte aber nur die Zusage (die sie beruhigen sollte), daß er einwilligen wolle, wenn der Lärm von neuem beginne. Er brachte aber für die nächste Nacht 'zwei starke Männer' in seinem Zimmer unter, die sich jedoch, als um Mitternacht 'der Lärm noch viel stärker und schrecklicher wieder einsetzte', als im höchsten Grade feige erwiesen. Nach einer neuen Durchsuchung des ganzen Hauses 'gab mein Vater dem Drängen meiner Mutter nach, ... und man hörte nichts mehr in dem Hause.'[1]

Der Fall hat, wie man sieht, den besonderen Wert, daß er uns den Übergang vom Wirken eines noch Lebenden zum Wirken eines bereits Verstorbenen aufweist. Wenn wir den Zeitangaben des Berichtes trauen dürfen, 'starb' F. erst etwa 1 Stunde nach dem ersten Einsetzen des Lärms, der sich

---

1) Bozzano, Hant. 132 ff. — Vgl. die Fälle Pr V 450; Daumer I 270 f. 306 f. (nach Jarvis).

aber bis zu 26 Stunden nach seinem Ableben fortsetzte. Wir werden annehmen dürfen — was uns in zahllosen Fällen andersartiger Kundgebungen Sterbender ausdrücklich bezeugt wird —, daß F. schon an seinem Todestage sich in komatösem Zustand befunden habe. Die Beziehung des Spuklärms auf den dringenden Wunsch, der ihn quälte, wird natürlich nur durch das Aufhören im Augenblick der Wunscherfüllung nahegelegt. Die einzige Alternativdeutung würde annehmen, daß der ältere St. Croix oder dessen Frau — jener wie diese unterbewußt telepathisch vom Tode des F. benachrichtigt oder denselben bloß vermutend — den Spuklärm 'medial' verursacht hätten. Für den Gatten erschiene diese Annahme besonders gezwungen, angesichts seines völlig ablehnenden Verhaltens gegen den Lärm selbst und die Bitten, zu denen dieser Veranlassung gab. Madame St. Croix scheint eher auf seiten des Toten und seines Wunsches gestanden zu haben, und da ein deutliches Phantom ja nicht beobachtet wurde, mag man sie vor allem als Medium verdächtigen und den Fall somit für zweideutig erklären. Indessen verbinden sich Lärmphänomene-als-Todesankündigung häufig genug mit deutlichen Phantomen und sonstigen Elementen, die auf den Erscheinenden als Quelle hinweisen;[1] nach dieser Analogie wird man auch hier am natürlichsten F. für den wahren Agenten halten und demnach den Fall als Beleg für die fragliche Motivierung gelten lassen.

Ein erster Ansatz zur Ausdrücklichkeit findet sich in folgendem Falle, der den Wunsch zu warnen als Motiv der Erscheinung erkennen läßt. Das Erlebnis — vom 24. Dez. 1869 — wird uns von einer Dame, die sich aus begreiflichen Gründen nicht nennt, und leider erst unterm 9. Juni 1885 berichtet.

Mrs. P. war zwei Jahre glücklich verheiratet gewesen, als ihr Gatte 'niedergeschlagen und verdrießlich' zu werden begann, ohne daß er ihr einen Grund dafür angeben wollte. Am 24. Dez. hatte sich das Ehepaar ungewöhnlich zeitig zur Ruhe begeben, um am nächsten Morgen früh zur Weihnachtsfeier bei Verwandten aufzubrechen. Der Gatte hatte sich bereits zum Schlaf hingelegt, während die Berichterstatterin, im Schlafrock auf ihrem Bette liegend, das um diese Zeit fällige Erwachen ihres 15monatigen Töchterchens abwartete, um diesem dann die Flasche zu geben. Während sie an die Unternehmung des folgenden Tages dachte, sah sie zu ihrem 'großen Erstaunen einen Herrn zu Füßen des Bettes stehen, gekleidet wie ein Seeoffizier ... [Da die einzige brennende Lampe hinter der Gestalt stand] lag das Gesicht für mich im Schatten ... Ich war zu sehr erstaunt, um Angst zu empfinden, hätte nur gern gewußt, wer es sein könnte, und unverzüglich meines Mannes Schulter berührend (dessen Gesicht von mir abgewandt war), sagte ich: 'Willy, wer ist das?' Mein Mann wandte sich um und blickte 1 oder 2 Sekunden lang in höchstem Erstaunen den Eindringling an; dann erhob er sich ein wenig und rief: 'Was in aller Welt wollen Sie hier, Herr?' Indessen richtete sich die Gestalt langsam auf und sagte mit gebieterischer

1) Darüber mehr im VI. Abschnitt.

und doch vorwurfsvoller Stimme: 'Willy! Willy!' Ich blickte auf meinen
Mann und sah, daß sein Gesicht blaß und erregt war. Als ich mich ihm zuwandte, sprang er aus dem Bett, als wollte er den Mann angreifen, blieb
aber zur Seite des Bettes stehen, wie von Furcht gelähmt oder unschlüssig,
während die Gestalt ruhig und langsam sich auf die [geschlossene] Wand zu
bewegte. Als sie an der Lampe vorüberging, fiel ein tiefer Schatten ins Zimmer, wie von einer körperhaften Person, die das Licht abgeschnitten hätte,
... und sie verschwand soz. in die Wand hinein.' Eine sofortige Untersuchung
des Hauses verlief natürlich ergebnislos. Als Mr. P. von ihr zurückkehrte, 'legte er den Arm um mich und sagte: 'Weißt du, was wir gesehen
haben?' Und ich erwiderte: 'Ja, es war ein Geist. Ich fürchte, es war Arthur
[der Bruder der Frau, der in der Marine diente und zur Zeit auf der Fahrt
nach Indien war]; ich konnte aber sein Gesicht nicht sehen.' Er aber rief
aus: 'O nein, es war mein Vater.'. — Mein Schwiegervater war vor 14
Jahren gestorben; er war in seinen jungen Jahren Seeoffizier gewesen, hatte
aber krankheitshalber den Abschied genommen, ehe mein Mann geboren
war, und letzterer hatte ihn nur ein oder zweimal in Uniform gesehen. Ich
hatte ihn überhaupt nie gesehen ...' Mr. P. kränkelte in der Folgezeit und
offenbarte nach und nach seiner Frau, 'daß er in großen geldlichen Schwierigkeiten und [zur Zeit der Erscheinung] im Begriff gewesen war, eines
Mannes Rat zu befolgen, der ihn sicherlich ins Verderben und vielleicht zu
Schlimmerem geführt hätte. Diese Tatsache ist es, was uns abhält, von dem
Vorgang zu sprechen.' [1]

Beide Gatten haben ihr Erlebnis als eine Warnung seitens des Verstorbenen aufgefaßt. Um ihre Auffassung zu umgehen, müßte man offenbar
annehmen, daß das 'Unterbewußtsein' des Mr. P. durch Erzeugung
einer kollektiven Halluzination oder — falls man den Angaben über
den Schatten trauen will [2] — eines objektiven Phantoms ihm selbst diese
Warnung habe zukommen lassen. Unter Voraussetzung solcher Objektivität der Erscheinung (ich greife notgedrungen wieder vor) müßten
wir natürlich eine außerordentliche Schwierigkeit darin finden, daß
eine so seltene Leistung bei einem Manne aufgetreten wäre, von dem
ausdrücklich bezeugt wird, daß er, weit entfernt, irgendwelche medialen
Gaben zu verraten, vielmehr 'allen sog. übernatürlichen Vorgängen mit
äußerster und erklärter Skepsis gegenüberstand'. Schrauben wir aber
auch die Erscheinung auf den Stand einer bloßen Halluzination zurück,
so hätten wir uns zunächst mit dem sonderbaren Umstand abzufinden,
daß sie zuerst einer andern Person sichtbar wurde, die das Urbild
nicht kannte, und zwar anscheinend an der gleichen Stelle, wo danach
auch der 'Erzeuger' sie erblickte. Aber auch dann noch verbliebe ein

---

1) Pr VI 26 ff. Schriftliche Bestätigungen durch Mr. P. sowie Dr. u. Mrs. C., Freunde
der P., liegen vor. — Vgl. PS VI 442 ff.   2) Mehr über schattenwerfende Erscheinungen s.
in der später zu veröff. ausführl. Fassung des nächsten Kap.

besonderer Umstand, der die Erzeugung dieser Halluzination durch den Perzipienten weit weniger wahrscheinlich macht, als durch den Erscheinenden selbst. Mr. P. sen. erschien in einer Uniform, in welcher der Sohn ihn nur 'ein oder zweimal' gesehen hatte, während sein Bild in 'Zivil' diesem höchst vertraut, also das natürliche Muster für eine 'warnende Halluzinierung des Vaters' war. Anderseits erscheint es ebenso natürlich, daß der Vater sich dem Sohn in einer Gewandung sichtbar gemacht habe, in die er — der doch vermutlich mit Bedauern den eigentlichen Beruf seines Lebens aufgegeben hatte — sich wohl am liebsten 'zurückträumen' mochte, zumal in einem Augenblick, da ihm daran liegen mußte, soz. mit größter Autorität aufzutreten. Daß aber das Verfolgen irdischen Geschehens (auch geplanten!) seitens Abgeschiedener reichlich belegbar ist, habe ich bereits gesagt, und wir werden noch mehr davon erfahren.

Der nächste Fall geht im Umfang der Äußerungen des Phantoms über den vorigen nicht hinaus; doch spricht sich in den auch nur zwei gehörten Worten der Sinn der Erscheinung — Sorge um eine geliebte Hinterlassene — völlig eindeutig aus, während er im vorigen Fall doch noch erschlossen werden mußte. Ich gebe den Bericht, der wiederum Prof. A. Alexander verdankt wird, in Richets gekürzter Fassung wieder. Einer Erklärung bedarf es nach allem früher Gesagten schon nicht mehr.

'Im Nov. 1904 kam es in Rio de Janeiro zu Volksaufläufen und blutigen Kämpfen. Unter den Zöglingen der Militärschule befand sich der junge Sylvestre Cavalcante, der in der Nacht vom 14. zum 15. Nov., ganz genau um 11 Uhr, durch einen Kopfschuß fiel. In der gleichen Nacht gegen 2 Uhr morgens sah in Copacabana (Brasilien) Frau Rieken, deren Tochter Maria Luiza mit dem jungen C. verlobt war, diesen in einer von seiner gewöhnlichen abweichenden Khakiuniform und einem rotseidenen Tuch um den Hals in ihr Zimmer eintreten. Er sagte: 'Guarda Mimi' (Sorge für Mimi). Mimi war der Kosename, den er seiner Braut gab. Dann verschwand er. Am nächsten Morgen erzählte Frau R. die seltsame Geschichte ihrem Mann und ihrer Tochter. In Copacabana wußte um diese Zeit noch niemand etwas von dem Aufstand und noch weniger von Cavalcantes Tod.' [1]

Das demnächst wiederzugebende Beispiel geht in mehrfacher Hinsicht sehr beträchtlich über die bisher gegebnen hinaus und stellt unser Problem wiederum in neuartige Verwicklungen. Der Bericht der Perzipientin, Miss L. Dodson in London, am 14. Sept. 1891 geschrieben, lautet in seinen Hauptteilen wie folgt:

'Am 5. Juni 1887, einem Sonntag, zwischen 11 und 12 Uhr nachts, während ich noch wachlag, hörte ich dreimal meinen Namen rufen. Zweimal antwor-

1) JSPR 1905 59 (auch Richet 245).

tete ich, da ich dachte, es sei mein Onkel: 'Komm herein, Onkel George, ich bin wach', aber beim dritten Male erkannte ich die Stimme als die meiner Mutter, die vor 16 Jahren gestorben war. Ich sagte: 'Mama!' Sie kam darauf um einen Schirm an meinem Bette herum mit zwei Kindern auf ihren Armen, legte sie mir in die Arme und die Bettdecke über sie und sagte: 'Lucy, versprich mir, für sie zu sorgen, denn ihre Mutter ist soeben gestorben.' Ich sagte: 'Ja, Mama.' Sie wiederholte: 'Versprich mir, für sie zu sorgen.' Ich antwortete: 'Ja, ich verspreche es dir', und fügte hinzu: 'O Mama, bleibe da und sprich zu mir, ich bin so elend.' Sie erwiderte: 'Noch nicht, mein Kind', dann schien sie wieder um den Schirm herumzugehen, und ich blieb allein zurück, die Kinder noch immer in meinen Armen fühlend, und schlief ein. Als ich erwachte, war nichts mehr da. Am Dienstag früh, dem 7., erhielt ich die Nachricht vom Tode meiner Schwägerin [in Brügge]. Sie hatte 3 Wochen zuvor ein Kind geboren, was ich erst nach ihrem Tode erfuhr. — Ich war [wie gesagt] im Bette, schlief aber nicht, und das Zimmer war durch eine Gaslampe auf der Straße erhellt. Ich war nicht bei guter Gesundheit und von Familiensorgen bedrückt, [die aber nichts mit den Geschwistern in Brügge zu tun hatten]... Am nächsten Morgen teilte ich den Vorgang meinem Onkel mit.' — Auf Fragen hin betonte Miss Dodson nochmals, daß sie 'völlig wach' gewesen sei, nichts von der zweiten Niederkunft ihrer Schwägerin gewußt, also auch keinerlei Sorge ihretwegen empfunden und durchaus nicht begriffen habe, auf welche Kinder denn ihre Mutter anspielte. Der Umstand, daß sie die 'Kinder' so ohne weiteres 'in den Armen behielt' und darüber einschlief, erweckt freilich Zweifel an dem völligen Wachsein.

Der Tod der Schwägerin trat, wie durch unabhängige Zeugen festgelegt wird, zwischen 8 und 9 Uhr abends am 5. Juni 1887 ein, die Vision sicherlich zwischen 11 und 12, wie Miss Dodson nach einer Zimmer- und einer Außenuhr feststellte. Da Miss D. noch nicht schlief, so könnte man vermuten, daß sie noch nicht lange im Bette lag, daß also eben erst die günstige seelische Lage eingetreten war, um einen telepathischen 'Impakt' seitens des Bruders oder der noch lebenden Schwägerin zu symbolisch-halluzinatorischer Verbildlichung gelangen zu lassen. Der u. a. von Prof. Sidgwick sorgfältig nachgeprüfte und ergänzte Bericht gibt leider keine Anhaltspunkte dafür, ob Bruder oder Schwägerin die Perzipientin überhaupt in ihren Gedanken gehabt haben.[1]

Indessen erfahren wir andere Tatsachen, die eine telepathische Beeindruckung seitens jener beiden wohl als die unwahrscheinlichere Deutung erscheinen lassen. Miss Dodsons Bruder hatte 1885 geheiratet, und sie hatte seitdem weder ihn noch seine Frau oder das 1886 geborene erste Kind überhaupt je gesehen. Man darf also annehmen, daß sie mindestens der Schwägerin leidlich fern stand. Anderseits aber hatte sie ihrer Mutter bereits auf deren Sterbebette im Jahre 1871 versprechen müssen, für die anderen Kinder zu sorgen und insbesondere für jenen Bruder, der damals 5 Jahre alt war, also um volle 21 Jahre jünger als sie selbst. Vom Standpunkt

---

1) Pr X 380 ff.

der Mutter aus wäre es demnach natürlich, die Sorge um diesen Bruder auch auf dessen halbverwaiste Nachkommen übertragen zu denken. (Darf man am Ende gar aus beiden Bitten der Mutter eine Verdächtigung des Charakters dieses Bruders herauslesen, der schon mit 19 Jahren den Mut — oder Leichtsinn? — zu einer Ehe aufgebracht hatte?) Freilich ließe sich dem die Annahme entgegenhalten, daß eben die Sorge um den Bruder gewissermaßen ein fester Komplex in der Seele der Miss Dodson gewesen sei, der nur durch eine (inhaltlich knappe) telepathische Botschaft angerührt zu werden brauchte, um sogleich das visionäre Bild der sorgenden Mutter als Fürsprecherin für die Enkel zu erzeugen. Dies ist denkbar; nur müßte dann auffallen, daß trotz solcher Eigenerzeugung der Vision Miss Dodson nicht einmal ein dunkles Bewußtsein davon gewann, um wessen Kinder es sich denn eigentlich handelte. In die gleiche Richtung deutet die seltsame Tatsache, daß Miss Dodson den Beginn des ganzen Erlebnisses, nämlich die ersten beiden Namensanrufe, überhaupt nicht mit dem 'Komplex der sorgenden Mutter' in Verbindung brachte, der doch voraussetzungsgemäß in ihr bereits am Werke war. Auch die zweimalige dringende Aufforderung und die Weigerung, zu verweilen, machen eigentlich mehr den Eindruck eines selbständigen Personzentrums außerhalb der Perzipientin. Allerdings müßten wir dann annehmen, daß die verstorbene Mutter in ihrer drängenden Sorge nicht nur ihr eigenes Phantom und dessen Anteil an der Unterhaltung, sondern auch noch die Erscheinung der beiden Kinder erzeugt habe. Wir hätten damit wieder einen jener Fälle von Heterophanie, über deren vergleichsweise große Seltenheit wir uns bereits verständigt haben; und in der Tat gehört der Fall Dodson zu jenen ganz wenigen, die in der Erörterung dieses Problems meist angeführt werden. Ehe wir aber diese Schwierigkeit in die Waagschale des Für und Wider der Deutung werfen, wollen wir zweierlei nicht übersehen: erstens braucht es sich hier gar nicht um lebenswahre, also identifizierbare Kindererscheinungen gehandelt zu haben (Miss D. 'erkannte' sie ja auch nicht), und zweitens muß es in diesem Falle als besonders natürlich gelten, daß die verstorbene Mutter sich mit zwei Kindern zeigte; denn voraussetzungsgemäß beherrschte sie vor allem die Sorge, den beiden verwaisten Kindern des — leichtsinnigen? — Sohnes einen Ersatz für die Mutter zu verschaffen.

Ich schließe gleich noch einen ähnlichen Fall an, der ein gewisses Ansehen erlangt zu haben scheint. Der am 21. Mai 1884 verfaßte Bericht stammt von dem englischen Postmeister C. Happerfield in Bath.

H. war von seinem alten Freunde John Harford, einem Wesleyschen Laienprediger, als dieser im Juni 1851 starb, gebeten worden, für seine Witwe zu sorgen, und hatte es ihm versprochen. Er brachte sie in einem kleinen Landhause unter, legte sie einigen Freunden ans Herz und überzeugte sich, daß es ihr gut ging. Einige Zeit darauf machte Mrs. Harfords Enkel den Vorschlag, sie in sein Haus in Gloucestershire zu nehmen, wo er als Schullehrer tätig war, und fand damit die Zustimmung aller Beteiligten. 'Die Zeit verging. Wir wechselten keinerlei Briefe. Ich hatte meine Pflicht dem sterbenden Freunde gegenüber erfüllt, und damit war die Sache erledigt. Aber eines Nachts gegen Morgen, als ich im Bette wachlag, geschäftliche und andere Angelegenheiten überdenkend [ich war z. Zt. völlig wach und ruhig], hatte ich plötzlich das Gefühl, daß jemand im Zimmer sei. Dann wurde der Vorhang meines Bettes zur Seite gezogen, und da stand mein verstorbener Freund und blickte mich mit betrübter und sorgenvoller Miene an. Ich empfand keine Furcht, aber Staunen und Überraschung verschlossen meinen Mund. Er sprach zu mir deutlich und hörbar in seiner eigenen, vertrauten Stimme und sagte: 'Freund Happerfield, ich bin zu dir gekommen, weil du dein Versprechen nicht gehalten hast, für meine Frau zu sorgen. Sie ist in Sorge und Not.' [Auf erneute Versicherungen hin] nahm er ein zufriedenes Aussehen an und schwand mir aus den Augen. Ich weckte meine Frau, die neben mir schlief, und berichtete ihr, was ich erlebt hatte.' Ein sofort an den Enkel des Verstorbenen abgesandter Brief brachte die Tatsache ans Licht, daß dieser seine Stellung verloren und die Großmutter ins Armenhaus zu schicken beschlossen hatte. Happerfield versorgte und behauste sie von neuem.[1]

Myers, der Spiritist, erwägt hier die naheliegende Möglichkeit, daß das Phantom die dramatische Ausgestaltung entweder eines telepathisch erlangten Wissens oder einer bloßen unterbewußten Sorge um das Ergehen der alten Frau gewesen sei, von der Mr. H. ja längere Zeit nichts gehört hatte. Von diesen beiden Deutungen erscheint mir die zweite sehr unwahrscheinlich, indem doch H. jeden Grund hatte, seine Pflicht für voll- und endgültig erfüllt zu halten (der Enkel war in anscheinend dauerhafter Stellung und hatte sich selbst zu seiner Rolle erboten); auch würde diese Deutung nicht erklären, daß H.s neuerliche Sorge auftrat gerade zur Zeit, da der Enkel den Plan erwog, die Mutter der letzten Zuflucht der Mittellosen zu überliefern. Eben darum hätte die erste Deutung sehr viel mehr für sich; doch wäre auch ihr gegenüber die Unwahrscheinlichkeit zu bedenken, daß der — seinem Bericht nach — ruhige und bedachtsame Mann, der sich auch selbst als 'weder nervös noch abergläubisch' bezeichnet, inmitten 'geschäftlicher Überlegungen' während offenbar völligen Wachseins einen so ausgedehnten, reich gegliederten und doch lebendig geschlossenen Ablauf von Halluzinationen erzeugt haben sollte. Diese Unwahrscheinlichkeit verschwindet, wenn wir jenen Ablauf nicht im seelischen Gefüge des Mannes selbst entspringen, sondern ihm von einer unabhängigen Persönlichkeit außer ihm aufgedrängt werden lassen, die soz. ihre eigene Zeit wählt, und deren sprachliche und mimische Rolle in der Unterredung durchaus ihrer persönlichen Einstellung in der Sache entspricht. Das angebliche Zurseiteziehen des Bettvorhangs dürfen wir natürlich, wenn wir wollen, in Abzug bringen und etwa als Illusion,

---

1) Pr VI 29 f. Vgl. den Fall Illig 273.

sei es der Wahrnehmung, sei es des Gedächtnisses, auffassen; womit wir dann freilich die eigentliche Schwäche des Berichts berühren, der ja 33 Jahre nach dem Vorgang aufgesetzt wurde.

Mit den beiden letzten hier anzuführenden Fällen nähern wir uns noch mehr, als schon mit einzelnen der vorausgehenden, den Grenzen des hier behandelten Tatbestandes. Beide gehören zwar noch in gewisser Beziehung zu der Gruppe von Erscheinungen, die als ihren Sinn eine Anteilnahme am Schicksal Hinterbliebener verraten. Aber der erste läßt den Umstand der 'Mitteilung' stark hervortreten (trotzdem uns der Inhalt dieser Äußerungen aus persönlichen Rücksichten vorenthalten wird): also etwas, was erst später ausführlich erwogen werden soll. Beide Fälle enthalten überdies Einzelheiten, die das o n t o l o g i s c h e Problem des Phantoms in aufdringlicher Weise betonen; ein Problem, das — schon mehrfach angeklungen — immer wieder zurückgeschoben wurde, das wir aber nun nicht länger zurückschieben wollen, zu dessen vorläufiger Behandlung vielmehr die beiden folgenden Beispiele überleiten mögen.

Das erste dürfen wir zu den bestverbürgten des älteren Schrifttums rechnen, das ja heute meist viel zu leichtfertig in Bausch und Bogen beiseite geschoben wird, weil allerdings der größte Teil jener Berichte heutigen Ansprüchen an Beglaubigung nicht genügt, das aber doch vieles enthält, was auch unter dem Gesichtspunkt der Bezeugung als musterhaft gelten darf. Mrs. Crowe, die den Fall mitteilt, kannte alle Beteiligten, Standort und Nummer des erwähnten Regiments und war mit der Familie des Offiziers bekannt, der den Bericht aufsetzte, Capt. E. (die Nennung seines Namens wurde ihr nicht gestattet). Capt. E. hörte von dem Vorgang zuerst durch den Schulmeister-Sergeanten, einen 'im ganzen Korps geachteten und trefflichen Mann', woraufhin er die Sache gemeinsam mit einem Freunde sofort selbst 'untersuchte'. (Mrs. Crowes Bekanntgabe erfolgte innerhalb 10 Jahren nach dem Vorfall.) Die wenige Tage nach dem Erlebnis verhörten Hauptzeugen waren zwei Insassen des Militärkrankenhauses, beides Männer von gutem Charakter und keiner von ihnen an einer das Gehirn berührenden Krankheit leidend: der eine in Behandlung wegen beginnender Schwindsucht, der andere wegen einer Eiterung am Bein, und beide in der Blüte der Jugend. Beide wurden beim Verhör ernstlich verwarnt, ihre Aussagen aufs sorgfältigste zu überlegen. Auch der Hospital-Sergeant, 'ein sehr ehrenwerter und vertrauenswürdiger Mann', bestätigte den ersten Bericht des Schulmeisters. — Die Aussage des Hauptperzipienten, des Korporals Q., lautet in den wichtigsten Punkten wie folgt:

'Es war am vergangenen Dienstagabend zwischen 11 und 12, wir alle waren zu Bette und sämtliche Lichte außer einem Nachtlicht gelöscht, ... als ich erweckt wurde durch die Empfindung eines Gewichtes auf meinen Füßen, und in dem Augenblick, als ich meine Beine hochzog, rief der Gemeine W., der

in dem Feldbett gegenüber dem meinen liegt: 'Heda, Q., da sitzt jemand auf
deinen Beinen!', und als ich nach dem Fußende meines Bettes blickte, sah ich
jemand sich von dort erheben, herankommen und über mich gebeugt stehen,
in dem Gang zwischen meinem und dem nächsten Bette. Ich empfand eine
gewisse Erregung, denn während der letzten Nächte war unser Krankensaal
durch den Klang von schweren auf- und abgehenden Schritten beunruhigt
worden,... und da ich mir einbildete, daß dies nun ... der Geist sein könne,
rief ich aus: 'Wer bist du und was willst du?' Da stützte sich die Gestalt mit
einer Hand gegen die Wand über meinem Kopf und sagte, indem sie sich
niederbeugte, mir ins Ohr: 'Ich bin Mrs. M.', und da konnte ich erkennen, daß
sie in ein Flanellkleid mit schwarzer Bandeinfassung gekleidet war, genau den
Grabgewändern gleichend, in die ich ihren Leichnam einkleiden geholfen
hatte, als sie vor einem Jahre starb.[1] Die Stimme aber glich nicht der von
Mrs. M. noch sonst jemand, und doch war sie sehr deutlich und schien irgendwie durch meinen Kopf zu singen. Ich konnte nichts von einem Gesicht
sehen, außer einer ziemlich dunklen Färbung am Kopf,[2] und es schien mir,
als könnte ich durch ihren Körper hindurch die Fensterscheibe wahrnehmen.
Obwohl mir sehr übel zumute war, fragte ich sie, was sie wolle. Sie erwiderte:
'Ich bin Mrs. M., und ich wünsche, daß Sie an ihn, der mein Mann war,
schreiben und ihm sagen...' Was er hatte schreiben sollen, wollte der
Korporal Q. nicht offenbaren, weil er der Mrs. M. Verschwiegenheit hatte versprechen müssen. Ihr Gatte lebte in Irland. 'Nachdem ich ihr Verschwiegenheit gelobt, sagte sie mir etwas, was mich überzeugte, daß ich zu einem Geist
redete, denn es bezog sich auf etwas, was niemand außer Mrs. M. und mir
wußte [dies beschwor Q. noch besonders feierlich]... Nachdem sie versprochen, daß wenn ich ihren Wunsch erfüllte, sie mich und die Baracke nicht
weiter belästigen wolle, begab sie sich von meinem Bette nach dem Kamin
und tastete einige Zeit mit den Händen an der Wand über dem Kaminsims
herum. Nach einer Weile kam sie wieder auf mich zu, und während ich meine
Augen auf sie heftete, entschwand sie irgendwie gänzlich meinen Blicken,
und ich war wieder allein. Erst jetzt wurde mir ein wenig schwach, und ein
kalter Schweiß brach mir am ganzen Leibe aus; aber ich fiel nicht in Ohnmacht, und nach einiger Zeit wurde mir besser und ich schlief allmählich
ein.'[3]

Der gleichfalls eingehend verwarnte und verhörte Gemeine W. gab eine
Darstellung, welche die Ortsbewegung des Phantoms in genau übereinstim-
mender Weise beschrieb, die ich aber hier übergehen darf; nur daß er auf
einige Augenblicke fast ohnmächtig wurde (dies war der Schwindsüchtige)
und zum Schluß den Kopf unter die Bettdecke steckte, sodaß er den Gang
des Phantoms zum Kamin nicht gesehen zu haben scheint. Auch hörte er
keine Stimme, was aber bei mehr als einer Deutung des 'Redens' nicht zu
verwundern braucht. Auch W. blieb im Kreuzverhör streng bei seinen Aussagen, worauf noch der Hospital-Sergeant hinsichtlich der Möglichkeit eines

---

1) Eine vielbelegte Gestaltung der Autophanie.   2) a darkish colour about the head.
3) Niederschrift nach weiterem Kreuzverhör.

'schlechten Scherzes' vernommen wurde; was aber aus mehr als einem Grunde für ausgeschlossen erklärt werden konnte. Weitere Störungen in der Baracke sind seitdem nicht vorgekommen.[1] Eine 'scherzhafte' Erzeugung des 'Geistes' wird natürlich schon durch die Angabe des Q. ausgeschlossen, daß jener etwas erwähnt habe, was außer ihnen beiden niemand wußte. Im übrigen deuten die typisch spukhaften 'Schritte', in denen die Erscheinung sich tagelang ankündigte, eine Vorstufe des 'Versuchens' an, die schließlich in der redenden Erscheinung gipfelt. Daß diese Versuche nicht bei dem Gatten in Irland unternommen wurden — oder doch ans Ziel gelangten —, braucht nicht zu verwundern; denn vieles spricht dafür, daß auch die selbständigste Autophanie eines Abgeschiedenen auf die Erfüllung gewisser irdischer Bedingungen angewiesen ist: Bedingungen der Wahrnehmungsfähigkeit, vielleicht aber auch der Sichtbarmachung. Eine Schwäche des Falles liegt natürlich darin, daß uns die aufgetragene Mitteilung an den Gatten verschwiegen wird, sodaß die Frage, wieweit sie etwa in einem Wissen des Perzipienten 'wurzeln' konnte, gar nicht erst gestellt werden kann. Ein daraus geschöpfter Zweifel hätte sich aber sogleich mit der seltsam natürlich-räumlichen Kollektivität der Wahrnehmungen des Q. und W. auseinanderzusetzen, — ein Umstand, der nur in größerem Zusammenhang erwogen werden kann.

Unser letzter Fall, bei großer Eindeutigkeit zugleich einer der eigenartigsten, fast möchte ich sagen: lieblichsten Fälle von sinnvollem Spuk, wurde von Hrn. E. Mamtschitsch, einem studierten Beamten des russischen Justizministerium unter dem letzten Alexander und Angehörigen der besten Gesellschaft, berichtet und von Aksakow gelegentlich des Zensus der Halluzinationen der Ges. f. ps. F. eingesandt.

Hr. Mamtschitsch hatte i. J. 1872 Palladja, die damals 14jährige Schwester eines studierenden Freundes, kennengelernt, die er auf des Bruders Bitte als Reisemarschall in die Krim begleitete, wo sie Besserung ihrer tuberkulösen Veranlagung erhoffte. Ein Jahr darauf traf er sie zufällig in Gesellschaft ihrer Schwester in Kiew, wo sie am 27. Aug. in seiner Gegenwart plötzlich an einem Aneurismabruch verstarb. — Zwei Jahre nach Palladjas Tode, also im Jahre 1875, während Hr. M., von seiner ersten Tischrück-Sitzung heimgekehrt, allein für sich einen neuen Versuch unternahm, um zu sehn, ob die Klopflaute, die er für Scherz und Schwindel gehalten, sich auch bei ihm wiederholen würden, — 'meldete' sich, völlig unerwartet und zu seinem Schrecken, 'Palladja' durch das Klopfalphabet mit einer bedeutsamen Botschaft, auf die ich aber in diesem Zusammenhang nicht eingehn will. Vom nächsten Jahr ab erschien ihm dann Palladja zu wiederholten Malen in sehr lebensvoller Art. Die erste dieser Erscheinungen fand in Kiew im Oktober 1876 — also 3

1) Crowe 295 ff.

Jahre nach dem Tode Palladjas — statt, als Hr. M. gerade mit einem Dienst-
kameraden, Hrn. Potolow, eine neue gemeinsame Wohnung in der Prorjesnaja-
straße bezogen hatte und auf einem eben hereingetragenen Klaviere spielte.
Während des Spiels sah Hr. M. plötzlich Palladja in der offnen Tür stehn,
die aus dem Saal (wo das Klavier stand) in sein Arbeitszimmer führte, — ein
wenig von der Seite, aber mit dem Gesicht ihm zugekehrt und ihn 'ruhig anblickend', in der Kleidung, die sie bei ihrem Sterben getragen hatte. Ihm
kam im Augenblick nicht einmal der Gedanke, daß er eine Tote sehe. Die
Gestalt verschwand dann 'hinter' der Tür des Nebenzimmers, also nicht
eigentlich wie eine Halluzination; und auch Hr. Potolow, durch das
Abbrechen des Spieles aufmerksam geworden, äußerte, um den Freund zu beruhigen, die Vermutung, daß es der Diener Nikita gewesen sei, den man
aber bei sofortiger Nachforschung im Erdgeschoß in der Küche fand.

Die seitdem nicht seltenen Erscheinungen Palladjas fanden stets 'unerwartet' statt, wenn M. 'am wenigsten an sie dachte'; nie im Traum; nie
auch, wenn er sie sehen 'wollte'; ebensowohl, wenn er allein, als wenn er in
Gesellschaft war; stets mit dem gleichen heiter lächelnden Ausdruck und in
der gleichen Kleidung; und stets nach 1—3 Minuten allmählich wieder da-
hinschwindend, sich 'im Raum auflösend'. Nur zweimal hat die Erscheinung
gesprochen: einmal während einer eiligen Arbeit M.s, der Palladja fragte,
was sie gegenwärtig fühle, worauf sie 'mit deutlicher Stimme, aber ohne daß
sich die Lippen bewegten', das Wort 'Ruhe' vernehmen ließ, worin M. eine
ungeheure, sich aber bald verflüchtigende Fülle von Sinn zu begreifen
glaubte, und wobei er, um sich seines Wachseins zu vergewissern, wiederholt
den Sekundenzeiger seiner vor ihm liegenden Uhr verfolgte und dann wieder
die Erscheinung anblickte. M. bezeugt überdies, daß er bei den Erscheinungen Palladjas stets zunächst einen kalten Schauder im Rücken fühlte,
erblaßte, leicht aufschrie und ein Anhalten des Atems empfand. 'Aber dies
war nicht die Wirkung eines Erschreckens oder einer Erregung, — das war
etwas andres.' Es waren offenbar die uns bereits bekannten Anzeichen einer
medialen Beanspruchung zum Zweck der Sichtbarmachung.

Soweit ließen sich, wenn wir von den erwähnten Mitteilungen durch den
Tisch absehen, die häufigen Erscheinungen Palladjas — zuweilen dreimal in
der Woche, oder selbst zweimal an einem Tage — recht wohl als Halluzinationen subjektiven Ursprungs auffassen, wurzelnd vielleicht in einer unbewußt gebliebenen frühen Neigung des jungen Mannes. Oder etwa doch des
Mädchens?! Unter diesem — wie man sieht, immerhin zweideutigen — Gesichtspunkt ist es nun beachtenswert, daß die eindrucksstärksten Erscheinungen der Palladja, auf die es uns hier allein ankommt — und zwar wiederum seltsam kollektive —, sich ereigneten, kurz nachdem Mamtschitsch die
Bekanntschaft der Dame gemacht hatte, die später seine Frau werden sollte.
Ich führe seinen Bericht wörtlich an.

'Im Jahre 1885 lebte ich bei meinen Eltern auf einem Gute im Gouvernement
Poltawa. Eine Dame unsrer Bekanntschaft war mit ihren beiden Töchtern auf
einige Tage zu Besuch bei uns eingetroffen. Kurze Zeit nach ihrer Ankunft

erwachte ich eines Tages im Morgengrauen und sah Palladja (ich schlief in einem abgelegenen Flügel, wo ich ganz allein war). Sie stand etwa 5 Schritte vor mir und sah mich mit freudigem Lächeln an. Nachdem sie näher herangekommen, sprach sie zwei Worte zu mir: 'Byla, widjela — Ich war da, ich habe gesehn.' Was diese Worte besagen sollten, konnte ich nicht verstehn. Im Zimmer bei mir schlief mein Setter. Von dem Augenblick an, da ich Palladja erblickte, sträubte der Hund sein Fell und sprang mit Geheul zu mir aufs Bett; sich an mich drückend, blickte er in der Richtung, in der ich Palladja sah. Der Hund bellte nicht, während er für gewöhnlich niemand mein Zimmer betreten ließ, ohne zu bellen und zu knurren. Aber jedesmal, wenn mein Hund Palladja sah, drückte er sich wie Schutz suchend an mich. Nachdem Palladja verschwunden war und ich mich ins Haus begeben, sagte ich niemandem etwas von dem Vorfall. Am Abend desselben Tages erzählte mir die ältere Tochter der zu Gast bei uns weilenden Dame ein seltsames Erlebnis, das ihr am Morgen zugestoßen war...' Der nun folgende Bericht 2. Hand stimmt natürlich genau überein mit der Niederschrift des Erlebnisses, welche Aksakow i. J. 1891, also 6 Jahre später, von der betreffenden Dame, nunmehr Frau Mamtschitsch, erhielt. Ich führe daher nur diese an: 'Ich entsinne mich sehr wohl,' schreibt Frau M., 'daß am 10. Juli 1885, während wir bei den Eltern des Hrn. E. M. zu Gaste waren, ich bei Tagesgrauen erwacht war, da ich mit meiner Schwester einen Morgenspaziergang verabredet hatte. Indem ich mich im Bette aufrichtete, sah ich, daß Mama und meine Schwester schliefen, und in diesem Augenblick hatte ich das Gefühl, als befände sich jemand am Kopfende meines Bettes. Ich wandte mich halb um — denn ich scheute mich, voll hinzublicken —, sah aber niemand; sobald ich mich aber wieder niederlegte, hörte ich, hinter und über meinem Kopfe, eine Frauenstimme, die leise aber deutlich zu mir sagte: 'Fürchte dich nicht, ich bin liebevoll und gut,' und noch einen Satz, den ich augenblicklich wieder vergaß [!]. Gleich darauf kleidete ich mich an und begab mich auf den Spaziergang. Seltsamerweise erschreckten mich diese Worte nicht im geringsten. Zurückgekehrt, sagte ich nichts von dem Erlebten zu meiner Mutter und Schwester, denn sie mochten derartige Dinge nicht und glaubten nicht daran; aber am Abend desselben Tages, als die Unterhaltung sich dem Spiritismus zuwandte, berichtete ich Hrn. M., was mir am Morgen begegnet war; er erwiderte mir nichts Besonderes.' (Hr. M. sagt aus, er habe ihr erwidert, daß man allerhand unerklärliche Dinge erlebe, aber nichts von seinem Gesicht am Morgen erzählt; dies tat er erst ein Jahr später, als die Dame bereits seine Braut war.) [1]

Wie man sieht, fehlt es nicht an Verlockungen zu einer subjektiv-psychologischen, ja 'psychoanalytischen' Deutung des Falles. Hr. M. hebt zwar hervor, daß er jene Dame 'damals zum erstenmal gesehen und gar nicht daran dachte, daß er sie heiraten würde.' Aber was ihm

[1] Pr X 387 ff. — Fünf Jahre später erschien ihm Palladja, während sein 2-jähriges Söhnchen bei ihm war. Das Kind wies auf die Erscheinung und sagte 'Tante'.

selbst noch nicht bewußt war, mochte sich 'in der Tiefe' vorbereiten, und die Erscheinung der — wieder völlig 'unbewußt' — früh Geliebten hätte dann den Sinn gehabt, der neu keimenden Neigung gewissermaßen den Segen der älteren (und seit Palladjas Tode aussichtslosen) zu erteilen. So sehr eine solche Deutung dem Geschmack unsrer allwissenden 'Tiefenpsychologie' entsprechen mag, so hält sie offenbar nicht Stich gegenüber der ehrlichen Erwägung der Einzelheiten des Falles. Schon die — wie wir sagen dürfen — höchst typische Art, wie das Tier auf seine Mitwahrnehmung reagierte,[1] kennzeichnet die Erscheinung mit größtem Nachdruck als echten Spuk und hebt schon damit die Erscheinungen Palladjas insgesamt auf eine ganz neuartige Höhenlage. Anderseits gewinnt die Mitwahrnehmung der jungen Dame durch ihre offenbare 'Anonymität' die größte Bedeutung. Wir dürfen wohl annehmen (obgleich es nicht ausdrücklich bezeugt wird), daß die künftige Frau Mamtschitsch damals von den vorausgegangenen Erscheinungen der Palladja noch nichts wußte und daß die gehörten Worte ihr völlig unverständlich erscheinen mußten. Selbst als dramatisierter Ausdruck einer in ihr keimenden Neigung zum Sohn des Hauses könnten sie nur Sinn gewinnen, wenn man annimmt, daß das Fräulein ein ihr selber nicht bewußtes übernormales Wissen um die Gemütsbeziehungen zwischen Mamtschitsch und Palladja besaß und sich durch die 'Stimme' die (wohlgemerkt: völlig unverstandene!) Beruhigung zukommen lassen wollte: die 'Erinnerung an Palladja' (also deren 'Geist') werde in die Entwicklung ihrer Liebesbeziehungen zu M. nicht störend eingreifen. Ein Gewebe ebenso künstlicher wie willkürlicher und unbegründeter Hilfsannahmen, dem wir sogleich durch die schlagend natürliche Voraussetzung entgehen, daß Palladja eine Neigung zu ihrem jugendlichen Reisemarschall ins Jenseits hinübergenommen hatte, durch die sie zu ihren Erscheinungen veranlaßt wurde; daß sie, mit der vielfach belegten Zukunftschau oder dem ebenso typischen Eindringen Jenseitiger in die Seele Hinterbliebener, die Schicksalverbundenheit der beiden jungen Menschen ahnte und sich ihrer 'Nachfolgerin' mit dem Wohlwollen eines selbstlos gütigen Herzens näherte und kundgab. — Aber auch die von Hrn. M. gehörten Worte — 'Ich war da, ich habe gesehn' — ließen sich nur auf Grund gequältester Hilfsannahmen als Äußerung seines 'Unterbewußtseins' begreifen. Er müßte von dem eben stattgehabten Erlebnis der jungen Dame telepathisch erfahren, dieses 'unterbewußt' und fälschlich als 'Anwesenheit eines Geistes' aufgefaßt, und dann, entsprechend dieser Auffassung und seiner 'unbewußten' Einstellung zu jener Dame, eine dramatisierende 'Äußerung'

---

1) Hierüber gleichfalls mehr in d. ausführl. Fassung von Kap. 11.

der nunmehr von ihm gesehenen Palladja 'erzeugt' haben; eine Äußerung, die er selber 'oberbewußt' nicht verstand. Ein solcher Unsinn ist von jener Art, die zwar 'Methode hat', trotzdem aber 'Wahnsinn' bleibt. — Dagegen wird alles auch hier durchsichtig klar und natürlich, sobald wir beide Äußerungen von Palladjas Standpunkt aus erfassen. Nachdem sie sich M.s 'Künftige' angesehn und deren Erschrecken durch die Versicherung ihres Wohlwollens verhindert hat, 'begibt sie sich' zu ihrem Freunde und 'sagt' zu ihm dem Sinne nach: 'Ich bin bei ihr gewesen und habe sie mir angesehn, — es ist die rechte, ich freue mich.' Die beiden ersten Sätzchen läßt sie 'hören', die beiden letzten drückt sie nur durch ihr 'freudiges Lächeln' aus: ein Stück 'mimischer Unterredung', das ihre Anteilnahme am Keimen entscheidender Schicksale ihres Freundes ausdrückt. Diesen wohlwollenden Sinn der Erscheinung begreift Hr. M. erst sehr viel später. Der Hund, bei aller Liebe zu seinem Herrn, begreift ihn gar nicht; er sieht nur den 'Spuk'; und mit der bezeichnenden Angst des stummen Geschöpfes vor jedem Spuk verbirgt er sich heulend an der Brust des Mannes.

Halten wir, ehe wir weitergehn, zu einigen Bemerkungen der Zusammenschau inne. — Die beschriebnen Erscheinungen oder Spuke wurden hier durchweg unter dem Gesichtspunkt eines Sinnes erörtert, aus welchem Hinweise auf ein Eigenleben seelischer Art gewonnen werden sollten, soweit sich solcher Sinn nicht selbst 'behauptete'. Reichtum und Umfang dieses Eigenlebens wechseln nun offenbar von Fall zu Fall bedeutend. In einzelnen Erlebnissen erscheint es — genau entsprechend den spukigen Tatsachen selbst — höchst dürftig, eintönig, verworren; in andern Fällen glauben wir ein Wesen mit den feinsten Regungen personhaften Charakters vor uns zu haben; und dazwischen spannt sich eine beträchtliche Skala in gleitenden Übergängen.

Es scheint mir nun, daß die 'primitivere' Auffassung des Spuks im allgemeinen von der Forschung allzusehr betont worden ist. Du Prel dürfte der erste unter den neueren Theoretikern unsres Fachs gewesen sein, der eine solche Auffassung vertrat und im Begriff des 'Monoideismus' — entnommen der Lehre von den hypnotischen Zuständen — seinen Nachfolgern gewissermaßen das Stichwort lieferte. Wie der Hypnotisierte sollte auch der Spukende von einer Vorstellung gänzlich beherrscht sein.[1] 'Der Monoideismus eines Geistes (schrieb du Prel) kann ihn ins Diesseits zurückführen, ohne daß er als Geist ein Bewußtsein davon hätte. Die Realisierung eines posthumen Monoideismus [im Spuken] ist vielleicht nur eine Art Traum des Geistes.' Und 'es gehört zu den Merkmalen der Echtheit einer Gespenster-

1) Vgl. Tod 81 ff.

geschichte, wenn für sie ein entsprechender Monoideismus nachgewiesen werden kann und wenn der Spuk aufhört, sobald etwas geschieht, was diesen Monoideismus aufhebt...' [1] — Unter den Neuesten ist es namentlich Illig, der diese Vorstellungsweise ausgebaut hat, und zwar mit einer einseitigen Schärfe, die ihr bei du Prel noch fehlte. Man kann ihn eben deshalb sehr wohl als den eigentlichen Vertreter der Lehre heranziehn. Auch Illig, welcher reiche Erfahrung und Belesenheit mit tiefem und fruchtbarem Denken verbindet, faßt die Spukerscheinungen als Ausgeburten traumartiger Zustände des Abgeschiedenen auf. Wie in den ersten Stunden der Nacht der Schläfer die erregenden Eindrücke des Tages zu wirren Träumen verarbeite, so auch der Verstorbene während der ersten Zeit nach seinem Übertritt.

'Ängste und Sorgen, Befürchtungen und Hoffnungen, Liebe und Haß, namentlich aber die Aufregungen eines katastrophalen Todes, welche noch in das im Sterben zutage tretende Unterbewußtsein hinüberzittern, werden von diesem in Form von Autosuggestionen mit hinübergenommen in den veränderten Zustand und suchen sich von dorther noch materiell zu verwirklichen, wenn die neuen Lebensbedingungen das Ich schon nach einer ganz andern Richtung weisen.' Wie ein 'Nachtwandelnder' setzt der Abgeschiedene z. B. seine 'nächtlichen Gänge' in dem Hause fort, in welchem er die seinen Monoideismus begründenden Erlebnisse gehabt hat, verbleibt daher auch dort, selbst wenn die Personen, mit denen ihn jenes Erleben verknüpfte, dessen Schauplatz bereits verlassen haben. Das mag einige Wochen oder Jahre dauern, aber auch 'viele Jahrzehnte oder gar Jahrhunderte', wenn eine 'allgemeinere suggestive Infizierung' und 'ein sehr tiefgehender seelischer Konflikt' gegeben ist, der zu 'endloser Wiederholung einer und derselben Handlung' und damit zu der beobachteten 'Monotonie des Verlaufes' führt.[2] So etwa in dem Hause eines Selbstmörders, wo 'von der ersten Nacht an ein äußerst heftiger Spuk einsetzte, der den Verstorbenen so deutlich imitierte, daß kein andrer als dieser selbst als Ursache in Betracht kommen' konnte, 'vor allem wegen der Übereinstimmung der Spukäußerungen mit den Lebensgewohnheiten des Verstorbenen. Er machte auch nach dem Tode noch die gleichen Gänge durchs Haus wie im Leben, öffnete dieselben Türen, trat in dieselben Kammern zu den gleichen Verrichtungen, schloß die Türen wieder in der gleichen Weise wie im Leben, kam in die Wohnstube und stellte sich, die Ofentüren auf- und zuklappend, an den Ofen, ganz wie er es im Leben im Brauche hatte. In der ersten Zeit wiederholte sich das alles Nacht für Nacht, später mit Pausen. In manchen Nächten zeigte sich der Spuk auch außerhalb des Hauses auf dem Dach, und zwar genau an der Stelle, an welcher der Selbstmord erfolgt war, in der Gestalt eines hell leuchtenden Scheines. Diese Lichterscheinung wurde von mehreren Nachbarn wiederholt und manchmal viertelstundenlang genau beobachtet.'[3] Der Spuk ist also 'wie

1) Magie II 186. — Vgl. Hudson 262.   2) Illig 256 ff. 278. Vgl. auch v. Winterstein in
ZP 1926 549 ff.   3) ZP 1929 72 (ein Fall 'aus allerjüngster Zeit').

ein Träumender oder Nachtwandler, der von seinen innersten Gemütsbe-
wegungen umgetrieben wird und von diesen vollkommen eingenommen ist,
sodaß er auf Einwirkungen aus der Umwelt entweder nicht oder gewissermaßen nur automatisch reagiert, ohne eigentliches Bewußtsein.'[1]

Die Theorie des Spuks macht sich hier sogar in weitem Umfang Begriffe der analytischen 'Tiefenpsychologie' und der Neurosenlehre zu-
nutze. Illig stellt gewisse Spukphänomene ausdrücklich in Vergleich
zum 'neurotischen Wiederholungszwang', von welchem Freud in seiner
Abhandlung 'Jenseits des Lustprinzips' erklärte, daß er die Kranken,
ähnlich manchen Hysterischen, 'an das ihre Krankheit auslösende Erlebnis gleichsam fixiert' zeige, einen 'Zwang zur traumhaften Wiederholung des krankmachenden Erlebnisses' setze und bestehen bleibe,
bis dieses abreagiert ist; ähnlich wie in der Psychanalyse ein peinlicher
oder schmerzlicher Vorgang, falls verschwiegen, den Kranken fortgesetzt verfolge und schließlich zur Aussprache zwinge.[2] So 'imitiert'
auch der Spuk z. B. das 'erschütternde Todeserlebnis noch tage- und
wochenlang',[3] bis es seine innere Spannung allmählich einbüßt. Und
dabei wird 'auf dem Wege zur Erscheinung' das wirkliche Bild des
Spukenden häufig 'auf die gleiche Weise symbolisch verwandelt, wie
Träume die Wirklichkeit zu verwandeln pflegen'.[4] Es ist daher nach
Illig auch durchaus verständlich, daß 'alte Burgen und Schlösser' so oft
als Spukorte erscheinen, weil sie eben Stätten 'schwerer Verbrechen' gewesen sind, oder daß so häufig Geistliche, Mönche und Nonnen spuken,
'die sich gegen die Moralgesetze vergehen.[5] Sie, die berufenen Moral-
lehrer, müssen schon bei verhältnismäßig geringen Vergehen von
inneren Konflikten bedrängt werden, weil ihre Berufstätigkeit sie täglich
auf das begangene Unrecht hinweist, so daß ihnen dieses, auch wenn
sie es ins Unterbewußtsein verdrängen wollten, doch immer wieder Unruhe bereiten würde.'[6] Aber auch der Wunsch so vieler Spuke, einem
Menschen zu beichten und von ihm 'erlöst' zu werden, 'fügt sich bei
näherem Zusehen zwanglos in die Weise des unterbewußten Geschehens'.[7] Die in manchen Spukfällen erkennbare 'Heilungstendenz', ja
'positiv aufbauende Tendenz' soll dem gleichen niederen seelischen
Mechanismus angehören. 'Wir mögen das Problem der Erscheinungen
Verstorbener und der auf sie hindeutenden Spukereien drehen und
wenden, wie wir wollen, stets[8] werden wir nur unterbewußte, traumhaft
und nachtwandlerisch sich auswirkende Vorgänge vor uns sehen und
niemals wachbewußte Handlungen, an die wir irgendwelche Anforderungen wachbewußter Art stellen könnten.'[9] —

1) aaO. 73.   2) Illig 283 f.   3) das. 185.   4) das. 113.   5) Nach Bozzanos
Statistik (Hant. 13. 69) ist in 207 von 374 Fällen dem Spuk ein nachweisbares 'tragisches
Ereignis' vorausgegangen.   6) Illig 290 f.   7) das. 305 f.   8) Von mir gesperrt.
9) das. 260. Vgl. 259. 286.

Es ist nun diese Verallgemeinerung eines an sich fraglos richtigen und fruchtbaren Gedankens, wogegen ich im Namen der Tatsachen glaube Verwahrung einlegen zu müssen.[1] Schon v. Winterstein, ein Vertreter der gleichen Gedanken aus der Wiener psychanalytischen Schule, scheint die drohende Vereinseitigung der Auffassung empfunden zu haben. Er will nur 'gewisse' Spukfälle dem 'Traumleben der traumatischen Neurose' vergleichen und bezeichnet es als noch unverstanden, daß manche Spukvorgänge 'überhaupt keinen erkennbaren Bezug auf Leben und Tod der verstorbenen Person zu haben scheinen': man gewinne 'immer wieder den Eindruck, als ob eine Art von Intelligenz — mit freilich unzulänglichen Mitteln — die Erscheinungen bewirkte und es sich nicht um bloße Automatismen handelte', wie denn gewisse Spukerscheinungen 'manchmal völlig adäquate Reaktionen auf das Verhalten oder auf Wünsche der Beobachter darstellen'.[2]

Ich glaube, daß die oben vorgelegten Fälle — ein winziger Bruchteil der verfügbaren — uns eher zwingen, über diese halben Zugeständnisse noch hinauszugehn. Ich habe durchaus keinen Streit mit Illigs Auffassung, solange ihre Grenzen nicht aus den Augen gelassen werden. Aber ich glaube, daß diese Grenzen nicht einmal sehr weite sind. Wir werden in ganz andrem Zusammenhang noch auf Gründe stoßen, auch den Überlebenden jene Mehrschichtigkeit der seelischen Abläufe zuzuschreiben, die für die Lebenden auf dem Boden heutiger Psychologie eine Selbstverständlichkeit geworden ist, und es hindert wirklich nichts, auch gewisse Kundgebungen Verstorbener auf einen 'psychischen Automatismus' derselben, auf 'unterbewußte Komplexe' und dergleichen zurückzuführen. Ich sehe aber jeden Grund, in vielen ihrer Betätigungen — auch als 'Erscheinungen' — den Ausdruck eines seelischen Lebens zu finden, das unserm eigenen ich-bewußten, charakter-erfüllten, gewollten und verantwortlichen Tun und Erleben durchaus vergleichbar ist.

Ein großer Teil auch der von mir angeführten Beobachtungen kann fraglos dem Begriff des Traumhaft-Automatischen untergeordnet werden: das meiste z. B., was von Ortsbewegungen des Spuks beschrieben wurde, selbst sein 'Ausweichen' vor der Berührung durch Lebende; nicht minder gewisse Fälle leidlich einfacher 'Äußerungen'. Viele von den Beispielen, die uns den Sinn und Zweck des Spuks in irgendeinem Wunsch oder Streben offenbaren sollten, gehen gleichfalls über die Grenzen des 'Dumpfen', Triebhaften nicht — oder wenigstens nicht ohne weiteres erkennbar — hinaus. Adams' Sorge um die Behand-

---

1) In ihrer gemäßigten Form ist die fragliche Spuktheorie schon sehr alt. S. Daumer I 116 über Paracelsus, und Jak. Böhmes Theosoph. Sendschreiben Nr. 22 v. J. 1662. — Entsprechende 'Geister-Aussagen' s. Pr XIV 36 f.   2) ZP 1926 549 f.

lung seiner Gebeine, Wünschers Furcht vor allzu frühem Begräbnis, Sarah Coates' Verlangen nach einer Grabinschrift, das Streben andrer nach Erfüllung irgendeiner Verpflichtung, nach Auffindung verborgener Wertsachen, — dies alles und andres mehr kann wohl als Ausdruck eines dunklen und eng umgrenzten ('monoideistischen') Antriebs aufgefaßt werden; es kann aber auch Teil eines reicheren seelischen Lebens sein, das nur seine Äußerung auf jene wenigen Inhalte freiwillig einschränkt, weil eben diese und keine andern zur Zeit in die Welt der Lebenden 'hinabreichen'. Aber schon in Fällen dieser Art besteht nicht bloß die allgemeine Möglichkeit solcher erweiterten Deutung, sondern es wird auch oft, sobald erst ein Verkehr mit diesen Jenseitigen angebahnt ist, der Übergang zu 'persönlicheren' Äußerungen tatsächlich gewonnen. Kein Zweifel an voller seelischer Regsamkeit kann doch bestehn, wenn zwischen dem Phantom und seinem Gegenüber ein ausgedehntes Gespräch sich entwickelt, sei es durch Klopflaute, sei es in Worten. Ich erinnere an den Geist 'Gaspar', an das Erlebnis des Hrn. Heintze, an den Ermordeten von Hydesville, ja — seltsam — an die von Illig selbst berichtete Erscheinung seiner Schwägerin. Auch mit dem Ehepaar Children, das sich um sein ländliches Besitztum sorgt, spinnt sich schließlich eine verständige Unterhaltung an; die Besitzer der verborgenen Schätze im Keller des Z.schen Hauses lassen sich in ein richtiges Gespräch 'durch den Tisch' ein; die Magd Sarah V. liefert auf ähnlichem Wege ein ausführlich genaues Geständnis ihrer Diebstähle; Hr. Ponomarew drückt zweien Lebenden gegenüber seinen Wunsch nach Aussöhnung mit dem Schwiegersohne deutlich aus; und die Wünsche, die z. B. das Phantom der Mrs. M. dem Korporal Q., das Phantom des Dr. Macleane dem jungen Symonds oder das des Mr. Harford seinem Freunde Happerfield bekanntgibt, haben nicht nur Sinn vom Standpunkt einer sorgenden Persönlichkeit aus, sondern beweisen gelegentlich auch ein verständiges Verfolgen dessen, was sich inzwischen mit ihren Hinterbliebenen zugetragen hat. Mr. P. sen. scheint über die bedenkliche Lage klar unterrichtet zu sein, vor deren möglichen Folgen er seinen Sohn zu 'warnen' kommt; Palladja nimmt wohlwollend Anteil am Schicksal ihres Jugendfreundes, u. dgl. m. Auch das ausdrückliche 'Abschied nehmen' mancher jüngst Verstorbener, nicht nur vom Perzipienten selbst, sondern durch ihn von einem Dritten, oder die Versicherungen gewisser Phantome, daß es 'eine andre Welt gebe' oder daß sie sich drüben 'wohl befinden', deuten wir ganz natürlich als Ausdruck eines klaren Bewußtseins des Erscheinenden von seiner neuen Lage, wie auch davon, daß sein Unterredner ein Interesse an solcher Versicherung habe.

Sollen wir dem Widersprüchlichen dieser Arten des Auftretens zu entgehen suchen, indem wir die Erscheinungen in zwei wesensverschiedene Gruppen sondern: als Spuk eben nur jene bezeichnen, die lediglich dumpfe und triebhafte Seelenregungen offenbaren, die seelisch reicheren aber als 'inhaltliche Kundgebungen Verstorbener' absondern? — Eine solche Ausflucht würde nicht stichhalten; denn die Übergänge zwischen beiden Gruppen erweisen sich bei näherem Zusehn als gleitende, ja wir entdecken mühelos Fälle, in denen die Besonderheiten beider Gruppen sich mischen. Das Phantom der Mrs. M. im Militärhospital hat einige Tage lang nichts zuwege gebracht, als die nichtssagenden 'Schritte' des auf und nieder wandernden Spuks; dann aber tritt es sichtbar auf, erteilt den Auftrag einer Botschaft an den fernen Gatten von höchst persönlichem Inhalt und identifiziert sich dem Perzipienten durch Mitteilung noch geheimerer Dinge. Und ähnliches ließe sich an Palladjas Erscheinungen, an denen im Hause der Z. und andern aufweisen. In allen Fällen dieser Art liegt der Schluß mehr als nahe, daß das anfängliche 'monoideistische' Spuken eben nicht das Ganze der dahinter stehenden Persönlichkeit offenbart, sondern gleichsam nur eine vorläufige Nebenleistung derselben dargestellt habe; daß das 'dumpfe' Auftreten nur ein 'zeitweiliges' gewesen oder einer Einschränkung von Äußerungsmöglichkeiten durch die z. Zt. gegebenen Bedingungen entsprungen sei, — einer Beschränkung, die bei Eintritt besserer Bedingungen überwunden und von reicheren, 'persönlicheren' Äußerungen abgelöst wurde. Ja wir werden — um wieder vorzugreifen — mit der Möglichkeit rechnen müssen, daß gewisse Spukerscheinungen von 'unterbewußten Träumen' eines Abgeschiedenen erzeugt werden, während dessen 'wache' und persönliche Seelentätigkeit von völlig andern Dingen beherrscht wird.[1]

Überdies aber sollten wir doch nicht vergessen, daß auch die Tatsachen des Spuks ihre letztgültige Bewertung nur finden dürfen im Rahmen der Gesamtheit aller Kundgebungen Verstorbener, von denen bisher ja erst ein winziger Bruchteil betrachtet wurde. Sollten wir weiterhin auf Kundgebungen stoßen, die uns unzweifelhaft den Vollbestand reifer Persönlichkeiten erkennen lassen, so müßte von daher auch ein Licht auf scheinbar dürftigere Kundgebungen zurückfallen. Ist der Abgeschiedene erweislich ein Menschenwesen im vollen Wortsinn, nur ohne fleischlichen Leib, und gehört der Spuk zu seinen Auswirkungen, so kann auch die häufige seelische Kümmerlichkeit des Spuks nur als Folge von Umständen aufgefaßt werden, welche die Betätigung des Abgeschiedenen zeitweilig beschränken oder verstümmeln.

1) Vgl. den Gedanken bei du Prel, Tod 95

Dieser Gedanke aber wird schließlich wieder bekräftigt durch eine Vergleichung unsrer Tatsachen mit entsprechenden aus dem Bereich der Lebenden. Daß auch solche 'spuken', ist uns aus Früherem schon bekannt. Aber auch als Ausgangspunkt solcher Erscheinungen finden wir nicht selten Motive, die sich mit den oben belegten des Verstorbenenspuks sehr wohl vergleichen lassen: erregende Erlebnisse oder Vorstellungen mannigfacher Art; dringende Wünsche, geknüpft an den Ort der Erscheinung oder seine Bewohner, u. dgl. m. Es liegt also nahe, aus der Art des seelischen Gesamtlebens, dem solche Motive entspringen, Analogieschlüsse zu ziehn auf das seelische Gesamtleben, das sich hinter dem Spuken Verstorbener verbirgt. Gewiß wird der 'Spuk des Lebenden' zuweilen ausgelöst durch 'unbewußte' oder traumhafte Abläufe und ließe sich dann seinerseits den angedeuteten Begriffen der Psychanalyse unterordnen. Oft genug aber entspricht das sinnvoll belebte Phantom eines Lebenden seiner durchaus 'persönlichen', bewußt denkenden und wollenden Beschäftigung mit dem betreffenden Perzipienten,[1] und solche Fälle warnen uns dann aufs entschiedenste gegen eine allzu einseitige Deutung der Begründung von scheinbar dürftigen Spuken Verstorbener.

11. Argumente aus der Objektivität der Erscheinung

Schon im vorstehenden wurden gelegentlich Tatsachen erwähnt, welche die Frage nach dem eigentlichen Wesen von Phantomen, nach ihrem 'ontologischen Status' nahelegten, indem sie ihnen eine gewisse Objektivität zuzuschieben schienen. Es ist aber klar, daß eine solche Feststellung für das spiritistische Problem nicht ohne Bedeutung sein könnte; denn jedenfalls wäre damit eine Art des Daseins bezeugt, die das Weiterleben Verstorbener um einiges verständlicher erscheinen ließe; glaubt doch schon die volkstümliche Auffassung im 'Gespenst' ohne weiteres den Abgeschiedenen selbst in seiner neuen Leiblichkeit zu erblicken.

In der Tat sind die Anzeichen für eine Objektivität von Erscheinungen sowohl Lebender als auch Verstorbener zahlreich und mannigfaltig. Von einigen wird berichtet, daß sie Schatten geworfen oder in Spiegeln sich gespiegelt hätten. Zahllose — und von einigen habe ich dies bereits erwähnt — werden 'kollektiv' beobachtet, und zwar ohne jeden Zweifel auch von mitanwesenden Tieren, — ein offenbar höchst bedeutsamer Umstand, zumal wenn man das alle üblichen Maße überschreitende Erschrecken und Grauen dieser Instinktwesen bei der

1) S. z. B. Pr I 136.

Wahrnehmung von Phantomen erwägt. Wir besitzen sogar die Photographie eines ungewöhnlich oft und kollektiv beobachteten Spukphantoms. Was aber mehr ist: Spukerscheinungen 'berühren', 'stoßen' und 'schlagen' zuweilen ihre Perzipienten; ihre Griffe erzeugen 'Brandwirkungen', und zwar nicht nur an Lebenden (was man als Suggestivwirkung deuten könnte), sondern zuweilen anscheinend auch an angefaßten Gegenständen. Es fehlt ferner nicht an glaubhaften Berichten, nach denen Phantome Türen geöffnet, Kerzen ausgelöscht, Bettdecken gezupft, Glocken geläutet, Saiten zum Klingen gebracht und sonst allerhand Verrichtungen an Gegenständen vollführt haben; Verrichtungen, wie sie sonst nur von wirklichen menschlichen Händen ausgeführt werden können.

Gerade diese zunächst am schwersten glaublichen Tatsachen finden nun aber eine unwidersprechliche Bestätigung durch experimentelle, also Laboratoriums-Beobachtungen in Anwesenheit von Medien. Es ist längst unbezweifelbar, daß in diesem Rahmen nicht nur objektive Leistungen 'handmäßiger' Art sich vollziehen, die sicherlich nicht den normalen Gliedmaßen des Mediums entstammen — sinnvolle Bewegungen von Gegenständen, Schreiben mit Bleistiften, usw. —; sondern daß auch ihre Vollziehung durch sichtbare und photographierbare 'abnorme' Gliedmaßen unmittelbar beobachtet werden kann; Gliedmaßen, die überdies Abdrücke in Mehl oder Ton sowie Gußformen in Paraffin liefern. Des weiteren stellt der unwidersprechliche Augenschein fest, daß diese objektiv wirksamen Gliedmaßen lebendig auftretenden Vollphantomen angehören, die ihrerseits photographiert werden können (auch gleichzeitig mit dem Medium), ja zuweilen mehreren gleichzeitig auftretenden Phantomen völlig verschiedenen Aussehens.

Die Deutung dieser objektiven und objektiv wirksamen 'Materialisationen' schwankt zwischen dem Begriff ihrer 'ideoplastischen' (also vorstellunggelenkten) Erzeugung durch das anwesende Medium und dem der bloßen Sichtbarmachung selbständiger, zunächst unwahrnehmbarer Wesen unter bloßer Beihilfe des Mediums. Jedenfalls spricht vieles dafür, daß wir ihnen volle anatomische Durchbildung ihres Körpers zuschreiben müssen, und die plötzliche und vorübergehende Erschaffung eines solchen 'lebendigen' Organismus 'durch' das Medium würde natürlich an sich schon einen außerordentlichen und problemreichen Tatbestand darstellen. Manches deutet auch wirklich auf eine genetische und funktionelle Abhängigkeit der Materialisation vom Medium. Anderseits verwickelt sich das Problem wieder dadurch, daß die Materialisation häufig nicht eigentlich aus dem Medium hervorgeht, sondern nur in seiner Nachbarschaft sich bildet; daß sie in körperlicher Hinsicht ein durchaus eigenartiges Wesen darstellt; vor allem aber, daß sie anscheinend auch mit einem eigenen und unabhängigen 'Seelenleben' ausgestattet ist, das sie nicht selten sogar gegen das Medium betätigt, also im Redestreit oder in feindseligen Handlungen. Die ideoplastische Theorie wird hier offenbar aufs äußerste angespannt, indem sie sich mit der Annahme einer wahren Ich-Abspaltung vom Medium und ihrer Hinausverlegung in einen selbständig ausgebildeten Leib verbinden muß. Anderseits wird die spiritistische Fragestellung vollends brennend, wenn — was häufig ist — das materialisierte Phantom einem bestimmten Abgeschiedenen nicht nur körperlich bis in kleinste Merkmale gleicht, sondern auch dessen Seelenleben, seine Gewohnheiten, sein Wissen nacherzeugt, etwa auch seine Sprache spricht, die dem Medium unbekannt ist, oder schreibt, trotzdem das Medium des Schreibens unkundig ist; kurzum, wenn die Materialisation allen Anforderungen einer vollständigen Identifizierung genügt.

Diesem Tatbestand gegenüber kann sich der Animist nur noch mit der verwickelten Annahme helfen: das Medium entnehme alle zur körperlichen und seelischen Identifizierung dienenden Merkmale dem Vorstellungsleben Dritter, baue aber im übrigen das identifizierte Phantom genau ebenso auf, wie sonst das nicht-identifizierte (dessen Ausgestaltung im einzelnen wir also der unterbewußten Phantasie des Mediums zuschreiben mögen). Das Problem nun der Herkunft identifizierender Inhalte in den anscheinenden Kundgebungen Verstorbener wird uns in den nächsten Abschnitten genauer beschäftigen, und wenn wir es für animistisch lösbar halten dürften, so würde auch der Tatbestand der identifizierten Materialisation uns keine weiteren Schwierigkeiten zu bereiten scheinen, als die der Erzeugung 'abnormer' Menschenleiber überhaupt.

Gleichwohl bietet jener Tatbestand noch gewisse besondere Schwierigkeiten dar. Seltsam schon erscheint es, daß das Medium niemals identifizierbare Lebende materialisiert, deren 'Vorbilder' sich ihm doch ebenso leicht übernormal aufdrängen müßten, wie die von Verstorbenen. Vor allem aber können wir nur mit größter Schwierigkeit dem Medium die Erlangung eines Wissens zuschieben, das es befähigen würde, selbst winzigste körperliche Merkmale mit identifizierender Treue zu materialisieren; während wir dem ehemaligen 'Besitzer' dieser Merkmale — zwar nicht ein bewußtes Wissen um sie, wohl aber die natürlichen Grundlagen zu ihrer Wiedererzeugung zuschreiben dürften, sozusagen die 'entelechische' oder 'organische' Körperkenntnis eines Unterbewußtseins, worin lebendiger Baugedanke und schöpferisches

Vermögen zusammenfallen. Hieraus würde folgen, daß das Medium im Grunde nur solche Materialisationen restlos selbst erzeugen kann, die ihm 'organisch-ähnlich' sind, zu denen es also die 'ideoplastischen Zielvorstellungen' in sich ausbilden kann. Dieser Voraussetzung aber widerspricht vollends die gut verbürgte Tatsache, daß in Materialisationssitzungen auch Tier-Phantome auftreten, einschließlich identifizierbarer. Denn bei solchen muß dem Unterbewußtsein des Mediums jene 'angemessene' entelechische Kenntnis für die ideoplastische Verwirklichung durchaus fehlen. Läßt uns mithin das Tier-Phantom deutlich eine wesentliche Zweiteilung der Materialisationsleistung erkennen: in eine Komponente des Formens und eine andre der Verstofflichung überhaupt, so dürfen wir schließen, daß auch zum mindesten bei identifizierten menschlichen Materialisationen der dargestellte Verstorbene insofern beteiligt sei, als er die eigentlich bildnerischen Formvorstellungen liefert (wohlgemerkt: unter 'ideoplastischen' Voraussetzungen; denn wäre die Materialisation eine bloße Sichtbarmachung einer vorher unwahrnehmbaren Leiblichkeit, so würde die identifizierbare und beseelte Materialisation ja ohne weiteres den spiritistischen Tatbestand darbieten). Ist aber soviel erst zugestanden, so ist es vollends selbstverständlich, auch die identifizierenden Äußerungen der Materialisation dem Verstorbenen selber zuzuschreiben. —

Die im vorstehenden flüchtig angedeuteten Argumente berufen sich auf Tatsachen, die fraglos heute noch zu den am schwersten glaublichen unsres Gebietes gehören. Ich halte sie gleichwohl für restlos verbürgt, trotz des reichlichen Betrugs, der gerade dies Teilgebiet verunziert. Indessen würde ihre Glaubhaftmachung für den Unbelesenen und Unerfahrenen unstreitig besonders umfangreiche Belege und Erörterungen erfordern, während anderseits der spiritistische Ertrag dieser Darstellung, wenn auch an sich nicht gering, doch in einem etwas ungünstigen Verhältnis zu dem vorbereitenden Aufwand stehen würde. Ich habe mich daher entschlossen, dies Buch, das ohnehin schon große Ansprüche an Geduld und Mitarbeit des Lesers stellt, von dieser Untersuchung zu entlasten und sie späterer gesonderter Veröffentlichung vorzubehalten. Die kurzen Andeutungen dieses Kapitels mögen dazu dienen, soz. die Anknüpfungsstelle für jene Untersuchung festzulegen, und außerdem schon jetzt den wichtigen Begriff der Ideoplastie, der objektiven Selbstverwirklichung schöpferischer Vorstellungen, dem Leser zum Bewußtsein bringen.

Argumente
aus dem Besitz persönlicher Fähigkeiten

1. Argumente aus Schreibfähigkeit und Handschrift

Alle im bisherigen vorgebrachten spiritistischen Argumente aus der Erscheinung des Verstorbenen hatten die Neigung, über sich selbst hinauszuführen, und mehrfach, wenn wir eins von ihnen reicher auszubauen suchten, überschritten wir mehr oder minder die Grenzen einer Beweisführung bloß aus der Erscheinung selbst, oder aus dem, was sie unmittelbar als ihren Sinn zu offenbaren schien. In diesem Bestreben, die Erscheinung — gleichgültig welcher Art — überzeugend auf die Betätigung eines Abgeschiedenen zurückzuführen, wurde aber der äußerste Punkt stets dann erreicht, wenn irgendwelche Äußerungen des Phantoms mitberücksichtigt wurden, die für das persönliche Wissen, für die geistige Persönlichkeit des fraglichen Verstorbenen bezeichnend waren. Es ließ sich kaum ein Berühren der Tatsache vermeiden, daß Phantome etwas zu sagen haben, daß sie Mitteilungen zu machen und sich irgendwie auch seelisch zu identifizieren bestrebt sind.

Es ist bekannt, daß diese Tatsache der persönlich bezeichnenden Äußerung, vor allem der Mitteilung von Wissen seitens des Verstorbenen in unabsehbarem Umfang auftritt auch unabhängig von der Tatsache seines Erscheinens. Kann auch schon die Art der Erscheinung u. U. die Bedeutung einer Mitteilung annehmen (wenn sie dem Lebenden Unbekanntes darbietet), so sind anderseits Äußerung und Mitteilung keineswegs angewiesen auf ein gleichzeitiges Erscheinen. Die Mitteilung kann vielmehr durch mannigfaltige Verfahren erfolgen, bei denen das Erscheinen gar keine oder nur eine nebensächliche Rolle spielt, die Rolle eines bloßen Hilfsmittels zweiten Ranges. Anscheinende Äußerungen und Mitteilungen von Verstorbenen erfolgen durch 'automatische' oder Trans-Rede von Medien, durch ihre automatische oder Trans-Schrift, durch automatisch gelenkte Buchstabierapparate mannigfacher Art, durch den kippenden Tisch, durch Klopflaute an mancherlei Gegenständen, durch 'direkte Stimme' oder 'direkte Schrift', schließlich aber auch durch 'Hellhören' des von geschauten Geistern 'Gesagten' oder Ausdeutung des von ihnen 'Gezeigten' im 'wachen' oder Transzustand. — Auf das Technische aller dieser Verfahren inhaltlicher Äußerung will ich hier gar nicht eingehn; manche dürfen als allgemein bekannt vorausgesetzt werden, über andre mag im folgenden ein gelegentliches Wort zu sagen sein. Vielmehr habe ich es hier nur mit den Inhalten des Geäußerten oder Mitgeteilten zu tun, deren Herkunftsbestimmung unser Problem ist. Das Geäußerte, das wir zu untersuchen haben, kann dem Anschein nach nicht aus dem Medium stammen und gibt fast immer ausdrücklich vor, von einem bestimmten Abgeschiedenen auszugehn. Die zu lösende Frage lautet also, wieweit dieser Anschein dem Zweifel standhält, wieweit er durch Begriffe der normalen, besonders aber natürlich der übernormalen Psychologie sich in Schein verwandeln läßt.

Wennschon der Versuch, gewisse Äußerungen auf einen Verstorbnen zurückzuführen oder ihn durch sie zu 'identifizieren', sich überwiegend — wie gesagt — auf geäußerte Inhalte stützen wird, so gibt es doch natürliche Gruppen von Kundgebungen, in denen jener Nachweis vielmehr von allgemeinen Mitteln der Äußerung ausgeht. Stehen diese Mittel nachweislich dem Medium gar nicht zur Verfügung, wohl aber dem angeblich sich Äußernden, erfolgt also z. B. die Kundgebung in einer Sprache, die dem Medium unbekannt ist, dem angeblich sich Äußernden dagegen geläufig war, oder in einer besonderen Handschrift, die jenes nie gesehen hat, die aber der des angeblich Schreibenden gleicht, so kann sich ein starker spiritistischer Anschein ergeben. Es empfiehlt sich, diese allgemeineren Grundlagen der Identifizierung-durch-Äußerung vorweg zu erörtern, schon weil sie geringere theoretische Verwicklungen bedingen, als die im engern Sinne inhaltlichen.

Einer der greifbarsten Fälle von 'Nichtbesitz des Mittels' auf seiten des Mediums liegt vor, wenn des Schreibens völlig Unkundige schreiben unter einem Antrieb, der jedenfalls nicht ihrem bewußten Wissen und Können entspringt. Der Vorgang an sich darf als gut bezeugt gelten. Eins der bekanntesten und zugleich merkwürdigsten Beispiele ist das von Mr. James Wason, Anwalt aus Liverpool, als Augenzeugen berichtete.

'Am 6. März 1874 befand ich mich in Mr. H. D. Jenckens [eines angesehenen Londoner Rechtsanwalts] Wohnung ... in Brighton, während Mrs.

Jenckens [5¹/₂ Monate altes] Söhnchen im Schoß der Kinderfrau in der Nähe des Kaminfeuers saß. Es war gegen 1.30 nachmittags, in einem gut erhellten Südzimmer. Mrs. Jencken war auch anwesend. Plötzlich schrie die Wärterin auf: 'Der Kleine hat einen Bleistift in die Hand bekommen' [was Wason wenig beachtete, da er den Worten nicht entnahm, daß der Bleistift dem Kinde auf übernormale Weise in die Hand gelegt sein sollte] und gleich darauf: 'Das Kind schreibt.' Jetzt eilte Mrs. Jencken herbei und forderte mich auf, gleichfalls zu kommen und zu sehn. Ich blickte Mrs. Jencken über die Schulter und sah den Bleistift in der Hand des Kindes. Es hatte eben das Schreiben beendet, und da sich Mrs. Jencken erinnerte, daß der Arzt übernormale Kundgebungen als für das Kind gesundheitsschädlich bezeichnet hatte, riß sie ihm sehr heftig den Bleistift aus der Hand. [Die Kinderfrau war so erschrocken, daß sie kündigen wollte, was man ihr später ausredete.] Die von dem Kinde geschriebene Botschaft lautete: 'Ich liebe dieses kleine Kind. Gott segne es. Rate seinem Vater, am Montag um jeden Preis nach London zurückzukehren. Susan.' Dies war der Name meiner [Wasons] verstorbenen Frau.'

Ein gleichzeitig veröffentlichter Bericht des Rechtsanwalts Jencken selbst schildert folgenden ähnlichen Vorgang: 'Am 11. März saß ich mit meiner Frau beim Mittagsmahl; die Wärterin war mit dem Kleinen im Zimmer und saß mir gegenüber. Während sie so saß, wurde ein Bleistift in die rechte Hand des Kindes bewegt: Mrs. Jencken legte darauf ein Stück Papier auf die Kniee der Kinderfrau unter die Hand des Kindes. Des Kleinen Hand schrieb dann mit großer Schnelligkeit folgenden Satz nieder: 'Ich liebe diesen kleinen Knaben. Gott segne seine Mama. Ich bin glücklich. I. B. T.' Jencken sprach darauf den Wunsch aus, der Knabe möge etwas an seine mehr als 90jährige Großmutter Gerichtetes schreiben, worauf ein auf dem Nebentisch befindliches Blatt Papier auf die Kniee der Wärterin und ein Bleistift in die Hand des Kindes gelegt wurde, das mit großer Geschwindigkeit die Worte 'Ich liebe meine Großmama' niederschrieb, worauf Papier und Bleistift von den Kniee der Wärterin fortgeschleudert wurden und laute Klopftöne sich hören ließen.[1]

Ein Vierteljahr später schrieb, nach Mr. Jenckens Bericht, das Kind abermals 'einen langen, langen Satz, welcher den Papierbogen bedeckte' und u. a. eine Voraussagung enthielt. Der vertrauliche Inhalt der Schrift verbot ihre öffentliche Mitteilung.

Sehen wir von der letzterwähnten Schrift des Kindes ab, die sich ja leider der Erörterung entzieht, so darf der Inhalt der übrigen größtenteils als fast verdächtig banal bezeichnet werden (nämlich mit einziger Ausnahme des Rats, nach London zurückzukehren). Es ist die Art von Äußerungen, die man von einem jenseitsgläubigen harmlosen Gemüt erwarten möchte, das sich plötzlich angetrieben fühlte, eine 'Geister-

---

1) Aksakow 411 ff. Vgl. 416 f. und den weniger eindeutigen Fall Pr IX 122 ff. — Weder v. Hartmann noch Podmore erwähnen die obigen Beobachtungen.

botschaft' zu liefern. Dies mag uns verlocken, nach einem Ursprung der Leistung (die natürlich nicht dem Kinde entstammen kann) unter Lebenden zu suchen. Die Mutter des Kleinen, Mrs. Jencken, geb. Kate Fox, war bekanntlich ein Medium ersten Ranges. Wäre es also möglich, den ganzen Vorgang als eine einfache 'telekinetische' Leistung der Mutter aufzufassen: als unterbewußt und abnorm gelenkte Bewegung zweier Gegenstände: des Bleistifts und der Hand des Kindes, — eine Art der Leistung, deren Möglichkeit ja heute feststeht? Manches spricht gegen einen solchen Deutungsversuch. Mrs. Jencken hielt die offenbar schon mehrfach beobachteten übernormalen Betätigungen des Kindes nach ärztlichem Ausspruch für gesundheitschädlich. Ein Handeln gegen diese Ansicht wird man ihrem mütterlichen 'Unterbewußtsein' nur zuschreiben wollen, falls dieses — einsichtiger als der Arzt — von der Harmlosigkeit einer solchen Beanspruchung des Kindes überzeugt war. Aber auch dies ist wenig wahrscheinlich. Mrs. Jenckens Kind hat nämlich später, mit $4^{1}/_{2}$ Jahren, die Gabe des Transredens entwickelt und ist dadurch gesundheitlich geschädigt worden;[1] eine ärztlich-überlegene Einsicht der 'unterbewußten' Mrs. Jencken also hätte dies vorausgesehn. Was aber ihren denkbarerweise weniger einsichtsvollen Gatten anlangt, so wird uns versichert, daß er gänzlich ohne mediale Gaben gewesen sei. Die Wärterin vollends wird nicht einmal der Erwähnung unter diesem Gesichtspunkt für würdig gehalten. Daneben aber ist zu bedenken, daß mediale Leistungen des Kleinen, z.B. Klopftöne, auch in Abwesenheit der Mutter stattgefunden haben sollen; was die Vermutung medialer Betätigung des Kindes auch im Falle des Schreibens natürlich begünstigt; diese aber könnte wohl nur eine soz. passive sein, in der Beeinflussung durch andre bestehend. Und wenn in gewissen Fällen diese Andre nicht die Mutter war, warum nicht auch in den hier fraglichen?

Eindeutigere und direktere Hinweise auf eine Medialität des schreibunkundigen Schreibenden selbst finden wir im folgenden Bericht, den die Herren Dr. Dusart und stud. med. Charles Broquet nebst einem andern artgleichen veröffentlichten.

Im April 1908 wohnte ein von ihnen beobachtetes Medium, Broquets Kusine Maria, mit der kleinen Céline M. zusammen, einem Kinde von $3^{1}/_{2}$ Jahren. 'Die Kleine, sonst fröhlich und lebhaft, wurde stets beim Erscheinen des M. Broquet von Furcht ergriffen. Dies brachte Mlle Maria auf den Gedanken, sie an den Tisch zu setzen und ihr Papier und Bleistift zu geben, da eine sich mitteilende Persönlichkeit behauptet hatte, daß die Kleine ein Medium sei.' Broquet saß als Beobachter etwa 2 m hinter dem Kinde, von wo aus er dessen Bewegungen in einem Spiegel verfolgen konnte;

---

1) aaO. 415.

während Maria und Mlle V. sich gleichfalls 'einige Meter' von dem Kinde entfernt hielten. 'Sobald die Kleine den Bleistift faßte, wurde sie unruhig und ihre Hand von krampfartigen Bewegungen ergriffen; dann legte sich die Hand von selbst aufs Papier und schrieb die folgende Botschaft schnell und in einem Zuge nieder: 'Charles, ich bin erfreut, mich kundtun zu können durch ein reizendes kleines Medium von dreieinhalb Jahren, welches ausgezeichnetes verspricht; gib acht, daß du sie nicht vernachlässigst.' Nachdem dies geschrieben war, wurde der Bleistift mit großer Kraft auf den Fußboden geschleudert. Die Kleine kehrte sich dann um, und M. Broquet erblickend, fing sie an zu brüllen ... Die Schriftzüge sind ziemlich unregelmäßig und klein, aber sehr klar.'[1]

Daß das Schreiben des Kindes hier nicht als telekinetische Führung seiner Hand durch die anwesende Maria aufgefaßt werden kann, ist klar: wie die ganz typischen 'krampfartigen Bewegungen' der Hand vor Beginn des Schreibens beweisen, war dieses eine soz. von innen kommende Leistung, ermöglicht durch eine 'funktionelle Abspaltung' der Hand.[2] Da das Kind nicht aus eigenem Übungsbesitz schreiben konnte, so muß die Schreibhandlung durch eine teilweise 'Besessenheit' seines Bewegungsapparates zustande gekommen sein. Diese aber kann als rein 'telepathische' nicht gedacht werden; denn eine solche hätte im Kinde eben nur Vorstellungen aufrufen können, und 'Schreibvorstellungen' besaß es nicht. Es muß mithin eine rein motorische 'Besitzergreifung' ausgeübt worden sein. Hinsichtlich einer solchen nun entsteht die Frage, ob sie auch von dem anwesenden Medium Maria ausgegangen sein könne. Sollte denn, was ein 'Geist' leistet, nicht auch eine Lebende leisten können, die doch den 'Geist' auch 'in sich' hat? Die Frage ist nicht leicht zu verneinen; denn was wissen wir über vermehrte Wirkungsmöglichkeiten eines entkörperten Geistes in dieser Richtung? Ja auch nur über die Verbindung zwischen seelischem und Bewegungs-Vorgang im normalen Falle! Wir besitzen sogar einen Bericht, der die 'motorische Kontrolle' eines automatisch Schreibenden durch einen Lebenden als Tatsache zu erweisen scheint. Der Lebende, ein im Trans befindliches Medium, saß hinter dem Rücken des Schreibenden, der ihn mithin nicht sehen konnte, und führte mit der Hand in der Luft jedes Wort und Satzzeichen aus, das der Schreibende jeweils einen Augenblick später zu Papier brachte. Der Vorgang wird u. a. durch den bekannten Eusapia-Forscher Dr. Venzano verbürgt, der ihn bei so gutem Licht beobachtete, daß jedes in der Luft gemachte Schriftzeichen für sich zu lesen war.[3] — Indessen besteht natürlich

1) Aus RSMS bei Bozzano, Casi 139 f.   2) Vgl. Krampfbewegungen vor medialem Automatismus überhaupt: z. B. Pr VI 444; XIII 292; Janet 362; Flournoy 69; PS XXIV 413 f.; XXVII 69.   3) APS III 35 f.

ein sehr wesentlicher Unterschied zwischen der Leistung des anscheinend 'Kontrollierenden' in diesem Fall und der angenommenen Leistung
der erwachsenen Medien in den vorstehend wiedergegebenen Fällen:
'dort konnte der angeblich Beeinflußte auch normalerweise
schreiben, die Kinder dagegen konnten es nicht. In jenem Falle hätte
also die übernormale Beeinflussung nur einen eingeübten Apparat in
Tätigkeit zu setzen, in diesen dagegen spezifische Innervationen gewissermaßen erst zu schaffen gehabt. Ob derartiges möglich sei, können
wir schwerlich mit Gewißheit entscheiden. Es scheint mir daher, daß
die Erörterung unsres Tatbestandes an sich,[1] der ja oft genug für ein
starkes spiritistisches Argument erklärt worden ist, zunächst doch nicht
zu einer Entscheidung führt. Er schafft ein günstiges Vorurteil; er
liefert aber, trotz seiner Erstaunlichkeit, keinen bündigen Beweis. —

Anders ist das Problem gelagert, wenn das Medium zwar des Schreibens kundig ist, aber nicht derjenigen besonderen Schriftgestaltung,
deren es sich beim medialen Schreiben bedient. Dies setzt natürlich
voraus, daß an der besondern Schriftgestaltung — der 'Handschrift'
also — wirklich etwas der Wiedergabe Wertes zu 'kennen' ist; daß sie
also die Handschrift einer bestimmten Person und vorzugsweise die
eines Verstorbenen ist, die dem Medium unbekannt ist. (Denn nach
dem, was wir über die Erzeugung ungewohnter Handschriften während
'hypnotischer Personationen' — also erdichteter Persönlichkeits-
darstellungen — wissen, liefert die 'nicht-identifizierbare' Abweichung
von der gewohnten Handschrift zwar ein hübsches psychologisches
Problem — ein Teilproblem der schauspielerischen Geste —, aber keineswegs ein metapsychologisches.) — Vergegenwärtigen wir uns zunächst den fraglichen Tatbestand an einigen Beispielen.

Der bekannte Fall der Blanche Abercromby (pseud.) verdient hier schon
deshalb Berücksichtigung, weil nicht nur die Handschrift als absichtlich und
zweckvoll geliefert bezeichnet wird, sondern auch ihre Identifizierung eine
unwidersprechliche war. 'Der betreffende Geist (schreibt Myers) ist der
einer Dame, die ich kannte, mit der aber Mr. Moses [das berühmte Medium,
durch das sie sich äußerte] nur einmal, wie ich glaube, persönlich zusammen-
getroffen war... Die Veröffentlichung des wahren Namens wurde von dem
Geiste selbst verboten, aus einem Grunde, der mir sofort einleuchtete, als
ich den Fall las, der aber, soweit ich urteilen kann, Mr. Moses nicht restlos bekannt war... Diese Dame starb an einem Sonntag Nachmittag vor
etwa 20 Jahren [d. i. 1875] in einem Landhause rund 300 km von London
entfernt. Ihr Tod, als ein Ereignis von öffentlicher Bedeutung angesehn,
wurde sofort nach London gedrahtet und in den 'Times' vom Montag bekanntgegeben; doch wußte natürlich am Sonntag Abend in London, außer

---

1) d. h. natürlich: ohne Berücksichtigung des Inhalts des schreibunkundig Geschriebenen.

der Presse und vielleicht den nächsten Angehörigen, niemand darum. An jenem Abend aber, gegen Mitternacht, erhielt Mr. Moses in seiner abgelegenen Wohnung im Norden Londons eine Mitteilung, die von ihr auszugehen vorgab [nämlich, wie er medial in sein geheimes Taschenbuch schrieb]: 'Es ist ein Geist, der eben erst den Leib verlassen hat. Blanche Abercromby im Fleische. Ich habe sie mitgebracht. Nichts mehr. M [= Mentor, ein 'Führer' des Mediums]. [Moses, schriftlich fragend:] Wollen Sie sagen...? [Es erfolgte] keine Antwort. Sonntag Abend, gegen Mitternacht. Das Mitgeteilte ist mir unbekannt [fügt Moses für sich selbst hinzu].' — Am nächsten Tage empfing er auf Fragen hin u. a. die Worte: '... Ja, es war Mentor, der sich eines Geistes erbarmte, der ehemalige Irrtümer umzustoßen wünschte. Sie will, daß wir dies sagen. Sie war stets ein forschender Geist...' — Etwa 1¹/₂ Wochen später: 'Ein Geist, der sich schon einmal mitgeteilt hat, wird selbst für dich schreiben. Sie wird dich dann verlassen, nachdem sie die erforderlichen Beweise geliefert hat.' Darauf in Blanche Abercrombys Handschrift: 'Ich wollte sehr gern mehr mit Ihnen sprechen, aber es ist nicht erlaubt. Sie sind im Besitz heiliger Wahrheit. Ich weiß erst wenig. Ich habe viel, viel zu lernen. Blanche Abercromby. Dies gleicht meiner Schrift, als ein Beweis für Sie.'

'Es liegt', schreibt Myers, 'kein Grund zur Annahme vor, daß Mr. Moses je diese Handschrift gesehen hatte. Seine einzige bekannte Begegnung mit der Dame und ihrem Gatten hatte während einer Sitzung stattgefunden — nicht mit ihm als Medium natürlich —, wobei er durch den nachdrücklich geäußerten Unglauben des Gatten... verletzt worden war.' Mr. Moses scheint die obige Botschaft niemandem gezeigt zu haben; ja er hatte die betreffenden Seiten als 'vertraulich' bezeichnet und zusammengeklebt. So kam sie nach Moses' Tode, 20 Jahre später, in Myers' Hände. Der 'Brief' der B. A. erschien diesem inhaltlich 'durchaus charakteristisch für B. A., wie ich sie gekannt hatte. Aber obgleich ich von ihr zu Lebzeiten Briefe empfangen hatte, erinnerte ich mich nicht ihrer Handschrift.' Von einem Sohn der Dame entlieh er eine Anzahl ihrer Briefe. In dem frühesten derselben war das A ihres Namens anders geschrieben als in der medialen Niederschrift; aber während ihres letzten Lebensjahres hatte sie die Angewohnheit angenommen, das A (wie ihr Gatte stets getan) so zu schreiben, wie es in der automatischen Schrift sich fand. Die Ähnlichkeit der Handschriften erschien sowohl dem Sohne als auch mir selbst unbestreitbar; aber da wir die Ansicht eines Sachverständigen zu hören wünschten, erlaubte er mir, das Mosessche Taschenbuch und zwei von den Briefen dem Dr. Hodgson zu unterbreiten [dessen Entlarvung der theosophischen Schwindeleien in Adyar bekanntlich durch seine graphologische Untersuchung der 'Koot-Hoomi'-Briefe zustandegekommen war]. Dr. H. stellte 'geringfügige¹ Ähnlichkeiten' wie auch 'geringfügige Abweichungen' beider Schriften fest; 'aber die Ähnlichkeiten sind bezeichnender als die Unterschiede. Dazu kommt, daß sowohl die Briefe wie auch die Taschenbuch-Schrift auffallende Eigentümlichkei-

1) minor.

ten gemeinsam haben, die besonders in der letzteren hervortreten. Die
Taschenbuch-Schrift läßt annehmen, daß der Schreibende versucht hat, die
B. A.-Schrift wiederzugeben, indem er sich ihre wichtigsten Eigentümlichkeiten ins Gedächtnis rief, und nicht, indem er Proben der B. A.-Schrift nach-
bildete. Besonders die Namenszeichnung im Taschenbuch gleicht charakteristisch einer gedächtnismäßigen Nachahmung der B. A.-Unterschrift. Ich bezweifle nicht im mindesten, daß die Person, welche die Schrift im Taschenbuch lieferte, die Schrift der Blanche Abercromby wiederzugeben wünschte',
also das tat, was voraussetzungsgemäß der Geist der B. A. erstrebt haben
muß.[1]

Tischner erblickt eine Entwertung des Falles darin, daß wir bei ihm,
wie bei ähnlichen, 'nur auf Moses' eignes Zeugnis angewiesen sind.
Damit ist nicht gesagt (fügt er hinzu), daß alle diese Nachrichten unecht sind, aber es ist doch sehr auffallend, daß in fast allen Fällen die
Möglichkeit besteht, oder sogar nahe liegt, daß Moses die Nachrichten
aus Zeitungen und dgl. erhalten haben kann.'[2] — Wenn dies irgend
etwas heißen soll, so kann es nur die Beschuldigung enthalten, Moses
habe sein jahrzehntelang geheimgehaltenes Schriftstück gefälscht; denn
die Zeitangabe, die eine Entnahme 'aus Zeitungen' ausschließen müßte
— 'Sonntag Abend gegen Mitternacht' —, ist ein wesentlich zugehöriger
Teil der Schrift. Die oben mitgeteilten Bruchstücke sind überdies eingebettet in ein (hier übergangenes) ausführliches Frage- und Antwortspiel mit der eignen 'Kontrolle'. Soll dies alles ebenfalls Fälschung
sein? Und soll die $1^1/_2$ Wochen später insgeheim erzeugte Schrift der
Blanche Abercromby gleichfalls eine nach inzwischen beschafften Vorlagen hergestellte Fälschung sein? Podmore hat den traurigen Mut,
sich dieser einzigen Ausflucht zu bedienen und in kaum verhüllenden
Ausdrücken dem Verstorbenen die Ehre abzuschneiden.[3] Die ihn persönlich k a n n t e n, erklärten ihn für jedes Betruges schlechterdings
unfähig.[4]

In den meisten Fällen von Handschrift-Identifizierung muß man sich
natürlich auf das Urteil Dritter über die fragliche Ähnlichkeit verlassen.
In andern aber wird uns durch Veröffentlichung der beiden zu ver-
gleichenden Schriften ein eignes Urteil ermöglicht. Schon Aksakow, der
über die Seltenheit solcher Fälle klagte, hatte eine kleine Sammlung
zu seiner Zeit identifizierter Handschriften zusammengestellt, von
denen indessen nichts in seinem Werke abgebildet ist.[5] Aber auch abgesehen davon erscheint mir keiner dieser Fälle der Wiedergabe wert.
Wir erlangen nirgends die Gewißheit, daß das Medium keine normale

---

1) Pr 96 ff. Vgl. den Fall aus Moses in RB 1925 293.   2) Gesch. 90.   3) Stud.
132 f. Vgl. Spir. II 287 f.   4) S. die starken Zeugnisse von Myers, C. C. Massey und H.J.
Hood: Pr IX 247.   5) S. 657 ff.

Kenntnis der betreffenden Handschrift hatte erwerben können, und zwei von den Fällen gehen überdies auf das verdächtige Tafelschreiben zurück. Es fehlt jedoch nicht an neueren Beispielen der bezeichneten Art von ungleich stärkerem Gewicht.

Der norwegische Richter Dahl berichtet in seinem Buch über die Leistungen seiner Tochter Ingeborg von dem medial geschriebenen Brief einer verstorbenen Engländerin, deren Handschrift das Medium nie gesehen hatte, aber — wie die Abbildungen erkennen lassen — vorzüglich wiedergab. (Ingeborg kannte überdies nur einiges 'Schul-Englisch' und hatte nie einen englischen Brief zu schreiben versucht.) Die Adressatin des Schreibens war 'überwältigt' von dieser Erfahrung.[1]

Noch seltsamer übrigens ist eine andre 'xenographische' Leistung desselben Mediums wegen der gleichzeitigen Verdoppelung des Phänomens und — außerdem — seiner Verquickung mit einer dritten Betätigung andrer Art. — 'Am 19. Dez. 1926', berichtet Dahl, 'schrieben die rechte und linke Hand meiner Tochter gleichzeitig zwei verschiedene Briefe. Der mit ihrer linken Hand geschriebene war von einem verstorbenen jungen Arzt, Carsten S., an seinen Vater gerichtet, der ein bedeutendes Amt in einer der südlichen Städte Norwegens verwaltete. Der Vater erklärte in einem Briefe, daß die Handschrift (die meine Tochter nie gesehen hatte) der seines Sohnes nicht ähnlicher hätte sein können. Meine Tochter hatte nicht einmal eine Ahnung vom Dasein des jungen Arztes während seines Erdenlebens gehabt. Der andre Brief, mit ihrer Rechten geschrieben, war [in gänzlich andrer Handschrift] von [einer gewissen] Eva an ihre Eltern gerichtet... Während ihre Hände die beiden Bleistifte führten, unterhielt sich meine Tochter im Trans lächelnd mit ihren beiden [verstorbenen] Brüdern.'[2]

Ich verweise ferner auf die veröffentlichten Abbildungen der durch Mrs. Travers Smith und ihren Partner Mr. V.[3] gelieferten Schriften des angeblichen 'Oscar Wilde', deren identifizierender Inhalt uns hier noch nicht angeht. Schon nach der ersten derselben, schreibt die Dame, eine vorzügliche Beobachterin, 'war ich erstaunt über die Klarheit und Sorgfalt der Schrift [verglichen mit, der üblichen automatischen]. Die Worte waren von einander abgetrennt und die t mit Querstrichen, die i mit Punkten versehn; selbst Anführungs- und Satzzeichen waren hinzugefügt. Die Namensunterschrift fiel mir als ungewöhnlich auf, und... ich bemerkte, daß zuweilen ein griechisches a (α) verwendet und die Buchstaben der einzelnen Wörter seltsam getrennt waren, wie etwa d-eath, vin-tage, usw. Weder Mr. V. noch ich konnten uns entsinnen, Wildes Schrift je gesehn zu haben... [Bei der Suche nach einem Faksimile] hatte ich besonderes Glück, denn im Chelsea Buch-Klub fand ich nicht nur ein Faksimile von Wildes Schrift, sondern auch ein eigenhändiger Brief stand dort zufällig zum Verkauf. Ich war verblüfft;

---

1) Dahl 227.   2) das. 228.   3) Später als der vorzügliche Forscher S. G. Soal bekanntgegeben. Das Schreiben ging von beiden gemeinsam aus; nahm Mrs. Tr. S. ihre Hand von der des Partners, so hielt der Bleistift augenblicklich an.

die Handschriften erschienen gleichartig *(similar)*, wobei man zu berücksichtigen hat, daß unsre Schrift mit einem dicken Bleistift erzeugt war, der eigenhändige Brief aber wahrscheinlich mit einer Stahlfeder. In diesem war ein griechisches α gelegentlich, aber nicht regelmäßig verwendet, und auch die langen Abstände zwischen den Buchstaben gewisser Worte fanden sich dort.' [1]

Sehr bekannt unter den Fällen veröffentlichter Handschriften ist auch eine Beobachtung an der berühmten 'Hélène Smith', deren Leistung in diesem Fall selbst Flournoys fast genialer Spürsinn nicht normal zu deuten vermochte: die Geschichte vom Syndikus Chaumontet und dem Curé Burnier. Sie sei für die, die sie nicht kennen, hier kurz wiedergegeben. — In einer Sitzung in Flournoys Hause (am 12. Feb. 1899) hatte die Somnambule die Vision eines Dorfes auf einer Weinberghöhe, in dessen Nähe sie auf steinigem Wege einen alten *'demi-monsieur'* in altmodischer Tracht herabkommen sieht. Ein ihm begegnender Bauer begrüßt ihn und spricht mit ihm ein Hélène unverständliches Patois. Sie hat den Eindruck, dies Dorf zu kennen, forscht aber vergeblich in ihrem Gedächtnis nach, wo sie es wohl gesehen habe. Darauf verschwindet die Landschaft, und sie sieht den Alten, 'in Weiß gekleidet und von Licht umgeben' (d. h. so, wie sie auch sonst die 'Geister' Verstorbener sieht), auf sie zukommen. Es folgt nun ein sehr bemerkenswertes Spiel, dessen Einzelheiten unter dem Gesichtspunkt echter motorischer Kontrolle wohl erwogen und mit später zu liefernden Beschreibungen verglichen werden sollten. Hélènes rechter Arm ist auf den Tisch gestützt. 'Leopold' (ihr wichtigster 'Führer') diktiert durch Bewegungen des Zeigefingers: 'Senken Sie ihren Arm.' Dies tut Flournoy, wobei der Arm nach anfänglichem Widerstand plötzlich nachgibt. Hélène ergreift einen Bleistift, es folgt ein 'Kampf', der entscheiden soll, wie er gehalten wird, und Hélène beklagt sich dem 'Alten' gegenüber, daß er ihr die Hand zu sehr drücke und ihr Schmerzen bereite: 'Was macht das Ihnen aus, ob ich Bleistift oder Feder nehme!' Indessen läßt sie tatsächlich den Bleistift fallen, ergreift eine Feder und schreibt langsam in fremder Handschrift: *Chaumontet syndic.* Die Vision des Dorfes kehrt wieder, auf die Frage nach seinem Namen sieht sie einen Wegweiser und liest darauf: Chessenaz ('uns unbekannt'), und der Alte erwidert auf die Frage, wann er Syndikus gewesen: 1839. Schluß. 'Leopold' fordert zur Nachprüfung der Unterschrift auf, die sich als echt erweisen werde. Hélène, erwacht, kann keinerlei Auskunft geben; aber Flournoy entdeckt am nächsten Tage auf der Karte ein kleines Dorf namens Chessenaz in Hoch-Savoyen, 26 km von Genf (Hélènes und Flournoys Wohnort) entfernt. Die Chaumontet sind nicht selten in Savoyen. — Nach 14 Tagen hat Mlle Smith wieder eine Vision des Dorfes und des Alten, diesmal aber begleitet von einem Curé, den er gut zu kennen scheint und 'mein lieber Freund Burnier' nennt. — In einer weiteren Sitzung (am 19. März):

1) Travers Smith, Wilde 81. Mrs. Sidgwick (Pr XXXIV 190) erwähnt pflichtschuldig die Möglichkeit' von Kryptomnesie, erblickt aber in der (zunehmenden) Ähnlichkeit der Schriften a very curious and interesting problem.

Vision des Dorfes und des Curé, der sich, ähnlich wie der *syndic,* der Hand des Mediums bemächtigt und 'sehr langsam mit der Feder die Worte niederschreibt: *Burnier salut* (B. Grüße).'

Flournoy beginnt nun seine Nachforschungen in Chessenaz und stellt fest, daß ein Jean Chaumontet in den Jahren 1838/9 'Sindico' des (damals noch italienischen) Chessenaz und ein André Burnier von 1824—41 Curé daselbst gewesen ist. Fl. liefert eine Nachbildung der Hand- und besonders der Unterschriften der beiden Männer zusammen mit Hélènes entsprechenden automatischen Schriften. Er selbst findet die Übereinstimmung *'assez remarquable',* und man darf diesen Ausdruck als vorsichtig bezeichnen. Nicht nur im allgemeinen Charakter, sondern auch in Einzelheiten ist die Ähnlichkeit eine verblüffende (wie in dem v-ähnlichen r in 'Burnier' und dem die beiden t verbindenden oberen Strich in 'Chaumontet'). Flournoys Vermutung, daß Hélène irgendwann eine unterzeichnete Urkunde der beiden gesehen habe, ihre Leistung also auf sog. Kryptomnesie beruhe, wurde von dieser aufs entschiedenste bestritten und führte am 21. Mai zu einem neuerlichen Auftreten des 'Curé', der sich selbst ein ausdrückliches Wahrheitszeugnis ausstellte, in einer Schrift, die mit der früher gelieferten und der urkundlich belegten völlig übereinstimmt (Flournoy spricht von einer *'indéniable analogie').* Die Smiths hatten Verwandte in der Nähe von Chessenaz, und Hélène war 10 Jahre zuvor in der Gegend gewesen, wobei sie möglicherweise jene Landschaft gesehn hatte, die ihr in der ersten Vision bekannt vorkam; doch versichert sie, nie in Chessenaz selbst gewesen zu sein und nie von dem Orte gehört zu haben; und wäre sie auch dort gewesen, so hätte sie doch nicht die Archive durchstöbert und dadurch von dem Dasein eines Syndikus und Curés vor 60 Jahren erfahren. Während der wenigen Tage, die sie in der Nähe bei den Verwandten verbrachte, habe auch niemand ihr eine Urkunde oder ein Papier gezeigt oder sonst ein zweckdienliches Wort gesagt. 'Ich habe ein gutes Gedächtnis (sagt sie) und behaupte dies mit Nachdruck.' — Flournoy läßt die Deutung des Falles völlig in der Schwebe, indem hier 'die spiritistische und die kryptomnestische Deutung einander gegenüber verharren, wie zwei Hunde aus Fayence, die sich große Augen machen.' [1]

Der abschließend zu berührende Fall von identifizierter Handschrift ist ein sehr verwickelter, und die meisten seiner Bestandteile können erst in einem späteren Zusammenhang besprochen werden. Ich will daher, auch zur Entlastung jener Erörterung, hier nur die Angaben über die 'xenographischen' Bestandstücke herausheben.

Es handelt sich um das erste 'Auftreten' des einige Monate zuvor (im Sommer 1900) verstorbenen Prof. Henry Sidgwick, des bekannten Ethikers und Philosophen, auch Mitbegründers der Ges. f. ps. Forsch., durch das Medium Mrs. Thompson. Nachdem in der Sitzung vom 11. Jan. 1901 zuerst Sidgwicks Name, aber anscheinend nicht in seiner Handschrift und in bruchstückhafter Form, aufgetaucht war und gegen Schluß eine kurze, aber

---

1) Flournoy 406 ff.

'außerordentlich lebenswahre' redende 'Impersonation' desselben stattgefunden hatte, folgten zehn Tage danach, neben einer gleichen Impersonation, auch Andeutungen seines Wunsches zu schreiben, die zu einer inhaltlich bedeutsamen kurzen Schrift vom unverkennbaren Gepräge der Sidgwickschen Handschrift führten. Die beste Kennerin derselben, S.s langjährige Sekretärin Alice Johnson, bekanntlich selbst Forscherin von sehr kritischer Einstellung, findet sie großenteils 'sehr ähnlich'. Der Bleistift wurde dabei von Mrs. Thompson in einer 'ungewöhnlichen und, wie man glauben sollte, unbequemen Weise' gehalten. Gleichzeitig äußerte 'Sidgwick' mündlich: 'Alice wird wissen, daß ich es bin, der es geschrieben hat. Sie wird es erkennen. Sie wird wissen, daß es meine Schrift ist. Sagen Sie ihr, sie solle es mit den andern [Schriften] vergleichen.' — Eine weitere Schrift wurde für 4.30 nachmittags angekündigt, wenn das Medium allein sein würde, und erfolgte etwas verspätet, weil Mrs. Thompson erst um 5 heimkehrte, wie sie 'beschämt' mitteilte. Die dann erzielte Schrift beklagte sich zunächst über die 'späte Stunde' und hatte im übrigen wieder einen überaus 'natürlich' wirkenden Inhalt. Über ihre Übereinstimmung mit Sidgwicks Handschrift urteilt Miss Johnson: 'Ich glaube, es kann gar kein Zweifel bestehn, daß die Ähnlichkeit *(resemblance)* keine zufällige ist,... und die Worte, die am meisten Prof. Sidgwicks Handschrift ähneln, ähneln ihr mehr als irgendwelche in [der ersten Schrift]. Das erste 'Donnerstag', 'sollten lieber zustimmen', 'wahrscheinlich', 'H. S.', 'gewiß' und 'Trevelyan' erscheinen mir fast genau so, wie er selbst sie geschrieben haben würde. Fast das Ganze von 'Myers ist anderswo' bis 'Trevelyan ist versetzt' ist wunderbar ähnlich — *wonderfully alike.*' — Eine dritte Schrift wurde am 29. Jan. geliefert, wieder sehr 'realistisch' im Inhalt. 'Nelly', Mrs. Thompsons 'Kontrolle', versicherte ausdrücklich, H. S. habe geschrieben, während er zu ihr gesprochen. Am Tage darauf fiel Mrs. Th. in Trans, während sie einen eigenen Brief schrieb, und ging in eine neue Sidgwick-Schrift über, von unvermindert, wennschon verworrener Natürlichkeit des Inhalts und gleicher Ähnlichkeit der Handschrift, die übrigens auch von der Witwe, Frau Prof. Sidgwick, und der Schwester des Verstorbenen, Mrs. Benson (Gattin des Erzbischofs B.) in starken Ausdrücken anerkannt wurde. Andre Bekannte S.s, denen die Schriften ohne ein Wort über ihren Ursprung vorgewiesen wurden, bezeichneten sie 'ohne Zögern' als S.s Handschrift. Der XVIII. Band der Proc. S. P. R. bringt sämtliche erwähnte Schriften wie auch Schriftproben des lebenden Sidgwick in getreuer Nachbildung, und ich darf behaupten, daß kein Sachverständiger die völlige Übereinstimmung beider leugnen wird. — Mrs. Thompson versichert, sie habe niemals Sidgwicks Handschrift gesehn. Natürlich fügt Mr. Piddington hinzu — dergleichen ist gewissermaßen kritische Anstandspflicht in der S. P. R. —, es sei 'möglich, daß entweder in Mr. Myers' oder irgendeinem andern Hause in Cambridge irgendeine Schriftprobe in den Bereich ihrer Augen gelangt sei.' [1] Aber nicht nur

---

1) Pr XVIII 236 ff. Sie hatte Prof. Sidgwicks Namensunterschrift unter einer Photographie gesehn. Vgl. Mrs. Verralls Sidgwick-Schrift: XX 26; doch kannte dies Medium das Original. — Vgl. ferner Ohlhaver I 50 f.; Pr V 552 f.; Myers II 466; Aksakow 665 ff. Auch unter den bekannten 'direkten Schriften' des Barons v. Güldenstubbe befinden sich angeblich gut identifizierte, die er nicht gekannt hatte. S. Güldenstubbe 304 ff. (Nr. 4 u. 25).

wäre das fließende Erzeugen so lebensgleicher Schriftzüge auf Grund eines solchen Zufallsblicks noch kaum erklärt, sondern wir müssen auch das ganze Ineinander von Umständen bedenken, das diesem Fall seine starke spiritistische Überzeugungskraft verleiht; was allerdings — wie gesagt — erst später im einzelnen ausgeführt werden kann.

Mit dieser Auswahl von Beispielen soll uns die Tatsache der Xenographie an sich verbürgt sein. Es mag ohne weiteres zugegeben werden, daß die Identifizierung von Handschriften Schwierigkeiten in sich birgt, die selbst das Urteil echter Sachverständiger, z. B. in Strafprozessen, irreführen können und u. U. nicht zur Einstimmigkeit gelangen lassen.[1] Ich glaube gleichwohl, daß das Berichtete über alles dem Zufall zuzuschreibende weit hinausgeht. Tatsächlich entsteht ja auch das Problem hier durchweg aus einer leidlich andern Sachlage heraus, als bei den üblichen Aufgaben graphologischer Sachverständiger. Hier ist nicht eine Handschrift gegeben, zu welcher der wahre Urheber gefunden werden soll; sondern es tritt ein bestimmter (unsichtbarer) Urheber auf, der den Nächstbeteiligten, dem Medium und zuweilen auch den Sitzern, völlig unbekannt ist, der aber behauptet, daß die von ihm gelieferte Handschrift die seine sei. Daß sie sich wirklich als diejenige erweisen werde, die der angebliche Urheber zu Lebzeiten schrieb, ist an sich im höchsten Grade unwahrscheinlich, und wenn trotzdem beim Vergleich auch nur eine Ähnlichkeit beider Handschriften sich wirklich aufdrängt, so ist das ein Tatbestand, dessen Beweislast durch die Seltsamkeit seines Zustandekommens sehr verringert wird.

Daß die beigebrachten Tatsachen dem unbelasteten Urteil durchaus eine spiritistische Deutung nahelegen müssen, versteht sich von selbst. Die Frage ist nur, ob wir vermittelst irgendwelcher Begriffe dieser Deutung ausweichen können. Solche Begriffe müßten hier offenbar ganz andere sein, als im Falle des Schreibens Schreibunkundiger in nicht-identifizierter Handschrift. Dort galt es, eine Form der Äußerung soz. im gröbsten und überhaupt in Gang zu bringen; hier ist sie an sich als eingeübtes Können gegeben, soll aber in ihrem Sonderpräge verändert werden; wobei wir überdies wissen (u. a. aus dem hypnotischen Versuch), daß der Schreibende zu solchen Veränderungen auch von sich aus imstande ist. Es soll also nur unter zahllosen seiner Erfindung zugänglichen Veränderungen der Handschrift eine bestimmte verwirklicht werden, die einmal die Handschrift eines Lebenden gewesen ist. Die Frage ist nun: ob die Tatsache identifizierbarer Xenographie sich erklären lasse ohne Beteiligung des überlebenden ehemaligen 'Besitzers' der Handschrift, vielmehr durch Be-

---

1) Dr. med. A. Schmidt: ZP 1931 81.

schaffung ihres Bildes seitens des Mediums; welches Vorbild dann
auf die Schreibhandlung ebenso einzuwirken hätte, wie im Falle der
hypnotischen Schriftveränderung — das selbsterzeugte Bild einer
'allgemein-typischen' Handschrift, z. B. der eines 'Kindes', 'Gelehrten'
oder 'Generals'.

Die Beobachtung nun hat uns gelehrt, daß hellseherisch Begabte
— z. B. auch Psychometer — imstande sind, nicht nur allgemeine Aussagen über die Handschrift 'erfühlter' Personen zu machen,[1] sondern
auch ein so deutliches Bild von ihr zu gewinnen, daß sie die Fremdschrift richtig und erkennbar nachahmen können.

Max Moecke z. B., aufgefordert, die Schriftzüge einer Person wiederzugeben,
deren Bild verdeckt und 'verkehrt' vor ihm auf dem Tische liegt, beginnt
'plötzlich sehr energisch und sicher die typische Steilschrift dieses Menschen
[einer Schauspielerin] nachzuahmen, so, als sähe er die Schrift vor sich.'[2] —
Ein andermal kommt er auf einen Bruder der vor ihm stehenden Versuchsperson (Dr. K. Dietrich, Ludwigsburg) zu sprechen, bezeichnet ihn als verschlossen und kurz angebunden und fährt fort: 'Seine Handschrift ist auch
ganz anders, als die Ihre. Am Schluß macht er solch eigentümliche Haken.'
Moecke schreibt in sein Heft ein paar Züge, die das Angedeutete illustrieren
sollen, und zeigt sie mir. Es sind nicht nur die charakteristischen Endzüge,
besonders seines Namenszugs, die aber als Ausdruckerscheinung auch sonst
wiederkehren und gerade ein Hauptkennzeichen seines Wesens bedeuten,
sondern Moecke setzt diesem Wortende ein gleichfalls für die Schrift
charakteristisches H voraus und deutet damit, ihm selbst ganz unbewußt,
auch den Wortlaut der von ihm gemeinten Unterschrift an: Hermann.'[3]

Bekannt durch solche hellseherische Nachahmungen unbekannter Fremd-
schriften sind auch besonders die 'Metagraphologen' Otto Reimann und
Raffael Schermann geworden, über die wir wertvolle Arbeiten des Prager
Psychiaters Prof. Oskar Fischer besitzen. Reimann z. B. kann eine fremde
Schrift 'imitieren', wenn er bloß eine Probe derselben (ohne sie zu sehen!)
betastet, ja sogar wenn der Versuchsleiter an den Betreffenden 'denkt'.[4]
Zwischen solchen Nachahmungen und den darunter gesetzten echten Schriften
der Betreffenden konstatierten zwölf Berliner Ärzte und Professoren, darunter A. Einstein, eine 'weitgehende Übereinstimmung bis in kleine Einzelheiten'.[5] In Privatversuchen mit Dr. Sünner in dessen Wohnung 'versuchte
Herr Reimann [u. a.] die Handschrift der anwesenden Frau L. zu erfühlen,
und nach etwa drei Schreibversuchen schrieb er in der Tat deren Namens-
zug so genau nach, daß er sowohl von mir wie von der Dame selbst als verblüffend ähnlich anerkannt wurde.'[6]

Es ist klar, daß solche Beobachtungen die Versuchung und eine ge-

---

1) S. z. B. ZP 1930 509.   2) Dr. med. F. Wolf in ZP 1930 238.   3) Dr. Dieterich in
ZP 1930 497. Vgl. auch den Fall Pr XX 25. 174 f.   4) Von Fischer als 'psychischer
Transfert' bezeichnet. Vgl. Dr. Schmidt in ZP 1930 600.   5) s. d. Protokoll aaO. 604.
6) das. 715. Vgl. allgemein Fischer.

wisse Möglichkeit begründen, auch die xenographische Leistung auf die
aktive übernormale Erfassung eines Bildes seitens des Mediums zurückzuführen, eines Bildes, das dann natürlich ebenso leicht und richtig
sich ohne vorausgegangene Übung in Schreibbewegungen umsetzen
könnte, wie dies bei Moecke, Reimann und Schermann offenbar möglich
war. Die Frage der Unentbehrlichkeit solcher Übung entsteht also
gar nicht erst: wir müssen annehmen, daß eine — meinetwegen 'unterbewußt' — geschaute Schrift auch äußerlich wiedergegeben werden
kann; ahmt doch der Hellseher ähnlich auch andre 'typische Bewegungen' eines ihm Unbekannten nach: seinen Gang, gewisse Gebärden
u. a. m.[1]

So klar diese Rechnung nun erscheint, so kann doch m. E. von einer
glatten Gleichsetzung der hellseherischen und der medialen Leistung
dieser Art nicht die Rede sein. Zunächst ja befindet sich beim hellseherischen Versuche stets (soweit meine Kenntnis reicht) entweder
eine 'Vorlage' in nächster Nähe des Subjekts, oder aber eine Person,
der die betreffende Handschrift genau bekannt ist. Hiernach könnte
es sogar fraglich erscheinen, ob wir in vielen solcher Fälle auch nur
Hellsehn (im strengsten Sinne) anzunehmen haben, und nicht bloß
'Lesen' oder aktive Übertragung von Bildern. Von diesen drei möglichen
Ableitungen müßte die durch Hellsehn der spiritistischen Deutung
offenbar die größeren Schwierigkeiten bereiten, indem sie uns der
Suche nach einem telepathischen 'Geber' völlig überhöbe. Wir wollen
sie also schon darum als wahr unterstellen. Auch dann aber bliebe
zwischen hellseherischer und medialer Xenographie ein nicht unbe-
deutender Unterschied bestehn, dessen Gewicht uns allmählich immer
fühlbarer werden wird. Dort nämlich würde sich die hellsichtig zu er-
fassende 'Quelle' gewissermaßen aufdrängen (entweder durch ihre
Nähe, oder durch die einer Person, die als 'Vermittler' zur Auffindung
der Quelle dienen könnte); während in den meisten 'spiritistischen
Fällen' offenbar jede solche ('psychometrische') Zwischenschaltung
und Beihilfe fehlt, das Medium also von sich aus das 'Vorbild'
irgendwo in der Ferne 'aufspüren' müßte. Weder der Rev. Moses
noch Hélène Smith, weder Ingeborg Dahl noch Mrs. Travers-Smith
hatten bei ihren xenographischen Leistungen den geringsten 'Anhalt',
um an ein Vorbild der gelieferten Handschrift heranzukommen; darüber hinaus aber fehlte ihnen meist auch jeder Anreiz, die Beschaffung
des Bildes überhaupt zu versuchen. Ihre Leistung erfolgte soz. 'aus
blauem Himmel'.[2] Diese Unverständlichkeit aber fällt natürlich unter

1) Vgl. z. B. ZP 1930 607. 609 f. 714.   2) Allenfalls in Moses' Falle könnte man auf die
lange zurückliegende Kränkung durch den Gatten der Blanche Abercromby hinweisen. Aber
wenn er sich durch seine Hellsehleistung soz. 'rehabilitieren' wollte, warum hielt er sie auch
vor dem Beleidiger geheim?

spiritistischen Voraussetzungen fort, da ja dann die Ingangbringung der xenographischen Leistung dem 'Eigentümer' der Handschrift zuzuschreiben wäre: dem Verstorbenen, der sie zu Lebzeiten schrieb. — Noch bündiger würde sich der Schluß auf eine Beteiligung des Verstorbnen empfehlen, wenn wir die Erlangung des Schriftbildes nicht als echtes Hellsehn aufzufassen hätten, sondern als Vorstellungsübertragung; denn dann wäre der Rückgriff auf den wirklichen 'Besitzer' der Handschrift das weitaus natürlichere; gleichgültig, ob wir das Medium in ihm 'lesen' lassen, oder ihn selbst zum Übertrager des Schriftbildes machen.

Ich will im übrigen nicht schon hier auf alle sonstigen Merkmale freiwilliger Selbstbetätigung eingehn, welche die angeführten Beispiele auf seiten der angeblichen Urheber der Schriften erkennen lassen (dergleichen Dinge werden uns später noch beschäftigen). Ich will nur daran erinnern: daß 1) zuweilen, wie in Moses' und vielleicht auch Ingeborgs Fall, unter jenen Merkmalen auch der Wunsch nach Selbstidentifizierung durch die eigne Handschrift erscheint, und daß 2) diese Schriften nicht belanglose 'Schriftproben' darstellen, sondern Äußerungen enthalten, die ihrerseits der Identifizierung dienen. Doch soll dies Vorgreifen auf immerhin nicht völlig eindeutige Dinge nur die Tatsache unterstreichen, daß auch die Xenographie in allen 'spiritoiden' Fällen innerhalb eines Ganzen auftritt, das erst als solches unser Urteil wirklich bestimmen kann. Sollten auch andre Teile dieses Ganzen der animistischen Auffassung Schwierigkeiten bereiten, so würde die xenographische Leistung an sich ein zusätzliches Indiz von beträchtlicher Kraft bedeuten.

Um diese natürliche Verzahnung aller unsrer Argumente auch hier noch etwas reichlicher vorzubereiten, beschließe ich dieses Kapitel mit zwei Fällen, in denen der spiritistische Anschein eben auf diesem 'Drum und Dran' des xenographischen Vorgangs beruht. Der erste hat das Besondre, daß die identifizierte Schrift nicht unmittelbar vom Medium geliefert wurde (das auch nahezu schreibunkundig war), sondern auf eine Art, die fast an die Mitwirkung einer Phantomhand denken läßt, wennschon einer unsichtbaren.

Dr. Roman Urysz, Chefarzt des Hospitals in Bialykamen (Galizien), stellte in seinem eignen Hause Versuche in automatischer Schrift mit einem 14-jährigen Bauermädchen an, das nach 2 Jahren Dorfschulbesuchs nur mühsam las und schrieb. Er benutzte dabei einen Apparat, der die Erzielung direkter Schrift bei vollem Licht und unter Ausschluß von Betrug ermöglichte. Dieser Apparat bestand in einem würfelförmigen Hochkasten von 1' im Quadrat und nur einer offenen Seite, die mit einem 50 cm langen trichterförmigen Sack aus schwarzer Seide verschlossen war, dessen Spitze ein Loch aufwies, durch das ein Bleistift geführt war. Das Medium legte bloß seine Hände von außen auf den Kasten; wenige Minuten darauf blähte sich der Seidensack auf und der Bleistift begann zu schreiben. Unter den zahlreichen so erhaltenen Botschaften war auch die folgende in einer von der sonstigen völlig verschiedenen Handschrift: 'Ich danke dir für die Injektion, die du mir machtest, als ich auf dem Sterbebett lag. Du hast mir große Erleichterung verschafft. Carolina C.' — 'Ich fragte (berichtet Dr. U.), an wen sich diese Worte richteten. 'An dich', wurde erwidert. Darauf fragte ich: 'Wann geschah das alles? Und wer bist du?' Der Bleistift schrieb: 'Am 18. Sept. 1900, in der Lemberger Klinik.' In jenem Jahre war ich noch Student und praktisierte in der Klinik als Assistent. Das war alles, woran ich mich zur Sache erinnerte.'

Einige Tage darauf in Lemberg, durchsuchte Dr. U. die Listen des Hospitals aus jenem Jahr und ermittelte eine 56jährige Frau obigen Namens, die daselbst an Magenkrebs verstorben war. (Die Bestätigung des Datums wird nicht ausdrücklich erwähnt.) Auf dem Polizeiamt erkundigte er sich nach Personen des Namens C. und erfuhr, daß es deren z. Zt. in Lemberg nur e i n e gebe, eine Lehrerin. Diese besuchte er alsbald und hörte von ihr, daß sie ihre Mutter i. J. 1900 verloren habe (Todesursache und -ort werden leider wieder nicht ausdrücklich erwähnt). 'Ich zeigte ihr ohne weiteres die durch direkte Schrift erhaltene Botschaft. Zu ihrer großen Verwunderung erkannte sie sofort die sehr charakteristische Handschrift sowie die Unterschrift ihrer Mutter, und zeigte mir zum Beweise einige Briefe von der Hand der Toten. Aus der Vergleichung ergab sich über jede Möglichkeit eines Zweifels die Identität der beiden Handschriften. Sie gestattete mir liebenswürdigerweise, eine dieser Schriften zu behalten. Allerdings muß ich erklären, daß ich mich nicht erinnere, der Carolina C. eine Morphiumeinspritzung gemacht zu haben.' [1]

Dies Geständnis vermindert die Wahrscheinlichkeit einer 'kryptomnestischen' Deutung des Falles, also einer Erklärung durch 'vergessene Erinnerungen'. Eine solche hätte natürlich nahegelegen, wenn Dr. U. s e l b s t die automatische Schrift erzeugt hätte. So aber müßte der Animist nicht nur annehmen, daß der Arzt in den Tiefen seiner Erinnerung ein Bild der irgendwann gesehenen Handschrift der Carolina C. bewahrte (was man ja schließlich vermuten mag), sondern daß sich dies Bild auch deutlich genug auf das Medium übertragen habe, um es zur 'telekinetischen' Erzeugung einer Scheinbotschaft in den Schriftzügen der Verstorbnen (und mit dramatisch-persönlichem Inhalt!) zu befähigen. Eine solche Deutung mutet um so gezwungener an, als Dr. U. offenbar eine wenig 'aktive' Erinnerung an den Krankheitsfall besaß (dies geht wohl aus seiner Unfähigkeit hervor, sich auf die Einspritzung zu besinnen, s e l b s t n a c h d e m diese von der Verstorbenen erwähnt worden war); um so gezwungener auch, als das Medium nahezu

1) PS Sept. 1906. Ich rückübersetze aus Bozzano, Casi 146 ff., da mir der Band eben unzugänglich ist.

Analphabetin war, also für die Auffassung und Nachahmung persönlich-typischer Schriftbilder wenig geeignet.

Der zweite kurz anzuführende Fall zeigt als Antrieb und Inhalt der Fremdschrift einen Wunsch von der Art, wie wir ähnliche schon unter den Sinndeutungen des Spukens kennengelernt haben; er verknüpft also den Tatbestand der Xenographie mit einer Art spiritistischer Beweisführung, auf die ich durchweg besonderen Nachdruck legen muß: mit der Argumentation aus persönlich-psychologischer Natürlichkeit.

In diesem von Mr. J. S. Shepard mitgeteilten Fall enthielt das in identifizierbarer Handschrift abgefaßte mediale Schriftstück das in der Ich-Form gehaltene Geständnis eines gewissen George Purday, früheren Sachwalters des Erzählers, diesen während vieler Jahre betrogen und übervorteilt zu haben; ein Geständnis, das die daraufhin angestellte Untersuchung vollkommen bestätigte. Die überlebende Frau des Purday und seine Erbin war mitschuldig; doch muß man bei der Frage, ob das 'Geständnis' etwa von ihr 'inspiriert' war, in Rechnung stellen, daß George Purday ausdrücklich angab, er habe schon während seiner letzten Krankheit alles gestehen wollen, sei aber von seiner stets anwesenden Frau daran verhindert worden. Das Medium, ein alter Mr. Stanford, war dem Erzähler völlig unbekannt. Von den Schriftzügen des Bekenntnisses sagt dieser: 'Die Handschrift, in welcher die Botschaft diktiert war, erwies sich als vollkommenes Ebenbild der sehr eigenartigen Purdays. Ich unterbreitete den Fall der Nachprüfung eines erfahrenen Sachverständigen, wobei ich Schriftproben des [lebenden] Purday beifügte, und er entschied, daß die beiden Schriftstücke von einer und derselben Person geschrieben seien ...' [1]

Soviel über das Auftreten identifizierbarer Handschriften und seine Bedeutung für unser Problem. — Aus Gründen, die keiner Darlegung bedürfen, füge ich diesem Kapitel anhangsweise zwei Berichte an, die ich fast für die einzigen ihrer Art halten möchte. Beiden zufolge geschahen die Mitteilungen des angeblichen Verstorbenen — und das rückt sie in die Nähe der obigen Gruppe — in einer Form der Ausdrucksgebärde, worin jener zu Lebzeiten 'geübt' gewesen war: im ersten Falle handelt es sich um eine persönliche Geheimschrift (die überdies hier auf ungewöhnliche Art 'telekinetisch' erzeugt wird); im zweiten um den Gebrauch des sog. Taubstummenalphabets. Jener wurde von Dr. Hinkovič in Agram dem bekannten Forscher Charles de Vesme übersandt; ich gebe ihn leicht gekürzt wieder.

Ein gewisser 'Vatroslavo' hatte sich schon mehrfach durch den Bleistift einer Frl. Tonica kundgegeben. Einige Zeit nach seinem Tode starb auch eine seiner Schwestern. Diese hatte mit ihrem Verlobten in Geheimschrift einen Briefwechsel unterhalten, welchen ihre Mutter nach ihrem Tode

---

1) Lt 1904 602 f.

auffand, aber nicht entziffern konnte. Während einer Sitzung im Hause des Dr. Hinković äußerte 'Vatroslavo' die Absicht, einen Brief an seine abwesende Mutter zu schreiben. 'Frl. Tonica ergriff einen Bleistift, und während meine Frau, auf 'V.s' Wunsch, ihr den Arm festhielt, verharrte der Tisch (auf welchem ein Bogen Papier lag) in dauernder Erhebung und verschob sich derartig gegen die Spitze des Bleistifts, daß die seltsamsten eckigen Schriftzeichen entstanden. So wurde vor unsern Augen, in leidlichem Lichte, der Brief geschrieben, den wir, ohne ihn anzusehn, der Mutter Vatroslavos übersenden sollten. Am Tage darauf besuchte mich diese, das Gesicht vor Erregung strahlend, und berichtete mir, daß der Brief in Geheimschrift gehalten war und der Verfasser einen Schlüssel zu ihrer Entzifferung hinzugefügt hatte. In dem Brief erzählte 'Vatroslavo' seiner Mutter, daß der Geist seiner Schwester Lubica ihm das Geheimnis ihrer Geheimschrift anvertraut habe und daß vermittelst des nunmehr gelieferten Schlüssels die Mutter den Briefwechsel der beiden Verlobten werde entziffern können ... Die Mutter Vatroslavos fügte hinzu, daß zweifellos [kein Unbeteiligter], am wenigsten Vatroslavo, zu Lebzeiten das Geheimnis dieser Schrift gekannt hatte.' [1]

Natürlich würde, auch wenn V. zu Lebzeiten in das Geheimnis eingeweiht worden wäre, der spiritistische Anschein des Hergangs sich nicht vermindern. Dagegen müssen wir wohl annehmen, daß der Bräutigam zur Zeit der beschriebenen Sitzungen noch lebte und somit als 'Quelle' in Betracht kam; — mit wieviel Wahrscheinlichkeit, mag der Leser selbst zu schätzen suchen.

Der zweite Fall wird von Prof. Dr. C. Schäfer in Wandsbeck aus seinen Beobachtungen an einem Medium berichtet, das er bloß als 'Frl. G.' bezeichnet. — 'Einmal erschien als Geistwesen eine Taubstumme, die sehr gewandt das Taubstummenalphabet anwandte, von dem das Medium nicht die geringste Ahnung hat. Auch keiner der Anwesenden konnte es verstehn, und wir baten deshalb das Geistwesen, das nächste Mal wieder zu erscheinen; wir wollten ein junges Mädchen mitbringen, das uns das Alphabet deuten könnte. In der nächsten Sitzung erschien die Taubstumme wieder. Das Medium machte so schnell und so gewandt die Alphabetzeichen, daß das junge Mädchen, welches uns die Taubstummensprache verdolmetschen sollte, Mühe hatte, ihr zu folgen. Wenn diese ein Wort falsch ausgelegt hatte, schüttelte das Medium den Kopf und wiederholte die Zeichen, bis sie richtig gedeutet wurden. [Dies scheint die innere Sinnlebendigkeit der Rede zu verbürgen.] Das junge Mädchen bestätigte, daß sie noch keine Taubstumme gesehen hätte, die so schnell und gewandt das Alphabet anwandte, als das Medium, das im Wachzustand überhaupt keine Ahnung von der Taubstummensprache hatte. Im Unterbewußtsein kann sie auch diese Fähigkeit nicht besitzen, da sie nie im Leben Gelegenheit gehabt hatte, die Zeichensprache der Taubstummen zu beobachten, viel weniger zu lernen.' [2]

1) RSP 1903 81 (Bozzano, aaO. 53 f.). 2) RB 1926 121. Vgl. Aksakow 648 ff. Ein Fall von Benutzung des nicht-gekannten telegraphischen Morse-Alphabets (teste Crookes!): PS 1874 209.

2. Das Argument aus künstlerischen Leistungen

Ich gehe nunmehr, im rückgreifenden Anschluß an die Tatsache des Schreibens Schreibunkundiger, zu Leistungen über, die gleichfalls das persönliche Können des Mediums übersteigen, aber nicht als allgemeine Mittel und Formen von 'Äußerungen' bezeichnet werden können und daher nur bedingt in unsern Zusammenhang gehören. Ich meine gewisse Fälle von automatischer oder Trans-Ausübung künstlerischer Fertigkeiten, besonders der Malerei.[1] Diesen leidlich bekannten Leistungen[2] gegenüber erhebt sich die Frage, ob sie jemals unbestreitbar über das hinausgehen, was wir der anerkannten Steigerung vieler Fähigkeiten in 'unterbewußten', also auch ungehemmteren seelischen Schichten zuschreiben dürfen, wo überdies eine 'Inkubation' oder 'Ausbrütung' solcher Gaben angenommen werden könnte, also ihr Heranreifen außerhalb aller bewußten Leistung; oder aber gar ihre 'Speicherung' auf Grund von Vererbung irgendwelcher Art — bis auf den Tag des plötzlichen Hervorbrechens. Diese Vorgänge, selbst wenn wir sie zugestehn, sind seltsam genug und bislang, wie mir scheint, mit den üblichen Begriffen der Psychologie noch nicht annähernd erklärt. Gleichwohl erscheint es mir noch ungewiß, ob spiritistische Annahmen diese Erklärung in allen oder den meisten Fällen wirklich fördern können, ungeachtet dessen, daß die betreffenden Personen fast immer eine spiritistische Deutung ihrer Leistungen soz. selbst erzeugen. Wir banalisieren die Tatsachen jedenfalls nicht, auch wenn wir eine solche einstweilen als unbewiesen ablehnen; fragt es sich doch, ob ihre wahre Erklärung dereinst nicht ebenso sehr über heutige Schulbegriffe hinausführen wird, wie eine spiritistische es täte.

Es sei erlaubt, diese abstrakte Meinungsäußerung zunächst am Fall des Malmediums Lesage zu erläutern. — Dieser einfache Grubenarbeiter, geb. am 9. Aug. 1876, von lauter Grubenarbeitern abstammend, hatte — nach Dr. Ostys gewissenhaften Feststellungen — keine weitere künstlerische Vorgeschichte, als einige 'seltene und ganz einfache Schulzeichnungen', bei denen

---

1) Ich übergehe Fälle entsprechenden Ausübens der 'Dichtkunst', da hier die Grenzen des ('unterbewußten') Könnens des Mediums offenbar kaum zu bestimmen sind; ebenso Fälle 'automatischer' Lösung rechnerischer Aufgaben durch Personen, die dessen bewußt fraglos nicht fähig gewesen wären (s. z. B. Urysz in PS XXXIII 524 f. 527), da auch hier die Beobachtungen an sog. 'Rechenwundern' (und 'rechnenden Tieren') die Betätigung 'unterbewußter' Fähigkeiten (bzw. telepathischer Beihilfe Anwesender?) so nahe legen, daß eine spiritistische Deutung gar nicht erst in Frage kommt. Vgl. etwa Myers II 79 ff.; Pr VIII 352 f.; Binet in RPh 1895; Scripture in Amer. Jo. of Psych. April 1891; Osty in RM 1927 394 ff.
2) Liste von Malmedien: Buchner 223. 233 ff. Über M. Gruzewski: Dr. Osty in RM 1928 85 ff.; über Miss A.: Pr IX 74 f.; über H. Nüßlein: Prof. Chr. Schröder in ZmpF 1932 107 ff.; über Frieda Gentes: Mattiesen in JSPR 1914 210 ff. Vgl. ferner PS XXXI 546 ff.; XXXIV 672.

er nicht das mindeste Talent gezeigt hatte, und den einmaligen flüchtigen Besuch des Museums in Lille während seiner Dienstzeit, der auf ihn nicht den geringsten Eindruck machte und nie wiederholt wurde. Im Alter von 35 Jahren 'hörte' er eines Tages während der Arbeit eine 'sehr deutliche Stimme' sagen: 'Eines Tages wirst du Maler sein.' Dies wiederholte sich zu seinem Schrecken, und zwar ein einziges Mal, einige Tage später. Mehrere Monate danach hörte er im Kreise von Arbeitskameraden zum erstenmal von 'Spiritismus' sprechen und bildete mit einigen Genossen einen 'Zirkel'. Schon bei der zweiten Zusammenkunft drang der schwankende Tisch auf ihn ein, und er fühlte ein Zittern in der rechten Hand und den Drang zu schreiben. 'Heute sind wir glücklich, schrieb er, uns euch mitteilen zu können. Die Stimmen, die du gehört hast, sind Wirklichkeit. Eines Tages wirst du Maler sein. Gib genau acht auf unsre Ratschläge, so wirst du sehn, daß eines Tages alles wahr werden wird, wie wir es sagen...' Von der nächsten Sitzung ab führte Lesages Hand jedesmal eine Zeichnung mit mehreren Farbstiften aus. Doch hatte dies bald ein Ende, die Hand versagte den Dienst und schrieb eine Botschaft, wonach er nun nicht mehr zeichnen, sondern malen werde; sein Werk werde der Wissenschaft unterbreitet werden; er solle in allem gehorchen, nichts zu verstehen suchen, seine Hand werde geführt werden, usw. Es wurde ihm befohlen, bei M. Poriche in Lillers alles Nötige zu beschaffen; die Namen der Farben wurden ihm angegeben (er hatte angeblich nie eine Tube gesehn), desgleichen die Nummern der Pinsel. Halb automatisch und in großer Verlegenheit vor den Fragen des Händlers machte er tatsächlich diese Einkäufe. Nachdem er sich zunächst auf vier Blättern Papier versucht hatte, befahl ihm die 'Hand' die Beschaffung von Leinwand, und zwar für den ersten Versuch eines Stückes von 3×3 m (!). 'Zerschneide die Leinwand nicht. Es wird sich machen. Alles wird vollbracht werden. Folge unsern Anweisungen... Mach dich ans Werk.' Und jeden Abend, nach der müden Heimkehr von der Arbeit, macht er sich nun, sogleich erfrischt (!), an die Arbeit, die sich soz. von selbst, ohne sein Zutun und Vorbedacht vollzieht, wobei er in der 'oberen Ecke rechts' beginnt. Inhaltlich bezeichnet gleich dieses erste Bild den Höhepunkt von Lesages Schaffen. Die Leinwand ist bedeckt mit halb dekorativer, halb architektonischer Kleinmalerei in quasi-orientalischem Stil von außerordentlicher Feinheit der Ausführung, und man muß einem der vielen Berufsmaler, die das Bild gesehn, darin beistimmen: daß nichts an sich unwahrscheinlicher gewesen wäre, als daß ein völliger Neuling im Malen vor einer solchen Riesenfläche gerade auf diese kleinmalerische Art verfiele. Als Ganzes verrät es einen sicher zusammenfassenden Geschmack, und Lesages weitere Gemälde — einige Dutzende — sind (wie die Abbildungen in der Revue Métapsychique beweisen) von Fall zu Fall eigenartige Abwandlungen des gleichen Typs. Stilisierte menschliche Gesichter, 'heilige Vögel', 'gewisse mystische Tiere' und andre symbolische Bestandteile sind im Verlauf zunehmend aufgetreten, und Lesages 'Führer' haben ihm gesagt, daß sie den geheimnisvollen Sinn seiner Werke ihm später offenbaren würden. Die Eigenartigkeit, sinnreiche Durchbildung, Mannigfaltigkeit, Phantasie, farbige und handwerkliche Feinheit der Bilder, und vor allem des ersten,[1] haben die einmütige Bewunderung zahlreicher Maler erregt. Aber niemand konnte ihren Stil in irgendeine Epoche antiker oder exotischer Kunst verweisen. Auch hat Lesages wachsende Bekanntschaft mit klassischer und moderner Malerei (er stellte sogar im 'Salon' aus!) keinerlei Einfluß auf sein Schaffen gehabt. Er arbeitete einige Wochen lang im Inst. Internat. Métapsych. unter Dr. Ostys täglicher Beobachtung. Niemals wanderte bei der Ausführung großer symmetrischer Gebilde sein Blick nach der Seite der bereits ausgeführten Hälfte, die zuweilen einen Abstand von 150 cm hatte. Unterhaltung 'brach den Zauber' seines Schaffens. Im übrigen erschien er normal, versicherte aber stets, daß er alles unter Zwang ausführe, nichts plane, nichts voraussehe, weder das Ganze, noch das Einzelne. Die Entstehung der Bilder war eine soz. atomistische und jede Bewegung automatisch. Nur wenn er während der Arbeit ganz einsam war, fühlte er sich, halb ekstatisch, gleichsam in eine andre Umgebung versetzt, in der alles um ihn her 'vibrierte', und hörte ferne Glocken.

Lesage schrieb seine ersten automatischen Botschaften und Zeichnungen seiner im Alter von 3 Jahren verstorbenen Schwester zu, von der aber nur einzelne wirklich 'unterzeichnet' wurden. Seit Beginn der Ölmalerei war 'Lionardo da Vinci' sein Inspirator; seit 1925 ein der Kunstgeschichte unbekannter Maler 'Marius von Tyana'. Dr. Ostys Ansicht, daß der erstere seine Rolle der auch Ungebildeten bekanntgewordenen Entwendung der 'Mona Lisa' aus dem Louvre verdanke, der letztere dagegen eine Verballhornung des Apollonius v. Tyana sei, den Lesage sehr bald bei seiner okkultistischen Leserei entdeckt haben mag, — erscheint mir durchaus überzeugend. Für die wirkliche Beteiligung der verstorbenen Schwester spricht weniger als nichts, vielmehr treten schon hier die ersten automatischen Schriften im 'Wir'-Stil auf.[2]

Dem gegenüber ist freilich zuzugeben, daß für eine anderweitige psychologische Herleitung der Fähigkeit und der Leistungen Lesages auch nicht das allermindeste sich hat beibringen lassen. Die plötzliche und völlig fertige Geburt eines ebenso eigenartigen wie einheitlich-gleichbleibenden altertümlich-dekorativen Malstils in Kopf und Hand eines völlig Bildungs- und Talentlosen, der nach Erfahrungs-Maßstäben künstlerisch ein unbeschriebenes Blatt darstellte, gibt uns ein unerhörtes Rätsel auf. Wir können geltend machen, daß dieser Stil — bei aller Abweichung — eine gewisse Artverwandtschaft zeige mit demjenigen andrer Malmedien, wie etwa der Gentes (nicht die mindeste allerdings mit Nüßleins phantastisch-architektonischen Interieurs oder Gruzewskis ausdrucksschweren Menschengestalten); wohl auch mit einzelnen der durch Prinzhorn sehr bekannt gewordenen Malereien Irrer.

---

1) Die vorausgegangenen Farbstiftzeichnungen und Malereien auf Papier sind gleichfalls durchaus 'dekorativ', lassen aber den miniaturistischen Überreichtum der Gemälde kaum von ferne anklingen. (S. Tafel I u. II.)   2) RM 1928 1 ff.

Aber damit ist das Rätsel der Lösung nicht nähergebracht. Wir müßten, wie gesagt, einen seelischen Ort außerhalb aller bewußten Entwicklung der Persönlichkeit voraussetzen, wo sich ganz selbständig der Besitz einer Kunst und eines Stils heranbildet, deren letzte Herkunft wir nicht einmal erraten können und die sich eines Tages, in der Maske von Personen der unsichtbaren Welt, in das tagwache Leben hineindrängen. Solchen Vorgängen gegenüber reden wir vom 'Wesen des Genies', von 'Eingebungen des Unterbewußtseins', vom 'Es' hinter dem Ich, vom Abreagieren verdrängter Spannungen usw.; aber auf dem Boden unsrer naturalistischen Psychologie sind dies bloße Redensarten ohne deutende Kraft; und wenn wir sie metaphysisch ausweiten, bis sie 'ein außerindividuelles Geistiges', das 'Unbewußte' in v. Hartmanns Sinn, das 'Absolute', den Allmächtigen, den Schöpfer, 'Gott', den Geist schlechthin bezeichnen,[1] so betreten wir damit natürlich eine Ebene, auf der eine spiritistische Deutung oder die naiv-reinkarnationistische, auf die sich der gute Lesage später festzulegen suchte, beinahe als logische Sparsamkeit erscheinen. Von Nüßlein wird berichtet, daß seine Malereien deutlich hellseherische Fähigkeiten verraten, indem er z. B. durch Lesen von Gedichten oder 'durch Einstellung auf den Namen von Dichtern, Philosophen und andern Persönlichkeiten der Vergangenheit' befähigt werden soll, Köpfe zu malen, 'die beim späteren Vergleich mit den originalen Porträts vielfach eine verblüffende Ähnlichkeit aufweisen'; oder indem er 'nach einer Schriftprobe (oder nur Unterschrift) Lebender sog. Kontaktbilder' malt, die jene Lebenden ebenfalls 'nicht selten überraschend im Bilde treffen'.[2] Solche Tatsachen, falls wirklich bewiesen, könnten erst recht den Ursprung des automatischen Malens mit jenem Bereich des Übernormalen verknüpfen, dessen Verständnis unsrer physiologisch-parallelistischen Schulpsychologie verschlossen bleiben muß, während es der spiritistischen Theorie zum mindesten wesensverwandt ist. Dies darf uns aber nicht verführen, der spiritistischen Selbstauslegung, mit der die 'unterbewußte' Kunst gewöhnlich auftritt, mehr zu trauen, als so vielen andern spiritistischen Maskierungen des seelischen Randgebiets.

Jedenfalls kenne ich bisher nur zwei Fälle, in denen der spiritistische Anspruch von besonnenen Kennern unsres Gebietes ernstlich erwogen werden konnte.

Der erste ist der von Prof. Hyslop genau untersuchte und ausführlich dargestellte des Goldschmieds F. L. Thompson, der anscheinend von dem verstorbenen R. Swain Gifford, einem bekannten amerikanischen Maler, beeinflußt wurde. Thompson hatte keine Erfahrung in der Malerei, wurde

---

1) Schröder in MImpF 1932 104.　　2) das. 108 f.

aber von Gifford beeindruckt, Bilder in seinem Stil zu entwerfen und zu malen, die sich entsprechend ihrer Vollendung gut verkauften. Der erste Antrieb zu diesen Malereien trat 1905, sechs Monate nach Giffords Tode auf, ehe Thompson diesen erfahren hatte, und zwar mit so überwältigender Kraft, daß Th. sein Gewerbe nicht länger betreiben konnte, das ihm auch nachgerade zuwider wurde. Er hatte wirklichkeitgetreue Gesichte von Landschaften in der Nachbarschaft von Giffords Landhaus, deren einige dieser zu Lebzeiten skizziert hatte; auch glaubte er zuweilen während des Malens Gifford selbst zu sein; dem er übrigens zu dessen Lebzeiten zwar begegnet war, aber ohne ihn irgend näher kennen zu lernen. — Hyslop begab sich mit Thompson zu drei Medien, von denen keines Thompson oder die Veranlassung zu seinem Besuche kannte; und jedes von diesen beschrieb den Verstorbenen (ohne ihn zu nennen) in den üblichen Formen, die wir bei der Besprechung anscheinend spiritistischer Transvorgänge kennenlernen werden.[1]

Noch eindrucksvoller in mehr als einer Hinsicht erscheint mir der zweite Fall: der des holländischen Malmediums Mansveld, über den der kritisch und animistisch denkende Dr. W. Kröner (homöop. Arzt in Berlin) das — freilich weit übertreibende — Urteil fällen konnte: die Spiritisten könnten diesen Fall 'vielleicht als das überzeugendste Phänomen, das jemals beobachtet wurde, buchen'!

Mansveld ist ein Mann aus dem Handwerkerstande, 'der bis zu seinem 46. Lebensjahr nie den leisesten Mal- oder Zeichenversuch gemacht hat und auch heute noch nicht imstande ist, eine ihm vorgelegte einfache Vorlage nachzuzeichnen'. Seine Medialität entdeckte er während einer spiritistischen Sitzung, an der er teilnahm: es meldete sich nämlich der angebliche Geist des 1899 verstorbenen Jakob Maris, des bekannten holländischen Landschafters, und bat Mansveld, ihm seinen Arm zur Verfügung zu stellen. 'Nach wenigen Versuchen entstanden Bilder, die, wie behauptet wird, von einem echten Maris nicht zu unterscheiden sind und das charakteristische Signum des verstorbenen Meisters tragen.' Das Mansveld von andern Malmedien Unterscheidende nun ist, daß diesem ersten angeblichen Inspirator noch zahlreiche andre folgten, gleichfalls meist, aber nicht durchweg, bekannte jüngst-verstorbene Meister, deren Manier das Medium mit der gleichen Schärfe der Charakteristik traf; daneben freilich ein angeblich 'identifizierter', aber 'dem Medium unbekannter' Schweizer Arzt, Dr. Koch, der nicht malte, sondern nur längere Zeit hindurch als typischer 'Führer' die gesamten Leistungen überwachte. Dr. Kröner, der eine umfangreiche Ausstellung Mansveldscher Bilder studiert hat, bezeugt denn auch: 'man würde nicht im entferntesten annehmen, daß diese Bilder von ein und derselben Person herrühren, denn sie machen den Eindruck, als seien sie von mindestens 20 verschiedenen Künstlern gemalt, die weder in Auffassung und Technik, noch im Temperament, in den Motiven, in der

---

1) Hyslop, Contact 203 ff.

Schulung, in ihrer künstlerischen Bedeutung, kurz in der ganzen Malweise etwas miteinander gemein haben...' 'Es erscheint unmöglich, daß selbst ein großer Künstler von äußerster Wandlungsfähigkeit oder ein Fälschergenie imstande wäre, derartig verschiedene künstlerische Handschriften zu schreiben... Die meisten Werke verraten den reifen Künstler, und ein großer Teil steht auf außerordentlicher künstlerischer und technischer Höhe.' — Mansveld malt in fast völligem Transzustand äußerst rasch und gewaltsam mit der linken Hand (er ist sonst Rechtser), zuweilen selbst im Dunkeln, und seine Mimik, Stimme, Sprache und Temperament verändern sich währenddessen entsprechend der jeweils malenden 'Persönlichkeit'.[1]

Hier spitzt sich in der Tat das spiritistische Problem der Transkunst unverkennbar zu. Dr. Kröners Bericht (der einzige, der mir zur Verfügung steht) ist leider zu kurz gehalten, um eine sichere Stellungnahme zu ermöglichen. Wieweit die Identifizierung des 'Dr. Koch' verlässig ist, wieweit diejenige andrer durch Mansveld sich kundgebender Persönlichkeiten, bleibt völlig im ungewissen. Schon daß Mansveld so 'vollkommen aus dem Rahmen aller bisher bekannten Malmedien herausfallen' soll (die auch Kröner durchweg für animistisch deutbar hält), verwirrt das Urteil in eigenartiger Weise. Auch die Frage, wieweit das Medium mit der Malweise der angeblich durch seinen Pinsel wirkenden Meister bekannt sei, bedürfte vertiefter Nachprüfung. Kröner gegenüber erklärte Mansveld, 'soweit es sich um Holländer handelte und diese Maler allgemein bekannt seien, habe er wohl die betreffenden Bilder gesehen, ohne daß sie aber besonders tiefen Eindruck hinterlassen hätten. Von der Mehrzahl der Künstler verneint er aufs entschiedenste, sie auch nur dem Namen nach gekannt zu haben.'[2] — Angenommen nun aber, der spiritistische Anspruch dieser künstlerischen Leistungen ließe sich rechtfertigen, so würde gerade die einzigartige Massenhaftigkeit von Maler-Kontrollen bei einem Medium es sehr wahrscheinlich machen, daß dieses, allem Anschein zum Trotz, doch eine unterbewußte Begabung (und eben darum spezifische Ausnutzbarkeit!) auf diesem Gebiet besitze. Damit aber würden wieder die Aussichten einer animistischen Ableitung seiner Leistungen steigen. So scheint gerade das Übermaß des spiritistischen Anscheins in diesem erstaunlichen Falle gegen den Zwang seiner spiritistischen Deutung zu streiten!

Wir erfahren nun freilich noch etwas weiteres Merkwürdiges über Mansveld: während seines 'veränderten' Zustands beginnt er zuweilen 'geläufig in ihm vollständig fremden Sprachen zu sprechen und sich zu unterhalten, ja sogar Briefe mit fremder Handschrift zu schreiben; Mansveld spricht aber nachweislich nur holländisch und versteht kein Wort einer fremden Sprache'.[3] Diese Tatsache, ihre Erwiesenheit vor-

1) Ok 1926 38 ff.   2) das. 44 f.   3) das. 45.

ausgesetzt, würde nun allerdings auch die übrigen Bestandteile des Problems Mansveld in ein ganz neues Licht rücken. Aber diese Tatsache erfordert eine Behandlung auf breiterer Grundlage, an die wir auch gleich herantreten wollen. — Vorher muß nur noch eine letzte Frage erwogen werden, die uns die meisten Malmedien aufdrängen, wenn auch vielleicht keins so nachdrücklich wie Mansveld. Ich meine die Frage, ob wir gegenüber Leistungen dieser Art — abgesehn von den erforderlichen 'seelischen' Fähigkeiten: Erfindungskraft, Formen- und Farbensinn usw. — beim Medium wirklich auch die rein technisch-manuellen voraussetzen dürfen, ohne welche die Entstehung dieser oft äußerst feinen und verwickelten Schöpfungen (vollends erstmaliger!) nicht zu denken ist. Wer Lesages erste Arbeit betrachtet oder von Mansvelds Arbeitsweise liest,[1] wird das Peinliche dieser Frage empfinden.

Für Kröner allerdings scheint sie kein Problem zu enthalten; denn er vertritt die Ansicht, daß 'das Genie und das Medium... so gut wie unabhängig von der mechanischen Erlernung des Technischen' seien. Technische Schulung nämlich sei überhaupt keine positive Leistung, vielmehr eine rein negative: sie bestehe in der Beseitigung der Oberbewußtseins-Hemmung, einer Art von 'Kanalisierung' des Oberbewußtseins, die den einigermaßen gleichmäßigen Abfluß der künstlerischen Spannung ermöglicht. Vom Standpunkt des Unterbewußtseins sei es also eigentlich der normale Fall, daß 'ohne vorhergegangene Schulung fertige Technik da ist', 'scheinbar aus dem Nichts entstanden oder wie vom Himmel gefallen'.[2] — Eine Begründung dieser Lehre wird uns vorenthalten, und ich vermag nicht einzusehen, worin sie bestehen sollte. Meiner Überzeugung nach muß selbst das größte Genie sein technisches Können schrittweise erwerben; nur geschieht, entsprechend der überragenden Sonderveranlagung, die Erwerbung auch unvergleichbar rasch, und die Schritte gleichen zuweilen Sprüngen, zumal beim Genie das Überwiegen der 'unterbewußten' Seelenhaltung auch deren ganze Überlegenheit und Hemmungslosigkeit ins Spiel bringt. Anderseits erscheint es mir unter Voraussetzung echter 'Besessenheit' wohl denkbar, daß auch ein technisch völlig unvorbereitetes Wesen soz. aus blauem Himmel zu Mal-Leistungen von technischer Vollendung gezwungen werde.

Seien nun auch die Grenzen schwer zu bestimmen, in denen die Stei-

---

1) Die Linke fährt, 'wie von einer fremden Kraft hin- und hergerissen', 'in weit ausfahrenden Bewegungen' auf der Fläche umher. 'Es wurde nichts entworfen,... der Stift fuhr wild und regellos auf dem Papier umher, sprang scheinbar sinnlos von einer Stelle, von einem Motiv zum andern... Mit größter Vehemenz schmiert die ganze Handfläche im Gemälde herum. ...Aber gerade dadurch kommt Weichheit und Perspektive in die Bilder.' (Dr. Kröners eigene Beobachtung: aaO. 45 f.) 2) aaO. 39 ff.

gerung und Beschleunigung aller Vorgänge im Unterbewußtsein die
Erwerbung einer Technik beinahe verschleiern kann, so werden doch
solche Grenzen stets vorhanden sein; ja man wird annehmen müssen,
daß sie in gewissen Künsten sogar engere sind als in andern; daß es
also Grade von technischer Besonderung und Verwicklung gibt, die
einem völlig Ungeübten selbst unter dem stärksten Antrieb unterbewußter Eingebung durchaus unzugänglich wären. Ich denke hier
vor allem an die Musik. Wir mögen uns wohl vorstellen, daß ein
Durchbruch aus dem 'Unterbewußten' eine musikalische Empfindlich-
keit und Erfindungskraft entbinden könnte, deren die Person sich nicht
für fähig gehalten hätte. Können wir uns aber vorstellen, daß damit,
ohne jede vorausgegangene Übung, auch die Fähigkeit zu verwickel-
teren technischen Wiedergaben auf einem der 'höheren' Instrumente
gegeben wäre? Die Frage scheint mir ein ziemlich bestimmtes Nein zu
fordern. Und doch wird uns die anscheinende Unmöglichkeit als Tatsache berichtet.

N. P. Tallmadge z. B., ehemals Gouverneur des nordamerikanischen Staates
Wisconsin, behauptet, daß seine 13jährige Tochter, 'die keine Note Musik
kannte und nie in ihrem Leben ein Klavier berührt hatte', unter der Kontrolle eines Geistes 'Beethovens Großen Walzer und verschiedene Volks-
lieder' gespielt habe.[1] Podmore, der dies zunächst ohne Randbemerkung
erwähnt, scheint nachträglich den Bericht zu denen rechnen zu wollen, 'die
in Betrug oder unbewußter Übertreibung eine ausreichende Erklärung finden.'[2] Es mag schwer zu entscheiden sein, ob wir einem amerikanischen
'Politiker' des mittleren Westens vor fast 100 Jahren soviel Gewissenhaftigkeit des Zeugnisses zumuten dürfen, daß die Behauptung der musikalischen
Jungfräulichkeit seiner Tochter wörtlich zu nehmen wäre, und ich bin auch
nicht imstande festzustellen, welches Musikstück er mit 'Beethovens Grand
Waltz' bezeichnen will.

Daß die Leistung der Miss Tallmadge, falls so verlaufen, wie berichtet,
nur übernormal gedeutet werden könnte, erscheint klar; wir hätten nur
allenfalls die Wahl zwischen 'motorischer Besessenheit' durch einen
Verstorbenen oder — durch einen Lebenden,[3] der in unserm Falle wohl
anwesend zu denken wäre, auch wenn wir nichts davon erfahren; —
eine Wahl, für die uns genauere Unterlagen fehlen. — Ed. v. Hartmann
ist weiter gegangen und hat es für überhaupt unmöglich erklärt, daß
selbst 'der mächtigste Geist vermittelst eines durch keine Übung vor-
bereiteten Nervensystems ein richtiges und sauberes Klavierspiel zutage fördere': 'selbst wenn er zu der Suggestion des Klanges die Suggestion der motorischen Ausführungsimpulse nach ihrer inneren Emp-
findungsbeschaffenheit hinzufügen wollte, so würde das in dem Medium

1) Tallmadge bei Linton 61.   2) Spir. I 281 f.   3) Vgl. o. S. 227.

nicht die entsprechenden Gruppen koordinierter Bewegungen aus-
lösen,... denn es würde die Einübung der Nervenbahnen fehlen, welche
zur Umsetzung relativ einfacher Innervationsimpulse in komplizierte
Reihenfolgen von Bewegungsgruppen erforderlich ist.' Da dies für einen
inkarnierten Geist genau so gut gelte, wie für einen entkörperten, so
könne die 'Geisterhypothese' zur Erklärung eines Falles wie desjenigen
der Miss Tallmadge nicht das geringste beitragen, und wegen dieser
'völligen Unbegreiflichkeit' müsse der Bericht als schlechthin unglaubwürdig angesehn werden.[1]

Ich möchte so weit nicht gehen. Wir werden später noch Tatsachen
begegnen, die zwischen einer rein 'suggestiven' Beeinflussung des Mediums und einer gewissermaßen körperlichen Besitzergreifung von
seinem Bewegungsapparat zu unterscheiden nötigen. So lange die
Grenzen dieses letzteren Vorgangs nicht festgestellt sind, schwebt die
Behauptung von Unmöglichkeiten in der Luft.

Im übrigen steht Tallmadges Bericht nicht völlig vereinzelt da. Herr Ju-
lius Magnussen, ein dänischer Lustspieldichter, erzählt in einem 'Gottes
Lächeln' betitelten Buche, daß er, selbst des Klavierspiels unkundig, seinem
Bruder ein langes Stück aus dem Schlußakt der 'Hugenotten' vorgespielt
habe, das er nie gehört hatte. Sein verstorbener Vater, ein sehr guter Klavier-
spieler, habe dies durch seine Hände getan, um dem andern Sohn das Stück
vorzuführen, das er mit ihm zusammen einmal in der Stockholmer Oper gehört hatte.[2]

Dieser Bericht, falls in jeder Einzelheit ganz verlässig, würde natürlich
denjenigen Tallmadges an Bedeutung noch überbieten, und wenn in
Fällen wie diesem, oder Mansvelds und Thompsons, die identifizierenden Indizien noch an Gewicht und Sicherheit gewännen, so könnte die
spiritistische Deutung 'inspirierter Technik' schließlich doch noch als
bewiesen gelten.

3. Das Argument aus dem lebendigen Besitz von Fremdsprachen

Unvergleichlich günstiger erscheinen die Aussichten spiritistischer
Deutung gegenüber jener Art abnormen Fähigkeitsbesitzes, von der
uns u. a. der Fall Mansveld eine Andeutung lieferte: ich meine die
mündliche oder schriftliche Äußerung in einer Sprache, die dem Medium unbekannt ist. Damit uns dieser Tatbestand der 'Xenoglossie'
zum echten Problem werde, müssen wir freilich in vielen Fällen erst die
Gewißheit haben, daß das Medium die betreffende Sprache nicht nur

1) Hartmann, Geist. 34.   2) PS L 108.

nicht 'kenne', sondern auch nie gehört oder gelesen habe; denn die unbegrenzte Erinnerungsfähigkeit des 'Unterbewußtseins' hat ja oft genug zu umfangreichen 'Äußerungen' in einer Sprache geführt, die das Subjekt vor langer Zeit und völlig achtlos hatte sprechen hören,[1] oder von der es geschriebne oder gedruckte Sätze soz. ahnungslos überblickt hatte.

Außerdem wird natürlich vorausgesetzt, daß die 'fremde' Sprache wirklich eine bestimmte sei, und nicht nur ein Phantasieerzeugnis oder Kauderwelsch, das bloß für eine bestimmte Sprache gehalten wird.

Unstreitig werden manche Berichte über Xenoglossie schon durch die angedeuteten Bedenken oder sonst welche Unbestimmtheiten von wissenschaftlicher Berücksichtigung ausgeschlossen.[2] Zuweilen aber begegnen wir xenoglossischen Äußerungen, die zwar bei ihrer Dürftigkeit kaum Eindruck machen können, jedoch innerhalb eines Zusammenhangs spiritoiden Gepräges auftreten, der ihnen einiges Relief verleiht. Ich verweise etwa auf gewisse italienische Äußerungen der von Dr. Hodgson beschriebenen 'Mme Eliza Mannors' durch Mrs. Piper.

Sie trat bei dem berühmten Medium zuerst am 17. Mai 1892 in Gegenwart ihrer Schwester auf, fast ein Jahr nach ihrem Tode, und 'Phinuit' (Mrs. Pipers 'Führer'), der zu wiederholen vorgab, was sie ihm 'sagte', beschrieb zutreffend die Ursache ihres Todes und gewisse Vorgänge an ihrem Sterbebett. 'Einiges Italienische wurde auf Wunsch geschrieben, da die Dame diese Sprache ebenso gut beherrscht hatte, wie das Englische, aber nur 2 oder 3 gewöhnliche Worte waren lesbar.' Mehrere 'sehr ungewöhnliche' Namen wurden richtig angegeben und mancherlei 'von höchst persönlichem Inhalt' geäußert, am Schluß der Sitzung aber das Italienische für 'Es ist gut; Geduld' vom Medium geflüstert. Doch auch in weiteren Sitzungen waren Versuche, Italienisch zu schreiben, 'nur zum Teil erfolgreich', und 'nicht viel [in dieser Sprache] wurde gesagt'. In allem, was 'E. M.' mit Dr. Hodgson sprach, glich sie, nach dessen Zeugnis, 'der Frau, die ich gekannt hatte'.[3]

Unter dem gleichen Gesichtspunkt mag noch der Fall des Hawaiers 'Kalua' (vom Okt. 1893) angeführt werden, den der Sitzer, Mr. L. V. Briggs, zehn Jahre zuvor aus Honolulu nach Boston mitgenommen hatte und der dort einige Zeit darauf durch einen rätselhaften Herzschuß ums Leben gekommen war. Ein schwedischer Matrose wurde verdächtigt, konnte aber nicht überführt werden. Durch 'Phinuit' behauptete Kalua, daß er im Streit nach einem Spiel, aber ohne eigentliche Absicht, erschossen worden sei. "Kalua' versuchte Hawaiisch zu schreiben, aber die einzigen 'gewöhnlichen' Worte, die sich entziffern ließen, waren *lei* ('Kränze', die er täglich für Mr. Briggs angefertigt hatte), welches [sehr bekannte] Wort deutlich und häufig geschrieben

1) Wie jene schon fast mythische, hebräisch redende Magd, die ehedem bei einem Pfarrer gedient hatte. Zur Frage der Glaublichkeit des Falles vgl. JSPR XI 16.   2) Vgl. z. B. ASP 1901 149 ff. (Richet 165 ff.); Barrett, Threshold 174 Anm.; Flournoy 292 ff. und viele ältere Fälle bei du Prel, Entd. I 262 ff.   3) Pr XIII 335 f.

wurde, und ein Versuch, *aloha* — Gruß — zu schreiben. Phinuit versuchte eine Antwort auf die Frage nach dem Aufenthaltsort von Kaluas Vater zu erhalten, gelangte aber nicht weiter als 'Hiram'. Die Schrift aber lieferte die Antwort 'Hawaiische Inseln'. Auf die Frage, welche von diesen, wurde die Antwort 'Kawai' geschrieben, während Phinuit 'Tawai' sagte. Das Wort wird Kawai geschrieben, von den Eingeborenen der Insel selbst aber und auf der Insel, wo Kalua geboren war, Tawai ausgesprochen. Die Eingeborenen der andern Inseln nennen sie Kawai.'[1] — Wie man sieht, geht das in beiden Fällen angewandte fremde Sprachgut kaum über das hinaus, was selbst eine Amerikanerin von Mrs. Pipers mittlerer Bildung allenfalls hätte kennen können. Seltsam nur ist das Doppelspiel von 'Kawai' und 'Tawai'; doch ist auch hier zu bedenken, daß wenigstens der anwesende Sitzer das entsprechende Wissen besaß.

Der Zweifel, ob in diesen und ähnlichen Fällen die fremdsprachigen Bestandteile überhaupt eine übernormale Erklärung fordern, stützt sich großenteils auf die Tatsache, daß das so Geäußerte kaum irgendwo in einer eindeutigen und bestimmten Sinnbeziehung zum Inhalt sonstiger Äußerungen steht; daß es als ein zusammenhanglos Wiedergegebnes erscheinen kann, und nicht als zielstrebige Aussage; sodaß es denn auch nur zu erklären gilt, wie die xenoglossischen Brocken als solche ins Medium hineingeraten seien. Erst wenn dieser Tatbestand deutlich überschritten wird, geht uns das Problem in seiner ganzen Schwere auf. Ein seltsam anregender Fall von solcher Überschreitung, also der Beimischung angepaßter, 'zielstrebiger' Äußerungen zu andern, die allenfalls als bloße Wiedergabe zu deuten sind, ist der bekannte der Mme X. (Mrs. Finch), über den Prof. Richet i. J. 1905 der engl. Ges. f. ps. Forsch. berichtete.[1] Er ist leider ohne Weitläufigkeit nicht wiederzugeben oder gar zu erörtern, und wird auch schwerlich auf eine eindeutige Formel zu bringen sein. Ich begnüge mich daher mit einer bloßen Umrißzeichnung.

Das Medium hatte zuerst im Nov. 1899, und danach öfter, die Vision eines glattrasierten alten Herrn, der ihr später seine Initialen — A. A. R. — oder seinen vollen Namen, Antoine Augustin Renouard, angab: den Namen von Prof. Richets Urgroßvater mütterlicherseits, eines gelehrten Bibliophilen. Da sie mit diesen Visionen von Anfang an die Vorstellung des Griechischen verband, kaufte sie sich bald darauf zwei gebrauchte griechische Schulbücher, die sie aber unbenutzt beiseite legte. — Am 7. Nov. fiel sie, in Gegenwart der drei bedeutenden Forscher Richet, Piddington und Myers, in Trans und schrieb mit geschlossenen Augen zwei griechische Sätze; bald darauf, auch noch im November, einen Satz, der einen Gruß enthielt und die Angabe, daß die Kontrolle Αντωνινος heiße. Bis zum Sommer 1900 folgten weitere Sätze, alle in Richets Gegenwart geschrieben; mehr aber erst i. J. 1904, dar-

1) das. 336 f. Vgl. etwa noch Dahl 209.   2) Pr XIX 162—194.

unter längere Niederschriften in Abwesenheit Richets, die ihm zugesandt wurden; endlich i. J. 1905 u. a. mehrere Stellen aus dem Neuen Testament. Zwischen diesen letzten Gruppen von Schriften wurde nun — auf seltsamen Umwegen — die Entdeckung gemacht, daß mit Ausnahme weniger, dem Platonischen 'Phaedrus', der 'Apologie' und dem Johannes-Evangelium entstammender Sätze fast alles Geschriebene an weit verstreuten Stellen eines vor 60 Jahren gedruckten Französisch-Neugriechischen Wörterbuchs von Byzantios als Sprachbeispiele verwendet sich vorfand. Von diesem soz. verschollenen und äußerst seltenen Buche [1] stand ein Exemplar in der Pariser Nationalbibliothek, die Mme X., wie sich aus ihrem Tagebuch und dem Besucherkartenverzeichnis nachweisen ließ, nur ein einziges Mal betreten hatte, und zwar um einen englischen Autor (Mosley) über Diderot nachzuschlagen, und nie mehr seit dem Feb. 1899, also vor Beginn der Schriften.

Den Inhalt derselben hier wiederzugeben, würde zu weit führen; eine Auswahl wird unten zu bestimmtem Zweck geliefert werden. Prof. Richets sehr eingehende Darstellung des Falles ist gefolgt von drei ausführlichen Beiträgen zu seiner Erörterung. Von diesen legt der dritte, von Mr. Feilding und Miss Johnson, [2] mit größtem Scharfsinn alles dar, was zugunsten eines verwickelten und langwierigen Betrugs seitens des Mediums gedeutet werden könnte; wobei die Verfasser allerdings keinen Zweifel darüber lassen, daß sie dies negative Plaidoyer nur soz. grundsätzlich vorbringen und der Hoffnung seien, daß die Zukunft es widerlegen werde; denn Prof. Richet kann von Mme X. bezeugen: 'Ich kenne ihre über jeden Zweifel erhabene Ehrlichkeit und verbürge mich für sie, als handelte es sich um mich selbst.' — Auf der andern Seite fällt folgendes in die Waagschale: Mrs. Verrall, eine gelehrte Gräzistin, die einzige, die eine erschöpfende Untersuchung der Schriften und ihres Verhältnisses zu den Originalen — Platon, Johannes-Evangelium und Byzantios — angestellt hat, [3] kommt zu dem eindeutigen Schluß, daß die Schriften uns zwingen, zwei geistige Instanzen, ein X_1 und ein X_2 anzunehmen, von denen die eine — 'Urteilskraft und Kenntnis des Griechischen' beweist, der wir also den 'Ursprung' der Schriften zuschreiben dürfen; die andre aber, ohne solche Kenntnis, für die zahlreichen Fehler in der Reproduktion der Vorlagen verantwortlich ist. Schon diese Feststellung beseitigt die Theorie einer bloßen Wiedergabe 'unbewußt' wahrgenommener gedruckter Sätze. Ebenso wenig könne 'eine Verquickung von Zufall, Betrug und Unkenntnis des Griechischen die Tatsachen erklären.' Auch die Betrugshypothese müßte also mindestens zwei Verbündete voraussetzen, von denen nur der eine das Griechische beherrschte, — wodurch natürlich die Gefahr einer Entdeckung sich sehr verstärkt hätte. Auch meint Mrs. Verrall, daß 'unter dieser Voraussetzung X_1 nicht soviel Verstand zeige, als wir voraussetzen dürften.'

Welches sind nun jene Anzeichen von Urteilskraft und Kenntnis des Griechischen? Zunächst finden sich Bestandteile der Schriften, deren Vorlagen

---

1) Ein Pariser Buchhändler teilte Richet mit, er könne es nur aus Athen beschaffen.
2) aaO. 245—261.   3) aaO. 205—244.

bisher **nirgends** haben entdeckt werden können, die also anscheinend selbständige Beiträge jenes X₁ darstellen. Ferner ist in einem der Zitate (was vielleicht nicht viel beweist, falls wir Mme X. eine Kenntnis wenigstens der griechischen **Buchstaben** zuschreiben) das Wort ῾Ελλας (Griechenland) sinnvoll durch das Wort Γαλλία (Frankreich) ersetzt. Sodann wird eins der längeren Schriftstücke **sinnvoll eingeleitet** durch den neugriechischen Satz: 'Griechische Worte sind zu benutzen, wenn lateinische etwa nicht zur Verfügung stehn,' — ein Satz, der in Byzantios' Wörterbuch **nicht** zusammen mit seiner französischen Übersetzung steht, sondern nur zusammen mit dem lateinischen Cicero-Zitat, dessen Übersetzung er darstellt; und dieses Cicero-Zitat zu verstehen — *graecis licet utare, cum voles, si te latinae forte deficiant* — setzt offenbar schon 'beträchtliche Kenntnis der Sprache voraus, während Mme X. nicht einmal die Anfangsgründe des Lateinischen kennt'. Endlich ist der zweite der beiden Platons 'Apologia' entnommenen Sätze nicht nur passend an seinem Ort verwendet, sondern auch in der Vorlage so sehr — nach Ort und Sinn — verborgen, daß an seine zufällig passende Auswahl durch einen des Griechischen nicht Kundigen gar nicht zu denken ist. (Er lautet: 'Aber jetzt ist die Zeit gekommen, zu gehen' und schlie,ßt die betreffende Schrift a b.) — Alle übrigen **sinnvoll** eingeführten Zitate — aus dem Byzantios und dem Johannes-Evangelium — beweisen natürlich eben durch diese Art der Einführung Verständnis, **könnten** aber, auf Grund der im Wörterbuch stehenden Übersetzung bezw. der Vergleichung mit einem französischen Neuen Testament, auch von einem des Griechischen Unkundigen ausgesucht sein. Immerhin darf man nicht übersehen, daß einige dieser fremdsprachigen Zitate in durchaus passender Weise als Antworten auf Fragen auftraten (!), also gewissermaßen nicht nach freiem Belieben der schreibenden Instanz. Richets Frage nach einer Erklärung der Schriften z. B. förderte den Satz zutage: 'Die Kopie stimmt mit dem Original überein'; eine andre — die verständliche Antwort: 'Ich habe meine Anweisungen, von denen ich nicht abweichen kann.' Und als von dem damals im Gang befindlichen russisch-japanischen Kriege gesprochen wurde, erfolgte die neugriechische Äußerung: 'Dieser Krieg beschäftigt ganz Europa.' — Der Rest der griechischen Sätze ist dem Sinne nach indifferent; er könnte allenfalls bestimmt sein zu beweisen, daß die eingebende Instanz der Schriften das Griechische beherrsche (im Gegensatz zu Mme X.), bezw. daß sie imstande sei, in dem gleichsam verborgenen Buche des Byzantios zu lesen.

Aber auch wenn wir unvoreingenommen den Schreibvorgang selbst beobachten, gewinnen wir nicht den Eindruck, daß hier eine Betrügerin eingelernte Schriftzeichen wiedergebe; vielmehr den, daß ein völlig verständnisloses Subjekt Schriftzüge nachbilde, die, auf Grund sei es übernormaler Schau, sei es telepathischer Beeindruckung durch einen Wissenden, vor seinem inneren Auge auftauchen. Mme X. schrieb z. B. ihre ersten Sätze fast ohne Bewußtsein im Transzustande mit geschlossenen Augen; die nicht unter Aufsicht geschriebenen Sätze (falls wir ihr selber glauben wollen) 'wie im Traum gegen etwas ankämpfend'. Am 2. Mai 1904 schrieb sie in halbbewußtem Zustand 'langsam, als schriebe sie etwas ihr vor die Augen Gehaltenes ab, während sie in Wahrheit ins Leere blickte und langsam und mühsam die Buchstaben formte.' In einer später veröffentlichten Selbstanalyse dieser Erfahrungen macht die hochgebildete Dame noch folgende psychologisch wertvolle Angaben: 'Während der Erzeugung [dieser Schriften] hatte ich stets eine Empfindung von Hitze und Spannung im Kopf, und an den vorausgehenden Tagen machte ich die Erfahrung einer andauernden, aber sehr schwachen Hellhörig- und Hellsichtigkeit, indem ich ununterbrochen ein rasches Flüstern in mir unbekannten Sprachen vernahm und hieroglyphische Schriftzüge vor dem inneren Auge erblickte, die aber zu rasch hinschwanden, als daß ich sie hätte niederschreiben können. Dann schien sich das alles zu kristallisieren und... die Visionen nahmen eine Stetigkeit an, die mir das Kopieren der Buchstaben ermöglichte, die mir soz. vors Auge gehalten wurden.' [1]

Wir scheinen somit die Wahl zu haben zwischen der Annahme hellsehenden Lesens in entfernten Büchern — und der Beeinflussung durch eine unabhängige Wesenheit. Zugunsten der ersteren ließe sich anführen, daß Mme X. überhaupt Beweise von der Gabe der Hellsichtigkeit geliefert hat; [2] für die zweite Deutung scheint sich der Inhalt der Schriften selber einzusetzen. Nicht nur zeichnet 'A. A. R.' (A. A. Renouard) mehrmals einzelne von ihnen, wie insbesondere die letzte, und nennt sich in einer andern ziemlich unverblümt als den Urheber; sondern auch viele der Schriften sprechen für den, der mit dem Ausdrucksstil dieser vorgeblichen Experimente-aus-dem-Jenseits vertraut ist, fast unverkennbar von der Absicht eines solchen. Man erwäge unter solchem Gesichtspunkt etwa folgende Sätze: (1) Menschliche Weisheit hat wenig oder gar keinen Wert. Aber jetzt ist die Zeit gekommen, zu gehen. (2) Sei gegrüßt. Ich bin einer namens Antonius. Gott sei bedankt. (3.4) Landsmann und Urgroßsohn. Ich bin dein Landsmann. (5.6) Nur wer den rechten Gebrauch von diesen Erinnerungen macht und so beständig die volle rituelle Einweihung empfängt, gelangt zur wirklichen Vollendung. Gruß. Habe ein wenig Geduld. Alles geht gut. Du wirst befriedigt werden. Wenn die Sonne aufgeht oder sinkt, dehnt sich der Schatten weit. (8) Erschöpfung. Vergieb. (9—15) Erinnere dies; erinnere es bestimmt. (Append. 1—12) S. Joh. 4, 48; 14, 12. 19. Ich kann nicht mehr; einer, der sein Werk beendet hat. Schluß. Byzantios. A. A. R.

Dies alles — freilich ein Auszug *ad hoc* — klingt für den Kundigen seltsam genug. Noch seltsamer, wenn wir lesen, daß Prof. Richet, der entschiedene Antispiritist, auch ganz außerhalb dieses Falles von Xenoglossie nach eigenem Zeugnis anscheinende Kundgebungen seines Urgroßvaters erhalten hat, die eine überraschende 'Kenntnis von Familienangelegenheiten' verrieten. [3] — Indessen stößt die Deutung, die sich hier nahezulegen scheint, alsbald auf Schwierigkeiten. A. A. Renouard war, wie uns sein Urgroßsohn versichert, 'kein Hellenist im eigentlichen Sinn' gewesen. Er war Drucker und Bibliophile, aber 'seine Kenntnis des Griechischen war nicht außergewöhnlich, und

1) Lt 1907 283.　　　2) Pr XIX 195 f.; APS 1905 130 f.　　　3) Pr XIX 188. 203.

er kannte wahrscheinlich nicht das moderne Griechisch.' Byzantios' Wörterbuch wurde 1846 gedruckt; A. Renouard starb 1853.

Dies sind Angaben, die für eine spiritistische Auslegung wohl unbequem sein dürften, wennschon nicht eigentlich vernichtend. Indessen — soll denn dem alten Renouard eine den Tod überdauernde Erinnerung an Dutzende von Beispielsätzen, verstreut über ebenso viele Seiten eines vielleicht gelegentlich von ihm benutzten Wörterbuches, zugeschrieben werden? Alle Beurteiler des Falles sind sich darin einig, daß eine Deutung durch 'unterbewußte Erinnerung' der Mme X. gar nicht in Frage komme. Was wir aber dem Unterbewußtsein der Lebenden, also nach spiritistischer Auffassung dem 'Geiste' im Menschen, nicht zuzuschreiben wagen, dürfen wir es dem reinen Geiste eher zuschreiben?

Nein, auch A. Renouard, falls er wirklich an der xenoglossischen Leistung beteiligt war, hätte wohl den größten Teil der Texte zunächst aus gedruckten Quellen sich 'zusammenlesen' müssen (und hätte es sinnvoll tun können, weil er Griechisch verstand), um sie dann dem Medium, das nicht einmal die griechischen Schriftzeichen kannte, 'zum Kopieren bildhaft vorzuhalten', — ein Vorgang, dem wir noch vielfach begegnen werden. Wird der Leser eine solche Auslegung für eine willkürliche Verwicklung der Theorie erklären, verglichen mit den beiden scheinbar natürlichsten Annahmen: bloßem Erinnern eines verstorbenen Gräzisten, — oder Hellsehen des Mediums selber? Nun, wer so denkt, wird bald eines besseren belehrt werden. Man muß bedauern, daß zur Zeit, da Richet seinen Fall veröffentlichte, die heute massenhaft beobachteten 'Bücher- und Zeitungsteste' fast unbekannt waren und daher von keinem der Verfasser der gedruckten Erörterung des Falls als klärender Vergleich verwendet werden konnten.[1] Sir Oliver Lodge kommt ihm am nächsten in einigen ahnungsvollen Bemerkungen seines Beitrags zu dieser Erörterung: Nachdem er ausgeführt hat, daß zur Ermöglichung der Leistung der Text dem Medium zum buchstabenweisen Kopieren soz. vorgehalten, also ihr Unterbewußtsein genau so beeinflußt werden mußte, wie der 'Kristallschauer' beeinflußt wird, indem ein Buchstabe oder ein Wort zur Zeit ihm dargeboten wird, — fährt er folgendermaßen fort: 'Warum es leichter sein soll, in dieser Weise einen Eindruck von Worten zu vermitteln, wenn diese bereits tatsächlich geschrieben oder gedruckt sind, ist mir keineswegs klar; aber die Erfahrung zeigt uns in einer ständig wachsenden Zahl von Fällen, daß dem so ist und daß das Vorhandensein einer Urkunde in der Nähe des Hellsehers die Erfassung des darin enthaltenen Sinnes erleichtert.'[2] Mit andern Worten und zusammenfassend: Es wäre — aus rätselhaften Gründen — auch einem entkörperten Geiste leichter gewesen, dem Medium die ihm fremden Schriftzüge zwecks Kopierung vor das innere Auge zu zaubern, falls er sie einer gedruckten Quelle entnahm. Als solche Quelle aber mußte sich ihm ein seltenes Buch empfehlen, von dem nicht anzunehmen war, es sei dem Medium je vor Augen gekommen. Daß aber dieses hellsichtige 'Lesen' wirklich von dem angeblichen Eingeber der Schriften ausgeübt

---

1) Ich behandle sie im später zu veröff. Ergänzungsbande dieses Buches.   2) aaO. 202.

wurde, und nicht vom Medium selbst, das deutet sich in jenen sinngetragenen Stücken der Schriften an, auf Grund deren wir ihrem Eingeber eine Kenntnis des Griechischen zuschreiben müssen, — eine Kenntnis, die dem Medium sicherlich völlig fehlte.[1] —

Suchen wir über die hier erreichte Stufe hinauszugelangen, so liegt es auf der Hand, welchen Beweis für die wirkliche Lebendigkeit des fremden Sprachguts wir fordern müssen, also dafür, daß es nicht — unbewußt-normal oder hellseherisch — als toter Stoff von irgendwoher aufgenommen sei. Die fremde Sprache muß von der redenden oder schreibenden Stelle so beherrscht werden, daß sie sich äußeren Bedingungen der Äußerung anpassen kann. Im Falle der Mrs. Finch deutete sich dies in einigen Sätzen an, die man als Antworten auf Fragen auffassen konnte. Immerhin handelte es sich dabei um Zitate. Ganz anders läge die Sache, wenn sich die fremdsprachige Stelle auf eine regelrechte Unterhaltung einließe, also eine Wechselrede, deren Bedarf an Sprachkenntnis sich nicht voraussehen läßt. — Die Tatsache einer solchen 'lebendigen' Xenoglossie zieht sich durch das Schrifttum unsres Gebiets von seiner Frühzeit bis auf den heutigen Tag.

So berichtete schon vor 80 Jahren John Worth Edmonds, Mitglied des Obersten Gerichtshofes der Verein.Staaten und Senator des Staates New York, von der Xenoglossie der Mrs. Young und der Miss Scongall in Chicago, deren erstere in einem Zirkel, in welchem niemand Deutsch reden konnte, unter der angeblichen Kontrolle deutscher Geister deutsch sprach und sang. 'Ich bat', schreibt Mr. Young im April 1859, 'einen deutschen Arzt, Dr. Euler, an einer unsrer Sitzungen teilzunehmen. Er kam an zwei Abenden hintereinander und unterhielt sich bei jedem Besuch bis zu einer halben Stunde mit beiden Medien in seiner Muttersprache.' Bei andren Gelegenheiten sprach Mrs. Young Spanisch und Italienisch. Sie war eine Arbeiterin, die nur Volksschulbildung genossen hatte.[2]

Aksakows etwas angestaubte Schatzkammer enthält noch eine große Anzahl verwandter Fälle, in der Mehrzahl dem 10. von Edmonds' *Spiritual Tracts,* aber auch andern älteren Quellen entnommen, von denen ich einige kurz zusammenfassend mitteilen will.

So erzählt Mrs. Eliza L. Turner aus Montpelier (Vermont) i. J. 1885, daß ihr seit zwei Jahren bettlägeriger Gatte, Curtis M. Turner, i. J. 1860, als sie es in ihrer Not mit einer 'Sitzung' versuchten, in Trans fiel und die durch seinen Mund redende Persönlichkeit in gebrochenem Englisch nach einem echten Franzosen — *a France Frenchman* (!) — verlangte. 'Dr. Prévo, ein Franzose (berichtet Mrs. Turner), wurde herbeigerufen, und mein Gatte unterhielt sich mit ihm, als wäre er des Französischen mächtig [das er aber nicht kannte, wie uns versichert wird].' Die 'Kontrolle' bezeichnete sich als einen Arzt, und

---

1) Vgl. hier etwa noch die Fälle PsSc VII 146 ff. (dazu VIII 41 ff.) und Pr IX 126
2) Aksakow 436 f.

Dr. Prévo prüfte diesen bei nächster Gelegenheit durch eine anatomische 'Karte', auf welcher jener 'alle einzelnen Muskeln und Nerven aufzeigte und ihre lateinischen und französischen Namen ebenso gut nannte, wie Dr. Prévo dies konnte, der ein studierter Arzt ist.' Mr. Turner wurde 'binnen zehn Tagen geheilt, wie ihm der unsichtbare Arzt versprochen hatte.' Der Herausgeber der Zeitschrift, in der dieser Bericht erschien, fügt hinzu, daß Dr. Prévo öffentlich einen völlig übereinstimmenden Bericht über diese Vorgänge geliefert habe.[1]

Der oben schon zu Wort gekommene John B. Young in Chicago berichtet außerdem noch, daß in einem Zirkel im Hause eines gewissen Rudd seine (Youngs) Frau, die erwähnte Miss Scongall und ein beiden fremder Knabe anfingen, 'fließend Spanisch miteinander zu sprechen. Nach 15 Minuten solcher inspirierten Unterhaltung erhoben sich die drei und begannen, ein spanisches Musikstück mit verteilten Rollen und vollendeter Übereinstimmung zu singen,' ja schließlich 'ein Dutzend Stücke'. 'Zwischen je zwei Stücken unterhielten sie sich lebhaft über das demnächst zu singende...' Nach einer später erfolgten Mitteilung waren die dabei wirksamen Kontrollen — Spanier, ein Bruder und seine drei Schwestern, die zu Lebzeiten als Berufssänger ihren Unterhalt verdient hatten. 'Es läßt sich (schreibt Mr. Young) über jeden Zweifel beweisen, daß keins der genannten Medien unbeeinflußt irgendeiner andern als seiner Muttersprache mächtig war.'[2]

Mr. Nelson Learned berichtete (erster Hand und ein Jahr nach der Beobachtung) dem Richter Edmonds, daß er Mrs. Sarah P. Paine in Leicester (Vermont) im Feb. 1858 in Gegenwart zahlreicher Personen mit einem zugereisten Franzosen sich habe französisch unterhalten hören, 'sodaß dieser sie vollkommen verstand. [Sie kannte nur ihre englische Muttersprache.] Er und das Medium redeten beträchtliche Zeit miteinander; niemand im Zimmer verstand sie, außer ihnen selbst.' Auf seine Bitte schrieb sie seinen sowie seiner beiden verstorbenen Eltern Namen auf französisch, Namen, die — wie er angab — außer ihm niemand in den Ver. Staaten kannte. 'Das Medium hatte den Mann wohl nie zuvor gesehn.'[3]

Solche ältere und meist in Form knapper Erzählungen niedergelegte Berichte mögen dem kritischen Wissenschafter unsrer Tage wenig Gewicht zu haben scheinen. Ich finde, daß sie in ihrer Häufung durchaus Eindruck machen. Indessen bilden sie, wie jeder Belesene weiß, nur soz. den Meteoritenschwarm, der ein Gestirn von sehr viel größerer Beständigkeit umschwirrt: die fast berühmt zu nennende Darstellung, welche Edmonds, unstreitig ein Zeuge höchsten Ranges,[4] von den xenoglossischen Leistungen seiner Tochter Laura hinterlassen hat. Ich darf

---

1) aaO. 647 f. (aus Facts, Boston, Feb. 1885).   2) das. 435 f. Vgl. noch die Berichte von W. B. Brittingham und A. Putnam das. 439 f.   3) Ist das sicher? — Das. 430 f.
4) Podmore (Spir. I 224) sucht ihn dadurch zu verdächtigen, daß er in einer Zeit 'starker Niedergeschlagenheit' seine spiritistischen Forschungen begonnen habe. Diese erstreckten sich aber über viele Jahre, und es ist gleichgültig, ob jemand darauf gebracht wird durch Nachdenken 'über das Schicksal nach dem Tode' oder durch sonst etwas.

keine Bedenken tragen, das Wesentlichste dieses allbekannten Berichts meiner Erörterung einzuflechten.

Laura Edmonds hatte, als fromme Katholikin, von Anfang an jeder Beschäftigung oder auch nur Bekanntschaft mit dem Spiritismus Widerstand geleistet. Erst als es in ihrem eigenen Hause zu spuken begann, wandte sie sich diesen Fragen zu und entwickelte bald selbst mediale Fähigkeiten: automatisches Schreiben bei vollem Bewußtsein, vor allem aber Xenoglossie. 'Sie kennt', schreibt ihr Vater, 'keine andere Sprache als ihre eigene und ein wenig Geplapper in Mädchenschul-Französisch. Dennoch hat sie in 9 oder 10 verschiedenen Sprachen geredet [und gesungen], zuweilen eine Stunde lang, mit der Leichtigkeit und fließenden Fertigkeit eines seine Muttersprache Redenden. Es geschieht nicht selten, daß Fremde in ihrer eigenen Sprache mit ihren Geisterfreunden durch Laura verkehren.'

Das bekannteste Beispiel dieser Leistungen sind ihre mehrmaligen Unterredungen mit Herrn Evangelides, einem Griechen, der eines Abends durch E. D. Green bei Edmonds eingeführt wurde. 'Er sprach gebrochen englisch und fließend neugriechisch. Nach kurzer Zeit sprach ein Geist auf englisch zu ihm durch Laura und erwähnte ihm gegenüber Einzelheiten, durch die er als ein Freund [namens Bozzaris] identifiziert werden konnte, der einige Jahre zuvor in Evangelides' Hause gestorben war, von dem aber keiner von uns je etwas gehört hatte. Ab und zu sprach der Geist durch Laura einen Satz oder ein Wort auf griechisch, bis Herr Evangelides fragte, ob er verstanden werden könnte, falls er griechisch spräche. Der Rest der Unterhaltung, länger als eine Stunde, wurde von seiner Seite ausschließlich griechisch geführt, und von ihrer zuweilen griechisch und zuweilen englisch. Mitunter konnte Laura nicht die Gedanken verstehen, die von ihr oder von ihm geäußert wurden. Dann wieder verstand sie ihn, obgleich er griechisch sprach, und sich selbst, wenn sie griechische Worte äußerte. [Herr Evangelides] legte tiefe Erregung an den Tag, ... so daß einige [von den 12—15 Anwesenden, darunter Bankpräsidenten, der Gouverneur Talmadge, ein Bürgermeister und zwei Eisenbahnkönige] ihn um Auskunft über den Grund derselben baten. Er lehnte zunächst jede Mitteilung ab; als aber die Unterredung beendet war, berichtete er uns, daß er nie zuvor Zeuge spiritistischer Kundgebungen gewesen sei, jetzt aber während der Unterhaltung Versuche angestellt habe..., indem er über Dinge sprach, von denen er bestimmt wußte, daß sie Laura fremd seien, und seine Rede plötzlich von häuslichen auf politische Angelegenheiten, von philosophischen auf theologische Fragen hinüberspielen ließ... Er versicherte uns, daß sein Griechisch verstanden worden sein müsse und daß ihr Griechisch einwandfrei gewesen sei. — Danach hatte er noch viele weitere Zusammenkünfte [mit Laura], in denen er sich auf griechisch mit ihr unterhielt.' (Es folgen Angaben über den gelegentlichen Gebrauch des Italienischen durch Edmonds' Nichte, Jennie Kayes, des Spanischen durch sie und Laura, und zweier indianischer Mundarten, die Edmonds von früher her bekannt waren, durch Laura.) [1]

1) Edmonds 110 ff.; Aksakow 425 f. Auszugsweise bei Podmore, Spir. I 258 f.

Wie verhält sich die 'große' Kritik einem solchen Fall gegenüber? Nehmen
wir wiederum Podmore als ihren Vertreter. Er gibt Edmonds' Bericht zwar
wieder, kürzt ihn aber um jene Absätze, aus denen eindeutig hervorgeht, daß
Lauras großenteils griechisch geführtes Gespräch tatsächlich nicht nur ein
Wortgestammel war, sondern aus zusammenhängenden Reden über vielerlei
Dinge bestand, und daß der Versuch vielmals wiederholt wurde. Im einzelnen wendet er dann ein, daß hinsichtlich Lauras Spanisch und Indianisch
Richter Edmonds nicht angebe, wieweit seine eigene Kenntnis dieser Sprachen
gereicht habe (womit also ein Zweifel an seinem Erkennen derselben in
Lauras Munde angedeutet sein soll); daß er nicht einzelne gesprochene Sätze
anführe, noch einen Beweis dafür, daß die junge Dame nichts von der
fremden Sprache verstand, die sie sprach; daß er die Daten der einzelnen
Beobachtungen nicht angebe (ein besonders scharfsinniger Einwand; wer
wird mir glauben, daß ich ein Bein gebrochen habe, wenn ich nicht sage, daß
es am 17. Juni war?); endlich, daß er keine 'Bestätigung' seitens der Medien
selber oder dritter Personen beibringe. Daß Medien, also die stets Verdäch-
tigten, berufen seien, die Angaben Andrer über sie zu bestätigen, ist ein bei
Podmore doppelt überraschender Gedanke; und was die sonstigen Zeugen
betrifft, so nennt wenigstens Edmonds — aber nicht unser Kritiker — fünf
mit Namen.

Aber nun der Grieche? Was wird Mr. Podmore über den Griechen sagen,
nachdem er so viel über das von Edmonds nur knapp erwähnte Reden in
anderen Sprachen gesagt hat? Die Unterredung mit Hrn. Evangelides fand
i. J. 1854 statt, und Podmore bemerkt, daß der obige Bericht, der einzige
ausführliche, den er kennt, 'etwa 3 Jahre später niedergeschrieben worden
ist.' [1] Will er damit sagen, daß der Bericht nicht glaubwürdig sei, trotz der
kaum überbietbaren Massigkeit und folglich Erinnerbarkeit der Tatsachen?
Jedenfalls sagt er das nicht. Er sagt überhaupt garnichts. Er erwähnt nur
den Zeitabstand und hofft, daß diese andeutungsvolle Erwähnung in der
Seele des Lesers reiche Frucht tragen werde. Er wußte natürlich, daß Edmonds uns einen andern, wenngleich kürzeren Bericht hinterlassen hat, den
er niederschrieb, als es 'ungefähr ein Jahr' her war, daß Laura sich zum Medium entwickelte, und höchstens einige Monate nach dem Besuch des
Griechen — 'neulich', sagt Edmonds! —; Podmore wußte natürlich ferner, daß
schon in diesem Bericht gesagt wird, der 'vornehme Grieche' habe 'mehrere
Zusammenkünfte' mit Laura gehabt, habe 'einige Male stundenlang seinen
Anteil an der Unterhaltung griechisch geführt und seine Antworten zuweilen
in dieser Sprache ... erhalten; und doch habe Laura bis dahin nie ein Wort
modernes Griechisch sprechen gehört.' [2] Der ältere Bericht enthält also alles
Wesentliche des späteren. Dies alles wußte Mr. Podmore fraglos, verschwieg
es aber; und es gibt ihm natürlich das Ansehn der Gewissenhaftigkeit, daß
er allein den 'einzigen ausführlichen' Bericht ins Treffen führt, — wenn dies
auch sehr bedauerlicherweise der wesentlich spätere ist.

1) aaO. 259.   2) Aus Edmonds, Spir. II 45 bei Aksakow 423.

Die gleiche sich wissenschaftlich gebärdende Advokatenlogik — ein hilfloses Mäkeln, wo die Tatsachen jede ehrliche Kritik ausschließen — verwendet Podmore dann noch auf eine Reihe weiterer Fälle, an denen seine reiche Belesenheit ihm nicht gestatten will, schweigend vorüberzugleiten.

'Wir besitzen (schreibt er) vorzügliche Zeugnisse dafür, daß Mr. Ruggles [im Trans] Französisch gesprochen habe, eine Sprache, die er seiner eignen Angabe nach nicht verstand.' Die Zeugnisse für ähnliche Leistungen der Damen Thompson und Hersley sind 'ziemlich gut'. Die Beweise, daß die Herren Ruggles und Mansfield in Sprachen geschrieben haben, die ihnen unbekannt waren, seien 'in den meisten Beziehungen unantastbar': eine Mehrheit von Zeugen trete dafür ein, die Zeugnisse seien frisch, die Schriften — in französischer, deutscher, lateinischer, griechischer, gälischer, chinesischer und andern Sprachen — liegen vor; nur der 'steifnackigste Ungläubige' könne auf noch strengeren Beweisen dafür bestehen, daß die genannten Medien wirklich gar keine Kenntnis der betreffenden Sprachen besaßen. Über Mansfield besitzen wir sogar das ausgezeichnete Zeugnis des Dr. N. B. Wolfe dafür, daß er mit beiden Händen gleichzeitig in zwei ihm fremden Sprachen geschrieben habe, während er sich mit Dr. W. über geschäftliche Angelegenheiten unterhielt oder eine dritte 'Geisterbotschaft' durch Hellsehen und -hören entgegennahm.[1]

Indessen will ich nicht auf Einzelheiten dieser Fälle, noch auf weitere Künste unsres Kritikers eingehn. Es wird besser sein, dies ganze Spinnengewebe ohnmächtiger Nörgeleien beiseitezuwischen mit der Anführung eines neuesten Falles, der als Beispiel einer Unterhaltung in fremder Sprache dem Fall des Hrn. Evangelides mindestens gleichwertig ist, überdies aber von einem Manne wissenschaftlicher Schulung beobachtet und bald danach berichtet worden ist vor dem strengsten Forum, das die Welt in diesen Fragen kennt: der Londoner Ges. f. psych. Forsch.[2] Dieser Beobachter und Zeuge ist Dr. Whymant, ein Sinologe von Rang; das Medium ist George Valiantine.

Dr. Neville Whymant ist nicht Spiritist und hatte vor den zu beschreibenden Beobachtungen nichts mit der Metapsychik zu tun gehabt. Er spricht außer dem Chinesischen noch viele Sprachen und wurde zur Teilnahme an einem New Yorker Privatzirkel eingeladen, um für eine dort auftretende sizilianisch-italienische 'Stimme' als Dolmetsch zu dienen. (Dies ist wichtig, weil es die Frage der Vorbereitung eines Betruges doppelt zu verneinen gestattet: wir dürfen annehmen, daß Valiantine nichts von Dr. Whymant wußte.) Nachdem dieser dem 'Sizilianer' geholfen hatte, eine Klage gegen die Gastgeberin des Zirkels zu erheben, hörte er die Töne einer seltsamen Flöte, die ihn sofort an China erinnerten, und gleich darauf Worte, die

1) Spir. I 257 ff.; Wolfe 48.   2) Ausführlicher Bericht in PsSc VI 223 ff.; ein kürzerer in JSPR XXIV 111 f. Vgl. auch BJPR März/April 1928 (ref. ZP 1928 373 f.); Lt 1928 14 f.

er augenblicklich als Chinesisch erkannte. Er und die 'Kontrolle' tausch-
ten nun die umständlichen Höflichkeitsformeln aus, die in China bei der
Begegnung mit einem Unbekannten üblich sind, und unterhielten sich eine
Weile. Während dieser und einiger weiterer Sitzungen wurde die Unterhaltung in modernem Chinesisch geführt, bis Dr. Whymant zu verstehen
glaubte, daß sich die Kontrolle als 'Konfuzius' bezeichnete, worauf diese
in altertümliches Chinesisch überging.[1] 'Die echte Aussprache und 'Intonation', die Konfuzius selbst († 478 v. Chr.) gebrauchte, sind natürlich
nicht bekannt..., aber eine Art, seine Schriften auszusprechen, ist vor
einigen Jahrhunderten festgelegt worden und wird von Gelehrten gepflegt.
Einer der merkwürdigsten Vorgänge war, daß die Kontrolle nicht nur ein
dunkles und wenig gelesenes Gedicht aus einer Anthologie des Konfuzius[2]
zu Ende führte [nachdem Dr. Whymant die erste Zeile angeführt hatte, das
einzige, was er auswendig wußte], sondern auch für eine Stelle desselben
eine einleuchtende Erklärung lieferte, die dem Dr. Whymant neu war.' Die
Stimme zitierte dabei einen ganzen Satz des fraglichen Gedichts, der die
Dunkelheit enthielt, und zwar in der Form, wie er in den Werken des Konfuzius überliefert ist, und gab sodann an [durch veränderte Äußerung der
gleichen Zeile], welcher Irrtum die Dunkelheit bewirkt habe. 'So gelesen',
fügte sie bei, 'wird der Sinn doch wohl klar.' Dies alles wurde dann nochmals und langsamer wiederholt, da Whymant den Wunsch aussprach, die
Lesart aufzuschreiben.[3] Daß die Selbstbenennung der Kontrolle als Konfuzius übrigens nur eine Maske war, geht schon daraus hervor, daß sie
während einer Sitzung, von der Dr. Wh. hatte fernbleiben müssen, in
'stockendem, schulmeisterlichem und stelzigem Englisch' sich darüber beklagte. Auch wurde bei dieser Gelegenheit wiederum Chinesisch gesprochen
(also in Abwesenheit jedes lebenden Kenners der Sprache) und phonographisch aufgenommen, so daß Dr. Whymant es nachträglich begutachten
konnte. Jenes klassische Gedicht behandelte seltsamerweise eine para-
psychische Frage(!), und seine Übersetzung mußte europäischen Gelehrten
Schwierigkeiten bereiten, weil sie dergleichen Dinge nicht kennen.   Dr.
Whymant hielt es für 'gänzlich ausgeschlossen', daß das Medium auf irgendeine Weise dieses abgelegene Wissen erlangt habe. Auch die Schwierigkeiten der Intonation seien für jeden Engländer sehr bedeutend, der nicht
Jahre des Lernens auf sie verwandt habe.[4]

Im übrigen ist Chinesisch — modernes oder altertümliches — nicht
die einzige Fremdsprache, in welcher Valiantines Stimmen Unterhaltungen geführt haben. Die eingehenden Berichte H. D. Bradleys z. B.
fügen noch mehrere hinzu.[5]

---

1) So in JSPR. Nach dem Bericht über Dr. W.'s Vortrag vor der SPR. in PsSc sprach die
Kontrolle von Anfang an und durchweg altes Chinesisch, Dr. W. aber heutiges.   2) oder
doch aus seiner Zeit.   3) Nach einer mir unzugänglichen Schrift Dr. Whymants (Psychic
Adventure in New York) hätte sich dieser Vorgang sogar auf zwei Sitzungen erstreckt, indem
die Stimme in der zweiten völlig von sich aus (und in sehr chinesischer Ausdrucksweise!)
einen ihr untergelaufenen Irrtum verbesserte.   4) Eine durchaus 'Podmorische' Kritik
des Falles durch Mr. Saltmarsh s. Pr XL 406 f.   5) Vgl. auch Lord Ch. Hope in Pr

Nach der Sitzung vom 17. Juni 1923 berichtet dieser von einer Unterredung der Anita Ripoll, der Köchin seines Freundes, des Herrn de Wyckoff, mit ihrem sechs Monate zuvor verstorbenen Gatten in spanischer Sprache. 'Als der [umherfliegende] Schalltrichter die Ripoll berührte, stieß sie einen Schrei aus. Sogleich drang aus ihm eine schnelle, besorgte Stimme hervor, die 'Anita, Anita' sagte. 'Si, si', erwiderte diese erregt. Darauf rasch auf spanisch: 'Ich bin hier, ich bin hier' ... Dann folgte — hastig, geläufig, südlich in Ausdruck und Leidenschaft — eine Unterredung zwischen Mann und Weib... Die Worte überstürzten sich. Sätze verschlangen und überschnitten einander in romanischer Erregtheit. Weder er noch sie schienen sich über ihre übernatürliche Begegnung zu wundern ... Sie sprachen über ihr Zusammenleben auf Erden, ihre häuslichen Angelegenheiten, seine Empfindungen nach dem Tode, ihre Gefühle und ihr Leben nach seinem Hinscheiden. de Wyckoff verfolgte die Unterhaltung Wort für Wort und konnte nicht umhin, sich [zuweilen] einzumischen und mit José (dem Gatten) zu sprechen. Bald gingen Anita und ihr Gatte unwillkürlich in eine Mundart über, die de Wyckoff nachher als eine Mischung von Baskisch und verdorbenem Spanisch bezeichnete.[1] Es ergab sich, daß die beiden im Leben stets diese Mundart in ihrem spanischen Heimatdorf gesprochen hatten ... In dieser Sitzung sprach José gutes Spanisch, so oft er sich an de Wyckoff wandte; wenn er mit Anita sprach, fiel er sofort in die vertrautere Mundart. Er dankte de W. dafür, daß er Anita nach seinem (Josés) Tode in seinen Diensten behalten hatte, und bat ihn, seiner Witwe beizustehen, damit sie ihre beiden kleinen Kinder aus Spanien nach Amerika bringen könne. Dabei spielte er auf eine Unterhaltung an, die er mit de W. ein Jahr zuvor geführt hatte, worin er [gewisse Schwierigkeiten im Zusammenhang mit den Einwanderungsgesetzen besprochen hatte]. Die Unterhaltung dauerte 10—12 Minuten.'[2] — 'Solch ein Auftritt', sagt Bradley, 'könnte nie auf Schauspielerei beruhen.' Ich füge hinzu: er kann auch seinem wesentlichen Bestand nach falsch berichtet sein. Hr. Josef de Wyckoff, ein geborener Russe, hat über 30 Jahre in Amerika gelebt. 'Er ist Geistesarbeiter: begabt und von kritischem Scharfsinn.' Als Rechtsanwalt hat er große Reichtümer erworben.[3] Sein 'frisches' Zeugnis, wenn auch aus zweiter Hand überliefert, kann nicht einfach beiseitegeschoben werden.

Am 27. Febr. 1924 hörte Mr. Caradoc Evans, ein namhafter Waliser Novellist und Dramenschreiber, in einer Valiantine-Sitzung in Bradleys Hause eine Stimme, die sich als die seines Vaters bezeichnete. Mr. Evans jun. erwiderte, das könne nicht sein: 'Woher weißt du, daß ich hier bin? Wer hat es dir gesagt?' Die Stimme nannte Edward Wright, einen Freund Evans', der zuvor 'gesprochen' hatte. 'Nun wohl', sagte der Sohn, 'wenn du mein

---

XL 414 f. — Gegen Bradley als Zeugen könnte man sein erregbares Temperament geltend machen; doch machte er sich offenbar laufend ausführliche Notizen über seine Beobachtungen, die vielfach äußerst 'kompakte', umfangreiche und leicht erinnerbare Vorgänge betreffen.
1) Bozzano (Xen. 138 f.) vermutet den Wunsch 'Ripolls', dem peinlichen Abhören der Unterhaltung durch de Wyckoff ein Ende zu machen!   2) Bradley, Stars 32 f.
3) das. 5.

Vater bist, siaradwch a fy yn eich iaith', das heißt auf Walisisch: 'Sprich zu mir in deiner Muttersprache.' Die Stimme: 'Beth i chwi am i fy ddweyd?' (Was willst du, daß ich sagen soll?) Mr. Evans forschte nun, immer walisisch redend, nach Namen und Todesort des Vaters und der Lage seines Hauses, und zumal die letzte Frage rief eine längere Antwort — 34 Worte in walisischer Sprache — hervor.[1]

Am 25. Febr. 1925 nahm die asiatische Gräfin Tyong Oeitiongham (so von Bradley geschrieben) an einer Sitzung teil, und eine gute Stunde nach Beginn derselben wurde sie von einer Stimme in fremder Sprache angeredet, die aber erst nach längeren vergeblichen Versuchen volle Deutlichkeit gewann, worauf 'eine kurze Unterhaltung in chinesischer Sprache zwischen ihnen stattfand. Unmittelbar nachdem der Geist sich entfernt hatte, fragte ich die Gräfin: 'Haben Sie irgendwelche Mitteilungen von Bedeutung erhalten?' Sie erwiderte: 'Was er sagte, könnte von höchstem Werte sein.' Sie ziehe aber vor, es nicht mitzuteilen. Eine andere, fast regelmäßig auftretende Stimme ('Dr. Barnett') gab bekannt, es sei der Vater der Gräfin gewesen, der gesprochen habe, um ihrer Mutter eine Botschaft zu senden. Die Gräfin 'bestätigte, daß ihr Vater tot und ihre Mutter am Leben sei. Niemand befand sich im Zirkel, der Chinesisch sprechen konnte', und die Gräfin gab nach der Sitzung an, 'daß die Stimme zu ihr in einer Mischung zweier Mundarten gesprochen habe', wie kein Europäer, selbst wenn er des Chinesischen mächtig wäre, es hätte tun können. Einer dieser Dialekte[2] war der, in welchem ihr Vater zu ihr zu sprechen pflegte, als sie noch Kind war, der andere einer, in dem sie stets miteinander sprachen, nachdem sie erwachsen war.'[3]

Die ganze Theorie der Xenoglossie muß, wie mir scheint, beherrscht sein von jener Einteilung der beobachteten Leistungen, die schon der vorstehenden Tatsachenschau zugrunde gelegt wurde: der Unterscheidung zwischen totem und lebendigem Besitz der Fremdsprache, und ich kann gleich meine Überzeugung hinzufügen, daß schon unser heutiges Wissen gestattet, bei Fällen der ersteren Gattung eine spiritistische Deutung beiseitezusetzen. Wir wissen, wie schon angedeutet, genug von der möglichen Ausdehnung des Hellsehaktes, um die Äußerung 'unpersönlicher' fremdsprachiger Texte für eine mögliche Leistung des Mediums selbst zu erklären, auch wenn jede frühere normale Aufnahme des Textes, also jede 'Kryptomnesie' sich ausschließen läßt. Bestände die Leistung der Mme X. nur in der Niederschrift von Texten, die irgendwo gedruckt vorlagen, so wären wir heute berechtigt, augenloses Lesen dieser Urkunden auch auf Entfernung anzunehmen. Erst der

---

1) das. 210 f.   2) deren es mindestens 20 in China gebe.   3) Bradley, Wisd. 220 f. Vgl. 275 (japanisch); 276. 389 und Stars 217 (russisch); 218 und Wisd. 368 (italienisch). Weitere Fälle bei andern Medien: Aksakow 424. 427 f. 441; Nielsson 17 ff.; Hegy 36; ZpF 1929 125; Pr XL 421 f.

Hinzutritt 'persönlich' anmutender Zusätze ließ an dieser Deutung Zweifel aufkommen. Aber wir müssen vielleicht noch weiter gehen; die Tatsachen selbst scheinen es zu fordern. Es gibt Fälle von unbestreitbarer Xenoglossie der 'leblosen' Art, in denen gedruckte oder geschriebene Quellen nicht wohl vorauszusetzen sind, und dennoch auch jedes Kennzeichen spiritistischen Ursprungs fehlt. Ich brauche nur an die berühmt gewordenen Leistungen der Therese Neumann zu erinnern.

Diese einfache Bäuerin eines entlegenen Dorfes, die fraglos außer ihrem bayrischen Provinzdialekt und etwa einigen Brocken Kirchenlatein keinerlei Sprachgut besaß, sah bekanntlich in ihren Ekstasen lebende Bilder aus dem Leben Jesu, die den Archäologen geschichtlich richtig erschienen, und 'hörte' die handelnden Personen Worte äußern, die sie in dem der Ekstase folgenden Zwischenzustande wenigstens teilweise erinnerte. Ihre Angaben darüber wurden von Dr. Gerling (damals Chefredakteur der Münch. N. N.), Prof. Dr. Franz Wutz, dem Orientalisten der philos.-theol. Hochschule in Eichstädt, und Prof. D. J. Bauer-Halle genau geprüft und erwiesen die gehörten Worte als korrektes Aramäisch, also jene Sprache, deren sich Jesus und andre Personen der Passionsgeschichte bedient haben. Während z. B. in der Vision der Neumann die Jünger Jesu den Verräter Judas nahen sehen, rufen sie entrüstet und aufgeregt: Magéra baisebua gannaha, gannaha magéra baisebua. Dieser Satz ist zwar bisher von den Gelehrten nicht verstanden worden; doch ist magéra fraglos eins der vielen griechischen Lehnwörter des Aramäischen (μαχαίρα, s. Lk 22, 49; der Verlust der Aspiration — ch = g — ist regelmäßig!). Die Schergen fragen nunmehr nach 'Jeschua Nasarija'. Jesus antwortet: 'Ana' (d. i. aramäisch 'ich', hebräisch würde es 'anochi' lauten); dann sagt er, zu den Jüngern gewendet: 'Komu' (Auf!), und während er abgeführt wird, rufen die Leute auf der Straße 'Ma hoda?' (nur auf aramäisch verständlich; es bedeutet 'Was ist das?'). — Von den Kreuzesworten aus dem Munde der Neumann entspricht das 'Ela(h)i, Ela(h)i lema schebaktani' wenigstens annähernd (!) den Berichten bei Mt (27, 46) und Mk (15, 34). Ferner hört sie 'äs-che', ich dürste, in richtigem Aramäisch, während die übliche gelehrte Rekonstruktion des δυψῶ ar. 'sachena' lautet. Ebenso werden, neben anderen, das 'Vater vergib ihnen', die Worte an den Schächer, das 'Es ist vollbracht' und das 'In deine Hände...' in völlig korrektem Aramäisch wiedergegeben.

'Die Tatsache des Aramäischen', urteilt Dr. Wessely, der namhafte Orientalist der Wiener Universität, 'steht fest. Therese Neumanns Angaben sind in grammatischer Hinsicht durchaus stichhaltig, sie bestehen in beachtenswerter Weise auch scharfe Prüfungen im einzelnen. Diese sind von verschiedenen Personen unabhängig von einander vorgenommen worden. Die Hypothese, es liege eine von dem Spezialisten im Aramäischen, Prof. Wutz, ausgehende unbewußte Suggestion vor, ist hinfällig, da auch in Abwesenheit von Wutz und vor der Bekanntschaft mit ihm die Worte von anderen gehört wurden. Nimmt man die Hypothese des Gedankenlesens zu Hilfe, so bleibt es unerklärlich, daß Therese einen richtigen Satz spricht, der aber den Forschern bis jetzt unverständlich war, ferner, daß sie eine aramäische Wortform gebraucht, welche die Forscher nicht vermuteten, die aber trotzdem richtig ist...'[1]

Schließen wir also, wie billig, diese beiden Deutungen aus, welche bleiben uns, soweit wir heute urteilen können? Dem, der die evangelischen Berichte für bloße Mythen hält, m. E. überhaupt keine, es sei denn die verzweifelte Ausflucht: irgendein des Aramäischen mächtiges Wesen habe der Neumann Gesichts- und Klangbilder telepathisch suggeriert, die seiner Vorstellung von den überlieferten Vorgängen entsprachen. Sehen wir dagegen in den biblischen Berichten echte Urkunden, so könnten wir uns in die schon ziemlich landläufige Theorie des 'kosmischen Gedächtnisses', der 'Akasha-Chronik', der 'astralen Bildergalerie' flüchten, der wir ja nicht bloß Visionen, sondern auch 'Auditionen' entstammen lassen dürfen. Die Theorie einer Beeindruckung der Neumann durch einen 'überlebenden' Augenzeugen der Leidensgeschichte wäre an sich natürlich denkbar; es fällt aber auf, daß die Visionen nichts von jenen Merkmalen 'persönlicher' Darbietung enthalten, die sonst die anscheinend spiritistische Wissensübermittlung durch 'Bilder' auszeichnen, — wie wir des näheren noch hören werden. Alles macht vielmehr den Eindruck, als 'wohne' die Neumann schauend einem wirklichen Ablauf 'bei', der nur eben — rund 1900 Jahre zeitlich zurückliegt, — wie das in so vielen psychometrischen Visionen geschichtlichen Inhalts der Fall ist. Dementsprechend ist auch der fremdsprachige Bestandteil dieser ekstatischen Schauung völlig 'rezeptiv', starr von außen gegeben, und erinnert in keiner Hinsicht an eine personhafte Leistung des Mediums oder durch das Medium.

Wir schließen also aus dem berühmten Fall, daß selbst da, wo eine hellseherische Erfassung einer geschriebnen oder gedruckten Quelle des unlebendig vorgebrachten Sprachguts nicht vorauszusetzen ist, eine spiritistische Deutung noch nicht den einzigen Ausweg darstellt, vielmehr abstraktere Möglichkeiten der Erlangung vermutungsweise zuzulassen sind. Erst wenn das erzeugte Sprachgut die Form der sinnvoll gelenkten und lebendig angepaßten Äußerung, vor allem also des Gespräches annimmt, verändert sich die Problemlage von Grund aus. Die Frage, wie man diesen Tatbestand ohne spiritistische Annahme erklären könne, nötigt nunmehr zu wesentlich konkreteren Begriffen. Und zwar vermag ich selbst für die Mehrzahl der xenoglossi-

---

1) Vortrag vor der Leo-Gesellschaft, ref. ZP 1929 171 f.   Vgl. Dr. Joh. Bauer, Prof. der semit. Philologie in Halle: ZP 1928 426 ff.

schen Gesprächsführungen nur noch folgende animistische Deutungs-
formen zu erdenken: Entweder 'schöpft' das Medium die Fähigkeit,
die fremde Sprache in Schrift oder Rede lebendig zu gebrauchen, aus
einer außer ihm gelegenen 'Quelle', und zwar einer unpersönlich-über-
persönlichen, oder einer persönlichen, also dem geistigen Besitz eines
Lebenden; oder aber es wird von einer dieser beiden Arten von Quellen
'kontrolliert', also irgendwie gezwungen, sich der fraglichen Sprache
zu bedienen.[1]
Die erste dieser vier Möglichkeiten erscheint mir wenig aussichtsvoll.
Es handelt sich ja doch nunmehr um die Erlangung nicht etwa fremder
'Sprachbestandteile', sondern — was etwas anderes ist — der Fähigkeit, eine fremde Sprache lebendig zu benutzen. Diese Fähigkeit
in irgendeiner un- oder überpersönlichen Quelle 'enthalten' zu denken,
meinetwegen in einem 'Erdgeist', der allen geistigen Besitz aller Erd-
bewohner (als seiner Spalt-Iche!) und darunter ihren lebendigen
Sprachschatz auch seinerseits innehätte, — das ist vielleicht kein unmöglicher Gedanke. Viel fragwürdiger aber erscheint mir seine uns
zugemutete Ergänzung: daß nämlich der fremdsprachig Redende während seiner Leistung ein laufend wählendes 'Schöpfen' aus jenem
Übergeist vollbrächte, gewissermaßen ein sinnvoll geregeltes Saugen
von höchster Verwickeltheit. Wie sollte denn das Medium, dem die
fragliche Hypothese ja doch die tätige Rolle zuschiebt, zum Zweck
seines 'laufend wählenden Schöpfens' in jenem Sprachbesitz des Übergeistes 'sich zurechtfinden'? Gerade wegen seiner völligen Unkenntnis der benutzten Fremdsprache stände ihm keinerlei 'Wegweiser'
dafür zur Verfügung. Der Sprachbesitz des Übergeistes wäre für die
Auffassung des Mediums eine weglose Wirrnis ohne Eingang.
Die gleichen Schwierigkeiten aber müssen offenbar auch die entsprechende Benutzung einer persönlichen Quelle ausschließen. 'Der
lebendige Bau einer Sprache ist eine reine Abstraktion, die man also
weder sehen, noch sonstwie wahrnehmen kann — im Gehirn der
Andern', schreibt Bozzano[2] im Hinblick auf diese zweite, engere Fassung unsrer Hypothese. Das ist an sich einleuchtend genug; aber vielleicht wird der Animist in eine mehr psychologische Auffassung des
Sprachbesitzes flüchten wollen: die Sprache werde nicht bloß in 'ner-
vösen Spuren' besessen, sondern auch als ein Zusammenhang rein vorstellungsmäßigen Könnens, als 'geordnete Potentialität des sinnvollen

1) Ich übergehe die gelegentlich vorgebrachte Deutung durch (von Vorfahren) ererbte
Erinnerung: die 'ethnologische Entlegenheit' des xenoglossischen Sprachguts widerlegt
diesen Gedanken ohne weiteres. — Mit der Annahme von Erinnerung an Sprachbesitz in
'eigenen' früheren Leben (auf Grund soz. 'internationaler Reinkarnation') ständen wir
mitten im Spiritismus. 2) A prop. 116; vgl. Xen. 154.

Ablaufs von Sprachvorstellungen' (oder wie sonst man es fassen mag). Natürlich hätte er damit die stärksten Anreize zu seinem animistischen Widerstande bereits aufgegeben. Aber sei es; auch dann noch müßte die Hypothese undurchführbar erscheinen: wir mögen aktives Schöpfen bestimmter Vorstellungen oder assoziativer Vorstellungszusammenhänge aus dem Unterbewußtsein eines Andern, selbst eines Fremden, für noch so gut bewiesen halten: der Besitz einer Sprache ist eben mehr als ein konkreter assoziativer Vorstellungszusammenhang in diesem Sinne: er ist, vor allem in grammatikalischem Betracht, ein Gefüge von Formen und Mustern, ein Aufbau-Grundriß, durch den der gespeicherte Wortschatz erst das Gepräge der 'Sprache' gewinnt; und ich vermag keinen Sinn mit der Behauptung zu verbinden, daß das Medium ein so gefaßtes Sprachkönnen zu eigener freier Verwendung aus dem Unterbewußtsein eines Andern schöpfe. In jedem Falle würde ein solches 'abstraktes' Gedankenlesen weit über jenen Begriff vibratorischer Telepathie hinausgehn, dessen Alleinherrschaft dem Animisten im höchsten Grade wünschenswert sein muß.

Aussichtsreicher erscheinen mir die beiden entsprechenden Annahmen mit dem umgekehrten Vorzeichen: bei denen also eine aktive Beherrschung oder 'Kontrolle' des Mediums seitens der sprachbeherrschenden 'Quelle' angenommen würde, — sei diese nun eine persönliche oder überpersönliche. Es treten hier ähnliche Gedankengänge ins Spiel, wie sie uns schon die Ausübung anderer nicht-besessener 'Fähigkeiten' nahelegte. Auch der Spiritist ja müßte, um die Tatsache der Xenoglossie in seinem Sinne zu deuten, eine gewisse Benutzung des Sprachapparats des Mediums durch einen die Sprache beherrschenden Abgeschiedenen annehmen, und diese Annahme dürfte eigentlich nicht schwieriger erscheinen im Falle eines Lebenden oder gar einer Überpersönlichkeit, — sagen wir meinetwegen wieder: des Erdgeistes. Denn der 'Geist' — im Sinne von 'Abgeschiedener' — steckt ja bereits im Lebenden, und alle Geister würden, der Voraussetzung nach, im Erdgeist enthalten sein.

Welche dieser beiden Fassungen der Theorie den Vorzug verdient, mag nicht leicht zu entscheiden sein. Daß ein übermenschlicher Geist von der Theorie bemüht werden kann, die Rolle oder Maske eines Abgeschiednen zu übernehmen, das wissen wir schon aus früherem. Es mag im höchsten Grade gezwungen erscheinen, einen 'Erdgeist' um der Kleinigkeiten einer oft sehr menschlichen Unterhaltung willen aufzurufen; aber was tut man nicht, um einem verhaßten Gedanken auszuweichen? Lieber soll der Herrgott selbst mit Hrn. de Wyckoffs Köchin über ihre in Spanien verbliebenen Kinder plaudern, ehe wir zugeben, daß ein menschliches Ich den Tod überdauert.[1] Immerhin wird man es wohl vorziehn, die Quelle der sprachlichen 'Kontrolle' in einem einzelnen Lebenden zu suchen. Hier hätten wir doch ein Wesen, dem die Führung eines Gesprächs in einer ihm vertrauten Sprache etwas Gewohntes und Natürliches ist. Vorausgesetzt also, daß sprachliche 'Vorstellungen' — Fragen oder Antworten — nicht nur im Vorstellenden selbst, sondern auch in Andern zu entsprechenden sprachmotorischen Leistungen führen können, hätten wir damit ein mächtiges Mittel in der Hand, die spiritistische Deutung xenoglossischer Vorgänge zu umgehen. So außerordentlich eine solche Voraussetzung auch wäre, so müssen wir uns, wie gesagt, doch fragen, ob sie wirklich mehr enthielte, als was im Falle der 'Sprachbesessenheit' durch einen Abgeschiednen ebenfalls anzunehmen wäre. Diese Frage ließe sich natürlich ausreichend nur beantworten, wenn wir überhaupt eine klare Vorstellung davon hätten, wie Besessenheit durch einen Andern etwa zustande kommt und welche Bedingungen sie als erfüllt voraussetzt. Bozzano hat gegen ihre Annahme in unsrem Falle geltend gemacht, daß sie eine Hinausversetzung des Astralleibes, diese aber einen Transzustand des Betreffenden voraussetzen würde.[2] Mir scheint, daß der große Theoretiker damit zu eilig vorgeht. Selbst wenn wir die letztere Folgerung gelten lassen, bliebe die erste doch noch zu beweisen. Da wir nichts in diesen Dingen wissen, mögen wir an eine mehr 'psychische' Einwirkung auf den 'Besessenen' denken, die auch ohne Störung des Wachseins des tätigen Partners aus dessen Unterbewußtsein heraus wirksam würde. Schon Aksakow verwies auf einen Fall der Äußerung einer — sogar sehr weit entfernt — Lebenden durch ein Medium in einer Sprache, die diesem fremd war, und wir wollen den nichts weniger als gut bezeugten Fall dem Gegner zu Liebe gelten lassen. Die Inspiratorin befand sich hier nun tatsächlich in 'Lethargie' und behauptete, aus dieser erwachend, mit der fernen Tochter gesprochen zu haben.[3] Ich möchte aber auch aus diesem (dem einzigen mir bekannten) Falle xenoglossischer Äußerungen eines Lebenden nicht schließen, daß ein solcher abnormer Zustand ihre ganz unerläßliche Vorbedingung sei. Jedenfalls fahren wir theoretisch sicherer, wenn wir die xenoglossische Besitzergreifung auch durch einen Wachen für möglich erklären und damit der Suche nach dem Inspirator den denkbar weitesten Spielraum sichern. Seine Ausfindigmachung wäre dann

---

1) Vgl. die feinen Ausführungen von Prof. Schiller-Oxford über jene Art der Deutung anläßlich des höchst merkwürdigen Falles der 'Patience Worth': Pr XXXVI 575 f., und Bozzano, Xen. 186 ff.   2) Xen. 154 f.   3) Aksakow 581 f. (Frau Brant in Deutschland, deutsch redend durch ein nichtberufl. Medium in Memphis, USA.)

aber immer noch das entscheidende Problem, an dem die animistische Theorie sich hier erproben müßte.

Nun zeigt uns ja das durchschnittliche Bild der xenoglossischen Unterredung einen der Fremdsprache Mächtigen in unmittelbarer Nähe des Mediums; und in allen Fällen mündlicher Xenoglossie muß es ohnehin fraglich erscheinen, ob ohne die Anwesenheit eines solchen die fremde Sprache überhaupt als echte Sprache identifiziert werden könnte. Auch im Falle solcher Anwesenheit aber fragt es sich doch noch, ob wir wirklich in dem anwesenden Sprachkundigen die Quelle für den fremdsprachigen Unterredungsanteil des Mediums suchen dürfen. Dazu müßten wir ja doch annehmen, daß bei jedem einzelnen Eingriff des Mediums ins Gespräch sein Unterredner von ihm 'Besitz ergriffe' und sich die Antwort durch des Mediums Mund buchstäblich selbst erteilte (denn eine 'Abfassung' dieser Antwort durch das Medium würde ja wieder Entnahme der Sprachfähigkeit aus seinem Unterredner voraussetzen). Die fragliche Deutung würde also fast unfehlbar zur Annahme zwingen, daß in allen solchen Fällen der Unterredner des Mediums sich mit sich selber unterhalte, sich also etwa auch die Komödie des Gesprächs mit einem Verstorbenen vorspiele; wobei überdies sein 'eigener' Anteil in sein Wachbewußtsein zu verlegen wäre, der 'vorgespielte' Anteil in einen abgelegenen seelischen Bezirk.

Der Gedanke nun eines solchen Selbstgesprächs des anwesenden Unterredners mit verteilten Rollen braucht im einzelnen Falle nicht allzu weit hergeholt zu erscheinen. Ich erinnere etwa an Mr. Learned's Bericht über die Unterredung der Mrs. Paine mit einem Franzosen, oder an gewisse kleine xenoglossische Unterredungen mit Valiantine: den Fall des Mr. Caradoc Evans oder der Gräfin Tyong.[1] Es mag uns seltsam erscheinen, daß z. B. Herr Evangelides sich über eine Stunde lang eine solche Komödie vorspielt, die ihn 'tief erregt', während er darüber lachen müßte, wenn die Geheimnisse seines Unterbewußtseins nur halbwegs 'nach oben' durchsickerten; seltsam auch, daß Anita Ripoll sich in einem Schwall des Gesprächs mit ihrem toten Gatten ergeht, um sich auf dem Umweg über dessen angeblichen Mund ihre unvermuteten Gedanken über 'Gefühle im Jenseits' vortragen zu lassen; seltsam auch, daß Dr. Prévo sich selbst durch den Mund des Mr. Turner das eigene anatomische Wissen abfragt und eine Diagnose stellt, von der er anscheinend bewußt garnichts weiß; wobei wir ganz davon absehn, daß dieses 'andre Ich' des Dr. Prévo schon vor dessen Erscheinen — nicht

---

1) Da die Erzeugung der Stimme als solcher hier wohl dem Medium zuzuschreiben wäre, so müßte man noch eine 'Umschaltung' der 'primären' Besessenheit annehmen.

etwa nach Dr. Prévo, sondern nur nach einem 'echten Franzosen' verlangt hatte, um seine erfolgreiche Behandlung an Mr. Turner durchführen zu können! Noch seltsamer mag es anmuten, daß, wie im Falle
des Mr. J. B. Young, ein Lebender, dem wir übrigens die nötige Sprachkenntnis ziemlich willkürlich erst zuschreiben müßten, gleich drei
Medien in einer fremdsprachigen Unterhaltung an den Zauberfäden
seines Unterbewußtseins tanzen läßt.

Aber am unglaublichsten muß es uns erscheinen, daß so viele harmlose Sterbliche überhaupt, sobald sie in die Nähe eines Mediums kommen, die erstaunliche Gabe der motorischen Fernkontrolle entwickeln.
Gewiß: die Fähigkeiten des Abgeschiednen müssen auch im Lebenden
schon schlummern. Und doch machen wir mit Recht einen großen
Unterschied zwischen Menschen, in denen diese Fähigkeiten so tief
versteckt sind, daß sie nachgerade zu fehlen scheinen, und solchen, in
denen sie so offen zutage liegen, daß sie eine besondre Gattung 'medial
Veranlagter' begründen. Die Unterredner xenoglossischer Medien nun
sind in den meisten Fällen augenscheinlich Nicht-Medien im schärfsten Sinn; sie stellen darin den äußersten Gegensatz dar zu jenen, bei
denen voraussetzungsgemäß mediale Fähigkeiten zur eigentlichen
Natur gehören würden: zu den Abgeschiedenen. Und doch will der
Animist eine Leistung, die nicht nur von diesen auszugehen vorgibt,
sondern diesen auch besonders leicht fallen müßte, auf Grund ver-
wickeltster psychologischer Vorannahmen (nämlich der dramatischen
Ich-Spaltung) Menschen zuschreiben, die außerhalb dieser ver-
einzelten Leistung den Besitz der erforderlichen Fähigkeiten durch
nichts verraten!

Die Schwierigkeiten wachsen sehr beträchtlich, wenn die bisherige
Voraussetzung der Anwesenheit eines Sprachkundigen nicht
mehr erfüllt ist. Nicht daß wir angeben könnten, in welchen räumlichen Grenzen Besessenheit-durch-einen-Lebenden möglich sei. Dagegen gewinnt der Anwesende eben durch seine Nähe den natürlichen
Anschluß an das Gespräch: er weiß vor allem, wann die Antworten
oder Fragen seines Unterredners (d. h. des eignen Unterbewußtseins!)
fällig sind. Der räumlich Entfernte müßte zu dieser natürlichen Anpassung erst noch besonders durch Telepathie oder Gedankenlesen befähigt werden; seine so merkwürdig selten und gelegen auftretende
mediale Betätigung würde sich damit noch wesentlich verwickeln; und
so muß das Vorurteil des Animisten eine Hilfsannahme auf die andre
türmen, um der nächstliegenden Deutung zu entrinnen.

Gibt es nun unbezweifelbare Fälle von Xenoglossie in Abwesenheit
von Kennern der betreffenden Sprache? Alles bisher Vorgelegte — so-

weit es eindeutig war — hat diesen Tatbestand doch nur erst angedeutet. Der Fall eines Griechisch schreibenden Phantoms, dessen Botschaft kein Anwesender übersetzen konnte, ließe sich anführen, wenn wir dergleichen Dinge nicht einstweilen von ausführlicher Behandlung ausgeschlossen hätten. Hier würde sich der Einfluß eines Entfernten sehr unbequem mit der Materialisationsleistung des Mediums verkoppeln müssen (die wir ja nicht auch noch jenem Entfernten aufbürden dürften!). Indessen: auch jenes Phantom lieferte keine Unterredung, und so bleibt der Fall hinter dem vollproblematischen Tatbestande zurück. — Restlos verwirklicht dagegen finden wir diesen in gewissen Beobachtungen, die der bekannte Geigenkünstler F. v. Reuter berichtet hat. Seine Mutter förderte wiederholt xenoglossische Äußerungen durch ein automatisches Buchstabierinstrument[1] zutage (mit dessen Beschreibung wir uns aber nicht aufzuhalten brauchen).

Am 14. Feb. 1927, 7 Uhr abends, trat eine Persönlichkeit mit den (englischen) Worten auf: 'Ich kann eine Sprache schreiben, die Sie nicht kennen.' Worauf einige fremdartige Worte geliefert wurden, unter denen nur 'Sahib' v. R. als Hindustani bekannt war, welche Sprache er daher auch in den übrigen vermutete. Um sich Zeugen für einen so wichtigen Vorgang zu sichern — denn Hindustani war eine Sprache, 'mit der wir [v. R. und seine Mutter] nie die geringste Berührung gehabt hatten'[2] —, bat er den Kommunikator, um $1/2$10 Uhr wiederzukommen, und zog inzwischen die Gräfin P. und Baron v. König-Warthausen zu. Am Abend darauf schrieb die gleiche Persönlichkeit abermals in der fremden Sprache, fügte dann aber auf französisch hinzu: 'Ich bin Franzose. Als Sie mich kannten, hieß ich Pierre.' Hieraus glaubte v. R. nur auf Pierre Loti schließen zu können, den er in seiner Wunderkind-Zeit in Konstantinopel 'gut gekannt' und der ja auf seinen Reisen im Orient manche Sprachen kennengelernt hatte. — Um die fremde Sprache genauer zu bestimmen, schickte v. R. die Niederschriften an Sir Arthur Conan Doyle. Einige Tage, ehe er von diesem eine durchaus unbestimmte Antwort erhielt, träumte er, daß ein Perser die Schrift prüfte und für Persisch erklärte. Und einen Tag nach Empfang der Antwort schrieb der 'Additor' durch seine Hand auf französisch: 'Fragen Sie das Persische Konsulat in Berlin', zeichnete wiederum 'Pierre' und fügte hinzu: 'Sahib ist auch ein persisches Wort [dies also, wie um v. R.s anfängliche Annahme zu berichtigen]. Ich kenne die Sprache nicht vollständig, da ich sie mir nur als Reisender oberflächlich angeeignet habe.' Worauf eine freundschaftliche Unterhaltung mit 'Pierre Loti' folgte, die uns hier aber nicht angeht. Bald darauf traf eine Auskunft von einem gleichfalls befragten Übersetzungsbüro in Berlin ein: 'Die Sprache ist Persisch, aber Persisch, wie es in Indien gesprochen wird.' Eine vollständige Übersetzung der Niederschrift lag bei, die später vom Konsulat durchaus bestätigt wurde,

---

1) Den 'Hesperus Additor'.   2) 'Weder meine Mutter noch ich sind je in Indien oder Persien gewesen, noch sind wir je mit irgend jemand aus jenen Ländern bekannt gewesen'.

'mit Ausnahme gewisser Worte, die das Konsulat nicht entziffern konnte [sic], vermutlich weil diese Sprache eine Mischung von Hindustani[1] und Persisch enthält'. 'Pierre Loti' bemängelte nachher die Übersetzung des Konsulats, lieferte selbst eine genauere (die dann ihrerseits vom Übersetzungsbüro bestätigt wurde) und fügte einige weitere persische Worte hinzu, die sich gleichfalls als echt erwiesen.

Es ist nicht nötig, die Schriften hier vollständig wiederzugeben; doch mögen einige Proben eine Vorstellung von der gesprächhaften Form ihres Inhalts vermitteln.

14. Feb. 1927, 7 Uhr abds.: Assalemaleikum, sahib (der bekannte Gruß, der natürlich nichts beweist). — 'Ist das Hindustani?' — Nachar bi choda (Nein, bei Gott). — 'Kannten wir Sie im Leben?' — Muddati ast (Vor langer Zeit). — [Auf die Bitte, mehr zu schreiben:] Salem modar salem pisar (Ich grüße die Mutter, ich grüße den Sohn). Bas (genug). [Schluß der Kundgebung.]

15. Feb. 7 Uhr abds.: Selam batscham (Guten Tag, mein Kind). Banda tschi bajad bikunam (Was wollt ihr, daß ich tue?) Bibin tschi bajad tschi basir kun. (Befasse dich mit dem, was neu ist.) [Ein Hinweis auf die Neuheit des Phänomens? — Auf die Versicherung, daß man große Freude über die Schrift habe:] Chaili mimnum i schuma hastan (Ausdruck der Dankbarkeit). — v. R.: 'Ich danke Ihnen.' — Tschisi nist (für nichts [zu danken]). — v. R.: 'Wollen Sie uns das Wort für 'danke' geben?' — Das habe ich getan (!). [Dann:] Sal gunaschta [falsch für guzaschta] hat [später in hal verbessert] gunaschta. (Die Zeiten ändern sich und mit ihnen die Zustände.) — 'Was das sei?' — Ein Ausspruch. — Frau v. R.: 'Ein Sprichwort?' — Bali, memsahib (Ja, gnädige Frau). [Das 'Sprichwort' hätte aber, von einem Verstorbenen verwendet, besondren Sinn!] Rast nabajad randschim (Verüble nie eine Wahrheit). — [Auf die Bitte, mehr zu schreiben:] Bas ast fursat nadaram (Es ist genug; ich habe keine Zeit mehr) ... choda hafis schab bicheir (Gott schütze euch. Gute Nacht). Sahib iltifat schuma (idiomatisch für: Bleiben Sie mir gewogen, Herr; oder: mögen Ihre Segnungen sich mehren).[2]

Aus den zahlreichen Kundgebungen durch Frau v. Reuter in Sprachen, die weder sie noch ihr Sohn kannten, wähle ich zunächst noch folgendes Bruchstück, welches aus lautgerecht geschriebenem Russisch in der unverkennbaren Form einer Unterhaltung besteht.

Von zwei mitanwesenden Damen war die eine, Frl. Dorothea Schapira, in Rußland geboren, aber als 2 jähriges Kind mit ihrer Familie nach Amerika ausgewandert, wo sie zu Hause nur Hebräisch (vermutlich 'Jiddisch') und Englisch hatte sprechen hören. Ihr Vater war einige Jahre zuvor gestorben. Auf die Frage, wer da sei, gab der Apparat die Antwort: Ja etah (Ich bin es). — 'Wer bist du?' — Ja ahtays (Ich bin Vater). — 'Zu wem er

---

1) Sollte 'Hindi' heißen.   2) Reuter 256 ff. Vgl. die arabischen Leistungen 'Pierre Lotis' das. 317 f.

sprechen wolle?' — Dahch mne (Meine Tochter). — 'Welche Sprache er
spreche? Russisch?' [Man bedenke, daß eine Übersetzung erst später be-
schafft wurde; doch mag die Anwesenheit von Personen mit russischer Vergangenheit oder auch eine aufdämmernde Spracherinnerung in Frl. Schapira die genauere Frage veranlaßt haben.] — Da. Etah menyah oshen rohdooyet. Kak ya schahsleep (Ja, dies freut mich sehr. Wie glücklich bin
ich!) — 'Bist du Bruder Stanislaw?' — Nett (nein). — 'Wir verstehen kein
Russisch.' — Neechevo (Macht nichts). [Dieses Wortes entsann sich Frl.
Sch.; es ist ja auch allgemein verständlich.] — 'Wer bist du?' — Ahtayts
(Vater. — Von niemandem begriffen). — 'Bist du echt?' — Da. Ya preeshol
skasaht vam. (Ja; ich kam, es euch zu sagen.) Pahnemayen? (Versteht ihr?)
[Auch dies Wort war Frl. Sch. verständlich.] — 'Bist du ein Verwandter von
Frl. Schapira?' — Ahtayts. Dahch mne. Prashchaite. (Vater. [Sie ist]
meine Tochter. Lebt wohl.) — Hierauf wurde auf englisch geschrieben:
Ich denke, ich habe euch [jetzt] genug durcheinandergebracht. — 'Wer er
sei?' — Ich schrieb es schon zweimal [Die Angabe 'Vater' war ja wirklich
schon zweimal erfolgt.] Dorothee soll dies nach Hause nehmen und übersetzen. Mama kann es... — 'Wer bist du denn?' — Erinnerst du dich nicht
des Wortes für Vater?[1]

Da Frl. Schapira zwei von den russischen Worten verstand, so drängt
sich der Verdacht auf, daß ihr 'Unterbewußtsein' immerhin mehr von
dieser Sprache gekannt habe, als sie selber glaubte. Setzen wir diesen
Verdacht beiseite (denn Xenoglossie in Abwesenheit aller Sprachkundigen ist nun einmal erweisbar), so stellt sich die Unterhaltung
allerdings natürlich genug dar. Der verstorbene Vater, der nach Frl.
Sch.s Angabe überhaupt zu Scherz geneigt gewesen war, 'bringt' die
Anwesenden zunächst 'durcheinander', indem er sie in einer Sprache
anredet, von der er weiß, daß sie ihnen unverständlich ist, während er,
als langjähriger 'Amerikaner', ihre Fragen natürlich versteht. Dabei
kann er nicht umhin, seine Freude über die unverhoffte Begegnung
mit der Tochter auszudrücken. — Die Schreibung des Russischen ist,
wie jeder Kenner der Sprache sofort feststellen wird, zwar reich an
Ungenauigkeiten und Fehlern,[2] aber eindeutig verständlich; wie sie
etwa ausfallen würde, wenn ein der Sprache gänzlich Unkundiger die
Worte hörte und nach englischer Art zu buchstabieren versuchte.

Eine andre von F. v. Reuter berichtete Beobachtung dieser Art ist in
gewisser Hinsicht noch merkwürdiger: hier nämlich wird das allen fremde
Sprachgut nicht unmittelbar von der angeblichen Persönlichkeit des
Sprachkundigen geliefert, sondern durch Vermittlung einer zweiten vom
Medium angeblich gesonderten 'Persönlichkeit' — 'Hattie' —, welche
die fremdsprachigen Äußerungen von jener ersten in gehörter Form

---

1) Das. 234 f.   2) Z. B. ahtayts statt ahtyets, oshen statt ochen, rohdooyet statt
rahdooyet, schahsleep statt chahstleev u. a.

übernimmt, sie selbst aber auch nicht versteht; diese vermittelnde Persönlichkeit hat sich überdies (was uns aber hier noch nicht angeht) durch 'Hunderte von Mitteilungen' aus ihrem Leben identifiziert, die größtenteils allen Anwesenden und oft auch Abwesenden Unbekanntes betrafen. Diese Dramatik des Transgeschehens verstärkt (wie wir später noch besser verstehen werden) den spiritistischen Anschein der Leistung sehr bedeutend; während sie zugleich die Deutung des Animisten (unter Bemühung eines 'entfernten lebenden Sprachkundigen') außerordentlich verwickelt.

Während einer Sitzung am Abend des 22. Juli 1928 in Ipswich in Gegenwart von Mitgliedern der Ges. f. ps. F. (u. a. Major Barnes und Mr. Bradbrook) schrieb 'Hattie Jordan', jene vermittelnde Persönlichkeit: 'Hier ist ein Mann, der eine Menge Kauderwelsch redet. Niemand [hier bei uns] versteht ihn. Er sagt 'Prasau tamsta'. Er scheint um etwas zu bitten. Wir können ihn nicht verstehn. Ich kann nicht viel [von dem, was er sagt,] erfassen. Er sagt 'Laba diena' in zwei Worten; dann etwas wie 'zupones ir', dann 'ponai', ein Wort. Er sagt 'Ne ist nein, taip ist ja.' — 'Unsre Bemühungen (schreibt v. R.), die Sprache zu bestimmen, waren ergebnislos.'

In einer Mittagssitzung am nächsten Tage behauptete 'Hattie' wiederum die Anwesenheit des Fremden und glaubte das Wort 'Surasykite' zu verstehn, welches v. Reuter (durchaus verständlicherweise) für Japanisch zu halten geneigt war. Doch erwiderte 'Hattie' auf seine entsprechende Frage, der Fremde sehe nicht wie ein Japaner aus (!). 'Er sagt 'Pesupratau'. Jetzt sagt er 'Pratau'. Er sagt 'labu diena labu makara'. Jetzt will er sagen 'labu makara' und schüttelt den Kopf bei 'diena'. Er sagt 'labai molonu' und lächelt. Er nickt. Wenn ich ihn frage, was er will, sagt er 'nesu pratau'. Er deutet auf den Herrn [v. Reuter oder Major Barnes?] und sagt 'miels drauge surasykite'. Er deutet auf mich und sagt 'kaip tamstai' — das ist noch nicht alles, warten Sie — (still!) — 'sekasi'. Er ist zufrieden und sagt zu mir 'aciu'. Zuweilen sagt er 'aciu tamsta'. Jetzt sagt er 'Zupones ir pona i duckite. Labu dienu visiems' (das kommt alles zusammen). Duckite gehört zu labu. Duckite labu dienu visiems. Er nickt und sagt aciu.'

Nach mehreren vergeblichen Versuchen, die ihm völlig fremde Sprache zu enträtseln, legte v. R. die empfangenen Sätze Hrn. Prof. Driesch vor. Dieser gab sie an seinen philologischen Kollegen Prof. Junker weiter, der eine 'baltische Sprache' zu erkennen glaubte, aber nichts Bestimmteres angeben konnte. Erst der dann zu Rate gezogene Fachmann Prof. Gerullis erkannte die Sätze 'sofort' als 'sehr gutes, ganz lautgerecht geschriebenes Litauisch aus der Zeit vor 20—50 Jahren (!), fehlerfrei in phonetischer[1] und idiomatischer Hinsicht.'

Um den wiederum sachlagemäßen und teilweise auch gesprächartigen Charakter der fremdsprachigen Äußerungen hervortreten zu lassen, füge ich die von Prof. Gerullis gelieferte Übersetzung der wichtigsten Stellen bei:

1) im Text 'synthetischer' (?).

18*

Prasau tamsta, laba diena, zupones ir, ponai — Ich bitte Ew. Gnaden,
guten Tag der Dame, dem Herrn.
Labu makara [statt laba vakara, eine nur dem Litauer verständliche
Lautänderung] — Guten Abend.
(Das 'Kopfschütteln' sollte wohl bedeuten, meint v. Reuter, daß es
bei der Mittagssitzung sinnlos sei, 'guten Abend' zu wünschen; es
müsse 'Tag' — diena — heißen.)
labai molonu [statt malonu] — sehr angenehm.
(Auf 'Hatties' Frage, was er wolle:) Nesu pratau — ich verstehe nicht.
(Auf den Herrn zeigend) Miels drauge surasykite — Guter Freund,
schreiben Sie es nieder.
Kaip tamstai sekasi — Wie geht es Euer Gnaden?
Aciu — Danke.
Zupones ir pona i duckite. Labu diena visiems — Meine Damen und
Herren. Besten Gruß an [Sie] alle.[1]

Man könnte nun geltend machen, daß die Art dieser Äußerungen an
Sätze in Sprachführern und Wörterbüchern erinnere, und den Fall
deshalb doch wieder auf hellsichtiges Schöpfen aus Büchern zurückführen. (Denn was normale Kenntnisse des Mediums anlangt, so versichert Hr. v. Reuter, er und seine Mutter 'seien nie mit der litauischen
Sprache in Berührung gekommen, ja nicht einmal darüber im klaren gewesen, daß es eine solche Sprache gebe'. — Trotz des Versailler Frie-
dens?) Auf der andern Seite unterstreichen v. R. und nach ihm Bozzano
gewisse Einzelheiten, die mehr oder minder jener Deutung widersprechen: 1) die veraltete Natur gewisser Ausdrücke, die darauf deuten
soll, daß es sich um einen schon lange Verstorbenen handle (könnte
sie nicht auch auf eine ältere 'Lesequelle' deuten?); 2) die (nach Gerullis) 'ausgezeichnete phonetische Wiedergabe der litauischen Sätze,
wie sie einem Deutschen oder Engländer fast unmöglich gewesen wäre',
und die 'Ersetzung eines v durch ein m im Worte *makara*, die nur einem
Litauer verständlich ist'; 3) den Gebrauch der Worte 'Lieber Freund,
schreiben Sie das nieder'. Hierin sehen beide Forscher den Beweis dafür, daß die gesamte Schrift ein bewußtes Experiment 'von drüben her'
darstellte. Gegen den Verdacht, daß auch diese Worte eine belanglose
Sprachführerphrase seien, könnte allerdings ihre zweimalige Verwendung sprechen. Man müßte sich also etwa denken, daß ein des Litauischen mächtiger Abgeschiedener zunächst bloß Fremdsprachiges-
an-sich zu liefern bestrebt ist und in diesem Verlangen auf leidlich all-
tägliche Redensarten verfällt; denn die von Reuter betonte Schwierigkeit für 'Hattie', die lautgerechte Schreibung der Worte zu übermitteln,

1) Bei Bozzano, Xen. 114 ff. — Nach dem 'Sprachführer' schmecken z. B. auch die Fälle
Reuter 246 f. (Holländisch), 248 ff. (Türkisch). 'Lebendigere' Fälle s. das. 108 f. 116 f.
149 ff. 229 ff.; Pr XVII 110 f. (Mrs. Thompson). Andeutungsweise bei Mrs. Piper: Pr XIV 45 ff.

hätte sicherlich auch noch persönlichere und geistvollere Äußerungen zugelassen. Immerhin scheint mir, daß ohne 'Hatties' reichliche Identifizierung und andre mehr gesprächsmäßige xenoglossische Leistungen der Frau v. Reuter — selbst eine kryptomnestische Deutung des Falles durchaus erwägenswert wäre; und ich werde darin bestärkt durch die Tatsache, daß Frau v. Reuters xenoglossische Kundgebungen auch in andern (hier nicht erwähnten) Fällen durchaus den 'Sprachführer-Typ' erkennen ließen. Ich wünsche daraus keineswegs ohne weiteres eine 'grobe' Verdächtigung der Dame abzuleiten — unser Wissen über 'Bücherteste' kann uns einen Ausweg davor zeigen —; ich vermag aber auch nicht der starken Betonung zuzustimmen, die Bozzano dieser Gruppe von Leistungen zuteil werden läßt.

Immerhin möchte ich zusammenfassend sagen, daß die gewichtigeren unter den letzten Fällen uns den Tatbestand 'der fremdsprachigen Unterhaltung in Abwesenheit jedes Sprachkundigen leidlich verbürgen und damit, angesichts der unerhörten Künstlichkeit ihrer animistischen Deutung, ein starkes spiritistisches Argument liefern. Hierzu tritt nun aber eine weitere Verwicklung in den Fällen, wo der fremdsprachige Gesprächsanteil echte Mitteilungen macht, die dem lebenden Unterredner Unbekanntes enthalten, also nicht ihm entstammen können. Wir fanden diesen Tatbestand schon in Dr. Whymants Falle angedeutet, indem die Verserklärung des angeblichen 'Konfuzius' dem Gelehrten ja neu war (und wohl nur willkürlich als bereits gegebene Errungenschaft seines 'Unterbewußtseins' gedeutet werden könnte). Hier ist ein deutlicherer Fall dieser Art:

Hr. v. Reuter erzählt aus der Zeit seiner Reise in Island im Frühling 1929 von Kundgebungen durch seinen Apparat in der Landessprache, von der natürlich weder seine Mutter noch er selbst soz. ein Wort kannten. Unter vielen andern lieferte der verstorbene Gelehrte und Spiritist Haraldur Nielsson im ganzen vier Botschaften. 'Die eine lautete, in korrektem Isländisch: 'Es freut mich unendlich, hier bei meinen lieben alten Freunden zu sein. Ich bin sehr oft bei euch. Ich möchte Beweise geben. Grüßt Adalbjorg Sigurdurs dottir von mir [= die Tochter des Sigurdur. In Island vertreten bekanntlich Patronyme die Familiennamen]. Sagt ihr, daß ich hier bin. Grüßt auch Svein Sveinsson.' In diesem Augenblick unterbrach der 'Kontrollgeist' mit den englischen Worten: 'Er sagt: 'Denkt an ein Spital.' Er will eine Fernsprechnummer geben, die damit in Verbindung steht. Nein, er möchte zwei Nummern geben. Die eine hat drei Zahlen und sieht wie 2—3—4 aus. Die andre Nummer ist länger. Sie beginnt mit 16—, doch sind die beiden andern Zahlen etwas verwischt.' Hier nahm wieder 'Nielsson' die Führung und schrieb auf isländisch: 'Die richtige Nummer ist 1650.' — Nachträglich wurde festgestellt, daß Nielssons Witwe Adalbjorg Sigurdurs dottir heißt; Svein Sveinsson ist sein Schwiegersohn, er selber war in seinen letzten

Jahren Kaplan in einem Spital für Aussätzige; seine Privat-Fernsprechnummer war 1650, die Nummer seines Schwiegersohns 224 (statt 234).' Hr. v. Reuter fügt, zum Nutzen des Zweiflers, hinzu, daß infolge Fehlens von Familiennamen der Fremde, der nicht die Namen der Eltern des Gesuchten kennt, es ganz unmöglich finde, näheres über jemand aus dem Telephonbuch zu erfahren.[1]

Natürlich fehlt es dem Animisten auch solchen Verwicklungen gegenüber nicht an einem Auskunftsmittel: er braucht nur mit der Beschaffung einer Fremdsprache und ihres lebendigen Gebrauchs die übernormale Beschaffung unbekannter Tatsachen zu verknüpfen. Indessen ist es klar, daß wir mit solchen Überlegungen die Grenzen des augenblicklichen Problems bereits überschreiten. Wir wollen uns also damit begnügen, die Erschwerung festzustellen, welche den an sich schon ungeheuerlichen Voraussetzungen des Animisten zur Deutung der Xenoglossie hiermit erwächst, im übrigen aber das Neue der letzten Verwicklung den nunmehr folgenden Erwägungen anheimstellen.

1) ZP 1930 359.

Argumente aus der Bekundung persönlicher Erinnerungen

1. Vorbereitende Tatsachenschau

Wenn wir uns also nunmehr ganz der inhaltlichen Seite des Mitteilungsvorgangs zuwenden, so betreten wir eins der wenigen soz. klassischen Gebiete spiritistischer Argumentation. Die Tatsache, daß dem Anschein nach ein Verstorbener etwas äußert, was er allein wissen kann, oder doch: was am natürlichsten als Bestandteil seiner Erinnerung aufzufassen ist, hat von jeher besonders häufig als Beweis des persönlichen Überlebens dienen müssen. Auch dieser Beweis hat mit der Zeit freilich viel von seiner Bündigkeit oder doch Einfachheit eingebüßt, infolge einer Ausweitung der Grundlagen, auf denen man andersartige Deutungen zu errichten suchte, und einer zunehmend verfeinerten Ausarbeitung solcher Deutungen. Wir werden diese sehr genau durchdenken müssen: können aber natürlich auch hier zu einer Entscheidung gelangen nur auf Grund sorgfältigster Zergliederung der Tatsachen, nicht bloß abstrakter Aufstellung theoretischer Möglichkeiten. Die Tatsachen sind es denn auch vor allem, mit deren lebendiger Anschauung wir uns erfüllen müssen, ehe wir uns aufs Meer der Spekulation hinausbegeben. Mit der Darbietung eines gewissen Grundbestandes von Tatsachen will ich denn auch beginnen; Tatsachen von der Art, auf die sich der klassische 'Identitätsbeweis' der Spiritisten stets vor allem gestützt hat. Ich greife sie aus einer wahrhaft unabsehbaren Masse bereitliegender heraus. Zum Teil sind es bekannte Paradefälle, die doch auch in einer kurzen Überschau nicht wohl zu entbehren sind und die der erfahrenere Leser überschlagen mag; zum großen Teil freilich Fälle von nicht geringerer Bedeutsamkeit, die noch keineswegs im verdienten Maße bekannt sind. Für sie alle bitte ich um geduldige und aufmerksam-nachdenkliche Entgegennahme. Je mehr der Leser soz. den Ballast reiner Tatsachenkenntnis geladen hat, desto sicherer wird er fahren, wenn wir aus dem ruhigen Stausee der Betrachtung in die Strom-schnellen der Erörterung übergehen. Überdies: auch die Logik hat ihre psychologische Seite, und Überzeugungen beruhen nicht bloß auf Argumenten, sondern zugleich auf der sich häufenden, der 'kumula-tiven' Wirkung gewisser Eindrücke. Endlich aber wird es auch jene später vorzubringenden Argumente entlasten und beschleunigen, wenn wir nicht jeden Beleg ihnen einzuflechten brauchen, sondern auf früher Dargebotenes zurückblicken können. —

Ich beginne mit der Wiedergabe von Fällen, die sich, was die mit-geteilten Inhalte anlangt, in engeren Grenzen halten, — gewissermaßen kleinrahmigen Bildern aus der Identitätsforschung. Die Ordnung, in der ich sie vorführe, ist eine leidlich lose, aber doch nicht ganz willkürliche. Ohne schon hier einen logischen Aufbau zu erstreben, sondre ich den Stoff doch dergestalt in Gruppen, daß er bei den späteren Erörterungen erhöhte Fruchtbarkeit entfalten kann. — Aber auch abgesehen davon wünsche ich nicht, daß der Leser die folgende Tatsachenschau ganz ohne Hintergedanken auf sich wirken lasse. Vielmehr möchte ich sein Augenmerk schon jetzt auf gewisse Fragen lenken, die er dabei mit Vorteil ständig im Auge behalten würde. So sollte z. B. die Art der Darbietung von Wissensinhalten wohl beachtet werden; sie ist höchst mannigfaltig und — wie wir später finden werden — in mancher Hin-sicht aufschlußreich. Ein anderer Gesichtspunkt betrifft die leichtere oder schwierigere Auffindbarkeit von lebenden Mitwissern der-jenigen Inhalte, durch deren Äußerung der angebliche Verstorbne sich identifizieren läßt, oder gar dem Anschein nach sich selbst zu identi-fizieren wünscht. Und dies führt dann auf eine weitere Frage, die der Leser sich ständig gegenwärtig halten sollte: die Frage nach irgend-welchen Anzeichen dafür, daß die Mitteilung wirklich von ihrem an-geblichen Urheber ausgeht; sei es, daß sich dessen Aktivität dabei irgendwie zu verraten scheint — auch etwa in der Form der Mittei-lungen —; oder daß ihm an der Mitteilung besonders gelegen sein muß; oder daß die Auswahl des Geäußerten bezw. seine bestimmte Fassung im Munde gerade des angeblich Redenden besonders natür-lich erscheint; und was dergleichen mehr sein mag. Ein solches stän-diges 'Lesen zwischen den Zeilen', ein aufmerksames Achten auf das ganze 'Drum und Dran' der Inhaltsäußerung würde eine wertvolle Vor-bereitung auf unsre späteren gemeinsamen Überlegungen bilden.

In einer ersten Gruppe vereinige ich Fälle, in denen der durch das Medium sich Äußernde allen Anwesenden, soweit sich feststellen läßt, völlig unbekannt ist, aber Angaben macht, die zwar eben darum den Anwesenden gleichfalls unbekannt sind, sich aber nachprüfen lassen und damit zu einer Identifizierung des Verstorbenen führen. Den allgemeinen Typ dieses Vorgangs mögen zunächst folgende Angaben der Mrs. Holland umreißen, einer sehr gebildeten und vertrauenswürdigen Dame, die der Ges. f. ps. F. durch ihre mediale Veranlagung wertvollste Dienste geleistet hat.

'Einmal, während der erhöhten Sensitivität nach einer Krankheit, machte ich die Erfahrung einer neuen Form des automatischen Schreibens in Gestalt von Briefen, die meine Hand an eine Bekannte zu schreiben gezwungen wurde. Der erste dieser Briefe begann mit einem Kosenamen, den ich nicht kannte, und war mit dem vollen Namen einer Person unterzeichnet, von der ich nie gehört hatte und von der ich später erfuhr, daß sie vor einigen Jahren gestorben war. Ich empfing einen klaren 'Eindruck', für wen der Brief bestimmt war, aber da ich in der Sache nur eine ungesunde Phantasieleistung erblicken zu müssen glaubte, vernichtete ich ihn. Dafür wurde ich mit einem entsetzlichen Kopfschmerz bestraft, und der Brief wurde wiederholt (!), bis ich, um mich zu retten, ihn und die ihm folgenden an ihre Adresse beförderte. Sie kamen gewöhnlich, wenn ich eigene Briefe schreiben wollte; nie 'saß' ich für sie besonders oder begünstigte sie irgendwie. Ich las sie auch nie nochmals durch, da ich fühlte, daß sie nicht für mich bestimmt waren, und die Empfängerin wünschte nachher die Sache auch nicht zu erörtern, sondern beschränkte sich darauf, mir zu sagen, daß die Briefe von Dingen handelten, die nur jener verstorbenen Person bekannt waren, und daß die Handschrift, besonders die Unterschrift derjenigen jener Person stark ähnelte. Ich hatte niemals Proben dieser Handschrift gesehen.

Als ich völlig genas, versuchte ich mich von diesem Einfluß zu befreien, denn er verursachte mir grausige Kopfschmerzen und erschöpfte mich sehr ... Wenn meine Hand zu solchen Zeiten nicht tätig beschäftigt war, so krampfte sie sich zusammen und machte die Bewegung des Schreibens in der Luft. — Seitdem habe ich bei drei andren Gelegenheiten das Gefühl gehabt, daß eine ungesehene, aber sehr gegenwärtige Persönlichkeit durch mich eine Botschaft an ein geliebtes Wesen zu senden strebte. In keinem Falle war die Kundgebung im mindesten von mir gesucht worden, und stets war sie für den Empfänger völlig überraschend, dessen Bekanntschaft ich auch immer erst kürzlich gemacht hatte, der also nie zu meinen Freunden zählte.' [1]

Gehen wir indessen zu einzelnen Beispielen über. — Mr. A. W. Orr, Vorsitzender der Ges. f. ps. F. in Manchester, erzielte in Gemeinschaft mit einem Andern die fragliche Mitteilung vermittels eines der bekannten Buchstabierapparate.

Nach der ersten, an sich unpersönlichen Äußerung entspann sich folgende Unterhaltung: Kennst du einen von uns? — 'Nein.' — Willst du sagen, wer du bist? — 'William Hodson; London-Road-Bahnhof.' — Soll das heißen, daß du das Opfer eines dort geschehenen Unfalls geworden bist? —

1) Pr XXI 173 f.

'Nein.' — Bist du auf jenem Bahnhof gestorben? — 'Ja.' — An welcher Krankheit? — 'Herzübel.' — Warst du Eisenbahnangestellter? — 'Nein.' — Fahrgast? — 'Nein.' — Wie kam es dann zu deinem Tode? — 'Ursache war das Gepäck eines Reisenden; ich war im Hotel Mosley.' — In welcher Eigenschaft? — 'Ich putzte die Stiefel.' — Wieviel Jahre ist das her? — '24 oder 25.' — Hast du dich schon einmal kundgegeben? — 'Nie.' — Wohntest du im Hotel? — 'Nein.' — Kannst du uns deine Adresse angeben? — 'Ardwick, Tippingstraße.' — Ist niemand in Manchester, der dich kennt? — 'Viele.' — Damit schlossen die Mitteilungen. Mr. Orr gelang es, im Hotel Mosley einen Kellner zu entdecken, der genügend lange dort angestellt war, um William Hodson gekannt zu haben. Auf die Frage, was dessen Dienst gewesen war, erwiderte er: Er putzte die Stiefel. — Wo starb er? — Auf dem London-Road-Bahnhof. — Auf welche Art? — Es war der Tag des St. Leger [eines der volkstümlichsten englischen Rennen]; er hatte Gepäck aufzugeben, und ich sah ihn damit zu den Bahnsteigen hinuntergehen. Es gab Verzögerung bei der Unterbringung im Zuge, und das brachte ihn in Zorn, so daß er schrie, er werde sich beim Bahnhofsvorstand beschweren; dabei brach er vom Schlag getroffen zusammen. — Wie lange das her sei? — Mehr als 20 Jahre. — Wo er wohnte? — In der Tippingstraße.[1]

Den folgenden ähnlichen Fall berichtete M. P. Bossan, 'Kontrolleur' im Telegraphenamt von Grenoble, am 28. Juli 1920 dem uns bekannten Pariser Astronomen Flammarion, mit der Versicherung 'gewissenhaftester Wahrhaftigkeit in allen Einzelheiten'.

In einer Sitzung der Société d'études psychiques de Nancy vom 29. Jan. 1913, über die ein urkundlicher Bericht vorliegt, wurde durch den Tisch der Name Albert Revol diktiert, gestorben (nach der gleichartigen Aussage) vor 2 Jahren im Alter von 54 Jahren; er habe als Schneidermeister in Pontcharra (Isère) in der Grande-Rue gewohnt, sei verheiratet und Vater von 3 Kindern gewesen, von denen ein Sohn, Eugène, 20 Jahre alt, dem Gewerbe des Vaters gefolgt sei. — Hierzu bemerkt der Sitzungssekretär, daß keiner der Anwesenden die Dauphiné, von der das Département Isère ein Teil ist, kannte, nur einer es vor sehr langer Zeit in der Bahn durchfahren, aber ebensowenig wie die übrigen von einem Orte Pontcharra gehört hatte,[2] und noch viel weniger von einer Familie Revol. — 'Ich bin plötzlich gestorben,' fuhr der angebliche Revol fort, 'und bin noch in Unruhe … Ich habe zwei Töchter, Hélène und Henriette. Ich bin nicht dort beerdigt. Meine sterblichen Reste liegen in Grignon. Das war meine Heimat.' — Wir kannten nur ein Grignon, bemerkt dazu der Bericht, im Département Seine-et-Oise. Wir sagten Revol denn auch, daß diese Gegend doch recht weit von Pontcharra abliege. — 'Nein,' erwiderte er, 'das ist ganz nahe; ich habe dort noch meine Mutter. Sie wohnt in unserer Nähe in Grignon. [Dies erschien den Sitzern ganz unwahrscheinlich. Man fragte, wo man sich nach der Wahrheit seiner Angaben erkundigen könne.] 'Schreiben Sie an Mme Goudon,' war die Antwort, und dann: 'Nein, ich fürchte Klatschereien; schreiben sie lieber an den Curé, er kennt mich; man muß ihm keinen Grund angeben, auch nichts von Geistern sagen. Sprechen Sie von der Familie.' Alle zweckdienlichen Anfragen wurden nunmehr brieflich an den Sekretär der Mairie von Pontcharra gerichtet. Die Antwort, in Form eines amtlichen Totenscheins, wird von Flammarion abgedruckt: sie bestätigt die Namensangabe des Kommunikators (setzt nur Albin für Albert, welch letzteres zur Hälfte durch die ungeduldigen Tischrücker 'ergänzt' worden sein mag); gibt (Philomène-Léontine) Goudon als Namen der zweiten Frau Revols und verlegt dessen Tod übereinstimmend fast zwei Jahre vor den Tag der Sitzung. Ein den Totenschein begleitender Brief der Mairie vom 4. Febr. 1913 (gleichfalls wörtlich abgedruckt) berichtet von einem 'plötzlichen' Tode A. Revols (an Herzembolie), von seinem Schneiderhandwerk und von seinen drei Kindern, die Angaben der Sitzung über deren Geschlecht und Namen durchweg bestätigend. — Auf eine weitere Anfrage an den Sekretär der Mairie betr. des von Revol erreichten Alters, seiner Adresse und des zweifelhaften 'Grignon' erwiderte der Sekretär, M. Fautier, am 19. Febr. 1913: daß M. Revol mit 54 Jahren gestorben sei, daß er in der Grande-Rue von Pontcharra gewohnt habe und auf dem Friedhof der Pfarrei von Grignon, eines Teils der Gemeinde von Pontcharra, beerdigt sei.[1] — Wie man sieht, entbehren Revols Äußerungen nicht ganz der persönlichen Note: der Mann ist 'in Unruhe', und man gewinnt fast den Eindruck, als habe er noch etwas vorbringen wollen, sei aber nicht dazu gekommen über der umständlichen Bemühung, sich zunächst einmal glaubhaft zu machen.

Den folgenden Fall entnehme ich — in starker Kürzung — den äußerst gewissenhaften Berichten J. A. Hills, eines erfahrenen Forschers auf diesem besondren Gebiete.

In einer Sitzung mit dem Medium A. Wilkinson am 21. Juli 1914 'empfing' dieser den Namen eines Dr. med. Dunlop,[2] der 'alten Zeiten angehören' sollte (was alles richtig, aber nicht beweisend in irgendwelcher Hinsicht war), und danach den Namen 'Leather' (den das Medium 'nie gehört' hatte), dessen Träger er als 'alten Mann, sehr gentlemanlike und zurückhaltend' bezeichnete. Mr. Hill hatte einen solchen einige Jahre zuvor gut gekannt; dieser hatte 1 km von seinem Hause entfernt gewohnt und war i. J. 1909, 84 Jahre alt, gestorben. Alle Angaben über ihn waren völlig zutreffend. Hill hatte ihn in dem sehr viel früher Dr. Dunlop gehörigen Hause bei einem gemeinsamen Freunde in den Jahren 1893—95 öfters beim Whist getroffen. Es ist so gut wie sicher, daß selbst örtliche Nachforschungen des Mediums nichts über Zusammenhänge zwischen Hill, Mr. Leather und Dunlop-Haus hätten zutage fördern können.

Mitte November 'empfing' das Medium, zur Zeit in Bournemouth, die Namen 'Parrbury oder so ähnlich' und 'Robert'. (Ersterer erschien ihm ganz 'ungewöhnlich'.) 'Er interessiert sich offenbar stark für Sie', schrieb Wilkin-

---

1) Flammarion III 37 ff.   2) Man könnte auch sagen: der Name 'kam ihm in den Sinn'.

son an Hill. Dieser konnte sich nichts dabei denken, hörte aber auf Erkundigungen hin von seiner Schwester, daß Robert Parrbury oder Parberry (die Aussprache ist ja die gleiche) Mr. Leather's Vornamen gewesen seien; auf den zweiten konnte Hill sich auch jetzt durchaus nicht besinnen. — In einer Sitzung am 15. Jan. 1915 sah Wilkinson (seiner Gewohnheit nach) einen weiteren hierher gehörigen Geist im Zimmer stehen; einen 'sehr alten Mann', den er genau beschrieb: 'Elias Sidney'. Er sei ein politisch sehr interessierter Radikaler oder 'strenger Liberaler' gewesen und vor einiger Zeit gestorben. Jemand stehe hinter ihm, beschatte ihn, habe ihn hergebracht; jemand, der sich schon zuvor hier kundgegeben habe.

'Alles dies', schreibt Hill, 'war ohne jeden Sinn für mich. Ich hatte nie von irgendeinem Elias Sidney gehört.' Es erschien dann 'ganz unerwartet' ein gewisser 'Moses Young', ein vor etwa 24 Jahren verstorbener Bekannter, an den Hill 'jahrelang nicht gedacht hatte' und dessen Vornamen er nicht erinnerte, durch Erkundigungen aber als Moses feststellte. Danach kehrte 'Sidney' zurück, ging und kam wieder. Endlich sagte Wilkinson: 'Sie entsinnen sich, daß ich hier schon früher einen alten Mann sah. Ich kann nicht auf seinen Namen kommen.' 'Vielleicht Mr. Leather?' 'Ja, Leather. Es ist Mr. Leather, der Elias Sidney hergebracht hat. Sie waren gute Freunde. Sidney ist schon länger tot, als Mr. Leather.'

Hill erkundigte sich nun bei mehreren örtlichen Liberalen, die Mr. Leather gekannt hatten, ob sie je von einem Elias Sidney gehört hätten. Alle verneinten, und Hill begann zu glauben, das Medium sei hier völlig 'abgeirrt'. 'Aber einer von den Gefragten kannte zufällig einen etliche Meilen entfernt lebenden alten Herrn, der sehr viel in politischen Kreisen herumgekommen war und auf Befragen angab, er habe Elias Sidney sehr gut gekannt. 'Er starb vor 8 oder 9 Jahren, hatte sich aber schon viel früher vom politischen Leben zurückgezogen, da er sehr alt war. Er gehörte einem Kreise von Freunden an, lauter kernhaften Liberalen. Ich war einer von ihnen, Mr. Leather auch." Weitere Nachforschungen ergaben, daß Mr. Sidney im Januar 1909, 7 Wochen vor Mr. Leather, im Alter von 83 Jahren gestorben war. Alle Angaben über ihn und die Beschreibung seines Äußeren stimmten; ein aufgetriebenes Lichtbild bestätigte sie des weiteren. Sidney und Leather hatten dem gleichen politischen Klub angehört. Sidney hatte sehr zurückgezogen gelebt, wenigstens während seines Lebensabends; fast niemand kannte ihn; das 18 km entfernt wohnende Medium sicherlich nicht, meint Hill, der überdies Wilkinson nach 10 jähriger Bekanntschaft das denkbar beste Leumundszeugnis ausstellt. Mr. Leather hatte zu Lebzeiten warme Freundschaft für Hill empfunden; es erscheint diesem daher natürlich, daß gerade Leather die ihm weniger Bekannten oder ganz Unbekannten 'herangebracht' haben wollte.[1]

Hier schalte ich einen Fall ein, der — wie der Leser noch ersehen wird — einen schicklichen Übergang von der vorstehenden zur nachfol-

1) Hill, Invest. 23—37. — Vgl. ferner die Fälle Pr XIII 416; PsSc VII 70 f.; ZP 1928 255; Appleyard 104 f. 110 ff.

genden Gruppe bildet. Der 'Kommunikator' war zwar früher mit dem Sitzer einige Zeit hindurch in Berührung gewesen, aber von diesem nicht nur völlig vergessen, sondern ihm möglicherweise auch nie dem Namen nach bekannt gewesen. Der Bericht findet sich in Findlays Buch über seine Sitzungen mit dem Stimmenmedium Sloan und beruht auf gleichzeitigen Aufzeichnungen des Erzählers.

'Ich nahm', schreibt er, 'meinen Bruder kurz nach seiner Entlassung aus der Armee im Jahre 1919 mit zu Sloan. Er kannte niemand von den Anwesenden und wurde nicht vorgestellt. Ich allein wußte, daß er in der Armee gedient hatte. Niemand von den Anwesenden wußte, wo er während seiner Dienstzeit gewesen war [nämlich nicht an der Front, sondern in Kessingland, einem kleinen Dorf in der Nähe von Lowestoft (1917) und in Lowestoft selbst, wo er Kanoniere auszubilden hatte].' 'Plötzlich berührte der [im Zimmer umherfliegende Schalltrichter] meinen Bruder am rechten Knie, und eine Stimme dicht vor ihm sagte: 'Eric Saunders' ..., worauf er bemerkte, es müsse ein Irrtum vorliegen, da er nie jemand dieses Namens gekannt hätte. [Der Schalltrichter setzte aber sein Klopfen so dringend fort, daß mein Bruder] nochmals fragte, wer da sei, worauf die Stimme, und zwar viel kräftiger, wiederholte: 'Eric Saunders.' Abermals sagte mein Bruder, daß er niemanden dieses Namens je gekannt hätte, und fragte, wo er dem Betreffenden begegnet wäre. Als Antwort erfolgte: 'Bei der Truppe.' Mein Bruder zählte eine Reihe von Orten und Gegenden auf, wie z. B. Aldershot, Bislay, Frankreich, Palästina usw., vermied aber ausdrücklich Lowestoft ... Die Stimme erwiderte: 'Nein, nicht da. Ich kannte Sie, als Sie in der Nähe von Lowestoft waren.' Mein Bruder fragte: warum er 'in der Nähe von L.' sage, und die Stimme erwiderte: 'Sie waren damals nicht in Lowestoft, sondern in Kessingland.' ... Mein Bruder fragte dann, in welcher Kompanie er gestanden, und da er nicht hören konnte, ob die Antwort B oder C lautete, fragte er nach dem Namen des Kompanieführers, worauf als Antwort 'MacNamara' erfolgte. Dies war damals der Name des Kommandierenden der B-Kompanie gewesen.

Um den Unterredner zu prüfen, gab mein Bruder vor, sich seiner zu erinnern, und sagte: 'Ach so, Sie waren einer von meinen Lewis-Kanonieren, nicht wahr?' Die Antwort lautete: 'Nein, Sie hatten damals nicht Lewis-, sondern Hotchkiss-Kanonen.' Dies war völlig richtig, denn die Lewis-Geschütze wurden ihnen im April 1917 genommen und durch Hotchkiss-Geschütze ersetzt. [Nach weiteren richtigen Antworten] bemerkte 'Saunders': 'Es war eine feine Zeit damals; erinnern Sie sich der Musterung durch den General?' Mein Bruder lachte und sagte, sie wären beständig von Generalen gemustert worden, welchen er denn meine; und er antwortete: 'Den Tag, wo der General uns alle mit den Geschützen herumjagen ließ.' Mein Bruder entsann sich dieses Vorfalls sehr genau; er hatte damals viel Gelächter unter den Leuten verursacht. 'Saunders' teilte meinem Bruder mit, daß er in Frankreich gefallen sei, und mein Bruder fragte ihn nach dem Zeitpunkt seines Abgangs zur Front. Er antwortete: 'Mit der großen Aushebung im August 1917.' Mein Bruder fragte, warum er es die große Aushebung nenne, und er erwiderte: 'Erinnern Sie sich nicht der großen Aushebung, als der Oberst aufs Paradefeld kam und eine Rede hielt?' [Dies stimmte wieder; es war, soweit sich mein Bruder entsann, die einzige Gelegenheit, bei welcher der Oberst je persönlich den Truppen Lebewohl gesagt hatte.] ... Mein Bruder fragte dann, warum er überhaupt gekommen sei, zu ihm zu sprechen, und er sagte: 'Weil ich nie vergessen habe, daß Sie mir einmal einen guten Dienst erwiesen.' Mein Bruder entsinnt sich dunkel, einem der Kanoniere Urlaub verschafft zu haben; aber ob dessen Name Saunders gewesen, vermag er nicht zu sagen ... Er hatte fast 2 Jahre lang Kanoniere ausgebildet, etwa ein Dutzend alle 14 Tage, ... kam aber nie genügend in persönliche Berührung mit ihnen, um sich viele von den Namen einzuprägen.'[1]

Sechs Monate nach der Sitzung traf er sich verabredetermaßen in London mit einem Korporal, der in der Kriegszeit sein Gehilfe gewesen und mehr mit den Leuten zusammengekommen war: auch dieser entsann sich keines Saunders, fand aber in einem alten Taschenbuch eine Namenliste u. a. auch der B-Kompanie des Jahres 1917, und in dieser Liste die Eintragung: 'Eric Saunders, voll ausgebildet, August 1917', mit roter Tinte durchstrichen, was anzeigen sollte, daß der Mann im August 1917 an die Front gekommen war ... Mein Bruder, versichert Findlay, kann sich auch heute noch nicht des Mannes erinnern.' Vom Kriegsministerium war eine Bestätigung des Todesfalls nicht zu erhalten, da man Saunders nicht nach seinem Frontregiment befragt hatte; es waren aber mehr als 4000 Saunders während des Krieges gefallen. — 'Anwesende Hellseher,' bemerkt übrigens Findlay zum Schluß, 'beschrieben Saunders als vor uns stehend, während er sprach.'[2]

In der nunmehr folgenden Gruppe verlagert sich das Interesse von der Person des Kommunikators auf den Inhalt des Geäußerten: jener ist den Sitzern an sich zwar bekannt, in vielen Fällen sogar genau bekannt, etwa als naher Verwandter; aber die Inhalte, die er mitteilt, sind den Anwesenden mehr oder weniger unbekannt: entweder waren sie ihnen 'vielleicht' oder vermutlich früher einmal bekannt, sind aber inzwischen 'völlig vergessen' worden; oder sie sind ihnen, soweit sich feststellen läßt, nie zu Bewußtsein gekommen. Im letzteren Falle leben aber (wenigstens meist) in der Ferne irgendwelche Personen, welche von jenen Tatsachen wußten, — ein Umstand, der in der Theorie dieser Vorgänge keine geringe Rolle spielen wird. — Ich gebe zunächst ein Beispiel der ersteren Art und überlasse es dem Leser zu bestimmen, wieweit die Möglichkeit, daß ein Anwesender je um das Mitgeteilte gewußt habe, den spiritistischen Anschein vermindere. Hier findet überdies die nachträgliche Identifizierung des Kommunikators auf eine besondere und eindrucksvolle Art statt.

---

1) to get to know — eigentlich: 'zu erfahren'. Später heißt es: he never had an opportunity to know them individually! 2) Findlay 92 ff. Auch die anschließend mitgeteilten Fälle sind sehr beachtenswert.

Die Fürstin Karadja berichtet, daß im Sommer 1903, während das bekannte englische Medium Peters als Gast auf ihrem belgischen Schlosse weilte, eines Tages um die Mittagszeit M. Jacques Fouccrolle, Hauptschriftleiter des Lütticher 'Messager', mit seiner Tochter ihr einen Besuch machte. Sie hatte ihn erst ein einziges Mal gesprochen und besaß nicht die geringste Kenntnis seiner Familienangelegenheiten. Da der nächste Zug erst um 5 Uhr ging, behielt sie ihn zu Tische und stellte ihm Mr. Peters vor. Während die Gesellschaft den Kaffee trank, rief Peters plötzlich aus, er sehe einen Geist hinter M. Fouccrolle stehen, der dessen Schulter berühre: er habe angegraute Haare, eine kahle Stirn und einen Kinnbart. 'Fouccrolle bemerkte: 'Wahrscheinlich ist es mein Vetter Leo, der vor einigen Wochen starb.' — 'Durchaus nicht', erwiderte Peters sofort, 'er sagt, er sei vor mehreren Jahren verstorben und mit Ihnen gar nicht verwandt. Es ist schon lange her, daß Sie mit ihm zusammentrafen. Er war Ihr Mitschüler. Er sagt, sein Name sei Martin gewesen.' M. Fouccrolle schüttelte nachdenklich den Kopf: er könne sich einer solchen Person nicht entsinnen, und fragte nach dem Taufnamen des Geistes. 'Ich kann ihn nicht erlangen', erwiderte Peters, 'aber er sagt mir, daß Sie ein Bild von ihm besitzen. Er zeigt mir das Album. Ich blättere es durch — 1, 2, 3, 4, 5, 6... er zeigt mit dem Finger auf die 6. Seite. Das Bild ist zur Linken, gegenüber dem einer Dame in Krinoline.' 'Ich besitze in der Tat ein solches Album', antwortete M. Fouccrolle zögernd, 'aber es befindet sich schon seit einigen Jahren auf dem Boden meines Hauses. Ich werde es heraussuchen und zusehen, wer die beschriebene Person sein mag.' Peters teilte dann eine Botschaft mit, die der Geist zu übermitteln wünsche, und bald darauf empfahlen sich die Gäste. Zwei Tage darauf teilten sie mir brieflich mit, daß die von Peters gelieferte Beschreibung in jeder Einzelheit zutreffe. Genau oben links auf der 6. Seite des Albums befand sich das Bild eines Herrn namens Martin, der ein Mitschüler Fouccrolles gewesen war. Seinem verblichenen Porträt gegenüber befand sich das einer Dame in elegantem Reifrock.'[1]

Die weiteren Beispiele gehören bereits jenem Typ an, der uns einen um die mitgeteilten Tatsachen Wissenden allenfalls 'in der Ferne' zeigt. — Ich entnehme die zwei ersten den umfangreichen Berichten des Rev. Ch. D. Thomas, eines sehr erfahrnen und kritischen Forschers, über den Verkehr mit seinem verstorbenen Vater und seiner Schwester Etta. Wobei ich daran erinnern möchte, daß überhaupt viele der hier mitgeteilten Beobachtungen aus solchen Sammelurkunden über einen bestimmten Kommunikator entnommen sind; eine Herauslösung, die ihnen viel von der Eindruckskraft nimmt, die der Häufung und dem innern Zusammenhang eines verwickelten Ganzen entstammt. Der Brocken mag schmecken wie das ganze Brot auch; aber er kann nicht im gleichen Maße sättigen. — Die erste der hier ausgezogenen Einzelheiten stellt

1) RSP 1904 138; Bozzano, Casi 27 f. Vgl. die beiden Fälle Keene 30. 41.

am ehesten den eben bezeichneten Typ dar; die zweite führt schon fast über ihn hinaus, indem man vermuten möchte, daß das Aussehn der beschriebnen Börse in solcher Genauigkeit nur dem Verstorbnen bekannt war.

Am 14. Juni 1917, als Rev. Thomas jun. eine Londoner Mission erwähnte, die von ehemaligen Zöglingen der Leys School in Cambridge gegründet worden war, machte sein 'Vater' folgende Bemerkungen: 'Da war ein gewisser R.,[1] der sich sehr für diese Schule interessierte, auch ein P.' 'Nun war', schreibt Thomas, 'diese Schule gegründet worden, als ich noch Kind war, und ich kannte nur zwei Namen aus der Zahl derer, die sich um ihre Errichtung bemüht hatten, und keiner von diesen begann mit R oder P. Nach vergeblichen Nachforschungen unter denen, die es hätten wissen können, verschaffte ich mir schließlich ein Exemplar des Adreßbuchs der Schule: daraus ersah ich, daß zwei Geistliche mit ihrer Eröffnung verknüpft waren, nämlich Morley Punshon und Dr. Rigg. Beide hatten hervorragenden Anteil an den Eröffnungsgottesdiensten und den ersten Schulschlußfeiern genommen. Mein Vater hatte stets eine besondere Vorliebe für derlei Ereignisse gehabt, und seine Erinnerung an die Rolle, die diese beiden in den Angelegenheiten der Schule gespielt hatten, erscheint sehr natürlich, denn er hatte sie beide besonders bewundert.'[2]

Ist einer Sitzung des Jahres 1924 sagte 'Feda', die 'Transpersönlichkeit' des berühmten Mediums Mrs. Leonard: 'Es ist da eine Geldbörse, die er in Benutzung hatte, und Ihre Mutter hat sie aufbewahrt. Er zeigt sie mir,[3] es scheint eine alte Lederbörse zu sein, eine ziemlich große; sie ist nicht viereckig geformt; sie ist am Boden etwas breiter... Sie war viel sauberer und besser in der Farbe auf einer Seite, als auf der anderen. Sie ist sehr glatt, grünes Leder von ziemlich grober Narbe, oder aber künstlich genarbt, um ein Muster zu bilden. Es war eine durchaus gute Börse, nur wo man sie öffnet, war die Naht, nicht das Leder selbst, etwa $1/2$ Zoll weit aufgegangen. Etta hat sie auch gesehen. Ihr Vater meint, daß diese Börse leicht gefunden werden kann, und er ist ganz sicher, daß sie genau so aussieht, wie er sagt...' Die Verschiedenheit der ursprünglich gleichen Färbung auf beiden Seiten wurde noch besonders betont. — 'Meine Mutter, schreibt Thomas jun., behauptete, daß sie keine solche Börse habe. Ich meinerseits konnte mich ihrer nicht entsinnen. In meiner nächsten Sitzung sagte ich, daß keine Börse zu finden sei; worauf mein Vater wiederholte, daß er dessen ganz sicher sei und daß sie gefunden werden könne.' Der Sohn schrieb nochmals an die Mutter, und es wurden nun 2 Börsen des Vaters gefunden, von denen die eine genau der gegebenen Beschreibung entsprach; nur die Narbe des Leders war 'kaum noch wahrnehmbar'.[4] (Vielleicht also erinnerte sich hier der Kommunikator an einen früheren Zustand, als den zur Zeit beobachtbaren?)

---

1) 'Schwierigkeiten' bei Namen, 'Erlangen' zunächst nur des Anfangsbuchstabens sind typisch; vgl. u. m.   2) Thomas, Life 33.   3) Eigentlich: 'Feda'. F. spricht — kindlich — von sich in der 3. Person.   4) aaO. 71 f.

An diese 'Brocken' aus einem sehr umfangreichen Ganzen schließe ich ein Körnlein aus einem andren weitversponnenen Falle: den Kundgebungen der als 'A. V. B.' bekannten Kommunikatorin, der verstorbenen Freundin zweier ausgezeichneter Forscherinnen, Una Lady Troubridge und Mary Radclyffe-Hall.

In einer Leonard-Sitzung am 25. Okt. 1916 kam 'Feda' als Dolmetsch der Abgeschiedenen auf einen Spazierstock zu sprechen, den diese im Gebrauch gehabt hätte. 'Sie sagt, erinnern Sie sich, daß sie einen hatte, der ihrer Hand weh tat? Er war nicht bequem, — er strengte ihre Hand an.' Ich stellte (schreibt Miss Radclyffe-Hall) alle Kenntnis hiervon in Abrede, aber 'A. V. B.s Beschreibung wurde später, 10 Monate nach der Sitzung, auf ziemlich unerwartete Weise bestätigt. Lady Troubridge war zu Besuch bei A.V.B.s Tochter, und vor einem ländlichen Spaziergang wurde sie aufgefordert, einen Stock aus einem Ständer in der Halle zu wählen. Sie ... war im Begriff, einen zu ergreifen, als A. V. B.s Großtochter ... ausrief: 'O nehmen Sie nicht diesen, er hat einen so unbequemen Handgriff, er strengt die Hand an.'' Dies weckte eine Erinnerung an die Sitzung, und auf ihre Frage erhielt Lady T. von der Tochter und der Großtochter der Verstorbenen die Auskunft, daß der Stock dieser gehört hatte.[1]

Sehr bekannt als vielgliedriger Fall sind auch die Berichte Sir Oliver Lodges über seinen und der Seinen Verkehr mit dem im Kriege gefallenen jungen Raymond Lodge. Ich will auch aus dieser Schatzkammer hier nur einen winzigen Brocken mitteilen, zugleich als Beispiel experimenteller Hervorlockung von Angaben der hier fraglichen Art.

Prof. Lodge's Söhne ließen gelegentlich durch ihren Vater dem Verstorbenen wohlüberlegte Fragen betr. gleichgültiger Ereignisse vorlegen, auf welche beide Eltern die Antworten nicht kannten, während Raymond sie kennen mußte. Am 12. Okt. 1915 brachte Sir Oliver in einer Tischsitzung mit Mrs. Leonard 5 derartige Fragen vor, nachdem er Raymond deren Art und Zweck auseinandergesetzt und von diesem die Versicherung des Verständnisses erhalten hatte. Drei von den Worten, welche die Fragen darstellten,[2] 'schienen keine Erinnerungen wachzurufen', was ja auch unter spiritistischen Voraussetzungen nicht wunderzunehmen braucht. Ein viertes rief sehr bemerkenswerte, aber nicht ohne Weitschweifigkeit zu berichtende Antworten hervor. Das fünfte führte zu einer schlagend kurzen und eindeutigen Äußerung: 'Erinnerst du dich', fragte Lodge, 'an irgend etwas bezüglich 'Argonauten'?' (Kurzes Schweigen.) Lodge: 'Argonauten ist das Wort. Hat es für dich irgendeine Bedeutung? Nimm dir Zeit.' — 'Ja.' — Dann, bei dem umständlichen Buchstabierverfahren des Tischrückens natürlich so kurz als möglich, kam die Antwort: 'Telegramm'. — Lodge: 'Ist das die ganze Antwort?' — 'Ja.' — Diese Antwort, obgleich nicht die von den Brüdern erwartete, hatte einen guten Sinn. Im Jahre zuvor,

---

1) Pr XXX 389. Vgl. den Fall XXXVI 286 ff.   2) Sie lauteten: Evinrude. — O.B.P.
— Schwester des Kaisers.

während das Ehepaar Lodge verreist war, fuhren die Söhne im Auto nach Devonshire hinein, und von Townton aus (wie sie meinen) hatte Raymond ein Telegramm nach Hause geschickt, daß alles wohlauf sei, welches er 'die Argonauten' unterzeichnete. Gerade die Schwestern erinnerten dies genau, die Söhne — also die eigentlichen Planer des Versuches — weniger.[1] — Man wird zugeben, daß das Stichwort 'Argonauten' an sich und ohne die Voraussetzung besonderer Erinnerungen nicht wohl die Reaktion 'Telegramm' aufrufen konnte.

Aus den zahlreichen, sehr bemerkenswerten Kundgebungen der angeblichen Gattin des Mr. John F. Thomas — durch 17 Medien, davon 16 in England! — sei hier folgende Probe ausgewählt:

Bei einer Gelegenheit (10. Jan. 1927) erwähnte die Verstorbene ein Tagebuch, das sie geführt habe. 'Ich führte es aber nicht fort; doch denk' ich, unter meinen alten Sachen könntest du darauf stoßen. Es war nicht sehr groß und von Leder und hatte einige ganz vollgeschriebene Tage und dann einige übersprungene. Und dann wurden die Eintragungen weniger und weniger, und ich glaube, das letzte ausgefüllte Datum war 17. Ich bin nicht ganz sicher, glaube aber, es war so.' (Am 6. Juli kam sie kurz darauf zurück.)

Hiervon wußte die Familie nichts zu erinnern. Man suchte und fand schließlich ein Tagebuch, das einzige, das Mrs. Th. je geführt hatte, soweit sich feststellen ließ, — 'eng gestopft' in einem eingebauten Bücherschrank unter alten Jahrbüchern eines Frauenklubs. Es war ein kleines Tagebuch mit Goldschnitt und dunkelgrünem, biegsamem Ledereinband. Die Eintragungen setzten mit dem 7. Jan. 1917 ein, waren aber nicht lange fortgeführt. Die letzte steht unter dem vorgedruckten Datum des 15. Jan. 1917. Jede Seite hat etwa 12 Linien, und die ersten Seiten sind ganz vollgeschrieben, dann sind einige teilweise gefüllt, und der 12. Januar ist ganz ohne Eintragung. Manches von diesen Einzelheiten wäre vielleicht zu erraten gewesen; die mengenmäßige Verteilung der Eintragungen wohl am wenigsten.[2]

Ich habe oben Kundgebungen 'Oscar Wildes' durch Mrs. Travers-Smith unter dem Gesichtspunkt identifizierender Handschrift angeführt. Ich darf jetzt nachtragen, daß der angebliche Dichter zu seiner Beglaubigung auch Tatsachen aus seinem verflossenen Leben erwähnte, die keinem der die Schrift Erzeugenden bekannt waren.

Am 19. Juli 1923 z. B. schrieb er: 'Es ist so schwierig, die Vergangenheit aus der Erinnerung dunkler Höhle hervorzuziehn. Eine meiner frühesten Erinnerungen bezog sich auf eine kleine Farm in Irland bei McCree ... Cree ... Nein, das ist nicht der Name ... Glencree? ... wo wir mit Willie und Iso uns aufhielten ... Und da war ein guter alter Mann ... beaufsichtigte uns beim Lernen ... ein Priester ... Pater ... Prid ... Prideau? Ein

---

1) Lodge 91 f. Vgl. den Fall 126 f. Den sehr bekannten Fall der Gruppenphotographie übergehe ich als nicht zwingend.   2) Thomas, J. F., Stud. 59 f. Vgl. 58 f.

schöner Strom war nahe der Farm... Andre Erinnerungen ... Zum Diner mit Arnold und Pater[1] nahe Hyde Park. Zum Lunch mit Margot Tennant, Mrs. Fox Blunt und andern in London. Asquith war wie ein Fisch auf dem Trocknen. Ich führte die Unterhaltung, und nachher erzählte ich Margot Geschichten. Blieb länger als die andern.'
Hierzu bemerkt Mrs. Travers-Smith: 'Ich wußte — während Mr. V. es nicht wissen konnte, da er nie in Irland gewesen ist —, daß hoch in den Bergen, 12 Meilen von Dublin, ein einsames Glencree genanntes Tal liegt... Ich wußte natürlich, daß Willie sein Bruder sein müsse, aber ich hatte nie gehört, daß er eine Schwester hatte. Ich entdeckte jetzt, daß Oscar sehr an seiner einzigen Schwester hing, 'Isola', die im Alter von 8 Jahren starb. [Wegen des Paters Priedeau] schrieb ich nach Glencree an die Reformatory School und stellte durch die Liebenswürdigkeit des Paters Foley fest, daß vor 60 Jahren Pater Prideau Fox Vorsteher jener Schule in Glencree war.' — Auch das vom Lunch Gesagte war keinem der Anwesenden bekannt. Es fand sich aber später eine Stelle in den veröffentlichten Tagebüchern des Mr. Wilfred Scawen Blunt, wo unterm 17. Juli auf S. 178 f. ein 'glänzendes Luncheon mit Margot und ihrem Gatten' erwähnt und unter andern Gästen auch Wilde genannt wird. 'Asquith allein nicht recht dabei. Nachdem die übrigen gegangen waren, blieb Oscar zurück und erzählte mir und Margot Geschichten.'
Die Schrift vom 19. Juli fuhr fort: 'Einer meiner wenigen glücklichen Augenblicke nach dem Verlassen des Gefängnisses war es, als ich die kleinen Schulkinder in dem kleinen Dorf bei Berneval bewirtete... Natürlich war ich M. Sebastian Melnotte in jenen Tagen... Melmoth nach einem meiner Vorfahren, Sebastian im Gedenken an die furchtbaren Pfeile. Jean... Dupré... kannte ich in einem Pariser Café. Alles ist verwirrt und ich bringe die Ereignisse zeitlich durcheinander.'
Zu Berneval (richtiger Bernaval) bemerkt Mrs. Travers-Smith, weder sie noch Mr. V. noch auch ihre Tochter, die z. Zt. ihre Hand auf Mr. V.s die Planchette führender Hand hielt, habe gewußt, daß Wilde nach seiner Gefängniszeit sich in Bernaval aufgehalten. 'Melmoth' war der von Wilde nach der Gefangenschaft angenommene Name. Seine Erwähnung wurde von Dritten sehr bestimmt auf Mrs. Travers-Smiths vergessene Erinnerungen zurückgeführt. Doch fiel ihr auf, daß der Name zuerst in der abweichenden Form 'Melnotte' erschienen war. Einige Wochen nun nach Empfang der Schrift sah Mrs. Travers-Smith in den 'Times' die Anzeige einer Versteigerung Wildescher Briefe. Unter diesen war einer, worin Wilde bittet, die Antwort an M. Sebastian Melnotte zu adressieren; er sagt in dem Briefe, er werde die Änderung später erklären. 'Keiner von uns', schreibt Mrs. Travers-Smith, 'kannte bewußt den Namen, den Wilde angenommen hatte, und sicherlich wußten wir nicht, daß er zwei verschiedene Formen dieses Namens benutzt hatte.'[2] —

---

1) Matthew Arnold, dem Dichter, und Walter Pater, dem Kunstgeschichtler.   2) Travers-Smith, Wilde 65 ff. 111 f. 126 f. — Eine wenig befriedigende Kritik der biographischen Aussagen: JSPR XXIII 111 f.

Nunmehr zu enger begrenzten Einzelbeobachtungen übergehend, erwähne ich zunächst eine von E. M. berichtete aus einer Sitzung mit dem Medium Mr. Botham vom 5. Nov. 1924.

Dieser beschrieb ein von ihm 'geschautes' 16 jähriges Mädchen und fügte hinzu: 'Ich sehe einen kleinen Stoß von Büchern oder Papieren ...[1] Sie sagt mir, daß ich das vierte von oben abzählen solle und daß dann diese oder ähnliche Worte gefunden werden würden: Was ihr hingebt, das nehmt ihr mit euch, und was ihr für euch behaltet, das laßt ihr zurück.' Der Sitzer erkannte das Mädchen, vermutete aber in dem Spruch ein Phantasieerzeugnis des Mediums. Doch teilte ihm die Mutter der Verstorbenen auf Befragen mit, daß ihre Tochter die Gewohnheit gehabt, Verse oder Sprüche, die auf sie Eindruck gemacht hatten, abzuschreiben. Tags darauf brachte sie ein Päckchen von 5 kleinen Büchern, das unterste davon war ein Schulgesangbuch, in welchem 5 Karten mit Sinnsprüchen oder 'Entschließungen' lagen. Die vierte von oben enthielt folgende Worte: 'Gib, aber gib mit dem Herzen, denn was du widerwillig gibst, gibst du vergeblich. Gib als Opfer, so gibst du mit Gewinn; gib, was du kannst, denn was du gibst, gewinnst du; was du zurücklässest, ist nur verloren.'[2] — In den Schlußworten dieses frommen Spruchs erkennen wir ohne weiteres das Zitat der Sitzung wieder, und gerade daß sie diesem nur ähnlich sind, erhöht den Eindruck, daß hier aus der Erinnerung angeführt, aber weder vorbereiteter Betrug, noch übernormales Erfassen der wirklichen Worte ausgeübt wird.

Auch die folgenden Beobachtungen fielen in den knappen Umfang ganz weniger, dicht aufeinander folgender Sitzungen.

Prof. Hyslop erhielt eines Tages aus Deutschland von einer ihm gänzlich unbekannten, soeben verwitweten Frau Tausch die Anfrage wegen eines Mediums. Als er ihr nur Mrs. Chenoweth (Mrs. Soule) in Amerika zu nennen wußte, schlug die Dame ihre in Boston lebende, aber einen andren Namen tragende Schwester als ihre Stellvertreterin vor. Diese brachte Hyslop denn auch mit Mrs. Chenoweth zusammen, ohne aber die beiden einander vorzustellen, vielmehr erst nachdem das Medium bereits im Trans war, das nicht einmal wußte, ob sie eine Frau oder einen Mann als Besucher vor sich habe. — Die Transpersönlichkeit gab durch Schrift an, 'daß ein Herr anwesend sei, der dringend seiner Frau von seinem Fortleben Kunde zu geben wünsche; daß er ein Philosoph und Freund des verstorbenen Prof. William James von der Harvard-Universität sei; daß seine Mutter verstorben sei und daß er, um seine Identität zu beweisen, auf die Höhlung eines ausgezogenen Zahnes in seinem Munde hinweise.' (Alle diese Aussagen, für Prof. Hyslop natürlich völlig neu, wurden von Frau Tausch auf briefliche Anfrage hin richtig befunden.) 'Herr Tausch' sagte ferner aus, daß er unmittelbar vor seinem Tode starke Schmerzen im Kopf gehabt, verwirrt gewesen sei und sich sehr nach Hause gesehnt habe; er sei bei seinem Tode nicht von Hause

---

1) Der Abgeschiedene 'zeigt' diese dem Medium als übertragene 'Bilder'.   Mehr darüber s. u.   2) PsSc VI 58 f.

fort, es sei aber auch nicht 'wie sein Heim' gewesen. (Auch dies alles erwies sich als richtig: er starb in seinem alten Heim in Deutschland und nicht
in dem in Amerika.) Ferner gab er an, daß er sich sehr für gewisse Aufzeichnungen interessiert habe, die ihm sein Freund James geliehen hätte.
(Es handelte sich um Sitzungsberichte, die Prof. James ihm als besonders
eindrucksvoll zugestellt hatte.) 'Alle an der Sitzung Teilnehmenden wußten
natürlich nichts von all diesen Dingen, die erst von der Witwe in Deutschland erfragt werden mußten.' Endlich wurde ausgesagt, daß der Verstorbene eine große Vorliebe für das Richtigstellen von Uhren gehabt, sowie die
Angewohnheit, seine Bücher mit Randbemerkungen zu versehen (richtig);
daß er einen kleinen Koffer mit sich zu führen pflegte, der seine Handschriften und Brille enthielt, und daß er kurz vor seinem Tode eine lange
Eisenbahnfahrt gemacht habe (gleichfalls richtig). Seinen Namen schrieb
er durch Mrs. Chenoweth in verschiedenen Formen: T h; Taussh, Tauch,
Taush. Als Prof. Hyslop ihn auf deutsch anredete, erhielt er deutsche Antworten, und die Sitzerin wurde als sein 'Geschwister' bezeichnet. Zwischen
der ersten und der letzten Sitzung dieser Reihe lagen nur 36 Stunden; niemand in Amerika wußte von diesen Tatsachen, und Prof. Hyslop kannte
nur den Namen des Kommunikators. Keine Aussagen gleichen Inhalts sind
in irgendeiner Sitzung Prof. Hyslops mit Mrs. Chenoweth zutagegetreten.[1]

Der nächste Fall entstammt der Feder Miss E. Katherine Bates', die
als Zeugin von hoher Bildung und sehr ausgedehnter Erfahrung gelten
darf.

Während ihres zweiten Aufenthalts in Amerika i. J. 1897 hatte sie in Boston einige Sitzungen mit der berühmten Mrs. Piper, in denen sie anscheinend mit dem 6 Jahre zuvor verstorbenen W. Stainton Moses in Verkehr
kam, der ihr gegenüber mancherlei erwähnte, was sich erst nachträglich bestätigen ließ. Die merkwürdigsten Äußerungen des Kommunikators bei dieser
Gelegenheit bezogen sich auf eine Mrs. Lane, mit welcher Moses zur Zeit
seines Todes verlobt gewesen war. 'Sehr wenige unter seinen Freunden,
selbst in England, wußten von dieser Verlobung. Dr. Hodgson [der damals
die Leitung der Piper-Sitzungen innehatte] war Stainton Moses nie zu dessen Lebzeiten begegnet und hatte natürlich nichts davon gehört. Ich selber
wußte nur zufällig von der Sache, indem ich die Dame einmal nach Moses'
Tode im Hause der Mrs. Stratton [einer gemeinsamen Londoner Bekannten]
getroffen hatte. Bei dieser Gelegenheit hatte Mrs. Lane eine junge Tochter
bei sich; von irgendwelchen andern Angehörigen wußte ich nichts. Diese
nur noch dunkel erinnerte Begegnung erwähnte ich während meiner zweiten Sitzung mit Mrs. Piper, und die [Moses-Persönlichkeit] fragte sofort, ob
ich auch eine S c h w e s t e r kennengelernt hätte. Ich antwortete: Nein, und
fügte hinzu, daß eine junge Tochter die Dame begleitet gehabt hätte. Die
Transschrift fuhr sogleich mit diesen Worten fort: 'Schön, schön, so will
ich Ihnen dies als einen Beweis geben: sie h a t eine Schwester, und zwar eine,

1) Barrett, Threshold 225 ff.

die ihr den tiefsten Schmerz ihres Lebens zugefügt hat. Sie werden dies bestätigt finden, wenn Sie nach England zurückkehren." — Als Miss Bates, wieder in London, ihre Freundin Mrs. Stratton, bei der auch St. Moses sehr vertraut verkehrt hatte, nach Mrs. Lanes Schwester befragte, erwiderte jene: 'Ich bin mit Mrs. Lane seit Ihrer hiesigen Begegnung mit ihr sehr vertraut geworden. Ich glaube nicht, daß sie eine Schwester hat; jedenfalls bin ich ganz gewiß, daß sie es mir gesagt haben würde, falls eine Schwester ihr einen solchen Kummer verursacht hätte.' Miss Bates schrieb nunmehr an Mrs. Lane selber ('eine fast völlig Fremde'; sie hatte sie ja nur einmal am dritten Ort getroffen) und lud sie zu sich ein, um ihr, wie sie schrieb', die Aufzeichnungen ihrer Piper-Sitzungen vorzulegen. Dies geschah, und bei den Worten, die von der angeblichen Schwester handelten, 'bemerkte ich zu meiner. großen Überraschung, daß ihre Augen sich plötzlich mit Tränen füllten und ihre Erregung sie buchstäblich am Reden verhinderte.' Schließlich sagte sie: 'Das ist der überzeugendste Beweis, den er mir hätte liefern können. Nein, ich habe jene Schwester nie erwähnt, nicht einmal Mrs. Stratton gegenüber, so lieb und gut sie zu mir gewesen ist ... Ich konnte von ihr zu niemandem sprechen. Sie war die Ursache des größten Schmerzes in meinem Leben; aber niemand auf Erden wußte das, außer Mr. Stainton Moses ...' [1]

In den beiden folgenden Beispielen beziehen sich die geäußerten Erinnerungen des Kommunikators auf Erlebnisse innerlichster Art, die überdies in eine Stunde fielen, deren sich zu erinnern und auf welche anzuspielen dem Verstorbenen besonders naheliegen mochte: nämlich die Sterbestunde. — Das erste wird von Mr. S. C. Hall berichtet, einem der namhaftesten englischen Spiritisten der älteren Zeit, und zwar aus erster Hand.

'Durch das Medium Home erhielt ich eine Botschaft, die von einer Tochter Robert Chambers' [des bekannten englischen Schriftstellers, Herausgebers von Chambers' Journal] auszugehen vorgab und eine Familienangelegenheit von großer Verfänglichkeit betraf. Als ich gebeten wurde, sie meinem verehrten Freunde mitzuteilen, weigerte ich mich, es zu tun, wenn ich nicht einen Beweis erhielte, der ihn überzeugen könnte, daß es wirklich seiner Tochter Geist sei, der bei mir gewesen. Der Geist sprach: 'Sagen Sie ihm 'Pa love' [also etwa: 'Papa lieben', in kindlicher oder angenommen kindlicher Sprechweise]. Ich fragte R. Chambers, ob er wisse, was das bedeute? Er sagte, es seien die letzten Worte gewesen, die sein sterbendes Kind auf Erden äußerte, als er dessen Kopf über dem Kissen hielt. Daraufhin hielt ich mich für berechtigt, die mir zur Bestellung an ihn anvertraute Botschaft zu übergeben.' [2] — Der hohe geistige Rang der beiden Nächstbeteiligten macht den Bericht unbedingt vertrauenswürdig; überdies besitzen wir ein unabhängiges Zeugnis über den Hergang von einem andern Teilnehmer an jener Sitzung, Mr. H. T. Humphreys. [3] Auch die angeführten 'letzten Worte' erscheinen mir gerade in ihrer fehlerhaften Sprachform ungewöhnlich genug, um die Vermutung eines glücklichen Zufallstreffers auszuschließen. Man könnte höchstens den weiteren Nachweis fordern, daß sie dem Medium gegenüber nie erwähnt worden waren; was aber angesichts ihrer vertraulichen Natur wenig wahrscheinlich ist.

Das zweite Beispiel wurde in der Zeitschrift 'Light' von Mrs. Mary Mack Hall veröffentlicht. Diese erhielt in einer Sitzung mit dem Medium Mrs. Brenchley Mitteilungen eines verstorbenen Verwandten identifizierenden Inhalts und in charakteristischer Ausdrucksweise, die ihr aber durchweg bekannt waren, so daß sie Gedankenübertragung anzunehmen geneigt war. Nur eine immer wiederkehrende Wendung schien ihr so sehr der gebildeten und zurückhaltenden Art des Verstorbenen zu widersprechen, daß sie sie für ein 'unterbewußtes' Einschiebsel des Mediums hielt; nämlich die Worte: 'Gelobt sei Gott, von dem uns alles Gute kommt.' — Etwa eine Woche später wurde sie von einer entfernten Kusine besucht, die den Verstorbenen eine Zeitlang während seiner letzten Krankheit gepflegt hatte und der sie die Aufzeichnungen ihrer Sitzung vorlas. Jene hörte sie schweigend an, und erst bei den angeführten Worten rief sie aus: 'O, das war .der Satz, der Eindruck auf ihn zu machen schien', und berichtete auf Befragen, daß sie eines Abends den Kranken, 'der sich unruhig und reizbar verhielt, durch das Anstimmen geistlicher Lieder zu beruhigen versucht hatte, auf die er aber nicht acht zu geben schien, bis sie an den Schlußvers der Abendhymne gelangte: Gelobt sei Gott, von dem uns alles Gute kommt. Von diesem Punkt an hatte er am Gesang teilgenommen und den Vers mit ihr zusammen wiederholt... Ich will hinzufügen, daß meine Kusine gute Gründe hatte, mir den Vorgang zu verschweigen, da unsere religiösen Ansichten von einander abwichen, so daß sie annehmen mußte, daß ihr Verfahren mir nicht sonderlich behagen würde; worin sie übrigens irrte.'[1]

Ich beschließe diese Gruppe mit einem Fall, den man in mehr als einer Hinsicht zu den bemerkenswertesten zählen darf. Er zeigt uns die zuvor belegte Tatsache des Auftretens eines allen Sitzern unbekannten Kommunikators, verknüpft mit einer ganz ungewöhnlichen Massenhaftigkeit von Aussagen, deren Richtigkeit sich erst durch Nachforschungen feststellen ließ. Es fällt außerdem auf, daß der so reichlich identifizierte Unbekannte angeblich von einem Dritten, den Sitzern vermutlich Bekannten, aus dem Jenseits 'herangebracht' wird zum Zweck der Erbringung eines Beweises, der einen Vierten, Lebenden, beeinflussen soll. Anderseits wird der unhaltbare Verdacht, das (nicht berufsmäßige!) Medium habe das Ganze der Äußerungen betrügerisch vorbereitet, auch noch durch Einzelheiten derselben beseitigt, die herauszufinden einstweilen dem Leser überlassen sei, — bis ich in späterem Zusammenhang z. T. auf sie zu sprechen komme.

1) Lt 1900 24. — Vgl. ferner Stead bei Lombroso 284 f.; JSPR 1902 204 ff.; ZpF 1929 183 f.; Bradley, Wisd. 419; Mansford 86; Swaffer 254 ff.

Während einer Sitzung mit dem (sonst unbekannten) Medium Brown innerhalb der Sheffielder Ges. f. ps. Forsch. bekundete sich die Persönlichkeit des Rev. F. Calder, ehemaligen Lehrers eines dem Spiritismus feindlich gesinnten englischen Bischofs. 'Calder' machte sich anheischig, zur Aufklärung seines Schülers und der Welt im allgemeinen, unwiderlegliche Beweise für das Überleben zu erbringen durch Herbeischaffen des Geistes eines allen Anwesenden Unbekannten. Am 6. Feb. 1922, 7 Uhr abds., kündigte einer der 'Führer' des Mediums die Anwesenheit eines ihm persönlich unbekannten Verstorbenen an, der sich zu äußern wünsche: 'John Hacking', eines vor 45 Jahren verstorbenen Wesleyaners. Sehr bald erblickte denn auch das Medium hellsichtig das Phantom eines Mannes von hohem Wuchs, ältlich, völlig kahlköpfig, mit Backen- und Kinnbart, in einem schwarzen Überzieher, den er gelegentlich öffnete, um dem Medium zu zeigen, daß seine Beine, besonders das eine, gekrümmt seien. Gleich darauf fiel Brown in Trans und 'Hacking' sprach durch seinen Mund. Er habe in Bury in Lancashire gelebt, als Hauptlehrer an der Wesleyanischen Schule in der Clerkstraße. Er beschrieb eingehend seine Obliegenheiten an dieser Schule und ihre Räumlichkeiten, seinen Amtsnachfolger, einen gewissen Marsden, einige Straßen und Kirchen der Stadt. Der an der Sitzung teilnehmende Rev. B., der einzige der Anwesenden, der je in Bury gewesen war, der aber auch den Namen Hackings nie gehört hatte, versprach diesem auf seine Bitte eine Nachprüfung der Richtigkeit seiner Angaben. Schon in der Sitzung vom 24. Feb. konnte B. dem Kommunikator mitteilen, daß zwölf seiner Aussagen von einem in Bury lebenden Freunde B.s bestätigt worden seien. — In weiteren Sitzungen vermehrte 'Hacking' seine Angaben bedeutend. — Am 8. Juli traf Mr. Barwell, der Herausgeber des gedruckten Berichts über diese Vorgänge, zufällig auf der Straße den Major P. und seine Gattin, von denen er erfuhr, daß sie Bury, die Geburtsstadt der Mrs. P., genau kennten; worauf Barwell sie zu weiteren Sitzungen einlud. 'Hacking' äußerte große Freude über das unerwartete Zusammentreffen mit Eingebornen seiner Vaterstadt, und es entspann sich zwischen ihnen ein lebhafter Erinnerungsaustausch über Bury. 'Hacking' nannte mehrere Personen, besonders Ladeninhaber, und ihre Adressen, diese aber nicht, wie Mrs. P. sie kannte, sondern wie sie zu seiner Zeit gelautet hatten. Auf verwandte Fragen der Mrs. P. gab Hacking ausführlichen und richtigen Bescheid. Eine dieser Fragen bezog sich auf eine gewisse Mädchenschule. 'Hacking' entsann sich zweier Mädchenschulen in der Nähe des Belvedere; Mrs. P. bestätigte, daß diese existiert hätten; sie selbst habe aber an eine andre gedacht. Nach kurzem Nachsinnen rief 'Hacking' aus: 'Jetzt erinnere ich mich, Sie meinen die Schule des Mr. X ...' Er fragte dann Mrs. P., ob sie mit dem Huthändler Athworth in der Silberstr. verwandt sei. Sie verneinte, und Hacking fügte hinzu: 'Gegenüber seinem Laden lag das Seidenwarengeschäft von Giles Hewart. Haben Sie', fragte er dann, 'den Col. Hutchinson gekannt, der an der Ecke der Moosstr. wohnte und so häufig ausritt?' Sie bejahte, und Hacking meinte: 'Wie schön ist es doch, mit Leuten zu plaudern, die unsre Bekannten der alten Zeit kennen.' Er fragte ferner, ob Mrs. P. den reichen Mr. Clarkson Hay gekannt habe, oder Mr. Probert, den Postmeister (Mrs. P. hatte sie nennen hören), oder Balliwell, den dicken Kohlenhändler? Und ob sie einen Bruder gehabt, der eine Brille trug? 'Ich sah ihn zuweilen vor der Ladentür Ihres Vaters.' Mrs. P. verneinte, konnte aber den jungen Mann mit der Brille anderweitig identifizieren. Mehrfach in diesen immer weiter ausgedehnten Fragen und Antworten erwies sich Hacking als der besser unterrichtete, und was Mrs. P. nicht gleich bestätigen konnte, wurde durch nachträgliche Erkundigungen als richtig erwiesen. — Von seinen Äußerungen sei noch ein Fall ausführlicher wiedergegeben. Nach der ersten Veröffentlichung über die Sitzungen erhielt Mrs. P. einen Brief von einer ehemaligen Bekannten, Mrs. Hodson, die in ihrer Kindheit in Bury gelebt hatte und nun erzählte, daß sie und ihre beiden Brüder die Schule des Mr. Hacking besucht hätten und daß Miss Hewitt (die der Verstorbene erwähnt hatte) ihre Lehrerin gewesen sei. Als dieser Brief dem Kommunikator vorgelesen wurde, sagte er: 'Viel Zeit ist verflossen; doch erinnere ich mich, auch ihre Schwester Harriet gekannt zu haben, 10 oder 12 Jahre älter als sie (dies war richtig, der Name aber ein Irrtum). Sie besaßen eine kleine Stute, die sie in einem Stall in der Breiten Straße hielten, gegenüber der Post, und die, als Mrs. Hodson noch Kind war, ein schönes Füllen zur Welt brachte. Beide Tiere wurden auf eine Wiese bei Buckley Wells zur Weide geschickt. Ich habe Mrs. Hodsons Vater gekannt und entsinne mich sehr wohl ihrer beiden Brüder, die ich morgens zu sehen pflegte, wenn sie ihren Laden öffneten. Wenn man in diesen eintrat, sah man zur Rechten eine Kristallschale mit goldnen Herrenringen. Der Laden war etwa 20 m lang, und die (zum Verkauf gestellten) Möbelwaren zu beiden Seiten des Mittelganges angeordnet. Ich entsinne mich, daß Mrs. Hodson eine Freundin namens Clara Hay hatte, von der sie unzertrennlich war. Die Eltern dieser letzteren besaßen einen Lebensmittelladen gegenüber demjenigen der Counts, nahe der Bank für Handel. Es war der erste Laden von der Bank aus. Sie hatten eine andre Tochter namens Alice, gleichaltrig mit Harriet Count, und zwei Kinder, Johnny Hay und Walson Hay ... Fragen Sie doch Mrs. Hodson, ob sie sich Polly Inghams erinnert. Fragen Sie sie, ob sie die alte Sarah vom Restaurant Royal gekannt hat, gerade gegenüber ihrem Geschäft. Sie müßte sich dann auch an Mrs. Hardman, die Bäckerin, erinnern: eine kleine, saubere Frau mit blonden Haaren ...' Diese Aussagen wurden Mrs. Hodson brieflich mitgeteilt, und sie bestätigte in ihrer Antwort die Richtigkeit sämtlicher Angaben in allen Einzelheiten, mit zwei geringfügigen Ausnahmen, deren eine bereits oben erwähnt wurde; auch entsann sie sich der von 'Hacking' erwähnten Personen. Die von ihm selbst gegebene Beschreibung seines Äußern bestätigte sie in jedem Punkt. Im ganzen wurden über 300 Aussagen des Verstorbenen nachgeprüft und bestätigt.[1]

Manche der vorstehenden Fälle ließen den etwaigen 'Mitwisser' der vom Medium geäußerten und den Anwesenden unbekannten Inhalte

1) Nach TW und Barwell ref. von Bozzano in RS 1927 49 ff. 101 ff.

so 'verborgen' oder 'entlegen' erscheinen, daß seine Beteiligung an der Beschaffung dieses Wissens dem unbefangenen Urteil durchaus fraglich oder gar ausgeschlossen erscheinen muß. Dieser Tatbestand der Verborgenheit des lebenden Mitwissers spitzt sich nun zuweilen so weit zu, daß selbst sein Vorhandensein überhaupt als unwahrscheinlich oder geradezu ausgeschlossen gelten darf. Mancher Verstorbne hinterläßt irgendetwas, worum bis zu seinem Tode — gerade infolge der besondern Umstände des Hinterlassens — kein Lebender wissen konnte; und er hat dann besondre Gelegenheit zu Beweisen des Fortlebens, etwa indem er selbst durch ausdrückliche Angaben die Entdeckung des Hinterlassenen und die Bestätigung seiner Angaben darüber herbeiführt. — Ich stelle einige Fälle zusammen, in denen dieser Tatbestand der 'Alleinwisserschaft' des Abgeschiednen sich mehr oder minder deutlich ausprägt. Im ersten handelt es sich um den Aufbewahrungsort eines Gegenstandes, von dessen Vorhandensein an sich die Überlebenden wußten; in den zwei folgenden aber um einen Gegenstand und seinen Aufbewahrungsort, welche beide anscheinend allen Lebenden unbekannt waren.

Frau Major L. B. in Savannah (Georgia) berichtet am 16. Sept. 1888, daß sie nach dem Tode ihres Gatten, der am 1. April desselben Jahres erfolgt war, eine fällige Schuldverschreibung des Richters H. W. Hopkins nicht habe finden können und in der zweiten Hälfte des Mai den Versuch machte, vermittelst eines Buchstabierapparats mit dem Verstorbenen in Verkehr zu kommen. 'Wir legten unsre Hände auf den Zeiger, und er buchstabierte ohne weiteres: 'Sieh in meinem langen Schubfach nach und suche Willie [Hopkins] auf.' — Ich wurde aufgeregt, lief zum Schreibtisch und zog das unterste Schubfach heraus, [das der Major immer das 'lange' genannt hatte und] wo seine Unterwäsche aufbewahrt wurde, schüttete den Inhalt auf den Fußboden und begann zu suchen. Unter all den Sachen war eine Weste; in ihrer kleinen Brusttasche war der Schein ... Es war die Weste, die man ihm am Tage seiner Erkrankung abgezogen hatte. Er war am ersten Tage seiner Krankheit bewußtlos. Die Weste war nach oder während seiner Krankheit durch einen Freund in das Schubfach gelegt worden ... Dieses war unsres Wissens nicht geöffnet worden, nachdem er uns verlassen, bis zur Entdeckung des Scheines ... Ich hatte angeordnet, daß das unterste Schubfach nicht angerührt werden sollte ...' Mutter und Tochter versichern auf das bestimmteste, daß sie weder selbst die Weste hineingelegt, noch auch für möglich gehalten hätten, daß ein so wichtiges Papier sich in dieser Weste und an diesem Orte befinde.[1]

In den beiden Fällen gänzlicher Unbekanntheit von Ding und Ort geht die Bezugnahme darauf natürlich von Anfang an vom Abgeschiedenen aus. Sie geschah im ersten derselben durch das sog. Ouija, einen

---

1) Pr VIII 248 ff. (ausführlich beurkundet). Vgl. den Fall JSPR VII 188.

Buchstabierapparat, und die leicht durchschaubare Verstümmelung einzelner Worte der Kundgebung erklärt sich ohne weiteres durch Verwechslung benachbarter Buchstaben. Der Apparat wurde bedient von zwei englischen Offizierswitwen, Mrs. Ellis und Mrs. Dixon (beide pseud.), während ein Mr. Kimber die bezeichneten Buchstaben aufschrieb. Mrs. Ellis' Gatte, Oberst E., der öfter in diesen Sitzungen unter seinem Rufnamen Bob auftrat, 'diktierte' am 3. März 1921 das folgende:

ALL BOX LDUBRS [= LETERS] RBPORTS
                           COLLGEGD WORK HDBRD BOB
(Alle Schatulle Briefe Berichte College Arbeit (?) Bob)
Mrs. Ellis: Ist dies Bob?
YES BOX LDTTERS STABF COLLEGE
Mrs. E.: Welches College meinst du?
STAFF
Meinst du meine Briefe?
YES MY REPORT
Ist dein Stabs-College-Report in der Schatulle mit meinen Briefen?
YES
In welcher Schatulle?
TIN ONE (zinnerne)

Hierzu die Erklärung Mr. Kimbers: 'Diese Privat-Schatulle des Obersten Ellis war von seiner Eltern Heim in Herefordshire an Mrs. Ellis weiterbefördert worden. Mrs. Ellis konnte sie nicht öffnen, da der Schlüssel fehlte. Etwa eine Woche vor dieser Sitzung ließ sie einen Schlüssel anfertigen und fand bei der Einsichtnahme[1] die Schatulle gefüllt mit Paketen ihrer Briefe an Col. Ellis. Da sie nicht wußte, was sie mit ihnen anfangen sollte, verschloß sie die Schatulle, ohne ihren Inhalt zu untersuchen.[2] Bei ihrer Heimkehr von der Sitzung durchsuchte sie die Schatulle zweimal, ohne den 'Report' zu finden. Gelegentlich einer dritten Durchsuchung zwei Tage später fand Mrs. Ellis, zusammengefaltet [oder eingeschlagen][3] mit andern Papieren auf dem Boden der Schatulle, Col. Ellis' Staff College Report.[4] Sie hatte diesen Report nie zuvor gesehn und wußte tatsächlich nicht, daß ihr Gatte ihn besaß. Nach möglichst sorgfältigen Nachforschungen glauben wir nicht, daß das Vorhandensein des Reports an der angegebenen Stelle von irgendeinem Lebenden gewußt wurde.'[5]

Der andre, leidlich bekannte Fall hat gleich den vorigen den Vorzug, durch das kritische Filter der Ges. f. ps. F. gegangen zu sein.

Am 19. März 1917 hatte Mrs. Hugh Talbot ihre erste Sitzung mit Mrs. Leonard (ja ihre erste Sitzung überhaupt), und das Medium kannte damals weder ihren Namen, noch ihre Anschrift. Während der Sitzung gab Feda eine

---

1) looking into.   2) examine.   3) folded in.   4) Ich vermute: ein Zeugnis des
Offiziers über seine Leistungen am Stabs-College.   5) being in any living mind. —
JSPR XX 194 f.

'sehr genaue Beschreibung' der äußeren Erscheinung des verstorbenen Mr. Talbot, der dann selbst (durch Feda) zu sprechen schien und, nach dem Zeugnis der Gattin, 'durch jedes Mittel in seiner Macht mir seine Identität zu beweisen suchte... Alles, was er sagte (oder richtiger Feda für ihn), war klar und deutlich verständlich. Vergangene Ereignisse, von denen nur er und ich wußten, an sich belanglose Dinge, die aber, wie ich wußte, für ihn besondere persönliche Bedeutung hatten, wurden genau und korrekt beschrieben, und er fragte mich, ob ich sie noch besäße. Auch fragte er mich wiederholt, ob ich glaubte, daß er es selber sei, der spreche, und versicherte, daß der Tod in Wahrheit kein Tod sei, daß das Leben gar nicht so unähnlich diesem Leben fortgehe und er sich keineswegs verändert fühle... Plötzlich begann Feda die ermüdende Beschreibung eines Buches; sie sagte, es sei in Leder gebunden und dunkel, und suchte mir seine Größe anzuzeigen (8—10×4—5''). 'Es ist nicht gedruckt, ... es hat Schrift innen." Mrs. Talbot glaubte schließlich auf ein gewisses rotes Buch raten zu müssen, aber ihr Gatte meinte, es sei dunkler. Die langwierige Beschreibung wurde wiederholt und die Aufforderung beigefügt, die 12. oder 13. Seite des Buches aufzuschlagen, wo etwas geschrieben stände, was im Sinne dieser Unterhaltung bedeutsam sein würde. Mrs. Talbot, die immerzu ihr 'rotes' Buch im Sinne hatte, dessen Inhalt sie leidlich kannte, das sie aber für unauffindbar halten mußte, konnte sich wenig für alle diese Aufforderungen erwärmen. Der Kommunikator ließ aber nicht nach und gab als weiteres Merkmal an, daß in dem Buch am Anfang ein 'Sprachen-Diagramm' enthalten sei — der indoeuropäischen, arischen, arabischen und semitischen Sprachen, durchsetzt mit Linien, die von einem Mittelpunkt ausgehn, was Feda mit den Händen zeichnete. Auch dies wurde mehrmals eindringlich wiederholt, aber Mrs. Talbot hielt es trotzdem für völligen Unsinn und suchte die Transpersönlichkeit durch unaufrichtige Versprechungen von der Sache abzubringen; doch schloß die Sitzung bald darauf.

Heimgekehrt, ließ sie sich aber doch von ihrer Schwester und ihrer Nichte, denen ihr Bericht Eindruck machte, zu einer nachdrücklichen Suche bestimmen und fand schließlich auf 'dem' Bücherregal im Speisezimmer, ganz hinten auf der obersten Borte, ein oder zwei alte Notizbücher ihres Gatten, 'die mich nie zu öffnen verlangt hatte. Eins, in schäbigem schwarzem Leder [das ich nie aufgeschlagen hatte], entsprach in seiner Größe Fedas Beschreibung, und ich öffnete es zerstreut... Zu meinem äußersten Staunen fielen meine Augen auf die Worte: Tabelle der semitischen oder syro-arabischen Sprachen, und als ich das Blatt aufschlug, welches zusammengefaltet und eingeklebt war, sah ich auf der andern Seite: 'Allgemeine Tabelle der arischen und indo-europäischen Sprachen'... [worin auch die von Feda beschriebenen 'Linien' sich fanden!] Ich war so verblüfft, daß ich einige Minuten lang nicht daran dachte, nach dem andern [von Feda bezeichneten] Geschriebenen zu suchen. Als ich dies tat, fand ich es auf S. 13...': es war ein Auszug aus einem anonymen Buche v. J. 1881, betitelt 'Post mortem,' der die Empfindungen eines Sterbenden oder eben Gestorbenen in der Ich-Form beschrieb, von dem man also sehr wohl sagen konnte, daß er 'im Sinne der Unterhaltung [durch das Medium] bedeutsam sein würde.'[1]

Dieser Tatbestand des Alleinwissens des Abgeschiedenen ist gelegentlich auch zum Gegenstande des Experiments gemacht worden: d. h. der Kommunikator hat irgendetwas Gegenständliches oder Geschriebenes so hinterlassen, daß es allen Lebenden unbekannt bleiben mußte, in der bewußten Absicht, durch Bekanntgabe nach seinem Tode einen Beweis seines Fortlebens zu liefern.

Mrs. W. A. Finney in Rockland (Massachusetts) berichtet, daß ihr Bruder einige Zeit vor seinem Tode einen Ziegelstein in zwei Stücke brach, deren jedes er mit Tinte bezeichnete und deren eines er ihr übergab mit der Bitte, es wohl aufzuheben, während er selbst das andere verstecken wolle, sodaß niemand außer ihm den Ort kenne, den er nach seinem Tode zum Beweise seines Fortlebens offenbaren wolle. — Einige Monate nach seinem Hinscheiden 'begannen wir (meine Mutter und ich) zu Hause mit Tischsitzungen, ... schließlich fing dieser an sich zu neigen, und mittelst Hersagens des ABC buchstabierte er hervor: '... Ihr werdet das Stück Ziegelstein im Schrank unter dem Tomahawk finden. Benja.' Ich ging in das betreffende Zimmer ... und schloß den Schrank auf, der von niemandem berührt worden war, seitdem er ihn verschlossen und den Schlüssel beiseitegelegt hatte. Dort fand ich das Stück Ziegelstein genau [der Angabe entsprechend] ... Es war in ein Stück Papier eingewickelt [das mit Leim verklebt war], in [das Innerste einer] Muschel gestopft [worüber noch ein Papier geklebt war, sodaß außerhalb der Muschel nichts zu sehen war] und auf den Boden des Schranks genau unter den Tomahawk gelegt.'[2]

Der besonders naheliegende Gedanke, etwas Geschriebenes in verschlossenem (und etwa noch allgemein unzugänglich niedergelegtem) Umschlag zu hinterlassen, um nach dem Tode seinen Inhalt mitzuteilen, ist bekanntlich gleichfalls mehrfach ausgeführt worden; und es ist den Gegnern des Spiritismus sehr zugute gekommen, daß solche Mitteilungen entweder ausgeblieben oder — was schlimmer ist — fehlgegangen sind. Von diesen negativen Fällen und ihrer Deutung wird noch zu sprechen sein. Ein gelungener Versuch dieser Art dagegen ist mir z. Zt. nicht gegenwärtig. Der Fall Houdini, der manchem hier einfallen mag, gehört ja nicht eigentlich unserm Schema an.

Der bekannte Taschenspieler (und Okkultismus-Gegner!) hatte mit seiner Frau gewisse Stichworte verabredet, die er nach seinem Tode mitteilen

1) Pr XXXI 253 ff. Der Bericht ist am 29. Dez. des gleichen Jahres niedergeschrieben, wird aber bestätigt durch ausführliche Zeugnisse der Schwester und Nichte, denen die Erlebnisse der Sitzung sofort mitgeteilt worden und die bei der Suche nach dem Buch und bei den darin gemachten Entdeckungen zugegen waren. Auf Baerwalds Kritik (Phän. 329) komme ich später zu sprechen. — Vgl. Soals Fall der vergrabenen Medaille: Pr XXXV 511 ff.; den Fall JSPR XXII 118 und McNish bei Lombroso 277.　　2) Pr VIII 248 ff. (gut bezeugt). Vgl. den Fall Roßberg: PS XLV 301 f.

wollte, und nur der von ihm zu benutzende Buchstabier-Schlüssel war in versiegeltem Umschlag bei einer New Yorker Bank hinterlegt worden: es lebte also eine Mitwisserin um die verabredeten Inhalte. Houdini hat dann durch Dr. Arthur Ford als Medium das Stichwort 'Glaube!' — im Englischen (believe) siebenbuchstabig — durch die entsprechenden Schlüsselworte bekanntgegeben.[1]

Das Merkwürdigste des Falles freilich liegt darin, daß nach der Selbstdarstellung der Vorgänge 'von drüben her' das fragliche Wissen garnicht von 'Houdini' selbst geäußert wurde, sondern von einer dritten Persönlichkeit, der 'Kontrolle' des Mediums Ford, die überdies vorgab, mit Houdinis verstorbener Mutter zusammenzuarbeiten, um die fraglichen Inhalte aus ihrem Sohn 'herauszubekommen', was infolge von dessen 'Zustand' sehr schwierig wäre. Doch gehört diese sonderbare Behauptung erst recht noch nicht in diesen Zusammenhang.

Eine Gruppe von Mitteilungen möchte ich hier besonders aufstellen: die Ankündigung des eigenen Todes durch Abgeschiedene. Sie findet am häufigsten mehr oder minder bald nach erfolgtem Ableben statt, und wir werden die Natürlichkeit gerade dieser Fälle später zu erwägen haben; zuweilen aber — und auch diese Fälle geben zu denken — in beträchtlichem Zeitabstand vom Tode. — Ich scheide die vorzulegenden Beispiele in solche, die den Tod eines den Empfängern der Mitteilung Bekannten, und solche, die den eines den Sitzern völlig Unbekannten betreffen.

Prof. Guglielmo Botti berichtet, daß er am 22. Juni 1898 während einer Tischsitzung in Gemeinschaft mit Virginia Botti, Ida Botti und Cesira Fabbro folgende Mitteilung erhielt: "Ich bin dell'Acqua Giusti.' — Wer? der Professor? fragte ich. — 'Ja'. — Wie? Sind Sie gestorben? und wann? — 'Ich bin vor 13 Monaten gestorben aus Altersschwäche.' — Der Dr. Antonio dell'Acqua Giusti war mein Kollege als Professor der Kunstgeschichte an der Kgl. Akademie der schönen Künste in Venedig gewesen; ein Gelehrter in seinem Fache. Nun traf es sich, daß gerade am Tage darauf, dem 23. Juni, der Schreiber jener Akademie, ein gewisser F. Socal, in Turin eintraf, der mich aufsuchte und mir viel von Angelegenheiten dieser Anstalt erzählte.' Auf eine Frage Bottis nach dem alten Professor dell'Acqua erwiderte er: 'Der Arme ist gestorben, von Alter und Krankheit hingerafft, es ist jetzt 13 Monate her.'[2]

Ein ähnlicher Vorgang wurde von den Herren Dr. Egbert Müller und Ernst Henning mitgeteilt. Am 13. Dez. 1899 gab sich in einer Sitzung die in Stralsund lebende Tante der Gattin des letzteren, Cecilie Burmeister, kund, sprach ihm Mut zu anläßlich einer ihm bevorstehenden Augenoperation und erwiderte auf eine entsprechende Frage, daß sie 4 Tage zuvor gestorben sei.

1) ZP 1929 540 f.   2) Aus RSP 1899 383 bei Bozzano, Casi 46 f.

'Nun wußten wir, daß die alte, fast 70jährige Dame unpäßlich war, aber die Sache hatte uns nicht weiter beschäftigt, da wir erst vor 14 Tagen eine Postkarte von ihr erhalten hatten, in der es hieß: 'Beunruhigt euch meinetwegen nicht, denn meine Stunde ist noch nicht gekommen.' Wir nahmen denn auch die mediale Botschaft nicht ernst und schickten der Tante in gewohnter Weise Glückwünsche zu ihrem Geburtstag, nebst einer von meiner Tochter angefertigten Stickerei... Aber zu Beginn des neuen Jahres wurde mir die Glückwunschkarte zurückgesandt mit dem Vermerk 'Adressatin verstorben'. Erkundigungen bei gemeinsamen Bekannten ergaben nunmehr, daß die Tante am 9. Dez. 1899 verschieden war, also genau '4 Tage' vor jener Sitzung. Das Ausbleiben aller Nachrichten über ihren Zustand erklärte sich dadurch, daß die alte Dame eine Woche vor ihrem Tode auf dem Weg ins Krankenhaus von einem Schlaganfall heimgesucht worden war, der sie der Sprache und des Bewußtseins beraubte, das sie auch bis zu ihrem Tode nicht wiedererlangte.'[1]

Eine verwandte Beobachtung, die der Rev. V. G. Duncan berichtet, zeigt die Eigentümlichkeit, daß die völlig zutreffende Todankündigung eines guten Bekannten von ihrem Empfänger infolge irrtümlicher Deutung des angegebenen Namens nicht verstanden wurde, — ein Umstand von unverkennbarer theoretischer Bedeutsamkeit.

Der 'Führer' der Misses Moore, Medien für 'direkte Stimmen', hatte in einer Sitzung Ende September 1929 den Namen eines angeblich anwesenden Verstorbenen als Dan angegeben (die gebräuchliche englische Abkürzung für Daniel), was Duncan nur auf einen vor sehr langem verstorbenen entfernten Verwandten glaubte beziehen zu können. Dem widersprach aber der 'Führer' mit der Versicherung, es handle sich um jemand, den Duncan 'in Edinburgh sehr gut gekannt' habe und der 'sehr dringend wünsche, sich kundzugeben'. 'Er sagt, Sie kennen ihn ganz genau; er ist sehr oft mit Ihnen zusammen gewesen. Sie kennen seine Frau und seinen Sohn. Diese lebten in Ihrer Nähe.' Duncan konnte sich schlechterdings nichts bei alledem denken. Erst im Dezember stieß er beim Durchblättern einer eben erhaltenen Nummer eines Kirchenblattes auf die Todesanzeige des am 14. Sept. — also zwei Wochen vor jener Sitzung — verstorbenen Mr. William Dann, Kassenführers der schottischen Kirchenbehörde. 'Ich hatte nicht einmal von seiner Krankheit eine Ahnung gehabt. Fast alle 14 Tage ... waren wir beisammen gewesen und hatten über metapsychische Fragen gesprochen, in denen er theoretisch und praktisch wohlbeschlagen war. Nichts könnte gewisser sein, als daß er jede sich bietende Gelegenheit ergriffen haben würde, sein Überleben zu beweisen, und ich bin überzeugt, daß er es an jenem Nachmittag in Hamble getan hat. Ich war nur eben ganz erfüllt von der Vorstellung, daß Dan ein Taufname sein sollte; auch kam es mir im Traum nicht bei, daß mein Freund Dann diese Welt verlassen hatte.'[2]

In den beiden folgenden Fällen wird nicht nur die Tatsache und etwa

1) Rückübersetzt aus Bozzano, Casi 45 f.   2) Duncan 117 f.

die Zeit, sondern auch die Art und Ursache des Todes angegeben. Der bekannte W. St. Moses hat ein Erlebnis dieser Art gehabt, das hier mitgeteilt sei.

Eines Tages mit einem Bekannten unterwegs vom Regen überrascht, suchte er in einem Gasthause (der 'Britannia' in der Belsize Road) bei einer Partie Billard Schutz. Der Wirt, Mr. Rowbotham, war dabei zugegen und hörte gespannt dem Gespräch über Spiritismus zu, das die beiden Herren während des Spieles führten. 'Er war Weinhändler und gab mir, als ich fortging, seine Geschäftskarte, indem er um meine Kundschaft bat. Von Zeit zu Zeit kaufte ich ihm etwas ab, und etwa ein halbes Dutzend Male wechselte ich dabei einige Worte mit ihm. Jedesmal stellte er Fragen über den Spiritismus. Als ich ihn zum letzten Male sah, war er leidend und sagte mir, daß er in Behandlung eines Arztes sei und rasche Fortschritte in der Besserung mache. Ich sah ihn nicht wieder, bis [eines Tages], als ich am frühen Morgen meiner Gewohnheit nach allein in meinem Arbeitszimmer saß, Mr. Rowbotham vor meinen hellsehenden Augen erschien [was Moses für den Doppelgänger des Lebenden hielt]. Eine Zeitlang konnte er nicht sprechen; aber als es ihm gelang, sich mir vernehmbar zu machen, grüßte er mich, wie er im Fleische getan haben würde, wobei er mich Mr. — nannte, ein Name, den er meinen Freund hatte gebrauchen hören, als wir zusammen in seinem Billardzimmer waren. Schließlich fragte ich, was ihn herführe, und erfuhr, daß er 'gekommen sei, mich zu sehen'. Er sei tot, sei vor etwa 2 Monaten gestorben, wobei er mir Ort und Adresse angab. Er nannte mir auch seinen vollen Namen, die Krankheit, die ihn hingerafft [Diabetes], und den Tag seines Todes. Alle diese Tatsachen lagen völlig außerhalb meiner Kenntnis. Er war in einem weit entfernten Badeort [Torquay] gestorben... Ich und einige Freunde prüften alle Angaben nach und fanden, daß sie buchstäblich richtig waren. Und doch schien er keinen besonderen Grund für sein Kommen zu haben, es sei denn, er wollte seinen Stein zu der Anhäufung von Beweisen beitragen...'[1]

Im folgenden Fall ist die Tatsache des Todes der Sitzerin zwar bekannt, aber der Verstorbne gibt wieder Einzelheiten des Sterbevorgangs an, die jener unbekannt waren und erst auf beträchtlichen Umwegen ihre Bestätigung fanden. Mrs. Barker (pseud.), die Witwe des Kommunikators, wird von der Herausgeberin des *Journal S. P. R.* als eine äußerst genaue und vertrauenswürdige Berichterstatterin bezeichnet, von Mrs. Sidgwick als 'eine ausgezeichnete Zeugin, — sorgfältig, genau und mit klarem Verständnis für das Wesen guter Beweise'.

Sie verlor ihren Gatten, einen Oberst, im letzten Kriege in Mesopotamien. Die telegraphische Liste der Gefallenen erwähnte bloß seinen Tod, und eine telegraphische Anfrage der Witwe betr. Einzelheiten blieb wochenlang in

1) Moses 94 ff.   Auch Pr XI 102.   Vgl. d. Fälle PS 1888 352 ff.   (aus Lt 1884 448) und JSPR IX 65 ff. (auch Myers II 478 ff.).

Basra liegen und gelangte nicht ans Regiment, sodaß bis zum Eintreffen der ersten Post aus Mesopotamien niemand in England mehr als eben den Tod des Colonel B. wissen konnte. Vor Eintreffen dieser Post besuchte Mrs. B. die damals noch wenig bekannte Mrs. Leonard, und zwar ohne ihren Namen zu nennen und ohne jede vorherige Verabredung. Sie hatte, wie sie sagte, 'eine wunderbar lebendige Sitzung, worin eine Menge vertraulicher Mitteilungen erfolgte, deren Inhalt nur [ihr] bekannt war.' 'Feda' gab die Initialen des Col. B. richtig an und sagte: 'Er wünscht dringend, Sie wissen zu lassen, daß er nicht gelitten hat. Er wurde nicht sofort getötet, sondern starb etwa $3/_4$ Stunden nach der Verletzung. Aber er war 'bewußtlos', so daß er nicht litt. Er sagt, Sie werden eine Bestätigung erhalten, denn er wurde hinter die Front getragen und beerdigt. Er wurde nicht 'vermißt' oder gefangen genommen. Sie werden seine Sachen zugesandt erhalten, seine Uhr und was er bei sich trug.' Dies traf ein, und alle vorstehenden Angaben wurden bestätigt durch einen Brief des Generals, der zugegen war, als Oberst B. eingeliefert wurde. In der nächsten Sitzung wiederholte 'Feda' einiges von diesen Angaben und fügte hinzu, 'er sage', er habe zwei Verwundungen empfangen, eine in der Brust und eine in der Kehle; 'aber es war die Brustwunde, die ihn tötete, der Schuß ging durch die Lunge'. Auch dies wurde durch den Bericht eines andren Offiziers jenes Regiments an einen Freund bestätigt. Mrs. B. bat 'Feda' um Auskunft darüber, ob er Zeit gehabt habe, die Tödlichkeit seiner Wunde zu erfassen, ehe er das Bewußtsein verlor, worauf 'Feda' sagte: 'Er hatte nur Zeit zu fühlen, daß ihn etwas wie ein Schlag umwarf, und sagte nur zu sich selbst: Hallo, da hab' ich's. Er sagt ein fremdländisches Wort, 'Kismet'. Er sagt 'Kismet'.' — Drei Jahre später kam einer der Offiziere des Regiments zum erstenmal während des Krieges auf Urlaub. Als er Mrs. B. besuchte, stellte sie auch an ihn die obige Frage. 'Der Offizier, Oberst B., erwiderte, daß, als mein Gatte fiel, ein eingeborener Offiziersbursche zu ihm heranlief. Oberst B. befragte den Mann später (das Regiment war im Vorrücken, so daß kein Offizier im Augenblick bei dem Gefallenen verweilen konnte). Die Ordonnanz sagte, der Oberst habe nur aufgeblickt und gesagt: 'Kismet, trag mich nach hinten', und dann das Bewußtsein verloren.' — Miss B., die Schwägerin der Berichterstatterin, bezeugt schriftlich, daß die entsprechende Angabe durch 'Feda' ihr von Mrs. B. genau so erzählt worden sei vor Eintreffen der Bestätigung. Außerdem verdient erwähnt zu werden, daß Oberst Barker sich überhaupt als ein 'ungewöhnlich erfolgreicher Kommunikator' erwiesen hat.[1]

Der nachstehende merkwürdige Fall mag den Übergang vermitteln zu Todankündigungen Unbekannter. Die sich hier meldende kürzlich Verstorbene ist dem Medium völlig, der Sitzerin so gut wie unbekannt und muß sich zum Zweck ihrer Identifizierung erst auf eine dritte, der Sitzerin vertraute Person, also eine gemeinsame Bekannte, berufen. Der Leser wird zum Nutzen späterer Überlegungen gut tun, auch solche

---

1) JSPR XX 394 ff. Vgl. d. Fall der Kate McGuire: JSPR VIII 278 ff.

Fälle von vornherein nicht ohne eigenes Nachdenken zur Kenntnis zu nehmen. — Der Fall wurde von der Sitzerin, Mrs. J. Beadon, der Ges. f. ps. F., deren Mitglied sie ist, eingesandt.

In einer ihrer Sitzungen mit Mrs. Leonard (am 30. Nov. 1918) unterbrach diese (was sehr bemerkenswert ist) in erregter Weise die im Gang befindliche Kundgebung: es sei ein Geist zugegen, der dringend sich zu äußern wünsche; er sehe etwa 35 Jahre alt aus, sei von mittlerem Wuchs, derbem Gesicht, guten Zügen mittlerer Färbung. 'Ging hinüber nach Influenza', sagte 'Feda' und fügte hinzu, als Mrs. B. den Geist nicht zu erkennen behauptete, da sie niemand wisse, der an Influenza gestorben sei: 'Nicht gewiß, ob Sie schon davon gehört haben, [starb] vor etwa 10 Tagen.' Auf die Frage nach dem Namen gab 'Feda' ein S an ('ähnlich einem J', — das ja von Engländern oft fast gleich geschrieben wird) und ein P, 'sehr deutlich'. Und als Mrs. B. noch immer niemand erkennen konnte: 'Kitty [pseud.]. Das gibt er als Anhaltspunkt — Kitty wird es wissen. Stevenson [pseud.] — hilft. Stevenson — fragen Sie Kitty Stevenson.' Ob eine Botschaft für Kitty Stevenson vorliege? — 'Es ist zu früh für Botschaften. Machen Sie erst ausfindig, wer es ist.'

Mrs. Beadon 'ahnte nicht', wer S. P. sei, hatte aber tatsächlich eine Freundin Kitty Stevenson. Diese suchte sie am zweiten Tage nach der Sitzung auf, traf sie bettlägerig nach überstandener Influenza an und fragte sie, ob sie durch die zur Zeit herrschende Seuche jemand verloren habe, was K. St. verneinte. Mrs. B. hielt daher die angebliche Botschaft für irrig. — Einige Tage danach erfuhr sie soz. zufällig, daß Kitty Stevenson soeben vom Tode einer nahen Freundin Sylvia Parkinson [pseud.] an Influenza gehört habe; sie sei besonders tief erregt, weil der Tod schon vor fast 14 Tagen erfolgt sei, ohne daß sie davon gehört. 'Ich kannte Mrs. Parkinson nicht', schreibt Mrs. Beadon, 'obwohl ich glaube, daß ich sie vor etwa 25 Jahren bei Mrs. Stevenson vor deren Heirat getroffen habe. Eine deutliche Erinnerung an sie habe ich nicht. Ihr Name war damals Miss O.' — Es folgen bestätigende Zeugnisse von Mrs. Stevenson und ihrem Gatten.[1]

Nunmehr zu Todankündigungen zweifellos Unbekannter übergehend, beginne ich mit einem Falle, in dem die erregende Todesart — Selbstmord — den Wunsch, sich irgendwo zu 'melden', besonders natürlich erscheinen läßt. Auch nehmen die Äußerungen der Verstorbnen in unverkennbarer Weise eben darauf Bezug. Die Vorgänge, von Aksakow in reichlicher Beurkundung der Ges. f. ps. F. bekanntgegeben, werden bezeugt von den vier Teilnehmern der betr. Sitzung, u. a. dem Gutsbesitzer A. Narzew und dem Tambowschen Stadtarzt Tuluschew.

In dieser Sitzung (am 18. Nov. 1887) in Hrn. Narzews Hause in Tambow ließen sich scharfe Klopflaute im Fußboden, darauf in der Wand und Decke,

1) JSPR XIX 227 ff.

schließlich in der Mitte des Tisches hören, durch die vermittelst des hergesagten ABC nach einigen Vorfragen der Name 'Anastasia Pereligin' sowie das Folgende hervorbuchstabiert wurde: 'Ich bin ein unglückliches Weib. Betet für mich. Gestern im Laufe des Tages starb ich im Hospital. Vorgestern vergiftete ich mich mit Streichhölzern.' — Weshalb? — 'Ich will es nicht sagen. Ich will nichts weiter sagen.' — Die vier Teilnehmer bezeugen urkundlich, daß sie von dem Dasein und Ableben der A. P. nichts gewußt hätten. Dr. Tuluschew erklärt, daß er der Mitteilung anfangs keinen Glauben schenkte, weil die Polizei ihm als Stadtarzt jeden Selbstmord sofort hätte anzeigen müssen. Aber auf die Angabe der A. P. hin, daß sie im Hospital gestorben sei, wandte er sich an Dr. Sundblatt, den Arzt des einzigen in Tambow bestehenden Krankenhauses, das seiner Amtstätigkeit gänzlich entzogen war, ohne Angabe von Gründen mit der Frage, ob ein frischer Fall von Selbstmord eingeliefert worden sei. Der im Druck vorliegende Brief des Dr. Sundblatt bestätigt die Angaben der Anastasia Pereligin in jeder Einzelheit. Auch im Krankenhause hatte sie sich vor ihrem Tode geweigert, die Gründe ihrer Tat anzugeben. Dies Hospital liegt etwa 5 km vom Hause des Hrn. Narzew entfernt.[1]

Der nachstehende Fall, größtenteils von zweien der bedeutendsten italienischen Forscher, Peretti und Bozzano, persönlich beobachtet, weicht vom üblichen schlichten Typ darin ab, daß der sprachlichen Mitteilung eine Erscheinung vorausging, die sich auf die Angabe eines Namens beschränkte.

Sig. G. B., Kapitän der italienischen Marine, erzählt, daß er am 9. Nov. 1908, 11,45 Uhr nachts, ruhigen Gemütes und in vollkommener Gesundheit heimkehrend und im Begriff sich niederzulegen, etwas Weißliches auf seinem dunkel zugedeckten Bette wahrnahm, das er zunächst für ein Handtuch hielt, das aber, als er danach greifen wollte, die Gestalt eines Mädchens von 10—11 Jahren in hochgerafftem grobem Hemde annahm, mit braunen Haaren, schwarzen Augen, fahlem, krampfverzerrtem Gesicht, hochgezogenen Knien und wie im Schmerz auf den Unterleib gelegten Händen. Der Unterleib wies eine ausgedehnte und tiefe Wunde auf. Als sich B. überzeugt hatte, daß es sich nicht um eine Gesichtstäuschung handle, fragte er die Erscheinung, wer sie sei, und hörte eine 'verschleierte und schwache Stimme' antworten: 'Adele'. Die Erscheinung, die etwa eine Minute lang sichtbar gewesen war, löste sich dann in 'eine leichte Rauchwolke' auf.

Als B. am Tage darauf Peretti einen schriftlichen Bericht über sein Erlebnis einhändigte, veranlaßte dieser ihn, da er von der medialen Veranlagung des Kapitäns wußte, zu einem Schreibversuch, bei welchem dessen 'Führer' erklärte, er habe die Vision verursacht, um einen Beweis des Überlebens zu liefern. Adele sei ein Kind von 11 Jahren und an Gift gestorben. In einer Sitzung am nächsten Freitag, 13. Nov., werde sie alles selbst erzählen.

In dieser Sitzung, die in Anwesenheit Bozzanos und Ed. Lanfrancos im

---

1) Pr VI 355 ff. Vgl. d. Fälle Bradley, Stars 19 und Joire 189 ff.

Hause Perettis stattfand, schrieb die Hand des Mediums, einer Beamtin von 'unantastbarer Ehrenhaftigkeit', u. a. folgendes: 'Ich bin Adele Milani aus Mailand. Ich war, als ich starb, 11 Jahre alt und bin vergiftet worden.' Als einer der Anwesenden etwas fragen wollte, fuhr die Schrift mit Heftigkeit dazwischen: 'Laß mich reden. Dein Führer hat mir gesagt, ich solle angeben, wie ich gestorben bin und wann und wo ich lebte. Nun denn, ich lebte in Mailand, Via Magolfa, bei der Porta Ticinese. Ich hatte 4 Schwestern und einen kleinen Bruder. Papa hieß Fiorenzo oder Fiorenzin, und Mama Teresa; sie ist Wäscherin und Papa Arbeiter an der Gasanstalt. (Auf eine Unterbrechung hin abermals: Schweige!) Also, es war am Sonntag, dem 25. Sept. 1904 [mithin mehr als 4 Jahre vor dem Datum der Sitzung]; Papa hatte Kutteln gekauft und wir haben alle acht davon gegessen. Tags darauf bekam ich Kopf- und Leibschmerzen und dann Fieber. Meine Schwester Giuseppa starb am Mittwoch früh und ich in der Nacht vom 29. auf den 30., vom Donnerstag auf den Freitag. Man trug mich zum Musocco [ein Friedhof am Platze gleichen Namens] und schnitt mich auf, während ich noch lebte. Denk dir, der Arzt sagte, ich hätte Meningitis gehabt; ja, es sind Esel und sie haben mir weh getan. Erst als sie in meinem Bauche in die Eingeweide blickten, sahen sie, daß es Kutteln waren ... (Wieso sie denn lebend geöffnet worden sei?) Weil ich noch mit dem Geist im Leibe war und man mich ohne weiteres aufschnitt. (Es folgten dann auf Befragen genaueste Angaben über die Namen der Eltern und sämtlicher Geschwister sowie deren Alter. — Warum nach ihrer Aussage nur drei gestorben seien?) Papa ging zur Gasanstalt und erbrach sich, Mama hatte nur wenig gegessen und wurde krank; die andern erbrachen sich alle und waren krank. (Nach ihrer Hausnummer gefragt:) Ich weiß sie nicht, sieh nach. Es wohnt eine Obsthändlerin in der Nähe unsrer Tür.'

Allen diesen Angaben wurde nachgegangen. Die Familie lebte, wie man feststellte, in der Via Magolfo Nr. 29 in einem Zimmer. Eine Obsthändlerin wohnte am Eingang der Straße. Der Vater, Arbeiter an der Gasanstalt, hieß Florent Milani, die Mutter Teresa Santagostino. Das Aussehn Adeles auf einem Bilde erhärtete die Ähnlichkeit der Erscheinung. Der Vater bestätigte, daß er im Sept. 1904 auf dem Corso Gottardo für 95 Centesimi Kutteln gekauft hatte, nach deren Genuß drei Kinder gestorben waren. Alle hatten sich erbrochen, auch der Vater. Der herbeigerufene Arzt, namens Rossi, hatte Öffnung der Leichen angeordnet, die auf den Friedhof Musocco verbracht waren. Der Kuttelnhändler auf dem Corso Gottardo hatte sich herauszureden versucht. Die 11jährige Tochter war in der Totenliste unter dem Namen Francesca als am 29. Sept. 1904 verstorben eingetragen; man hatte sie aber zu Hause und in der ganzen Nachbarschaft Adele genannt. Die Angaben über Namen und Alter sämtlicher Geschwister erwiesen sich gleichfalls als richtig.[1]

Ich will, obgleich es sich jetzt wesentlich nur um die Darstellung von Tatsachen handelt, doch die Bemerkung einflechten, daß hier eine

1) LO Jan./Feb. 1909; ref. RB 1926 111 ff.

Ableitung des vom Medium geäußerten Wissens aus gelesenen und vergessenen Pressemeldungen oder dergl. offenbar nicht in Frage kommt, indem weit mehr geäußert wird, als eine Zeitungsnachricht über solche Arme(!) enthalten hätte, falls eine überhaupt erschien. Daß 'Adele' ihre Hausnummer nicht kennt, wohl aber sich erinnert, neben einer Obsthändlerin gewohnt zu haben, ist ein ebenso bezeichnender Zug, wie ihr zweimaliges 'Schweige!' Aber Kleinigkeiten dieser Art werden uns, wie gesagt, erst in späterem Zusammenhang beschäftigen, und ich hebe sie gelegentlich hervor, nur um die Aufmerksamkeit des Lesers für solche Dinge auch in den hier gesammelten Berichten anzustacheln.

Ein weiteres Beispiel, das man zu den bekannten Paradestücken zählen muß, geht über den Bestand des letzten noch hinaus. Die Selbstbekundungen des unbekannten Verstorbnen umfassen hier eine kurze automatische Niederschrift durch ein Medium, ausführlichere Angaben durch dessen Transpersönlichkeit während einer Materialisationssitzung, sowie eine Erscheinung des Verstorbnen als photographierbares Phantom. Dabei ist die normale Erlangung des zutagegeförderten Wissens restlos ausgeschlossen.

Während Mrs. d'Espérance[1] am 3. April 1890, 10 Uhr vorm. in Gotenburg im Büro des Hrn. Matth. Fidler einen Geschäftsbrief verfaßte, schrieb ihre Hand automatisch und in großen Buchstaben den Namen eines ihr Unbekannten: 'Sven Stromberg', so daß sie zu ihrem Ärger einen neuen Bogen nehmen mußte. (Der erste Bogen ist erhalten geblieben.) Eine Umfrage bei den Angestellten des Fidlerschen Büros ergab, daß auch diese von einem Sven Stromberg nichts wußten.

Zwei Monate später trafen sich Staatsrat A. Aksakow, Prof. Butlerow, Herr Fidler u. a. bei ihr zum Zwecke von photographischen Materialisationssitzungen, und im Verlaufe einer der ersten erklärte der Führer 'Walter': 'Es war ein Geist hier, der sich Stromberg nannte und den Wunsch hatte, daß seine Eltern von seinem Ableben benachrichtigt würden. Ich vergaß, es euch früher zu sagen. Er sagte, glaub' ich, daß er im Staate Wisconsin am 13. März gestorben und in Jemtland geboren sei. Gibt es solch ein Land? ... Er war verheiratet und hatte ein Dutzend Kinder.' Herr Fidler war der einzige, der diese Botschaft mit jener Namensniederschrift im Geschäftsbrief in Verbindung brachte; er bat um die Anschrift der Eltern.

Am Tage darauf, als Mrs. d'Espérance im Dunkeln vor der Kamera Platz genommen hatte, fühlte sie deutlich eine Berührung ihres Kopfes, und nachdem das Magnesiumlicht aufgeflammt war, gaben die anwesenden Herren übereinstimmend an, daß sie hinter dem Medium einen Mann hatten stehen sehn. In der Tat erschien auf der entwickelten Platte hinter dem Medium ein Männerkopf von ruhig-heiterem Gesichtsausdruck (ganz im Gegensatz

1) Ein besonders durch Materialisationen namhaftes Medium.

zu dem erschreckten Blitzlichtgesicht des Mediums). 'Walter' gab an, daß dies jener Stromberg sei und daß er nicht im Staate Wisconsin, sondern in Neu-Stockholm verstorben sei, und zwar am 31., nicht am 13. März: er habe bei der ersten Mitteilung die beiden Ziffern vertauscht. Strombergs Eltern, sagte er, lebten in Strom Stocking ('oder so ähnlich') in der Provinz Jemtland. Er scheine gesagt zu haben, daß er im Jahre 1886 ausgewandert sei, daß er sich verheiratet und 3, nicht 6 Söhne gehabt habe. Als er starb, hätten alle ihn geliebt und beweint. — Ob man das der Witwe mitteilen solle? — Nicht der Witwe, erwiderte 'Walter', sondern den Eltern in Jemtland, und daß er von allen geliebt und beweint gestorben sei. Alle Welt habe ihn in seiner Heimat gekannt; man solle nur einen Abzug der Photographie hinschicken, so werde man schon zum Ziele kommen.

Auf diese Aussagen hin schrieb Herr Fidler an den Pastor von Strom in Jemtland und bat unter Angabe der erhaltenen Auskünfte um Mitteilung der Adresse der Eltern. Neu-Stockholm auf der Karte zu finden, gelang ihm aber ebensowenig, wie durch die Auswanderungsgesellschaften Näheres zu erfahren; doch schrieb er wegen jenes Ortes noch an einen schwedischen Freund in Winnipeg (Kanada), den Vizekonsul Olsen. Auch die Antwort des Predigers von Strom fiel negativ aus: nur ein Sven Ersson habe sich um die angegebene Zeit verheiratet und sei nach Amerika ausgewandert. Im übrigen gebe es natürlich viele Svens, aber keiner trage den Namen Stromberg. Man hielt sich infolgedessen für getäuscht.

Ein Zufall führte Hrn. Fidler einen aus New Stockholm datierten Aufsatz in einer kanadischen Zeitung unter die Augen, gezeichnet von einem Herrn A. S., an den sich Herr Fidler alsbald durch Vermittlung der Schriftleitung um Auskunft über Sven Stromberg wandte. Hierdurch sowie durch weitere Nachforschungen des Vizekonsuls Olsen kam nunmehr ans Licht, daß Sven Ersson, geb. in Strom Stocken in Jemtland, verehelicht mit Sara Kaiser, nach Kanada ausgewandert war und dort den Familiennamen Stromberg angenommen hatte (ein ziemlich gewöhnlicher Vorgang unter den Amerika-Schweden, die von Hause meist nur ihren Vornamen und ihr Patronym mitbringen); daß er Land erworben in einer Ortschaft, die nachmals (1887) New Stockholm genannt wurde; daß er drei Söhne hatte und in der Nacht des 31. März 1890 gestorben war. Von seiner Frau und seinem Geistlichen erfuhr man, daß es e i n e r seiner l e t z t e n W ü n s c h e gewesen war, s e i n e n E l t e r n und F r e u n d e n in Schweden die Nachricht von s e i n e m T o d e z u k o m m e n z u l a s s e n ; doch unterblieb die Absendung eines bereits geschriebenen Briefes wegen der großen Entfernung des nächsten Postamts: 36 km. Die Aufsehen erregenden Nachforschungen in New Stockholm veranlaßten aber die Witwe, jenen Brief nun doch noch zur Post in Whitewood zu schaffen, worauf Herr Fidler durch den Pastor von Strom die gleichen Auskünfte erhielt, die ihm bereits zuvor Herr Olsen, der kanadische Pastor und der Verfasser jenes Zeitungsaufsatzes verschafft hatten. Auch die mediale Photographie des Sven Stromberg wurde von zahlreichen Einwohnern von Strom identifiziert und in aller Form als die seine beglaubigt. Diese ganze Untersuchung hatte ein volles Jahr beansprucht. Das Fehlen von Telegraph und Eisenbahnen in der fraglichen Gegend Kanadas um 1890 läßt es ausgeschlossen erscheinen, daß in der Zeit zwischen dem Tode Strombergs und der ersten medialen Botschaft — d.i. in etwa 60 Stunden — die Nachricht von seinem Ableben auf normalem Wege nach Schweden gelangt wäre.[1] —

Todesankündigungen Unbekannter in Sitzungen sind übrigens in solcher Massenhaftigkeit erfolgt, daß eine der verbreitetsten spiritistischen Wochenschriften in Amerika, das Bostoner 'Banner of Light', jahrzehntelang eine ständige Spalte für deren Bekanntgabe unterhielt, was in den weitaus meisten Fällen — in 'Tausenden', sagt die Schriftleitung — zur Identifizierung der sich Meldenden durch entfernte Verwandte oder Freunde führte, — wie aus einer andern ständigen Spalte des Blattes zu ersehen ist. — Prof. Gunning, ein Geologe, der an der Echtheit dieser Veröffentlichungen zweifelte und die Schriftleitung besuchte, um Beweise zu fordern, wählte aus der Fülle der abgedruckten Anmeldungen eine aus, die von dem angeblichen Geiste eines Schotten an seine in Glasgow wohnende Gattin gerichtet war, und beschloß, die Sache um den Preis einer Reise nach Schottland selbst zu prüfen, im Fall einer Enttäuschung aber die ganze Einrichtung als Schwindel bloßzustellen. 'Einige Monate später fand er sich wieder bei der Schriftleitung ein und berichtete von seiner Zusammenkunft mit der Witwe, welche die Botschaft in vollem Umfang bestätigt habe.'[2]

Es wurden schon im Vorstehenden einige Kundgebungen Verstorbener angeführt, von denen ich sagte, daß sie 'Brocken' aus sehr umfangreichen Sammelurkunden dieser Art darstellten. Ich möchte diese vorläufige Tatsachenschau beschließen mit kurzen Auszügen aus einigen dieser umfassenden Fälle; ich hoffe dabei, daß die Geduld des Lesers sich belohnt finden werde durch die vermehrte und vertiefte Anschauung, die ihm auch dieser Teil allgemeiner Übersicht für die nachfolgenden, mehr ins einzelne dringenden Überlegungen vermitteln soll. Solche umfangreiche Sammelurkunden hat uns auf diesem Gebiet die vorgeschrittene und methodisch mustergültige angelsächsische Forschung in ziemlicher Zahl beschert. Und zwar erstreckt sich ihre Umfänglichkeit soz. in zwei Richtungen. Entweder wird der Mitteilungsvorgang als Leistung an einem Medium erschöpfend untersucht, also im Zusammenhang mit einer großen Zahl von Sitzern sowie mit einer großen Zahl sich kundgebender Persönlichkeiten oder 'Kommunikatoren'. Oder aber es werden die Äußerungen eines Kommunikators, etwa auch durch mehrere Medien, als zu erforschende Einheit gefaßt; und im letztern Fall überwiegt offenbar von vornherein die spiritistische Fragestellung. In beiden Gattungen ist die heute vorliegende Fülle des

---

1) d'Espérance 317 ff.; Lt 1905 43 ff.; Bozzano, A prop. 194 ff. u. ö.   2) Aksakow 521 f.
S. aber Myers' einschränkende Kritik: Pr VI 673.

Stoffes bereits erdrückend; in beiden ist seine Darbietung, die bis ins Letzte stenographisch — fast möchte man sagen: phonographisch — genaue Beurkundung des Geäußerten schlechterdings einwandfrei. Die Akten der Medien Piper, Thompson, Soule, Verrall, Leonard u. a. m., die Akten anderseits über die Selbstbekundungen der 'Dr. Allison', des 'Rev. Thomas sen.', der 'Mrs. John T. Thomas', des 'Dr. Hodgson' u. a. m. stellen eine psychologische Stoffsammlung dar, an der noch Geschlechter von Forschern ihren Scharfsinn üben werden, nachdem einmal die überragend aufschlußreiche Natur dieser Tatsachen allgemein begriffen sein wird.[1] — Aus dem Meere dieser angehäuften Urkunden wähle ich natürlich wieder nur einige Tropfen aus, aber doch dabei — wie gesagt — ein wenig mehr ins Breite gehend, als bei den bisher vorgelegten Einzelbeobachtungen.

Die großen Paradefälle aus den unabsehbaren Piper-Akten sind oft genug dargestellt worden. Als echte Paradefälle kann ich sie hier nicht ganz übergehen; als häufig dargestellte möchte ich sie so kurz als möglich behandeln, schon um Raum für weniger bekannte Beispiele zu ersparen. — An die Spitze ist wohl 'George Pelham'[2] zu stellen, der seit dem März 1892 einen Teil der Führung des Mediums den Händen 'Phinuits' entriß und eine entschiedne Verbesserung der Ergebnisse bewirkte. 'G. P.' gehörte einer namhaften Familie Neu-Englands an. Er hatte die Rechte studiert und dann durch schriftstellerische und philosophische Arbeiten sich früh einen Namen gemacht, als er im Februar 1892 durch einen Sturz vom Pferde einen plötzlichen Tod fand. Mit Dr. Hodgson, dem bedeutendsten Erforscher des Piper-Trans, hatte er — ungläubig, aber interessiert — die Frage des Fortlebens eifrig erörtert, wobei er seinem Zweifel doch wenigstens die Zusicherung abgewann: er werde bemüht sein wiederzukehren, falls er sich nach dem Tode noch lebend fände. Es könnte daher natürlich erscheinen, daß gerade er Dr. Hodgsons Forschungen durch eigenes Eingreifen zu fördern suchte, und zwar eben durch Mrs. Piper, der er übrigens zu Lebzeiten nur ein einziges Mal unter falschem Namen gegenübergestanden hatte. Er tat es nun meist durch Mrs. Pipers schreibende Hand, während 'Phinuit' an der mündlichen Rede festhielt.

Nach seinem ersten Auftreten äußerte G.P. den Wunsch, seinen Vater über persönliche Angelegenheiten zu sprechen. Dieser, ein Zweifler in der Frage des Fortlebens, erschien mit seiner Frau zur Sitzung und wurde unter falschem Namen eingeführt. G. P. erkannte die Eltern sofort ausdrücklich als solche — 'ich bin es, George' — und machte Mitteilungen, wie Mr. Pelham sen. sie von seinem Sohn erwartet hätte.

1) Mrs. Sidgwick füllte einen bewundernswürdigen Band von 652 Seiten (Pr XXVIII) nur mit einer Analyse der Transvorgänge bei Mrs. Piper.   2) Pseud. für Pellew.

Nach etwa 2 Wochen hatten dann die Howards, seine nächsten Freunde, eine Sitzung mit Mrs. Piper, und diesen gegenüber — ich führe Dr. Hodgsons Zusammenfassung vom Jahre 1897 auszugsweise an — 'zeigte er, indem er sich unmittelbar der Stimme des Mediums bediente, eine solche Fülle persönlichster Erinnerungen und eigentümlichsten Wissens und für G. P. kennzeichnender geistiger und gefühlsmäßiger Besonderheiten, daß sie, obgleich zuvor ohne Sinn für irgendwelche Art der übersinnlichen Forschung, der Überzeugung nicht widerstehen konnten, daß sie in der Tat mit ihrem alten G. P. sich unterhielten. Und diese Überzeugung wurde verstärkt durch spätere Erfahrungen. Nicht am wenigsten bedeutsam war zu jener Zeit seine Sorge wegen der Verfügung über ein gewisses Buch und gewisse, genau bezeichnete Briefe, deren Inhalt zu geheimer Natur ist, um erwähnt zu werden ... Noch später, während einer Sitzung mit seinen Eltern in New York, zeigte er weitere genaue Kenntnis vertraulicher Familienangelegenheiten ..., und in mehreren Sitzungen der Howards wurden passende Bemerkungen gemacht über verschiedene dem Medium überreichte Gegenstände, die dem lebenden G. P. gehört hatten oder ihm vertraut gewesen waren; er fragte nach anderen persönlichen Eigentumsgegenständen, die in den Sitzungen nicht vorgelegt wurden, und bewies genaue und ins einzelne gehende Erinnerungen an Ereignisse, die mit ihnen zusammenhingen. In Fragen, die das Wiedererkennen von Gegenständen und ihre persönlichen Assoziationen betrafen, hat der sich kundgebende G. P., soweit mein Wissen reicht [und Dr. Hodgson war natürlich der genaueste Kenner der Piper-Urkunden überhaupt], sich nie geirrt ... Endlich sind die Äußerungen dieses G. P. nicht launischer oder wechselvoller Art gewesen; sie haben vielmehr alle Anzeichen einer in sich geschlossenen, lebenden und fortbestehenden Persönlichkeit offenbart, die sich eine Reihe von Jahren hindurch kundgab und dieselben Eigentümlichkeiten eines selbständigen vernünftigen Wesens zeigte, gleichgültig ob Freunde von G. P. bei den Sitzungen zugegen waren, oder nicht.'

Einige wenige Einzelheiten aus den Äußerungen den Howards gegenüber mögen noch erwähnt werden. — Es hatte G. P., der lange bei seinen Freunden gewohnt hatte, oft geärgert, wenn Katherine, die Tochter, auf der Geige übte. Jetzt fragte er gelegentlich: 'Was macht die Geige, Katherine?' und fügte, anscheinend scherzend, hinzu: 'Schrecklich, schrecklich, deinem Spiele zuzuhören.' 'Gewiß, George', warf Mrs. Howard ein, 'aber siehst du denn nicht ein, daß sie ihre Musik mag, weil sie keine andere hat?' — G. P.: 'Gewiß, das habe ich ihr ja auch stets gesagt.'

G. P. erkannte ein Bild des Sommerhauses der Howards, fragte aber nach einem kleinen Anbau, einem Hühnerhause, das auf dem Lichtbild nicht zu sehen war. — Als ihm ein gewisses Buch vorgelegt wurde, aber so, daß Mrs. Piper es nicht sehen konnte, bemerkte er richtig: 'Dies sind meine *Lyriques françaises*.'

Evelyn Howard, die zweite Tochter, wurde von G. P. gefragt, ob sie das Buch noch besitze, das er ihr geschenkt habe. Sie war eine schlechte Mathematikerin gewesen, und der lebende G. P. hatte viel an ihr herumgetadelt. 'Ich will jetzt nicht mehr an dir herumnörgeln', sagte er nun, verspottete sie dann aber doch wegen ihres schlechten Rechnens: 'Evelyn kann uns jederzeit sagen, wieviel 2×2 ist ... Das hast du wohl eben erst gelernt?'

Bei einer Gelegenheit, während Dr. Hodgson mitlas, was die Hand der wie leblos daliegenden Mrs. Piper zu Papier brachte, schrieb diese plötzlich das Wort 'Vertraulich' und schob Hodgson mit sanftem Nachdruck beiseite. 'Ich zog mich auf die andere Seite des Zimmers zurück', sagt Dr. H., 'und Mr. Howard nahm meinen Platz bei der Hand ein, wo er das Geschriebene lesen konnte. Natürlich las er es nicht laut. So oft die Hand das Ende eines Blattes erreichte, riß sie es vom Schreibblock ab, schob es ungestüm Mr. Howard hin und fuhr dann fort zu schreiben. Die so berichteten Tatsachen enthielten, wie Mr. H. mir mitteilte, genau die Art von Beweisen, um die er gebeten hatte, und er sagte, er sei 'vollkommen befriedigt, vollkommen.''[1]

Unter den sehr bekannten Kommunikatoren der Mrs. Piper wäre demnächst etwa der 'Uncle Jerry' (Jeremias) des bekannten Physikers Prof. Oliver Lodge zu nennen, über den wir von diesem selbst einen zusammenfassenden Bericht besitzen, der hier in leichter Kürzung wiedergegeben sei.

Jener Onkel war reichlich 20 Jahre vor Lodges Sitzungen mit Mrs. Piper gestorben. Lodge verschaffte sich von einem überlebenden Zwillingsbruder, Robert, eine goldene Uhr des Verstorbenen, die er noch am selben Tage Mrs. Piper, als sie im Trans lag, einhändigte. Sofort setzten richtige Angaben 'Phinuits' über die Uhr und ihren Besitzer ein, dessen Name, Jerry, genannt wurde und der dann angeblich selber sagte: 'Dies ist meine Uhr, und Robert ist mein Bruder, und ich bin hier. Uncle Jerry, meine Uhr.' Lodge, der diesen Onkel nur 'flüchtig' als alten Mann gekannt hatte, aber von seinen früheren Jahren 'nichts wußte', bat nun zum Besten des Onkels Robert um Angaben 'gleichgültiger Einzelheiten aus ihrer gemeinsamen Jugend', die er diesem übermitteln wolle. Onkel Jerry 'verstand mich sehr gut und ging nun daran, während mehrerer aufeinanderfolgender Sitzungen anscheinend 'Dr. Phinuit' anzuweisen, eine Anzahl geringfügiger Begebenheiten zu erwähnen, an denen sein Bruder ihn erkennen könnte. Erwähnungen seiner Blindheit, Krankheit und von Haupttatsachen seines Lebens waren verhältnismäßig unbrauchbar von meinem Gesichtspunkt aus; aber gewisse Einzelheiten aus der Knabenzeit, die $2/3$ Jahrhunderte zurückreichten, lagen schlechterdings außerhalb meines Wissens. Mein Vater war einer der jüngeren der Familie und kannte jene Brüder nur als Männer.

Onkel Jerry erinnerte sich an Ereignisse wie das Durchschwimmen eines kleinen Flusses, als sie beide noch Knaben waren und fast ertranken; das Töten einer Katze auf dem einem gewissen Smith gehörenden Felde; den Besitz einer kleinen Flinte und einer langen merkwürdigen Haut, ähnlich

1) Pr XIII 297 ff.

einer Schlangenhaut, die, wie er glaubte, jetzt im Besitze Onkel Roberts wäre. — Alle diese Aussagen sind mehr oder weniger vollständig bestätigt worden. Aber das Merkwürdige dabei ist, daß sein Zwillingsbruder, von dem ich die Uhr empfangen hatte und mit dem ich somit in einer Art von Verbindung stand, sich nicht auf alle besinnen konnte. Er erinnerte etwas vom Durchschwimmen eines kleinen Flusses, obgleich er selbst dabei nur Zuschauer gewesen war. Er hatte eine deutliche Erinnerung an den Besitz einer Schlangenhaut und die Schachtel, in der sie aufbewahrt wurde, weiß aber nicht, wo sie sich jetzt befindet. Dagegen stellte er durchaus das Töten der Katze in Abrede und konnte sich nicht auf Smith's Feld besinnen. Doch läßt sein Gedächtnis gegenwärtig entschieden nach, und er war daher so freundlich, an einen anderen Bruder, Frank, zu schreiben, der in Cornwall lebt, einen alten Seekapitän ... Das Ergebnis dieser Anfrage war eine siegreiche Verteidigung der Existenz von Smith's Feld als eines gewohnten Spielplatzes in der Nähe ihres ehemaligen Heims in Barking, Essex; auch die Tötung einer Katze durch einen anderen Bruder wurde erinnert, und von der Durchschwimmung eines Flusses nahe einem Mühlgraben wurden genaue Einzelheiten geliefert, nebst der Angabe, daß Frank und Jerry die Helden dieses tollkühnen Streichs gewesen waren ... 'Phinuit' forderte mich auf, die Uhr aus ihrem Behälter zu nehmen und später bei gutem Licht zu untersuchen: ich würde dann nahe dem Griff einige Einkerbungen finden, von denen Jerry sagte, daß er sie mit seinem Messer eingeschnitten habe. Einige schwache Kerben sind dort in der Tat zu sehen. Ich hatte die Uhr nie zuvor aus ihrem Überzug herausgenommen gehabt, da ich darauf bedacht war, sie nicht selbst zu berühren oder von sonst jemandem berühren zu lassen. Auch Mrs. Piper ließ ich nie in ihrem wachen Zustande die Uhr sehen...'[1] — Übrigens lernte Lodge 30 Jahre später einen Vetter kennen, der, in Südamerika lebend, die Britische Naturforscherversammlung des Jahres 1919 in Bournemouth besuchte und ihm erzählte, daß er zugegen gewesen war, als der blinde Onkel Jerry mit seinem Taschenmesser die Kerben in die goldne Uhr schnitt, um — wie er sagte — sie durch den Tastsinn allein als die seine zu erkennen.[2]

Als letzter Piper-Kommunikator großen Formats soll hier 'Mr. Hyslop sen.' kurz vorgeführt werden, der Vater James Hyslops, langjährigen Professors der Philosophie und Ethik an der Columbia-Universität in New York.

Prof. Hyslop trat Mrs. Piper (die er nur einmal vor 6 Jahren getroffen hatte) als 'Mr. Smith' mit einer Gesichtsmaske gegenüber, die er erst ablegte, nachdem sein Name durch das Medium im Trans genannt worden war, und während 17 Sitzungen hörte sie nur zweimal seine verstellte Stimme je einen Satz sprechen. Er saß stets hinter ihrer rechten Schulter versteckt. Nach mehrfachen bedeutsamen Äußerungen schon während der ersten Sitzung begannen in der zweiten die Kundgebungen seines 2 Jahre zuvor verstorbenen

1) Pr VI 458 ff.   2) S. dessen schriftliches Zeugnis: Pr XXXI 104. — Andrew Langs ganz vage Kritik (XV 41) wird demnach noch hinfälliger.

Vaters, von denen ich hier einige Bestandteile in knappster Form nach der natürlich maßgebenden Zusammenfassung Prof. Hyslops selber wiedergebe.

'James, James, sprich zu mir', sagte der angebliche Hyslop sen., machte mehrere sinnvolle Angaben, und in der wichtigen Übergangsphase am Ende des Trans sprach Mrs. Piper den Namen 'Hyslop' aus und fügte hinzu: 'Sagen Sie ihm, ich bin sein Vater.' In der dritten Sitzung begann 'Hyslop sen.' von seinem zu Lebzeiten gegebenen Versprechen der Wiederkehr nach dem Tode zu reden und erinnerte an seine Gespräche mit dem Sohn über Fragen des Lebens nach dem Tode. In der vierten fragte er abermals: 'Was erinnerst du, James, von unsrem Gespräch über Swedenborg? Entsinnst du dich, daß wir eines abends in der Bücherei über seine Beschreibung der Bibel sprachen?' Dergleichen Bemerkungen und Fragen kehrten mehrfach wieder (auch wenn Prof. Hyslop gar nicht zugegen war und Dr. Hodgson ihn vertrat); 'Hyslop sen.' erinnerte zutreffend an verwandte Gespräche besonders während des letzten Besuchs seines Sohnes bei ihm in einem der westlicheren Staaten. Er wurde gefragt, ob er wisse, was der Sohn kurz vor jenem Besuch getan? 'Ja, ich glaube, du hast in diesen Dingen experimentiert, und ich erinnere mich, daß du mir irgendetwas von Hypnotismus erzähltest. Und was sagtest du mir über irgendeine Art von Kundgebung, an der du zweifeltest?' ('Es war betr. Erscheinungen kurz vor dem Tode.') [Erregung in der schreibenden Hand] 'O ja, in der Tat, ich erinnere es sehr gut, und du erzähltest mir von einer jungen Frau, die einige Erfahrungen in Träumen gehabt hatte.' Am nächsten Tage fragte Hyslop sen., ob der Sohn sich entsinne, was er, der Vater, gesagt habe, als jener ihm von Träumen gesprochen.

Alle diese Äußerungen bezogen sich in völlig richtiger Weise auf die Unterhaltungen des gelehrten Sohnes mit dem bildungsmäßig schlichteren Vater während ihres letzten Beisammenseins anläßlich einer Vortragsreise des ersteren nach Indianapolis. Prof. Hyslop vertrat damals noch den Standpunkt, daß die scheinbar spiritistischen Transleistungen durch Gedankenübertragung zu erklären seien, und es ist merkwürdig, daß sein Vater ihm jetzt durch Mrs. Piper riet, 'die Gedankentheorie aufzugeben'. Daß sie von Swedenborg gesprochen, war ihm sogar völlig entfallen, und seine Stiefmutter mußte es ihm ins Gedächtnis zurückrufen, die sich dieses Umstands genau entsann, da sie nach der Abreise des Sohnes ihren Gatten hatte fragen müssen, wer Swedenborg sei.

'Hyslop sen.' sprach dann von Sterbebett-Erinnerungen und behauptete, daß des Sohnes Stimme die letzte gewesen sei, die er gehört habe (richtig). Auf die Frage, welche Arznei der Sohn ihm aus New York besorgt habe (es war Hyomei), kam mit einiger Mühe das Wort 'Himi' zum Vorschein und eine Erwähnung von Strychnin. Dies hatte der Sohn ihm nicht besorgt; doch erfuhr er jetzt von Verwandten, daß der Vater zugleich mit dem Hyomei auch Strychnin eingenommen hatte. Dieser erwähnte ferner ein schwarzes Käppchen, das ihm 'Hetties Mutter' — d. h. die Mutter von Hyslops Stiefschwester Hettie — angefertigt hatte (richtig). 'Die Namen der Familienmitglieder wurden angegeben in der Form, wie sie zu Lebzeiten in Gebrauch gewesen waren, und viele Ereignisse im Zusammenhang mit ihnen erwähnt. So wurde eine Schwester Lida in Verbindung mit einer Orgel genannt und behauptet, daß er, mein Vater, gewünscht habe, sie solle singen lernen. In der Tat hatte mein Vater eine Orgel gekauft und gewünscht, daß mittels ihrer meine Schwester singen und spielen lerne.' —

Während 5 Sitzungen, in denen Dr. Hodgson den Professor vertrat, wurden u. a., auf eine Frage nach den gemeinsamen Kirchenbesuchen von Vater und Sohn, die 'schlechten Landstraßen' im Staate Ohio erwähnt; diese hatten in der Tat eine Erschwerung des Kirchenbesuchs gebildet, an die Prof. Hyslop bei der Absendung seiner Frage an Hodgson auch besonders gedacht hatte. — Gleich darauf sprach 'Hyslop sen.' aus eigenem Antrieb von einer Unterhaltung, die er mit dem Schulvorsteher über seinen Sohn George gehabt habe, und erwähnte gewisse Sorgen, die er, seine Schwester Nannie und der Professor betr. dieses George empfunden hätten. Dies alles war 'hervorragend richtig'. Eine Anspielung des Verstorbenen auf einen bestimmten Choral wurde erst nach Erkundigungen als 'sehr sinnvoll' erkannt.

'Hyslop sen.' fragte ganz unerwartet nach 'Tom ... ich meine das Pferd', nachdem er eben zuvor nochmals vom Sohne George gesprochen. Prof. H. erfuhr erst nachträglich, daß George das Pferd Tom begraben hatte, daß also eine natürliche Gedankenverbindung den Kommunikator von dem einen auf das andere geführt haben konnte.

Ferner sprach der 'Vater' von seinen Steuern und erwähnte, daß sein Sohn ihm einmal bei deren Bezahlung beigestanden habe, was diesem entfallen war, was er aber aus Briefen wahrscheinlich machen konnte. — Während des Verlaufs dieser Sitzungen starb ein Onkel Prof. Hyslops, namens John McClellan. Ohne Dr. Hodgson etwas davon zu sagen, bat er ihn, in seiner (Hyslops) Abwesenheit den Vater zu fragen, 'ob etwas kürzlich geschehen sei, was er mir zu sagen wünsche', und in wenigen Minuten kam die Antwort, daß John McClellan angelangt sei und daß er der Bruder von James McClellan sei. (Richtig.)

Persönlich fragte Prof. H. den Kommunikator, ob er einen gewissen Steele Perry erinnere, und jener erkannte den Namen und sagte, daß die Familie nach dem Westen verzogen sei (wahrscheinlich noch vor 1860), was H. nicht wußte und erst von einer Tante erfragen mußte. — 'Hyslop sen.' erwähnte einen Degen, den er ums Jahr 1845 als Quartiermeister in der Armee getragen, und den Ort, wo er aufbewahrt wurde. Der Degen war verloren gegangen, ehe Hyslop jun. alt genug war, dies zu erinnern. — Ferner erwähnte der Vater seine zweite Frau und sagte, daß sie damals an Rheumatismus gelitten habe, was der Sohn nicht wußte; eine Nachfrage ergab Neuralgie. Auch andere zutreffende Erwähnungen — eines Sturzes jener zweiten Frau sowie vorübergehender Rückenschmerzen und Lahmheit — waren dem Sohne inhaltlich neu.

Während einer Sitzung sagte 'Hyslop sen.', daß er auf seinem Schreibtisch immer zwei Fläschchen gehabt habe, davon das eine rund, das andere viereckig. Prof. H. wußte nichts dergleichen, und selbst seine Stiefmutter, bei der er anfragte, besann sich erst mit einiger Mühe darauf, was nur ihrem Bruder sogleich einfiel, daß ein rundes Fläschchen Tinte, ein viereckiges Leim enthalten hatte. Ein andermal fragte der 'Vater' nach einem Federmesser, mit dem er seine Nägel geputzt habe. Prof. H. wußte wiederum von nichts. 'Das kleine Messer mit dem schwarzen Griff, das ich anfangs in meine Westentasche, dann in die Rocktasche zu stecken pflegte; du mußt dich doch erinnern.' 'War das schon, ehe du nach dem Westen übersiedeltest?' 'Ja.' Prof. H. fragte bei drei Personen wegen des Messers an: seiner Stiefmutter, seinem Bruder und seiner Schwester. Alle drei erwiderten, ein solches Messer, womit der Vater seine Nägel gereinigt, sei noch vorhanden. Nur sollte Hyslop sen. es in der Hosentasche getragen haben.[1]

Soviel von Mrs. Pipers Leistungen. Ich lasse nun noch einige Kommunikatoren als solche zu Worte kommen, auch soweit sie sich durch mehrere Medien kundgetan haben. — Unter den in jüngerer Zeit veröffentlichten 'monographischen' Berichten über solche verdanken wir die bedeutendsten wohl der Bostoner Ges. f. ps. F. Ich denke vor allem an die vorzügliche Arbeit der Mrs. Lydia W. Allison, die gleich bedeutende des Dr. Walter F. Prince und die des Mr. John F. Thomas über ihre verstorbenen Ehegatten. Die Fülle der anscheinend von diesen Verstorbenen durch mehrere Medien bekundeten Erinnerungen ist erstaunlich, und die bis ins Kleinste sorgfältig 'edierten' und erläuterten Berichte verdienen das eindringlichste Studium aller an unserer Fragestellung Beteiligten. Ich werde mich in den späteren Erörterungen noch oft auf diese wissenschaftlich mustergültigen Arbeiten beziehen, beschränke mich aber hier zunächst wieder auf kürzeste Auszüge, und zwar aus Dr. Princes Darstellungen. — Bei den lang ausgesponnenen Kundgebungen der verstorbenen Mrs. Prince durch das bedeutende Medium Mrs. Soule waren ihr Gatte und ihre Pflegetochter die hauptsächlichen Sitzer, einzeln oder zu zweit, während Mrs. C. B. Guinan als Sekretärin diente. (Miss Theodosia Prince ist übrigens mit der psychologisch berühmten 'Doris Fischer' identisch.)

In einer Sitzung am 6. Aug. 1925, bei der nur die beiden Damen zugegen waren, schrieb die Kommunikatorin u. a.: 'Liebe Tochter [das letzte Wort sehr langsam geschrieben]. Sieh, wie ich das Wort liebe.' — Hierzu erfahren wir von Miss Prince, daß ihre Adoptivmutter ihr gegenüber fast nie ihre angeborene Zurückhaltung hatte überwinden können; nur dreimal hatte sie das angenommene Kind 'meine Liebe' genannt und war dann gleich darüber verlegen geworden. Sie will das jetzt anscheinend 'gutmachen'. — 'Da ist noch eine Sache, von der ich versuchen muß zu schreiben. Es ist ein Manuskript, das im Entstehen war, als ich starb ... Einiges davon war sehr wichtig in meinen Erfahrungen, aber dies war nicht mein Manuskript, seins.' [Der

1) Hyslop, Science 216 ff.; Sage 54 ff.; Pr XVI.

größte Teil von Dr. Princes Buch *'The Psychic in the House'* lag im Ms. vor, als Mrs. P. starb. Mehrere sog. spontane Erlebnisse der Mrs. P. waren darin aufgezeichnet.] Das Medium 'hörte' und 'sah' darauf immerzu N Y und New-York. [Mrs. P. starb im New York Hospital in New York City.] [1] 'Sie hatte (hieß es weiter) ihren Mund zu halten in gar manchen Dingen, die sie gern gesagt hätte. Sie wünschte zu sagen, was sie dachte, und natürlich konnte sie es nicht.' ['Dies ist richtig', schreibt Dr. P., 'in beinahe komischem Grade. Es klingt, als drückte sie selber endlich einmal ihre Gefühle in der dritten Person aus... Sie erzog sich selbst zu 'politischem' Schweigen.']

'Sie muß Braun [als Kleiderfarbe] besonders in ihren jüngeren Tagen gemocht haben.' (Richtig.) — Es folgten ferner in dieser Sitzung auffallend zutreffende Angaben über Mrs. Princes Art zu kochen, ihre Gewürzhonigkuchen, ihre Gewohnheit, Schwellungen an Fuß und Knie zu reiben, u. a. m. [2]

In der Sitzung v. 12. Aug. 1925 waren Miss P., Dr. P. und Mrs. Guinan anwesend. Die Transpersönlichkeit ('Sunbeam') sagte nach längerem Schweigen wiederholt 'Kit, Kitty und Teddy' und behauptete, Kitty sei eine Katze. Dann schrieb sie u. a.: 'Sie [die Kommunikatorin] zeigte auf eine Katze... Es ist eine Katze mit einem sonderbaren Namen. Es klingt wie ein fremdländischer Name, als wenn es ein sehr langer wäre, wie ein geschichtlicher Name... Ist es ein griechischer Name?... Wie konnten Sie einer Katze den Namen geben?...' Bei diesen Worten blitzte in Dr. P.s Bewußtsein die Erinnerung an die letzte Katze auf, die er — vor 30 Jahren — besessen hatte: 'Es ist wahrscheinlich, daß ich an diese Katze seit 20 Jahren nicht mehr gedacht habe ... Teddy war der Name des einzigen Hundes, der, außer dem gegenwärtigen, je in unserer Familie gewesen war, ein Hund, an dem meine Frau sehr gehangen hatte...' Am 11. Nov. sagte die Transpersönlichkeit, sie glaube, sie (d. h. *the communicator,* — dieses geschlechtslose Wort hatte Dr. Prince bisher allein gebraucht) erinnere nun den Namen der Katze (nach welchem Dr. Prince gefragt hatte). Und am Tage darauf sagte Mrs. Soule, während sie in Trans fiel und ehe die Princes im Zimmer waren, zur Stenographin: 'Es ist, als hörte ich, wie jemand versucht, 'Mephistopheles' zu sagen.' Mephistopheles war der Name der Katze gewesen. [3]

Am 17. Sept. 1925 sprach die Verstorbene u. a. ausführlich von den Leiden, die ihr während der letzten Krankheit die Notwendigkeit, ständig auf dem Rücken zu liegen, bereitet, von Gerichten, die man ihr im Krankenhaus gebracht hatte, u. a. m. Dann redete sie von einem Weisheitszahn, den sie als letzten und zu einer Zeit gehabt, wo man gewöhnlich schon alle verloren hat: 'Sie hatte allerhand Jahre auf dem Buckel, ehe dieser Weisheitszahn herausgenommen wurde, aber schließlich geschah es doch.' [Dieser Zahn war spät gewachsen und verursachte ihr viele Beschwerden, besonders als sie künstliche Zähne zu tragen begann. Er wurde etwa ein halbes Jahr vor ihrem Tode gezogen.] Auch wurde gleich darauf von ihren künstlichen Zähnen ge-

---

1) Die Äußerungen des Mediums erfolgen z. T. unmittelbar im Namen der Verstorbenen, zuweilen dagegen spricht die Transpersönlichkeit des Mediums von sich aus.   2) Allison 237 ff.   3) Das. 247 ff.

sprochen. — Gegen Schluß der Sitzung behauptete die Kommunikatorin
durch die 'Kontrolle', daß der Mann, 'dem ich die Botschaft schicke', sich
sehr für Henry Ward Beecher (den berühmten amerikanischen Prediger und
Temperenzler) interessiere. Hierzu schreibt Dr. P.: 'Beecher ist einer von
dem halben Dutzend amerikanischer geschichtlicher Größen, die mich am
stärksten interessieren... Ich bin wahrscheinlich einer der wenigen Lebenden, die den Riesen-Bericht über sein sechsmonatiges Verhör durchgear-
beitet haben... Ich besitze seine Lebensbeschreibung, seine Predigten, seltene Broschüren über ihn...' Niemand in Boston, am wenigsten das Medium, konnte dies gewußt haben. — Schließlich folgten sehr bezeichnende
Äußerungen über den Abscheu der Verstorbenen vor dem starken Pudern
der Mädchen, ihrem Anmalen, dem übertriebenen Parfümieren usw.[1]

In der Sitzung vom 6. Okt. 1925, bei der beide Princes und Mrs. Guinan anwesend waren, erfolgten u. a. folgende Äußerungen: 'Ich will ... heute von
einigen Dingen schreiben, die ohne Bedeutung sind, außer als kleine Einzelheiten unseres täglichen Lebens, denn Dinge, aus denen man sich nicht viel
machte, haben die größte Bedeutung in dieser Forschung. Erinnerst du dich
wohl zweier Lampen, Petroleumlampen, die vor langer Zeit gebraucht
wurden? Ich denke an eine Wohnzimmerlampe, die ganz alt war und herab-
hängende Prismen hatte, und eine runde Glaskuppel mit einem Muster darauf,
wie eine Weinranke. Sie stand auf dem Tisch, und die Kuppel war aus ge-
schliffenem Glase mit dem glatten Streifen in der Mitte, mit dem Wein-
muster darauf; sie wurde nicht oft benutzt, sondern war ein Schmuckstück,
und die andere Lampe war hoch, und was ich dabei besonders betone, war
das Rote im Öl, ein Stück rotes Flanell. Nur der Farbe wegen. Es hatte nichts
mit dem Licht zu tun, glaub' ich. Aber es mag an den Docht angeheftet gewesen sein...' [Dies alles, sowie eine hier fortgelassene eingehende Schilderung der Lampenunterlage, war bis ins kleinste richtig.] — Nachher wurde
über Kochangelegenheiten gesprochen und dabei ein oft von der Mutter
gebrauchter Satz in genauem Wortlaut angeführt: 'Ich muß rasch ein paar
Biscuits zusammenpanschen.'[2] — In der Sitzung vom 7. Okt. wurde u. a.
eine Brille der Verstorbenen mit achteckigen (!) grünen Gläsern und silber-
farbigen Haltern beschrieben.[3]

In der vom 24. Nov. 1925 begannen Mrs. Soule's Aussagen über einen gewissen Stephen (Pseud.), die angeblich in Dr. P.s Vater ihre Quelle hatten
und hier anhangsweise erwähnt werden mögen. Dieser ausführlich geschil-
derte Stephen sollte ein Nachbar von Dr. Princes Vater in älterer Zeit gewesen sein, 'kein wichtiger' Mensch, einer, der alles wissen wollte — 'kommt
herein und sagt etwas und niemand achtet darauf, was er sagt, weil er spricht
und spricht und es doch nichts bedeutet' —, den jeder kannte und jeder ver-
lachte und niemand ernst nahm. Ein Wichtigtuer, der ohne Not große Worte
gebrauchte. Im übrigen kein schlimmer Mensch, und bald fleißig, bald faul,
nicht reich, und doch alles in allem eine 'Type'. [Dies alles war vorzüglich
zutreffend.] Stephens ländliche Kleidung wurde genau geschildert, der zer-

1) 276 ff.   2) 289 ff.   3) 294 f.

knitterte Hut, die eine im Schaftstiefel steckende Hose, während die andere 'irgendwie' herunterhing, — 'ein schmutziger alter Kerl', der sich 'wohl nie im Leben gebadet hat'. Man habe ihn von weitem schon am Gang erkannt. 'Ihr Vater zeigt das Bild, wie er es erinnert, und während er das tut, sagt er: Du würdest keinen zweiten ihm ähnlich auf 100 Meilen finden. Er war einzig — darum hat er ihn hier zur Sprache gebracht.'

In Verbindung mit diesem Stephen nun wurde in nachfolgenden Sitzungen (3., 8. u. 9. Dez.) ein Jugenderlebnis Dr. Princes in vielfach umständlich umschreibenden, sich herantastenden Ausdrücken, aber völlig unverkennbar beschrieben. Stephen hatte den Knaben Prince bei dessen Vater verklagt: er habe ihn beschimpft und Steine nach ihm geworfen. Der Knabe, vom Vater zur Rede gestellt, fühlte sich schuldlos, konnte sich wenigstens auf nichts derartiges besinnen, wurde aber trotzdem bestraft, was einen unauslöschlichen Eindruck bei ihm hinterließ. Erst 10 Jahre später sprachen sich Vater und Sohn über diese Sache aus.

Die Äußerungen des angeblichen 'Prince sen.' durch das Medium bezichtigten Stephen der Lüge, deuteten aber im übrigen mehr die allgemeine Art der einzelnen Vorgänge und Tatbestände des Dramas an, z.T. in leicht entstellender Weise, z.T. mit überraschendem Treffen des Bezeichnenden. Z.B.: 'Das war es, was so sehr verletzte: die Haltung des Vaters, denn der Knabe wünschte, daß Ihr Vater die Wahrheit erfahre und ihm glaube. Sein Geist lehnte sich auf, und er hat nie seitdem an den Vorfall gedacht ohne das Gefühl eines ihm damals geschehenen Unrechts. Es ist lange her, aber die Säure des dem Knaben von jenem 'halbentwickelten' Stephen angetanen Unrechts fraß sich in den Seelenfrieden des Knaben ein...' Oder (am 9. Dez.): 'Als du zurückkamst und leugnetest, es getan zu haben, und die — ich war eben im Begriff, 'Beweise' zu schreiben, aber da waren keine Beweise. Es war nur eine Anklage und hing von der Wahrhaftigkeit des Anklägers ab, und der Angeklagte ... hatte ein Recht auf Vertrauen ebenso gut wie er. Das Schlimme war, daß ich nicht begreifen konnte, warum Stephen solch eine Geschichte hätte erfinden sollen ... Denn du hattest ihm nie etwas Böses zugefügt, oder sonst einem Nachbar. Es scheint, er muß sich eingebildet haben, er habe Grund, sich über etwas zu beschweren. Aber selbst das erklärt es nicht. Und wenn ich dir eine Abbitte schulde, mein Sohn, so habe ich nur dies zu sagen, daß ich verwirrt war und das Unrecht nicht völlig begriff, dich auch nur über die Sache zu befragen.' Der Vater lieferte auch eine Schilderung der 'Aussprache' zwischen ihm und Stephen, also einer Szene, bei der der Knabe Prince jedenfalls nicht zugegen gewesen war; er sagte gelegentlich: 'Ich will fortfahren, bis ich die Sache durchbekomme', und schließlich hieß es: 'Und jetzt sagt er: laß uns Stephen begraben und damit Schluß. Lebewohl.'[1]

Von den großen F o r s c h e r n unsres Gebiets, die selbst aus diesem Leben geschieden, durfte man erwarten, daß sie sich 'von drüben her' bemerkbar machen würden, falls sie sich weiterlebend und einen Weg

---

1) 334 ff. — Hier, wie in manchen andern Urkunden dieser Art, habe ich die im Original fast völlig fehlenden Satzzeichen ergänzt.

zur Mitteilung offen fänden. Bekanntlich hat sich diese Erwartung bei mehreren von ihnen erfüllt. Einer der wichtigsten dieser Fälle — F. W. H. Myers — wird uns in einem späteren Zusammenhang noch beschäftigen. Ein anderer — Henry Sidgwicks Handschrift — ist bereits oben berührt worden und wird gleichfalls noch zur Sprache kommen. Aus den Äußerungen eines dritten dieser 'jenseitigen Fachmänner', Richard Hodgson, durch mehrere Medien seien hier einige kurze Bruchstücke mitgeteilt; Bruchstücke, die den hier fraglichen Tatbestand der persönlichen Erinnerungsäußerung Verstorbener zu belegen scheinen, von denen aber gleich betont sei, daß sie auch in dieser ihrer Eigenart nur Bruchstücke sind, d. h. nicht typisch für die Gesamtheit angeblicher Hodgson-Äußerungen, die daneben vieles enthalten, was keineswegs als Aussage des Verstorbnen gelten kann. Doch kann die Tatsache solcher Mischung von Wahr und Falsch, von Sinnvoll und Sinnlos in den Kundgebungen Verstorbner erst besprochen werden, wenn wir zur letzten Abrundung unsrer Ansichten gelangen. Ich berichte also eine Anzahl von 'wahren' Aussagen 'Hodgsons', und füge einer jeden die notwendige Erläuterung gleich bei.

Am 9. Febr. 1906 schrieb Mrs. Holland u. a.: 'Sjdibse Ipehtpo — Nur einen Buchstaben weiter — [dann in zwei senkrechten Reihen die Zahlen:] 18 9 3 8 1 18 4 — 8 15 4 7 19 15 14 es sind nicht zufällige Zahlen lesen Sie sie als Buchstaben ... K. 57. (folgt ein weiblicher Taufname). Eine goldene Uhrkette mit einem Zigarrenabschneider in Hufeisenform daran — ein altes Siegel, nicht seine eigenen Initialen ...'

Die beiden ersten Worte und die Zahlenreihe bilden, wie man auf einen Blick sieht, 'Kryptogramme' des Namens Richard Hodgson, und die Vorschrift für ihre Entzifferung wird in jedem Falle ausdrücklich gegeben. Mit der ersteren Art der Geheimschrift hatte Mrs. Holland als Kind sich spielerisch beschäftigt, mit der zweiten nie. Doch liegen solche Künste dem spielenden Unterbewußtsein ja überhaupt nicht fern. Immerhin hatte Hodgson zu Lebzeiten auch die zweite Art eifrig geübt; Mr. Piddington, der seinen Nachlaß durchforschte, fand gerade diese Kryptogramme 'im höchsten Grade bezeichnend für Hodgson'. — Zu K. 57: 'Solche Chiffern, nicht ganz klaren Zweckes, aber wohl jedenfalls auf Hodgsons Forschungen sich beziehend, fanden sich zahlreich in den hinterlassenen Notizbüchern, und zwar stets aus einem K nebst einer Zahl bestehend.' — Der (nicht bekanntgegebene) weibliche Taufname war der einer 1879 gestorbenen Dame, die in Hodgsons Bericht über seine Sitzungen mit Mrs. Piper erwähnt wird und auch sonst bei Mrs. Holland vorkommt (welche jene Bände der 'Proceedings' nie gesehen hatte). Wir erhalten aber nur Andeutungen, daß das Auftauchen des Namens nicht bedeutungslos sei. — Dr. Hodgson trug eine goldene Uhrkette mit Zigarrenabschneider; dieser hatte aber nicht Hufeisenform. Ein 'altes Siegel' fand sich auch, mit gebrochenem Stein, der eine eingeschnittene weibliche Gestalt zeigte, also jedenfalls 'nicht seine eigenen Initialen'.

Am 28. Febr. 1906: Auf ein neues kalauerndes Kryptogramm des Namens Richard Hodgson folgte eine Beschreibung seines Äußeren, die Miss Johnson als 'charakteristisch' bezeichnete, während Mrs. Holland 'nie ein Bild von ihm gesehen zu haben' glaubt. Immerhin waren solche gelegentlich in illustrierten Zeitschriften veröffentlicht worden. Daran schloß sich der gleiche weibliche Taufname, nebst einer Bemerkung über den weit zurückliegenden Tod der Dame.

Am 7. März 1906: Einige vergebliche Annäherungen an den Namen Hugo Münsterberg, und dann derselbe deutlich erkennbar: 'Hugo — H. M. — Minster Berg. Hugo. Wußte er nicht? R. Warum sind sie so grausam verbohrt? H. Ich war stets hitziger Natur.'

Prof. Hugo Münsterberg, zu jener Zeit an der Harvard-Universität in Amerika lehrend, war ein Gegner der Metapsychologie, und gewisse Ausführungen in seinem Buch 'The Eternal Life' hatten Hodgsons Unwillen in hohem Grade erregt. Unter seinen nachgelassenen Papieren fanden sich Aufzeichnungen zu einer streitbaren Erwiderung. Die Ausdrucksweise hier ist sehr in der Art von Hodgsons Äußerungen durch Mrs. Piper, die Mrs. Holland nicht kannte. Auch hatte diese 'nie von Prof. Münsterberg gehört'.[1]

Diesen Hogdson-Äußerungen durch Mrs. Hollands Hand füge ich einige weitere durch Mrs. Piper erfolgte bei.

1. Während Dr. Hodgsons Forschungsarbeit in Amerika entstand die Frage seiner Vergütung, indem H. letztere nicht der Muttergesellschaft in England aufbürden mochte, während die amerikanische Zweiggesellschaft sie anscheinend nicht tragen konnte. Es fand sich dann durch Vermittlung des Herrn Dorr ein reicher Geldgeber, der den Fehlbetrag deckte, aber streng ungenannt zu bleiben wünschte. Hodgson durfte abmachungsgemäß nicht fragen, wer es sei, dürfte es aber, nach dem Urteil nahe Beteiligter, erraten haben. Selbst Prof. James, stellv. Vorsitzender der amerikanischen Tochtergesellschaft, glaubte fälschlich, es handle sich um mehrere Geldgeber. Mrs. Piper also wußte bestimmt normalerweise nichts von der ganzen Sache. — In der ersten Sitzung, die jener Geldgeber nach Hodgsons Tode mit Mrs. Piper hatte, 'sprach Hodgson sofort von der Angelegenheit und dankte dem Sitzer warm für die geleistete Unterstützung.'[2]

2. In einer Piper-Sitzung der Frau Prof. James und Miss Putnam am 12. Juni 1906 fragte erstere den Kommunikator Hodgson: Erinnern Sie sich, was in unsrem Bücherzimmer eines Abends vorfiel, als Sie mit Margie [Mrs. James' Schwester] hin- und herstritten? 'Ich hatte kaum gesagt 'Erinnern Sie sich...', als der Arm des Mediums ausgestreckt und die Faust drohend geschüttelt wurde', worauf die folgenden Worte kamen: 'Ja, ich machte so ihr ins Gesicht. Ich konnte nicht umhin. Es war so unmöglich, sie herumzukriegen. Es war unrecht von mir, aber ich konnte nicht anders.' — 'Ich selbst', bemerkt hierzu Prof. James, 'entsinne mich sehr wohl dieses Vorfalls mit dem Faustschütteln, und wie wir andern darüber lachten, nachdem Hodg-

1) Pr XXI 304 ff.   2) Pr XXIII 27.

21*

son sich verabschiedet hatte. Was ihn so geärgert hatte, war die Verteidigung gewisser 'Tafelschrift'-Versuche durch meine Schwägerin, die sie in Kalifornien gesehen hatte.'¹ — Wobei man wissen muß, daß Dr. Hodgson gemeinsam mit S. J. Davey schwerwiegende Tatsachen zur Verdächtigung dieser Form übernormaler Leistungen beigebracht hatte.²

3. In einer Sitzung des Prof. Will. James selbst am 29. Juli 1907 kam die Rede auf die Handschrift des Verstorbenen, die sich inzwischen verschlechtert habe. 'Ich hatte keine zu verlieren', sagte 'Hodgson', und auf ein ironisches Lob einer Sitzerin: 'Hm, hm! William, erinnerst du dich, wie ich dir einmal einen langen Brief schrieb, als du krank warst? Du mußtest dir von Margaret [Miss James] beim Lesen helfen lassen, und du schriebst mir, es sei eine ganz niederträchtige Schrift, und du hofftest, ich würde das nächste Mal mich bemühen, einem kranken Freunde deutlicher zu schreiben... Frage Margaret, ob sie es erinnert.' 'Sehr genau', bemerkt diese dazu, 'es war in London.'

4. In einer Sitzung der Miss Pope am 7. Feb. 1906 fragte 'Hodgson', ob sie sich entsinne, was er versprochen hatte zu tun, wenn er als erster 'hinüberkäme'? 'Ich sagte, wenn ich es nicht besser machen könnte, als manche von ihnen, so wäre ich im Irrtum... Und wenn ich mein Urteil auf das gründete, was sie zu geben versuchten, so würde ich erwarten, daß man mir nachsagte, ich spielte mit ihnen unter einer Decke. Erinnern Sie sich? (Zustimmung der Sitzerin.) Erinnern Sie sich einer Geschichte, die ich Ihnen von meinem alten Freunde Sidgwick erzählte? Entsinnen Sie sich, wie ich ihn nachahmte?... (Sitz.: Was taten Sie?) Ich sagte: w—w—würde m—m—mit ihnen unter einer D—e—c—k—e spielen... Kein Lebender kann dies wissen, außer Ihnen und Mary Bergman.' — Bei diesem nachgeahmten Stottern der Hand 'kam mir (schreibt Miss Pope) wie ein Blitz die Erinnerung an etwas, was er einmal Mary und mir von Sidgwick erzählt hatte, wobei er Sidgwicks Stottern nachgeahmt hatte: 'H—Hodgson, wenn Sie daran g—g—glauben, w—wird man sagen, Sie sp—pielen mit ihnen unter einer D—decke.' Ich kann die genauen Worte nicht wiedergeben, aber dies sind fast genau wörtlich die seinen.' — Sidgwick hatte gemeint, man würde Hodgson für einen Mitverschworenen der Mrs. Piper halten, wenn er seinen Glauben bekännte, daß er durch sie mit Abgeschiedenen in Verkehr stehe.

5. Am 30. Jan. 1906 fragte die Sitzerin, Mrs. M., den Piper-Hodgson: ob er sich ihrer letzten Unterhaltungen, u. a. über 'das Werk' (der metapsychischen Forschung) entsinne, was er bejahte. Mrs. M.: 'Und ich sagte, wenn wir 100000 Dollar hätten —' 'Hodgson': 'Kauften wir uns Billy!!' — Mrs. M.: 'Ja, Dick, das war es — kauften wir uns Billy.' — H.: 'Kauften wir nur Billy?' — Mrs. M.: 'O nein, ich wollte auch Schiller haben. Wie gut Sie sich erinnern!' — Mrs. M. hatte, vor Dr. Hodgsons Tode, von einer Erweiterung der Arbeit des amerikanischen Zweiges der S. P. R. auf Grund einer Stiftung geträumt, wobei, wenn möglich, Prof. Newbold ['Billy'] und Dr. [F. C. S.] Schiller zur Mitarbeit herangezogen werden sollten.³ —

1) Das. 109.   2) Pr IV 405 ff.   3) XXIII 110 ff.

Ich brauche selbst für den mäßig Belesenen nicht zu betonen, daß die vorstehenden Beispiele keineswegs seltene Fälle des Gelungenen aus einer Masse des Belanglosen darstellen, vielmehr kärgliche Proben aus einer Fülle des Gleichwertigen, womit ich ohne Mühe einen Band wie diesen hätte füllen können. Es ist denn auch verständlich, wenn das von theoretischen Skrupeln unbeschwerte Urteil in Kundgebungen dieser Art einen völlig ausreichenden Beweis für das persönliche Fort-leben erblickt: der Spiritismus der Vielen beruft sich ganz überwiegend auf d i e s e Art des anscheinenden Umgangs mit den Abgeschiednen. Er stützt sich dabei auch kaum auf den Nachweis, daß dem Medium sein geäußertes Wissen auf keinem anderen Wege gekommen sein könne; vielmehr hauptsächlich auf den u n m i t t e l b a r e n E i n d r u c k, den die sich äußernde 'Persönlichkeit' dadurch erweckt, daß sie eben das weiß, was der Verstorbne, falls er fortlebt, wissen müßte. Dieser Eindruck ist natürlich um so mächtiger, je länger der Verkehr mit dem Verstorbenen sich hinspinnt, je reicher also das bewiesene Wissen ist, und darum stehen umfangreiche Fälle, wie die zuletzt berührten, in der Schätzung des Spiritisten natürlich höher, als eng umschriebne oder einmalige Kundgebungen. Jene vor allem geben dem Kommunikator ja auch Gelegenheit, den Eindruck seiner l e b e n d i g e n P e r s ö n l i c h k e i t bis zur äußersten Abrundung und Schärfe zu steigern. Dieses entscheidende Relief des spiritistischen Eindrucks aber entsteht durch zweierlei: ein-mal durch das Eingehn des Kommunikators auf G e h e i m s t e s, was je zwischen ihm und dem Sitzer sich abgespielt hat; sodann aber durch jene Unwägbarkeiten des W i e seiner Selbstdarstellung, die zwischen und über dem Was des Geäußerten schweben: die persönliche Eigenart des Auftretens, den Stil der Äußerung, u. dgl. m. Beide Eigentümlich-keiten von Kundgebungen sind im vorstehenden schon mehrfach ange-klungen; es lohnt aber doch, durch einige Belege besonders auf sie hinzuweisen.

Jeder Belesene weiß zunächst, wie häufig die Sitzungsberichte ge-wisse Äußerungen des Kommunikators ü b e r g e h e n, weil sie für die Öffentlichkeit zu vertraulicher Natur gewesen seien. Ich führte bereits die Beschreibung an, wonach in einer der Howard-Sitzungen, nachdem Dr. Hodgson mehrere Äußerungen 'George Pelhams' dem Sitzer laufend vorgelesen und dessen Zustimmung erhalten, die Hand plötzlich fort-fuhr: 'Privat' und den Sitzungsleiter 'sanft beiseiteschob', worauf Äuße-rungen erfolgten, in denen Mr. Howard einen 'restlos befriedigenden Beweis' erblickte. Hier ist ein andres Beispiel.

Von den 'erfolgreichsten und überzeugendsten' Piper-Sitzungen in Eng-land im Winter 1889/90, denen der Miss Goodrich-Freer, heißt es ähnlich, daß die richtigen Aussagen des Mediums 'fast in allen Fällen von so vertraulicher und persönlicher Natur gewesen seien, daß es unmöglich ist, sie zu veröffentlichen.'[1] — Auch Mrs. Allison war gelegentlich genötigt, in ihren eingehend erläuterten stenographischen Sitzungsberichten 'eine Anzahl von Sätzen auszulassen, weil sie sehr persönliche und mit großer Stärke des Fühlens vorgebrachte' Äußerungen enthielten, die sich auf den Hochzeitstag des Ehepaares bezogen.[2] Ja einmal war sie genötigt, '20 Worte zu übergehen, die eine sehr persönliche und passende Botschaft E. W. A.s an mich darstellten, genau das ausdrückend, was seine Einstellung[3] gewesen wäre, unter der Voraussetzung der Echtheit der Kundgebung.'[4]

Gerade die gebildetsten und zugleich kritisch besonnensten Sitzer und Forscher haben betont, daß damit nicht nur gewisse Einzelheiten den Urkunden entzogen werden, sondern auch die Berichte viel von ihrer besten Überzeugungskraft einbüßen. 'Die den Lesern vorgelegten Beweise für das Fortleben', meint Mrs. Travers Smith, 'sind im besten Fall nur ein kleiner Bruchteil dessen, was wir zur Verfügung haben. Gerade die private und vertrauliche Natur der meisten empfangenen Kundgebungen macht es unmöglich, den wirklich überzeugenden Anteil den Blicken der Öffentlichkeit bloßzulegen; ... wir haben nicht das Herz, das Wort zu sprechen, das den Zweifler zum Schweigen bringen würde.'[5]

Wichtiger freilich für die Theorie dieser Dinge erscheint mir jene andre Begründung des spiritistischen Eindrucks von Kundgebungen: die überzeugende Darstellung der fraglichen Person nach ihrer charakterlichen Eigenart, nach ihrem Persönlichkeitsstil in jedem Sinne des Wortes, vor allem auch im sprachlichen. Man kann wohl sagen: So oft der betreffende Abgeschiedne zu Lebzeiten einen sehr 'ausgesprochnen', also eindeutig feststellbaren Stil der mündlichen oder schriftlichen Äußerung gehabt hat, so oft dann seine Äußerung durch das Medium ungehemmt und ohne Zwischenschaltung fremder Instanzen erfolgt, — so oft hat auch der Stil der Äußerung als wichtiges Material der Identifizierung dienen können. — Ich gebe zunächst ein Beispiel, das sich auf engumschriebene Einzelheiten der sprachlichen Gewöhnung bezieht.

'A. V. B.', die durch Mrs. Leonard sich kundgebende verstorbene Freundin der Damen Radclyffe-Hall und Lady Troubridge, hatte zu Lebzeiten die Gewohnheit gehabt, bei gewissen Gelegenheiten, z. B. wenn sie auf irgendeine Kleinigkeit versessen war, Redensarten wie 'das will ich', 'das werde ich' oder 'das mag ich' in so humorvoller Weise immerfort zu wiederholen, daß jeder Widerstand verstummte. Diese Eigentümlichkeit nun fand sich

1) VI 629.   2) Allison 45; vgl. 25.   3) attitude of mind.   4) Das. 13.
Vgl. Pr XXIII 109 o.; XXVIII 4; Aksakow 673.   5) Travers Smith 74 f. Vgl. Prof. W.
James in Pr XXIII 32 f.

auch in den medialen Äußerungen 'A. V. B.s' in durchaus passender Verwendung.

In der Sitzung vom 6. Juli 1917 z. B., als 'Fedas' Geduld gelobt worden war, sagte diese: 'O, o, aber Feda mag das. Ladye[1] sagt: sie mag das, sie mag das, sie mag das.' — Sagt sie das, Feda? — F.: 'Ja, wissen Sie, sie wiederholt zuweilen Worte in dieser Art.' — Wie meinst du das, Feda? — F.: 'O, zuweilen erwischt Feda sie dabei, wie sie ein oder zwei Worte in dieser Weise immer wieder sagt; zuweilen sagt sie kleine Worte zu sich selbst auf eine komische Art, anders als sonst die Leute tun.' — In derselben Sitzung aber kontrollierte A. V. B. gegen Schluß auch unmittelbar, und als die Sitzerin einer Äußerung derselben widersprach (die sich jedoch nachher als richtig erwies), sagte A. V. B.: 'Ich weiß es, ich weiß es, ich weiß es.'

Ein ähnlicher Vorgang ereignete sich am 6. August 1917 während einer unmittelbaren Kontrolle A. V. B.s. Diese hatte eben die Absicht geäußert, eine schwierige Leistung auf dem Gebiete der Mitteilung zu vollbringen, und als Lady Troubridge die Möglichkeit bezweifelte, entgegnete A. V. B.: 'Ich will es, ich will es, ich will es, ich will es!'

In diesem Zusammenhang mag auch auf die während der Sitzungen häufig von A. V. B. gebrauchte Abschiedsformel 'Bless you' oder 'bless you both'[2] verwiesen werden, die für die lebende A. V. B. höchst kennzeichnend gewesen war, sonst aber keineswegs als im Englischen besonders üblich bezeichnet werden kann. Auch dies wurde von 'Feda' ausdrücklich als Äußerung der Kommunikatorin bezeugt: 'Sie sagt: bless you both'. — Am 5. Aug. 1917, während einer direkten A. V. B.-Kontrolle, gebrauchte eine der Sitzerinnen, Lady Troubridge, zum erstenmal diesen Ausdruck. 'A. V. B. sah einige Augenblicke verdutzt aus, und bemerkte dann nach einer Pause: 'Ich pflegte auch 'bless you both' zu sagen.' Es war, als hätte sie in ihrer Erinnerung nach Assoziationen gesucht, die diese Worte aufriefen, und als wäre ihr dabei eingefallen, daß der Gebrauch dieser Worte ihr selbst gewohnt gewesen war.'[3]

Indessen geht die sprachstilistische Kennzeichnung des Abgeschiednen oft genug weit über solche Kleinigkeiten hinaus, indem sie seine gesamte Äußerungsweise umfaßt, seinen Stil in jenem Sinn, in welchem er nachgerade mit seiner Art zu denken, seinen Geschmacksneigungen und seinem Lebensgefühl zusammenfällt. Ich habe oben der Selbstidentifizierungen gedacht, welche die Persönlichkeit 'Oscar Wilde' durch Wiedergabe seiner Handschrift und gewisser Erinnerungen aus seinem Leben lieferte. Wilde war bekanntlich ein Schriftsteller, dessen Schreibart in ungewöhnlichem Grade als 'unverkennbar' bezeichnet

---

1) Fedas 'Spitzname' für A.V.B.   2) Etwa: 'Gott mit euch (beiden)'.   3) Pr XXX 478 ff.   Vgl. über 'T.': Pr VIII 30, und die äußerst lehrreichen und feinsinnigen, aber ihres Umfangs wegen nicht wiederzugebenden Ausführungen M. A. Bayfields über Feinheiten im Äußerungsstil des 'Prof. Verrall': Pr XXVII 246 ff. (Sie trugen zu B.s Bekehrung zum Spiritismus bei.)

werden darf, und ich möchte hier hervorheben, daß auch diese Seite seines Wesens in den fraglichen Äußerungen durch Mrs. Travers-Smith's Ouija und durch die Hand des Mr. Soal eindeutig zutage trat.

Daß der Stil dieser Schriften, im Sprachlichen wie im Gedanklichen, sowohl Oscar Wildes mehr geziert-lyrische, als auch vor allem seine blasiert-boshafte und paradoxe Manier in erstaunlichem Maße widergibt, ist unbestreitbar, wiewohl man leichte und u n t e r j e d e r V o r a u s s e t z u n g leicht erklärbare Beeinträchtigungen dieser Gleichheit wohl zugestehen mag, — die denn auch von der gegnerischen Kritik mit starker Übertreibung unterstrichen worden sind.[1] Wer einigermaßen in Wilde belesen ist, kann sich seitenlang kaum dem Zwang der Vorstellung entziehen, daß er echte Äußerungen dieses Schriftstellers vor sich habe. Um wenigstens eine knappe Probe von der Art dieses automatistischen Wilde-Stils zu geben, übersetze ich — so gut es gehen will! — einiges aus der Sitzung vom 18. Juni 1923, bei der u. a. Mr. Dingwall, der überkritische Forschungsbeamte der S.P.R., anwesend war. — 'Oscar Wilde. Tot sein ist die am gründlichsten ödende Erfahrung im Leben; das heißt, wenn wir zweierlei ausnehmen: verheiratetsein und mit einem Oberlehrer zu Tische sitzen. Zweifeln Sie an meiner Identität? Es sollte mich nicht wundern, denn ich bezweifle mich selbst zuweilen. Ich könnte Vergeltung üben, indem ich die Ihrige bezweifle. Ich habe stets die Ges. f. ps. F. bewundert. Das sind die großartigsten Zweifler der Welt. Sie sind nicht eher glücklich, als bis sie ihre Gespenster forterklärt haben. Und man möchte meinen, ein echter Geist würde ihnen ein erlesenes Unbehagen verursachen. Ich habe zuweilen daran gedacht, eine Akademie himmlischer Zweifler zu gründen..., eine Art S. P. R. unter den Lebenden. Niemand unter 60 dürfte ihr beitreten, und wir würden uns die Gesellschaft der überalterten Schatten nennen. Unser erstes Ziel wäre es, sofort die Frage der Existenz — sagen wir — von Mr. Dingwall zu untersuchen. Mr. Dingwall — ist er Phantasie oder Wirklichkeit? Tatsache oder Erfindung? Sollte die Entscheidung zugunsten seiner Existenz ausfallen, würden wir ihn natürlich mit mannhaftem Nachdruck bezweifeln. Zum Glück g i b t es hier drüben keine Tatsachen [!]. Auf Erden konnten wir ihnen kaum entrinnen. Ihre toten Leichname waren allenthalben auf dem Rosenpfade des Lebens verstreut. Man konnte kein Zeitungsblatt in die Hand nehmen, ohne etwas Nützliches zu erfahren ... Entwürdigen Sie mich nicht, indem Sie Tatsachen von mir fordern.'[2]

Was nun die Wilde-Kenntnis der beiden Schreibenden anlangt, so erfahren wir, daß 'keiner von ihnen ein besonderes Interesse für den Dichter hatte.' Mr. V., Mathematiker und Musiker, hatte nur den 'Dorian Gray', 'De profundis' und die 'Ballade vom Zuchthaus in Reading' gelesen, und zwar vor dem Kriege. Mrs. Travers Smith hatte mehr gelesen und sich auch für die Theaterstücke 'interessiert', aber außer 'Salome' seit 20 Jahren keine Seite von Wildes Werken gelesen.[3] Sie bezeugt überdies das 'instinktive

1) Travers Smith, Wilde 148 ff.   2) Das. 9 f.   3) 78. 85 f.

Gefühl', daß es sich nicht um 'Plagiate aus versunkenen Erinnerungen heraus' gehandelt habe.[1] Vor allem betont sie, daß die zahlreichen und sehr boshaften literaturkritischen Äußerungen des angeblichen Wilde über frühere und zeitgenössische englische Autoren keineswegs mit ihren Ansichten übereinstimmten. 'Die kritischen Äußerungen der Schrift über moderne Schriftsteller, schreibt sie, entsprechen nicht meinen bewußten Ansichten, das kann ich mit Bestimmtheit sagen. Ich kann für mein Unterbewußtsein nicht verantworten, aber ich kann mir auch kaum vorstellen, daß irgendein Teil meines Geistes sprechen könnte, wie Wilde hier spricht.' Über G. H. Wells, den sie von allen Erwähnten am meisten gelesen hatte, wurde sehr wenig gesagt; viel mehr über A. Bennett, den beide Schreibenden weit weniger kannten. Von Eden Philpotts, über den 'Oscar Wildes' erster 'Essay' sich gleichfalls äußerte, kannten beide keine Zeile. Von Joyce's 'Ulysses' hatte Mrs. Travers Smith nur wenige Seiten gelesen und keinerlei Besprechungen, und gerade über diesen äußerte sich die Wilde-Persönlichkeit ausführlich und höchst abweisend. Nur betreffs Galsworthy waren sie und er teilweise einverstanden. (Wir müssen freilich hier die Behauptung 'Wildes' hinnehmen, daß er Schriftsteller, die erst nach seinem Tode zu Ruf gelangten, kennen gelernt habe, indem er sich 'in sie hineinversetzte'.) Auch die anscheinende Tatsache, daß solche literarische Urteile nur durch Mrs. Travers Smiths Hand zur Äußerung kamen,[2] erscheint mir nicht entscheidend, so oder so. 'Wilde' selber sagte: 'Sie haben Sinn für Stil, und dies hilft mir, meine armseligen Gedanken Ihnen vorzulegen.' — Als Ergänzung des Gesagten mag es wichtig erscheinen, daß Mrs. Travers Smith wiederholt versuchte, Wilde über musikalische Fragen anzuzapfen; aber ohne Erfolg, — 'obgleich Musik mein eigenstes Gebiet ist'.[3] — Schließlich mag auch noch auf das seltsame Einsetzen der ganzen Wilde-Personation hingewiesen werden. Ein anderer Kommunikator hatte durch Mr. V. geschrieben, u. a.: 'Ich suche meine Tochter Lily, meine kleine Lily.' 'Als das Wort Lily geschrieben wurde', sagt Mrs. Travers Smith, 'fühlte ich eine Unterbrechung; ich spürte instinktiv, daß der Kommunikator gewechselt hatte. Ich fragte, wer spräche; sofort wurde 'Oscar Wilde' geschrieben, und die Botschaft ging mit zunehmender Geschwindigkeit weiter ...'[4]

Dies alles ist merkwürdig genug und wird noch merkwürdiger, wenn man bedenkt, daß 'Wilde' ja gleichzeitig seine Handschrift erzeugte und Angaben über sein Leben machte, welche beide dem Medium so gut wie sicherlich unbekannt waren. Abgesehen davon ist es freilich eine bedeutende Schwäche des Falles, daß Wildes Stil den Schreibenden eben doch zu einer Zeit ihres Lebens bekannt geworden war, sodaß ein unterbewußtes Keimen seines 'Persönlichkeitsbildes' nicht ausgeschlossen erscheint.

Mr. Soal[5] hat später — in Gemeinschaft mit einer anderen Dame — eine

---

1) 108. 114.   2) 90.   3) 101.   4) 80. Vgl. 5.   5) Wie schon erwähnt, mit 'Mr. V.' identisch.

weitere sehr seltsame 'literarische' Personation geliefert, nämlich die einer 40 Jahre zuvor verstorbenen und inzwischen leidlich vergessenen Schriftstellerin Margaret Veley, von der er nur einmal ein Gedicht ohne Unterschrift in einer Zeitschrift gelesen hatte. 'Margaret Veley' lieferte sehr viel mehr richtige Angaben über ihr Leben als Wilde, die dem Schreibenden sicherlich unbekannt waren; aber weder ihre prosaischen noch ihre poetischen Kundgebungen wiesen die gleiche Identität des Stiles auf, wie im Falle Wilde. Die Geschichte der 'Margaret Veley', ohne Weitläufigkeit nicht wiederzugeben, gehört fraglos zu den seltsamsten unseres Schrifttums und verdient zusamt der scharfsinnigen Analyse des hochgebildeten Mediums selbst das aufmerksamste Studium.[1] Aber als Beleg für den hier fraglichen Tatbestand kann sie nicht dienen; und — wie gesagt — vielleicht die Geschichte des Soalschen 'Oscar Wilde' auch nicht.[2]

Die großen Medien der Ges. f. ps. F. haben noch andre verstorbene Dichter und Schriftsteller in sehr bemerkenswerten 'Personationen' hervortreten lassen, wie z. B. Frederic Myers[3] und Roden Noel;[4] doch bestanden hier die identifizierenden Inhalte weit mehr in der Bezugnahme auf Ansichten, Kenntnisse und Erlebnisse der Betreffenden, als in einer Nachbildung ihres Sprachstils, der ohnehin mehr dem des Engländers von hoher Geistesbildung überhaupt glich, als einer ganz persönlichen Manier, wie im Falle Wildes.

Manchem mag in diesem Zusammenhang auch der verblüffende Fall der 'Patience Worth' einfallen, jener angeblichen Bäuerin des 17. Jahrhunderts, die dem Medium Mrs. Curran mehrere Romane sowie eine Versdichtung von etwa 70 000 Worten, betitelt 'Telka' (letztere in insgesamt 35 Stunden), teils durch das Ouija, teils durch Hellhören 'diktierte', in einer altertümlichen Sprache (mit einem Gehalt von 90% rein angelsächsischer Worte!),[5] die sich als die Mundart der Grafschaft Dorsetshire im 17. Jh. erweisen ließ; Dichtungen, die von maßgebenden Beurteilern als wahre 'Meisterwerke' bezeichnet und von niemandem im Ernst dem Medium selber zugeschrieben werden, — das übrigens auch stundenlang in der gleichen Mundart sprach. Nichts Stichhaltiges hat sich bisher zur Deutung dieses einzigartigen Phänomens erdenken lassen; doch kann es, da 'Patience Worth' ja keine identifizierbare Persönlichkeit ist, auch nicht als Fall von identifiziertem Persönlichkeitsstil gelten, vielmehr eher noch dem Tatbestande der Xenoglossie zugeordnet werden.[6]

Im ganzen dürfte der Ertrag der sprachstilistischen Prüfung medialer Kundgebungen einstweilen ziemlich bescheiden erscheinen. Immerhin bildet dieser Stil nur eine Seite solcher Äußerungen, und zwar eine, von der es auch unter spiritistischen Voraussetzungen zwei-

---

1) Pr XXXVIII 281—367.   2) Vgl. übrigens die z. T. wenig besagenden Ausführungen Soals: JSPR XXIII 111 f.   3) Vgl. z. B. Pr XXIV 16 ff. und u. Abschnitt IV Kap. 3 d. 4) Pr XXI 316 ff.   5) Die englische Bibel enthält nur 77 v. H.!   6) Vgl. Prince, Worth; PsSc VI 186 ff.; Prof. Schiller in Pr XXXVI 573 ff.; Bozzano, Xen. 74 ff.

felhaft sein muß, ob sie besonders häufig sich gegen den 'medialen Apparat' werde durchsetzen können (dessen Schwierigkeiten wir allmählich noch besser durchschauen werden). Die Masse der geäußerten Erinnerungen, einschließlich der intimsten, die Fülle der persönlichen Reaktionen, die sprechenden Einzelheiten von Denkart und Ausdruck, — das Ganze und das Ineinander dieser Züge, eben der Persönlichkeitstil ist es, was so oft beim Sitzer den eigentlichen Eindruck erzeugt, daß er wirklich dem lebenden Ich des angeblichen Kommunikators gegenüberstehe; wie denn umgekehrt auch dieser gelegentlich mit dem größten Nachdruck ausspricht, daß der Tod den irdischen Charakter keineswegs zerstöre (etwa indem er den Abgeschiedenen 'verkläre'); vielmehr das eigenartige Wesen eines Menschen (einschließlich etwa seines 'Humors') nicht mehr verändere, als die Übersiedlung aus einer Stadt in die andre.[1] Immer wieder hören wir, daß es jener Gesamteindruck sei, was das abschließende Urteil des Sitzers bestimmt habe; aber immer wieder müssen wir mit Bedauern feststellen, daß gerade dieser Eindruck sich am wenigsten in das Schriftstück hinüberretten läßt, das der Sitzer als einzig bleibende Unterlage dem Forscher zu übergeben imstande ist. Gleichwohl bildet die Bekundung dieses 'Eindrucks' eine der Tatsachen, mit denen auch die Forschung zu rechnen hat.

Mrs. M. z. B., nach Dr. Hodgsons Urteil eine ungewöhnlich gute Zeugin, die zwischen dem 12. Nov. und 6. Dez. 1895 einige Sitzungen mit Mrs. Piper hatte, deren Mitteilungen allzu vertraulicher Natur für die Veröffentlichung waren, spricht sich über ihren allgemeinen Eindruck wie folgt aus: 'Wenn ich nie eine Sitzung mit Mrs. Piper gehabt hätte und dieser mein Bericht von einem andern geschrieben wäre, so würde ich sicherlich sagen: das Ergebnis genügt nicht, zu beweisen, daß die lebende Persönlichkeit des Roland genannten Mannes jemals durch Mrs. Piper bis zu seinem Weibe gelangte ... Und dennoch bin ich überzeugt; ... und das vielleicht am meisten Überzeugende ist die Anhäufung kleiner persönlicher Züge, welche die Sitzungen für mich so wirklich machen, deren Wiedergabe im Druck aber fast unmöglich wäre; Eigentümlichkeiten des Ausdrucks in der Schrift und des Gebarens in jener wunderbar dramatischen Hand der Mrs. Piper. Jeder, der auch nur eine gute Sitzung mit Mrs. P. gehabt hat, wird genau wissen, was ich meine. Man hat das Gefühl, daß die Hand von einer besonderen Persönlichkeit belebt sei, die sich von 'Phinuit' völlig unterscheidet. Das Benehmen der Hand, wenn sie von meinem Gatten oder meinem Bruder 'kontrolliert' wird, ist so verschieden und so bezeichnend für jeden der beiden Männer, wie nur irgend möglich.'[2]

Ähnliches gilt z. B. von den zahlreichen Kundgebungen des verstorb-

1) So 'Mrs Thomas': Thomas, J. F., Stud. 18.   2) Pr XIII 348. 341.

nen Lord Northcliffe durch eine größere Anzahl von Medien, wovon sein bewundernder Untergebner Hannen Swaffer uns einen ausführlichen, leider sehr journalistisch gefärbten Bericht geliefert hat.

Selbst der völlig Fernstehende gewinnt beim Lesen den Eindruck, daß dieser 'Northcliffe' nicht nur mit einer Überfülle biographischer Anspielungen und Erinnerungen aufwartet, sondern auch durch alles, was er sagt, und die Art, wie er es sagt, das geschlossene Bild einer durchaus eigenartigen Persönlichkeit erzeugt; ohne daß dieser Eindruck sich durch die Auswahl, Bearbeitung oder Ausdeutung seiner Kundgebungen erklären ließe, so sehr dies alles auch zur Abrundung des Bildes beitragen mag. Echte Manieren der Rede fließen ungezwungen in den Stil seiner Äußerungen ein (wie er z. B. 'eine Sache dreimal sagt, wenn er sie sehr ernst meint'). Das 'Imperatorische' des Mannes, sein menschlich warmes und doch kraftvoll forderndes Verhältnis zu beruflich Nahestehenden und Untergeordneten kommt in zahlreichen Wendungen schlagend zum Ausdruck. Swaffer, der Northcliffe wie seine Tasche gekannt hatte, muß immer wieder die Lebensähnlichkeit der postumen Persönlichkeit staunend betonen. 'In seine Unterhaltung kam [in diesem Augenblick] etwas so Intimes, daß ich das Gefühl hatte, ich befände mich meinem großen Freunde unmittelbar gegenüber, als säße er neben mir, nur daß ich ihn nicht sehen konnte.' — Oder ein andermal: 'Wer Northcliffe gut gekannt und während der letzten 10 Minuten 'Fedas' Unterhaltung zugehört hätte, wäre bis zum Erschrecken beeindruckt worden, wie zweiflerisch er auch zuvor gewesen sein mochte.' 'Die Tatsache, daß Northcliffes beherrschende Persönlichkeit zum Ausdruck gelangte, ... war etwas Unbeschreibliches; aber sie war fast immer da.'[1]

Aber auch in einer wesentlich 'wissenschaftlicher' abgestimmten Umgebung ist dieser überwältigende Eindruck der Lebensähnlichkeit oft genug zustande gekommen. Prof. William James z. B. scheint ihn von der 'Hodgson'-Persönlichkeit empfangen zu haben und betont ihn als beherrschend bei vielen andern.

Hodgson, schreibt er z. B., 'hatte sich zu Lebzeiten ausgezeichnet durch ein überschäumendes Temperament. Er liebte Wortgefechte, Neckereien und spitzig-schlagfertige Antworten, er war ein ziemlicher Gebärdenmacher und ein großer Lacher. Er hatte auch einen übergroßen Appetit für Poesie ... Alle diese Züge offenbarten sich von Anbeginn in seinem Auftreten als Kontrolle.' — Ähnlich schreibt Miss T. Pope gelegentlich einer sie 'aufziehenden' Bemerkung im Protokoll vom 16. Jan. 1906: 'T. P. und Richard Hodgson waren so gute Kameraden gewesen, daß er ihr gegenüber zuweilen unverschämt wurde und sie häufig neckte. R. H.s Ton T. P. gegenüber in allen seinen Äußerungen als Kommunikator ist restlos charakteristisch, — so wie er im Leben war.' — Und Dr. Bayley erläutert eine Anzahl überlebhafter Äußerungen Hodgsons mit folgenden Worten: 'Solche Ausdrücke und Rede-

1) Swaffer 145. 116. 126. 187.   Vgl. ferner Bradley, Stars 28; Wisd. 70; Lodge 98 f.; Allison 216 f.; Travers Smith 137 f.; Keene 47.

wendungen waren seltsam bezeichnend für den lebenden R. H., und während sie, oft rasch und völlig freiwillig, zum Vorschein kommen, erwecken sie den fast unwiderstehlichen Eindruck, daß es wirklich die Hodgson-Persönlichkeit ist, [die da spricht]. Natürlich müßte man, um dies richtig einzuschätzen, ihn so vertraut gekannt haben, wie ich.' — Damit ist natürlich nicht gesagt, daß der Piper-Hodgson nicht auch ernst sein konnte, wo die Gelegenheit es erheischte. Eine Sitzerin schreibt z. B.: 'Es folgten gütige Worte, zu vertraulich und persönlich, um aufgezeichnet zu werden, die mich aber so tief bewegten, daß ich bald danach, am Schluß der Sitzung, in eine Ohnmacht fiel, — ich hatte den Eindruck gehabt, als wenn er in voller Wirklichkeit dagewesen wäre und zu mir gesprochen hätte.'[1]

Man sieht: die Äußerungen über diesen entscheidenden 'Eindruck' klingen seltsam auf einen Ton, von wie verschiedenen Beobachtern sie auch ausgehen mögen. Und doch kann ich der Versuchung nicht widerstehen, noch einige ähnliche Zeugnisse anzuführen, weil in solchen ohne Frage ein beherrschendes Motiv der Urteilsbildung sich äußert, — so sehr wir seine 'Subjektivität' bedauern mögen. Ich lasse aber ausschließlich solche Zeugen zu Worte kommen, die sich durch große Erfahrung und Sachkenntnis, begriffliche Schulung und Besonnenheit des Urteils auszeichnen.

Von der ersten direkten Kontrolle der Prof. Sidgwick-Persönlichkeit bei Mrs. Thompson schreibt Mr. Piddington u. a. folgendes: 'Obgleich nur wenige Worte gesprochen wurden, waren Stimme, Art und Stil der Äußerung außerordentlich lebensähnlich; in der Tat in solchem Grade, daß, wenn ich von Prof. Sidgwicks Tode nichts gewußt und die Stimme zufällig gehört hätte, ohne sagen zu können, woher sie kam, ich sie wohl ohne Zögern ihm zugeschrieben hätte.' 10 Tage später trat 'Sidgwick' zum zweitenmal in dieser Weise auf, 'und wieder war die Personation im außerordentlichsten Grade lebensähnlich. Es waren dies die beiden einzigen Gelegenheiten während einer spiritistischen Sitzung, bei denen ich *émotionné* gewesen bin oder das geringste Gefühl des Unheimlichen gehabt habe... Ich hatte das Gefühl, wirklich mit dem Manne zu sprechen, den ich gekannt hatte, und seine Stimme zu hören, und die Lebhaftigkeit des ersten Eindrucks ist nicht mit der Zeit verblaßt.'[2]

Im Falle von Prof. Hyslops 'Vater' beruhte der überzeugende Gesamteindruck u. a. auf den redensartlichen Wendungen, die er in seine Äußerungen einfließen ließ, und den Anspielungen auf die religiösen Neigungen, die den milde verrannten Sektierer zu Lebzeiten beherrscht hatten. Immer wieder muß Prof. Hyslop bezeugen, dieser oder jener Ausdruck sei durchaus bezeichnend für seinen Vater, gerade so hätte er zu Lebzeiten unter gleichen Umständen gesprochen. Gelegentlich regnet es förmlich typische Redewendungen dieser Art: 'Bleibe ruhig, rege dich über nichts auf, was es auch

1) Pr XXIII 36 f.   2) Pr XVIII 236 f.

sei; das habe ich dir immer schon gesagt. Sich quälen führt zu nichts. Du gehörst nicht zu den Stärksten und mußt an deine Gesundheit denken. Such immer heiter zu sein und laß dich nicht aus der Fassung bringen ...' u. dgl. m. in immer neuen Wendungen. — Letztlich waren es wohl Dinge dieser Art, die den von Haus aus durchaus antispiritistisch gesinnten Prof. Hyslop zum Schlußurteil führten: 'Es ist mein Vater, es sind mein Bruder, mein Onkel, mit denen ich mich unterhalten habe. Welche übernormalen Fähigkeiten man Mrs. Pipers 'zweiten' Persönlichkeiten auch zuschreiben mag: man wird mich schwerlich überreden können, daß diese zweiten Persönlichkeiten meine verstorbenen Verwandten in geistiger und charakterlicher Hinsicht so vollständig hätten wiedergeben können. Dies zuzugeben, würde mich zu weit ins Reich des Unwahrscheinlichen führen. Ich ziehe es vor, zu glauben, daß ich tatsächlich mit meinen Verwandten gesprochen habe; es ist einfacher.'[1]

Einige Urteile aus den schon erwähnten feinsinnigen Berichten der Forscherinnen Radclyffe-Hall und Troubridge über die Kundgebungen 'A. V. B'.s sollen diese Auslese beschließen.

'Alle angeblichen Äußerungen und Mitteilungen A. V. B.s, die wir durch Mrs. Leonard erhielten, zeichneten sich aus durch Duldung, Unparteilichkeit und Maßhalten im Urteil über andre, gepaart mit einem Sinn für Humor, der nie die Grenzen der Güte überschritt. Alle diese Züge waren in hohem Grade charakteristisch für A. V. B.' Daneben unterstreichen beide Sitzerinnen 'eine ruhige Entschlossenheit, fast eine milde Art von Halsstarrigkeit, die gleichfalls sehr bezeichnend für A. V. B. war', sowie 'eine besondere Art der Kindlichkeit, die sich besonders darin zeigte, daß sie in unwichtigen Handlungen oder kleinen neu erworbenen Fertigkeiten geschätzt werden wollte, nicht in Dingen, in denen sie sich ernsthaft hervortat.' Dabei 'kann nicht stark genug betont werden, daß Mrs. Leonards normales Ich und Charakter nicht im geringsten an die von A. V. B. erinnern oder ihnen ähneln.'

Ein kleiner Zug dieser Art fiel in die Sitzung am 20. Dez. 1916. Miss Radclyffe-Hall hatte durch 'Feda' für den kommenden Mittwoch einen männlichen Sitzer angekündigt. 'Sie sagt,' berichtete 'Feda' darauf, 'es sei gut, aber falls Sie nicht zu Weihnachten brav sind, wird sie jenen Herrn hinausbefördern ... Und sie sagt, sie müßten brav sein nach dieser fürchterlichen Drohung. Fürchterliche Drohung! das klingt für Feda schrecklich, aber sie scherzt nur.' — 'Nun muß man wissen,' fügt die Berichterstatterin hinzu, 'daß A. V. B. während ihres Lebens beständig die Worte 'fürchterliche Drohung' gebrauchte. Wenn ich irgendeine Absicht äußerte, die sie mißbilligte, so pflegte sie meinen Vorschlag lachend zu überbieten durch einen noch viel unbedachteren, den sie auszuführen zu wollen behauptete, falls ich eigensinnig bliebe. Dann sagte sie oft: 'Na, ich weiß, du kannst das nicht tun nach dieser fürchterlichen Drohung.' Und wenn ich irgendeinen abenteuerlichen Vorschlag machte, pflegte sie zu sagen: 'Was für eine fürchterliche Drohung.'[2]

---

1) bei Sage 53.   2) Pr XXX 477 f. 485. Vgl. XXXIV 302 f. 304, und Prof. W. James' feinsinnige Äußerungen XXIII 32 f.

2. Animistische Theorien der Personation und der Wissensbeschaffung

Die sich aufdrängende spiritistische Deutung von Tatsachen wie den vorstehend belegten hat mit einer doppelten Gegnerschaft zu rechnen. Die eine wird auf Grund von Vorurteilen — zumeist 'wissenschaftlicher' Art — von außen an die Tatsachen herangetragen; die andre ersteht aus ihnen selbst, also gewissermaßen von innen her. Denn, wie schon angedeutet wurde: die Tatsachen bieten sich nicht immer in der vergleichsweise eindeutigen Form dar, wie in den obigen Beispielen; und die Frage, wie das häufige Mißlingen oder die Verunstaltung spiritistischer Selbsterweisung sich theoretisch vereinigen lasse mit ihrem so häufigen schlagenden Gelingen, wird sehr genau erwogen werden müssen, falls wir zu einer glatten Schlußrechnung gelangen wollen. Indessen wird es unsrem Gedankengang zum Vorteil gereichen, wenn wir diese Erörterung zunächst noch verschieben; wenn wir also so tun, als ob die angeführten Beispiele für die Gesamtheit der Tatsachen kennzeichnend wären. Wir befassen uns also zunächst mit der ersten Form der Gegnerschaft: der Bestreitung jeder spiritistischen Deutung unsrer Tatsachen auf Grund von Alternativbegriffen. Es ersteht uns also die Aufgabe, die animistischen Deutungen anscheinend gelungener Selbstbezeugung Abgeschiedener auf ihre Zulänglichkeit hin zu prüfen.

Indem ich mich dieser Aufgabe zuwende, übergehe ich von Anfang an und endgültig alle diejenigen Theorien, die mit Begriffen der normalen und der klassischen Psychologie auszukommen suchen. Ich bezweifle, daß es heute noch Leute gibt, die bei irgendwelcher Kenntnis der Tatsachen sich einbilden, man könne diesen gegenüber auskommen mit der Berufung auf betrügerische Kunstgriffe, Auskunftsbüros, Durchstöberung von Adreßbüchern, Friedhofsinschriften, Briefschubfächern, Stammbäumen und ähnlichen Quellen,[1] oder mit der Berufung auf geschicktes Verhalten des Mediums im Verkehr mit dem Sitzer: also das vielbesprochene Tasten und 'Angeln', das den Sitzer veranlassen soll, ahnungslos Winke zu liefern, auf denen fortbauend das Medium allmählich eine Darstellung des unbekannten Verstorbnen zustandebringen könnte.[2]

Es liegt mir natürlich fern, die Tatsächlichkeit aller solcher Vorgänge zu leugnen. Ich leugne bloß sehr entschieden, daß Begriffe dieser

---

1) Vgl. etwa über Mrs. Piper: Prof. Lodge in Pr VI 446 f.; Dr. Hodgson in VIII 6 ff.; Hyslop, Science 246 f.   2) Vgl. Lodge, Pr VI 451; Thomas, Life 22; Lambert in ZP 1930 279 f.; PS XXXIV 591 f.

Art den besten medialen 'Personationen' gegenüber ausreichen. Diesen gegenüber leisten sie vielmehr so wenig, daß es töricht wäre, auch nur einleitungsweise sich ernsthaft mit ihnen zu befassen. Ja sollten auch einige von ihnen in bescheidenem Maß an guten Leistungen Anteil haben, so würde doch der Tatbestand, dem gegenüber sie völlig versagen, so unvergleichlich überwiegen, daß es logisch pervers wäre, sich mit den winzigen Abstrichen abzuplagen, die ihnen etwa zu verdanken sein möchten. Wenn die Flut über einen Damm bricht, so ist es lächerlich, zu untersuchen, ob am Ende ein verschwindender Bruchteil des Wassers aus einer dem Damm zuströmenden Gosse stamme.

a. Die Personation

Der Tatbestand, dessen Erklärung uns aufgegeben ist, zeigt die allgemeine Form einer Personation; d. h. es tritt uns in den Kundgebungen durch das Medium eine Persönlichkeit entgegen, welche die eines Abgeschiednen zu sein behauptet und dies durch Äußerung von Wissensinhalten zu beweisen strebt. Insofern würde also unser Problem in zwei Teile zerfallen: die Ableitung dieser Personation ihrer bloßen Form nach, und die Ableitung der Inhalte, durch die sie sich identifiziert. Es ist offenbar die zweite Frage, die uns hier vor allem angeht und uns am meisten zu schaffen machen dürfte; denn bekanntlich ist die Erzeugung einer neuartigen Personation, im Gegensatz zur normalen des Subjekts, ein wohlvertrauter Vorgangstyp auch der geltenden Psychologie. Die mehr oder weniger bewußten Personationen des Schauspielers sind jedermann bekannt; auch daß sie bei Einzelnen schier bis zu zeitweiliger 'Veränderung' der normalen Persönlichkeit sich steigern können.[1] Aber auch über die fremd- oder autosuggestiv erzeugten Personationen des hypnoiden Bewußtseins, über die dauerhaften 'Führer'-Personationen mancher 'Somnambulen' und Hysterischen und über die krankhaften Persönlichkeitsspaltungen und -veränderungen braucht hier nicht ausführlich gesprochen zu werden; wie denn auch ihre allgemeine Formverwandtschaft mit den Personationen des scheinbar besessenen Mediums ohne weiteres in die Augen springt.[2] Mehr noch: es wird niemand leugnen, daß der hypnoide Zustand der 'Medien', der Trans, sehr oft den Boden abgibt für die Entstehung von Personationen, die mit denen des hypnotisch-suggestiven Versuchs identisch sind. Es braucht nur an das häufige 'Auftreten' berühmter Persönlichkeiten der Vergangenheit durch Medien von oft beschränktestem Geist erinnert zu werden, die damit autosuggestiv den Ehrgeiz

---

1) Vgl. AP I 119 ff.; III 279 ff.   2) Lehrreiche Fälle, die etwa die Mitte halten zwischen medialer Besessenheit und krankhafter Persönlichkeitswandlung, s. ZP 1926 244 f. 250. Vgl. Staudenmaier 29 ff. 33.

ausleben, der, wenigstens keimhaft, wohl in jeder Menschenbrust zu Hause ist.[1] Und was sollte uns hindern, wenn einmal rein phantastische Personationen dieser Art auf der Transtraumbühne des Mediums zugestanden sind, auch die identifizierbaren — wohlgemerkt: ihrer seelischen Form nach! — als Erzeugnisse des traumhaft schauspielernden Mediums aufzufassen, entstanden natürlich unter dem Einfluß irgendwelcher vom Sitzer, von entfernten Lebenden, vom Medium selbst ausgehender Erwartungs-Suggestionen?

Daß die Leistung, die mit diesen Voraussetzungen dem Medium zugemutet wird, in jedem Fall eine außerordentliche ist, wird von keiner Seite bestritten: auch Beurteiler, die dem Spiritismus sehr zurückhaltend gegenüberstehen, erkennen an, daß der Animist hier mit bedeutenden Schwierigkeiten zu rechnen habe. Schon die Massenhaftigkeit der Personationen, die ein vielbeschäftigtes Medium zu bewältigen hat, geht natürlich über das dem hypnotisch Experimentierenden oder gar dem Psychopathologen Vertraute unermeßlich hinaus. 'Niemals', meinte M. Sage nicht ohne Berechtigung, 'hat ein genialer Mensch gelebt, sei er Shakespeare oder Homer oder der kühle Tacitus, der es als schöpferischer Geist der Mrs. Piper [mit ihren Hunderten lebensvoller Personationen] hätte gleichtun können.'[2] Immerhin: es handelt sich hier um quantitative Grenzbestimmungen, und der vorsichtige Forscher wird zugeben, daß wir nicht so bald mit völliger Sicherheit werden sagen können, wieweit die Steigerungsfähigkeit besonders veranlagter Unterbewußtseine sich erstrecke. Dabei erscheint es mir sehr fraglich, ob wir wirklich etwas gewinnen, wenn wir die Voraussetzung eines solchen wandlungsfähigen Unterbewußtseins des Mediums ersetzen durch die Theorie von 'Kollektivpsychen', die während der Sitzung aus Beiträgen des Mediums und der Anwesenden entstehen sollen.[3] Gegen den Begriff solcher Verschmelzung von Ichen oder Teil-Ichen zu neuen Einheiten habe ich vom metaphysischen Gesichtspunkt aus nichts einzuwenden.[4] Doch scheint mir, daß die Transleistungen des Mediums um so eher zu deuten sein werden, je straffer einheitlich das seelische Zentrum angesetzt wird, von dem aus wir jene Leistungen geformt und geleitet denken; die Entstehung eines solchen Zentrums aber möchte man in einem sog. 'Individuum' für leichter zu verwirklichen halten, als soz. in dem 'Seelenraum', der sich zwischen Individuen spannt. Daher scheint sich mir noch eher die Vorstellung zu empfehlen, daß eine unterbewußte Ich-Bildung 'im' Medium lediglich ihre Saugorgane in andere hineinerstrecke, als daß

---

1) S. z. B. Podmore, Spir. I 54 f.; II 33; OR 1907 I 199.   2) Sage 19.   3) Wiederholt vertreten, am scharfsinnigsten vielleicht von McKenzie 276 ff.   4) Vgl. Mattiesen 771.

sich aus jener und aus abgespaltenen Teilen dieser — ein neues Ich zusammenballe. Die beiden Vorstellungen sind einander ja nicht einmal allzu fremd. Doch dürfte die 'polypsychistische' besonderen Schwierigkeiten dort begegnen, wo sich in Gegenwart wechselnder Sitzer ein und derselbe 'Kommunikator' mit unveränderter persönlicher Wesensart kundgibt.

Aber auch hinsichtlich der Schnelligkeit und 'Rechtzeitigkeit' ihrer Ausbildung unterscheiden sich die Personationen des Mediums von denen der anerkannten Psychologie. Namentlich von den Dauertraumgestalten mancher Hysterischer, ihren 'Führern', in denen sich gewisse seelische 'Seiten' und 'Tendenzen' sinnbildlich verkörpern, muß man sich klar machen, wieviel natürlicher ihnen Boden und Zeit zu ihrer Ausbildung gegeben sind: mit allen 'Seiten' unseres Wesens sind wir ja immer soz. 'beisammen' und eng verwachsen; und jedes Stück auch unsrer tiefsten Natur hat Muße, sich sein Ausdrucksbild aufzubauen, zu kleiden, dramatisch zu prägen. — Im Falle des Transmediums ist das leidlich anders. Alles, was in der Personation sich zusammenfassen soll, ist dem Medium so fremd als möglich; und es werden ihm oft nur Augenblicke gelassen, diese Bildung zu vollenden. Der Sitzer tritt ein, wenn das Medium bereits entschlummert ist, und in wenigen Minuten, im besten Falle sofort, sieht das veränderte Trans-Ich des Mediums den 'Geist' in lebenswahrer Erscheinung vor sich stehen und hört ihn Mitteilungen machen, deren Inhalt einen Augenblick vorher keine Macht der Erde dem Medium hätte entlocken können. Oder die Personation des Verstorbenen 'ergreift' das Medium unmittelbar und spricht oder schreibt durch seinen Körper.

Dabei entwickeln diese Personationen eine Dauer und innere Festigkeit, die wenigstens die flüchtigeren Formen normaler Personationen — des Traumes z. B. — weitaus überbietet. Jene treten sogleich auf eine Stunde, sie treten, falls gewünscht, an jedem folgenden Tage wieder auf; sie wissen an jedem Tage, was sie an jedem früheren gesagt haben; sie sind auch charakterlich immer die gleichen; sie sind in sich geschlossene und dauernde Persönlichkeiten und gleichen dabei in jeder Hinsicht einem Verstorbenen aufs Haar.

Aber noch eins: das Medium selbst in seinem Trans stellt ja bereits eine veränderte Person dar, von der fast keinerlei Erinnerungsbrücken zu seinem normalen Ich hinüberführen: Mrs. Piper hat sich in 'Phinuit' oder 'George Pelham', Mrs. Thompson in 'Nelly' verwandelt; Mrs. Leonard ist hinter 'Feda', Mrs. Soule hinter 'Sunbeam' zurückgetreten. 'Traumpersonen', sagt der Animist. Sei es, — was wissen wir? Doch sollte er wohl bedenken, daß solche Traumpersonen die Bühne für die

Personation überhaupt schon beträchtlich e i n g e e n g t haben, verglichen mit dem Zustand, worin der normale Träumer im Gespräch mit einer Traumgestalt, oder die wache Hysterische im Hören ihres 'Führers' — doch völlig ihr eigenes Ich bewahren.

Der Animist müßte also annehmen, daß während des medialen Transdramas n o c h ein weiteres 'abgespaltnes' Personationszentrum a u ß e r h a l b der 'ersten' Transpersönlichkeit wirksam werde, welchem Zentrum allein — durch eine seltsame Laune der Scheidung — das übernormale Wissen zur Verfügung steht, das dann erst der eigentlichen Transpersönlichkeit — dramatisch-versinnlicht — aufzudrängen wäre: also ein Unterbewußtsein außerhalb des Unterbewußtseins. Von dieser Annahme aber müßte der Animist gestehen, daß sie—während nichts unmittelbar für sie spricht — doch nur erfunden sei, um einer spiritistischen Deutung der Zweiheit von Transpersönlichkeiten zu entgehen. Und selbst wenn man sich darauf berufen wollte, daß doch auch die klassische Psychopathologie von Fällen wisse, in denen die Spaltung der Persönlichkeit soz. mehrstöckig ist und 'unter-' oder 'außerhalb' des e i n e n somnambulen Ich sich noch ein weiteres meldet, mit welchem jenes in Unterredung treten kann, — selbst dann noch bliebe ja die Tatsache völlig unerklärt, daß dieser äußerst seltene Fall g e r a d e im s p i r i t o i d e n T r a n s d r a m a sich r e g e l m ä ß i g verwirklicht, und zwar bei Personen, die a u ß e r h a l b ihrer Kundgebungsleistungen nicht die geringste Neigung zu seelischem Zerfall bekunden. Ich merke diese Dinge hier nur an: ein späterer Zusammenhang wird uns bedeutsam auf sie zurückführen.

Man hat ferner auch die Fähigkeit des Unterbewußtseins bestritten, dort, wo es sich nicht um frei erfundene, sondern um wirkliche, also 'vorgeschriebene' Personationen handelt, den l e t z t e n G r a d d e r L e b e n s ä h n l i c h k e i t zu erzielen. Das am Schluß des vorigen Kapitels Belegte wird das volle Gewicht dieser Bestreitung ohne weiteres fühlbar machen. Es kommt ja in solchen Fällen vollendeter Persönlichkeitsdarstellung nicht nur auf die Lieferung zahlreicher Wissensinhalte als solcher an, sondern vielmehr auf die Gewinnung des 'Ganzheitscharakters', auf die lebendige Ineinanderverwebung zahlloser Einzelzüge in richtigen Verhältnissen,[1] auf ihre gleichbleibende Erhaltung von einem Auftreten zum anderen, sowie auf das saubere Auseinanderhalten vieler auf der Transbühne durcheinanderlaufender Persönlichkeiten, selbst in Fällen, wo die eine als Mittelsperson für die andere auftritt und deutlich anzugeben hat, was vom Geäußerten ihr selber zugehört, und was dem Andren, für den sie vorübergehend spricht.[2] 'Man kann mit

---

1) Vgl. Hodgson: Pr XIII 360 (Abs. 3); Travers-Smith, Wilde 136 f.   2) Hyslop, Science 271.

340 Argumente aus der Bekundung persönlicher Erinnerungen*

einiger Übung den einzelnen Kommunikator schon an seinen ersten
Worten erkennen, wenn er bereits einmal vorher aufgetreten ist; und
obgleich manche von ihnen nur in großen Zeitabständen erscheinen,
bleiben sie doch immer dieselben.'[1]

Diese qualitativen Schwierigkeiten der Personationstheorie dürften
die zuvor erwähnten quantitativen noch übertreffen. Und doch wird
man dem entschlossenen Animisten zugeben müssen, daß es sich auch
hier nur um Grad-Steigerungen an sich unbestrittener Vorgänge handelt,[2] also um die Grenzbestimmung von Möglichkeiten, bei der
wiederum äußerste Vorsicht geboten ist. Ich glaube nicht, daß ein
wirklich durchschlagendes spiritistisches Argument aus dieser 'Genia-
lität' der Persönlichkeitsdarstellung zu gewinnen sei, also aus dem
Nachweis ihrer Unmöglichkeit im Rahmen unterbewußter Fähigkeiten.
Wenigstens erwirbt man sich um so größere Zurückhaltung des Urteils
in dieser Frage, je mehr man sich die verblüffend ins Kleinste der
Wesenszeichnung gehenden Beschreibungen vorhält, welche die 'Einfühlung' hochbegabter Psychometer von Abwesenden zu liefern vermag.

Dr. J. Böhms Versuchssubjekt, Frl. H., z. B. machte folgende Angaben über
die Schreiberin eines Briefes, der ihr im Umschlag (also ohne die Möglichkeit
'graphologischer' Beurteilung) eingehändigt worden, wobei die Schreiberin auch Dr. Böhm 'vollkommen unbekannt' war: 'Sehr ideal; sehr träume-
risch; die ganze Person ist aus lauter Rätseln zusammengesetzt; muß eine
Dame sein; braucht Sonne und Liebe; etwas Pikiertes; ... Stimmung schnell
wechselnd; belehrend; 'kommt mir nicht zu nahe'; unruhig, sprunghaft; ...
unfroh wegen körperlichen Unbehagens; ... kann fad sein; ... ungeduldig;
gegen bestimmte Personen mißtrauisch; sollte mehr Willen haben.'[3] — Diese
Angaben wurden später vom Bruder der Briefschreiberin als 'verblüffend
charakterisierend', ihr 'ganzes Wesen ausgezeichnet zum Ausdruck bringend'
bezeichnet. Man mache sich aber klar, welchen Grad von schlagender Lebens-
treue eine Personation erreichen kann, die sich aus so vollendeter Einfühlung
speist.

Aber auch was Stetigkeit und Zusammenhang in der Persönlichkeitsdarstellung anlangt, wissen wir genau, daß mit einer beinahe unglaub-
haften Zähigkeit des Transgedächtnisses zu rechnen ist, bzw. des Gedächtnisses der sog. 'Kontrollen' oder 'Führer' (falls wir diese völlig dem
unterbewußten Seelenleben des Mediums selber einordnen). 'Tedas'
Gedächtnis grenzt ans Wunderbare, schreibt Mrs. Allison einmal von
Mrs. Leonards Transpersönlichkeit (und der Satz läßt sich auf viele von
'Fedas' Genossen ausdehnen). 'Mögen auch Hunderte von Sitzungen
dazwischen liegen: sie wird sich stets zutreffend auf eine Aussage selbst
von geringer Bedeutung zurückbeziehen, die sie in einer früheren
Sitzung getan hat.'[4]

1) Sage ̇65.   2) s. Carrington in Pr XVII 348 f.   3) Böhm 27.   4) Allison 95.

Hier stehn also überall, wie wir sehen, außerordentlichen Schwierigkeiten gewisse abstrakt nicht zu leugnende, aber auch schwer abschätz-
bare Möglichkeiten gegenüber, und die so geschaffene theoretische
Lage ist kaum befriedigend. Wir müssen also nach Tatsachen aus-
schauen, welche die Waage nach der einen oder der andern Seite eindeutig ausschlagen lassen. Eine ernstere Schwierigkeit z. B. scheint mir
der streng durchgeführten Personationstheorie aus der Tatsache zu erwachsen, daß Personationen zuweilen gerade dort ausbleiben, wo alle
angeblichen Bedingungen zu ihrer Verwirklichung erfüllt sind.

Das bekannte Medium Frau Silbert in Graz z. B. versicherte Prof. Messer:
'Ich habe die Verbindung mit meinem Manne sehr intensiv angestrebt. Ohne
Erfolg. Ebensowenig kam ich in Verbindung mit meinen verstorbenen
Kindern. Insbesondere mit meinem braven, rasch verstorbenen Sohn Karl
habe ich sie erstrebt, aber vergeblich.' [1]

Ähnliches konnte schon Aksakow berichten. 'Ich habe einen Zirkel gekannt,' schreibt er (es war sein eigener, wie Wittig hinzufügt), 'der von einem
Witwer gebildet war zu dem Behufe, Mitteilungen von seiner verstorbenen
Frau zu erhalten; dieser Zirkel bestand nur aus ihm selbst, der Schwester
und dem Sohne seiner Frau, also aus drei Personen, denen die herbeige-
wünschte Persönlichkeit mit allen ihren Besonderheiten genau bekannt war;
und trotzdem erhielt dieser Zirkel, dem so viele mehr oder minder merkwürdige Kundgebungen zuteil wurden, darunter mehrere von bekannten oder
mit den Teilnehmern des Zirkels verwandten Personen, niemals auch nur eine
einzige Mitteilung im Namen der Gattin des Witwers ... !'

'... In einem Zirkel, den ich — schreibt wiederum Aksakow — gebildet
hatte, trat mitten in einer Reihe nichtssagender Kundgebungen plötzlich ein
Zwischenredner auf, der so viel Scharfsinn, Kritik und philosophische Tiefe
entfaltete, daß es ein wahrer Genuß war, seinen Antworten zuzuhören; aber
er erschien nur selten trotz aller unsrer Sehnsucht, ihn öfter wiederzusehen; er tadelte uns, weil wir nicht mit ihm zu reden verständen und er seine
Zeit mit uns verlöre, und endete damit, daß er nicht wiederkehrte.' [2]

Daß im allgemeinen die Kundgebungen nicht dem Willen des Mediums
gehorchen, also aufhören, wenn man ihre Fortsetzung wünscht, oder
sich gewaltsam fortsetzen, wenn man sie abbrechen will; daß sie etwa
einen Namen zu Ende buchstabieren, den man verheimlichen will, oder
nicht auf dem gewünschten Wege (Tisch, Planchette usw.) erfolgen,
sondern auf einem andern, selbstgewählten, oder in andern, als den gewünschten Sprachen, oder in 'anagrammatischer' Weise; daß sie sonstigen Wünschen und Bestrebungen des Sitzers widersprechen (ja selbst
gelegentlich von der Beschäftigung mit dem Spiritismus abraten!); daß
sie Geheimnisse offenbaren; daß sie erzieherische Absichten verfolgen,

---

1) ZP 1926 471. Vgl. d. Fall im Anhang zum VI. Abschn.   2) Aksakow 350. Vgl. PS
XLV 296 (20 Jahre lang wartend); Occultistin 7.

342   *Argumente aus der Bekundung persönlicher Erinnerungen*

die bewußten Neigungen widersprechen; daß sie sich zuweilen dem Einzelnen wider seinen Willen aufdrängen, ja ihn mit einem gewissen Zwang zum Medium machen; daß sie zuweilen ein feindliches Gepräge annehmen; daß sie den Überzeugungen und Meinungen des Mediums entgegengerichtet sind, ja seinen heiligsten Gefühlen ins Gesicht schlagen; daß sie in ihrer geistigen Höhenlage zuweilen die normal-bewußte des Mediums und seiner Fähigkeiten überragen,[1] — diesem allem wird man beim heutigen Stand unsres Wissens von seelischen Hintergründen, ihrer Selbständigkeit, ja möglichen Gegensätzlichkeit keine ausschlaggebende Bedeutung mehr beimessen können. Nichts davon erscheint mir so seltsam, wie die anfangs angeführte Tatsache, daß ein von Allen herbeigewünschter und Allen wohlvertrauter 'Geist' sich gleichwohl weigert aufzutreten, wie es bei der stets betonten 'Suggestibilität' des Unterbewußtseins doch jedenfalls zu erwarten wäre. Dies ist zum mindesten eine Warnung, die Theorie der ausschließlichen medialen Personation nicht zu überspannen.

Aber mehr noch: wir begegnen Fällen, wo eine Personation zwar zustande kommt, die durchaus 'spiritoiden' Eindruck macht, aber doch beträchtlich hinter dem zurückbleibt, was das betreffende Medium mit seinen normal besessenen Mitteln hätte zuwege bringen können. Der ebenso scharfsichtige wie feinsinnige W. F. Prince hat diesen Tatbestand in einer 'Prof. Hyslop'-Personation des bedeutenden Mediums Mrs. Soule während Mrs. Allisons Sitzungen mit dieser entdeckt.

Der 'Erfolg [dieses Kommunikators],' so faßte er die Sachlage zusammen, 'war sicherlich sehr gering. Diese Tatsache ist sehr merkwürdig und wahrscheinlich auch bedeutsam, denn Mrs. Soule hatte den angeblichen Kommunikator lange gekannt, besaß einen Vorrat von Wissen bezüglich seiner und hätte leicht auf Grund ihrer Erinnerungen eine Reihe von 'Botschaften' ... von großer 'Beweiskraft' ... zusammenbrauen können. Die Tatsache, daß trotz aller dieser Hilfsquellen ... Mrs. Soules Transäußerungen einen verhältnismäßig weit geringeren Bestand an richtigen Aussagen betr. Dr. Hyslops enthielten, als sie häufig liefert, wenn Kommunikator und Sitzer ihr unbekannt sind, ist [nicht nur] ein überwältigender Hinweis auf die Ehrlichkeit ihrer Arbeit, [sondern] ... läßt auch darauf schließen, daß wenn ein echtes Medium einen Schatz persönlicher Erinnerungen an einen Verstorbenen und anderweitig abgeleiteten Wissens über ihn besitzt, diese Erinnerungen, im Verein mit den gefühlsmäßigen Reaktionen und unterbewußten Folgerungen daraus, die Erzeugung eines Pseudokommunikators nahelegen, der u. U. tatsächlich den Weg für den echten größtenteils versperren kann. Belege dieser anscheinenden Tatsache lassen sich auch in den Leistungen anderer echter Medien finden.'[2]

1) Dies alles belegt bei Aksakow 348—406.   2) Allison 73 ff. 88 Anm.; vgl. Sagendorph 10.

Falls dies, wie ich glaube, gut beobachtet und richtig gedacht ist, so stellt es die beliebte Denkart des Personationstheoretikers einigermaßen auf den Kopf. Es erhebt die Aussichten des echten Kommunikators, 'von außen her' eine Personation anzuregen oder selbst zu bewerkstelligen, über die Aussichten des Mediums, aus 'eigenen Mitteln' eine solche zustande zu bringen. Und es würde auf spiritistischem Standpunkt vorzüglich zusammenstimmen mit der anfangs belegten Tatsache, daß stärkste mediale Veranlagung, im Verein mit dem Besitz alles dienlichen 'Stoffes', trotz sehnlicher Erwartung, also stärkster Autosuggestion, u. U. doch nicht zu einer Personation führt.

Immerhin, die Betrachtung dieses gröbsten Formbestandteils der medialen Kundgebung: der Personation als solcher, kann bei dem dürftigen Stande unsres Wissens höchstens vorbereitende Dienste tun in der Lösung unsres Problems. Größeres Gewicht dürfte der Erwägung zukommen, woher dem Medium die Wissensinhalte (im weitesten Sinne) zuströmen, die den Stoff zum Aufbau der Personation bilden, soweit nachweislich diese Inhalte dem Medium normal nicht zugänglich sind. Hier ist es, wo die ernstliche Auseinandersetzung zwischen dem Spiritisten und dem Animisten beginnt.

b. Telepathistische Theorien

Es liegt natürlich nahe, unter den übernormalen Quellen dieser Stoffbeschaffung zunächst den Sitzer als telepathischen 'Geber' in Betracht zu ziehen. Doch warnt nicht weniges vor übereiltem Vertrauen gerade auf diese Quelle. Unzählbar häufig beobachtet man, daß das Medium nicht dasjenige aussagt, was der Sitzer im Augenblick wirklich 'denkt' und folglich wohl auf sein 'telepathisch gespanntes' Gegenüber 'übertragen' müßte.

In der oben berührten Aussage von Dr. Prince's 'Vater' über ein Zerwürfnis mit seinem Sohn wegen des halbverdrehten Stephen wurden mehrfach gerade die Teile der Geschichte flüchtig behandelt oder ganz übergangen, die in der Erinnerung des Sitzers die am stärksten belichteten und gefühlsdurchdränkten waren (wie z. B. die ihm auferlegte Strafe, in einem Acker Steine zu sammeln); selbst wenn sich Fragen des Sitzers darauf richteten.[1]

Ein anderes Beispiel dieser Art läßt sich kurz, wie folgt, zusammenfassen. Mr. G. F. Bird, ein Freund des uns bekannten Mr. J. D. Thomas, machte diesem den Vorschlag, seinem 'Vater' eine gewisse halb unbestimmt gefaßte Frage vorzulegen, auf die er (Bird) eine bestimmte Antwort erhoffte. Mr. Thomas knüpfte hieran Vermutungen, auf Grund deren er die Antwort er-

---

1) Allison 350. 352. Vgl. das. 203 f.; PsSc VII 248 f.; Bates 198; Hegy 99; Pr XIII 350 (Abs. 2); XXXIX 301 (Abs. 2).

344   *Argumente aus der Bekundung persönlicher Erinnerungen*

wartete: 'Die Dame war eine Farbige.' Dieser Gedanke 'war mehrere der Sitzung vorausgehende Tage hindurch in mir mächtig. So sehr rechnete ich darauf, daß dieser Versuch das Wort 'farbig' zutage fördern würde, daß ich meine Erwartung und die Gründe dafür niederschrieb und das Blatt, ehe ich zur Sitzung ging, in einem versiegelten Umschlag Mr. Bird einhändigte.' Aber 'nichts dergleichen erfolgte; der Kommunikator erinnerte vieles von Mr. Bird und seinem alten Heim,' aber nicht das, was man von ihm erhofft hatte.[1]

Diese telepathische Unwirksamkeit der Vorstellungen des Sitzers findet ihre Ergänzung darin, daß die Aussagen des Kommunikators, weit entfernt, die Erwartungen des Sitzers zu spiegeln, diesen vielmehr nicht selten zuwiderlaufen und infolgedessen den Sitzer enttäuschen oder verwirren.

Mrs. Allison fragte ihren 'Gatten' nach dem Namen ihrer Mutter, und er antwortete (durch Mrs. Dowdens Ouija) ganz richtig: 'Paula'. Bei der folgenden Frage nach ihrem in der Familie üblichen Rufnamen sagte der Kommunikator nicht 'Polly', was Mrs. Allison schon bei der ersten Frage erwartet hatte, sondern 'Mudder', d. h. den Namen, mit dem nur der Verstorbene seine Schwiegermutter bis zu deren vor 15 Jahren erfolgten Tode anzureden gewohnt gewesen war; den er, soweit die Sitzerin sich erinnern konnte, seitdem nie in den Mund genommen hatte, an den sie also kaum je gedacht und den sie auch jetzt nicht erwartet hatte. Als Mrs. Allison nun noch nach einem 'anderen' Rufnamen fragte, erfolgte wirklich die Antwort 'Polly', nebst der Frage: 'Glaubst du nun, daß ich es bin? Du kommst mir sehr spaßig vor,' was Mrs. Allison für 'höchst charakteristisch' erklärt, denn 'die ausgesprochene Reaktion [meines Mannes] auf viele meiner Interessen war Belustigung' gewesen.[2]

Noch bedeutsamer gestaltet sich die Sachlage, wenn die vom Sitzer ins Auge gefaßte Vorstellung nicht nur soz. telepathisch versagt, sondern auf Grund eines gerade vom Standpunkt des Kommunikators begreiflichen Mißverständnisses zu an sich richtigen Aussagen führt, deren Inhalt aber dem Sitzer ganz oder teilweise unbekannt ist. Ich erwähne diesen Tatbestand hier im Zusammenhang, obschon er Begriffe vorbereitet, deren Tragweite sich erst später erschließen kann. — Einen sehr bekannten Fall dieser Art enthalten Prof. Hyslops Unterredungen mit seinem 'Vater' durch Mrs. Piper.

Hyslop sen. hatte auf seiner Farm im Staate Ohio einen Nachbar namens Samuel Cooper gehabt. Als einmal dessen Hunde einige von Hyslops Schafen töteten, entspann sich ein langanhaltendes Zerwürfnis. In einer seiner Sitzungen nun legte Dr. Hodgson in Vertretung des abwesenden Prof. Hyslop dem Kommunikator die schriftlich niedergelegte Frage vor: 'Erinnerst du

1) Thomas, New Evid. 192 f.   Vgl. Pr XXIII 113; XXXV 488 f.; Thomas, Life 55.
2) Allison 169. Vgl. 170. 172; Pr XIII 338. 437.

dich Samuel Coopers? Und kannst du etwas über ihn aussagen?' 'Robert Hyslops' Antwort lautete: 'Er meint meinen alten Freund im Westen. Ich erinnere sehr gut die Besuche, die wir einander machten, und unsere langen Unterhaltungen über philosophische Fragen. Laß mich dies überdenken, James, so will ich es vollständig beantworten und dir alles über ihn sagen.' Und eine Wiederholung der Frage förderte in weiteren Sitzungen stets ähnliche Angaben zutage: immer sollte es sich um philosophische und religiöse Gespräche handeln, um freundschaftlich gewechselte Briefe u. dgl. Da dies alles als Unsinn erschien, erwähnte Prof. Hyslop schließlich selbst den Hundestreit, den Hyslop sen. auch mit ziemlicher Erregung zu erinnern, aber — seine Reden sind hier nicht klar und er selbst klagt über Verwirrung — auf den Cooper der religiösen Gespräche zu beziehen schien. Erst als der Sohn um gewisser Nachforschungen willen die Mutter im Westen besuchte, berichtete ihm diese von der 'nahen Bekanntschaft' des Vaters mit Dr. Josef Cooper vom Alleghany Theologischen Seminar, mit dem der Vater wohl im Briefwechsel gestanden, den er sehr hoch geschätzt und bei jeder sich bietenden Gelegenheit zu treffen gesucht habe. 'Wahrscheinlich, schreibt Prof. Hyslop, habe ich von dem Manne sprechen gehört, doch wußte ich sicherlich nichts von Vaters Neigung zu ihm, noch weniger von gewissen Einzelheiten in seinen Äußerungen, die in hohem Grade zutreffend sind,' wie z. B. über die Cooper-Schule, die 'Hyslop sen.' besonders erwähnt hatte, oder die 'Münzmarken', die bei den Abendmahlsfeiern der Kirche verwendet wurden, deren Mitglied der Vater gewesen war, und die er als 'Ältester' in Verwahrung gehabt hatte.[1]

Für Fälle dieser Art hält der Animist eine Deutung in Bereitschaft, die den scheinbaren Widerspruch gegen die telepathische Theorie in einen Beweis derselben verkehren will. 'Telepathie schöpft aus dem Unterbewußtsein, wird also leichter das erfassen, was im Unterbewußtsein des Fragenden, gleichsam als assoziative Ausstrahlung seines bewußten Gedankens, nebenher aufflammt, als seine vom Oberbewußtsein mit Beschlag belegten Hauptgedanken selbst.'[2] Fragt also z. B. Mrs. Allison nach dem Rufnamen ihrer Mutter und erhält die Antwort 'Mudder', während sie 'Polly' erwartet, so liegt die Annahme nahe, daß die Frage auch die Vorstellung 'Mudder' soz. in einen gespannten Zustand versetzt habe, der sie zur Übertragung befähigte. Oder wenn Prof. Hyslop nach dem Farmer Samuel Cooper fragt, so denkt sein Unterbewußtsein zugleich an den Dr. Josef Cooper, und diese unbewußte Assoziation überträgt sich als Frage(!) aufs Medium. Hübsch ersonnen, wie alles, was der Animist uns entgegenhält. Nur erklärt es teils zu viel, und teils zu wenig. Fast jeder Sitzer führt ja lange Unterredungen — ein Frage- und Antwortspiel — mit seinem Kommunikator. Warum verläuft dies

---

1) Pr XVI 51 ff. (Das. die Nachweise der vollständigen Sitzungsprotokolle). Vgl. die Fälle PrAm IV 536 f.; Thomas, Life 47 ff.   2) Baerwald, Okk. 254.

Spiel fast immer — zu 99 v. H. — völlig glatt, ohne in unterbewußte Assoziationen 'auszurutschen', an denen es doch keinem Gegenstand von Fragen fehlt? Warum anderseits äußert der Kommunikator über den fälschlich erfaßten Gegenstand der Frage auch Dinge, die dem Sitzer unbekannt sind?

Besonders eigenartig, d. h. 'spiritistisch natürlich', erscheint es ferner, wenn die Vorstellung, an die sich das Mißverständnis zwischen Sitzer und Kommunikator knüpft, gar nicht von diesem zur Sprache gebracht wird, sondern vom Kommunikator selbst. Hier ein Beispiel:

Lady Lodge besuchte am 21. Sept. 1916 zum erstenmal zwei Damen in London, die nur selten anonym eingeführten Fremden gestatteten, bei ihren Privatsitzungen anwesend zu sein, und wurde von diesen für die Schwester des Herrn gehalten, der sie eingeführt hatte. Trotzdem wurde sie von den 'Kontrollen' sogleich erkannt, die auch sehr bald ihren Namen nannten, trotz Lady Lodges Bitten, ihn zu verschweigen (als sie merkte, daß dies wahrscheinlich geschehen würde). Über diese Enthüllung ihrer Persönlichkeit waren die beiden Damen sehr überrascht. Der nur von einer der beiden Damen berührte Tisch buchstabierte im Namen 'Raymonds' u. a. hervor: 'Wie geht es Harry?' Lady Lodge: 'Ich kenne keinen Harry.' 'O, Mutter! Aber das macht nichts, es wird dir später schon einfallen.' (— 'Hier ging mir,' schreibt Lady Lodge, 'ein Schimmer auf. Wir haben eine Magd Harrison, die seit etwa 24 Jahren bei uns dient, und die Kinder nannten sie zuweilen Harrie.' —) Lady Lodge: 'Ist es ein Er?' 'Nein.' 'Eine Sie?' 'Ja.' 'O, dann mußt du mir eine Botschaft für sie geben, eine, die sie verstehen wird.' 'Sage ihr, ich brauche jetzt niemand mehr, der für mich flickt.'[1]

Hier müßte der Animist annehmen, daß Lady Lodge (bei der natürlich während jedes Medienbesuches die ganze Vorstellungsgruppe 'Raymond' in 'gespanntem' Zustand bereitlag) zunächst unbewußt den aus irgendeinem Grunde besonders gespannten Namen Harrie sowie die Tatsache, daß Harrie noch lebe(!), 'übertragen' und damit die Personation veranlaßt habe, die Frage nach Harries Ergehen zu äußern. Eine reichlich an den Haaren herbeigezogene Annahme.

Die Unwirksamkeit des bewußten Willens zur Übertragung von Vorstellungen auf das Medium ist in einzelnen Fällen übrigens auch experimentell geprüft worden.

In Mrs. Allisons reicher Erfahrung z. B. ist er nie erfolgreich gewesen. 'Vor meinen Sitzungen des Jahres 1929,' schreibt sie, 'machte Dr. Gardener Murphy den Vorschlag, ich sollte vor einer Sitzung mich auf vier 'wahre' Mitteilungsinhalte konzentrieren, die in früheren Sitzungen von dem angeblichen E. W. A., meinem Gatten, geliefert worden waren, und sie dann wieder vergessen; und ebenso unmittelbar vor oder während einer Sitzung an vier andere Tatsachen bezüglich E. W. A.s denken, die noch von keinem Medium geäußert

1) Lodge 170 f.

worden waren. Obgleich ich nun bei einem halben Dutzend Sitzungen gewissenhaft Dr. Murphys Anregungen folgte, hatte nichts, was die Medien erwähnten, die geringste Beziehung auf die acht Dinge, auf die ich mich konzentriert hatte.' [1]

Mit Mrs. Piper sind ähnliche Versuche z. T. auch außerhalb ihrer Sitzungen angestellt worden, um ihre telepathische Beeinflußbarkeit im allgemeinen zu prüfen. Über das Ergebnis unterrichtet uns Prof. James in folgenden Worten: 'Keinerlei Anzeichen von Gedankenübertragung — die Prüfung geschah durch 'Erraten' von Karten und Zeichnungen — hat sich bei ihr entdecken lassen, sei es in hypnotischem Zustande oder unmittelbar danach; trotzdem ihre 'Kontrolle' im medialen Trans gesagt hatte, daß sie dergleichen zuwege bringen würde..., desgleichen keine klaren Anzeichen von Gedankenübertragung bei Prüfung durch Nennen von Karten während des Wachseins. Versuche mit sog. Willensübertragung [2] und automatischem Schreiben lieferten die gleichen negativen Ergebnisse.' [3]

Bedürfte es noch eines Arguments, um das zu widerlegen, dessen Behauptung kaum verlohnt, so könnte man schließlich auf die häufige Abhaltung von Sitzungen ohne Sitzer hinweisen, d. h. ohne den Sitzer, der zu dem erhofften oder psychometrisch 'aufgerufenen' [4] Kommunikator 'gehört' — und daher dessen Mitteilungsinhalte telepathisch liefern könnte. Solche Sitzungen, in denen nur ein Schriftführer oder sonstiger Stellvertreter die Äußerungen des Mediums entgegennahm, waren schon bei Mrs. Piper etwas leidlich Gewöhnliches. Mr. John F. Thomas nahm sogar Sitzungen, in denen das Medium ganz allein automatisch schreiben sollte, ausdrücklich in den Arbeitsplan seiner ausgedehnten Versuche auf, mit seiner Frau in Verkehr zu kommen; er beschreibt aber auch nicht wenige sehr erfolgreiche, in denen eins seiner 17 Medien, mit dem Sekretär allein, 'nicht einmal wußte, für wen die Sitzung abgehalten wurde.' In solchen Stellvertreter-Sitzungen wurden gelegentlich 'Themen aufgegriffen und entwickelt, die niemals zur Sprache gekommen waren, während Mr. Thomas selbst zugegen gewesen war.' [5] Ja von dem schon erwähnten norwegischen Medium Ingeborg Dahl berichtet ihr Vater, Richter Dahl, daß der Schriftleiter einer Zeitung durch sie von seinem 'Vater' Antworten erhielt auf Fragen, die in seiner Abwesenheit und ohne sein Vorwissen(!) in versiegelten Umschlägen vorgelegt wurden. Soweit diese Fragen vertraulichen Inhalts waren, erfolgten die Antworten in Zahlengeheimschrift, anstatt in Buchstaben. Und ähnliche Erfahrungen machten andere Kunden dieses Mediums. [6]

Alles Vorgebrachte vorausgesetzt, fragt es sich nun aber doch, ob ich nicht selbst damit zu viel habe beweisen wollen. Ist Telepathie unter

1) Allison 9.   2) willing game.   3) Pr VI 654 f.   4) hierüber u. mehr.
5) Thomas, J. F., Stud. 7. 12. 30. 146.   6) Dahl 208.

Lebenden eine der gewöhnlichsten metapsychischen Tatsachen, warum denn soll sie gerade zwischen Sitzer und Medium nicht statthaben und dann auch zur Speisung der Personation beitragen? Insonderheit fehlt es doch durchaus an stichhaltigen Gründen gegen die vom Gegner behauptete unterbewußte Telepathie; der Begriff der Aktivität ist durch tausend Beobachtungen so wesentlich mit dem des unterbewußten Seelenlebens verknüpft, daß es vermessen wäre, gerade bez. telepathischer Leistungen solche Wirksamkeit zu leugnen. Eben Mrs. Allison, die uns von der Erfolglosigkeit ihrer telepathischen Versuche erzählte, fügt doch hinzu, sie habe, 'wo keine bewußte Anstrengung zu bemerken war, häufig die Erfahrung einer — wie man es wohl auffassen kann — 'spontanen' Telepathie gemacht.'[1] — Nein mehr: Kann unterbewußte Aktivität überhaupt durch bewußtes Wollen in Gang gesetzt werden, so haben wir nicht einmal Gründe, scheinbar bewußte Telepathie seitens des Sitzers schlechterdings zu bestreiten. Es fehlt auch nicht ganz an scheinbaren Beweisen für solche Telepathie, und zwar gerade bei Medien, an denen zu andren Zeiten telepathische Unzugänglichkeit aufgefallen ist.[2] Auch das bekanntlich überaus häufige Eingehn des Mediums auf Fragen, die der Sitzer wirklich nur 'in Gedanken' stellt, wird sich doch schwerlich auf echt-spiritistische Fälle beschränken, in manchen also vielmehr eine telepathische Einwirkung auf das Medium selbst bezeugen.

Vergessen wir aber ferner nicht, wie nahe es auch einer spiritistischen Theorie der Kundgebung liegen muß, diese wenigstens zum Teil auf telepathische Beeinflussung des Mediums durch den Abgeschiednen zurückzuführen.[3] Steht das Medium aber einem 'Geiste' telepathisch offen, warum nicht auch einem Lebenden? Die Behauptung, jener befinde sich, gerade als Entkörperter, in einer 'technisch' günstigeren Lage, wäre doch erst zu erweisen; denn die Wahrscheinlichkeit ist ja überwältigend, daß Telepathie überhaupt nur eine Leistung soz. des Geistes-im-Menschen sei.

Zusammenfassend wäre also zu sagen, daß, rein an sich betrachtet, die telepathische Lieferung von Stoff durch den Sitzer ein Deutungsbegriff ist, den die Theorie der spiritoiden Kundgebung nie aus den Augen verlieren sollte; wenn uns auch vieles vor seiner allzu vertrauensseligen Anwendung warnt, seine Anwendbarkeit fraglich oder doch eng begrenzt erscheinen läßt.

Der stärkste Einwand gegen ihn bleibt freilich erst zu nennen, wennschon die Belege für ihn in großer Zahl bereits in unsrer einleitenden

---

1) Allison 9. Vgl. 'Fedas'(!) Zugeständnis: Thomas, New Evid. 193.   2) S. z. B. Miss A.s Aussagen über Mrs. Piper: Pr VIII 163 (Abs. 3).   3) Davon u. mehr.

Tatsachenschau geliefert wurden. Der Begriff der telepathischen Aktivität des Sitzers als zureichender Deutungsgrundlage bricht zusammen vor der Tatsache, daß viele der vom Medium geäußerten Inhalte auch dem Sitzer zeitlebens unbekannt gewesen sind.

Ehe freilich der Animist sich durch diese Tatsache zu einer Erweiterung übernormaler Voraussetzungen zwingen läßt, versucht er es meist zunächst mit einer weit einfacheren Ausflucht: er leugnet den Tatbestand selbst. Er stellt der Behauptung des Sitzers, daß ihm der Inhalt einer Kundgebung unbekannt gewesen, die andre Behauptung entgegen, daß dieser Inhalt ihm doch irgendwann, vielleicht auf kaum bewußte Weise, bekannt geworden, dann aber so gründlich vergessen worden sei, daß die Behauptung des Nichtwissens verständlich erscheine.[1] Mit welcher entschlossenen Findigkeit diese Unterstellung von 'Kryptomnesie' betrieben wird, mögen die Bemerkungen veranschaulichen, mit denen Baerwald den Fall der Mrs. Talbot zu erledigen sucht.

Wie der Leser sich entsinnt, wurde diese von ihrem 'Gatten' auf ein Schreibbuch von bestimmter Größe und Farbe hingewiesen, welches ein eigenartiges 'Sprachendiagramm' mit auseinanderstrahlenden Linien und ein Zitat besonderen Inhalts enthalten sollte. Mrs. Talbot, die das zunächst für Unsinn hielt, fand schließlich doch das Buch und alles Angegebene darin, und behauptet, von dem ihr Gesagten nichts gewußt zu haben. Aber hierin rechnet sie nicht mit der verfeinerten Psychologie des kritischen Animisten. 'Es ist nicht wahr,' schreibt Baerwald, 'daß Frau Talbot, wenn sie früher jenes Sprachendiagramm gesehen hat, sich jetzt unbedingt erinnern müßte, daß sie das Notizbuch schon in Händen gehabt habe. Selbst manches, was wir deutlich und bewußt in uns aufgenommen haben, vermögen wir später gar nicht mehr über die Bewußtseinsschwelle zu heben und erkennen es nicht einmal wieder... Vor allem aber: Wir tragen unendlich vieles im Unterbewußtsein, was niemals ins Oberbewußtsein gelangt ist und schon deshalb die Schwelle nicht überschreiten kann. Ist es [also] nicht möglich, daß Frau Talbot das Sprachendiagramm und die abgeschriebene Buchstelle .. unbewußt aufgefaßt hat, so daß ihr Oberbewußtsein das Buch und seinen Inhalt gar nicht wiedererkennen konnte, weil ihm beides noch nicht vorgekommen war? Um einen unterbewußten Eindruck zu erhalten, aus dem Feda ihre Mitteilungen schöpfen konnte, dazu war es ausreichend, daß das Buch einmal aus dem Schrank herausfiel, aufblätterte und daß ihr Blick, als sie es aufhob und wieder zurückstellte, die geöffneten Seiten streifte; oder sie konnte an ihrem Manne vorbeigegangen sein, als er in dem Buche schrieb, und dessen Zeilen konnten den seitlichen Rand ihrer Netzhaut gestreift haben, der die ihn treffenden Reize nicht ins Oberbewußtsein zu senden vermag. [Das Zitat,

---

1) Fälle solcher Kryptomnesie z. B. aus TP (Dr. Tenhaeff) ref. in ZP 1931 258 f. Viel erörtert d. Fall des 'Abraham Florentine' (W. St. Moses): s. z. B. JSPR XX 148 ff. 258.

auf das 'Mr. Talbot' sich bezog, umfaßte nahezu 200 Worte; aber das netzhautrandbediente Unterbewußtsein ist bekanntlich ein Tausendsasa.] An Fällen, in denen ein Medium derartige Halbwahrnehmungen beim Tischklopfen oder Planchetteschreiben zutage förderte, fehlt es nicht. — Aus allen diesen Gründen ist die Aussage eines Sitzungsteilnehmers, er habe das, was das Medium vorbringt, nie gehört oder gelesen, fast immer unglaubwürdig; man kann ihr nur da trauen, wo Zeit- und Ortsverhältnisse es unmöglich machen, daß man von einem kürzlich eingetretenen Ereignis schon gehört haben kann. In allen andern Fällen d a r f niemand sagen: 'Davon konnte ich nichts wissen!' Wer kann für das einstehen, was er im Schlafe gehört, was jemand in einer Ecke der Straßenbahn in seiner Nähe geflüstert hat...? Eine natürliche Erklärung aber, wenn sie möglich ist, muß stets der spiritistischen vorgezogen werden...' [1]

Wir wollen natürlich ganz von der '*petitio principii*' absehn, die diese letzten Worte im Grunde enthalten, und nur fragen, ob der mit solch vernichtender Allgemeinheit ausgesprochene Zweifel wirklich jenen hohen Grad von 'Natürlichkeit' besitzt, den ihm der Kritiker offenbar zuschreibt. Man blicke einmal einschlägige Fälle unsrer einleitenden Tatsachenschau unter diesem Gesichtspunkt durch: man wird entdecken, daß mit einiger Pfiffigkeit wohl in den meisten eine Herleitung des fraglichen Wissens sich zurechtbiegen läßt, die den Baerwaldschen Verdächtigungen auf Grund von Netzhautrand und Straßenbahneckengeflüster mindestens ebenbürtig ist.

Um nur an einige wenige zu erinnern: 'Albert Revol', der sich gestorben meldet und seine Familie aufzählt, scheint allen Mitgliedern des Bossanschen Zirkels in einer andern Gegend Frankreichs völlig unbekannt zu sein. [2] Aber vielleicht hatte eines von ihnen, auf irgendeiner Bahnfahrt in die Zeitung vertieft, Gespräche von Mitreisenden 'unbewußt belauscht', die alle jene Einzelheiten offenbarten? Oder Mr. Orr, bei dem der vor Jahren am Herzschlag verstorbene Stiefelputzer Hodson vom Bahnhof in Manchester sich meldete, [3] hatte am Ende — 25 Jahre zuvor — seinen Blick zerstreut über eine versteckte 'Lokalnotiz' seiner Zeitung huschen lassen, während er nach dem Leitartikel oder den Kursen des Tages suchte. Von dem Unglück, das Mrs. Lane durch ihre Schwester zugefügt war, soll außer ihr und ihrem Bräutigam William St. Moses niemand gewußt haben, am wenigsten Miss Bates, die davon erst durch Moses' angeblichen Geist erfuhr. [4] Leichtfertige Behauptung! Ist denn Miss Bates niemals bei einem — wie sehr auch literarisch 'gehobenen' — Kaffee- oder Teeklatsch gewesen? Was sickert nicht alles unter Damen durch, wird heimlich herumgeflüstert und schließlich unbewußt — mit einem 'Winkel' des Ohrs — auch von denen gehört, für die es am wenigsten bestimmt war (als ob nicht gerade d a s die beliebtesten 'Adressaten' des Klatsches sind)! In Mrs. Beadons Falle [5] läge die Sache noch

1) Baerwald, Phän. 328 f.; vgl. 350.   2) o. S. 282 f.   3) o. S. 281f.   4) o. S. 293 f.
5) o. S. 306.

einfacher. Sie will natürlich von Mrs. Parkinsons Tode nichts gewußt, die Dame auch nur ein mal, als sie noch ihren Mädchennamen trug, bei einer gemeinsamen Bekannten getroffen haben. Törichte Person! Sie hat eine Todesanzeige gelesen — meinetwegen mit dem Netzhautrande — und es vergessen. Vielleicht auch in der Untergrundbahn oder auf dem Oberdeck eines Autobus davon flüstern gehört. Und so fort nach Belieben. Man kann nicht nachdrücklich genug betonen, daß alle Annahmen dieser Art vollkommen unwiderlegbar sind. Nichts also wäre verfehlter, als denen in den Arm zu fallen, die aus dem Spiel mit ihnen die Ruhe ihres wissenschaftlichen Gewissens schöpfen. 'Niemand darf sagen: davon konnte ich nichts wissen.' Damit ist der größte Teil aller Zeugnisse beiseite gewischt, auf denen sich sonst eine große neue Einsicht aufbauen könnte. Aber es geschieht zur Rettung einer Weltanschauung, die hier als überkommene auftritt; geschieht also letzten Endes um eines 'Vorurteils' willen. Und gegen Vorurteile ist nicht wohl anzukämpfen. Sie verführen beständig dazu, Möglichkeiten für Wahrscheinlichkeiten zu halten, Wahrscheinlichkeiten für Gewißheiten. Dies Moment der willkürlichen Schätzung beherrscht den ganzen auf Kryptomnesie begründeten Einwand. Von den Behauptungen von hundert Zeugen, sie hätten von dem oder jenem nichts gewußt, — wieviele sollen gelten? Der Animist sagt am liebsten: 'keins'; aber er verstößt damit gegen einfachste Grundsätze der Wahrscheinlichkeitsrechnung: denn es ist in einem an Gewißheit grenzenden Grade unwahrscheinlich, daß alle Zeugen, die etwas 'nicht gewußt' haben wollen, sich damit irren. Irren aber einige nicht, so ist die Gültigkeit des Einwands nur eine beschränkte, und das Argument muß seinen Fortgang nehmen. Wir werden späterhin zahlreiche and re Gründe finden, die angezweifelten Aussagen bestimmt nicht dem unbewußten Wissen des Sitzers entstammen zu lassen. Aber diese Gründe sollen hier noch nicht mitsprechen. Ich will ganz schlicht meine Überzeugung aussprechen, daß der Einwand aus der Kryptomnesie tatsächlich nur auf eine verschwindende Minderheit von Fällen zutrifft, und will auch gleich hinzufügen, daß die 'gesunde Vernunft' die weitaus meisten animistischen Kritiker wirklich abgehalten hat, sich mehr als sehr beschränkten Erfolg von diesem Einwand zu versprechen. Der Animismus, als geschlossene Kampfschar ins Große gesehn, rechnet tatsächlich mit ganz andern Deutungsbegriffen, als diesen etwas verschämt der Normalpsychologie entliehenen. Überdies müßte ja ohnehin die Voraussetzung 'kryptomnesischen Wissens' beim Sitzer stets ergänzt werden durch die Annahme telepathischer Übertragung auf das Medium; denn mit dem verstaubten Unsinn des 'unbewußten Flüsterns'[1] befassen sich heute ernstlich nur noch Außenseiter.

---

[1] Lehmann 386 f. Vielfach nachgeschwatzt.

In der Tat läßt auch Hr. Baerwald — was ich bisher verschwiegen habe — uns eine Ausgangstür nach dem Übernormalen zu offen. 'Wer kann für das einstehen' — so lautet der vorletzte Satz der angeführten Stelle vollständig —, 'was er im Schlafe gehört, was jemand in der Ecke der Straßenbahn in seiner Nähe geflüstert hat, was telepathisch in sein Unterbewußtsein gedrungen ist und sich dort für längere Zeit versteckt hat.' — Wir sehen auf einen Blick, daß dieser letzte Gedanke ganz neue und schier unabsehbare Deutungsmöglichkeiten eröffnet, weit über das bisher Dargelegte hinaus. Wird im Sitzer ein Vorrat an Wissen vorausgesetzt, das er nicht durch die Sinne aufgenommen hat und das ihm auch nie zu Bewußtsein gekommen ist, das er aber unbewußt auf das Medium übertragen kann, — welche Grenzen sind dann noch der Belehrung des Mediums durch den Sitzer gesteckt? Die letzten Folgerungen aus dem Baerwaldschen Zugeständnis waren längst gezogen, ehe er selbst es, so fast beiläufig, mit seinen gröberen Zweifeln verknüpfte. Er hätte sich vielleicht damit begnügt, die telepathische Unterrichtung des Sitzers auf Personen und Dinge einzuschränken, die ohnehin den an der Sitzung und ihrem Gehalt Beteiligten nahestanden. Aber der Grundriß solcher Deutung läßt sich unendlich viel weiter spannen. In ihrer äußersten Prägung nimmt sie nichts Geringeres an, als eine dauernde telepathische Übertragung alles Erlebens des Einzelnen auf alle Übrigen, oder doch — weniger folgerichtig gefaßt — auf alle Medien.

Danach stände, wie Prof. Oesterreich schreibt, z. B. 'Mrs. Piper dauernd nahezu [warum nur nahezu?] mit allen Menschen in unterbewußtem telepathischem Konnex, so daß alles oder vieles von dem, was andere Menschen erleben oder als Erinnerungsdisposition in sich tragen, sich auf sie telepathisch überträgt, so daß es ihr dann im Trance geistig zur Verfügung steht und sie sich seiner erinnern kann. Ist es so, dann wird sie sich beim Anblick einer bestimmten Uhr ihres Besitzers erinnern, und wenn dieser einmal in ihrer Erinnerung aufgetaucht ist, so werden sich weitere Assoziationen an ihn anschließen, so wie wir uns bei irgend einem Gegenstande, der uns geschenkt worden ist, zunächst an den Geber und dann vielleicht auch an seine Angehörigen oder andere gemeinsame Bekannte erinnern ... Daß nicht Mrs. Piper als solche, sondern scheinbare Geister alle diese Mitteilungen machen, würde dann eine bloße phantastische Einkleidung dieser Leistungen sein, wie sie innerhalb des modernen Okkultismus auf Grund seiner Traditionen und Glaubensüberzeugungen nun einmal gang und gäbe ist.'[1]

Schon vor Oesterreich hatte die gleiche Theorie allumfassender telepathischer Belehrung besonders scharfsinnig und ausführlich Hereward Carrington, der bekannte amerikanische Metapsychologe, vorgetragen.

---

1) Oesterreich, Okk. 60 f. Vgl. Barnard 168 f.; Joire 248 ff.; Dr. W. Leaf in Pr VI 565.

Er ging dabei von Prof. Hyslops Ablehnung der gleich zu besprechenden 'diskriminativen' Telepathie aus, d. h. der Annahme eines wählenden Zusammenlesens aller erforderlichen Tatsachen aus den Erinnerungen beliebiger entfernter Lebender. Wäre diese Theorie, meint er, die einzige Alternative des Spiritismus, so wären wir 'beinahe gezwungen, den letzteren anzunehmen.' Aber eben dem will er durch seine erweiterte Form der telepathistischen Theorie entgehn.

'Ich behaupte', schreibt er, 'daß die durch Mrs. Pipers automatische Schrift dargestellte Persönlichkeit gewonnen wurde — nicht durch Telepathie zwischen des Mediums Hirn und entfernten Personen in dieser Welt, sondern durch Parapathie[1] aus des Sitzers Unterbewußtsein: daß sie von daher als Ganzes entnommen wurde: Identität, Erinnerungen, persönliches Wissen und individuelles Bewußtsein, genau wie dargestellt, ... soz. in einer zusammenhängenden Masse, ... nicht bei e i n e r, sondern ... bei verschiedenen Gelegenheiten.' Aber, werde man einwenden, das Medium würde dann doch offenbar auch Tatsachen entnehmen müssen, die der Sitzer n i e, soweit er feststellen kann, gewußt hat. Hierauf erwidert Carrington eben, daß solche Tatsachen trotzdem im U n t e r b e w u ß t s e i n des Sitzers gewußt und gespeichert waren, nachdem sie dort von andern Lebenden telepathisch niedergelegt worden. 'Ich schlage die Erklärung vor, daß viele, vielleicht alle Gedanken in den Seelen der uns Umgebenden beständig in die Gehirne Anderer soz. telepathiert werden; daß jedes Einzelbewußtsein Kernpunkt und Ausstrahlungsquelle von Hunderten[2] solcher telepathischer Botschaften ist, die, obgleich unablässig abgesandt und empfangen, doch völlig unter der Schwelle des Bewußtseins verlaufen, so daß wir ihrer nie bewußt werden, außer in irgendeinem abnormen Zustande.'[3]

Oesterreich hat den Gedanken sogar noch um eine bedeutsame Stufe weiter vorgetrieben. Er läßt durch solchen 'unterbewußten telepathischen Konnex aller oder mindestens einiger — der medial veranlagten — Individuen' auch eine Forterbung 'aller Erlebnisse und Kenntnisse aller Menschen .. von Generation zu Generation' geschehen. 'Ein vollkommenes Medium wäre [demnach] imstande, uns die Erlebnisse Ramses des Großen oder Alexanders wiederzugeben. Es könnte geistig Zeuge werden der Erbauung der Pyramiden und der Befragung des Jupiter Ammon, und die Historie hätte einen unmittelbaren Zugang zur Vergangenheit, indem die Spuren der Vergangenheit in den Seelen von Menschen von den großen Medien zum Leben erweckt würden.'[4]

So ausschweifend eine solche Theorie auf den ersten Blick auch erscheinen mag: sie hat, wie jede ernsthaft vorgebrachte wissenschaftliche Hypothese, Anspruch auf gerechte Erwägung ihrer Vorzüge und

---

1) Über diesen Begriff s. Hyslop in Pr XVI 125 Anm.   2) nur Hunderten?!   3) Pr XVII 352 ff.   4) aaO. 69. Vgl. Hyslop, Science 256.

Nachteile. Man mag es z. B. für einen Vorzug erklären, daß sie einen
bestimmten Deutungsbegriff wirklich mutig bis an sein äußerstes Ende
durchdenkt, anstatt sich mit Halbheiten aufzuhalten. Müssen wir überhaupt einmal auf die telepathische Wissensabgabe Abwesender zurückgreifen (und natürlich kommen wir mit der des anwesenden Sitzers
nicht aus), so können wir es sicherlich nicht in der Form der Voraussetzung tun: jene Abwesenden übertrügen das benötigte Wissen in dem
Augenblick, da es durch Mediums Mund oder Hand zutagetritt. So
gefällig ist nun einmal kein Zufall. Muß die Übertragung aber irgendwann vor ihrer Ausnutzung stattgefunden haben, — warum dann nicht
in dem Augenblick, da der Übertragende den betreffenden Inhalt erlebte oder dachte? Und wenn dies Einer tat, ohne zu ahnen, welchen
Dienst er damit der künftigen Leistung eines fremden Mediums erwies,
— warum nicht ebenso jeder beliebige Andre? Warum nicht Alle mit
Bezug auf Alle?

Freilich mag uns bei solcher Folgerichtigkeit doch auch ein wenig un-
behaglich werden; schreibt diese Form der Theorie doch im Grunde
jedem Einzelwesen — Allwissenheit zu, zum mindesten für die Be-
reiche menschlichen Erlebens; und zwar eine Allwissenheit, von der die
Wenigsten je das Geringste bemerken, und einige Bevorzugte nur einen
winzigen Bruchteil; denn was sind selbst Hunderte von Kunden eines
Mediums gegenüber den Millionen, die von ihm bedient werden
könnten!

Aber scheuen wir uns nicht vor Worten: ohne die Annahme möglicher — potentieller — Allwissenheit des Mediums wird der Animismus so oder so wohl schwerlich auskommen. Seien wir also alle allwissend, so fordert die Ausnutzung solcher Allwissenheit durch das
Medium doch noch einige ergänzende Bestimmungen unsres Begriffes.
Schon Carrington wandte sich selber ein, es sei zu befürchten, daß die
von allerwärts her übermittelten Tatsachen ein 'unbeschreibliches
Durcheinander' bilden möchten, 'aus dem es fast unmöglich wäre, die
richtigen Tatsachen für die gerade ins Auge gefaßte Persönlichkeit
[eines Verstorbenen] auszusuchen.' Hierauf erwidert er, daß Irrtümer
ja tatsächlich vorkommen, bei denen die geäußerten Tatsachen an sich
richtig sein mögen, sich aber nicht auf die betreffende Person beziehen.
Gleichwohl seien solche Irrtümer nicht so häufig, als unter den gemachten Voraussetzungen zu erwarten wäre. Wir müßten daher ferner
annehmen, daß die Tatsachen, indem sie ins Hirn (des Sitzers) eintreten, eine Ordnung nach Klassen durchmachen, vermittelst irgendeiner Art von Verknüpfung, oder daß jenes Durcheinander zwar besteht, das Medium aber, wenn es die Tatsachen dem Unterbewußtsein

des Sitzers entnimmt, sie für die Zwecke der erforderten Personation auswählt auf Grund einer Art von 'Etikettierung' der einzelnen Tatsachen, welche dem höher entwickelten 'Mechanismus der Empfänglichkeit und Suggestion' im Falle des Unterbewußtseins entspricht.[1] Das mögen absonderlich erscheinende Forderungen sein; aber unser theoretisches Schifflein ist nun einmal in See gestochen, und wir dürfen vor keinem Gegenwind mehr zurückschrecken. Irgendwie, haben wir anzunehmen, wird innerhalb der Unendlichkeit von Mitteilungen, die unablässig auf das schutzlose Unterbewußtsein des Sitzers (oder des Mediums) niederhageln, fortlaufend eine weitgehende Ordnung sich herstellen müssen, wobei die 'personal zusammengehörigen' Wissensbestandteile sich auch zusammenschließen, sodaß irgendein Merkzeichen, ein 'Index' dieser Verknüpfung es im Bedarfsfall jederzeit gestattet, sie zu einer 'Personation' zusammenzufügen, die das Medium seinen Kunden auftischen könne.

Carrington machte sich noch den anderen Einwand: das Unterbewußtsein des Sitzers müsse doch telepathische 'Vibrationen' nicht nur von Freunden und Verwandten, sondern von jedem lebenden Wesen in der ganzen Welt empfangen, und das käme erst recht auf ein 'Chaos' heraus. Hierauf erwiderte er mit dem naheliegenden Hinweis auf die so häufig beobachtbare telepathische Abstimmung zwischen Menschen, die in vielem ein Leben der Gemeinschaft führen, während zwischen völlig Fremden dergleichen nicht zustande komme.[2] Dies scheint die schöne Theorie des Animisten in bedenklichem Maße wieder einzuschränken; doch hätte Carrington sich immerhin darauf berufen können, daß neben solcher lebensgezüchteten Abstimmung-Aufeinander doch wohl auch eine natürliche, soz. zufällige zwischen Fremden zu vermuten sei; und wer weiß, ob in genügender Tiefe der Seele nicht schließlich doch alle Wesen in telepathischem Einklang sich befinden; womit dann die Allwissenheit des Einzelnen wieder gerettet und dem animistischen Deutungsbegriff ein unbeschränkter Spielraum gesichert wäre.

Man mag nun natürlich einwenden — und hat es eingewendet —, daß alle solche Annahmen rein hypothetischer Natur seien und nicht ein Bruchteil von Beweis für sie vorliege; indem die durch Beobachtung und Experiment erwiesene Telepathie sich immer nur auf einzelnes, nie aber auf eine Gesamtheit von Erlebnissen oder Gedanken beziehe.[3] — Nun wohl, es handelt sich wirklich bei den vorgetragnen Gedanken um reine Hypothese, um ein mengenmäßiges Hinausgehn über alles

1) aaO. 355 f. Vgl. Hodgson XIII 394: a selective capacity in Mrs. Pipers percipient personality... discriminative as to the related persons. 2) aaO. 357 f. 3) Dr. Prince: Allison 184 f.; Dr. Hodgson: Pr XIII 394; Hyslop, Science 253 ff.

erfahrungsgemäß Bewiesene. Aber sollen wir so außerordentlichen Tatsachen, wie denen der medialen Kundgebung gegenüber — der Kühnheit von Hypothesen Grenzen ziehn? Sollen wir im Angesicht von Beobachtungen, die alle Grenzen wissenschaftlicher Erklärung niederreißen, nicht vielmehr den ausschweifenderen Begriff von vornherein für den aussichtsreicheren und somit richtigeren erklären?

Nein, nicht die Kühnheit des fraglichen animistischen Gedankens ist es, was mir bedenklich erscheint, sondern seine Überflüssigkeit; d. h. seine Ersetzbarkeit durch Gedanken, die auch die Umgehung spiritistischer Deutung ermöglichen; die allen Tatsachen gewachsen erscheinen, die jener kühne Gedanke deuten sollte, und die dennoch einfacher sind. Denn ist es nicht einfacher — sofern doch irgendwo Allwissenheit gefordert wird, um den Rückgriff auf die Erinnerung Abgeschiedener zu umgehen —, ist es nicht einfacher, diese Allwissenheit einmal anzusetzen, als so viele Male, wie es Menschen auf Erden gibt? Es ist einfacher, dem Medium die telepathische Belehrung durch ein — irdisches oder kosmisches — Über-Ich zu eröffnen, das über die Erinnerungen aller Einzelwesen verfügt, weil diese Einzelwesen alle in jenem Über-Ich enthalten sind; und es wäre um nichts schwieriger, jene Erinnerungen auch in dem Über-Ich mit einem 'personalen Index' versehen zu denken, der ihre lebenswahre Verwendung durch ein Medium ermöglichen würde.

c. Theorien des Gedankenlesens

Oder aber — und damit heben wir etwas Neues hervor, was im bisherigen erst angeklungen — ist es nicht einfacher, falls denn schon die spiritoide Leistung des Mediums durch den Beistand zahlreicher abwesender Lebender gedeutet werden soll, die tätige Rolle bei der Sicherung dieses Beistands derjenigen Person allein aufzubürden, von der jene Leistung gefordert wird und der am dringendsten an ihr gelegen ist: nämlich dem Medium? Genauer ausgedrückt: ist es nicht einfacher anzunehmen, das Medium, welches einen bestimmten Abgeschiedenen darstellen soll, sammle erst auf diese Nötigung hin den erforderlichen Stoff aus dem Wissen aller derer, die ihn in ihren Erinnerungen bereithalten; es lese also soz. in den Erinnerungen Abwesender, anstatt von deren Erlebnissen benachrichtigt zu werden, noch ehe sie sich in 'Erinnerungen' verwandeln?[1] Ist es nicht einfacher, nur im Falle des Mediums eine Tätigkeit anzunehmen, die ein augenblickliches Bedürfnis befriedigt, als im Falle Unzählbarer eine

---

1) Auch solches 'Lesen' findet man zuweilen als 'Telepathie' bezeichnet. Ich ziehe aber obige saubere Scheidung der Begriffe vor.

Betätigung, die niemals irgendwelchem Zwecke dienen wird? Es ist, meiner Ansicht nach, diese größere Einfachheit, was jeder Theorie des hemmungslosen medialen Gedankenlesens in den Augen des Animisten den Vorzug sichern sollte vor jeder Theorie der telepathischen Beeinflussung des Mediums von außen; wobei ja auch für dieses Zusammenlesen des benötigten Wissens ein rasch sich weitender Bereich sich darbietet: vom anwesenden Sitzer, über alle in Frage kommenden abwesenden Lebenden, bis hin zu einer überpersönlichen Quelle, die alles menschliche Wissen und Erinnern umfaßt.

Ehe ich diesen neuen Deutungsrahmen genauer betrachte, möchte ich aber den Begriff unterstreichen, der uns hier aus der Erörterung zum erstenmal entscheidend entgegengetreten ist. Das neue Schema schiebt, wie wir sehen, dem alles nötige Wissen zusammenlesenden Medium nicht nur den ersten Anstoß bei der Ingangbringung der Personation zu, sondern auch die gesamte Aktivität bei ihrer Vollendung. Wir haben bisher zwei Seiten an der medialen Leistung unterschieden: die Herkunft des Stoffes und seine Verwebung zu einer glaubhaften Personation. Wir heben jetzt einen dritten Bestandteil jener Leistung heraus, um ihn nicht wieder aus den Augen zu lassen: die spiritoide Kundgebung gehorcht einem 'Willen zur Personation',[1] sie geht von einem 'Aktivitätszentrum' aus, und eine vollständige Theorie hat nicht nur zu erklären, woher das geäußerte Wissen stammt, sondern auch den Ort des Antriebs zu bestimmen, der es zu einem lebensvollen Ich verwebt und beides zusammen, also die gesamte Personation, dem Sitzer aufdrängt. Die telepathische Theorie verlegt einen großen Teil der vorauszusetzenden Aktivität (nämlich die zur Stoffbeschaffung aufgewandte) in seelische Quellen außerhalb des Mediums; die jetzt zu besprechende verlegt sie ins Medium. Und erst später wird sich uns die Frage aufdrängen, ob etwas darauf hinweist, daß diese Aktivität und damit auch der letzte Antrieb zur Personation gelegentlich in dem von ihr Dargestellten zu suchen sei: im Abgeschiedenen. Natürlich könnte auch eine solche Aktivität des Verstorbenen sich in mehr als einer Form betätigen: sie könnte das Medium mit dem Stoff beliefern, das Weben der Personation aber ihm überlassen; sie könnte auch diese letztere selbst übernehmen, indem ihr Träger sich restlos durch das Medium äußerte (auf Grund von 'Besitzergreifung'); und in diesem einzigen Falle wären alle drei Seiten persönlicher Kundgebung in einem Ich verbunden. Es wäre aber auch denkbar, daß das Medium aktiv dem Abgeschiedenen den Stoff zu einer Personation entnähme; in diesem Falle wären zwei von den drei Seiten

---

1) Der so gefaßte Begriff z. B. schon bei James, Pr XXIII 116.

im Medium vereinigt. Doch wird sich dieser Fall offenbar schwer von denen unterscheiden lassen, die nunmehr als die zweite Form animistischer Theorie zu besprechen sind: dem 'Schöpfen' des Mediums aus nahen und entfernten Lebenden, oder gar aus einer **überpersönlichen Quelle.**[1] —

Dem Begriff eines 'Lesens' in der Seele des Sitzers stimmen selbst die angeblichen Jenseitigen gelegentlich zu!

'Ich las Ihre Gedanken damals [also bei einer bestimmten Gelegenheit]', sagt 'Phinuit' einmal zu E. C. R. Gonner; fügt aber allerdings — was uns wieder warnen muß — hinzu: 'Für gewönlich kann ich es nicht.'[2] Wie er denn auch zu Mr. Rendall einmal sagt: 'Wenn ich Ihren Kopf lesen könnte, so könnte ich Ihnen sagen, [was Sie wissen wollen]. Ich kann es aber nicht, und ich muß warten, bis sie [die Kommunikatorin] es mir sagt.'[3]

Auch Ch. D. Thomas erhielt von seinem 'Vater' Angaben in ersterem Sinne. Durch 'Feda' bekannte dieser im Okt. 1924 seine Fähigkeit, Gedanken des Sohnes zu lesen, die dieser 'unbewußt erworben' hätte. Falls dieser z. B. in einer angehörten Rede etwas nicht verstünde, so wäre er, der Vater, u. U. imstande, 'diesen Punkt ganz klar von dem Sohn zu übernehmen!' Er behauptete aber überdies, in der 'Aura' des Sohnes (wie er sich ausdrückte) Gedanken lesen zu können, die diesem von Dritten, Entfernten zugesandt würden, z. B. von Personen, die seinen Reden zugehört oder seine Bücher gelesen hätten. Und gleiches beanspruchte seine verstorbene Schwester Etta für sich, die diesen Vorgang — sie war zu Lebzeiten metapsychologisch beschlagen gewesen — als 'psychometrisieren' bezeichnete.[4]

Wir haben also hier die immerhin beachtenswerte Tatsache, daß angebliche 'Geister' selbst ihre Darstellung der Mitteilungsleistung durch die Behauptung von Vorgängen verwickeln, wie sie der Animist für seine Theorie benötigt, — natürlich ohne darin auch nur einen Schönheitsfehler ihres doch selbstverständlichen 'Spiritismus' zu finden! Setzen wir diese Geister mit Teilpersönlichkeiten des Mediums gleich, so hätten wir ein Zugeständnis des letzteren in Händen, das auch seinem Spiritismus mindestens unbequem werden könnte, und mögen aus solchen Zugeständnissen immerhin schon hier die Vermutung schöpfen, daß der Vorgang der Kundgebung ein leidlich verwickelter sei.

Sehen wir uns indessen nach Tatsachen um, die ein solches aktives Lesen des Mediums beweisen oder andeuten, so gehen wir dabei natürlich von der Voraussetzung aus, daß Gedankenlesen an sich ein wohl-

---

1) Diese Bemerkungen greifen vor; doch ist es nützlich, gleich beim ersten Auftauchen des wichtigen Begriffs eines Aktivitätszentrums in neuem Rahmen seine Anwendungsmöglichkeiten zu übersehen.   2) Pr VI 488.   3) Das. 479. Vgl. die Äußerungen Dr. C. W. F. gegenüber: VIII 99 o.   4) Thomas, Life 96—99; vgl. 240 und 'Nellys' Begriff des getting things out of people's stomachs: Pr XVIII 219.

verbürgter Typ metapsychischer Leistung ist und hier schon als Erschwerung der spiritistischen Lehre zugestanden werden muß.[1] — Solche Tatsachen und Andeutungen nun sind teils allgemeiner, teils besonderer (also an bestimmte Inhalte anknüpfender) Art. Sehen wir uns zunächst die ersteren an.

Zu Mrs. J. T. Clarke sagt 'Phinuit' einmal, nachdem er allerhand Aussagen vor ihr ausgeschüttet hat, die sie aus eigenem Wissen bestätigen konnte: 'Nun, wie finden Sie das? Meinen Sie nicht, daß ich Ihnen mancherlei sagen kann? Fragen Sie mich nach wem Sie wollen, und ich will Ihnen [alles] sagen.'[2] — Klingt das nicht eher, als sei sich die Transpersönlichkeit der Fähigkeit bewußt, jedes beliebige Wissen sich zu holen, gleichgültig, ob aus dem Sitzer, oder sonst woher; und nicht so sehr, als fühle sie sich imstande, jeden beliebigen Verstorbenen 'aufzurufen', um sich von ihm belehren zu lassen? Man mag ein solches 'Protzen' Phinuits für bloßes Protzen halten, dem nie die verheißenen Leistungen folgen würden; oder man mag es auch für zweideutig halten (denn was wissen wir schließlich von der Fähigkeit der Transpersönlichkeit, Geister aufzurufen?); aber jedenfalls sollte ein solches Aus-der-Schule-Plaudern dem Spiritisten doch zu denken geben.

Wir begegnen ferner der Tatsache, daß die Sitzungen eines Sitzers mit einem Medium sehr verschiedenen Ertrag an übernormalen Mitteilungen liefern. Mrs. Allison z. B. erlebte es nach einer vorzüglichen ersten Sitzung mit Mrs. Brittain, daß schon die zweite, vier Tage später — abgesehn von 'einer schlagend beweisenden Äußerung, zu persönlich, um mitgeteilt zu werden' — 'völlig negativ' verlief, und die dritte überhaupt nichts zutage förderte; worauf sie von Bekannten erfuhr, daß dies für Mrs. Brittain überhaupt bezeichnend sei.[3] — Was sollen wir hiervon denken? Wir mögen wechselnde Aufgelegtheit des Sitzers zur Übertragung von Wissen vermuten und dann den Tatbestand als Argument für eine telepathistische Theorie betrachten. Aber das würde nicht erklären, daß anscheinend bei vielen Sitzern dieses Mediums gerade die erste Sitzung die beste ist; was doch vielmehr auf besondere Leistungskurven des Mediums hinzudeuten und somit für eine Theorie des aktiven 'Schöpfens' seitens desselben zu sprechen scheint. (Die Frage freilich, ob nicht auch eine spiritistische Deutung solcher Verhältnisse möglich wäre, ist damit schwerlich schon abgetan.)

Bestimmter als solche allgemeine Hinweise auf ein Gedankenlesen des Mediums erscheinen mir andre, die ich oben als besondere bezeichnete, weil sie sich auf Inhalte von Kundgebungen gründen. Hier ist zunächst zu erwähnen (was der erfahrene J. A. Hill als 'ziemlich gewöhnlich'

---

1) Ein gutes Beispiel für Mrs. Thompson: XVIII 186 ff.   2) VI 579.   3) Allison 46.

bezeichnet), daß das Medium mitunter Tatsachen anführt, die es zwar selbst normalerweise bestimmt nicht wissen konnte, von denen wir aber auch keineswegs anzunehmen brauchen, daß irgendein Verstorbener um sie wisse.[1]

Als Beispiel führt Hill die Aussage seines Mediums Watson über eine Augenentzündung der lebenden Mrs. Herbert Knight an: keiner der eigentlichen Sitzer wußte von ihrem Anfall, den erst wenige Stunden vor der Sitzung eine Radfahrt gegen Wind und Staub herbeigeführt hatte; aber ihr Gatte Herbert Knight hatte, als die Aussage erfolgte, allen unbewußt bereits das Haus betreten und stand lauschend vor der Tür des Sitzungszimmers.[2] Wir können ihn also, als nahe Anwesenden, zu den Sitzern zählen; aber freilich nicht eindeutig entscheiden, ob er sein Wissen aktiv oder passiv auf das Medium übertrug.

Überhaupt ist es ein häufiger Vorgang in spiritistisch aufgezogenen Sitzungen, daß die Personation auf Zustände, Erlebnisse und Handlungen Lebender aus der jüngsten Vergangenheit oder Gegenwart Bezug nimmt, also jedenfalls aus einer Zeit lange nach dem Hinscheiden des sich angeblich Äußernden; hier wäre aber der Verstorbne offenbar nicht besser in der Lage, das Geäußerte zu erfahren, als jeder Lebende, und es läge daher auch kein inhaltlicher Grund vor, die Äußerungen ihm zuzuschreiben. Dagegen liegt ihre Deutung durch Gedankenlesen nahe, wenn sie nichts mit einem Verstorbnen zu tun haben, also mit den Vorstellungen, deren 'Gesamtheit' man beim Sitzer in erster Linie voraussetzen darf.

'Phinuit' sagt z. B. einmal zu Prof. James: 'Sie haben soeben mittels Äther eine grau-und-weiße Katze getötet. Das arme Vieh hat sich lange um- und umgedreht, ehe es starb.' Diese Aussage war völlig zutreffend.[3] — In einer Sitzung mit Miss Goodrich-Freer 'beschrieb Phinuit eine Gesellschaft, an der [die Sitzerin] teilgenommen hatte, ihre Stellung in dem Zimmer, das Äußere ihres Unterredners, einschließlich eines hervorstechenden Merkmals und seiner Verursachung, wobei er den Vornamen des betr. Freundes und den Gegenstand der Unterhaltung angab, sowie die näheren Umstände von Miss G.-F.s Heimkehr, — alles völlig richtig.'[4]

Wie von jüngst vergangenen Handlungen und Erlebnissen des Sitzers spricht aber das Medium bzw. der 'Kommunikator' oft auch von denen entfernter Lebender, also wieder von Dingen, die nichts Identifizierendes haben, sondern ohne weiteres durch Gedankenlesen des Mediums erfahren sein können, — mögen sie immerhin in der Maske eines Geistes geäußert werden.

---

1) Hill, New Evid. 164.   2) Das. 56.   3) VI 658.   4) VI 630. Es wurde nur als Zeit der letztvergangene Abend angegeben, statt des vorletzten. — Vgl. XXXVI 297 f.

Am 3. Juni 1891 schrieb Mrs. Blodgett einen Brief an 'Phinuit', der diesem von Dr. Hodgson 12 Tage später zu Beginn der Sitzung vorgelesen wurde. Dies führte zu folgenden Äußerungen 'Phinuits', die mit dem Inhalt des Briefes in keinerlei erkennbarem Zusammenhang standen: 'Sie hat ein sehr sonderbares Buch gelesen. Jemandes Lebensbeschreibung. Sie hat einen alten Freund von Hannah [Wild, Mrs. Blodgetts Schwester] besucht, wie ich sie gebeten habe. Mrs. Blodgett hat einen Freund namens Severance.' Am 17. Juni schrieb Mrs. Blodgett an Dr. Hodgson: 'Phinuit ist wirklich ein vorzüglicher Gedankenleser. Am 13. schrieb ich eine Besprechung des letzten Buches von Helen Gardener. Am 14. dachte ich an jenen Freund (wenn ich ihn auch nicht besucht habe), denn ich schrieb ihm einen Brief. Ich habe einen Freund namens Severance; meine Schwester Hannah aber [die angebliche Kommunikatorin durch Phinuit] hatte nie [zu Lebzeiten] von ihm sprechen hören.' [1]

Einen verwandten Fall berichtete Mr. A. G. Hoseason im April 1928 der Ges. f. ps. F. — Im Februar 1928 hatte seine 'Frau' durch Mrs. Leonard geäußert: 'Lizzie [ihre in Larne in Irland lebende Kusine] braucht mehr Handtücher — auch dringt Wasser nahe einem Bette in ein Zimmer ein.' In einer weiteren Sitzung sagte die Kommunikatorin: 'Lizzie hat einen alten blauen Teller zerbrochen', nicht in zwei, sondern in viele Stücke. Die genaue Richtigkeit dieser Angaben wurde durch briefliche Anfrage festgestellt. Mr. Hoseason war seit 7 oder 8 Jahren nicht in Larne gewesen und wußte von den angegebenen Dingen natürlich nichts. Er hatte, soweit er sich erinnern konnte, den Namen der Kusine Mrs. Leonard gegenüber nie erwähnt. [2]

Einen Beweis dafür, daß in solchen Fällen wirklich ein Lesen von Gedanken oder Erinnerungen Entfernter stattfindet, könnte man in gewissen Beobachtungen über Irrtümer der 'Kontrolle' in ihren Zeitangaben suchen.

Bekannt in dieser Hinsicht sind einige mit Mrs. Piper — bzw. 'Phinuit' und 'George Pelham' — vorgenommene Versuche. So brachte Dr. Hodgson dem Medium eine Haarlocke der Mrs. Holmes, und Phinuit sollte angeben, was diese zur Zeit tue. Phinuit sagte, sie ordne Blumen in einer Vase, setze sich an ihren Tisch zu schreiben. Auf dem Papier stehe 'Charles', sie gehe ans Fenster, um mit einem Manne zu sprechen, usw. Alles dies war annähernd richtig, aber — es bezog sich auf Dinge, die Mrs. Holmes etwa eine halbe Stunde zuvor getan hatte. [3]

'Pelhams' bekannteste Leistung dieser Art befaßte sich mit seinen Freunden, den Howards, die zu beobachten er 'ausgeschickt' wurde. Er kehrte noch in der gleichen Sitzung zurück und meldete, Mrs. Howard schreibe, habe einige Veilchen in ein Buch gelegt, einige ihm gehörige Sachen in einen kleinen Sack getan und sein Lichtbild neben sich auf den Tisch gelegt, einen Brief an

1) VIII 83 f. (gekürzt). Vgl. VI 463. 488.   2) JSPR XXIV 303 ff. (Niederschriften während der Sitzung).   3) Pr VIII 24. Ähnliche Versuche wiederholte Dr. H. auch mit sich selbst als Subjekt, wobei Miss Edmunds ihn bei Mrs. P. vertrat.

einen gewissen Tyson gesandt, eins von seinen (Pelhams) Büchern genommen, es umgedreht und gesagt: 'George, bist du hier? Siehst du dies?', sei dann eine kurze Treppe hinaufgegangen, habe einige Sachen aus einem Schubfach genommen, sei zurückgekommen und habe den Brief beendet.' Es erwies sich, daß Mrs. Howard **nichts** hiervon zur Zeit der Sitzung getan hatte, aber **alles** Angegebene am Nachmittag des Vortages und am Abend davor.[1]

Solche Leistungen sind meist so aufgefaßt worden (und können es wohl, trotz ihrer offenbaren Mehrdeutigkeit), daß die sich äußernde Persönlichkeit — nach animistischer Denkart also das Unterbewußtsein des Mediums — in den Erinnerungen und Vorstellungen der betreffenden entfernten Lebenden lese.[2] Und es könnte diese Auffassung bestätigen, daß gelegentlich Handlungen als **ausgeführt** gemeldet werden, die nur ausdrücklich **beabsichtigt** worden waren; wie denn z. B. von einem Briefe berichtet wurde, den Mr. Pelham sen. geschrieben habe, den dieser aber nur mit seiner Frau eingehend besprochen hatte, ohne dann die Zeit zum Schreiben zu finden.[3]

Sehr stark für ein 'Schöpfen' aus dem Sitzer scheinen endlich Kundgebungen zu sprechen, bei deren Nachprüfung sich ergibt, daß 'alle Einzelheiten, die zur Zeit im Bewußtsein [des Sitzers] waren oder' früher darin gewesen waren, [von der Transpersönlichkeit] völlig genau wiedergegeben wurden, während alle Äußerungen über [dem Sitzer] unbekannte Dinge falsch waren oder überhaupt ausblieben.'

Dies ist z. B., mit Änderung weniger Worte, das Urteil, welches Mrs. Blodgett nach ihrer Piper-Sitzung vom 29. Mai 1888 glaubte fällen zu müssen. Und dabei hatte 'Phinuit' hier und in andern Sitzungen sogar die eigenen Worte Hannah Wilds, der Schwester der Sitzerin, wiederzugeben behauptet.[4] — Eine ähnliche Beobachtung machte Prof. Lodge. Ein Freund hatte ihm kurz vor der Abreise nach Afrika eine Uhrkette übergeben, die seinem verstorbenen Vater gehört hatte. 'Phinuit', dem sie eingehändigt wurde, sagte in mehreren Sitzungen aus, sie gehöre einem alten Manne, der dann auch anwesend sein und die Kette erkennen sollte. Der Name des jetzigen Besitzers wurde genannt, seine Abwesenheit aus Gesundheitsrücksichten, sein Beruf u. a. erwähnt. Dann wurde, ausdrücklich als Identitätsbeweise, 'eine Anzahl besonderer, wiewohl trivialer Tatsachen' geäußert, über deren Richtigkeit Lodge in den meisten Fällen nichts aussagen konnte; nur von einigen wußte er, daß sie stimmten. Eine Anfrage bei dem in Afrika weilenden Sohn ergab, daß in der Tat die von Lodge gekannten Tatsachen richtig, die ihm unbekannten aber durchweg falsch angegeben waren.[5]

1) XIII 305 ff.   2) z. B. Sage 49.   3) XIII 315.   4) VIII 10 ff. 69 ff. — Als Paradefall der Animisten sehr bekannt geworden. H. Wild hatte einen versiegelten Brief hinterlassen, dessen Inhalt sie durch Mrs. Piper wiederzugeben vorgab: seitenlange falsche Angaben, in denen nur ihr (fraglos übernormal 'erlangter') Name richtig war. 5) VI 460 f.

d. Theorien des Hellsehens (Kryptästhesie)

Mit solchen Tatsachen werde ich mich vom spiritistischen Standpunkt aus noch zu beschäftigen haben. Zunächst aber möchte ich, in der gleichen Richtung fortfahrend, noch einen weiteren Begriff animistischer Deutung einführen. Bereits in einigen der eben vorgelegten Fälle konnte es zweifelhaft erscheinen, ob wirklich die Transpersönlichkeit ihr Wissen aus dem Vorstellen und Erinnern Lebender schöpfte, und nicht vielmehr aus eigener Anschauung der Ereignisse, auf die auch jenes Vorstellen und Erinnern sich bezog, also sagen wir: aus einem Akt des **Fern- oder Hellsehens.** Auch dieser Ausdruck erfreut sich leider, gleich dem Begriff der Telepathie, durchaus nicht der wünschenswerten Eindeutigkeit im Sprachgebrauch der Fachleute. Hier soll er ausdrücklich nur die übernormale Wahrnehmung **objektiver Tatsachen ohne** Zwischenschaltung persönlicher Bewußtseine bezeichnen. Um einen reinen Fall von Hellsehn mit Gewißheit festzustellen, müßte man also nachweisen, daß zurzeit das Geschaute in keinem Bewußtsein oder Gedächtnis von Mensch oder Tier enthalten war. Diese negative Tatsache wird natürlich immer sehr schwer zu erhärten sein; das darf uns aber nicht abhalten, den reinen Begriff echten Hellsehens zu bestimmen und des weiteren solches Hellsehen als mögliche Anlage des menschlichen Geistes vorauszusetzen; um so mehr, als dies offenbar geeignet ist, der spiritistischen Theorie bedeutende Schwierigkeiten zu bereiten. Dabei besteht aber offenbar die Möglichkeit, gewisse Akte übernormaler Wissenserlangung auch dann als hellseherische aufzufassen, wenn ihr Gegenstand gleichzeitig in den Vorstellungen oder Erinnerungen Lebender gegeben ist. Wer also aus allgemeinen Gründen die Möglichkeit echten Hellsehens zugibt, wird oft nur geringfügiger Hinweise bedürfen, um diese Deutung übernormalen Wissens einer telepathischen oder gedankenleserischen vorzuziehn.

Wir hören zwar gelegentlich von **erfolglosen** Hellsehversuchen mit Medien; — Prof. Lodge z. B. unternahm solche nach dem Grundsatz der 'Unwissentlichkeit'[1] mit Mrs. Piper,[2] und auch Mrs. Leonards Unfähigkeit zum Psychometrisieren scheint experimentell erhärtet worden zu sein.[3] Aber als allgemein- und letztgültig werden solche Feststellungen schwerlich gelten können. Die Betätigung hellseherischer Fähigkeiten 'irgendwo' im Medium wird ja zuweilen schon durch das **Verfahren der Kundgebung** selbst bewiesen, nämlich wenn dabei ein abzulesendes Alphabet benutzt wird, wie beim Ouija und Planchette-Schreiben. Man hat sehr häufig feststellen können, daß Medien die Buchstaben **nicht**

---

1) Wobei also auch der Versuchsleiter nicht weiß, was hellgesehen werden soll. (Hier. Buchstaben in einem Kasten.)   2) VI 457.   3) Thomas, New Evid. 199.

zu sehen brauchen, indem sie selbst bei vollkommener künstlicher Blendung in unvermindertem Zeitmaß fließend buchstabieren.[1] Es geht dabei zuweilen auch nicht an, diese Leistung auf genaue Erinnerung an die Stellen der einzelnen Buchstaben zurückzuführen (die ja übrigens meist bunt durcheinandergewürfelt sind). Ebensowenig aber scheint mir 'eine sehr präzise telepathische Zusammenarbeit' zwischen dem Medium und dem die 'Botschaft' Ablesenden[2] (der ja die Buchstaben sehen muß) den Vorgang natürlich zu erklären; denn letzterer folgt ja bloß — passiv und soz. nachhinkend — dem Anzeigen der Buchstaben, in dessen Sinn und Ziel doch nur der den Vorgang Bewirkende eingeweiht ist.

Prof. Barrett z. B. bat während der Sitzungen in einem privaten Zirkel Dubliner Freunde die Kontrolle, das Brett mit dem Abc umdrehn zu dürfen, was augenblicklich zugestanden wurde, weil es 'keinen Unterschied ausmache'. 'Ich drehte also das Brett um, sodaß das Abc mit dem Kopf zu den Sitzern stand [deren Augen verbunden waren!], und wenn sie auch hätten sehen können, wäre es einigermaßen schwierig gewesen, die richtigen Buchstaben auszuwählen. Aber es trat nicht das geringste Zögern ein, der Weiser bewegte sich ebenso rasch und korrekt wie zuvor auf den richtigen Buchstaben zu, ja so rasch, daß der Nachschreibende zuweilen nur mit Kurzschrift folgen konnte.'

Wegen der oft betonten Schwierigkeit, durch Verbinden der Augen jedes Sehen auszuschließen, wandte Prof. Barrett undurchsichtige 'Augenschirme' an, die genau in die Augenhöhlen paßten und durch Gummischnüre gehalten wurden. Aber auch jetzt gingen die Mitteilungen (sogar im Namen einer unerwarteten neuen Kontrolle, die sich Peter Rooney nannte) 'genau ebenso leicht' vonstatten. Barrett ersann dann einen Apparat, bei dem die Buchstaben auf Pappstücken in jeweils beliebig veränderter Anordnung unter einer Glasplatte lagen; aber trotzdem ein 'undurchsichtiger Ofenschirm' über dieses Abc gehalten wurde, unter dem der Nachschreibende nur mühsam die angezeigten Buchstaben erspähen konnte, nahm das Buchstabieren ungehindert und unverändert seinen Fortgang.'[3]

Natürlich aber muß uns vor allem an Beobachtungen liegen, die eine Erlangung des Inhalts der Kundgebung selbst durch hellseherische Betätigung zu beweisen scheinen. Eine seltsame Gruppe möglicher Belege hierfür werden wir sehr viel später[4] zu besprechen haben, nämlich die sog. Bücher- und Zeitungsteste, bei denen eine sinnvolle Äußerung des angeblichen Kommunikators erfolgt in Form eines bloßen Hinweises auf genau bezeichnete Stellen in bestimmt lokalisierten

---

1) S: z. B. Allison 167; Reuter 42.   2) So Moser 808.   3) Barrett, Threshold 177 ff. Vgl. Travers-Smith 51 (Satinmaske und außerdem undurchsichtiges Baumwolltuch von der Stirn bis zu den Hüften); das. 11. 13. 16; Pr XXX 249; Dahl 203; Hegy 37, und schon Hare (deutsch) 39 ff.   4) In d. Nachtragsband zu diesem Werk.

Büchern, die das Medium sicherlich nie gelesen hat; oder in Zeitungen, die zur Zeit der Aussage noch nicht gedruckt sind. Hier ist in jedem Falle ein Akt übernormaler Kenntnisnahme vom Typ des Hellsehens anzunehmen; nur stellt es eben das eigentliche Problem dar, ob dieser Akt dem Medium zuzuschreiben sei, oder dem angeblichen Kommunikator. Ohne schon hier darauf einzugehn, will ich kurz einen Fall berühren, in welchem die anscheinende Selbstbekundung einer Verstorbenen inhaltlich-unmittelbar erfolgte — und doch nach Art eines Zeitungstestes mittels Hellsehens des Mediums zustande gekommen sein könnte.

An einem Januar-Abend des Jahres 1874 'hörte' W. Stainton Moses wiederholt den Namen 'Emily C.' 'im Ohr ertönen' (sog. Hellhören), über den auch die anwesende Mrs. Speer[1] ihm keine Auskunft geben konnte. Er blieb aber dabei, daß eine Person dieses Namens 'in die Geisterwelt hinübergegangen sein müsse.' 'Als die Abendzeitung kam..., fanden wir darin die Todesanzeige einer 'Emily, Witwe des weiland Kapitän C. C.' Solche Vorgänge will Moses wiederholt erlebt haben, und ich erinnere daran, daß einige seiner berühmtesten Identitätsfälle solche Todesankündigungen darstellen, deren knappe datenhafte Ausgestaltung auf hellseherisches Erfassen einer Todesanzeige oder eines kurzen Nachrufs hindeutet.

Der obige Vorfall setzte sich übrigens in einem Erlebnis fort, das gleichfalls an eine Hellsehleistung, wenn auch etwas anderer Art, denken läßt. Während einer Abendsitzung i. J. 1875 auf der Insel Wight erhielten Moses und Dr. Speer den Namen 'Emily C. C.' Auf die Frage, was sie veranlaßt habe, zu kommen, erfolgte die Antwort: 'Sie gingen an meinem Grabe vorüber.' In der Tat hatten die beiden Herren am Nachmittag einen gemeinsamen Spaziergang gemacht, glaubten aber an keinem Friedhof vorübergekommen zu sein. Da 'Emily C.' bei ihrer Aussage blieb, beschlossen sie, am nächsten Tage denselben Weg zu machen. 'An einer bestimmten Stelle fühlte ich den Antrieb, eine Mauer zu erklettern, ... die für den Vorübergehenden alles Dahinterliegende verbarg ... Mein Auge fiel sofort auf das Grab der Emily C. C., und die darauf vermerkten Daten usw. stimmten alle genauestens mit den uns gemachten Angaben überein.'[2]

Auch ein Fernschauen gleichzeitiger Ereignisse und Zustände bekunden die Transpersönlichkeiten oft genug; aber die Anwesenheit weiterer Lebender am geschauten Ort bedingt die Zweideutigkeit: daß hinter dem Anschein echten Bilderschauens sich schließlich doch ein 'Lesen' fremder Vorstellungen verberge, — womit dann diese Fälle mit früher angeführten in eine Gruppe fallen würden.

In einer Sitzung, die der namenlos eingeführte Prof. Sidgwick am 29. Nov. 1889 mit Mrs. Piper hatte, wurde er von der Transpersönlichkeit sofort als

1) eine 'ausgezeichnete Zeugin' nach Myers (Pr IX 248), Gattin des bedeutenden Arztes Dr. S. T. Speer, in dessen Hause der Rev. Moses sich häufig aufhielt.   2) Myers II 594.

der Gatte der Sitzerin vom 26. Nov., Mrs. Sidgwick, erkannt, als kinderlos bezeichnet, und noch manches andere völlig Richtige über ihn ausgesagt. Dann folgte die Angabe, 'daß seine Frau [zurzeit] in einem großen Stuhl sitze, zu einer anderen Dame spreche und etwas auf ihrem Kopfe trage.' Dies war auch richtig: Mrs. Sidgwick sprach mit Miss A. Johnson und trug — zum Zwecke des Versuchs! — ein blaues Taschentuch auf dem Kopf.[1]

Einen Hinweis auf aktives Hellsehn der Transpersönlichkeit in solchen Fällen mag man zuweilen in Bemerkungen finden, die nicht nur ein Schauen in der Ferne, sondern auch ein 'Sich-Dorthinbegeben', eine 'Ortsbewegung' am fernen Ort und ein 'Zurückkehren' von daher behaupten. Dies sind bekannte Merkmale des sog. reisenden Hellsehens (der *travelling clairvoyance* der Engländer), bei dem die hellsehende Person von einem Versuchsleiter soz. aus- und umhergeschickt wird, bei dem aber von spiritistischen Ansprüchen meist nicht die Rede ist. Doch findet sich dergleichen auch in spiritoid gefärbten Fällen.

Mr. John F. Thomas z. B. berichtet von einer Sitzung seines Sohnes Jerome mit T. E. Austin in London, in der das Medium u. a. gesagt habe: 'Das Haus, wohin ich gehe, hat das Bild [der verstorbenen Mutter] zur Linken für den Eintretenden, an der Wand oder über dem Kaminsims.'[2] — Aber auch 'Phinuit' sagte bei einem Hellsehversuch, ähnlich dem geschilderten: 'Mr. Gonners' Mutter bürstete etwas, gerade als ich sie verließ, und hatte einen kleinen Gegenstand in der Hand, den sie betrachtete... So verließ ich sie.'[3]

Ebenso deutlich ist der Begriff des Hellsehens verwirklicht in den zahlreichen Ferndiagnosen, die von manchen Medien, bunt vermischt mit sonstigen Äußerungen, geliefert werden; besonders häufig bekanntlich von Mrs. Piper bzw. ihrem Führer 'Dr. Phinuit', der ja zu Lebzeiten Arzt gewesen zu sein behauptete. Prof. Lodge konnte die Genauigkeit seiner Diagnosen 'auffallend' finden und behaupten: 'Selbst wenn sie ohne vorausgehende Untersuchung, ja oft ohne Besichtigung des Kranken gestellt werden, sind sie ebenso zutreffend, wie die von echten Ärzten... Ich wage jedoch nicht zu sagen, daß sie unfehlbar sind. Ich weiß sogar von einem Fall, wo ein Irrtum augenscheinlich war.'[4]

Nun kann offenbar auch eine Ferndiagnose auf Vorstellung-Lesen beruhen, wenn nämlich die Krankheit dem Sitzer oder dem Leidenden oder seinem Arzte bekannt, ja auch nur dunkel bewußt oder vermutet ist.[5] Seltsamerweise aber begegnen wir auch solchen Diagnosen, mit denen die Transpersönlichkeit der Ansicht der Ärzte widerspricht und dennoch gegen sie Recht behält; oder ihr Urteil abgibt, ehe ärztliche Untersuchung irgend etwas festgestellt hat.

1) Pr VI 627. Vgl. VI 628. 641 f.; o. S. 361 den Fall Hoseason; Allison 283; Savage, Death 17.   2) Stud. 38.   3) Hyslop, Science 137.   4) VI 449.   5) Vgl. z. B. VI 467 (dem Sitzer bekannt); Hill, New Evid. 80 f.

Von der ersteren Art ist z. B. der von Miss E. G. W. berichtete Fall. 'Im Frühjahr 1888 litt ein Bekannter, S., an einer quälenden Krankheit. Hoffnung auf Besserung war nicht vorhanden, nur die Aussicht auf eine ferne Erlösung durch den Tod. Eine Befragung von Ärzten stellte fortgesetztes körperliches Leiden und wahrscheinlichen geistigen Verfall in Aussicht, der sich vielleicht durch mehrere Jahre hinziehen würde.' Als man für S.s Tochter, die schwer darunter litt, eine Erholung vorschlug, sagte Phinuit (am 24. Mai 1888): 'Sie wird ihren Vater nicht verlassen, aber auch sein Leiden wird nicht lange dauern. Die Ärzte irren sich. Es wird bald eine Veränderung im Zustande des Kranken eintreten und er wird den Körper verlassen, ehe der Sommer zu Ende ist.' Sein Tod erfolgte im Juni 1888.[1]

Von der zweiten Art ist eine Erfahrung, die dem als Piper-Sitzer wohlbekannten Ehepaar Dr. Thaw und Frau am 10. Mai 1892 zuteil wurde. Phinuit stellte bei einem ihrer nahen Verwandten, W., der schwer an Asthma litt und also wohl dies quälende Leiden für sein eigentliches hielt, eine Nierenkrankheit fest, die erst daraufhin 2 Wochen später durch genaue ärztliche Untersuchung erstmalig festgestellt wurde. Das Ende wurde auch hier von Phinuit richtig vorausgesehen. 'W. kommt bald und plötzlich zu uns', sagte er. 'Er wird einschlafen, und wenn er erwacht, wird er ein Geist sein. Herz wird stillstehen. Nieren in schlechtem Zustand. Er ist durch und durch krank.' Am 22. Mai 1892 bestimmte Phinuit die noch übrige Lebenszeit auf '6 Monate oder etwas weniger'. W. starb im Schlaf infolge Herzlähmung am 3. September desselben Jahres.[2]

Eine andre Annäherung an den Tatbestand des Hellsehens gewähren uns Aussagen des Mediums über verlorene Gegenstände, wobei wir allerdings nicht selten unterbewußte Wahrnehmungen und vergessenes Wissen des Verlierers als mögliches Ziel eines Vorstellung-Lesens vermuten können.

Miss E. G. W. z. B., die vom Nov. 1886 bis Juni 1889 45 Sitzungen mit Mrs. Piper hatte, fragte diese am 11. Febr. 1887 auf Wunsch ihrer Schwester L. (also offenbar ohne selbst etwas zur Antwort beitragen zu können), wo jene ihre vermißte Druckplatte für Besuchskarten[3] finden könne, wobei sie Phinuit als Anhaltspunkt eine von der Platte gedruckte Visitenkarte einhändigte. 'Sie finden', war die Antwort, 'die Platte in einem Kasten mit einer Bürste und einer Flasche. Der Kasten ist in dem Hause, wo Sie leben, in einer Schublade unter etwas, was wie ein Geschirrschrank oder dergleichen aussieht. Es sind da weiche Sachen in der Schublade zusammengewühlt.' Nach längerem Suchen vermuteten die Schwestern, daß mit dem bezeichneten Möbelstück nur ein gewisser fest eingebauter Waschtisch in einer Nische gemeint sein könne. Die zweite von seinen drei Schubladen, von deren Inhalt Miss W. 'nichts wußte', fanden die Schwestern 'mit losen Wollresten und Musselin angefüllt, und unter diesen einen kleinen Kasten. Der Kasten enthielt die bezeichnete Bürste

1) VIII 34. Freilich könnte man hier auch an bloße Vorschau denken. 2) XIII 565 f. Vgl. dazu 352, und allgemein: Dr. Kröner in PS L 284 ff. (und später); Moser 599 ff. 3) Card-plate.

und Flasche,[1] aber statt L.s Besuchskartendruckplatte — ihre Schablonplatte.[2] Wir wunderten uns nachher, daß die Erwähnung von Bürste und Flasche uns nicht gleich im Voraus dies Versehen hatte erkennen lassen.'[3] — Dies Versehen scheint die hellseherische Art der Leistung erst recht zu unterstreichen. Die Annahme liegt nahe, daß der 'suchende Blick' der hellsehenden Persönlichkeit eine (vermutlich auch kupferne) Schablone mit einer gravierten Druckplatte verwechseln konnte. Dagegen muß für die Erinnerung der Besitzerin die Unterscheidung beider Gegenstände völlig geläufig gewesen sein.

In einem zweiten, ganz ähnlichen Falle lassen sich eher Anzeichen des Vorstellungslesens entdecken. Phinuit beschrieb eine 'große Kiste', worin sich zwei vermißte silberne Becher befinden sollten, und fügte hinzu: 'Annie (die Mutter der Sitzerin) hat sie hineingelegt und wird sich dessen erinnern.' Es erwies sich, daß Mrs. W. die Becher tatsächlich dort hineingelegt, aber vor nicht langem wieder herausgenommen und dann erst endgültig 'verlegt' hatte.[4] Wollen wir nicht ein Lesen in den Erinnerungen der Mutter annehmen, so bleibt nur die Vermutung, daß das hellsehende Bewußtsein beim Absuchen der letzten 'Bahnen' der Gegenstände vorzeitig 'angehalten' habe.

Besonders eindeutig hellseherisch sind Leistungen, bei denen die Transpersönlichkeit sich mit dem Auffinden der Leichen einsam Gestorbener, also meist Verunglückter befaßt; denn in diesen Fällen ist die normale Mitwisserschaft eines Lebenden meist völlig ausgeschlossen.

Ich verweise z. B. auf den vom Rev. M. J. Savage sehr ausführlich beurkundeten Fall der Mrs. York, die — anscheinend in einer Art Trans — den genauen Ort in einem See beschrieb, an dem die Leichen zweier vermißter Knaben namens Mason zu finden wären, die ihrer Mutter entgegengegangen und dann verschwunden waren. Mrs. York, die 25 km vom Unglücksort entfernt in Boston lebte, kannte die Kinder überhaupt nicht. Eine Botin wurde an sie abgesandt, um sie über den Verbleib der Knaben zu befragen. Der See war schon einige Zeit vergeblich mit Haken abgesucht worden; aber nach der Rückkehr der Botin wurden die Leichen binnen weniger Minuten nach Mrs. Yorks Angaben geborgen. — Ein gewisser spiritistischer Anschein beruht hier freilich darauf, daß das Medium auf die Frage, woher sie ihr Wissen habe, zur Antwort gab: 'Der Vater der Knaben sagte es mir.' 'Wie wußte sie', schließt die erwähnte Botin, Mrs. E. E. Davis, ihren Bericht, 'daß der Vater der Knaben seit einigen Jahren tot war?'[5]

An vorzüglich beglaubigten Fällen dieser Art ist kein Mangel, aber der Raum gestattet mir nicht mehr als knappste Hinweise.

Über die hellsichtige Auffindung der Leiche eines jungen Mädchens in Enfield (New Hampshire) im Nov. 1898 wurden die ausführlichen Berichte

---

1) The box contained specified box and bottle: offenbar ein Schreib- oder Druckfehler für brush and bottle.   2) stencil-plate.   3) VIII 31.   4) aaO. Vgl. den schönen Fall von Dr. Dufay: VI 421 f.; den von Lady Howard: IX 44, und Miss X.: XI 116. 118 f. Die Belege ließen sich sehr vermehren.   5) XI 379 ff.

und Bestätigungen innerhalb weniger Tage gesammelt. Ein Taucher hatte
2 Tage lang vergeblich nach der Vermißten gesucht; die Tote lag 18 Fuß
tief in völlig dunklem Wasser. Eine 6 km von der Unfallstätte wohnende
Mrs. Titus, welche den Ort seit 2 oder 3 Jahren nicht betreten hatte, sah
und beschrieb in mehreren Transanfällen die Lage und Körperhaltung des
Leichnams so genau, daß nach ihren Angaben ihn der Taucher nunmehr
ohne den Gebrauch der Augen finden konnte. — Mrs. Titus wird zwar als
'nichtberufliches Medium' bezeichnet, die Aussagen scheinen aber nicht in
spiritistischen Formen erfolgt zu sein. Ein Hinweis auf aktives Hellsehen
liegt vielleicht auch darin, daß Mrs. Titus schon einen Tag vor dem Verschwinden des Mädchens zu ihrem Manne gesagt hatte, es werde etwas
Schreckliches geschehen, was (da es sich nicht um Selbstmord handelte)
einen Akt echter Vorschau zu beweisen scheint. Mrs. Titus kannte das
Mädchen nicht, aber ihr Mann arbeitete mit einer Schwester der Ertrunkenen in einer Werkstatt; es bestanden also gewisse 'Beziehungen', wie sie
den Hellseher zuweilen anzuregen und auf eine 'Spur' zu bringen scheinen.[1]
Dr. T. Weir Mitchell, der ausgezeichnete Psychopathologe, berichtete vor
der Brit. Association (!) von einer Londoner Hellseherin, welche mit allen
wünschenswerten Einzelheiten angab, wo die Leichen von vier i. J. 1916 vermißten englischen Offizieren der Westfront zu finden seien. Keiner der
wenigen Soldaten, die auf einem gänzlich einsamen, vorgeschobenen Posten
bei ihnen gewesen, war bei dem deutschen Fliegerangriff mit dem Leben
davongekommen, und alle Gefallenen wurden von den Deutschen in einem
Massengrabe bestattet. Erst die genauen Angaben der Hellseherin ermöglichten die Auffindung und Erkennung der Leichen.[2]
Mit größter Sorgfalt untersucht und gleicher Ausführlichkeit beurkundet
ist auch der ähnliche Fall des Dr. M. Petersen, welcher bei einem Tages-
ausflug in der Nähe von Aix-les-Bains im Okt. 1904 an ganz versteckter
Stelle abgestürzt war und erst Monate später aufgefunden wurde. Mediale
Kundgebungen durch eine gewisse Mme Vuagniaux hatten die Stelle in
unverkennbar richtiger Weise lange vorher bezeichnet. In diesem Fall war
aber die spiritoide Form gewahrt. Der 'Führer' des Mediums sagte zunächst
aus, 'der [vermißte] Doktor [liege] tot in einer senkrechten Hohlschlucht
am Rénard. Ihr könnt Anzeige erstatten oder ihn selbst finden', worauf
nähere Angaben über den Ort und die Art des Unglücks folgten. 'Der
Doktor ist tot', hieß es in einer dritten Kundgebung, 'sein Geist ist noch
in Unruhe, ... wir werden unser Mögliches tun, um [bei der Suche] zu
helfen.'[3]
Die m. W. stärksten spiritistischen Ansprüche unter allen solchen
Fällen des Leichenfindens hat ein dem Richter Dahl von den Nächstbeteiligten ganz frisch berichteter.
Bei Herrn O. Jacobsen in Harstad (Nordnorwegen), ehemals Schiffs-

---

1) Zeugnisse nebst Erörterung durch Prof. James: JSPR XIII 124 ff. (aus PrAm, part II);
auch APS VI 295 ff.   2) ref. ZP 1927 693f. Vgl. Dr. Ostys schönen Fall bei Richet 101 f.
3) Joire 224—44. Vgl. den älteren Fall aus Lee bei Flammarion III 257.

kapitän, der mit seiner Frau zusammen Planchettesitzungen abhielt, meldete sich im Spätwinter 1926 wiederholt ein junger Seemann namens Hördahl-Danielsen, der früher auf Jacobsens Schiff gefahren, am 10. Jan. 1926 aber (während J. sich auf der Reise von Stavanger nach Harstad befand) in Oslo ertrunken war. Nach einiger Zeit meldete sich der junge Mann mit einem andern Bekannten Jacobsens zusammen, der ebenfalls im gleichen Winter ertrunken war, und beide baten Jacobsen wiederholt um Aufsuchen der bislang noch nicht gefundenen Leiche Danielsens, deren Ort sie genau angaben, nämlich 'an einer Kloake', wo D. ausgeglitten zu sein und den Kopf zwischen mächtige Klammern bekommen zu haben behauptete; oder 'an der linken Seite der Schiffe bei Nylands Werk [einer Osloer Werft], am kleinen Dock... Wenn Sie Hermansen [den Steuermann auf Jacobsens Schiff] bitten wollten, der könnte es tun ... Ich liege so nahe, daß man mich mit den Händen fassen kann, wenn man mich nur sähe. Ich liege an einem Siel, das an Nylands Werk mündet [und nahe einer Zollstelle]. Das Suchen muß auf der linken Seite der Fahrrinne geschehen, dort, wo der Vordersteven des Schiffes lag, in der Nähe des kleinen Docks.' Jacobsen, dem diese Einzelheiten des Osloer Hafens unbekannt waren, wandte sich brieflich an Steuermann Hermansen, der daraufhin zunächst mit einem Haken (der sich als zu kurz erwies), dann mit einer Angelschnur nach der Leiche suchte und sie nach einer halben Stunde fand.[1]

Selbst wer nun in spiritoiden Fällen dieser Art, wie dem der Mrs. York, der Mme Vuagniaux und Jacobsens, die Transangaben ihrer eignen Behauptung nach auf einen Abgeschiednen zurückführen wollte, käme doch wieder um die Annahme augenlosen Schauens, also des Hellsehens, schwerlich herum. In zweien dieser Fälle sollten ja nicht einmal die Verunglückten selbst über den Verbleib ihrer Leichen aussagen, sondern im ersteren — der Vater der Vermißten, im zweiten ein 'Führer' des Mediums. Aber selbst wenn man auch deren Aussagen letzten Endes auf die Verunglückten selbst zurückführen wollte (wie im Falle Jacobsen), so könnte man sich dabei doch wohl kaum auf E r - i n n e r u n g e n derselben beziehen, sondern nur auf ihre W a h r n e h - m u n g des eigenen Leichnams nach dem Tode, was ja auf Hellsehen herauskäme. Was man also auch zugunsten einer spiritistischen Deutung solcher Fälle anführen mag: sie stellt schwerlich eine V e r e i n f a c h u n g dar gegenüber der Annahme von Hellsehen seitens des M e d i u m s.

Alle vorstehenden Gruppen ließen sich sehr viel reichlicher veranschaulichen. Aber gerade der Kenner unter den Gegnern wird mir gern weitere Belege für einen Satz erlassen, den er längst als die schärfste Waffe des Animismus zu betrachten gelernt hat: jedes gute Medium sei in weitesten Grenzen hellsehend in Raum und Zeit und

1) ZmpF 1931 356 ff. (Originalbriefe J.s u. H.s).

zugleich imstande, jede beliebige fremde Vorstellung zu 'lesen'. Dies
sei das einzige Übernormale und Wichtige an der gesamten Transleistung, alles andere aber, vor allem die spiritoide Fassung der Aussagen, beruhe auf reiner 'Idiosynkrasie' des Mediums: seiner Neigung
zur Erzeugung 'zweiter' Persönlichkeiten, und der Suggestion (der es
unterliege) zur traumhaften Personation von Abgeschiedenen. Der Beweis dafür liege in der Tatsache, daß alle aufgewiesenen Arten von
Transleistung auch ohne jede spiritistische Einkleidung zu beobachten sind. Hellseherische Nah- und Ferndiagnosen z. B. waren schon
in der romantischen Zeit der Somnabulenforschung so sehr anerkannt,
daß Personen mit dieser Gabe nicht selten im ständigen Dienste appro-
bierter Ärzte standen.[1] Nicht minder ist ja das hellsichtige Finden ver-
lorener Gegenstände oder verschollener Menschen zu allen Zeiten und
in allen Ländern der Welt geradezu beruflich ausgeübt und entsprechend häufig beschrieben worden, auch ohne jede Beimischung spiritoider Formen. Zwei der eben kurz beschriebenen Fälle von Leichen-
funden waren dieser Art. Hellseher im Sinne von 'Gedankenlesen',
die völlig Fremden ihre innersten Geheimnisse auf den Kopf zusagen,
kann man heute in jeder größeren Stadt von Zeit zu Zeit auf offener
Bühne bestaunen. Sie offenbaren die Vergangenheit und mitunter auch
die Zukunft. Ob nun im 'Trans' oder nur im Zustande leichter 'Ver-
senkung' geschehend: ihre Aussagen ähneln, wenigstens dem inhaltlichen Umfang nach, oft in erstaunlichem Maße den Aussagen der
großen Transmedien, etwa der Mrs. Piper: ganze Zusammenhänge übernormalen Wissens betr. bestimmter Personen, ihrer toten oder lebenden
Verwandtschaft, deren Charaktere und Lebensschicksale werden mit
einem überzeugenden Grade von Wahrheit dargelegt.

Um den Leser instand zu setzen, aus eigner Anschauung einen inhaltlichen Vergleich solcher 'unpersönlichen' Aussagen von Hell-
sehern mit den früher belegten spiritoiden anzustellen, will ich einige
wenige Beispiele jener Gattung vorlegen, nachdem gerade die neueste
Forschung uns reichlich mit verläßlichen Urkunden dieser Art versorgt hat. — Die ersten entnehme ich den umfangreichen Veröffentlichungen französischer Beobachter, vor allem des sorgfältigen und
scharfsinnigen Dr. E. Osty, eines ausgesprochenen Nicht-Spiritisten.

Mme Peyroutet, welcher Dr. Osty einen Brief eines ihr Unbekannten als
'psychometrischen' Anhalt vorgelegt hatte, den sie aber erst ganz zum Schluß
berührte, sagte über den Schreiber folgendes aus: 'Es handelt sich um einen
Herrn, ich glaube er ist sehr dunkelhaarig... oder richtiger: er hat zwei
Haarfarben, er graut jetzt an, er ist grau und braun ... Er hält sich gut,

1) Ich erinnere an A. J. Davis' Frühzeit: Podmore, Spir. I 158 f. Vgl. Kluge 192 ff.; Had-
dock 152 ff.; ATM II, 1 22; III, 3 6 f.; XI, 1 34.

dieser Mann, welch schöne Haltung! ... Er ist ein leidlich nervöses Wesen, lebhaft, launisch, aber gut, mit plötzlichen Stimmungswechseln. Nicht geizig, aber genau. Methodisch. Ein wenig gebieterisch. Zu Zeiten nicht bequem. Ein starker Wille. Nicht stolz. Das ist ein Mann, der sich selbst zu etwas gemacht, der seine Lage selbst geschaffen hat. Welch bewegtes Leben! Wieviel Reisen! ... Ganz jung hatte er eine verwitwete Mutter und bald danach andere Witwen in seiner nächsten Verwandtschaft. Er hat eine Geliebte gehabt, die eine große Rolle in seinem Leben gespielt hat. Wieviel Geld hat er für sie ausgegeben! ... Er hat spekulieren, Schulden machen müssen ... In seiner Jugend hat ihm gerichtliche Verfolgung und das Gefängnis gedroht ... Er hat fortgehen und sein Vaterland aufgeben müssen ... Er hat alle Phasen des Schmerzes durchgemacht ... Er hat niedere Arbeit tun müssen, um hochzukommen. Er hat gekämpft und nicht immer Glück gehabt ... Welche Widerwärtigkeiten, Überraschungen, Wechsel, Schicksalsschläge hat er erduldet! Der Tod einer Person in seiner nächsten Nähe, ein plötzlicher Tod durch Blutstockung. Man möchte ihn jetzt für verheiratet halten. Er hat vor nicht langem ein Kind verloren. Sein Beruf ist eine Art von Verwaltung, auch Reisen, Unternehmungen ... Er ist auch mit andren Herren in Geschäften verbunden ... Warten Sie, das ist weit von Paris, ich möchte nicht zu Fuß dahin müssen! Er wohnt in einer Stadt, ein wenig außerhalb ... Da ist wie ein Fluß, Wasser in der Umgebung ... Wie in einem Gartenhause, in einem alleinstehenden Hause ... Er besteigt häufig das Schiff. Ich glaube sogar, daß er ein eigenes kleines Schiff zum Reisen hat. Er betreibt auch die Ausnutzung von Bodenerzeugnissen. Warten Sie! Die Szene wechselt, ich sehe jetzt wenige Häuser, sie sind wie auf Pfeilern gebaut. Dieser Mann denkt an heiraten, als wollte er eine Geliebte ehelichen. Ein kleines Kind spielt da unten. Er denkt daran, nach Frankreich zurückzukehren. Ich glaube, er möchte in die Nähe von Paris ziehn und ein Haus kaufen. Während seiner Reise wird er krank sein, lebensgefährlich ...'[1]

Alle diese Angaben (abgesehen von der noch ausstehenden Voransage des letzten Satzes) erwiesen sich als richtig, als Osty sich bei einem Verwandten des Briefschreibers erkundigte; sie bezogen sich also auf Dinge, die keinem Anwesenden bekannt waren; und natürlich ist es diese 'Unwissentlichkeit' des Versuchs, was die Theorie in erster Linie zu bestimmen hat. — Die nächsten Beispiele belegen Äußerungen über einzelne dramatische Erlebnisse.

Otto Reimann, der Prager Metagraphologe, der seine Aussagen ebensogut an beliebige Gegenstände, wie an Briefe oder Schriftproben anknüpft, sagte von einem völlig in Watte eingehüllten Armband aus, daß es sich um etwas Furchtbares handle, schilderte etwas wie eine Gewalt, wie einen Schuß, ein Häuschen mitten im Walde und eine tote Person, die zusammengeknickt sei. — Das Armband gehörte [vor 80 Jahren!] einer Förstersfrau,

1) Osty 146 f. Vgl. Perty, Spir. 16 f.; Böhm 12 f. 16. 55 ff. 60.

bei der sich ein Dieb eingeschlichen und in einem Schranke eingesperrt hatte, den die Frau im Schrank erschoß, wo er zusammenfiel. — Von einem gewöhnlichen Pflasterstein erklärte Reimann, daß damit alte Leute erschlagen wurden, von denen man sagte: das sind solche, die arm aussehen, aber Geld haben. 'Es wurde damit vor 20 Jahren eine alte Frau, die einen kleinen Juwelierladen hatte, erschlagen.' — 'Von einem Ringe sagte Reimann aus, daß er einer Person gehöre, die umgekommen sei; es wäre in einer wasserreichen Gegend gewesen, vielleicht sei sie ins Wasser gegangen, aber unter merkwürdigen Umständen, wie wenn sie unter einem ungewöhnlichen hypnotischen Einfluß gestanden hätte. Tatsache ist, daß der Ring von einer Ertrunkenen stammt', die nach allgemeiner Annahme unter verbrecherisch-hypnotischem Einfluß Selbstmord begangen hatte.[1]

In diesen und andern ähnlichen Fällen wußte auch der Versuchsleiter, Prof. Fischer-Prag, von der Geschichte der betreffenden Gegenstände nichts; im Falle des Armbands wußte er nicht einmal, um was für einen Gegenstand es sich handle.

Die nachfolgenden Beispiele enthalten diesen Umstand der Unwissentlichkeit nicht. Im ersten steht die 'gelesene' Person sogar leibhaftig vor der Versuchsperson. Ich entnehme es den vorzüglichen Beobachtungen mehrerer französischer Forscher an dem hervorragenden Hellseher Pascal Forthuny.[2]

F. schrieb seit 1921 automatisch, im Jahre darauf entdeckte er im Inst. Mét. Intern. seine psychometrische Begabung, die er dann häufig vor größeren Hörerkreisen betätigte. Sein Wissen kommt ihm durch inneres Hören oder Sehen: er sieht farbige Bilder oder geschriebene Worte, auch Namen mit Leichtigkeit, was ja der Art vieler 'Medien' entspricht. Doch fühlt er sich keineswegs als Vermittler zwischen Lebenden und Verstorbenen, und jede Personation unterbleibt. — So sagte er z. B. am 18. Nov. 1925 zu einem Sitzungsteilnehmer: 'Sie sind ein Fremder. Ich sehe Sie in deutschsprechenden Ländern. Ich sehe Sie auch in den Zeitungen. (Der betreffende, Dr. S. Papp, war österreichischer Journalist.) Sie betreiben ein höheres Studium, Sie machen eine schriftstellerische Arbeit. Ich höre Lessing. (Richtig.) Ich höre Eckart. (Name eines Lehrers und Freundes.) Gingen Sie nicht nach Heidelberg? (Richtig.) Ich sehe Sie in dem niedrigen Raum einer Schenke. In Ihrer Nähe ein Mädchen, eine Russin... Vera? (Richtig, nur der Name etwas verstümmelt.) Sie kämpft, sie führt ein gefährliches Leben. Ich sehe sie mit einem Dolch bedroht. (Richtig; das letztere unbekannt.) Sie haben hohe Ideale, Sie wünschen Versöhnung der Völker. (Richtig.) ... Sie unterwerfen sich einer schweren Operation. Ich sehe Sie in einer Klinik; Ihr Leib trägt einen sonderbaren Verband. (Richtig; trug vier Monate lang eine Kanüle.) Sie haben eine Sendung zu erfüllen. Ich höre den Namen Cachin.'

---

1) ZP 1930 600 ff.   2) Pseud. für Cachet, einen namhaften Novellisten, daneben Maler und Komponist, geb. 1872.

374 *Argumente aus der Bekundung persönlicher Erinnerungen*

(Dr. P. hatte für den übernächsten Tag ein Interview mit dem Abgeordneten Cachin verabredet.)[1] Angaben über einen Verwandten des Versuchsleiters enthalten folgende Aussagen des deutschen Hellsehers Max Moecke in einer Sitzung mit Dr. med. Friedr. Wolf in Stuttgart. — Dr. Wolf bat ihn, die Gestalt seines väterlichen Großvaters zu sehen. Moecke sagte: 'Sofort.' 'Ein kleiner Mann, mit grauem Backenbart... Pflanzenliebhaber,... hat Herbarien, die er in einem großen Schrank aufbewahrt... Viel mit Pferden zu tun... Es kommen sehr viele Leute zu ihm... (plötzlich stockend, Dr. Wolf ansehend) Er liegt über dem Bette... die Hand hängt heraus... Blut fließt aus seinem Mund... (erregt) Das Gesicht ist ganz mit Blut beschmiert... Ich sehe noch eine kleine Frau, auch die liegt angezogen im Bett... Ist sie denn tot?' — Diese Aussagen waren ausnahmelos zutreffend.[2]

Ein andres Beispiel aus den Veröffentlichungen über Moecke mag das Abgleiten der Aussagen auf Verwandte der zunächst ins Auge gefaßten Persönlichkeit veranschaulichen, also einen Vorgang, der im Transdrama der Medien sehr oft eine Rolle spielt. Die soz. durchweg richtigen Aussagen erfolgten im Anschluß an die von Dr. Kurt Dieterich in Ludwigsburg vorgelegte Schriftprobe eines abwesenden Lebenden, die aber offenbar weit weniger als graphologische Unterlage, denn als psychometrischer Gegenstand diente.

'Ich höre,' sagte Moecke u. a., 'daß er (der Schreiber) etwas hüstelt oder mit Blättern etwas macht... Im Sprechen zeigt er Modulation, einen dunklen warmen Ton, formt auch gern mit den Händen das Gespräch... Der Mann hat eine Tochter,... ein äußerst sympathisches Menschenkind. Ein sehr klarer Kopf,... mit den meisten Männern kommt sie nicht gut aus. — Der Mann trägt stark gestärkte Manschetten mit dicken Goldknöpfen und dunkelblaue Kammgarnanzüge, hat aber dabei immer etwas Helles, auch wenn es nicht ganz zum Anzug paßt, und sei es bloß die Krawatte... Er hat übrigens auch einen kleinen Sohn, jünger als die Tochter. Die beiden Kinder sind so verschieden, daß man denken könnte, sie wären von verschiedenen Frauen. Die Frau stellt sich auch ganz verschieden zu den beiden ein... Die Tochter hat ein untrügliches Einschätzungsvermögen gegenüber Fremden; sie zieht sich augenblicklich zurück und diagnostiziert dann sofort... Das 14. Lebensjahr war im Charakter ihr glücklichstes... Sie war als Kind schon viel reifer als andere. Heut ist sie übrigens eine junge Dame. Zum Vater spricht sie gewöhnlich so, daß sie die Hand auf seine rechte Schulter legt,... so als ob sie ihn etwas bemuttern müßte... Sie wirkt äußerlich jünger, als sie ist — gegen 20 —, hat eine schöne Haut und auffallend hübsche Hände... Sie muß an der Hand einen dunkelblauen Stein tragen, den sie sehr liebt. Sie liebt überhaupt Steine,... bloß diesen einen trägt sie eigentlich... Der Stein scheint schon älter als die Fassung...

1) Nach R. Sudre in JAmSPR Feb. 1926 u. ZP 1926 488 ff., bes. 493. Versuche der SPR. s. Pr XXXIX 347 ff.   2) ZP 1930 237.

Der Vater ... äußert verschiedentlich wörtlich, er erkenne nur eine Autorität an: Gott. Wenn es sich um Ethisches handelt, wird er geradezu grob und rücksichtslos, kann auch ironisch und direkt bissig sein.'[1] Genug der Beispiele, so endlos sie sich vermehren ließen: das Bild ist immer in großen Zügen das gleiche. Es bestätigt noch einmal das Verzeichnis möglichen Wissenserwerbs, das ich bei der ersten Erwähnung der Psychometrie entwarf: das ganze körperliche und seelische Bild des 'gelesenen' Subjekts in gesunden und kranken Tagen, sein Lebenslauf und seine dingliche Umgebung, seine Verwandt- und Bekanntschaft in eben den gleichen Beziehungen[2] — dies alles liegt der Möglichkeit nach vor dem Hellseher offen da, sobald irgend etwas ihm den 'Zugang' zu diesen zusammenhängenden Massen eröffnet hat: sei es ein Gegenstand, der ihm eingehändigt oder vorgelegt wird, sei es die Anwesenheit einer Person aus jenem Zusammenhang, die der Hellseher ja oft genug auch wie den Gegenstand anfaßt,[3] sei es — vielleicht — nur der Wunsch oder Auftrag, etwas davon in Erfahrung zu bringen. Das wirklich Erfahrene mag ein winziger Bruchteil des über jenen Zusammenhang Erfahrbaren sein; gleichwohl ist niemals abzusehen, weshalb nicht unter Umständen auch das Nicht-Erfahrene und Nicht-Geäußerte geschaut werden sollte. Womit wieder der Begriff der potentiellen Allwissenheit des Hellsehers unmittelbar nahegelegt ist; der gleiche Grenzbegriff, auf den uns ja schon einmal die entsprechende Erörterung der medialen Erlangung von Bildern Verstorbener geführt hat.[4]

Was nun aber an allen diesen hellseherischen Aussagen auffällt, ist eben ihre völlige 'Unpersönlichkeit'. Die Erkenntnisse kommen der Versuchsperson soz. aus blauem Himmel. Kein irgendwie bestimmter Jemand reicht sie ihr dar, und auch der Hellseher selbst unternimmt nicht im mindesten irgendwelche Personation, in deren Namen er seine Schauungen von sich gäbe, auch wo er sich in einen Fremden 'einfühlt': er bleibt er selber, einsam einer un- und außerpersönlichen Wissensquelle gegenüberstehend.

Es ist nun eine Tatsache von äußerster Wichtigkeit, daß auch viele Medien des ausgesprochen spiritoiden Typs der Äußerungen sehr häufig daneben Leistungen zeigen, die wenigstens, was die anscheinende Wissensquelle und die Art der Wissensgewinnung anlangt, genau so unpersönlich verlaufen, wie die des nicht-spiritoiden Hellsehers; mag auch dabei die gewohnte Transpersönlichkeit des Mediums, der unidentifizierte 'Führer', als Empfänger und Äußerer des

1) ZP 1930 498 f. Vgl. 1931 57 ff.; Böhm 20 ff.; Bates 290 f. 2) Vgl. o. S. 33. — Rein Gegenständliches (Chemikalien): Sünner 61 ff. 3) Vgl. Lodge in Pr VI 451; vgl. XVII 234. 4) o. S. 40 ff. Panästhesie v. Wasielewskis, Metamnesie Oesterreichs; vgl. Blacher 23; Myers in Pr VI 337.

übernormalen Wissens auftreten. Bei solchen Leistungen fällt also gerade das fort, was das Auszeichnende des 'spiritistischen' Mediums ist: das anscheinende Mitspielen eines Verstorbenen, und es drängt sich das Urteil auf: hier verhalte sich das Medium — mindestens zeitweilig — nur 'hellseherisch', und wenn es in spiritistischen Formen arbeite, so füge es zur Äußerung des übernormal Erkannten eine 'Personation' hinzu, die es doch nur selbst aus diesem Erkannten aufbaue.

Mrs. Garrett z. B., das bekannte Londoner Medium, lieferte dem abwesenden Mr. John F. Thomas durch Vermittlung seiner Sekretärin folgende typisch hellsichtig-einfühlungsmäßige Schilderung seiner Gattin: 'Sie war eine Frau von beträchtlicher Umsicht und Nettigkeit und scheint die Dinge sehr praktisch angesehen zu haben. Sie war nicht sehr groß und sehr sauber in der Kleidung. Sie hatte etwas Beherrschendes, aber es war mehr eine ruhige Entschlossenheit des Auftretens; sie brachte es nur eben ausnahmelos fertig, ihren Willen in allem durchzusetzen. Sie war sehr, sehr intuitiv. Ich glaube, sie liebte das Schöne und hätte in jeder andren Lebensstellung sehr künstlerisch leben können; aber diese Neigung hatte vor den mehr irdischen Dingen ihres Lebens zurückzutreten; doch liebte sie stets alles Lichte und Heitere...' Es folgt dann eine glänzend gelungene Schilderung des Äußeren der so Charakterisierten.[1]

Auch aus den Aussagen der noch namhafteren Mrs. Soule (bzw. ihrer Kontrolle 'Sunbeam') könnte man ganze Seiten abschreiben, die völlig den Eindruck solcher unpersönlichen Hellsehleistungen machen, oder doch: in denen die Beimischung personhafter Bestandteile — das 'er sagt', 'er will sagen', u. dgl. — so nebensächlich ist, daß sie fast nur eine 'Redensart' zu bedeuten scheint.

Gleich die erste Sitzung z. B., die Mrs. Allison mit diesem Medium hatte, beginnt etwas summarisch: 'Hallo, hallo! Ich will zu Ihnen von den Leuten reden, von denen Sie zu hören wünschen; aber zuerst will ich von Ihnen selber sprechen... [Nach einigen wenig beweisenden Allgemeinheiten:] Nun, was die Leute betrifft, von denen Sie zu hören wünschen. Da sind drei Männer und zwei Frauen. Die Männer sehen aus wie ein kleiner Junge, Ihr Vater und Ihr 'Freund'. Zwei Frauen, sehen wie eine Mutter und die andere wie eine Großmutter aus.' Dann 'will der Freund etwas sagen', und es folgen zunächst Angaben, die in jeder hellseherischen Beschreibung stehen könnten. —

In der zweiten Sitzung heißt es in der Beschreibung des Wichtigsten jener drei u. a.: 'Sehr heller, dünner Anzug, scheint hellgrau zu sein (richtig). Ich sehe ihn wie jemand, der umhergeht. Er machte sich wenig aus Sport ... und spielte doch eine gute Partie, was es auch sein mochte. Click, wie Golf (in Wahrheit Billard). Guter Schütze. Das war in den alten Tagen, mit einem Ball (als Knabe ein leidenschaftlicher Baseball-Spieler). Da ist ein

---

1) Thomas, J. F., Stud. 15.

Mädchen in der Familie (richtig), ein einziges. (Folgen vier richtige sehr persönliche Angaben über sie.) Viele Männer gebrauchten Ausflüchte. Er konnte es nicht. Er war so von Geburt (sehr richtig). Ein Zahn quälte ihn ganz hinten im Munde (richtig). Liebte sehr feines Porzellan. Hebt es liebevoll auf — bewegt es in der Hand — gebraucht es, sieht es nicht bloß an' (sehr richtig), usw.[1]

Aber auch Mrs. Piper, das Parade-Medium des Spiritismus, welches Zweifler vom Range Dr. Hodgsons, Prof. Hyslops und manche andere ganz, Prof. James beinahe ganz zum Glauben an persönliches Fortleben bekehrte, — auch Mrs. Piper zeigt uns eine Überfülle von Äußerungen dieser unpersönlich-hellseherischen Art. Auch hier sehr oft das reihenweise Aufzählen, Benennen und allenfalls kurze Schildern der ganzen Verwandtschaft eines neuen Sitzers — der Lebenden und Toten durcheinander[2] —, wo doch niemand annehmen möchte, daß die gesamte Sippschaft immer gleich in Reih und Glied zugegen ist — die Lebenden eingeschlossen! —, um rasch ihre wichtigsten Personalien mitzuteilen.

Am 16. Okt. 1891 händigte die anonym eingeführte Miss A. dem Medium ein Medaillon ein, dessen Besitzer sie selbst nicht kannte, worauf Phinuit sagte: 'Hiermit ist eine Dame verknüpft. Sie hat den Leib verlassen. Eine junge Dame sogar. Sie spricht Französisch. Ihr Name ist Alice. Jemand ist hier namens William. Er bringt mich zum Husten... Verließ den Leib infolge — wie nennen Sie das? — Lungenkrankheit, Schwindsucht ... Eine Dame kommt mit ihm ... Ich fühle den Einfluß eines netten Herrn — er schreibt viel — ein guter Kopf... Aber er ist sehr überspannt... Er ist der Besitzer des Medaillons ... Ha, ich hab's! Dies bringt den Einfluß der Mutter und des Vaters... Dies führt mich einen weiten Weg fort, — übers Wasser. Schwierigkeit mit der Kehle. Wird sich aber bessern ... Früh gereift — ein guter Verstand ... Und das Herz auch angegriffen ... Er ist jetzt im Geiste. Er hat einen guten Freund — Cory — Car — Carrie —. Carey. Eine Tochter von ihm lebt... Da ist ein Geist, den ich fühle, namens Marie — Mary — eine Tante der Dame, die das Medaillon besaß, ... eine Dame im Leibe, die es hatte ... Mary starb an etwas Innerem — Magen nicht in Ordnung... Ich fühle El — Ellen — Ellinor, eine Kusine — und eine Julia. Ich sehe ein großes Gebäude — einen Herrn — der Herr mit dem guten Verstand. Edward, sein Sohn, studiert in einem großen Ort... Ich fühle sehr stark einen Doktor. Der Herr, der dies besitzt, ist körperlich gesund, und hübsch ... Er hat helles Haar und Gesicht; ist ein netter Mann; großer Kopf, schreibt viel. Ich sehe ihn in einem Büro — er diktiert Andern ... Henry — kennen Sie Henry? Er wird Ihnen sagen, wer Henry ist — fragen Sie ihn. Ich fühle Henrys Einfluß stark... Er hat eine Frau, eine nette Dame. Ich erhalte Ag — Aug — August... Das Medaillon ist durch vier Hände gegangen. Ein Kind hatte es zuerst... Der jetzige Be-

---

1) Allison 12 f. 20 f.   2) z. B. Pr VI 465 ff. 581 f.

378   *Argumente aus der Bekundung persönlicher Erinnerungen*

sitzer heißt G—e, J—e, Jose—Josey—G—E ... George ... Jo—Josey—Joseph ... usw. usw.'¹
Fast alle diese Aussagen, angeknüpft an einen Gegenstand, der Miss A. ebenso unbekannt war, wie sein Besitzer, erwiesen sich, soweit sie nachgeprüft wurden, als richtig. Die Vornamen des Besitzers waren Joseph George. 'Phinuit' 'psychometrisierte' dann noch einen der Sitzerin gleichfalls fremden Ring und eine Uhr mit etwa dem gleichen Erfolge. Die Sitzung überzeugte sowohl Miss A. als auch Dr. Hodgson² von 'Phinuits' Fähigkeit, auch ohne telepathischen Verkehr mit dem Sitzer übernormale Erkenntnisse im Zusammenhang mit Gegenständen zu erlangen. Und Miss A. selbst betont, daß 'Phinuit' mit keinem Wort beanspruchte, sein Wissen von 'Geistern' zu empfangen, — allerdings auch nicht danach gefragt worden war.

Zwei Einzelheiten in solchen Äußerungen erscheinen mir hier der Hervorhebung wert. Zunächst, daß das Subjekt beständig von 'Einflüssen' redet, die ihm aus dem Gegenstande zukommen. Mitunter bezeichnet es auch diesen selbst als den 'Einfluß'; oder aber das Kennzeichnende und Bestimmende in dem gewonnenen Bilde einer Fremdpersönlichkeit.

'Sein Einfluß — *influence* — ist sehr gebieterisch', sagt das Medium Wilkinson zu J. A. Hill von einem gewissen Charlton. 'Ein in mancher' Hinsicht fast hochmütiger Mann ...' Und nachdem Wilkinson dann noch von anderem gesprochen, meint er: 'Der Einfluß jenes Charlton will gar nicht von mir ablassen', oder: 'Ich kann ihn gar nicht loswerden, ... Er ist ein neuer Einfluß; hier noch nicht kundgegeben. Sehr sprunghaft.'³

Ähnlich sagt Mrs. Annie Brittain einmal zu Mrs. Allison: 'Eine Menge orientalischer Einflüsse. Ich weiß nicht, ob dieser Mann [Mrs. Allisons Gatte] sich für den Orient interessierte. Ich schnappe orientalische Dinge auf.'⁴

Wiederum Mrs. Piper (am 6. Nov. 1891) zu Miss C. Hartshorn: 'Ich erhielt Ihrer Mutter Einfluß sehr kräftig. Mag sie nicht so sehr, wie ich Sie mag.'⁵ — Von einem Ringe, den die oben erwähnte Miss A. ihr einhändigte, sagt Phinuit: 'Der Einfluß hiervon gefällt mir nicht. Er macht, daß ich mich schlecht fühle — *mauvais* — schlecht.' Und von der Uhr, dem dritten der eingehändigten Gegenstände: 'Dies ist ein besserer Einfluß.' — 'Ha, fährt das Medium fort, dies führt mich weit weg. Ich kann die Umgebung der Uhr sehen. Sie hatte eine sonderbar aussehende Kette ... Es ist der Einfluß eines Herrn.' Und die Aussagen über den Ring ergänzt sie dann durch die Worte: 'Schlechter Einfluß ... Jemand, der damit zusammenhängt, verließ den Leib mit Krebs ... Jemand, der damit verknüpft ist, ist im Kopfe nicht richtig — verrückt — eine Dame. Sie kam von Sinnen in jugendlichem Alter.'⁶ — Alles erstaunlich richtig und der Überbringerin des Ringes völlig unbekannt.

1) VIII 161 ff.   2) VIII 25 f.   3) Hill, Invest. 41.   4) Allison 44.   5) Pr
XIII 443.   6) VIII 163.

Die letzten Aussagen zeigen uns auch die zweite zu erwähnende Einzelheit: Ist erst der beherrschende 'Einfluß' wirksam geworden, so machen sich nach allen Richtungen hin seine 'Zusammenhänge' und 'Verknüpfungen' geltend. Mancher 'Einfluß' erscheint an sich schon 'gemischt',[1] auf mehrere hinweisend, und so führt dann eins zum anderen; längs geheimen Fäden der Einsicht tastet sich das Medium fort, und diese Fäden entsprechen den Verbindungen, die einst die Wirklichkeit des Weltlaufs und des Lebens knüpfte.

Phinuits 'Witterung' — wie Lodge es bezeichnet — läßt ihn z. B. zu jedem Gegenstand den Besitzer finden. 'Er zog meiner Schwester Uhr aus ihrer Tasche und sagte, sie habe ihrer Mutter gehört; doch sonderte er die Kette ab und sagte, die gehöre nicht dazu, was ganz richtig war. Selbst kleine Taschensachen, wie z. B. Fruchtmesser und Korkenzieher, schrieb er ihren früheren Besitzern zu; und einmal griff er ganz plötzlich nach der Armlehne des Stuhles, in welchem Mrs. Piper saß und der nie ihr gegenüber erwähnt worden war, und sagte, daß er meiner Tante Anne gehört hätte, was ganz richtig war ... Übrigens schien Phinuit nicht zu erfassen, daß es ein Stuhl war: er fragte, was es sei, und sagte, er hielte es für den Teil einer Orgel.'[2]

Einmal hatte Phinuit Mrs. Verrall gegenüber 'zwei Henrys' aufs Tapet gebracht und mußte nun Verwirrung vermeiden. 'Einer gehört zu dem lahmen Großvater, [er ist] sein Sohn; der andere zur Mutter; nicht ihr Sohn oder Bruder, — Vater vielleicht, oder Großvater ... Der andere Henry — da ist ein altmodisches Bild [von ihm] mit umgeschlagenem Kragen, auch das Haar nach alter Art zurechtgemacht, usw.'[3]

'Sie entsinnen sich', sagt Wilkinson zu J. A. Hill, 'daß ich von Thomas Waldron sprach, und da ist irgendeine Frau mit diesem Manne verknüpft: sie ist im Leibe, etwa 70 Jahr alt. Vielleicht hören Sie bald von ihr. Gewisse Umstände, die mit diesem Manne verkettet sind.'[4]

Auch Mrs. Allisons Sitzungsberichte über ein halbes Dutzend Medien wimmeln, gleich so vielen anderen, von Andeutungen dieser Art. 'Kennen Sie Walter? Liegt weit zurück, mit Ihrer Kindheit zusammenhängend ... Ich komme etwas näher einem, den Sie um sich haben, der beim Fliegen ums Leben kam. Ziemlich groß — sehr hübsch gebaut — es schien, daß er den Seinen alles war ... Er hing mit der See zusammen.' Und etwas später von einer Dame: 'Sie starb in Zusammenhang mit einem Kinde.'[5]

Vout Peters, nachdem er ein Bild des Vaters seiner Sitzerin entworfen, fährt sehr bezeichnenderweise fort: 'Berührt sich mit einer Dame[6] — etwa von Ihrem Wuchs, usw.' Und bald darauf: 'William kommt in Verbindung mit ihrem Manne.' (William war der Name von dessen Vater.) Gleich danach eine Frage, die uns zeigt, wie vielseitig und beherrschend dieses seltsame 'connecting' ist: 'Haben Sie einen Freund, der bei einem Unglücksfall

---

1) VIII 102.   2) Lodge, Survival 183.   3) Pr VI 588.   4) Hill, Invest. 34.
5) Allison 41. 45.   6) a contact with a lady.

umkam, mit Land und Stadt zusammenhängend,[1] lebt in beiden?' — Ähnlich spricht auch Mrs. Leonard von einer 'Verkettung' der Dinge untereinander, wodurch das eine auf das andere hinführe; und Vout Peters gebraucht einmal den wunderbar aufschlußreichen Ausdruck, nachdem er nach 'mexikanischen Interessen' des Dr. Allison gefragt hat: 'Ich fühle, daß ich hier einen Seitenweg berühre — *feel I am tapping a side line!* —, ich will das fallen lassen.'[2]

Diese Redensarten von 'Einflüssen', die eine Spur erschließen, und von 'Verknüpfungen' und 'Zusammenhängen', die auf dieser Spur dann weiterleiten, sind in der Tat für die Aussagen der großen hellsichtigen Medien viel bezeichnender, als die wenigen Beispiele erkennen lassen; die Belege ließen sich verhundertfachen. Der grundlegende Tatbestand, den sie andeuten, läßt sich etwa so ausdrücken: Alles, was war, ist — und sein wird (also auch die Welt der Gegenstände!), alles, was geschehen ist, geschieht und geschehen wird, steht miteinander nicht nur unter dem Gesichtspunkt der 'Wirklichkeit', sondern auch unter dem des Erfahrens und Wissens, in unendlich verzweigten Zusammenhängen. Wo immer auch sich der übernormal Befähigte in einen dieser Zusammenhänge 'einschaltet', gewinnt er sofort auf rätselhafte Weise Zutritt zu einem im Grunde unabsehbaren Ganzen des möglichen Wissens. Jeder Gegenstand aber auch ist durch seine 'Geschichte' ein Bestandteil vieler solcher Zusammenhänge, die in ihm sich soz. kreuzen, und auch durch ihn kann demnach der Hellseher in alle zugehörigen Zusammenhänge eindringen und auf ihren 'Spuren' an eine unbegrenzte Zahl von Tatsachen des Seins, Geschehens und Wissens herankommen. — Dies ist sehr allgemein und formelhaft ausgedrückt; aber als Zusammenfassung von Äußerungen der Medien über ihre Art der Erlangung sachlichen Wissens stimmt es recht wohl mit jenen Begriffen überein, zu denen uns der frühere Versuch einer Theorie im Anschluß an die Tatsachen der Bildbeschaffung führte.[3]

Ich glaube nun aber ferner, daß die allgemeinsten Formen jener Begriffe eine Neigung betätigen müssen, die Grenzen zwischen den Einzelgattungen übernormalen Wissenserwerbes mehr und mehr zu verwischen. Telepathie von seiten anwesender und ferner Lebender, Gedankenlesen in diesen wie in jenen, oder Einfühlung in sie, Schauen von normal-unwahrnehmbarem Gegenständlichem — alle diese Begriffe mögen Tatbestände bezeichnen, deren Aussonderung sich wissenschaftlich verlohnt. Gleichwohl führt uns die Beobachtung immerzu auf Leistungen, deren Einordnung fraglich erscheint, die gewissermaßen an einem Punkte flüssigen Übergehens des einen Tatbestands in den anderen liegen; und alle drohen schließlich

1) connected in country and town.   2) aaO. 54 f. 63.   3) Vgl. o. S. 40 ff.

sich aufzulösen in dem Begriff einer Instanz, in welcher a l l e s S e i n und W i s s e n zur Einheit zusammengefaßt ist, in welcher vielleicht Sein und Gewußtwerden gleichbedeutend sind, und durch welche ein Zugang des Erfahrens sich eröffnet zu j e d e r 'Einzelheit' des subjektiven und objektiven Kosmos.

Dieser Begriff eines Weltzusammenhangs alles Seins-und-Wissens kann offenbar aber auch auf jeden spiritistischen Beweis aus Kundgebungsinhalten in seltsamer Weise a u f l ö s e n d wirken und das Unterfangen des Spiritisten in unvermutete Formwandlungen abdrängen. Denn zunächst: ein solches allumfassendes Wissen und Gedächtnis — das eines 'Erdgeistes', eines 'Allgeistes', 'Gottes', oder wie sonst man es fassen mag — gäbe eine nie versagende Quelle her, aus der das Medium jeden benötigten Stoff zu seinen spiritoiden Personationen schöpfen könnte. Dem Philosophen bliebe dabei die Frage überlassen, ob diese 'Panmneme' als 'rein psychischer' Bestand zu denken wäre, oder — nach 'parallelistischer' Denkart — als zugleich objektiv-subjektiver, materiell-seelischer. William James hat, im ausdrücklichen Anschluß an Fechners bekannte Spekulationen,[1] die letzten Aussichten einer solchen Theorie medialen Wissens geistreich ausgeführt.

Alles, was erinnert werden soll, muß Spuren in der materiellen Welt hinterlassen haben. Tritt dann der ganze Zusammenhang dieser Spuren gleichzeitig in Tätigkeit, so taucht auch die Erinnerung des Geschehnisses wieder auf. 'Während unsres Lebens sind diese Spuren hauptsächlich in unsrem Gehirn; aber nach unsrem Tode, wenn das Gehirn vergangen ist, bestehen sie in Gestalt sämtlicher Spuren[2] unsrer Handlungen, welche die äußere Welt als unmittelbare oder mittelbare Wirkungen derselben aufbewahrt... Genau nun, ... wie der Äther gleichzeitig viele Botschaften aufeinander abgestimmter Stationen vermitteln kann, so können in dem großen Zusammenhang der materiellen Natur gewisse Spuren oder 'Bahnen'[3] in erhöhte Erregung geraten, so oft dies in einem Teil oder in Teilen einer Spur geschieht, welche die Möglichkeit solcher systematischen Miterregung in sich trägt. Die Leiber (und Hirne!) der Freunde [eines Verstorbenen],[4] die als Sitzer auftreten, sind natürlich auch Teile der materiellen Welt, die gewisse Spuren der Handlungen des Verstorbenen beherbergen. Sie wirken wie Empfängerstationen ... [und zugleich als psychometrische Gegenstände]. Wenn nun d a s ü b r i g e S y s t e m p h y s i s c h e r S p u r e n, welche die Taten des Verstorbenen hinterlassen haben, durch eine Art von Induktion in ihrer ganzen Ausdehnung eingeschaltet und gleichzeitig in Erregung versetzt würden durch die Anwesenheit solcher menschlicher Leiber in der Nähe des Mediums, so würde sich im Kosmos ein aktives 'System' des betreff. Verstor-

1) Zend-Avesta § XXI ff.   2) records.   3) tracts.   4) James bezieht sich durchweg im besonderen auf „Hodgson".

benen ergeben, und die Bewußtseinsseite dieses erregten Systems könnte der wiederbelebte Geist des Betreffenden sein, der auch vorübergehend Erinnerung und Willen [?] zeigen könnte ... Der Sitzer, mit seinem Wunsche, Aussagen zu erhalten, bildet dabei soz. eine Drainage-Öffnung oder einen Abzugskanal;[1] das Medium, mit seinem Willen zur Personation, liefert den nächstliegenden Stoff für das Abfließen; während dem Geiste, der sich mitzuteilen wünscht, der Weg gewiesen wird durch die entstandene 'Strömung', worauf er diese durch seine eigenen Beiträge anschwellen läßt.'[2]

Die letzten Worte werden vielleicht den Leser überrascht haben. Er glaubte eine Anschauung vorgetragen zu hören, die allem Spiritismus ein Ende machen sollte, und begegnet nun doch wieder dem Aufmarsch von 'Geistern' mit einem 'Willen-zur-Mitteilung'. Vielleicht ist James, dessen Hinneigung zum Spiritismus sich ja mehrfach verraten hat, hier wirklich weiter gegangen, als nötig war. Vielleicht auch hat ihn die Erinnerung an die spiritistische Nutzanwendung, die Fechner selbst aus dem Begriff des 'Tatenleibes' gewann,[3] über das gebotene Ziel hinausgeführt. Wie dem auch sei: ich möchte die Theorie der Panmneme zunächst durchaus 'spiritismus-rein' verstanden wissen. Sie ist nicht umsonst seit langem die letzte Zuflucht aller gewesen, denen die wissenschaftliche Abneigung gegen jede Art persönlichen Fortlebens gleichsam im Blute liegt. Immerhin bleibt die Tatsache bestehen, daß selbst diese letzten Maßnahmen zur Auflösung der spiritistischen Lehre eine seltsame Neigung verraten, sie in unvermuteten Formwandlungen (wie ich es oben nannte) halbwegs wiedererstehen zu lassen.

René Sudre, der von sich bekannte, daß er 'der spiritistischen Hypothese sehr fern stehe', sieht sich trotzdem schließlich zu Ansichten gedrängt, nach denen die den Toten überlebenden 'Erinnerungen', aus denen das Medium sein Wissen schöpft, doch 'offenbar kein im psychologischen Sinne Totes sind, keine Anhäufung von Klischees außerhalb des Raumes, wenn auch ebensowenig lebende Persönlichkeiten. Das Leben, das man jenen Erinnerungen zuschreiben darf, ist ein unbewußtes,[4] ein somnambules Leben, wo nur der Automatismus des Gedächtnisses herrscht.' Allerdings: in der Zugestehung derart überlebender Erinnerungen, von 'Duplikaten der irdischen Existenz, aber ohne die Möglichkeit [selbständiger] Aktivität', erblickt Sudre die 'Zerstörung von Myers' Grundhypothese', d.h. des Satzes vom persönlichen Überleben. Es handle sich eben hier um ein 'reines Gedächtnis' — *la survivance de la mémoire pure* —, ein lebloses Behältnis — *un simple réservoir inerte* —, die nur durch ein lebendes Subjekt zu einer Scheinpersönlichkeit aktiviert werden können.[5]

1) sink. — Dreher (ZP 1927 183) spricht von „Saugkraft" des Mediums.   2) Pr XXIV 119 f. Vgl, Hill. New Evid. 86 f. und — gegnerisch — Hyslop, Life 121 f. Schillernd-schwankend: Osty 319. 325 f.   3) S. bes. Büchlein, 11 ff. (Kap. 2).   4) une vie inconsciente.   5) Sudre 374. 394. 413.

Andere haben diesen Gedanken noch um einige Grade gleichsam vermenschlicht, indem sie die Grundlagen der scheinbar überlebenden Persönlichkeit ausschließlich oder vorzugsweise in die Erinnerungen-an-sie in den Seelen Lebender verlegten. Dr. Edgar Dreher z. B., einer der scharfsinnigsten unter den deutschen Animisten, hält es für denkbar, daß 'die Personal-Teilkomplexe in ihren verschiedenen 'Wirten'[1] etwa als Schwingungskreise psychischer Energie' aufzufassen seien, 'die miteinander in Resonanz stehen, so daß das Medium, das sich gewissermaßen auf die gleiche Wellenlänge schaltet, in der Tat aus einem Totalkomplexe schöpfen könnte, der in seiner Totalität in keinem Einzelindividuum vorhanden ist.'[2]

Zu ähnlichen Formeln, wennschon in einiger Erweiterung, gelangt gelegentlich auch Lambert, — allerdings ohne sonstige animistische und auch spiritistische Deutungen ausschließen zu wollen.

'Man hat nur anzunehmen, daß jeder unserer näheren Bekannten in uns eine Fülle von Erinnerungen zurückläßt, die in unserem Unterbewußtsein einen festen Vorstellungskomplex bilden, der nur etwas aktiviert zu werden braucht, um von einem Medium als mehr oder weniger geschlossenes Ganzes aufgefangen werden zu können. Stehen dann noch diese unbewußten Erinnerungskomplexe in den verschiedenen Bekannten des Toten in telepathischer Wechselwirkung, so ist in der Tat nicht abzusehen, wie diese antispiritistische Hypothese je sollte logisch widerlegt werden können.' Allerdings empfindet auch Lambert sowohl in dieser, wie in der kosmisch erweiterten Theorie des Animisten vom einheitlichen Fortbestehen aller seelischen Inhalte eines Verstorbnen in Gott — die schwer abzuweisende Verlockung, solche Einheiten doch als 'eine gewisse Persönlichkeit' aufzufassen; worin sich dann eben die Neigung der spiritistischen Lehre verrate, 'immer wieder irgendwie aufzutauchen'.[3]

Die selbstverständliche Ergänzung jeder solchen 'unpersönlichen Unsterblichkeitslehre' liegt, wie schon James bemerkte, in der Behauptung, daß der personhafte Bestandteil der spiritoiden Kundgebung ein Werk des Mediums sei. Dieses erschafft aus dem übernormal erschlossenen Stoffe die Personation und bringt wohl auch großenteils den anscheinenden Willen-zur-Kundgebung auf. Dieser Aufgabe aber kommt fast stets eine gewisse Neigung des Mediums zu seelischen Spaltvorgängen entgegen. Ganz klar umreißt R. Sudre diese Auffassung in dem Satze, daß von den Komponenten solcher medialen Leistung eine jede auch für sich beliebig häufig vorkomme, daß aber gerade ihr Zusammentreffen das spiritoide Transdrama schaffe. Es gibt Personen, die nur Persönlichkeitswandlungen ohne Hellsichtigkeit aufweisen, und es gibt andere, die auch bei größter Hell-

1) d. h. denen, die den Toten erinnern.   2) ZP 1926 179.   3) ZP 1927 198.

sichtigkeit ihre normale Persönlichkeit bewahren, für deren Kundgebungen also eine spiritistische Deutung gar nicht in Frage kommt. Der scheinbar spiritistische Vorgang steht so in der Mitte zwischen zwei sicherlich nicht-spiritistischen Grenzfällen, deren Verschmelzung er darstellt.

Daß mit dieser psychopathologischen Ableitung der scheinbaren Fremdbesessenheit des Mediums, vor allem aber der 'kryptästhetischen' Ableitung seiner 'potentiellen Allwissenheit' die spiritoide Wissenskundgebung restlos erklärt sei, ist die feste Überzeugung jedes Animisten.'

'Jeder zwingende Beweis für den Spiritismus ist ausgeschlossen', sagt Oesterreich, 'denn durch welche Mitteilungen auch immer ein Geist sich legitimieren mag, sie müssen zwecks Beglaubigung ihres Legitimationswertes selbst zunächst verifiziert werden. Das ist aber nur möglich, wenn lebende Menschen sie durch ihr Zeugnis erhärten oder ihre Richtigkeit sich durch Urkunden irgendwelcher Art beweisen läßt. Dann aber ist es prinzipiell möglich, die Kenntnisse des Mediums auf Telepathie oder Hellsehen zurückzuführen.' 'Ebenso kann keine noch so große psychische Konstitutionsähnlichkeit zwischen dem automatischen Geisteserzeugnis [also auch einer Personation im Trans!] und irgendeinem anderen lebenden oder toten Individuum einen Beweis für die Identität des erzeugenden Geistes mit eben jenem andern liefern. [Denn] wir kennen keine Grenzen der Einfühlung in eine fremde Person und der eigenen Umbildungsfähigkeit ...' [1] Selbst wenn das Medium einen längst Verstorbenen und allen Unbekannten zur Darstellung bringt, ist die Möglichkeit gegeben, daß der 'Kontrollgeist [des Mediums] an sich zwar eine Phantasieschöpfung des Mediums sei, aber durch seine Fähigkeit zeitlicher Rückschau die Eigenschaften einer konkreten Persönlichkeit der Vergangenheit angenommen habe.' Auch Dr. Dreher zieht aus solchen äußersten Möglichkeiten den Schluß: 'der Spiritismus lasse sich schlechterdings nicht mit zwingenden Gründen beweisen.' [2]

e. Übergang zu spiritistischen Argumenten

Die Deutungsmittel des Animisten für die Tatsachen der spiritoiden Wissenskundgebung sind jetzt in ihrer aussichtsreichsten Form ausführlich und — wie ich behaupten darf — unparteiisch dargelegt worden. Es wird nunmehr unsre Aufgabe sein, ihre wahre Tragweite zu prüfen an der Hand sowohl der schon vorgetragenen als auch neu beizubringender Tatsachen. Wir werden dabei unausbleiblich auf Gedankengänge geraten, die schon die Theorie der Bildbeschaffung bei 'Erscheinungen' uns an den entsprechenden logischen Stellen aufdrängte. Doch halte ich solche Wiederholung nicht für ein darstellerisches Übel, an-

1) Oesterreich, Okk. 61. 146 f. Vgl. Tischner, Gesch. 182; Illig in ZP 1926 146.   2) ZP 1926 183.

gesichts der Wichtigkeit, die der bevorstehenden Wendung in unsrem Aufbau von Beweisen zukommt.

Ich will ganz absehn von der Frage, ob die dargestellten Hypothesen des Animisten an sich berechtigt seien. Schon der Annahme eines 'Schöpfens' aus jedem beliebigen Entfernten hat man entgegengehalten, daß keinerlei experimentelle Beweise für diese Art der 'Telepathie' vorhanden seien; daß Leistungen völlig 'unspiritistischer' Hellseher von gleichem Umfang, wie die von Medien, die mit Geistern in Berührung zu stehen behaupten, noch nie belegt worden seien.[1] Mißachten wir diese Lücken der Nachprüfung; lassen wir jede Annahme des Animisten als an sich zulässig gelten. Auch dann noch drängt sich die Frage auf, ob der von ihm erstrebte Gewinn: die Vernichtung spiritistischer Deutung, zum eigenen Aufwand an Begriffen im richtigen Verhältnis stehe. Niemand wird das Gebäude dieser Begriffe als einfach bezeichnen wollen. Das Medium soll 'potentiell allwissend' sein, weil alles in Menschen oder Gott gespeicherte Wissen, also auch alle Vergangenheit und Zukunft, seinem inneren Blicke zugänglich ist; ein hemmungsloser Austausch von Wissen soll ununterbrochen und unbemerkt zwischen allen Seelen stattfinden, und alle diese telepathisch flutenden Massen sollen sich von selbst zu 'persönlich-geschlossenen' Zusammenhängen ordnen; das Medium aber soll die unbegrenzte Fähigkeit haben, Zusammenhänge dieser Art zu fassen, zu formen, zu speichern, von sich zu geben. — Mögen solche Annahmen noch so wahr sein: sie sind jedenfalls, metaphysisch betrachtet, ausschweifend genug. Mit ihnen verglichen, gewinnt die uralte Annahme persönlichen Überlebens beinahe das Aussehn der Schlichtheit. Warum also, fragt man, sollen wir sie gegen jene Gedankenbauten vertauschen? Weil (wird uns erwidert) die Tatsachen selbst doch übernormales Erfahren ohne Schranken in völlig unspiritistischen Formen beweisen, woraus jene Hypothese unmittelbar folge. Sehr wohl, entgegne ich; aber warum soll dann die spiritistische Annahme nicht neben ihnen ihr Recht behaupten? Der Animist empfiehlt uns ja doch seine Hypothesen als Erklärung nicht gewisser, sondern aller Tatsachen und besteht darauf, daß neben ihnen die spiritistische gar nicht geduldet werde. Das tut er doch offenbar, weil ihm die spiritistische Lehre als völlig unglaubhaft erscheint, verglichen mit den Hypothesen, die sie vernichten sollen. Er tut es also, weil ihm die spiritistische Lehre eine Beweislast zu tragen scheint, der sich die Tatsachen nicht gewachsen zeigen. Die 'Einfachheit' der spiritistischen Deutung zuzugeben, ist auch der Gegner meist bereit.[2] Aber

---

1) Dr. Prince bei Thomas, J. F., Stud. 148; Lodge in Pr VI 453.   2) z. B. Driesch, Grundprobl. 234.

Mattiesen, Das persönliche Überleben.   25

(meint er) kann das an sich Einfache nicht unglaubhaft sein im Zusammenhange sonstigen Wissens? Gewiß, sagt Tischner, soll die Wissenschaft 'versuchen, die Tatsachen auf die einfachste Weise zu beschreiben', und 'an sich genommen, würde die spiritistische Theorie in der Tat die einfachste Erklärung sein; aber im Zusammenhang mit der [übrigen] Wissenschaft bedeutet sie ein solches Novum, daß man sie nach diesem Grundsatz nicht zulassen kann, denn sie würde nicht die Sache vereinfachen, sondern dazu zwingen, die ganze Wissenschaft umzubauen, was nicht ohne ganz triftige Gründe zu tun ist.'[1]

Man kann in der Tat ein solches Argument nicht ohne Staunen lesen. 'Die ganze Wissenschaft' — das soll doch offenbar heißen: die Wissenschaft, wie sie heute 'offiziell' anerkannt ist; denn einen 'Umbau' der 'ganzen metapsychologischen Wissenschaft' oder 'der ganzen Wissenschaft einschließlich der Metapsychologie' wird selbstverständlich niemand von der spiritistischen Lehre gefordert glauben. Soll uns dann aber eingeredet werden, daß die Hypothesen, die uns der Animist als Ersatz anbietet, nicht einen 'Umbau der ganzen Wissenschaft' bedeuten? Die Beweislast eines Gedankens oder einer Tatsache bemißt sich doch nach der Umgebung, in die sie sich einordnen sollen, und insofern versteht es sich von selbst, daß im Rahmen der 'offiziellen' oder 'klassischen' Anthropologie die Beweislast der spiritistischen Lehre eine sehr bedeutende ist, eben weil sie hier einen völligen 'Umbau' erzwingen würde. Aber diesen Rahmen haben ja auch die animistischen Deutungsbegriffe schon gründlich gesprengt, die mir nach Zahl und Art zum mindesten die gleichen Anforderungen an unsre wissenschaftliche 'Verdauung' zu stellen scheinen, wie die der spiritistischen Annahme. Driesch hat einmal die Zahl der neu zu fordernden *causae verae* oder Grundtatsachen im Falle der beiden wettstreitenden Theorien verglichen und dabei gefunden, 'daß der Monadismus (wie er den Spiritismus nennt) etwas weniger an wesenhaft Neuem gebraucht, als die Lehre vom Weltbewußtsein mit seinen Plänen' (die Form der animistischen Deutung, die er besonders ins Auge faßt).[2]

Ich übersehe nicht, daß gewisse Forscher den verzweifelten Versuch unternehmen, Hypothesen wie die geschilderten animistischen mit dem klassischen Weltbilde und einer mechanistischen Biologie in Einklang zu bringen, indem sie letzten Grundes alle behaupteten Arten der Wissenserlangung auf eine Telepathie der vibratorischen Strahlungsvorgänge (im physikalischen Sinn) zwischen einzelnen Gehirnen zurückführen. Ich habe schon einmal gesagt, daß m. E. eine vibra-

1) Tischner, Gesch. 184f.   2) Driesch, Par. 126f.   Man lese die Aufzählung und Erörterung im einzelnen.

tionistische Auffassung der Telepathie in sich unmöglich sei,[1] und habe
woanders darauf verwiesen, daß die Unmöglichkeit, Leistungen wie die
der zeitlichen Vor- und Rückschau mechanistisch abzuleiten, doch vielmehr den Versuch empfehle, alle Arten übernormalen Erfahrens, also
auch die Telepathie, durch die gleichen neuartigen Begriffe zu
deuten.[2] Aber selbst wenn wir dem Gegner die mechanistische Theorie
der Telepathie zugestehen wollten, ließe sich nicht übersehn, daß er
zur Bekämpfung der spiritistischen Lehre Annahmen macht, die weit
über die Grenzen jener Theorie hinausgreifen. Baerwald z. B.,
unter den deutschen 'Telepathistikern' der verbissenste und geschei-
teste, ist sich zwar klar darüber, daß die beobachteten Leistungen von
Medien uns nötigen, ein unterbewußtes 'Abzapfen' von Wissensinhalten wie der 'Eigenheiten eines Menschen, Handschrift, Stimmklang'
und bezeichnender Gebärden vorauszusetzen.[3] Er scheint sich aber —
wie wir zu seinen Gunsten annehmen wollen — nicht klarzumachen,
daß ein solches 'Herausholen' verwickelter Bilder aus dem Unterbewußtsein etwa auch entfernter Lebender mit den klaren Grund-
begriffen seiner Theorie schlechterdings nichts mehr zu tun hat. In
welcherlei 'Vibrationen' drückt sich denn irgendeine Stil- oder sonstige
Form-Gewöhnung eines Menschen aus (und zwar jederzeit! — denn
die Möglichkeit der Abzapfung besteht ja in jedem Augenblick)? Oder
wie greifen die Hirnvibrationen eines 'zapfenden' Mediums in die eines
Entfernten hinein, um diesen irgend etwas zu entnehmen?! — Doch läßt
sich im Grunde mit den Fanatikern dieses mechanistischen Okkultismus gar nicht streiten, da sie nur einen Bruchteil der Tatsachen zugestehn und von dem Rest so viel, als ihnen eben möglich scheint, durch
seltsamste Deuteleien auf jene zugestandenen zurückzuführen suchen.

Gewiß steht auch dem weniger verrannten Parapsychologen noch
eine Wahl unter mancherlei 'wissenschaftlichen' Grundeinstellungen
offen. Um so seltsamer ist es, daß Animisten, die schon ihrem wissenschaftlichen Standpunkt nach dem Spiritismus besonders nahe stehen,
in seiner Ablehnung eigensinnig verharren, trotz reichlicher sonstiger
metapsychischer Zugeständnisse. Wenn z. B. Oesterreich es augenscheinlich billigt, daß 'die Gegenwart .. wieder .. die substantialistische Auffassung [der Seele] erneuert'; wenn er an echter seelischer 'Spaltung'
zu zweifeln geneigt ist, weil es sich da um 'Teilung eines letzten Grund-
bestandteils der Wirklichkeit' handeln würde,[4] — so fragt man sich verwundert, warum denn ein so ausgesprochener Vertreter des 'monadisti-
schen' Standpunkts und der weitestgefaßten metapsychischen Begriffe

---

1) o. S. 5.   2) Mattiesen 470. 488 ff.   3) Baerwald, Phän. 324 f.   4) Oesterreich, Bed. 18. 23 ff.

überhaupt noch die spiritistische Lehre ablehnt, ja auch nur schwierig findet. Man kann sich des Eindrucks nicht erwehren, daß hier noch andere, unerwähnte, sei es überhaupt nicht-logische, sei es auf Nebenfragen der Lehre beruhende 'Hemmungen' wirksam seien. Ich halte die Tatsache solcher Hemmungen für sehr wichtig und werde im Nachtragsbande dieses Werkes ausführlich von ihnen sprechen. —

Unsere wahre logische Lage glaube ich also so zusammenfassen zu können: die spiritistische und die animistische Deutung medialer Kundgebungen nach ihrer inhaltlichen Seite halten sich hinsichtlich ihrer 'wissenschaftlichen Glaublichkeit' mindestens die Waage, — soweit ihre bisherige abstrakte und allgemeine Aufstellung ein Urteil zuläßt. Es würde demnach ein geringes Übergewicht auf einer Seite genügen, um eine Entscheidung zu deren Gunsten herbeizuführen, um also etwa nachzuweisen, daß wenigstens für gewisse Fälle auch die spiritistische Deutung ihre Berechtigung habe, der — wie wir sahen — die animistische im Geiste mancher ihrer Vertreter ohnehin verwunderlich nahe kommt.

Ich könnte mich nun auf den Standpunkt stellen, daß bereits gewisse Nachweise in den zwei ersten Abschnitten dieses Buches genügen, jenes Übergewicht der einen Seite herzustellen; denn natürlich bilden alle Argumente zugunsten einer These eine Einheit, und der Erfolg des einen kann nicht ohne Einfluß bleiben auf die Einschätzung eines anderen, dem etwa gewisse Einwände die Waage zu halten scheinen. Indessen will ich im Augenblick auf solche Hilfe verzichten und vielmehr versuchen, auch den besonderen Gegenstand der augenblicklichen Untersuchung, die spiritoide Wissenskundgebung, zu einer Entscheidung in sich selbst zu bringen. Denn ich hoffe, durch eine genauere, bis ins Letzte dringende Zergliederung der bislang nur in groben Umrissen erwogenen Tatsachen gewisse Elemente aufweisen zu können, die unsre Waagschale wirklich zugunsten der spiritistischen These senken.

Man darf dabei von vornherein vermuten, daß diese genaueren Analysen sich vorwiegend auf den Tatbestand der Personation beziehen werden. Die Theorie des übernormalen Erfahrens gelangte ja bis zum Begriff der möglichen Allwissenheit des Mediums, und es ist daher von vornherein wenig wahrscheinlich, daß irgendein Inhalt von Kundgebungen, rein als einzelner Inhalt betrachtet, uns spiritistische Argumente liefern werde. Weit eher ist es denkbar, daß aus irgendwelchen personhaften Bezügen und Natürlichkeiten von Inhalten, sowie aus formalen Besonderheiten ihrer Äußerung sich weitere Hinweise auf ihre wahre Herkunft ergeben werden. Dabei braucht es offenbar, wie ich eben schon andeutete, nicht im geringsten auf eine Verdrängung animistischer Ableitungen abgesehn zu sein; vielmehr auf ihre Ergänzung für gewisse Fälle. Denn das ist ja klar — und ich habe es schon an der logisch entsprechenden Stelle des ersten Abschnitts ausgeführt —, daß die Tatsache einer leiblos überlebenden echten Persönlichkeit an allen Punkten unsres Aufbaus animistischer Deutungsbegriffe sich ohne weiteres als Zugabe einfügen ließe. 1) Die Grundannahme einer 'Erd-' oder kosmischen Wissensquelle z. B. — nennen wir sie A —, auf die zuletzt die animistische Theorie vorstieß, läßt sich natürlich mit der Tatsache irdischer Einzelwesen glatt vereinigen; in welches Verhältnis des Angeschlossen- oder Enthaltenseins wir diese Einzelwesen zu A aber setzen mögen, in eben dasselbe Verhältnis zu A könnten wir außerdem ja noch die Einzelwesen Abgeschiedener setzen. 2) Was an Wissen aus Einzelwesen 'geschöpft' werden kann, das kann, nach unsrem Grundplan, natürlich auch aus A geschöpft werden; wie denn nach animistischer Lehre das Medium sein Wissen entweder aus lebenden Einzelwesen oder aus einem überpersönlichen 'Sammelbehälter' entnimmt. Aber ebenso könnte es natürlich auch aus einem überlebenden Einzelwesen 'schöpfen', — ein solches vorausgesetzt. Das gleiche gilt aber 3) für die psychometrische Leistung. Denn führt der 'Gegenstand' das Medium irgendwie an eine Wissensquelle heran, so könnte diese Quelle ebenso gut im Wissen eines Abgeschiednen liegen, wie in dem von Lebenden oder von A; ja der Abgeschiedene könnte am Ende durch den Gegenstand erst 'herangelockt' werden. Oder endlich 4): kann ein Lebender dem Medium aktiv-telepathisch etwas mitteilen oder das Überwesen A es aus seiner Wissensfülle inspirieren, so könnte es natürlich ein Abgeschiedener ebenso gut. Aber auch ein Zusammen- und Ineinanderwirken einiger oder aller dieser Arten des Wissenserwerbs wäre ein Gedanke, der nicht die mindeste Schwierigkeit darböte. Animismus und Spiritismus vertrügen sich also auch hier vorzüglich: sie könnten einander ergänzen, ohne sich irgendwie Abbruch zu tun. Es kommt nur wieder darauf an, durch irgendwelche Indizien 'für gewisse Fälle' ein Übergewicht der spiritistischen Deutung zu schaffen. Dieser Aufgabe wenden wir uns jetzt zu.

3. Das Argument aus der Selektivität der Kundgebungsinhalte

Ein erstes solches Indiz schließt sich unmittelbar an die bisherigen Betrachtungen an, die sich ja ausschließlich mit den Inhalten der spiri-

toiden Kundgebung und ihrer Beschaffung befaßten. Wir hatten eine
potentielle Allwissenheit des Mediums zugestanden und eben darum die
Hoffnung aufgegeben, aus der übernormalen Mitteilung irgendeines
einzelnen Inhalts — oder selbst vieler einzelner — jemals einen spiritistischen Beweis zu gewinnen. Die uns verbleibende Hoffnung richtete
sich u. a. auf den Nachweis irgendwelcher 'personhafter Bezüge und
Natürlichkeiten' in der Äußerung von Inhalten, und unter diesem Gesichtspunkt ist nun eine Tatsache hervorzuheben, die schon manchem
in seinem Endurteil noch Schwankenden als starkes Argument für die
unabhängig-persönliche Herkunft von Kundgebungen erschienen ist.
Ich meine die im Bisherigen erst flüchtig gestreifte Tatsache, daß Umfang und Einzelheiten des geäußerten Wissens eines Kommunikators
mit seinen vorauszusetzenden Erinnerungen in einem Maße zusammenfallen, das keineswegs ohne weiteres aus den Annahmen der
animistischen Theorie verständlich wird. Natürlich können die Erinnerungen eines Verstorbenen und seine Äußerungen durch ein Medium sich niemals decken (denn wer vermöchte das Gedächtnis eines
Menschen je auszuschöpfen?); aber daß überhaupt eine so ausgedehnte
Deckung zustandekommt angesichts der unendlichen Ausdehnung möglichen Wissens, das dem Medium übernormal zur
Verfügung steht, das ist eine Tatsache, die der Animismus etwas
eilig als selbstverständlich hinzunehmen pflegt. Denn dieser Tatbestand verästelt sich häufig bis in überraschende Feinheiten und Ge-
nauigkeiten der Deckung hinein, und gerade diese sind es, die auch
unter inhaltlichen Gesichtspunkten den spiritistischen Anschein auf
den Gipfel treiben können.

Eine häufige Form dieses erhöhten Anscheins ist gegeben, wenn der
Kommunikator Zusammenstellungen von Wissensinhalten darbietet, die
ihm allein insgesamt erinnerlich sein müßten, während die Mitwisserschaft unter Lebenden sich auf viele Einzelne verteilt. Zwei Beispiele mögen dies veranschaulichen.

In den Sitzungen der Mrs. A. und ihres Gatten mit Mrs. Thompson kam es
zu Kundgebungen der 'Mutter' des letzteren, in deren Namen die beiden
Hauptkontrollen des Mediums, 'Nelly' und 'Mrs. Cartwright', eine Anzahl
Aussagen machten, von denen einige der Sitzerin wohlbekannt waren; bei
sechs Angaben dagegen war dies keineswegs der Fall, und während sich
eine derselben nicht zu bestätigen schien, fügten sich die übrigen fünf zu
dem hier fraglichen Tatbestande zusammen.

1. Die erste Aussage betraf eine lebende alte Verwandte des Mr. A.: diese
trüge stets in einem runden Strickbeutel eine Kopfschleife mit sich herum.
— Beide A.s kannten zwar diese 'große Strickerin', wußten aber nichts von
ihrer Kopfschleife, deren Bestätigung sie erst von den Schwestern des Mr. A.

erhielten; es handelte sich um eine kleine Haubenschleife aus schwarzen Spitzen, von ihren jüngeren Verwandten als Kopfschleife — top-knot — bezeichnet, die sie stets in einem Strickzeugkörbchen bei sich trug.

2. Mr. A.s Mutter wollte bekannt gewesen sein mit der Frau eines Seeoffiziers im Ruhestande; 'Sie könnten das in Erfahrung bringen', hieß es. — Unter den wenigen Bekannten der Verstorbenen war nur eine Mrs. C., von deren Gatten Mrs. A. den Beruf nicht kannte, da diese schon verwitwet gewesen, als Mrs. A. zuerst von ihr hörte. Daß ihr Gatte 'Captain' genannt worden war, wußte Mrs. A.; sie hielt ihn aber für einen Kapitän der Armee. Erst die Schwestern A. erteilten die Auskunft, daß er in der Marine gedient hatte.

3. Die Verstorbene sollte einen 'weißen Shetland-Shawl' getragen haben, der noch in ihres Gatten Hause vorhanden sei. — Keiner vom Ehepaar A. erinnerte sich dessen; wieder aber bestätigten die Schwestern, daß Mrs. A. sen. in ihrer frühen Kindheit abends einen weißen Shetland-Shawl getragen habe (ehe Mrs. A. jun. sie gekannt hatte), der auch noch in ihrer, der Schwestern, Verwahrung sei.

4. Diesen Shetland-Shawl sollte die Mutter mit einer genau beschriebenen Brosche befestigt haben. — Mrs. A. jun. kannte nur zwei Broschen ihrer Schwiegermutter, und keine von diesen ähnelte der beschriebenen. Auch Mr. A. entsann sich keiner solchen Brosche seiner Mutter. Seine Schwestern gaben an, daß eine der Beschreibung entsprechende Brosche vorhanden sei, nur enthalte sie nicht, wie durch das Medium behauptet, 'Haarflechten in der Rückenkapsel'. Sie war von der Verstorbenen getragen worden, als ihre Töchter noch Kinder waren, und kurze Zeit auch von der älteren von ihnen, — vor 30 Jahren. Erst als man sich die Brosche von der jüngeren aushändigen ließ, an die man von der Transpersönlichkeit andeutungsweise verwiesen und von der die Brosche seit Jahren unberührt aufbewahrt worden war, entdeckte man, daß im Hintergrunde des Mittelstücks tatsächlich zwei Haarflechten, eine schwarze und eine graue, eingefügt waren.

5. Mrs. A. sollte ein geschriebenes Rezeptbuch besessen haben, das noch im Hause ihres Gatten vorhanden sei und nicht nur Koch-, sondern auch andere Rezepte enthalte, insonderheit ein Rezept für Pomade oder, wie jene zu sagen gewohnt gewesen sei: pomatum. Mrs. A. jun. wußte von dem Buch, aber 'nichts von seinem Inhalt'; Mr. A. wußte nicht einmal von dem Vorhandensein des Buches. Auch die Töchter wußten nichts von einem Pomadenrezept; nur daß ihre Mutter eine solche stets 'pomatum' genannt habe. Das Buch wurde hervorgeholt; es enthielt ein sorgfältig ausgearbeitetes Inhaltsverzeichnis, in dem aber kein Pomadenrezept aufgeführt war; erst bei genauer Durchsuchung des Buches entdeckte man, daß die letzten 5 Rezepte nicht mitverzeichnet waren und unter diesen sich eins für 'Dr. N. N.s Pomade' befand. 'Das Buch hatte, soweit bekannt, nie das Haus verlassen, und Mrs. Thompson dieses sicherlich nie betreten.'

'In allen fünf Fällen', schreibt die Professorin Verrall zusammenfassend, 'war das Ausgesagte a) der einen Sitzerin, Mrs. A., sicherlich unbekannt, b)

sicherlich nicht im bewußten Besitz des andern Sitzers, Mr. A., c) sicherlich
der Verstorbenen bekannt gewesen, von der 'Nelly' es erfahren haben wollte.
In den Fällen 1 und 2 ist es wahrscheinlich, daß Mr. A. zu irgendeiner Zeit
von der Tatsache (der Kopfschleife und Capt. C.s Beruf) gewußt hat; es ist
auch wahrscheinlich, daß er den weißen Shetland-Shawl gesehen hatte (3),
obschon er sicherlich nicht wußte, daß dieser noch vorhanden sei. Im 4. Fall
ist es sehr unwahrscheinlich, daß er, selbst wenn er als Kind die Brosche gesehen hatte, irgendetwas von den Haarflechten wußte; auch wußte er sicherlich nicht, daß sie in der Verwahrung der jüngeren Schwester war [auf die
ja als Quelle der Bestätigung verwiesen wurde]. Im 5. und letzten Falle wußte
er anscheinend nichts von der Existenz des Rezeptbuches, und es darf als
sicher gelten, daß er es nie gelesen hatte. Der größere Teil der Tatsachen
war einigen andern [entfernten] Lebenden bekannt, ... [aber wiederum]
nicht alle erwähnten Tatsachen... Die einzige Person, die sie alle
kannte, war die verstorbene Dame selbst.'[1]
    Ein andres Beispiel dieser Art entnehme ich J. F. Thomas' schon mehrfach
benutzten vorzüglichen Forschungen. — Seine verstorbene Frau, zeitlebens
keine Liebhaberin von Schmuck, hatte nur zwei Ringe besessen, ihren Ver-
lobungs- und ihren Trauring. Der letztere war ziemlich wertlos, und Mrs.
Th. trug ihn Jahre vor ihrem Tode nicht mehr, weil er sich übermäßig ab-
nützte; der Verlobungsring war ihr wert aus Gefühlsgründen, sowie wegen
eines kostbaren Diamanten darin. Als ihr Ältester sich verlobte, ließ Mrs. Th.
diesen Stein neu fassen und schenkte diesen Ring Florence, der Braut.
Gleichzeitig gab sie die leere Fassung ihrer Schwester Ruth zurück, die sie
ihr einige Jahre zuvor geschenkt hatte, als die ursprüngliche Fassung schad-
haft geworden war. Etwa zwei Jahre vor Mrs. Th.s Tode verlor Florence
ihren Ring, vielleicht durch Diebstahl. Sie suchte den Verlust geheimzuhalten
und ersparte sich von ihrem Wirtschaftsgelde die Mittel zur Anschaffung
eines Ersatzringes. Sie wußte nie, ob ihre Schwiegermutter, die eine scharfe
Beobachterin war, das Verschwinden des Ringes bemerkt hatte, vermutete
es aber.
    Nach dem Tode der Mrs. Thomas erfolgten bald, und dann mehrere Jahre
hindurch immer wieder, Aussagen von 'ihr' über diese Ringe. Durch Mrs.
Soule in Boston sprach sie von dem 'Verlieren' eines 'besonderen Ge-
schenks', das sie bei 'besonderer Gelegenheit erhalten', und 'zeigte' dabei
einen von der Hand 'fallenden' Ring. In England sprach sie durch Mr. T. E.
Austin von der Übergabe eines Ringes an Ruth, die zwar nicht genannt, aber
eindeutig beschrieben wurde. Fünf Monate später nahm sie in Boston durch
Mrs. Soule auf diese Aussagen 'jenseits des Wassers' ausdrücklich Bezug und
bezeichnete den erwähnten Ring als den 'Verlobungsring'. Erst nach diesen
Erwähnungen des Verlobungsrings folgten Äußerungen durch mehrere
Medien über einen 'kleinen einfachen goldnen Ring', der 'sehr dünn ge-
worden sei', der dann ausdrücklich mit der 'Hochzeit' verknüpft, also als der
Ehering bezeichnet wurde. Beide Ringe, der 'einfache' wie auch der an die

1) Pr XVII 179 ff.

'Schwiegertochter' vergebene 'diamantbesetzte' Ring, der zuvor 'abgeändert' worden sein sollte, wurden dann noch durch mehrere Medien in London und Boston sehr deutlich erwähnt; desgleichen der Verlust des einen, diamant-besetzten, und seine Abänderung, ehe er Florence geschenkt wurde. Seinen im einzelnen sehr lesenswerten Bericht hierüber kann Mr. Thomas dahin zusammenfassen, daß das von allen beteiligten Medien insgesamt ge-äußerte Wissen unter Lebenden, wie folgt, verteilt gewesen sei: 'Ruth, Mr. Thomas und [sein jüngerer Sohn] Jerome wußten nichts von Florences Ver-lust des Ringes; John [der älteste Sohn], Florence, Mr. Thomas und Jerome wußten nicht, daß Ruth die alte Fassung [des Verlobungsrings] besaß. Mr. Thomas hat bisher keine Erinnerung daran wachrufen können, daß der Ring Florence geschenkt worden war... Mr. Thomas allein entsann sich der Tat-sache, daß der einfache goldne Ehering sich so stark abgenutzt hatte. Nie-mand außer der Verstorbenen wußte alle Einzelheiten, die geäußert worden waren.'[1]

Diese Tatsache der 'persönlichen Geschlossenheit' des Wissens (wie man sie nennen könnte) läßt sich natürlich nicht nur auf dem Gebiete des sachlichen Wissens belegen, sondern auch auf dem entsprechenden der 'persönlichen Bekanntschaften'. Immer wieder ist es dem Forscher aufgefallen, daß von beliebig vielen Lebenden, die dem angeblichen Verstorbenen bei Medien gegenübertreten, dieser stets alle jene er-kennt, die er im Leben gekannt hatte, und zwar als jene ehemaligen Bekannten.

Seinem ehemaligen Freunde 'George Pelham' rühmt Dr. Hodgson nicht nur nach, er habe 'in Fragen, die das Wiedererkennen von Gegenständen und ihre persönlichen Assoziationen betrafen, ... sich nie geirrt,' sondern auch ein gleiches bez. Pelhams menschlicher Beziehungen. Etwa 150 Sitzer sind ihm im Laufe der Zeit ohne oder unter falschem Namen gegenübergetreten: unter diesen hat G. P. in jedem einzelnen Falle, d. h. in 30 Fällen, seine früheren Freunde sofort als solche erkannt und auch — unter voraus-setzungsgemäß so sehr veränderten Umständen — einen jeden sofort in den natürlichen Formen ihrer besonderen Beziehungen geistiger oder freund-schaftlicher Art behandelt. Andere Freunde G. P.s, lebende und tote, außer den an Sitzungen beteiligten, sind erwähnt worden, und stets mit einer für den lebenden G. P. passenden Einschätzung.[2]

Einzelne und enger umschränkte Belege dieses Tatbestands finden sich allenthalben im Schrifttum unsres Gebiets.

In Mrs. Allisons Sitzungen z. B. spricht 'Prof. Hyslop' einmal zu ihr über Angelegenheiten der Amerikanischen S. P. R., z. T. in so vertraulich-offner Weise, daß seine Bemerkungen nicht veröffentlicht werden konnten. Mitten darin sagt Feda plötzlich: 'Ist es nicht komisch? Es ist, als ob er ein bißchen

---

1) Thomas, J. F., Stud. 31 ff. 2) Pr XIII 328. Vgl. 390 und Lodge, Raymond 128.
(Eine sehr bezeichnende Ausnahme wird gleich erwähnt werden.)

auch zu jener Dame spricht,' wobei sie mit einer plötzlichen und dramatischen Gebärde auf Miss Tubby zeigt, die das Sitzungsprotokoll führt. 'Er redet zu ihr nicht, als wenn sie eine gewöhnliche Stenographin wäre... Und er versucht mir zu erklären, daß Sie ihr nicht einfach zwei Groschen geben, damit sie kommt und Notizen macht, wie manche Leute tun, sondern daß sie gewissermaßen auch mit der Arbeit verknüpft ist, und mit seinem Werk... (Ob er zu ihr sprechen wolle?) Er sagt: Ich rede ja zu ihr. Er sagt: ich habe ja fast die ganze Zeit über — für sie gesprochen.[1] [Feda leise zum Kommunikator:] Aber Sie sprechen doch zu Mrs. Lyddie! [= Mrs. Allison] O, sagt er, ich verteilte es, wie die Mitteilungen, die du ausgeteilt hast...'[2]

Man muß wissen, daß Miss Tubby ehemals Prof. Hyslops Sekretärin in der Amerikan. S. P. R. gewesen war und Mrs. Allison soz. unter der Maske einer Stenographin zu Mrs. Leonard begleitet hatte: gewisse frühere Aussagen 'Hyslops' hatten sich auf Miss Tubby zu beziehen geschienen, und man hatte diese daher zum Medium bringen wollen, ohne Erklärungen abgeben zu müssen. Mrs. Leonard (in London!) hatte keine Ahnung, wer die 'Stenographin' war, die auch nur 'Guten Morgen gemurmelt hatte', um ihren amerikanischen Tonfall nicht zu verraten.[3]

Ein andres hübsches Beispiel dieser Art erwähnt J. A. Hill: 'In Sir Oliver Lodges erster (anonymer) Sitzung mit Peters sagte das Medium, es habe Angst vor ihm, wisse aber nicht, warum. Sir Olivers äußere Erscheinung ist wohl bekannt und auffallend, und er mag erkannt worden sein; doch sagte Peters auf meine Frage (im Oktober 1916), er habe keine Ahnung gehabt, wer jener Sitzer sei, bis nach seinem zweiten Besuch. Die Sitzungen fanden in Peters' Londoner Wohnung statt und wurden von mir 'für einen ungenannten Freund' verabredet ... Es ist nun aber bemerkenswert, daß in Lady Lodges erster und anonymer Sitzung mit Peters — 'Raymond' sagte, sie habe recht getan, 'ohne Vater' zu kommen, weil dieser das Medium in sinnlose Angst versetzt hätte. Dabei liegt keinerlei Grund zur Annahme vor, daß Lady Lodge vom Medium erkannt wurde; die Sitzung war nicht von mir verabredet worden, sondern von einer Londoner Freundin der Dame.'[4]

Die persönliche Geschlossenheit des Wissens auf seiten des Kommunikators fordert nun aber auch eine negative Ergänzung: er darf nicht Menschen erkennen, die er zu Lebzeiten nicht kannte; er darf nicht von Dingen wissen, von denen er zu Lebzeiten nichts wußte und die er seit seinem Tode nicht wirklich beobachtet haben kann. Diese Forderung findet fast durchgehends ihre Erfüllung.

Bei keiner von den zahlreichen 'Begegnungen' mit Sitzern der Mrs. Piper behauptete George Pelham, mit jemand bekannt zu sein, den er im Leben nicht wirklich gekannt hatte.[5] — Oder: In einer von Prof. Hyslops Piper-Sitzungen bemerkte 'Onkel James B. Carruthers' die Anwesenheit Dr. Hodgsons und sagte: 'Sie sind kein Sohn von Robert Hyslop [dem Vater Prof. James H.s], nicht wahr, Sie sind nicht George? [der Bruder des Prof.];' und als Hodgson verneinte: 'Ja, James, dich habe ich sehr gut erkannt, aber den andern...[1] — Man müßte es für ein sehr durchtriebenes Stück Komödie erklären, wenn in diesem Fall Mrs. Pipers Transpersönlichkeit den ihr natürlich höchst vertrauten Dr. Hodgson 'bewußt verleugnet' hätte.

Das gleiche läßt sich auf dem Gebiete sachlichen 'Nicht-wissens' belegen.

In einer Sitzung der Mrs. Allison mit Mrs. Travers-Smith am 27. Juni 1924 wurde dieser als psychometrischer Gegenstand ein lederner Tabaksbeutel übergeben, der dem verstorbenen Dr. Allison gehört hatte. Mrs. Tr.-S. legte den Beutel nahe an das Ouija-Brett, und Mrs. Allison stellte die Frage: 'Kannst du mir sagen, zu wem dieser Beutel gehört? — Ouija: Edward (richtig). — Kannst du mir deinen üblichen Rufnamen angeben? — O.: Ned (richtig). — Das stimmt. Sage mir, wer vor einigen Tagen geheiratet hat. — (Keine Antwort. Ich wiederhole die Frage.) — Mrs. Tr.-S.: Ich glaube nicht, daß 'sie' das beantworten können. Ich glaube nicht, daß sie auf Dinge achten, die hier vorgehn.[2] Sie sollten lieber etwas fragen, was er erinnern könnte.'

Die Antwort auf die letzte Frage hätte lauten müssen: 'Thelma', der Name einer Nichte des angeblichen Kommunikators. Diese Antwort lag natürlich ebensogut in Mrs. Allisons Gedanken, als die beiden vorausgegangenen, hätte sich also etwa ebensogut telepathisch übertragen können. — Als in einer andren Sitzung[3] nach Thelma gefragt wurde in einer Art, die den Namen dem Kommunikator auf natürliche Weise ins Gedächtnis rufen mußte, wurde er (nebst andern zutreffenden) ohne weiteres geäußert.[4] Dies Versagen im einen und Gelingen im andern Fall entspricht in natürlicher Weise dem vorauszusetzenden Wissen des Kommunikators.

Der betrachtete Sachverhalt unterliegt nun nicht selten einer weiteren Verfeinerung: indem Tatbestände aus dem Leben des Kommunikators nicht blos entweder zusammenhängend erinnert oder nicht erinnert werden, sondern auch in der besonderen Form, wie sie sich dem Kommunikator zu Lebzeiten darstellten, im Gegensatz zum Wissen oder Meinen Lebender.

Ein Beispiel hierfür lieferte die verstorbene Schwester Etta der Miss Gertrude E. Macleod. Jene hatte zu Lebzeiten geglaubt, daß die Krankheit, die dann ihren Tod verursachte, mit dem 'Magen' zusammenhinge, und dies wurde auch in der Sitzung behauptet, in der sie sich kundgab; obwohl die

---

1) Hyslop, Science 276; vgl. 264.   2) Nicht allgemeingültig, aber hier anscheinend zutreffend.   3) 9. Juli.   4) Allison 164. 170 ff. Mrs. Travers-Smith (hier als ¡Mrs. Dowden bezeichnet; sie hatte ihren Mädchennamen wieder angenommen) wußte nichts von Mrs. Allison, die bei ihr anonym durch Mrs. de Crespigny eingeführt worden war. Vgl. auch Hyslop in JAmSPR IV 545.

Sitzerin und ihre Familie wußten, daß die Ursache ihres Todes ein Herz-leiden gewesen war.[1]

Besonders eindrucksvoll wirken solche persönlich-besonderen Formen der Wissensäußerung, wenn die dabei berührten Dinge inzwischen eine Wandlung erfahren haben, in der sie den Lebenden vertraut sind, während der Verstorbene offenbar nichts von dieser Wandlung ahnt und die Dinge darum so erwähnt, wie sie ihm erinnerlich sein müssen. Auf dem Gebiete menschlicher Bekanntschaften kann dies z. B. eintreten, wenn ein dem Verstorbenen entgegentretender Sitzer sich inzwischen so verändert hat, daß jener ihn nicht erkennt, obgleich er ihn zu Lebzeiten kannte. Der Fall der Miss Warner wird in diesem Zusammenhang jedem Fachmann einfallen.

Sie war die Tochter einer Dame, die George Pelham zu Lebzeiten gut gekannt hatte, war aber kaum 8 Jahre alt gewesen, als er sie zuletzt gesehen, und inzwischen zu einer blühenden Siebzehnjährigen herangewachsen. — Am 6. Jan. 1897 trat sie 'G. P.' zum ersten Mal bei Mrs. Piper gegenüber. Phinuit tat in G. P.s Namen mancherlei zutreffende Äußerungen (auf Grund von Psychometrie?), aber die Sitzerin selbst schien dieser nicht 'unterbringen' zu können. In der Sitzung vom Tage darauf fragte G. P. geradezu, wer sie sei; Hodgson erwiderte nur, ihre Mutter sei eine nahe Bekannte der Mrs. Howard, G. P.s besonderer Freundin, gewesen, und Miss Warner fügte hinzu, er habe ihre Mutter öfters besucht; aber alles das half ihm nicht. 'Ich er-innere Ihr Gesicht nicht. Sie müssen sich verändert haben.' (Und doch war ihm, als er sie zum ersten Male sah, Mrs. Rogers eingefallen, mit der zu-sammen er die Mutter häufig besucht hatte!) Nunmehr fragte Hodgson ge-radezu: 'Erinnerst du dich an Mrs. Warner?' (nannte also den Namen zum ersten Mal), worauf die 'Hand erregt' wurde und schrieb: 'O, natürlich, aus-gezeichnet. Um Gottes willen, sind Sie am Ende ihre kleine Tochter? (Und auf Bejahung:) Mein Gott, wie Sie gewachsen sind... Kennen Sie Marte? (Ich bin ihm ein- oder zweimal begegnet.) Ihre Mutter kennt ihn.' (Worauf er Erinnerungen berührte, die ihm und der Mutter gemeinsam waren.) — Miss Warner hatte sich in der Tat sehr verändert, sagt Hodgson.[2]

Ein anderer Fall mehr sachlicher Natur wurde i. J. 1900 von V. Ca-valli mitgeteilt und ins Journal der Ges. f. ps. F. übernommen.

In einem Zirkel des genannten Herrn gab sich wiederholt der nicht lange zuvor verstorbene Arturo de Capua kund, wobei er zahlreiche Beweise seiner Identität lieferte. Am 11. Jan. 1900, während der Zirkel ausschließlich aus Personen bestand, die weder A. de C. zu Lebzeiten gekannt hatten, noch die Persönlichkeiten oder Namen seiner ehemaligen Bekannten, wurde er nach den Namen seiner nächsten Freunde gefragt und nannte 'Emilia, Paolo, Annina und die Dame, die mir die Zigaretten gab und deren Namen ich nicht erinnern kann.' Die Familiennamen der Genannten vermochte er nicht anzugeben, wohl aber, daß die ersten beiden verschiedene, die letzten beiden den gleichen gehabt hätten; auch fügte er den neuen Namen Carlo Ricci hinzu. Ein Zweifel an seinen Angaben erregte den Kommunikator, dessen Angaben übrigens nachträglich von seinen Verwandten als völlig richtig bezeugt wurden. In einer folgenden Sitzung nach der Dame gefragt, 'die ihm die Zigaretten gab,' behauptete er: 'Die Dame hat liebe Freunde hier in der Nähe, und sie gehören meiner Familie an.' Dies war richtig, wenn auf die Zeit vor seinem Tode bezogen; dagegen wußten die bei dieser Sitzung Anwesenden und alle, die Arturos Familie kannten, daß jene Freunde einige Monate zuvor verzogen waren.[1]

Der folgende verwandte Fall ist angesichts seiner 'Dreieckigkeit' besonders merkwürdig. — Miss E. G. W., nach Dr. Hodgsons Urteil 'eine hervorragende und sehr kritische Zeugin', erhielt am 16. Nov. 1886 von Phinuit die Mitteilung, daß 'T.', ein gut identifizierter Kommunikator aus ihrer Bekanntschaft, einen Brief an sie diktiere; er kenne ihre Adresse und werde sie dem Medium angeben. Am 29. Nov. wurde ihr von einer Freundin, die eine Sitzung mit Mrs. Piper gehabt hatte, mitgeteilt, daß der versprochene Brief unter der Aufschrift 'Miss Nellie Wilson [pseud.]; pr. Adresse David Wilson, Reading, Massachusetts' abgegangen sei. David Wilson war ein Vetter der Sitzerin (was T. gewußt hatte), aber er lebte in New York! Dagegen hatte Miss W. ihre Kindheit bis zum 13. Jahre in Reading verbracht, während T. sie nur nach ihrem Fortzuge von dort gekannt hatte. Miss W. erkundigte sich also während ihrer Sitzung am Tage darauf nach der Herkunft dieser zwitterhaften Adresse und erhielt von Phinuit die Antwort: T. habe 'David W.' für einen sichern Vermittler des Briefes gehalten, der Rest der Adresse aber sei von andern Freunden der Sitzerin geliefert worden. 'Aber die würden doch nicht Reading angeben,' warf Miss W. ein. 'Doch, das taten sie. Es war Mary, die uns das sagte.' 'Unsinn', erwiderte ich, indem ich an meine Schwester dieses Namens dachte. 'Nicht Mary im Leibe (erwiderte Phinuit), Mary im Geiste.' 'Aber ich habe keine Freundin dieses Namens.' 'Doch, Sie haben eine. Es war Mary L. — Mary E. — Mary E. Parker, die es uns sagte.' Jetzt erst entsann ich mich einer kleinen Spielgefährtin des Namens, eines Nachbarkindes, das von Reading fortzog, als ich 10 Jahre alt war, und dessen Tod ich einige Jahre danach erfuhr. Ich hatte seit 20 Jahren kaum an sie gedacht.'[2]

Die Selektivität des Vorstellungsbesitzes von Kommunikatoren ist übrigens neuerdings auch zum Gegenstand der Prüfung nach psychologischen 'Laboratoriumsmethoden' gemacht worden. Im Rahmen ausgedehnter Reaktionsversuche eines Fachmanns, Whately Carington, stellte Ch. D. Thomas seine oft erwähnten Kommunikatoren: seinen 'Vater' und seine Schwester 'Etta' sowie Mrs. Leonards Kontrolle 'Feda' in der Form auf die Probe, daß er jeden von ihnen gesondert auf eine

---

1) JSPR IX 284 f. Vgl. Lodge, Raymond 168.   2) Pr VIII 30 f. Vgl. Cornillier 463 f.

398 *Argumente aus der Bekundung persönlicher Erinnerungen*

Reihe von 50 'Reizworten' mit gleichfalls Einzelworten reagieren ließ, die voraussetzungsgemäß in die 'Erfahrungen, Erinnerungen und Neigungen' der unsichtbaren 'Versuchspersonen' Einblick gewähren mußten. Das Ergebnis entsprach durchaus den Erwartungen. Feda reagierte großenteils mit Worten, die ihre angebliche orientalische Vergangenheit spiegelten, — ohne daß damit natürlich das mindeste über deren Wirklichkeit ausgesagt wäre; denn Feda stellt ja keine 'identifizierte' Persönlichkeit dar, und der besondere Inhalt ihrer Antworten könnte ebensogut einer rein eingebildeten 'Charakterrolle' des medialen Unterbewußtseins entstammen. 'Thomas sen.' und 'Etta' dagegen reagierten in weitem Umfang mit Worten, die sich ohne weiteres aus ihrer irdischen Vergangenheit als kennzeichnend, ja z. T. als 'identifizierend' begreifen ließen. — Ich gebe einige wenige Beispiele bez. 'Thomas sen.', wobei ich dem an erster Stelle genannten Reizwort (hinter dem Doppelpunkt) die Reaktionsworte z. T. verschiedener Versuchsreihen sowie einige Erläuterungen des Versuchsleiters folgen lasse.

Reisen: *'Circuit'.*
Gehen: *'Circuit'.* (Jedem methodistischen Geistlichen — und der Vater war einer gewesen — wird seine Arbeit in einer Örtlichkeit oder Gegend angewiesen, die man als seinen *Circuit* bezeichnet. Nach Ablauf einiger Jahre muß er nach einem andern *Circuit* 'gehen'. So beschäftigte Geistliche werden als 'reisende Prediger' bezeichnet. Man sagt: ein Prediger sei eine gewisse Zahl von Jahren 'gereist', nämlich so lange er eben Geistlicher gewesen ist.)
Marsch: 'Lang'. 'Lang'. 'Lang'.
Lang: 'Marsch'. 'Predigt'. ('Mein Vater ... predigte ausgesprochen lang und hatte große Freude an langen Märschen. Viele Jahre hindurch marschierte er ständig weite Strecken, um übernommene Predigten abzuhalten; er war stolz auf seine Schnelligkeit und Ausdauer dabei. Nach seinem Tode fand ich ein genaues Verzeichnis der Meilen, die er in den 40 Jahren seiner Amtstätigkeit marschiert war.')
Stadt: 'Bath'. 'Newport'. 'Taunton'. ('Mein Vater ging in Bath zur Schule. Er holte sich seine Frau aus Newport, und ich wurde in Taunton geboren.')
Dorf: 'Insel'. ('Nur einmal in den 40 Jahren seiner Amtstätigkeit lebte mein Vater in einem Dorf, und das war auf der Insel Wight. Die ganze übrige Zeit wirkte er in Städten verschiedener Größe.')
Bruder: 'Alfred'. 'John'. ('Alfred war der Lieblingsbruder meines Vaters. John war ein älterer, in früher Kindheit verstorbener Bruder ...')
Braun: *'Circuit'.* ('Der Rev. B. Browne [spr. Braun] wirkte in dem gleichen *Circuit* mit meinem Vater, und beide waren ungewöhnlich eng befreundet.')
Koch [oder Köchin — *cook!*]: 'Coppy'. ('Dies war die [bei uns] gebräuchliche Form für Copp gewesen, — eine Köchin, die etwa 30 Jahre in unsrer Familie gedient hatte.')

Monat: 'Januar' (bei fünf verschiedenen Versuchen!). (Zu dieser Reaktion bemerkte der Kommunikator selber halblaut: 'Du weißt, ein Jahrestag', und 'Januar — da ist ein Jahrestag — Mutters.' Der Geburtstag der Gattin des Kommunikators fiel in den Januar.)
Finger: 'Abgestorben — entsinnst du dich?' ('Meines Vaters Finger wurden oft, wenn er sich bei kaltem Wetter wusch, weißlich und für das Gefühl abgestorben. Meine Mutter machte oft Bemerkungen darüber.' Bei einem zweiten Versuch mit dem gleichen Reizwort erfolgte die gleiche Reaktion, und das Medium schnappte mit den Fingern.)
'Ettas' Wortreaktionen waren in gleichem Grade persönlich bezeichnend, und zwischen ihr und 'Thomas sen.' bestand in dem Maße Verwandtschaft der Reaktionen, als das großenteils gemeinsam verbrachte Leben erwarten ließ.[1]

Die so nach mehreren Seiten hin belegte Tatsache der natürlichen 'Selektivität' des Wissens von Kommunikatoren hat seit langem in der spiritistischen Argumentation eine ziemliche Rolle gespielt, weil man in ihr eine Widerlegung der Telepathie und des Gedankenlesens als zureichender Deutungsmittel medialer Kundgebungen erblicken wollte. 'Experimentelle und spontane Telepathie,' sagt Hyslop, 'zeigen keine Spur einer solchen Fähigkeit [der Auswahl] ... Drahtlose Telegraphie [mit der man ja den telepathischen Vorgang verglichen hat] schreibt dem Empfänger nicht die Fähigkeit zu, aus der Masse der Schwingungen um ihn her gewisse Botschaften auszuwählen, sondern stellt ihn als auf eine besondere Art derselben abgestimmt dar ... Der Empfänger ist kein sich selbst anpassendes, sondern ein großen Beschränkungen unterworfenes passives Werkzeug.'[2] — Auch Sage meint, 'wenn es sich um Telepathie [im weitesten Sinne] handelte, so müßten die 'zweiten' Persönlichkeiten des Mediums sich zuweilen irren, Schnitzer machen und Tatsachen berichten, von denen der angebliche Kommunikator nie etwas gewußt hat, worüber aber der Sitzer oder eine dritte Person allein unterrichtet war. Das kommt aber überhaupt nicht vor;' jedenfalls käme hier eine sehr geringe Anzahl unrichtiger Angaben wohl kaum in Betracht.[3] — Vor allem aber hat Driesch immer wieder darauf hingewiesen, daß die 'selektiv-limitierte Form' der medialen Kundgebungen durch die animistische Theorie vom allumfassenden 'Abzapfen' des Wissens 'keineswegs erklärt' werde.[4]

Gegen diese spiritistische Beweiskraft der Tatsache der Selektivität erheben sich nun zwei Bedenken. Erstens finden wir sie nicht immer genügend oder gar restlos durchgeführt: d. h. der Kommunikator weiß zuweilen Dinge nicht, die er als der Betreffende wissen müßte (oder er weiß gar Dinge, die er als solcher nicht wissen dürfte!).

---

1) Pr XLIII 371—396. Vgl. XLII 198f. 238f. — Über d. quantitative Unterscheidung von Medium u. Kommunikatoren (Reaktionszeiten!) s. Carington in Pr XLII 173ff. u. XLIII 319ff.　　2) Hyslop, Science 257 f.; vgl. 269.　　3) Sage 64.　　4) Par. 134. Vgl. Grundprobleme 235 f.

Wir sind diesem negativen Tatbestande schon früher flüchtig begegnet; doch muß ich seine theoretische Erledigung aus Gründen der Darstellung auch jetzt noch verschieben; sie wird erfolgen, wenn wir der Theorie der Transleistung die letzte ergänzende Abrundung geben. Das zweite Bedenken beruft sich auf die Möglichkeit, die Selektivität von Kundgebungen auch aus a l l g e m e i n e n D e u t u n g s b e g r i f f e n des A n i m i s m u s heraus v e r s t ä n d l i c h zu machen. Eine solche Möglichkeit ist schon früher angedeutet worden, als die Frage entstand, wieso denn das Medium in dem Meer von Allwissenheit, das ihm die Freigebigkeit des Gegners zur Verfügung stellte, diejenigen Inhalte herausfinden könne, die es für die Personation eines bestimmten Verstorbnen benötige. Diese Inhalte sollten Ordnungen 'personal zusammengehöriger' Wissensbestandteile bilden, etwa auf Grund telepathischer Wechselwirkung der Erinnerungen zahlreicher 'Seelenwirte'; und alle Inhalte eines solchen Zusammenhanges sollten durch eine gewisse 'Etikettierung' mit einem 'Index' zur Einheit verbunden sein, oder sollten ohne weiteres in einem 'System von physischen Spuren' ruhn, das dem Medium ein Verharren innerhalb eines personhaften Bestands von Erinnerungen ermöglichte, sobald es sich in jenen Zusammenhang 'eingeschaltet' hatte. — Stellt sich gar jemand auf den Standpunkt des 'vierdimensionalen Weltbildes', so könnte das Problem sich ebenso einfach zu lösen scheinen: alle 'Weltlinien', die von einem abgelebten Leben ausgehn, würden 'für ewige Zeit' ein in sich zusammenhängendes Netzwerk bilden, innerhalb dessen nach allen Richtungen hin ein sicheres Schreiten für den sich ermöglicht, dem der Blick auf das jenseits von Hier und Jetzt Gelegene sich auftut.

Dies alles sind natürlich (wie schon gesagt) Gedankengewebe durchaus hypothetischer Natur, z. T. erdacht zum Zweck der Umgehung einer mißliebigen Ansicht. Aber gerade ihre Absonderlichkeit macht ihre Stärke aus: was schwer zu beweisen ist, läßt sich oft ebenso schwer widerlegen. — Soviel mag man daher wohl zugestehn: daß zwingende Bündigkeit auch dem Argument aus der Selektivität nicht zukomme. Aber auch die Begriffe des Gegners sind gerade gegenüber der Tatsache der Selektivität nicht unbedenklich. Sie scheinen vor allem zu viel zu beweisen. Ein umfassendes System von Weltlinien, ein 'Totalkomplex' in Seelenwirten — sie dürften dem Medium doch wohl an unzähligen 'Kreuzungsstellen' und 'Überschneidungen' ein 'Ausbrechen' in andre Zusammenhänge erlauben und damit ein unablässiges 'Durcheinanderbringen' angeblicher Kommunikatoren herbeiführen. Man mag erwidern, daß Irrtümer dieser Art ja auch vorkommen;[1] daß ich selbst

1) Vgl. z. B. Pr XVI 77; XVII 136. 195.

noch eben auf sie angespielt habe. Gewiß. Und doch scheinen sie mir bei weitem zu selten zu sein. Eine so starre und eindeutige 'Etikettierung', eine solche 'Weichenlosigkeit' von Bahnen eines 'Zusammenhangs', wie die fast 'hundertprozentige' Geschlossenheit-in-sich der weitaus meisten Kommunikatoren sie fordern würde, erscheint mir nachgerade undenkbar, und schon unter diesem Gesichtspunkt stellt sich die spiritistische Deutung der tatsächlich beobachteten Selektivität als die sehr viel einfachere dar.

Dazu kommt aber, daß diese Tatsache ja gar nicht nur in der rein sachlichen Form beobachtet wird, welche die obige Erörterung allein in Betracht zog. Das heißt: die besten Kundgebungen decken sich nicht nur tatsächlich nach Inhalt, Umfang und Besonderheit mit den Erinnerungen ihres angeblichen Urhebers; sondern diese Selektivität erscheint selbst wieder als etwas Gewolltes und innerlich Belebtes, und das Indizium, das sie liefert, vermengt sich so mit andern, alsbald noch genauer zu besprechenden, zu einem sehr verwickelten Bestande spiritistischer Natürlichkeit. Man vergleiche etwa die oben mitgeteilten Kundgebungen der 'Mrs. Thomas' über ihre beiden Ringe. Sie erfolgten durch mehrere Medien, und die Aussagen durch eins von diesen nahmen ausdrücklich Bezug auf die durch ein andres, eine sonderbare Tatsache, die uns innerhalb eines sehr umfangreichen Zusammenhangs noch beschäftigen wird.

Dieses Gewollte und Belebte der Selektivität offenbart sich aber (wie schon angedeutet) noch in einem andern Betracht. Sie reicht nachgerade über Fragen des Was, des Inhalts hinaus in den Bereich des Wie der Darbietung des 'Ausgewählten'; sie übermittelt es oft in einer besondern Art und Fassung, in einer Anordnung des Stoffes, mit einer Verteilung des Nachdrucks auf die einzelnen Bestandteile, — die durchweg für den Kommunikator im höchsten Grade bezeichnend sind, und dennoch schwerlich aus dem Bilde ableitbar, das sich der Sitzer von jenem macht; geschweige aus einem bloßen Willen-zur-Personation auf seiten des Mediums. Daß die Einschätzung dieser äußersten Verfeinerung in der Selektivität stets nur vom persönlichsten 'Eindruck' des Sitzers ausgehn kann, liegt freilich ebenso auf der Hand, wie daß sie sich eben darum dem Unbeteiligten kaum vermitteln läßt. Wir nähern uns hier nochmals, von einer besondern Seite her, jenen Behauptungen eines überwältigenden Eindrucks personhafter Wahrheit und Echtheit, die ich am Schluß unsrer einleitenden Tatsachenschau belegte. Entsprechend bleibt mir auch hier nichts andres übrig, als einige Zeugnisse der fraglichen Gattung wiederzugeben, und ich lasse dabei natürlich nur die Besonnensten und Gewissenhaftesten zu Worte kommen. — So urteilt z. B. J. A. Hill im Rückblick auf einige seiner reichhaltigsten Fälle von Identifizierung:

'Selbst soweit die Tatsachen mir bekannt sind, scheinen sie nicht in der gleichen Art verwoben zu werden, wie sie in meinem eignen Geiste verknüpft sind. Beständen die Vorgänge der Kundgebung in einer Art von Fischen unter meinen Erinnerungen, so müßten wir erwarten, daß gewisse Gruppen von Tatsachen zusammen herausgefischt würden; wir müßten in den Äußerungen des Mediums eine Ähnlichkeit hinsichtlich Einteilung, Gliederung und Nachdruck — mit der Anordnung und Betonung von Erinnerungen in uns selbst erkennen. Ich habe nie gefunden, daß dies der Fall war, vielmehr das Gegenteil davon. Die Verteilung der Einzelheiten in Gruppen und ihre Auswahl weisen auf einen Geist hin, der weder der meine noch der des Mediums ist. Ich sage nicht, daß die Annahme von Gedankenlesen widerlegt oder sinnlos sei... Aber die Tatsachen sprechen, soweit meine Erfahrung reicht, stark dagegen. Sie sprechen weit nachdrücklicher zugunsten der wirklichen Gegenwart derer, die sich kundzugeben behaupten.' [1]

Auch Eindrücke des Rev. Ch. D. Thomas bewegen sich in der gleichen Richtung. 'Mein Vater', schreibt er, 'gab passende Antworten, als ich ihn nach seinem alten Amtsbruder fragte, auf den ich in einer Weise hindeutete, die für jeden, der nicht mit wesleyanischen Kreisen in jener besonderen Stadt genauestens bekannt war, sinnlos gewesen wäre. Ich kann nicht der Ansicht beipflichten, daß das von ihm bewiesene Wissen aus meinen eigenen — bewußten oder unbewußten — Erinnerungen abgeleitet war; denn es läßt Dinge völlig beiseite, die mich besonders interessiert hatten, und legt den umfangreicheren Nachdruck auf Einzelheiten, die meinen Vater und meine Schwester interessiert hatten.' [2]

Ein weiterer Beleg: Ich habe früher [3] kurz über die Kundgebungen des 'Mr. Prince sen.' bezüglich des Streits mit dem sonderbaren Stephen berichtet. Von dieser in mehreren Sitzungen breit genug behandelten Sache nun schreibt Dr. Prince, dessen zergliedernder Blick ohne Frage besonders scharf war: 'Wenn mein Geist die telepathische Quelle des Stephen-Dramas gewesen wäre, müßte es seltsam erscheinen, daß mein Vater so großen Nachdruck legte auf Einzelheiten seiner Besprechung mit Stephen, die natürlich in seinen Erinnerungen hervorstechen mußte, von der ich aber sehr wenig wußte, und daß nur bruchstückhafte und wenig deutliche Anspielungen erfolgten auf sein Zusammentreffen mit mir an der Schulhaustür und auf der Heimfahrt, die stets die beiden betontesten Einzelheiten in meiner Erinnerung an die Sache gewesen sind, und ebenso nicht die mindeste Erwähnung der in Steinelesen auf einem Felde bestehenden Strafe, die für mich eine fast ebenso quälende Erinnerung war. Meine Frage: Kannst du sagen, was ich tat, nachdem ich die Plattform betreten hatte? sollte gerade die Tatsache hervorlocken, daß ich mit Schimpf und Schande zur Arbeit auf

1) Hill, Invest. 248 f. Vgl. Mrs. Verrall: Pr XVII 174 f.   2) Thomas, Life 45. Vgl.
o. S. 288.   3) o. S. 320 f.

dem steinigen Acker fortgeschickt wurde, eine Tatsache, die mir gleichzeitig lebhaft vor Augen stand; aber nichts darüber wurde geäußert...'[1] Es ist in diesen Beispielen z. T. nicht nur die ganz persönlich-erinnerungsgemäße Auswahl des Erwähnten, was den spiritistischen Eindruck auf die Spitze treibt, sondern auch die gefühlsmäßige Betonung des Einzelinhalts vom Standpunkt bestimmter biographischer Zusammenhänge aus. Umgekehrt ist es zuweilen das gefühlsmäßige Reagieren des Kommunikators auf eine vom Sitzer erwähnte Einzelerinnerung, was die Tatsache der Selektivität soz. nach ihrer 'rezeptiven' Seite hin ergänzt.

Ein eindrucksvolles Beispiel hiervon erlebte Bradley in einer seiner 'Stimmen'-Sitzungen mit Valiantine während einer Unterredung mit seiner 'Schwester'. 'Bald darauf', schreibt er, 'stellte ich ihr eine Frage bez. ihres Erdenlebens, — nicht im Geiste des Zweifels, sondern weil ich der Meinung war, daß auch das Wunderbare unwiderleglich bewiesen werden müsse. Die Frage spielte auf etwas Tragisches an, was nur sie wissen konnte. Ich stellte sie nebenher, ohne die geringste Andeutung von Gefühl, und in solcher Form, daß die Anwesenden nichts daraus entnehmen konnten. — Die Wirkung war dramatisch. Meine Schwester schluchzte auf und sagte mit gebrochener Stimme: 'Warum, o warum willst du, daß ich davon spreche? Du weißt, wie ich litt. Bitte, bitte, ruf all das Leid nicht wieder wach.' Ihrem flehentlichen Vorwurf gegenüber kam ich mir mit meiner Anspielung auf die Sache wie ein Vieh vor... Ich bat sie, mir zu verzeihen...'[2]

Könnte sich angesichts solcher Verfeinerungen der Selektivität der Animist mit der Vermutung helfen, daß innerhalb seiner 'Totalkomplexe' auch die 'Betonung' der einzelnen Elemente und die 'Ausschleifung' ihrer Verbindungen in genauem Parallelismus stehe zu den entsprechenden Verhältnissen innerhalb der Erinnerungen des Toten zu Lebzeiten? Mir scheint, daß wir mit solchen Überspitzungen der Theorie tatsächlich schon ein Gebiet betreten, wo bloße Worte die Rolle von Gedanken und Anschauungen übernehmen. Jedenfalls vergleicht sich solche Übersteigerung sehr unvorteilhaft mit der Einfachheit und Natürlichkeit einer spiritistischen Deutung, nach welcher die verfeinerte Selektivität der Aussagen auf dem Überleben einer Person beruht, die nach ihrem Tode zunächst nicht anders erinnert, urteilt und wertet, als während ihres Erdenlebens auch. —

Ich beschließe die Darstellung unsres Tatbestands mit zwei weiteren Einzelgestaltungen desselben, die noch besonders zu denken geben. Die erste besteht in Aussagen des angeblichen Kommunikators über die letzten Augenblicke seines Lebens, also über seine Sterbestunde. Es ist klar, daß gerade er eben diese in eigenartiger Weise erlebt

---

1) Allison 350; vgl. 352.   2) Bradley, Stars 27; vgl. 28.

und folglich — unter spiritistischen Voraussetzungen — auch so erinnern muß; in einer Weise, die von den 'äußerlichen' Beobachtungen
anwesender Hinterbliebener sich wesentlich unterscheiden muß. Äußert
er diese Erinnerungen später durch ein Medium unter Hervorkehrung
(also 'Selektion') derjenigen Züge, die seinem Erleben 'von innen her'
entsprechen, so wäre dies wiederum ein Tatbestand von großer spiritistischer Natürlichkeit; gerade weil wir doch annehmen dürfen, daß die
Augenblicke des Übergangs ins Jenseits unter allen Erinnerungen des
Abgeschiedenen eine eigenartig hervorstechende Rolle spielen. — Ich
wähle als Beispiel die betreffenden Aussagen eines auch im übrigen
besonders gut identifizierten Kommunikators, des uns bereits wohlbekannten 'Dr. Allison', Aussagen, die in die Leonard-Sitzung seiner
Witwe vom 11. Juni 1929 fielen.

'Feda weiß, (hieß es) er starb geschwind. Er wußte nicht, daß er gehen
würde... Es war wie abgeschnitten, und als Sie zum ersten Mal zu Feda
kamen, sagte er, er habe nicht gelitten, ... er war nahe einem offenen Fenster
gewesen, der Luft sich bewußt, eine kurze Weile, ehe er hinüberging. (Mein
Mann und ich, bemerkt Mrs. Allison, hatten an einem offenen Fenster gesessen, kurz ehe wir uns zur Ruhe begaben, und Sommerreisen geplant...)
Ich fühle mich plötzlich erschöpft. Diese Bewußtlosigkeit kam nicht allmählich, sie kam ganz plötzlich. (Der Übergang vom Sprechen zu mir mit starker
Stimme zur Bewußtlosigkeit geschah in einem Augenblick)... Da war etwas,
was er riechen konnte, was er nicht mochte. Das ist etwas, was Sie wissen
müßten. Darum tat er erst so mit seiner Nase [Feda hatte vorher gesagt, der
geschaute Kommunikator hebe die Hand vors Gesicht, und hatte — die Geste
anscheinend mißverstehend — gefragt, ob Mrs. Allison ihren Gatten wegen
seiner Nase geneckt habe!] Es ist eine ganz besondere Sache,[1] aber er meint,
Sie werden zurückblicken können und begreifen. (Der einzige Geruch, an
den ich hierbei denken kann, wäre Whiskey, denn unmittelbar nachdem mein
Mann bewußtlos geworden war, goß ich ihm Whiskey die Kehle hinab.)'[2]

Dazu bemerkt Dr. Prince sehr scharfsinnig: daß, was dem Zuschauer als
Bewußtlosigkeit erscheint, es natürlich nicht für den Betroffenen selbst zu
bedeuten brauche. 'Dr. Allison' hätte also voraussetzungsgemäß sehr wohl
auch nach dem Tode in dieser zutreffenden Weise seine 'letzten' Sinnesein-
drücke bezeichnen können. Dann aber: 'der Luft sich bewußt — welch seltsamer Ausdruck, falls er telepathisch vom Sitzer erlangt sein sollte! 'Ein Geruch, den er nicht mochte' — noch seltsamer! Sicherlich hätte Mrs. Allison
an 'offenes Fenster' gedacht[3] und an 'gab ihm Whiskey', nicht aber an die
Empfindung von Luft auf der Haut oder in den Lungen, oder die Empfindung des Geruchs von Whiskey, die ihr Bewußtsein in jenem erschütternden
Augenblick schwerlich beachtet haben dürfte. Nehmen wir aber an, daß die

---

1) a very peculiar condition.   2) Allison 95 f.   3) Was allerdings unmittelbar
vorher gesagt worden war, so daß jener Ausdruck dies blos 'näher ausführen' könnte.

letzten Erinnerungen vor dem Tode äußerst zähe sind, so wäre es, falls der
Verstorbene von seiner Sterbestunde sprach, psychologisch wahrscheinlich,
daß Erinnerungen an die letzten Empfindungen wieder aufstiegen.'[1]

In der zweiten hier zu erwähnenden Einzelgestaltung unsres Tatbestandes liegt die spiritistische Natürlichkeit darin begründet, daß der
Kommunikator eine bestimmte Tatsache in einer täuschenden Verhüllung äußert, die gerade von seinem persönlichen Standpunkt aus
und gerade den Empfängern der Äußerung gegenüber wohl verständlich
erscheint. Das Beispiel, das ich hierfür gebe, gestattet zwar keine völlig
eindeutige Beantwortung der Frage, von wem der benutzte verschleiernde Ausdruck oder (wenn man will) die fromme Lüge ausgeht;
es ist aber gerade in dieser Unentschiedenheit von eigenartigem Reiz
für unsre Fragestellung. Der von Aksakow aufs genaueste in allen Urkunden geprüfte Fall nahm in gekürzter Darstellung folgenden Verlauf.

Am 15. Januar 1887 um 9 Uhr abends schrieb Frl. Emma Stramm, eine
Schweizer Erzieherin in Diensten des Pionierobersten Kaigorodow in Wilna,
in wachem Zustand automatisch in französischer Sprache. Ihre Frage, ob
'Lydia' (eine Kommunikatorin vorausgegangener Sitzungen) anwesend sei,
wurde verneint, dagegen behauptet, daß 'Louis' (ein verstorbener Bruder des
Mediums, 1869 sehr jung gestorben und ihre gewohnteste Kontrolle) zugegen
sei und eine Nachricht geben wolle: daß nämlich eine dem Medium bekannte
Person 'heute etwa um 3 Uhr gestorben sei'. Wer? 'Auguste Duvanel'.
Woran? 'An Thrombose.[2] Bete für die Erlösung seiner Seele.' — Am 23.
empfing Frl. Stramm einen am 18. geschriebenen Brief ihres Vaters aus Neufchâtel, worin er ihr den 'am 15. Januar etwa um 3 Uhr nachmittags' erfolgten
Tod des M. Auguste Duvanel mitteilte. 'Es war soz. ein plötzlicher Tod (hieß
es in dem Schreiben), denn er war nur wenige Stunden krank gewesen. Er
wurde von einer Thrombose[3] befallen, während er auf der Bank war ... Er
empfahl sich deinen Gebeten. Dies waren seine letzten Worte.'

Duvanel hatte, als Frl. Stramm noch in Neufchâtel lebte, diese zur Ehe
begehrt, war aber von ihr entschieden zurückgewiesen worden. Da die Eltern
ihr gleichwohl zuredeten, verließ sie die Schweiz. Seit dem Jahre 1881 hatten
sie sich nicht mehr geschrieben. Duvanel verzog nach dem Kanton Zürich.
Dort in einem kleinen Dorfe lebte er ganz einsam und beging am 15. Januar
1887 Selbstmord. Es ist völlig ausgeschlossen, daß Frl. Stramm bis zur Zeit
ihrer Sitzung hiervon durch den Draht normale Kunde erhalten hätte (was
von Aksakow sehr ausführlich begründet wird). Diese Tatsache des Selbstmords hatte der Vater der Tochter natürlich vorenthalten wollen. Am 16. Januar schrieb Frl. Stramm an ihre in der Schweiz lebende Schwester und bat
um eine Bestätigung von Duvanels Tode, den sie vorgab in einem Gesicht
geschaut zu haben. Die Schwester, im Bestreben sie zu schonen, leugnete den
Tod ab und behauptete, Duvanel habe sich nach Amerika begeben.

1) aaO. 192 f.   2) d'un engorgement de sang.   3) wie oben.

In der ersten danach abgehaltenen Sitzung, Anfang März (Herr Kaigorodow war verreist gewesen), wurde 'Louis' um eine Erklärung des Wider-
spruchs zwischen den brieflichen Angaben des Vaters und denen der Schwester gebeten. Er sprach (durch das Medium in Trans) von dem Wunsche der
beiden, Frl. Stramm zu schonen, und gestand, daß Duvanel nicht an Embolie
gestorben sei, sondern durch eigene Hand, was man aber dem Medium
um ihrer Gesundheit willen verheimlichen solle! Auf die Frage, woher
es käme, daß seine (Louis') erste Mitteilung (am Tage des Selbstmords) und
der Brief des Vaters die gleiche Ausrede gebraucht hätten, erwiderte
er: 'Ich war es, der ihm (dem Vater) diesen Ausdruck eingab.'
   Nun steht aber ferner fest, daß Herr Stramm sen. von Duvanels Selbstmord erst am 17. Januar erfuhr, anläßlich einer zufälligen Begegnung
mit Duvanels Bruder in einem Eisenbahnwagen. Er gebrauchte also tatsächlich den Ausdruck 'Thrombose' erstmalig drei Tage nach der Sitzung,
in welcher 'Louis' ihn zuerst gebraucht hatte. — Die Frage, wer der eigentliche Übermittler der ersten Nachricht war, stellt sich nach Myers' Auffassung in folgender Form: Falls der Verstorbene selbst, noch kurz vor
seinem Tode, die ehemalige Geliebte telepathisch benachrichtigte, bei der
seine Mitteilung latent geblieben wäre, bis sich die Dame abends zur Sitzung
anschickte, — woher dann die Falschheit der beschönigenden Angabe über
die Ursache des Todes? Die Übereinstimmung der beiden beschönigenden
Mitteilungen deutet auf einen Urheber. Herr Stramm kann dieser schwerlich sein, denn er wußte zur Zeit der ersten medialen Mitteilung normalerweise überhaupt nichts von dem Tode; es sei denn, wir nähmen an, daß
er unterbewußt und übernormal von dem Selbstmord erfahren habe, ihn
unbewußt der Tochter mitgeteilt und im Vollzug dieser Mitteilung die Beschönigung erfunden habe, die ihm dann, beim späteren bewußten Schreiben des Briefes, soz. in die Feder geflossen wäre. Erscheint diese Deutung
gekünstelt, so bleibt uns diejenige, die der Verlauf der Dinge selber darbietet, indem Louis, der verstorbene Bruder des Mediums, behauptet, daß
er den Vater beeinflußt habe, die gleiche Ausrede zu gebrauchen, die er
selbst der Schwester gegenüber erdachte. Wollen wir aber in 'Louis' nichts
weiter sehn, als eine unterbewußte Phantasiepersönlichkeit des Mediums,
so müssen wir annehmen, daß Duvanel selbst in beiden Fällen wirksam
war, indem er zunächst bei Frl. Stramm die Botschaft eingab und dann den
Vater zu der gleichen Notlüge verführte.[1]
   Soweit Myers' Gedankengang. Wir hätten also die Wahl zwischen zwei
Abgeschiedenen als Erfindern der Beschönigung, wobei für den ersteren
spräche, daß er sich selbst zur Erfindung bekennt; für den zweiten aber
alles, was üblicherweise gegen die Wirklichkeit sog. 'Führer' angenommen
wird. Die Frage dagegen, ob dem unglücklichen Liebhaber mehr daran
gelegen haben dürfte, seine Tat derjenigen zu offenbaren oder zu verheimlichen, um derentwillen sie geschehen war, — diese Frage wird
schwerlich je eindeutig zu beantworten sein.

1) Pr VI 343 ff.; Myers II 170 f.

Man mag nun einwenden, daß, falls Duvanel selbst die erste mediale Äußerung des Frl. Stramm eingegeben haben soll, er dies doch ebensogut kurz vor seinem Tode im Sinne seiner Notlüge getan haben könne; wobei seine Einwirkung eben einige Stunden 'latent' geblieben wäre. Um den Gebrauch der gleichen Notlüge durch den Vater drei Tage später zu erklären, müßte man dann freilich auch dessen unterbewußt-telepathische Beeindruckung durch den sterbenden Duvanel — oder gar durch das Medium annehmen, das sich somit die Bestätigung der eigenen automatischen Kundgebung durch einen Brief des fernen Vaters verschafft hätte. Es ist die übliche Gewundenheit animistischer Deutungen, die man wieder einmal gegen die Schlichtheit derjenigen der anderen Seite wird wägen müssen.

Jedenfalls aber werden wir gerade durch solche Verwicklungen unsres Tatbestands sehr nachdrücklich auf jenen Begriff des eigentlichen Aktivitätszentrums im medialen Kundgebungsvorgang zurückgeführt, den ich schon oben aus dem Ganzen unsrer Problemstellung heraushob; womit sich von neuem ein Gesichtspunkt nahelegt, der uns bereits aus der Erörterung des Ursprungs von 'Erscheinungen' vertraut ist und der auch hier, bei der Frage des Ursprungs inhaltlicher Kundgebungen, die sorgfältigste Berücksichtigung fordert. Ich gehe also dazu über, die spiritistischen Indizien zu erwägen, die etwa aus einer anscheinenden persönlichen Aktivität des Kommunikators innerhalb des Kundgebungsvorgangs zu gewinnen sind.

4. Das Argument aus der aktiven Darbietung der Kundgebungsinhalte

Der Animismus verlegt das Aktivitätszentrum auch bei Kundgebungen herkömmlicherweise ins Medium, und könnte es wohl auch z. B. in den Sitzer verlegen (soweit ein solcher vorhanden ist!); den Sitzer mit seiner 'Frage' an den Toten oder allgemeinen Erwartung von Mitteilungen. Auch das Medium mit seiner übernormalen Befähigung könnte ja gewissermaßen eine aktive Saugwirkung auf die Wissensquelle ausüben, mag diese in einem 'allwissenden Über-Ich' oder in einer Vielheit von Lebenden oder sonstwo liegen. Ja man könnte am Ende gar versuchen, das Aktivitätszentrum in jenes allwissende Über-Ich selbst zu verlegen. Aber trotz der abstrakten Unwiderleglichkeit einer solchen Annahme wird man ihr wohl nur verschwindende Wahrscheinlichkeit zusprechen. Das Kundgebungsdrama — das werden wir immer besser begreifen — ist ein überwiegend personhafter Vorgang. Seine Ingangbringung, soweit Sitzer und Medium dabei beteiligt sind, geht offensichtlich auf Personen zurück; und auch die Formen der Kundgebung sind vorzugsweise personhaft. Was sollte ein Erd- oder kosmisches Über-Subjekt veranlassen, in dem Augenblick, da N. N. sich zu einem Medium begibt, um mit einem Verstorbnen in Verkehr zu treten, dies Medium unter 'personaler Maske' mit einer Flut von Äußerungen zu überschütten, um N. N. die Täuschung beizubringen, daß er mit seinem Abgeschiednen redet? Wenn der Animist mit seinem Grundsatz Ernst macht, stets die 'natürlichste' Deutung zuerst zu erwägen, so wird er die Hypothese des aktiven Sitzers und Mediums weitaus vorziehn: des Sitzers, der auf bestimmte Personationen hofft; des Mediums, das sich nur in den Wissensstrom 'Gottes' und aller Lebenden 'einzuschalten' hat, um den Stoff zu einer überzeugenden Personation zu gewinnen, und dessen Glaube oder Eitelkeit es spornen muß, dem zahlungsfähigen Sitzer eine solche Personation zu liefern. Wird aber so das Medium zum wesentlichen Urheber des Kundgebungsdramas gemacht, so müßte sich dies doch wohl auch in irgendwelchen Einzelheiten der Leistung verraten; denn bei der verwandten Hellseh-Leistung, die auch wir ausdrücklich aller spiritistischen Deutung entrückt haben, sind solche Aktivitätsindizien auf seiten des Sehers doch ohne weiteres erkennbar.

Die von Osty beschriebnen z.B. werden meist durch einen an die Versuchsperson gerichteten Befehl in Gang gebracht: 'Folgen Sie diesem Menschen an dem Tage, an dem er dort und dorthin gekommen ist, und sehen Sie den Weg, den er verfolgt hat.' 'Beschreiben Sie den Ort, wo er liegt, geben Sie Merkmale an, an denen man diesen erkennen kann; usw.'[1] Entsprechend dann der Seher: 'Ich versetze mich in die Zeit, zu der das Lichtbild aufgenommen wurde.' 'Einige Zeit danach sehe ich den Kranken ...'[2] 'Ich durchwühle seinen Körper, ich suche ihn ab.'[3] 'Ich muß mit den Gedanken rückwärts in die Vergangenheit greifen.'[4] Und ferner: 'Es ermüdet mich, diesen Toten zu 'bearbeiten' — *cela me fatigue de travailler sur (!) cet homme mort!*' Der Seher muß also (so faßt Osty geradezu zusammen) 'eine Anstrengung aufbringen, eine zuweilen ohnmächtige Anstrengung, um an einer bestimmten Person festzuhalten.'[5] Ja die Aktivität des Sehers verrät sich zuweilen durch alle Anzeichen eines bei ihm eintretenden 'schöpferischen Zustandes'. So sagt z.B. der sehr gebildete M. de Fleurière von sich: 'Es findet in mir eine Art von Verdoppelung der Persönlichkeit statt, oder richtiger: es ist, als erhöbe sich plötzlich eine im Tiefsten meines Wesens verborgene Person, um sich [mehr oder minder] an die Stelle meiner normalen Persönlichkeit zu setzen... Wenn sich dieser Zustand ein wenig verlängert, fühle ich mich buchstäblich wie berauscht von jener besonderen Trunkenheit, die man z.B. in der Hitze des musikalischen oder dichterischen Schaffens empfindet, bis zu dem Grade, daß ich häufig ganz das Bewußtsein des Orts verliere, an dem ich mich befinde,

---

1) Osty 169 ff.   2) das. 159.   3) 160.   4) 163.   5) 198: pour rester au service d'une personne déterminée.

und der Dinge, die mich umgeben ... Nach langen Sitzungen bin ich nicht weniger aufgelegt zur Ausübung meiner Fähigkeit, im Gegenteil: ich fühle dann die Berauschung anwachsen, die mich durchfiebert, und je mehr sie zunimmt, desto mehr steigert sich in mir die geistige Hochspannung, die meine Fähigkeit der übernormalen Schau noch mehr erhöht.' [1]

Von alledem entdecken wir nichts beim Medium 'spiritistischer' Kundgebungen, dessen so häufig tiefer Trans oder völlig passive Einstellung es zu einem bloßen Kanal hindurchströmender Kundgebungen zu machen scheinen. Gleichwohl würden wir bereit sein, in seiner seelischen Tiefe irgend ein ihm zugehöriges Aktivitätszentrum für die Transleistung anzuerkennen, solange sich wenigstens keine Indizien für die Annahme eines anderen, außer ihm gelegenen entdecken lassen. Finden sich solche aber dennoch, so könnten sie wohl dazu beitragen, das Gleichgewicht der Theorie, von dem ich oben sprach, zugunsten der Seite des Spiritismus zu verschieben.

Die Aufweisung solcher Indizien kann natürlich nur von einer sehr genauen Analyse des Kundgebungsdramas in seinen höchstentwickelten Formen ausgehn, wie sie dem Leser ja aus manchen der mitgeteilten Beispiele schon leidlich vertraut sind. Ich will aber hier, wo die 'mikroskopische' Betrachtung dieser Formen entscheidende Bedeutung gewinnt, das verstreut Erwähnte kurz zusammenfassen und leicht ergänzen, um so einen festen Rahmen für die nachfolgende Kleinarbeit zu gewinnen.

Das Medium also, das zur Kundgebung von Wissensinhalten schreitet, befindet sich meist in vollem oder halbem Transzustand, ist aber auch mitunter leidlich wach. Im ersteren Falle hat es sich fast stets in eine 'Transpersönlichkeit' verwandelt, die man herkömmlicherweise als den 'Führer', die 'Kontrolle' (oder Hauptkontrolle) bezeichnet und wohl auch als den 'Spielleiter' des sich nunmehr entwickelnden Dramas bezeichnen könnte. Daß das Medium bzw. dieser Spielleiter den Abgeschiedenen, den Kommunikator, sieht und daher seiner Erscheinung nach beschreiben kann, davon ist im ersten Abschnitt des Buches gehandelt worden. Aber auch 'Mitteilungen' im engeren Sinne kann das Medium durch Sehen gewinnen: indem z. B. der geschaute Kommunikator von sich aus etwas durch Gebärden zu verstehen gibt.

Wenn z. B. das Medium etwas sieht, was es so ausdrückt: 'Frau mit dem schlimmen Fuß geht wieder vorüber', [2] so ist das gleichbedeutend einer Aussage: Mrs. So und so sagte mir, daß sie im Leben gehinkt habe. — 'Nelly', die liebenswürdige Hauptkontrolle der Mrs. Thompson, sieht, wie sie angibt, den verstorbenen Freund des Sitzers, des bekannten F. van Eeden, 'allein schlafen', und übersetzt das selbst in die Worte: 'Er scheint keine

1) 191 f. Anm.   2) Hill, Invest. 59.

Frau gehabt zu haben.'[1] — Oder wenn der gesehene Geist auf Fragen 'nickt' oder den 'Kopf schüttelt', so ist das ebenso eindeutig, als wenn er Ja oder Nein 'sagte'. Nach dem Augenschein wenigstens, wie auch nach der Behauptung der Kommunikatoren sind die 'Bewegungen' des im Trans geschauten Phantoms ein wesentlicher Bestandteil des Mitteilungsvorgangs. 'Wenn du mich sehen könntest', sagt einmal einer der Piper-Kommunikatoren zum Sitzer, 'wie ich hier stehe, du würdest jede Gebärde sehen, die ich mache und die von Rector [dem derzeitigen Spielleiter] nachgemacht wird; er ahmt mir nach, während ich zu dir spreche.'[2]

Aber auch wenn der Kommunikator etwas 'zeigt', so kann dies nicht bloß für die Erfassung seiner Erscheinung Wert haben, sondern auch als 'Mitteilung' von Wissensinhalten.

Das Medium Wilkinson sagt z. B. einmal: 'Sie [die Kommunikatorin] zeigt mir einige Gesangbücher', und bestimmt dann den ziemlich selbstverständlichen Sinn davon noch ausdrücklicher, indem es fortfährt: 'Sie hatte eine Vorliebe für Gesangbücher.'[3] Ähnlich das Medium Tyrrell: N. N. 'liebte sehr Schach zu spielen. Zeigt Schachbrett.'[4] Ja wir hören gelegentlich, daß dem Medium eine sich bewegende Hand auf einer 'vorgehaltenen' Landkarte eine bestimmte Stelle 'zeigt', um so irgendwelche biographische Einzelheiten zu übermitteln, und die Hand sich dann dem Medium als die eines bestimmten Kommunikators herausstellt.[5] Ja noch weiter entfaltet sich dieser Vorgang des Zeigens, wenn er gestaltenreiche oder dramatische 'Bilder' umschließt, etwa einen 'Abend daheim', d. h. die um den Tisch versammelte Familie mit mannigfachen Beschäftigungen: Büchern, Spielen u. dgl. (und das alles angeblich vom Kommunikator 'gegeben'!;[6] oder zwei im Wiener Ring-Theater verbrannte Damen 'in Flammen, welche ein Gebäude ganz umhüllen';[7] oder wenn ein bestimmtes Haus in anscheinendem Durchschreiten — treppauf, treppab —,[8] oder ganze Städte und Straßen, oder Landschaften mit vielen richtigen Einzelheiten gezeigt und geschaut werden.[9]

Eine mehr der direkten Mitteilung sich nähernde Form ist das 'Zeigen' oder 'Aufbauen' oder 'Schreiben' von Buchstaben, — sei es einzelner, also wohl Anfangsbuchstaben, deren Fortsetzung dann dem Erraten durch 'Spielleiter' oder Sitzer anheimgestellt wird, sei es mehrerer im Zusammenhang, wobei dann ein wahres 'Buchstabieren' sich ergibt, wenn nicht von ausführlichen Mitteilungen, so doch von einzelnen aufschlußreichen Worten. Der einfachere Vorgang ist allerdings der ungleich häufigere.

'Sie [d. i. die verstorbene Mrs. Thomas] zeigt mir immerzu B, und ich fragte sie nach dem Namen des Ortes, und sie baute ein B auf, und ich weiß, es ist nicht der Name, aber es ist etwas eng mit dem Orte verknüpf-

---

1) Pr XVII 107; vgl. 226; XVIII 153.   2) bei Barrett. Threshold 243.   3) Hill,
Invest. 61; vgl. 117. 120; Pr XVII 225.   4) Hill, aaO. 158.   5) Allison 294; vgl. 336.
6) das. 310.   7) PS XXXIV 530.   8) Pr XXX 369; vgl. Lodge, Raymond 65;
Allison 299; Pr XXXI 366.   9) Pr XXXII 125; XXX 391 ff,

tes...' Dies sagt Mrs. Leonards 'Feda' am 26. April 1927 zu Mr. John F. Thomas,[1] und ähnliche Äußerungen ließen sich bei ihr in beliebiger Menge aufweisen. Sehr merkwürdig fügt sie aber bei jener Gelegenheit bald danach hinzu: 'Sie versucht, es zu schreiben. Ich will ihrem Finger folgen. B. Sehen Sie es? Und dann so. Gerade auf und nieder, und dann so [schreibt 'Bloo' in der Luft.]!'

Viel seltener ist eine etwas umständlichere Art des Buchstabierens: 'Am 7. Febr. 1901 sah Miss Rawson im Trans die Gestalt Edmund Gurneys, der sich mit ihr unterhielt, indem er mit der Hand winkte, während sie die Buchstaben des Alphabets hersagte.'[2] — Dagegen lassen sich Zahlen höchst einfach auf ähnliche Art mitteilen: Am 21. Dez. 1889 sagte 'Phinuit' zu Mrs. Gonner: 'Ihr Vater hob seine Finger, um zu sagen: zwei.' (Es handelte sich um die zwei Namen einer bestimmten Person.)[3]

Die glatteste Art der Mitteilung besteht natürlich darin, daß der Kommunikator dem Medium 'sagt', was er zu bekunden wünscht.

Dies kann auch außerhalb des Trans und seines Dramas geschehen, wobei der 'Redende' nicht einmal gesehn zu werden braucht; wie wenn z.B. Wilkinson, während er an seinen gewohnten Sitzer Mr. Hill schreibt, sich plötzlich eine Stimme ins Ohr sprechen hört: 'Sagen Sie ihm, John Hey nehme großen Anteil an seinem Wohlergehen.' (John Hey war Hills mütterlicher Großvater, was Wilkinson nicht wußte.)[4] — Aber auch bei vollentwickeltem Transdrama 'redet' der 'gesehene' Kommunikator ausgiebig auf den Spielleiter ein, der seine Worte zu 'hören' hat und sie dann mit reichlich eingestreuten 'sagt er' oder 'sagt sie' an den Sitzer weitergibt.[5] Dementsprechend hören wir den Spielleiter zuweilen klagen, daß seine Mitspieler, die er zum Besten des Sitzers 'auszuholen' hat, nicht genügend reden, sich allzu ruhig verhalten.[6] Wir erleben es aber auch, daß der Spielleiter, soz. sich selbst vergessend, die Rolle seines Schützlings übernimmt, indem er nicht nur seine Worte (in der ersten Person) wiederholt, sondern auch seine Gebärden nachahmt und seine Gefühle durchlebt; so daß der Sitzer vorübergehend — bis ihn eine eingestreute Bemerkung des 'Führers' aus seiner Täuschung reißt — den 'Geist' des Dargestellten unmittelbar, und nicht die 'Hauptkontrolle' im Medium anwesend glaubt.[7] Auch verknüpfen sich gelegentlich beide Verfahren, die des Zeigens und die des Redens; wie wenn z.B. Mrs. Soule (am 16. Okt. 1920) zu Dr. Prince sagt: '[Mrs. Prince] hält in ihrer Hand zwei Stücke alten Porzellans. Sie sind völlig weiß mit goldenen Streifen, und sie sagt: Ein Teil meines goldgestreiften Porzellangeschirrs.'[8]

Allerdings bekennt 'Feda' gelegentlich, ihr Ausdruck 'er sagt' bedeute nicht immer, daß sie den Kommunikator etwas wirklich sagen höre,

1) Thomas, J. F., Stud. 67 f.   Vgl. Pr XXX 530; XVIII 156; XXII 233.   2) XVIII 301.
3) VI 489.   4) Hill, Invest. 70.   Sog. clairaudience der Engländer. Vgl. Pr XVII 95
(ohne 'Sehen': somebody); Allison 107 f.   5) z. B. Allison 105.   Es ließen sich Hunderte
von Belegen geben.   6) Pr VI 499.   7) XIII 56 f.   8) Allison 211; vgl. Pr XXX
405. 409.

sondern zuweilen (und vielleicht öfter, als wir denken?) nur dies, daß sie ihr Wissen irgendwie 'durch Beeindruckung gewinne.'[1] Denn das muß schließlich noch gesagt werden: daß alle geschilderten Verfahren der Mitteilung zuweilen abblassen bis zu einem bloßen 'Fühlen', 'Erfahren', 'Erlangen' — *sensing, getting* — von etwas, das sich eben — je nachdem — als sprachlich gefaßtes oder als bildhaftes Wissen auseinanderlegen läßt.[2] —

Alle diese einfacheren und gewöhnlicheren Formen des Transdramas pflegt der Animist mit dem Hinweis auf verwandte Vorgänge des normalen Traumlebens beiseite zu schieben. Auch der Traum, sagt er, kennt eine Mehrheit von Personen, kennt die Wechselrede und andre dramatische Formen; und doch wissen wir, daß hinter allen diesen Gestalten nur unser eigenes Ich steckt, oder allenfalls die verschiedenen 'Seiten' unsrer so mannigfaltig aufgebauten Persönlichkeit stecken. Gewiß, der dramatische Traum der Medien verfügt noch über ein Mehr: er verrät stets übernormales Wissen. Aber das besagt nichts für die Form, in der er sich uns darstellt. Mag es auch noch so seltsam erscheinen, daß immer gerade eine der 'Traumgestalten' das übernormale Wissen als ihren Anteil beansprucht und damit das Ebenbild eines Verstorbnen auf die Traumbühne stellt.

Aber die dramatische Aktivität des geschauten Unterredners im Medientraum unterscheidet sich noch in einer bedeutsamen Richtung von derjenigen des normalen Traums: durch ihre Heftigkeit, ihren Nachdruck, und liefert damit einen weiteren Hinweis auf die Personhaftigkeit und insofern auch Selbständigkeit jenes Willens-zur-Kundgebung, der sich uns als das Ich eines Abgeschiedenen darstellt. Dieser Nachdruck färbt und steigert häufig alle Ausdrucksmittel des Kommunikators, vor allem sein 'Zeigen und Sagen'.

Eine Form dieses Nachdrucks ist die Wiederholung. Wie wenn z. B. Mrs. Soule's Kontrolle am 17. Jan. 1928 zu Mr. Thomas sagt: 'Ihre Frau hält einen Buchstaben empor. Ich glaube nicht, daß es Helen [also ein 'Helen' bedeutendes H] ist. Sieht etwa wie ein H oder K aus. Sie lächelt mich an. Sie macht das H so viele Male in der Luft, es verliert sich in der Luft.'[3] Die Wissen-liefernde Person wiederholt hier ihre aus technischen Gründen nur andeutende Mitteilung, offenbar weil sie sich nicht verstanden fühlt. Und auch das 'Lächeln' — etwa: 'Begreifen Sie wirklich nicht?' — sollte beachtet werden; es erinnert uns an die 'mimische Unterhaltung' der Phantome, die schon früher als Hinweis auf eine gewisse persönliche 'Anwesenheit' gewürdigt wurde.

---

1) gets it by impression: Lodge, Raymond 62.   2) Vgl. JSPR XXIII 62 f.
3) Thomson, J. F., Stud. 64 f. Vgl. Allison 94; Pr XXX 474.

Der Eindruck solcher Wiederholungen steigert sich natürlich noch, wenn sie eine Aussage gegen den Widerspruch und Widerstand des Sitzers durchzudrücken suchen.

Mr. Ch. Drayton Thomas z. B. hat einmal zu seiner sich kundgebenden Schwester 'Etta' von einem bronzenen Affen gesprochen, der zu Hause oben auf einem Bücherständer stehe. 'Feda' bemerkt darauf, daß Etta ihr 'noch einen anderen Affen' zeige. Als der Sitzer erwidert, er habe keinen zweiten Affen, fährt sie fort: 'Sie zeigt Feda einen und ist gewiß, daß sie im Recht ist. Sie haben ihn.' Vielleicht einen in Büchern abgebildeten? schlägt der Sitzer zur Rettung der Lage vor. Aber Feda geht auf den Wink nicht ein. 'Nein, nicht in Büchern; sie meint wo anders. Hätte sie in Büchern gemeint, so hätte sie das gesagt.' — Mr. Thomas zweifelt noch auf dem Rückwege (und notiert es), ob er auch nur ein Bild eines Affen im Hause habe. Aber 3 Tage später fällt ihm plötzlich ein sehr kleiner steinerner Affe indischer Herkunft ein, den ihm ein alter Soldat geschenkt hat, und er findet ihn in einem Kuriositätenschrank, nicht weit von dem bronzenen Affen.[1] Oder: 'A. V. B.' spricht durch Feda von einem Ort, welcher 'zwei Extreme des Klimas' vereinigt habe, was Miss Radclyffe-Hall, die Sitzerin, für einen Irrtum erklären zu müssen glaubt. 'Das glaube ich auch', erwidert Feda, weil das doch sinnlos sei; 'aber sie will das nicht zurücknehmen, ... sie läßt davon nicht ab', und es erweist sich, daß sie im Rechte ist.[2] — Wie weit entfernt sind wir hier von jenem 'Angeln' des als Geist vermummten Mediums nach jedem Wink des Sitzers, wovon der Animist nicht müde wird zu reden.

Besonders häufig und merkwürdig sind die Anzeichen gesteigerter Aktivität im Bereich der 'gesprochenen' Mitteilung, des 'Sagens' von seiten des Kommunikators. Und das erscheint natürlich; denn die lebendige Äußerung einer echten Persönlichkeit vollzieht sich — auch im Leben! — weit freier und reicher durch die Rede, als durch die Gebärde. Die Kontrollen, zuweilen auch das zu sich kommende Medium selbst, sehen sich hier häufig einem wahren Ansturm des Willens zur mündlichen Darlegung gegenüber.

Als die Sitzerin sich einmal 'nicht erinnern' kann, ob die Angaben des Geistes Sinn haben, fährt 'Feda' fort: 'Sie sagt: Nein, nein... Sie wissen, wenn sie ihrer Sache sicher ist, dann ist sie schrecklich sicher ... Sie will, daß Sie diesen Punkt nicht vergessen, und sie will, daß Sie es ihr sagen, wenn Sie sich wieder erinnern.'[3] — Oder ein andermal, am 6. März 1918: 'Feda weiß, sie hat einen Namen oder sonstwas auf der Zunge, den sie Feda geben will' (Feda tastet dann in der bekannten Weise nach einem Namen); ... Sie sagt, Sie müssen dies niederschreiben und beiseite legen, es wird später völlig klar herauskommen.'[4] — Oder am 17. Jan. 1918: 'Wis-

1) Thomas, Life 67.   2) Pr XXX 393 f. 397 u. Vgl. Walker 103. 114.   3) XXX 372.   4) XXXII 48.

sen Sie', fragt Feda, 'ob er in den Kopf geschossen wurde?' Nein, sagt die
Sitzerin, in die Lunge. Aber Feda gibt nicht klein bei: 'Er fühlte es nicht
in der Lunge. Nein, nein, er schüttelt den Kopf ... Ich fühlte ein Würgen
in der Kehle, sagt er ... Er besteht hartnäckig darauf. Er will nicht fortgehen. Er sagt immerzu: Lassen Sie es nicht dabei bewenden. Er berührt
seinen Kopf nahe dem Ohr ...'[1] — 'Er sagt immerzu ...' Diese Worte deuten
wieder die Wiederholung als Verfahren zur Erzielung von Nachdruck an.
'Was ist es mit einer Botschaft aus dem Süden?' fragt Feda einmal mit
halber Stimme den Kommunikator und fügt, zur Sitzerin gewandt, hinzu:
'Er redet immerfort von irgendeiner Botschaft, etwas aus dem Süden.'[2]

Aber Wiederholung ist nicht die einzige Form der Steigerung im
Reden des Kommunikators. Nehmen wir an, ein telepathischer Einfluß
desselben auf das Medium oder dessen Kontrolle[3] stelle sich diesen im
normalen Fall als klanglich-versinnlichtes 'Reden' dar, so liegt die Vermutung nahe, daß eine gewollte Verstärkung solchen Einflusses,
etwa beim Ankämpfen gegen empfundenen Widerstand oder Unver-
ständnis, sich in gesteigerte Formen gehörter Rede, also sagen wir: in
gehörtes 'lautes' Reden, wenn nicht gar 'Schreien' umsetzen werde.
In der Tat wird derartiges von der Selbstdarstellung des Transdramas
häufig behauptet, und zwar bei so vielen verschiedenen Medien, daß wir
darin nicht eine Eigenheit der Traumphantasie eines einzelnen erblicken können.

Ich habe oben von der merkwürdigen Mitteilung durch Mrs. Soule von
einer ehemaligen Katze des Ehepaares Prince berichtet, die den 'hochtönen-
den' Namen Mephistopheles trug. Nach mancherlei Äußerungen in der
Sache kam endlich am 12. Nov. 1925 der Name selbst auf diese Weise heraus: Während Mrs. Soule in Trans fiel, sagte sie: 'Ich schlafe nicht, aber
es ist, als hörte ich jemand, der versucht, Mephistopheles zu sagen, — als
ob sie es mir zuschrien. Ist es nicht seltsam?'[4]

Ähnlich 'Feda' einmal: 'Er versucht, Ihnen immer wieder zuzuschreien,
daß er nicht gelitten hat.'[5] Und von 'Raymond Lodge' behauptete sie gelegentlich — als man ihn fragte, ob ein seltsames Ding sich bewegt habe,
das er zu beschreiben suchte, und worin man erst später ein 'Sandboot' mit
Segeln erkannte, das die jungen Lodges sich Jahre zuvor für den Badeort
Woolacombe gebaut hatten —: 'Er sagt, es bewegte sich nicht. Er lacht.
Als er sagte: es bewegte sich nicht, da schrie er das. Feda hätte sagen
sollen: er legte besonderen Nachdruck darauf', — einer der von der kind-
lichen Feda zuweilen gelieferten Sätze in gebildeter Ausdrucksweise.[6]
Ebenso sagt Mrs. Piper gelegentlich (14. Juni 1895; Sitzer Prof. Newbold),
während sie am Ende der (später ausführlich zu besprechenden) sog. Phase

---

1) das. 100; vgl. 110; XXII 54 u.; XXXVI 300.   2) Allison 82.   3) Bekanntlich
eine häufige Annahme bez. der Technik des Transgeschehens (worüber u. mehr).
4) Allison 249. Vgl. Hill, New Evid. 41; Pr XXII 44.   5) XXXII 99.   6) Lodge,
Raymond 148.

des Erwachens ihre spärlichen Erinnerungen stammelnd auskramt: 'Ich hörte allerlei Stimmen mir zurufen. Da war eine Dame, die immerzu an mir herumzerrte und auf mich lospickte und etwas zu sagen versuchte, aber ich konnte sie nicht verstehen. Es schien, als wenn mein Geist und der ihre zusammenzukommen versuchten und es nicht konnten.'[1] — Und eben dasselbe behaupten die Jenseitigen zuweilen von sich. So schreibt z. B. 'Myers' durch Mrs. Piper am 13. Mai 1907 mit Bezug auf ein gewisses Experiment von drüben, an den Sitzer Mr. Piddington gewendet: 'Mehr als einmal fand ich Sie, und obgleich Sie nicht in Worten auf meine Botschaft antworteten, sagte ich wiederholt — ja schrie Ihnen zu, in einer Weise, die Sie bei einem Gentleman würdelos nennen würden: Kirchturm.'[2] Und der Piper-Hodgson versteigt sich am 18. März 1907 zu folgendem Erguß: 'Ihr seid eine blöde Gesellschaft, wenn ihr nicht verstehen könnt, während ich doch schreie, so laut ich kann, damit ihr begreifen sollt.'[3]

Auch sonst wird das Gebaren des Kommunikators vom Spielleiter zuweilen in einer Weise beschrieben, die als natürliche Ergänzung solchen 'Schreiens' erscheinen kann. Von einer gewissen 'Etta Macleod' behauptete Phinuit, sie sei so aufgeregt[4] gewesen, daß es ausgesehen habe, als würde sie ihn in Stücke reißen.[5] — Selbst als dramatisch-symbolische Bilder aufgefaßt, sprechen solche Beobachtungen für eine starke Aktivität ihrer 'Quelle', und das scheint doch hier der Kommunikator selbst zu sein.

Gelegentlich scheint sich dieser Nachdruck der Äußerung sogar auf das Medium selber auszuwirken. Wenn uns z. B. Mr. H. Swaffer sagt, daß in 'Lord Northcliffes' Worten, die sich auf seine frühere Stellung bezogen, häufig vom Medium 'geschrien' wurde, 'gleichgültig, wer das Medium war',[6] so scheint auch dies auf eine verwandte plötzliche Verstärkung des Einflusses zu deuten, erklärbar durch die besondere Erregung, die den Kommunikator beim Gedanken an seine einstige Tätigkeit und Macht ergreifen mochte.

Erfolgt die Äußerung durch Schreiben des Mediums, so scheint auch hier zuweilen Steigerung der Kraftentfaltung einen höheren Grad des Andrängens von drüben her anzudeuten.

So berichtet der bekannte Hypnologe Dr. Liébeault von einer Mlle B. in Nancy, die im Augenblick, da sie sich am 7. Febr. 1868 zum Frühstück niedersetzen wollte, einen Schreibantrieb fühlte. 'Sie stürzte sofort zu ihrem großen Schreibheft, wo sie mit dem Bleistift in fieberhafter Hast gewisse unleserliche Worte schrieb. Sie schrieb dieselben Worte wieder und wieder auf den folgenden Seiten, und endlich, als ihre Erregung nachließ, war es möglich zu lesen, daß eine gewisse Marguérite auf diese Weise ihren Tod ankündigte.' Man bezog dies auf eine junge Schulfreundin des Mediums in Koblenz, die, wie sich erwies, zur selben Stunde gestorben war.[7]

1) XXVIII 221.   2) XXII 44.   3) XXII 179.   4) eager.   5) Pr XIII 449. Vgl. XIV 16 Abs. 2; XXVII 221; XXX 367.   6) Swaffer 135.   7) Gurney I 293; Myers II 169.

Während das 'Zuschreien' in seiner Art eine Höchststeigerung der Aktivität im Übermitteln darstellt, sinkt diese zuweilen auf ein solches Mindestmaß herab (wenigstens des Erfolges, nicht notwendigerweise der Anstrengung), daß nur das gespannteste 'Hinhorchen' des Mediums noch folgen kann. Es lohnt sich dies zu erwähnen; denn auch dieser negative Tatbestand erweckt den Eindruck einer personhaften Sonderung der beiden Unterredungspartner, nur daß hier die 'rezeptive' Anspannung des Mediums der technisch unzureichenden Aktivität des Kommunikators zu Hilfe kommen muß.

J. A. Hill hat uns eine sehr bezeichnende Schilderung des Verhaltens seines Mediums A. Wilkinson in solchen Fällen geliefert: 'Nach jedem Ausbruch [der rasch hervorgesprudelten Aussagen Wilkinsons — der bei leidlichem Wachsein die Kommunikatoren um sich her im Zimmer 'sieht' und sie 'hört' —] schweigt er oder murmelt in zerstreuter Weise 'm—, m—', macht aber den Eindruck angestrengten Lauschens und gespannter Aufmerksamkeit, als ob er nicht nur mit den Ohren, sondern mit seinem ganzen Wesen lauschte. Es ist schwer, dies zu beschreiben, denn mächtige Bemühung erscheint unvereinbar mit Passivität; und doch liegt da eine Verbindung beider vor.'[1]

In manchen Fällen freilich hat die 'Kontrolle' den deutlichen Eindruck, daß ein Versagen durchaus Schuld des Kommunikators sei, der sich zwar im höchsten Grade anstrenge, etwas zu übermitteln, aber dabei nicht durchdringe. 'Sie gibt sich schreckliche Mühe, es zu sagen, aber ich kann nicht den richtigen Klang davon bekommen', sagt Feda einmal zu Mr. Thomas.[2] Oder Wilkinson: 'Der Familienname dieses jungen Mannes beginnt mit einem H. Aber es ist nicht Hill. Er scheint große Anstrengungen zu machen, mir mehr zu sagen, aber ich kann es nicht kriegen.'[3] — Womit man folgende Darstellung eines Kommunikators selbst vergleichen mag. Mr. Thomas' 'Vater' sagt einmal: 'Ich kann das Medium nicht dazu bringen, daß sie es sagt, obgleich ich sehr wohl weiß, was es ist, was ich ihr sagen will.'[4]

Mit allen diesen Aufweisungen soll natürlich nicht gesagt sein — so wenig wie mit den früheren verwandten, auf die 'Erscheinung' des Kommunikators bezüglichen —, daß irgendein abgespaltenes Bewußtseinszentrum in seine Äußerungen dem Ich gegenüber nicht auch einmal besonderen Nachdruck legen könne (wiewohl mir Beispiele dieser Art durchaus nicht erinnerlich sind). Aber es handelt sich hier ja nicht um 'Beweise', sondern um Indizien, die im Zusammenhang mit vielen weiteren gewogen und von denen die ausschlaggebenden erst noch besprochen werden sollen. Beachten wir wohl, daß auch hier die Heftigkeit des Mitteilungswillens von einem dritten Personzentrum aus-

---

1) Hill, Invest. 86 f.   2) Thomas, J. F., Stud. 68.   3) Hill, Invest. 105; vgl. 132. 154. 195.   4) Thomas, Life 209.

geht, das außerhalb des 'zweiten' Ich des Mediums — seiner Transpersönlichkeit — liegt und das sich ganz ausschließlich im Besitz des gesamten Wissens zeigt, welches den angeblichen Kommunikator kennzeichnet: eines Wissens, das dieser 'durchzubringen' bemüht sein müßte, falls er sich wirklich zu identifizieren wünscht. Die Natürlichkeit solcher Anspannung gerade unter diesen Voraussetzungen ist unverkennbar.

5. Das Argument aus der Motivierung der Kundgebung

Die zuletzt besprochenen Indizien für die Verlegung des Aktivitätszentrums in einen unabhängigen Kommunikator bezogen sich soz. auf die Dynamik des Mitteilungswillens. Indessen gibt es eine andere Klasse solcher Hinweise — und ihre Beweiskraft erscheint mir erheblich größer —, wo sich diese auf Sinn und Zweck der Mitteilung gründen. Wenn es gilt, die persönliche Herkunft einer beobachteten Leistung zu erschließen, kann die Frage *cui bono?* nicht umgangen werden, und in vielen Fällen wird gerade sie für das Urteil entscheidend sein.

Ein Teil solcher Indizien ist nun freilich nur den Angaben des Mediums selbst zu entnehmen, und dies begründet — wie wir gleich sehn werden — ihre Schwäche. Gleichwohl lohnt es, sie sich zu vergegenwärtigen, und ich will einige in Kürze anführen, die leidlich zwischen der eben abgeschlossenen und der jetzt zu eröffnenden Gruppe stehen. — Zunächst erscheint natürlich der Kommunikator in den Aussagen des Mediums durchweg als einer, der in ganz persönlicher Weise an den Sitzer 'heranwill', ihm etwas zu sagen wünscht, oder vielleicht durch ihn einem andern Lebenden.

Immer wieder behauptet z.B. das Medium Wilkinson von der geschauten Gestalt des Kommunikators, sie blicke den Sitzer an 'auf eine furchtbar interessierte Art';[1] ja einmal macht er die seltsame Angabe über eine weibliche Gestalt (deren Vornamen, Helen Torrington, Mr. Hill erst nachträglich als richtig erweisen kann): 'Sie geht hinter Ihren Stuhl. Sie geht ziemlich viel umher, und ich fühle, daß sie nach jemand ausschaut, der nicht hier ist.' Hierzu bemerkt Hill: die Beschreibung sei in allen Einzelheiten richtig gewesen; der Sohn der Dame sei sein Kamerad und eine Tochter von ihr zwei Tage vor der Sitzung bei ihm zu Besuch gewesen, 'wobei sie anscheinend ihren Einfluß zurückgelassen hatte. Ohne Zweifel war sie es, nach der Mrs. Torrington ausschaute.'[2] Wie seltsam! Die Tochter einer Verstorbenen hat zwei Tage zuvor ein Zimmer betreten, in welchem die Verstorbene gesehen wird, und diese 'Gesehene' scheint nach ihrer Tochter suchend 'auszuschauen'. Spürt das Medium den zurückgelassenen 'Einfluß' und 'dramatisiert' dementsprechend seine 'wahre' Vision?

1) Hill, Invest. 76; Allison 100.   2) aaO. 75.

Mitunter geht diese Dramatik des gesehenen Phantoms noch weiter in der ausdrücklichen anschaulichen Bezugnahme auf den Sitzer. Als Mrs. Thomas sen. ihren Sohn einmal anonym zu Mrs. Leonard begleitet, sieht Feda wieder einmal den Gatten bzw. Vater und sagt: 'Er ist zu jener Dame hinübergegangen, er klopft sie auf die Schulter; er sitzt neben ihr und sieht befriedigt aus. Er legt seinen Arm um ihre Schulter. Warum denn? Es ist doch seltsam von ihm, so etwas zu tun. Er sagt: Nein, gar nicht; sein Benehmen sei ganz in Ordnung. Er erscheint sehr befriedigt. Er will gar nicht fort von der Dame. Er berührt ihr Haar im Nacken. Sie trug ihr Haar vor vielen Jahren ganz anders. Gedrehte Locken, mehrere, nicht bloß ein oder zwei.'[1] — In der Tat hatte Mrs. Thomas in früherer Zeit ihr Haar so getragen; 'tastete' also ihr Gatte nach den Locken, die ihm vertraut waren, von denen aber Mrs. Leonard nichts wußte?

Von 'Mr. Allison' sagt Feda einmal (30. Juli 1924), er komme, weil er die Sitzerin (seine Witwe) gern habe, weil sie 'zu ihm gehöre'; 'und er legt seine Hand unter Ihr Gesicht, hier — so —, und klopft Sie unter Ihrem Kinn (tut es) so. (Zum Kommunikator gewendet:) Sie dürfen sie nicht küssen! (Zur Sitzerin:) Wahrhaftig, er küßt Sie, Mrs. Lyddie. Vielleicht würde jeder nette Geist Sie küssen mögen, aber er hatte das Recht dazu...'[2]

Kurzum: aus Gebärden, Worten und Mitteilungsinhalten geht für den unbefangenen Beobachter jederzeit hervor: der Kommunikator will den Sitzer unter des Mediums Beistand irgendwie erreichen, sich ihm womöglich bemerkbar machen, zum mindesten ihm etwas mitteilen. Der Sinn aber dieses immer wieder betonten Willens zum Herankommen an den Sitzer wird ebenso oft wie eindeutig ausgesprochen: der Kommunikator will sich identifizieren. Er will Beweise dafür geben, daß er wisse, was er wissen müßte, und damit letztlich: daß er noch lebe.

Sir Oliver Lodge erhält von seinem Freunde 'E.', 'einem Manne von europäischem Rufe', in 'langer Unterhaltung' Äußerungen über 'persönliche Angelegenheiten', von denen gesagt wird, daß er sie erwähne als 'Beweise seiner Identität'. 'Sie waren,' sagt Lodge, 'mir völlig unbekannt, sind aber durch einen gemeinsamen Freund bestätigt worden.'[3] — Es wird geradezu behauptet, der Kommunikator habe gewisse vorbereitete Aussagen zur Sitzung 'mitgebracht', als eine Art Beweis.[4] — 'Lord Northcliffe', der einmal zwei Stunden lang Mr. Swaffer mit wahren Erinnerungen förmlich bombardiert, sagt mitten darin: 'Ich versuche Ihnen Beweise zu geben, und darum öde ich Sie mit diesen Einzelheiten.'[5] — Und 'Isaac Thompson' behauptet: 'Ich halte diese Flasche in der Hand zum Zweck der Selbstidentifizierung.'[6]

Ja selbst ein Verständnis für die besonderen logischen Erfordernisse solcher Beweise wird zu erkennen gegeben; wie wenn z. B. 'Mrs. Thomas' am 10. Aug. 1927 durch Mrs. Soule schreibt: 'Nun denn, um zu Erfahrungen der Vergangenheit zurückzukehren, die bestimmt genug sind, die Erklärung

---

1) Thomas, Life 33 f.   2) Allison 100; vgl. 223. 224.   3) Pr VI 493.   4) Allison 25. 89; vgl. 335.   5) Swaffer 246 f.   6) Pr XXIII 165.

durch Gedankenlesen auszuschließen...', und diese Bemerkung ist umschlossen von anderen, in denen die Verstorbene ihrem lebenden Gatten vorhält, wieviel er vergessen habe, was sie erinnere. 'Dein Gedächtnis, Liebster, ist nur lückenhaft. Ich weiß es, und ich suche es dir zu beweisen. Ob du dich wohl entsinnen kannst,' — und es folgen bedeutsame Erinnerungen.[1] — 'Besonders heute früh versuche ich Ihnen Sachen zu sagen, die Sie nicht wissen,' sagt 'Northcliffe' durch Mrs. Leonard zu seinem getreuen Swaffer.[2]

Und eben weil dies oder jenes vom Kommunikator als wichtig im Sinne seines beweistechnischen Zweckes betrachtet wird, begegnen wir der immer wiederkehrenden Hervorhebung einzelner Aussagen aus der Masse der übrigen.[3]

'Da war ein Zimmer,' sagt 'Thomas sen.' gelegentlich, 'mit einer Menge Holz darin... Es war das einzige Zimmer im Hause mit soviel Holzwerk, eine Art Täfelung an den Wänden... Schreib dies besonders nieder.'[4] — 'Ich werde besonders gebeten,' sagt Mrs. Garrett einmal im Namen von 'Mrs. J. F. Thomas', 'auf ein Bildnis hinzuweisen, und ich glaube, daß dies Porträt etwa mit dem Jahr 1900 oder 1903 oder 4 verknüpft ist.'[5] Und in der Geschichte von einem 'indianischen Körbchen' heißt es: 'Das ist es, was sie sagt: kannst du das nicht ausfindig machen?' Es erscheint der Redenden offenbar als guter Beweis.[6] — Oder Feda zu Mrs. Allison: 'Ja, großer Buchstabe A, und ich sehe den gerade vor ihm. Ich habe das Gefühl, dies ist ihm schrecklich wichtig.'[7]

Als Endzweck aber aller solcher Bemühungen wird immer wieder, wie gesagt, der Wunsch ausdrücklich behauptet, den Beweis des Fortlebens zu liefern, sei es in dem beschränkten Sinn, daß der Redende selbst noch existiere, sei es im Sinn jener allgemeinen Wahrheit, daß der leibliche Tod an sich kein sofortiges Ende bedeute.

Inmitten einer Reihe schlagend treffender Aussagen über eine ganze Familie in einem fremden Erdteil sagt Phinuit zur Sitzerin, Mrs. Clarke: 'Seine [des Kommunikators] Mutter hat sich sehr über seinen Tod gegrämt. Er bittet Sie, um Gottes willen, ihnen zu sagen: es war ein Unglücksfall; — daß es sein Kopf war; daß er dort verwundet wurde (macht die Bewegung eines Stoßes nach dem Herzen); daß er es vom Vater geerbt hatte. Sein Vater war von Sinnen; Sie wissen, was ich meine — verrückt. [Der Vater war die letzten drei Jahre seines Lebens geisteskrank, ... der Sohn verübte in einem Anfall von Schwermut Selbstmord durch einen Stoß ins Herz] ... Und er bittet Sie, ihnen zu sagen, daß sein Körper tot ist, aber daß er lebt.'[8] — Oder, wie Vout Peters einmal zu Mr. Hill im Namen von dessen Vater sagt: 'Ihm ist glühend darum zu tun, zurückzukehren, ... er scheint ängstlich bestrebt, Ihnen zu sagen: ich lebe, ich lebe.'[9]

1) Thomas, J. F., Stud. 49.   2) Swaffer 251. Vgl. Pr XXXV 499. 504. 506. — 'Raymond' 'verbirgt' gelegentlich sein Gesicht, um unerkannt zu bleiben: Lodge, Raymond 104. 3) Vgl. o. S. 412 ff.   4) Thomas, Life 25.   5) Thomas, J. F., Stud. 43.   6) das. 59.   7) Allison 107.   8) Pr VI 178. ('Alle Namen und Tatsachen korrekt'.) 9) Hill, Invest. 194.

Besonders eigenartig eingekleidet ist eine verwandte Aussage der überreichlich identifizierten 'Mrs. J. F. Thomas' ihrem Gatten gegenüber. 'Du weißt, ich hatte jederzeit ein Lieblingskleid, das ich trug und trug, nur weil ich es mochte, selbst wenn ein neues schon fertig war und darauf wartete, getragen zu werden. Ich hatte das Gefühl, daß ich meine Kleider mehr liebte, wenn sie am stärksten abgetragen waren, und ich glaube jetzt, der Grund dafür war, daß sie zu einem Teil von mir wurden. Ich komme mir eigentlich albern vor, daß ich von Kleidern schreibe, während es doch diese große Frage des Fortlebens ist, was mir jetzt vor allem am Herzen liegt; aber ich befolge darin den Rat von Freunden hier drüben, die das Fortleben zu beweisen wünschen.'[1]

Dies also ist in allgemeinster Fassung Sinn und Zweck der Kundgebungen Abgeschiedener. Aber ich sagte bereits, daß der darin enthaltene Hinweis auf ihre wirkliche Betätigung nur ein schwacher sei. Der Grund liegt auf der Hand: auch ein personierendes Unterbewußtsein des Mediums selber müßte natürlich soz. getränkt gedacht werden mit dem Wunsche, 'Beweise' zu liefern für das Fortleben und zu 'identifizieren'. Es müßte diese Absicht in den Mittelpunkt seiner 'Geisterdarstellung' rücken, auch wenn diese sein ausschließliches Werk wäre. Einige der angeführten Äußerungen und Visionen mögen einen Klang und ein Aussehn haben, die darüber hinausweisen; sie können aber natürlich nicht beweisen, daß dieser Schein nicht trügt. Wir können allenfalls sagen, daß falls die Personation einen außermedialen Ursprung hätte, solche Äußerungen und Visionen sich massenhaft vorfinden müßten, und ich habe nicht mehr belegen wollen, als daß sie sich wirklich vorfinden — weit häufiger, als die wenigen Beispiele erkennen lassen — und das spiritistische Bild des Transdramas abrunden helfen. Wir legen also auch diese Indizien — im Zusammenhang aller übrigen — auf unsere 'Waagschale' und gehen nunmehr dazu über, die mehr mittelbaren Hinweise auf Sinn und Zweck, also auf Motive der Wissenskundgebungen vom Standpunkt der anscheinenden Kommunikatoren zu betrachten.

Ich sagte schon, daß diese für eine wirkliche Aktivität des Kommunikators unvergleichlich größere Beweiskraft haben, als die eben besprochenen, nur in Behauptungen bestehenden. Erweist sich nämlich der Inhalt einer Mitteilung als von solcher Art, daß wir, soz. als Menschenkenner und im Einblick in die Lage des Einzelfalles, natürliche Gründe haben, das Bedürfnis nach Mitteilung jener Inhalte einem bestimmten Abgeschiedenen zuzuschieben, so kann das Gewicht solchen Hinweises dadurch nur wachsen, daß wir ihn erst erschließen müssen, daß er also nicht nur auf einer ausdrücklich betonten Absicht

---

1) Thomas, J. F., Stud. 17.

beruht, die wir weit eher einem Maskenspiel des Mediums zuschreiben könnten. Dagegen brauchen wir nicht zu fordern, daß das Motiv überhaupt — auch nebenher — nicht erwähnt werde; wenn es nur gleichzeitig an sich natürlich und einleuchtend erscheint.

Die Argumente, zu denen wir uns hier rüsten, sind offenbar teilweise jenen wesensverwandt, die wir bereits in den Kapiteln über den Sinn von Erscheinungen anwenden konnten. Wir lernten Spuke kennen, die (abgesehn von ihren reinen Erscheinungsinhalten) durch den Zeitpunkt oder durch sachliche Bezogenheiten ihres Auftretens einen Sinn und Zweck erkennen ließen, der ihre Rückführung auf den erscheinenden Verstorbenen selber nahelegte. Solche Sinnanzeichen fordern aber auch im Falle anscheinend von Verstorbenen ausgehender Äußerungen und Angaben nicht selten ziemlich eindeutig, daß wir das Aktivitätszentrum, den Willen-zur-Mitteilung in den angeblichen Kommunikator verlegen. Tatsächlich machten manche der früher auf ihre Motivierung hin betrachteten 'Erscheinungen' auch beträchtliche Mitteilungen unbekannten Inhalts, so daß sie auch in den jetzigen Zusammenhang eingereiht werden könnten. Wir wissen ja, daß eine völlig saubere Scheidung der Typen sich nur selten in unseren Argumenten durchführen läßt. — Da sich nun aber die Bestimmung des Aktivitätszentrums auch hier nur auf die psychologische Zergliederung des Einzelfalles gründen kann, so gehe ich ohne weitere abstrakte Erwägungen sogleich zur Darlegung von Tatsachen über.

Ein- und überleitend möchte ich kurz auf eine Gruppe von Fällen rückverweisen, bei denen wir anscheinend vielfach das zuletzt besprochene Motiv oder doch ein sehr ähnliches vermuten dürfen, ohne bei seiner Feststellung auf die Aussagen eines Mediums angewiesen zu sein: ich meine jene Gruppe von Todesankündigungen, die ich schon in unserer einleitenden Tatsachenschau aus der Masse der übrigen Kundgebungen ausschied.[1] Falls der Leser sie nochmals daraufhin durchblicken wollte, würde er in manchen jener Beispiele irgendwelche Andeutungen einer persönlichen Aktivität des anscheinenden Kommunikators entdecken (wie etwa Cecilie Burmeisters seltsames Mut-Zusprechen zu einer Operation; Rowbotham's 'Grüßen'; Mr. Danns Betonen gewisser Bekanntschaften; Mrs. Beadons große Dringlichkeit des Auftretens; die Bitte der Pereligin um Gebete; das zweimalige 'Schweigen Sie!' der Adele Milani usw.). Ein Motiv — und vielleicht das eigentliche — des Auftretens-überhaupt können wir freilich in solchen Fällen nur aus der Lage des eben Gestorbenen heraus vermuten: er findet sich in eine andere Welt versetzt; er fühlt sich von dem Ge-

1) o. S. 302 ff.

danken an Zurückgelassene bedrängt ('was werden sie nur sagen?!'), er will sich ihnen kundgeben und versichern, daß der Tod nicht alles ende, daß das Sterben und der Zustand danach 'nicht so schlimm' seien, u. dgl. m. Tatsächlich haben wir ja auch entsprechende ausdrückliche Versicherungen aus dem Munde von Phantomen vernommen, die kurz nach 'ihrem' Tode erschienen, um ihn anzuzeigen.[1]

Ich gebe hier noch einen solchen Fall von Todesankündigung wieder, wo sich das 'vermutliche' Motiv mit gleicher Ausdrücklichkeit und zugleich unverkennbarer 'menschlicher Natürlichkeit' ausspricht; der Umstand, daß es sich um eine den Sitzern gänzlich Fremde handelt, ordnet nicht nur den Vorgang in die Klasse der Mitteilungen unbekannter Inhalte ein, sondern betont auch das angstvolle Bedürfnis des eben Verstorbenen, sich irgendwo als lebend kundzugeben, sofern sich nur die Möglichkeit bietet.

Sgr. G. Monnosi, Schriftleiter des 'Giornale d'Italia', berichtete darin am 14. Okt. 1907 von einer Tischklopfsitzung in den letzten Tagen des vorausgegangenen Monats, an der außer ihm noch Sgr. Annibale Tritoni als Protokollführer teilgenommen hatte. Nach 'heftigen Meldezeichen' erfolgte nachstehende Äußerung: 'Ich bin ein Geist, der seit dem Verlassen seiner sterblichen Hülle in furchtbarer Angst lebt. Ich habe mich an Andere gewandt, und niemand wollte meinen Bitten willfahren; darum habe ich hier Zeichen gegeben. Ich hieß Lida Giordani Brunelli; ich bin gestorben in Cento am 6. Jan. 1907. Ich wünsche dringend, mich meiner Mutter Luisa Buggio, verw. Giordani, und meinem Manne, Fedele Brunelli, kundzugeben.' Nachforschungen durch die Polizei ergaben folgendes: Am 6. Jan. d. J. war tatsächlich in Cento die Sigra. Lida Giordani gestorben, Gattin des 40 Jahre alten Fedele Brunelli, wohnhaft im Bezirk San Nicolò der Gemeinde Argenta, wo er Haus- und Grundbesitzer ist. Die Sigra. Luisa Buggio, 77 Jahre alt, verw. Giordani, Mutter der Verstorbenen, wohnt in Cento bei dem einzigen Sohn, Carlo Giordani, 54 J. alt, einem reichen Grundbesitzer und Großgewerber.

Die Veröffentlichung dieser Tatsache führte zu zahlreichen, z.T. Einspruch erhebenden Einsendungen an das 'Giornale', gegen die sich Monnosi in einem zweiten Artikel verteidigte, der u. a. angab, daß Sgr. Tritoni Einwohner Roms und nie in Cento gewesen war, niemand von den genannten Personen kannte und ihre Namen nie nennen gehört hatte. Vom Medium selbst erwähnt Monnosi[2] dies seltsamerweise nicht. Doch berichtet Sgr. Enrico Carreras, der den Fall nochmals nachprüfte, daß auf den Zeitungsaufsatz hin der Bruder der Verstorbenen, Prof. Brunelli in Rom, sich zu Tritoni begeben und 'die unbedingte Überzeugung von der Ehrlichkeit desselben und des Mediums' gewonnen habe; 'bei dieser Gelegenheit habe die Gattin des Professors einen weiteren Beweis des Überlebens ihrer Verwandten erhalten', der aber nicht mitgeteilt wird.[3]

---

1) o. S. 133 ff. 310.   2) oder doch Bozzano, Casi 272 ff.   Das Medium nicht genannt.
3) RSMS 1907 268 f.   Vgl. den Fall Pr V 475 Anm.

Die folgenden Fälle, obwohl nicht ohne Gewicht, möge der Leser als eine Art Vorspiel zu den weiterhin zu liefernden eindrucksvolleren auffassen. Es handelt sich bei ihnen allen um leidlich persönliche, mitunter 'selbstsüchtige' Belange des Verstorbenen. Die ersten drei machen auch wieder eine Voraussetzung nötig, die der entschlossene Zweifler nicht ohne weiteres zugestehen wird, für die sich jedoch die Beweise zunehmend zu häufen scheinen: die Voraussetzung nämlich, daß der Abgeschiedene imstande sei, irdische Dinge, die mit ihm und seinem Leben verknüpft sind, auch nach dem Tode noch irgendwie zu verfolgen,[1] also etwa das Schicksal seiner Leiche, oder den Zustand seines Grabes und somit die Auswirkung seines Andenkens bei den Hinterbliebenen, aber auch das Schicksal hinterlassenen Besitzes. Die weiteren Beispiele dagegen berufen sich ausschließlich auf Erinnerungen des Kommunikators an seine Habseligkeiten. Beide Arten von Kundgebungen scheinen jedenfalls Motive zu offenbaren, die durchaus menschlich-natürlich anmuten, wenn wir voraussetzen, daß die seelische Verfassung der Verstorbenen sich keineswegs sofort sprung- und bruchartig ändert, sondern mit innerer Stetigkeit an ihre irdische sich anschließt, — eine Voraussetzung, die nicht nur von allgemeinen Erwägungen, sondern auch von massenhaften Indizienbeweisen gestützt wird. — Ich gebe zunächst die Berichte und lasse einige Anregungen zu ihrer Auffassung folgen.

Ein sehr eigenartiges Motiv in Verbindung mit dem Schicksal des Leichnams, nämlich die Sorge um seine Identifizierung, verrät ein Fall, den Mr. F. Hodgson, ein wissenschaftlicher Photograph, durch Vermittlung des Dr. H. D. R. Kingston der Ges. f. ps. F. mitteilte. — Am Abend des 14. Juni 1890 um 11 Uhr setzte im Hause der Witwe S. A. Kamp in Wymberg (Kapkolonie) ein starker Lärmspuk ein, der sie, ihre Tochter und die Miteinwohnerin Miss C. Mahoney am Schlafen verhinderte und dessen natürlicher Ursprung durch keinerlei Nachforschungen festzustellen war. Mr. Hodgson, dem sie dies am Tage darauf berichtete, verbrachte die nächste Nacht in ihrem Hause, wo ihm überdies der Gedanke kam, mit zweien der Damen und zwei anderen Verwandten eine Sitzung zu veranstalten. Durch Klopflaute erhielt man 'Lewis' (niemand kannte jemand dieses Namens), und kurz darauf die Worte '*to warn* — als Ankündigung'. Um 2 Uhr nachts wurden die Schlafenden wiederum durch Lärm geweckt, und Mr. Hodgson hörte das Herabwerfen einer auf seinem Nachttisch liegenden Schachtel Streichhölzer. — Am Tage darauf las H. in der 'Cape Times' die Nachricht, daß ein Unbekannter in der Nacht des 14., etwa um 8,45 abends, nahe Woodstock von einer Lokomotive getötet worden war. 'Niemand von uns brachte dies zunächst in Verbindung mit dem Lärm, ... da ja keinerlei Zusammenhang ersichtlich war.' Erst am 17. abends erfuhr Mr. Hodgson von einer Farbigen, die Mrs. Kamps Laden betrat und

1) Vgl. hierzu etwa den Aufsatz von Myers in Pr VIII 170 ff.

selbst das Gespräch auf den Verunglückten brachte, daß dessen Name Jim Lewis sei; er habe mit ihrer Schwester zusammen gelebt. In einer nachfolgenden Sitzung am gleichen Abend buchstabierte Lewis nochmals seinen Namen und fügte hinzu: 'Ich bin unglücklich, weil man nicht weiß, wer ich bin', und bezeichnete sich dann ausdrücklich als den von der Lokomotive Getöteten. Bei der Leichenbeschau wurde dieser als ein 'Richard Young' festgestellt, doch bestand die Farbige, als man ihr dies vorhielt, in erregter Weise darauf: er heiße Jim Lewis, gleichgültig, wie ihn die Zeitung nenne; sie habe ihn als ihren Schwager doch seit langem gekannt.[1]

Gesteht man nun zu, daß dies Zeugnis einer Verwandten (bei einem Manne offenbar niedersten Standes!) den Vorrang verdiene, so verbleibt doch noch das Bedenken, daß das eigentliche Motiv der Kundgebung von dem Verstorbenen erst erwähnt wurde, als die Tatsache der Namenlosigkeit des Leichnams den Sitzern bereits normal bekannt war. Diesen Bedenken steht aber die seltsame Tatsache gegenüber, daß Lewis sich überhaupt bei gänzlich Fremden kundgab (offenbar, weil er es dort möglich fand) und daß das erste, was er ausdrücklich äußerte, sein Name war, also das, an dessen Bekanntgabe, zufolge seiner späteren Äußerung und im Zusammenhang der Tatsachen, ihm vor allem gelegen sein mußte.

In den nächsten Fällen bezieht sich die motivierende Anteilnahme der sich Kundgebenden auf den Zustand ihrer Grabstätten.

Der Kommandant Darget berichtet, daß am letztvergangenen 16. Mai 1907 seine Frau und Tochter das 'bekannte' Berufsmedium Mme Bonnard aufgesucht hätten, welches im Trans sogleich die ein Jahr zuvor verstorbene Mutter der Mme Darget gesehen habe, welche 'genaueste und wesentliche Einzelheiten betreffs ihrer Familie äußerte'. Darauf bat die Tochter zwecks noch besserer Identifizierung um die Offenbarung irgendeines Geheimnisses, das sie (die Tochter) allein beträfe. Sie war im Jahre zuvor mit der Großmutter in Biarritz gewesen und erwartete irgendeine Mitteilung aus jener Zeit. Das Medium aber sagte: 'Ihre Großmutter zeigt mir einen Strauß ganz weißer Blumen und sagt mir, sie habe Genugtuung und Freude empfunden, als man sie ihr kürzlich aufs Grab gebracht habe.' Dies enttäuschte beide Damen, da sie nichts dergleichen getan hatten. Mlle Darget schrieb aber an eine in Bordeaux lebende Kusine, die kürzlich auf der Durchreise Poitiers besucht hatte, wo die gemeinsame Großmutter begraben lag, und fragte sie, ob sie Blumen und von welcher Farbe auf dem Grabe niedergelegt habe. Die Antwort bestätigte die Aussage der 'Großmutter' genau.[2]

In den zunächst folgenden Fällen entspringt das fragliche Motiv dem Interesse an hinterlassenem Besitz und seinem Schicksal.

Mrs. Effie Bathe, eine bekannte metapsychologische Forscherin, hatte sich

1) JSPR IX 280 ff. Vgl. o. S. 165 ff. die Fälle Kinnaman und Dignowitz.   2) RSMS 1907 121   Vgl. Pr X 387 f.; Tweedales Fall o. S. 169 ff; Maxwell 297 f.; Richet 121 f. 222.

zu einer ihr völlig unbekannten Hellseherin begeben, die ihr im Trans sehr genau einen verstorbenen Bruder und Einzelheiten seiner letzten Krankheit beschrieb. Darauf gab der Bruder selbst durch deren Mund zu sprechen vor und teilte ihr mit, daß 'er zu Hause gewesen sei und gefunden habe, daß seine Versteinerungensammlung sich nicht mehr in seinem Zimmer befinde, was ihn tief betrübt habe.' — Der Verstorbene, ein Student der Universität Cambridge, war leidenschaftlicher Versteinerungensammler gewesen und hatte sich noch auf seinem letzten Krankenbett viel mit den geliebten Studien beschäftigt. Nach seinem Tode war eine Auswahl derselben ins Universitätsmuseum gelangt, der Rest aber sollte auf Wunsch der Mutter unberührt im Zimmer des Sohnes verbleiben. Schließlich aber hatte die Mutter selbst doch auch diesen Hauptteil der Sammlung dem Museum in Bristol geschenkt und das Zimmer neu tapezieren und möblieren lassen. Hiervon wußte Mrs. Bathe nicht das Geringste, erfuhr es vielmehr erst, als sie einige Tage später nach ihrem Elternhause reiste und sich nach der Sammlung erkundigte.[1]

Das Medium im folgenden Falle war Mrs. E., die Gattin eines Rechtsgelehrten in höherer Stellung, eine Dame von großer Verstandesschärfe und 'gesundem Menschenverstande'. Dem Spiritismus durchaus abgeneigt und ohne Kenntnis desselben, war sie eines Tages ganz unvermutet beim Aufschreiben häuslicher Ausgaben in Halbtrans gefallen und hatte in diesem Zustand 'die Finger einer fremden Hand — anscheinend die einer ihr gegenübersitzenden unsichtbaren Person — auf ihre eigene Rechte sich legen gefühlt, worauf ein plötzliches kräftiges Schreiben folgte. Aber die Schrift, [schließlich in 'klaren und charakteristischen Buchstaben',] stand durchweg auf dem Kopfe, und jede Zeile begann auf der von Mrs. E. aus rechten Seite des Blattes, konnte also nur gelesen werden, wenn man den Bogen umdrehte.' Mrs. E. war in normalem Zustand völlig außerstande, auch nur ein Wort in dieser Art zu schreiben. Sehr bald erfolgten auf die gleiche Weise nachprüfbare und richtig befundene Aussagen im Namen eines verstorbenen Verwandten. Eine der merkwürdigsten so empfangenen Botschaften, aber von einem Mrs. E. unbekannten Kommunikator, ist die folgende:

Ein Vetter der Mrs. E., namens B., ein Offizier bei den Pionieren (z. Zt. zu Besuch auf dem Landsitz des Mr. E.), hatte einen Freund gehabt, Major C., der gestorben war, nachdem B. [das britische Marine-Arsenal mit Ingenieurschule in] Chatham verlassen, und mit dem dieser dort viel Musik getrieben hatte. Während einer Sitzung der Mrs. E., bei der B. zugegen war, wurde 'unerwartet' der volle Name des Majors hervorbuchstabiert und B. gefragt, ob er seine Musik weitergepflegt habe. Darauf kamen vertraute Äußerungen von überraschend zutreffendem Inhalt, und dann plötzlich die eingestreute Frage: 'Was geschah mit den Büchern?' — Welchen Büchern? — 'Den mir geliehenen', war C.s Antwort. — Wer lieh dir Bücher? — Die Antwort erfolgte sofort: 'A—', der volle Name eines andren Kameraden, von dessen Dasein Mrs. E. nichts wußte. Soll ich A. fragen, ob er sie hat? forschte B. — 'Ja.' — Alle Anwesenden versichern auf ihr Ehrenwort, daß sie von diesen

1) Lt 1906 29. Vgl. den Fall ZP 1928 83 f.

geliehenen Büchern nichts wußten, noch an den genannten Offizier gedacht hatten. — A. wurde in einem Briefe ganz beiläufig nach den Büchern gefragt, ging aber in seinem Antwortschreiben darauf nicht ein. Zwei Monate später aber sagte er, in einer Unterhaltung mit B., 'plötzlich' (also wohl spontan): 'Das war eine sonderbare Frage in deinem Brief, ich meine wegen Major C. und der Bücher. Ich habe ihm tatsächlich einige Bücher geliehen, weiß aber nicht, wo sie nach seinem Tode geblieben sind.' [1]

In der Liverpooler Piper-Sitzung vom 24. Dez. 1889 in Gegenwart Sir Oliver Lodge's, seines Bruders Alfred und des Ehepaars Thompson hatte 'Phinuit' die letzteren gefragt, ob sie einen 'Richard, [nein, verbesserte er sich sogleich:] Rich, Mr. Rich' kennten, worauf Mrs. Thompson erwiderte: 'Nicht gut, aber ich kannte einen Dr. Rich.' In der Tat hatten sie diesen zwei Jahre vorher Verstorbenen 'kaum' gekannt, nur 'einmal getroffen'. — Am 3. Febr. 1890, als die Thompsons wieder eine Sitzung hatten, sagte Phinuit gegen Ende derselben: 'Hier ist Dr. Rich,' worauf dieser sogleich in eigener Person zu sprechen begann: 'Es ist sehr gütig von diesem Herrn, mich zu Ihnen reden zu lassen. Mr. Thompson, ich wünsche, daß Sie meinem Vater eine Botschaft übergeben. (Auf die Zustimmung Thompsons:) T a u s e n d Dank [ein für den Verstorbenen bezeichnender Ausdruck], das ist sehr lieb von Ihnen. Sie müssen wissen, ich starb ziemlich plötzlich. Vater war sehr bekümmert darüber und ist es noch ... Sagen Sie ihm, daß ich lebe, daß ich ihm alles Liebe sagen lasse. Wo ist meine Brille? [Fühlt nach der betr. Stelle]. Ich trug eine Brille (richtig). Ich meine, er hat sie und einige meiner Bücher. Ich hatte einen kleinen schwarzen Kasten, ich glaube, er hat den auch, — ich will nicht, daß er verlorengeht.' (Folgten richtige Angaben über den Beruf und ein kleines Übel des Vaters, nebst der nochmaligen Bitte, die Botschaft auszurichten.) — Betreffs des kleinen schwarzen Kastens erfahren wir, daß Dr. Rich auf seinem Sterbebett 'einen solchen sehr häufig erwähnte'. Die einzige Person, die hier genaue Aufklärung hätte geben können, befand sich aber z. Zt. im Auslande. [2]

Halten wir einen Augenblick zur Überlegung inne. — Es leuchtet ein, daß in allen diesen Fällen eine Ableitung des geäußerten Wissens nach animistischen Grundsätzen möglich ist. Mme Bonnard (mag man sagen) hatte von der Niederlegung der weißen Blumen auf dem Grabe der Mme Darget sen. telepathisch erfahren, zwar schwerlich direkt (denn sie stand anscheinend mit der Dargetschen Verwandtschaft in keinerlei Beziehungen), aber auf dem Umweg über das Unterbewußtsein ihrer Sitzer, das von der Tatsache durch die Spenderin der Blumen telepathisch unterrichtet sein mochte; oder durch irgendeine (nicht erwähnte) Bekannte in Poitiers, die das geschmückte Grab gesehen hatte. Mrs. Bathe hatte von der Verschenkung der Versteinerungen, welche die Mutter vielleicht nicht ohne geheime Gewissensbisse vornahm, durch

---

1) Barrett, Threshold 191 ff. (z. T. von B. selbst beobachtet).   2) Pr VI 509. 511. 554 f.

diese selbst unterbewußt telepathisch Kunde erhalten und diese auf die 'Hellseherin' übertragen. — Das alles ist 'möglich', und wir können diese Möglichkeiten nur wägen gegen den Grad von Natürlichkeit, womit wir den betreffenden Verstorbenen ein Interesse an den gleichen Tatsachen zuschreiben dürfen; ein Wägen, dessen Ausfall nicht zuletzt von der Gesamtheit der mitzuteilenden Beispiele abhängen wird. Im Falle der dem Major C. geliehenen Bücher erscheint mir dieser Ausfall schon wesentlich eindeutiger: der Verstorbene mußte sich menschlich darum sorgen, ob der Besitzer auch wieder zu dem Seinen gekommen war, während alle an der Sitzung Beteiligten nicht das Geringste mit der Sache zu tun hatten. Wir mögen — willkürlich genug — annehmen, daß der anwesende B. die Bücher während irgendeines Besuches beim Verstorbenen gesehen hatte; aber wer sagte ihm, daß sie entliehen waren? 'Er öffnete sie (gerade diese!?) und las A.s Namen darin.' Die Erfindungsgabe des Animisten ist ohne Grenzen; aber woher wußte B., daß C. die Bücher nie zurückgegeben hatte? — Im letzten Beispiel ist der besondere Hinweis auf die wahre Quelle der Äußerungen wieder andrer und sehr beachtenswerter Art. Dr. Rich hatte auf seinem Sterbebette von dem erwähnten kleinen schwarzen Kasten 'häufig' gesprochen; er scheint also mit diesem besondere Gedanken oder Wünsche verknüpft zu haben, die er 'mit sich hinübergenommen' hätte, wie die 'sinnvoll Spukenden' unserer früheren Betrachtung etwas mit sich hinübergenommen hatten; jedenfalls will er, daß der Kasten 'nicht verloren' gehe. Und dieser so menschlich anmutenden Sorge steht die Tatsache gegenüber, daß offenbar keiner der Teilnehmer an der Sitzung von dem Kasten etwas ahnte und nur Mrs. Thompson dessen Besitzer 'einmal getroffen' hatte.

Die nächsten beiden Beispiele spinnen noch das Motiv der unerledigt hinterlassenen Verpflichtung fort, das in dem Fall des Capt. C. bereits anklang, und erinnern damit wieder an gewisse Spukfälle der früheren Reihe. In beiden handelt es sich u. a. um unbezahlte Schulden.

Am 5. Aug. 1854 starb in St. Louis (Amerika) ein gewisser O. F. Parker. Am Tage darauf erfolgte durch Mrs. Ferguson, Gattin des Rev. J. B. Ferguson in Maryville (Kentucky), eine lange automatische Mitteilung, in der sich O. F. Parker an Mr. Ferguson, seinen Vetter und vertrauten Freund, zu wenden vorgab. Um seine Identität zu beweisen, erwähnte er zunächst eine Unterhaltung, die sie vor einiger Zeit über eine besonders persönliche Angelegenheit miteinander gehabt hätten. Die Schrift fuhr dann fort: 'Aber du sollst andre Beweise haben. Ich hatte angeordnet, daß meine Bücher zur Bestreitung meiner Bestattungskosten verkauft würden; aber es unterblieb. Ich fürchte auch, es werden gegen meine Lebensversicherung technische Einwände erhoben werden, und falls das geschieht, wünsche ich, daß du den Verkauf meiner Bücher anordnest, um meine Schulden zu bezahlen... Die Police ist jetzt in Mr. Hitchcocks Händen. Um dir ferner zu zeigen, daß ich es bin, erinnere ich dich an die Rechnung, die du dem Mr. Hough bezahltest. Das Medium ahnt nichts davon, wie ich weiß und auch du wohl weißt...' Noch andre Angelegenheiten wurden erwähnt. Mr. Ferguson fügt dem Bericht folgendes Urteil hinzu: 'Zur Zeit, da die obigen Mitteilungen erhalten wurden, war ein kurzes Telegramm die einzige Nachricht vom Tode Parkers, die wir besaßen. Seitdem ist uns jede Einzelheit bestätigt worden. Sein Versicherungsschein, den er erwähnt, war infolge irgendwelcher Nachlässigkeit ohne Quittungen über die Zahlung seiner Gebühren, was uns allen erst sechs Wochen nach seinem Tode bekannt wurde...' [1]

R. D. Owen teilt folgenden ähnlichen Vorgang mit, über den er von den Nächstbeteiligten, Capt. G. und Mrs. G., einen Bericht erhielt, dessen Einzelheiten er noch am selben Tage (9. April 1865) in eine Niederschrift brachte und in dieser Form Capt. G. zur Verbesserung und Bestätigung vorlegte. Capt. G. wiederum konnte sich auf eigne Aufzeichnungen stützen, die er zur Zeit der Vorfälle, d. h. 12 Monate zuvor, gemacht hatte.

Capt. G.s Bruder Jack war im Dez. 1863 gestorben. Im März des folgenden Jahres sprach er während Sitzungen, welche Mrs. G. mit einer Freundin abhielt, durch den Tisch (Mrs. G. hatte ihre mediale Gabe eben erst entdeckt) und äußerte einen Wunsch betreffend den Verbleib seines Verlobungsrings, über den Capt. G. und seine Frau in unpassender Weise verfügt hatten, da ihnen die Bedeutung des einzigen Ringes, den der Verstorbene getragen, nicht bekannt gewesen war. Auf Umwegen fand dieser Umstand seine Aufklärung. Bei einer nachfolgenden Gelegenheit gab der Verstorbene genaueste Auskunft über hinterlassene Schuldforderungen, die inzwischen gegen ihn geltend gemacht worden waren und von denen Capt. G. nichts gewußt hatte. Er gab an, daß er bei seinem Tode dem G. 35 Doll., dem C. 50 Doll. geschuldet habe; von S., der sich ebenfalls gemeldet, habe er 40 Doll. geliehen gehabt, ihm aber 50 Doll. wiedergegeben, von welchem Überschuß ihm S. noch 3 Doll. schulde. Die beiden ersten Behauptungen wurden bestätigt, als die beiden Gläubiger auf Capt. G.s Aufforderung zum erstenmal die Höhe ihrer Forderung angaben. 'S. stellte eine Rechnung über 40 Doll. aus. Als ihm Capt. G. bei ihrer Vorweisung sagte, Jack habe ihm 50 Doll. zurückbezahlt, wurde S. verwirrt und behauptete, er habe geglaubt, diese Summe habe ein Geschenk für seine Schwester sein sollen.' Der Verstorbene erwähnte schließlich, John Gr., der Schuster, habe noch 10 Doll. für ein Paar Stiefel von ihm zu fordern — 'weder Capt. G. noch Mrs. G. wußten von dieser Schuld' —, und C. G. schulde ihm noch 50 Doll. C. G. behauptete, als ihm die Forderung eingereicht wurde, er habe seine Schuld bis auf 15 Doll. abgezahlt. 'Ich nehme an, [sagte Capt. G. zu ihm,] daß Sie sich darüber durch

1) Aus Ferguson, Spirit Communion (1854) bei Podmore, Spir. I 255 f. (ohne Kritik!).

Quittungen ausweisen können? C. G. versprach mir, diese zu suchen, kam aber später und bezahlte die 50 Doll. — Den Schuster Gr., der keine Rechnung eingereicht hatte, stellte Capt. G. auf die Probe, indem er ihn besuchte und fragte, ob er ihm etwas schulde. Dies wurde verneint, und Capt. G. wandte sich zum Gehen, als der Schuster hinzufügte: 'Aber Ihr verstorbener Bruder, Mr. Jack, hat mir eine kleine Rechnung unbezahlt gelassen.' — Wofür das sei? — 'Für ein Paar Stiefel.' — Und welches ihr Betrag sei? — 'Zehn Doll.' Sie wurden ihm sogleich bezahlt.' [1]

Dieser Fall ist natürlich wieder dadurch merkwürdig, daß die Wissensquellen, auf die eine Deutung durch Telepathie zurückgreifen müßte, sehr zahlreich und 'verstreut' sind, während der angebliche Kommunikator der einzige war, der natürlicherweise über alle geäußerte Kenntnis verfügte.

Das nächste Beispiel, gleichfalls Besorgnis eines Verstorbenen um irdischen Besitz — aber in anderer Richtung — verratend, ist unter Fachleuten zu einiger Berühmtheit gelangt. Es wird sich uns als eins aus einer beträchtlichen Gruppe gleichartiger erweisen, die das hier behandelte Indiz mit wachsender Eindeutigkeit hervortreten lassen. Die Tatsachen an sich sind keinem Zweifel unterworfen, da sie zunächst die Beweisaufnahme vor Gericht durchliefen und sodann nochmals von einem Rechtsanwalt nachgeprüft wurden. Auch die Nichtbeteiligung eines Mediums erhöht das Gewicht des Falles.

James L. Chaffin, ein Farmer im Staate Nord-Carolina, Vater von 4 Söhnen: John, James, Marshall und Abner, setzte am 16. Nov. 1905 ein regelrecht bezeugtes Testament auf, worin er seine Farm dem dritten Sohne vermachte und seine Witwe nebst den drei andern Söhnen überging. Am 16. Jan. 1919 aber, nachdem er das 27. Kapitel des 1. Buchs Mose gelesen (das von dem erlisteten Erstgeburtssegen Jakobs berichtet!), verfaßte er ein zweites Testament, welches alle vier Söhne gleichmäßig bedachte, das er nicht bezeugen ließ, sondern zunächst in eine von seinem Vater, einem Geistlichen, ererbte Bibel legte, zwischen zwei Blätter, die er wie eine Tasche darüber zusammenfaltete. Es waren die Blätter, die das 27. Kapitel der Genesis enthielten! Dies Testament hat er — soweit sich feststellen läßt — bei Lebzeiten niemals irgendjemand gegenüber erwähnt; dagegen vernähte er im Futter der Innentasche eines Überrocks (also wohl völlig unwahrnehmbar) einen zusammengerollten Zettel, auf welchen er die Worte geschrieben hatte: 'Lest das 27. Kapitel der Genesis in meines Vaters alter Bibel.' Am 7. Sept. 1921 starb James L. Chaffin infolge eines Unglücksfalles, und sein dritter Sohn trat, ohne Einspruch seitens der Mutter und der Brüder, das Erbe an.

Im Juni 1925 hatte erstmalig der zweite Sohn, James, 'sehr lebhafte Träume', von denen er in einem schriftlichen Zeugnis berichtet: 'Mein Vater erschien mir neben meinem Bette, [2] tat aber keine wörtlichen Äußerungen.

---

1) Owen, Deb. L. 313 ff.   2) at my bedside.

Einige Zeit danach, ich glaube, es war gegen Ende Juni 1925, erschien er wieder an meinem Bette, gekleidet, wie ich ihn oft im Leben gesehen hatte: in einen Überrock, den ich als ihm gehörig erkannte. Diesmal sprach meines Vaters Geist zu mir, er faßte seinen Überrock, schlug ihn zurück und sagte: 'Ihr werdet mein Testament in der Tasche meines Überrocks finden', worauf er verschwand.' James Chaffin erhob sich am Morgen mit der festen Überzeugung, daß der Geist seines Vaters ihn aufgesucht habe, um einen Irrtum aufzuklären. Er suchte im Hause seiner Mutter nach dem Überrock, erfuhr aber, daß dieser dem Bruder John übergeben worden sei, der 30 km entfernt in der Grafschaft Yadkin lebte. Dorthin begab er sich am 6. Juli, fand den Überrock, 'untersuchte' ihn und entdeckte, daß das Futter der Innentasche zusammengenäht war. Er schnitt die Stiche auf und fand die mit einem Faden zusammengebundene Rolle Papier mit der oben mitgeteilten Niederschrift. Von 3 Zeugen begleitet, begab er sich nunmehr ins Haus seiner Mutter, und nach 'beträchtlichem Suchen' fanden sie die alte Bibel im Schubfach eines Schreibpults in einem Zimmer des Oberstocks, und zwischen den Blättern des 27. Kapitels der Genesis das wie in einer Tasche eingefaltete Testament. 'Während des Dezember 1925, bezeugt James Chaffin, erschien mir mein Vater wiederum etwa eine Woche vor der [Gerichtsverhandlung wegen Umstoßung des alten Testaments], sagte: 'Wo ist mein altes Testament?' und legte beträchtliche Erregung an den Tag.' Vor Gericht bezeugten 10 Personen, daß das Testament tatsächlich von James L. Chaffins Hand geschrieben war, und die Verwandten ließen ihren Einspruch fallen, sobald sie sich davon überzeugt hatten.[1]

Die kurze Besprechung des Falles durch die Herausgeberin der Proc. S. P. R. beschränkt sich auf den Ausschluß einer 'normalen' Deutung, sei es durch Fälschung des zweiten Testaments, sei es durch normale Kenntnis von seinem Vorhandensein. Für die verwunderliche Verheimlichung des späteren Testaments macht sie sehr einleuchtend geltend, daß Chaffin sen. dieses vielleicht erst auf dem Sterbebette habe bekannt geben wollen, daran aber durch die Art seines plötzlichen Todes verhindert worden sei. Anderseits ist klar, daß wenn irgendeiner der Verwandten die mindeste Ahnung von einem zweiten Testament gehabt hätte, die gerichtliche Bestätigung des ersten nicht unangefochten geblieben wäre; tatsächlich hat der den Fall nochmals überprüfende Rechtsanwalt J. M'N. Johnson selbst durch das 'geschickteste Kreuzverhör' nicht die geringste Andeutung eines auch nur 'unbewußten' Wissens dieser Art zutage fördern können. Auch waren ja nur zwei Jahre zwischen der Niederschrift des zweiten Testaments und dem Tode des Erblassers verflossen, — eine zu kurze Zeit, um etwaige Erwähnungen der Urkunde vergessen zu lassen.

1) Pr XXXVI 517 ff.   Vgl. die Fälle Pike 92 ff.; Perty, Spir. 80 f.   (B. Way); Crowe 206 (Sir Robert H. E.).

Die übernormale Deutung, zu der man also gezwungen ist, hat natürlich zu wählen zwischen der Annahme von Hellsehen und der von Mitteilungen seitens des Verstorbenen. Ich glaube, daß die letztere unzweideutig den Vorzug verdient. Eine abstrakte Interessiertheit an einem zweiten, das erste umstoßenden Testament muß natürlich den übergangenen Söhnen zugestanden werden, nicht aber ein wirklicher 'Anreiz' zu hellseherischem 'Suchen' nach einem solchen, da offenbar niemand den mindesten Grund hatte, sein Vorhandensein zu vermuten. Aber dies negative Argument ist unwichtig gegenüber den positiven Indizien des spiritistischen Ursprungs der Traumgesichte (deren Natur an sich dahingestellt bleiben darf; tatsächlich hat sich James Chaffin jun. nie darüber klar werden können, ob er während der 'Besuche' des Vaters im Schlaf, in einem 'Dämmerzustand' oder wach gewesen war, ob es sich also — wie wir sagen könnten — um telepathisch angeregte Träume, um Wachhalluzinationen oder gar um Auftritte eines objektiven Phantoms gehandelt habe). Jene positiven Indizien sind die folgenden: Erstens darf bei dem Abgeschiedenen ein starker natürlicher Anreiz zu seinen Kundgebungen vorausgesetzt werden; denn sein plötzlicher Tod hatte ihm offenbar die Möglichkeit genommen, eine Verfügung über sein Eigentum zu verhindern, die erwiesenermaßen nicht seinen wahren Absichten entsprach. — Sodann deutet die dramatische Ausgestaltung der Gesichte mit großer Natürlichkeit auf den Vater als ihren Urheber, während sie nur in gezwungener Weise als vom Sohn ausgehend erklärt werden könnte. Die Gestalt des Vaters 'faßte seinen Überrock, schlug ihn zurück und sagte: Ihr werdet mein Testament in der Tasche meines Überrockes finden.' Dies war soz. das 'persönlichste' Ende des abzuwickelnden Fadens, das der Erinnerung des Verstorbenen innerlichst gegenwärtige; auch konnte er so am einfachsten von der Vorstellung des Eigenbildes aus den Weg zur Aufklärung weisen. Ein hellsichtiges Verhalten des Sohnes hätte diesem weit natürlicher sogleich die alte Bibel, die gefalteten Blätter, oder aber den im Hause des Bruders liegenden alten Überrock gezeigt. — Drittens hätte ein hellsichtiges Erfahren von der Papierrolle im Überrock wohl dem Bruder John weit eher angestanden, als dem 30 km entfernt wohnenden 'Träumer' James; war doch jener, als Aufbewahrer des Rockes, halbwegs in 'psychometrischer Berührung' mit dem Kleidungstück. Freilich, die Frage der Befähigung spielt hier herein, — und müßte nicht auch eine spiritistische Deutung bei James eine besondere 'Anlage' voraussetzen, die dem Vater gerade ihn als Empfänger der Mitteilung empfahl? — Wie dem auch sei: das stärkste Argument zugunsten dieser Deutung müssen wir schließlich darin finden, daß im Dezember 1925, also rund ein halbes Jahr, nachdem bereits das zweite Testament gefunden war und seine gerichtliche Bestätigung unmittelbar bevorstand, der Verstorbene nochmals eben dem Finder, James, erschien und 'in beträchlicher Erregung' die Frage stellte: 'Wo ist mein altes Testament?' Wir können sehr leicht glauben, daß James Chaffin sen. in seiner vergleichsweisen Abgeschiedenheit noch nicht vom Erfolge seiner Bemühungen Kenntnis erlangt hatte; dagegen wäre es eine sehr unnatürliche Annahme, daß James, der Sohn, einen neuen Traum erzeugt habe, der seinem bewußten Wissen um den Stand der Dinge ins Gesicht schlug, — gerade wenn wir annehmen, daß die früheren ähnlichen Träume der Ausdruck seines unterbewußten Wissens gewesen seien.[1]

Fälle genau dieser Art: d. i. der Auffindung eines Testaments auf Grund der Angaben eines Verstorbenen, sind vergleichsweise häufig, was ja nicht wundernehmen kann angesichts der Wichtigkeit, welche das Hinterlassen letztwilliger Verfügungen für einen Sterbenden besitzt. Ein weiteres Beispiel möge hier Platz finden.

Mr. A. J. Stuart berichtet, daß sein Bruder i. J. 1912 bei einem Flugzeugunglück zu Tode kam. Drei Wochen darauf erhielt er von dessen Sachwalter die Nachricht, daß dieser weder das Testament noch sonstige persönliche Papiere des Verstorbenen habe finden können. Mr. A. J. Stuart, der seinen Bruder seit einem Jahr nicht gesehen hatte, wußte vollends nichts von dessen Papieren, und als er sich bei vorgesetzten Offizieren des Verunglückten brieflich nach dessen Koffer[2] erkundigte, erfuhr er, daß keine Spur davon zu entdecken wäre. Einige Tage darauf wurde Mrs. Stuart 'beeindruckt', daß ihr Schwager sich kundzugeben wünsche, und setzte sich mit ihrem Gatten ans Ouija, wo sie 'sofort eine Botschaft von dem Bruder erhielten, daß dieser seinen Koffer nicht im 'Depot' des kgl. Fliegerkorps verborgen habe, sondern in der Zivil-Fliegerschule (mit der er beruflich nichts zu tun gehabt), und zwar unter einem galvanisierten Eisenblech, das an einer bestimmten Stelle gegen eine Ziegelmauer lehne. Er sagte, daß der Koffer[3] u. a. sein 'Anhängefutteral'[4] enthalte, worin sein Testament und andere Papiere sich befänden, und außerdem ein kleiner goldener Ring, der einer Dame (nicht seiner Frau) gehöre und ihr zurückgegeben werden solle [!].' Mr. Stuart, weil ohne spiritistische Erfahrung, bezweifelte zunächst die Wahrheit dieser Mitteilungen, machte aber die 375 km lange Reise nach Salisbury, um der Sache nachzugehen. 'Ohne dem ihn begleitenden Offizier sein Vorhaben zu offenbaren, ermittelte er ohne Mühe das Versteck des Koffers und fand ihn unter dem Eisenblech.' Alles erwies sich wie angegeben, und auch der Ring konnte seiner Besitzerin zugestellt werden.[5]

---

1) Man erwartet freilich die Frage nach dem 'neuen' Testament. Liegt ein Versehen des Verstorbenen, oder des Perzipienten, oder des Berichtes vor?   2) kit.   3) bag.
4) ? — attaché-case.   5) Aus IPG Feb. 1924 bei Holms 147. Vgl. die Fälle Pr VI 353 ff.; PS 1889 131. 568 f.

Ich schließe ohne jede Erläuterung, die doch nur Wiederholungen bringen würde, ein Beispiel an, das nicht die Auffindung, sondern die teilweise Abänderung eines Testaments betrifft. Es entstammt den medialen Schriften der Mrs. Sara A. Underwood, über die wir einen 'gewissenhaft genauen' Bericht ihres Gatten und der Schreiberin selbst besitzen, den Myers nicht zögerte, seinem großen Werk einzuverleiben. Die Schriften wechselten sowohl im Ton als auch in der Handschrift (selbst während einer Sitzung) und gingen anscheinend auf mindestens 20 Personen zurück. Behauptungen unbekannter und erst nachträglich bestätigter Tatsachen kamen öfter vor und wurden selbst gegenüber Unglauben und Widerspruch 'immer erneut wiederholt.' Mr. Underwood war stets zugegen, aber meist in seine eigene Arbeit vertieft. — Der folgende gekürzte Bericht über einen der Vorgänge ist größtenteils in Mrs. Underwoods eigenen Worten gehalten:

Ein Bekannter ihres Gatten, Mr. Smith (pseud.), von dessen Verwandtschaft dieser aber wenig wußte, war ein Jahr vor der zu schildernden Schrift gestorben. In seinem letzten Lebensjahr hatte er sich lange bei seiner — wie die Underwoods zu wissen glaubten — jüngstverheirateten Tochter in Florida aufgehalten, und zwischen seiner Heimkehr und seinem Tode hatte Mr. Underwood ihn nur einmal auf der Straße an einem regnerischen Tage 'auf einige Worte' gesprochen. 'Die Vornamen jener verheirateten Tochter [in Florida] wie auch der übrigen Töchter, mit Ausnahme einer, waren Mr. U. unbekannt. Ich (schreibt Mrs. U.) hatte eine seiner Töchter getroffen, deren Name, wie ich wußte, Jennie war. Auch wußte ich, daß er eine andere namens Violet hatte; ich war aber nicht gewiß, ob dies der Name der verheirateten Tochter oder der einer andren unverheirateten war, glaubte aber, daß Violet unverheiratet sei.'

Eines Abends, als Mrs. U. auf automatische Schrift wartete, also, nehmen wir an, sich passiv einstellte, aber 'ohne einen Gedanken an Mr. Smith', kamen die Worte: 'John Smith wünscht eine Unterredung mit B. F. Underwood.' Mr. U., als ihm dies vorgelesen wurde, von seiner Arbeit aufblickend, fragte 'Smith' nach ihrem letzten Zusammentreffen, worauf ihm dieser genauestens Ort und Stunde desselben (auch 'bei Regen') angab.

Schrift in Smiths Namen erfolgte nun 'häufig', und eines Tages gab sie Mr. U. Anlaß zu fragen, ob jenen 'irgendetwas beunruhige'. 'Die Antwort kam: 'Eine Sache ändern Testament bezüglich Violet'. Nichts von den [Mitteln?] meiner Frau ist zu meiner Tochter Verfügung. Alles zu ihrer eigenen Verfügung.' (Ob er also über sein Vermögen nicht verfügt habe, wie er jetzt wünsche?) 'Das ist es; will, daß alle Mädchen gleiche Anteile haben.' (Welche Tochter er meine?) 'Verließ sie in Florida — Violet.' 'Wie denn, bemerkte [Mrs. U.], ich glaubte, Violet wäre eine von den unverheirateten Mädchen; aber nun wird das wohl der Name der verheirateten Tochter sein.' Darauf wurde Mr. U. dringend aufgefordert, Smiths verheirateten Sohn

James aufzusuchen, den er flüchtig kannte, und ihm die Botschaft mitzuteilen. 'Eröffnen Sie ihm deutlich meinen Wunsch, daß meine Tochter den gleichen Anteil wie die Schwestern erhalte.' — Dies hielten die Underwoods für gänzlich unausführbar. Niemand wußte von ihren automatischen Schriften, und sie fürchteten von Smith jun. für 'verrückt gehalten' zu werden. Aber der Wunsch wurde 'seitenweise' im dringendsten Ton wiederholt. 'Einmal wurde geschrieben: 'Sagen Sie James, daß ich in meiner neuen Lage und mit meinen neuen Lebensanschauungen das Gefühl habe, mit der Behandlung Violets ein Unrecht begangen zu haben. Sie verdiente keinen Vorwurf dafür, daß sie ihrer Überzeugung folgte, denn ich selbst hatte von Allen unabhängiges Denken und Handeln gefordert.' Dies machte uns Kopfzerbrechen, da wir wußten, daß wenigstens bezüglich ihrer Heirat die Tochter, die wir für Violet hielten, ihres Vaters Wünschen gefolgt war.' Einige Wochen später aber führte eine Unterhaltung Underwoods mit einem Freunde des Mr. Smith auf Umwegen auf dessen letztwillige Verfügungen, wobei letzterer erwähnte, daß Violet Smith mit einer geringen Summe abgefunden worden war, 'weil sie gegen des Vaters Wünsche geheiratet hatte.' 'Wie? bemerkte Mr. U., ich glaubte zu wissen, daß er ihre Verbindung billigte, und die Tatsache, daß er sie und ihren Gatten nach Florida begleitete und einige Zeit bei ihnen blieb, läßt doch auch darauf schließen.' 'O, erwiderte der andere, Sie denken an Lucie, die älteste, d e r e n Heirat war ganz in Ordnung, aber Violet, eine der jüngeren Töchter, verliebte sich, als sie mit Lucies Gatten nach Florida ging, in einen jungen Mann, der nicht die Billigung ihres Vaters fand; darum entlief sie mit ihm, und aus Ärger darüber hinterließ ihr Mr. Smith nur eine geringe Summe...'[1]

Auch der nächste kleine Fall gehört in die gleiche Gruppe sachlicher Interessen und persönlicher Motive und erscheint so schlicht und eindeutig, daß es mir vollends widerstrebt, die allenfalls denkbaren Hilfsannahmen des Animisten — dreieckige Telepathie u. dgl. — breitzutreten. Die Tatsachen berichtet Prof. F. W. Barrett aus der nicht-beruflichen Medienschaft der Damen Mrs. Travers-Smith, Tochter des namhaften Literaturprofessors E. Dowden, und ihrer Freundin Miss C., Tochter eines Arztes in Dublin.

Letztere hatte während des Weltkriegs einen Vetter als Offizier in Frankreich verloren. Eines Tages wurde sein Name nebst dem ihren durch das Ouija hervorbuchstabiert, worauf die Worte folgten: 'Sage Mutter, daß sie meine Vorstecknadel mit der Perle dem Mädchen gibt, das ich heiraten wollte; ich meine, die sollte sie haben.' Auf gestellte Fragen hin wurde Vor- und Familienname dieser Dame (der letztere 'ein sehr ungewöhnlicher' und beide den zwei Medien 'gänzlich unbekannt') sowie ihre Anschrift in London angegeben. Ein an diese Bestimmung abgesandter Brief kam aber als unbestellbar zurück, weshalb man die ganze Kundgebung für unecht ansah.

1) Pr IX 107 ff.

'Sechs Monate später jedoch machte man die Entdeckung, daß jener Offizier sich tatsächlich kurz vor seiner Abreise ins Feld verlobt hatte, und zwar mit eben jener Dame, deren Name angegeben worden war, daß er aber niemandem etwas davon gesagt hatte. Weder seine Kusine, noch irgendein Mitglied seiner Familie in Irland wußte von der Tatsache, hatte die Dame je gesehen oder ihren Namen gehört. Erst als das Kriegsministerium das Gepäck des Gefallenen heimschickte, fand man, daß er den genauen Namen dieser Dame als den einer nächsten Verwandten in sein Testament aufgenommen hatte, ... und eine Krawattennadel mit Perle wurde unter seinen Sachen gefunden.'[1]

Auch die nächsten Beobachtungen befassen sich noch mit der natürlichen Sorge eines Verstorbenen um hinterlassene Vermögenswerte; zwar nicht unter dem Gesichtspunkt ausdrücklicher Vererbung, aber doch unter dem ihrer Erhaltung für Hinterbliebene. Einer der bekanntesten Fälle dieser Art wurde sehr bald nach dem Ereignis durch Dr. Hodgsons Sorgfalt ausgiebig beurkundet.

'Am 2. Febr. 1891 war Michael Conley, ein Farmer aus der Umgebung von Ionia (Grafschaft Chickasaw), in einem Nebengebäude des Jefferson House tot aufgefunden worden. Er wurde in den Totenschauraum des Coroner Hoffmann getragen, und nach der Untersuchung wurde der Leichnam zur Überführung nach seinem Heimatort zurechtgemacht.[2] Die alten Kleider, die er trug, hatten sich am Fundort mit Schmutz bedeckt und wurden außerhalb des Leichenhauses auf die Erde geworfen. Als der Sohn mit der Leiche zu Hause eintraf[3] und man einer der Töchter sagte, daß ihr Vater tot sei, fiel sie in eine Ohnmacht, in der sie mehrere Stunden verharrte. Als sie schließlich zu sich gebracht wurde, sagte sie: 'Wo sind Vaters alte Kleider? Er ist mir eben erschienen, gekleidet in ein weißes Hemd, schwarzen Anzug und [Satin]-Pantoffeln, und sagte mir, daß er nach seiner Abreise von Hause einen großen Packen Banknoten in der Innenseite seines grauen Hemdes mit einem Stück roten Tuches eingenäht hat und das Geld noch dort ist.' Nach kurzer Zeit fiel sie in eine neue Ohnmacht, aus der erwacht sie forderte, daß sich jemand nach Dubuque begebe und die Kleider hole. Sie fühlte sich sterbenselend ... Die ganze Familie hielt dies für eine bloße Halluzination, aber um die Tochter zu beruhigen, beschloß man auf den Rat des Arztes, ihr zu willfahren, und telephonierte an den Leichenbeschauer, der die Kleider noch auf dem Hofe liegend fand und in ein Bündel verpackte. Als der Sohn in Dubuque eintraf, erfuhr er von diesem, daß die von der Tochter beschriebene Erscheinung des Vaters genau der vorgenommenen Einkleidung der Leiche entsprach, was niemand von der ganzen Familie wissen konnte. Das eingenähte Geld wurde, genau wie angegeben, gefunden. Die Tochter besaß

---

1) Barrett, Threshold 184 f. Die Botschaft war sofort niedergeschrieben worden, nicht aus der Erinnerung nach der Bestätigung. 2) prepared, d. h. hier: gekleidet. 3) when he reached there — ist das genau zu nehmen?

ein rotes Kleid von eben dem Stoff, womit das Geld eingenäht war [woraus wir schließen mögen, daß der Vater einen im Hause vorhandenen 'Flicken' verwendet hatte]. Die Stiche waren grob und unregelmäßig wie die eines Mannes.'

Soweit der Bericht des Dubuquer 'Herald', welchen der Coroner Dr. Hodgson als durchaus richtig bezeichnete. Weitere von diesem gesammelte Zeugnisse besagen, daß der Vater in seiner Brieftasche 9,75 Doll. bei sich trug, das eingenähte Geld aber 35 Doll. betrug, — was in kleineren Noten einen ziemlichen Packen ausmachen würde. Aus einem Verhör der Perzipientin durch den örtlichen Geistlichen, Pastor A. Crum, erfahren wir noch, daß Miss Conley 28 J. alt und 'gesund' war und noch nie Wahrträume gehabt hatte; daß der Vater nicht die Gewohnheit hatte, größere Geldsummen bei sich zu führen; daß die Tochter vor dem Tode des Vaters nichts von der Innentasche des Hemdes gewußt, es auch nicht vor der Abreise des Vaters gewaschen oder sonstwie 'vorbereitet' hatte ('es war ein schweres wollenes Unterhemd'). Der Coroner seinerseits sagte noch aus, daß die Pantoffeln, die das Mädchen 'genau' beschrieben hatte, 'von einem neuen Muster waren, welches hier nicht auf den Markt und dem Mädchen daher nie vor die Augen gekommen war.' [1]

Es fällt natürlich auf, daß mindestens die Erscheinung (vor allem die Kleidung) der Leiche nach ihrer 'Zurechtmachung' — zur Zeit der Vision auch anderen Lebenden bekannt war. Aber da diese von dem eingenähten Gelde sicherlich nichts wußten, so liegt es näher, einen einheitlichen Wissensursprung für den gesamten Inhalt der Schauung vorauszusetzen. Dieser wäre entweder als dramatisierte hellseherische Vision zu deuten, oder auf eine Kundgebung des Verstorbenen zurückzuführen. Die erstere Deutung wäre vorzuziehen, falls die Erzeugung eines wirklichkeitgetreuen Bildes der umgekleideten Leiche durch den Verstorbenen schwer glaublich erschiene. Man könnte dann etwa noch die Annäherung des Bruders mit der Leiche für einen gewissermaßen 'psychometrisch' auslösenden Umstand halten; wennschon es näher läge, eine solche Wirkung von dem Kleiderbündel zu erwarten. Nun ist aber bekanntlich die Tatsache gewöhnlich, daß lebende Entfernte erscheinen in wirklichkeitgetreuer Nachbildung ihres Aussehens, auch soweit dieses dem Perzipienten unbekannt ist. Im entsprechenden Falle eines Verstorbenen würde sich dieser Sachverhalt nur dadurch verwickeln, daß jener von dem veränderten Aussehn seiner Leiche kein normalsinnliches Wissen besitzt. Doch sind, wie ich schon sagte, Belege für ein nicht-sinnliches Erfahren irdischer Tatsachen, auch nach dem Tode erst geschaffener, seitens Verstorbener zahlreich genug. Hält man also diese Schwierigkeit für überwindbar, so gewinnt der Umstand erhöhtes

1) Pr VIII 200 ff.

Gewicht, daß doch wieder der Vater der einzige war, der einen natürlichen Anreiz zur Bekanntgabe des eingenähten Geldes hatte, indem
er befürchten mußte, daß ohne sie die Seinen leicht die Summe verlieren könnten. Die schreckerzeugte Ohnmacht der Tochter konnte
ihm Gelegenheit geben, im echten Stil des Transdramas ihr zu 'erscheinen' und zu ihr zu 'reden', wobei nur wieder vorauszusetzen wäre,
daß er das Schicksal seines gefährdeten Eigentums verfolgt hatte und
den Seinen soz. 'nahe' geblieben war. Gerade für ein solches Verfolgen dessen, was gleich nach dem Tode mit der Leiche und ihrem Zu-
behör geschieht und was die Hinterbliebenen tun, werde ich in einem
späteren Kapitel zahlreiche Belege beibringen, und ich muß bedauern,
daß ihre Ausnützung mir hier zunächst versagt ist. — Eine andre Möglichkeit der Deutung freilich muß noch erwähnt werden, die aus der
zeitlichen Nähe von Todesfall und Vision sich ergibt: der Vater könnte,
kurz ehe er verschied, ein Wissen um das gefährdete Geld telepathisch
auf die empfängliche Tochter übertragen haben, ein Wissen, das latent
blieb, bis die Ohnmacht eine Umsetzung in die Vision begünstigte.
Diese an sich mögliche Deutung verliert an Gewicht, wenn wir den Fall
vergleichen mit sonstigen ähnlichen, bei denen der große Abstand zwischen Tod und Kundgebung den Gedanken der Latenz mehr oder
weniger ausschließt.

Die letzten Erwägungen finden auf den folgenden Fall so offenbare
Anwendung, daß ich ihn ohne weitere Bemerkungen hier anfüge.

Dr. Moutin, ein bekannter Metapsychologe, erzählt, daß er als Arzt
während der Choleraepidemie in Marseille u. a. einer Verwandten, Mme
Joubert, beigestanden habe, die binnen weniger Stunden von der Krankheit
hingerafft wurde. Als sie schon nicht mehr sprechen konnte, machte sie
verzweifelte Gesten, welche anzudeuten schienen, daß sie noch etwas Wichtiges mitzuteilen habe. Schließlich gelang es ihr mit äußerster Kraftanstren-
gung, zweimal das Wort 'Spiegel' herauszubringen, wobei sie mit der Rechten auf einen Spiegel wies, der über dem Kamin vor ihrem Bette hing.
Wenige Augenblicke danach starb sie. Ihr Gatte, ein Seemann, befand sich
zur Zeit unterwegs auf dem Dampfer 'Gyptis' der Compagnie Fressinet. —
Dr. Moutin verließ Marseille vor der Rückkehr des Schiffes und berichtete
dem Gatten schriftlich von der letzten Äußerung seiner Frau. M. Joubert,
der ihre Gewohnheit kannte, überall Geld zu verstecken, entfernte sogleich
den Boden des Spiegels, fand aber nichts und meldete dies dem Dr. Moutin.

Etwa 15 Monate später nahm dieser an einer Sitzung bei einem M. Decius
Déo in Avignon teil, mit Mme Decius als Medium. Kaum in Trans gefallen, wandte sich diese an Dr. M., indem sie ihn bei seinem Vornamen
ansprach, 'den sie sicherlich nicht kannte': 'Lucien, ich komme jetzt, um
dir mitzuteilen, was ich dir vor meinem Tode nicht mehr sagen konnte.'
— Wer bist du? (Ich hatte so viele Personen im verflossenen Jahre ster-

ben sehn, daß ich nicht einmal erraten konnte, wer der sich kundgebende
Geist wäre.) — 'Ich bin Mme Joubert ... Kurze Zeit vor meinem Tode
hatte ich eine Schuldverschreibung der Cie. Fressinet zwischen Glas und
Boden des Spiegels gesteckt, der über der Badewanne in der Küche hängt.
Mein Mann wird demnächst seine Wohnung aufgeben, um eine kleinere zu
nehmen, und ist entschlossen, viele Möbelstücke zu verkaufen, darunter
die Badewanne und den Spiegel. Es ist darum dringend, ihm mitzuteilen,
was ich dir sage.' Dies geschah sogleich, und 14 Tage später erhielt Dr.
Moutin die Antwort des M. Joubert: Bei seiner Heimkehr nach Marseille
hatte er Dr. M.s Brief vorgefunden und sofort an der bezeichneten Stelle
nachgesucht, wobei er eine Schuldverschreibung der Cie. Fressinet im Betrage von 500 Lire fand.[1]

Leider (wie Bozzano bemerkt) gibt Dr. Moutin nicht an, ob auch die
übrigen Aussagen der Verstorbenen betreffend Wohnungswechsel und Möbel-
verkauf richtig gewesen seien, was einen weiteren Beweis für die fortge-
setzte Kenntnis irdischer Vorgänge seitens Abgeschiedener geliefert hätte.

Die demnächst anzuführenden Tatsachen gehören der gleichen natürlichen Gruppe von Beweggründen an, zeigen sie uns aber in einer weiteren leichten Abwandlung. Es handelt sich um die Herbeischaffung
irgendwelcher Urkunden, aus deren Nichtbesitz dem Hinterbliebenen
des Kommunikators Schwierigkeiten oder Verlegenheiten erwachsen
würden, während dieser selbst von dem Verbleib der Urkunden auf
Grund seiner Erinnerungen ein natürliches Wissen besitzt. Ich gebe
zwei Beispiele von sehr verschiedenem Umfang.

In einer Reihe von Sitzungen der Mrs. Dawson-Smith mit Mrs. Leonard
machte ihr im Jahre 1920 in Abessinien gefallener Sohn, Leutnant Frank
Dawson-Smith, eine größere Anzahl identifizierender Angaben. Die hier
in Frage kommende fiel in die Sitzung vom 10. Jan. 1921. — 'Feda': 'Er
sagt: ... Da war eine alte Geldbörse mit einer Quittung darin, ein winziges
Papier ... Ich wünsche, du könntest sie finden, alt, abgenutzt und be-
schmutzt, zusammengeworfen mit einer Menge anderer Dinge. Er glaubt
nicht, daß Sie sie haben. Finden Sie sie bitte. Er nennt es ein Quittungsdoppel. Versuchen Sie es auszubuddeln ... Er weiß, Sie haben es, ein langer, schmaler Riemen ist dicht dabei. 'Ich bemerkte das zufällig.' Er sagt,
dies sei wichtig.'

'Ich suchte nach diesem Papier', schreibt Mrs. Dawson-Smith am 23. Nov.
1924 an Sir Oliver Lodge, 'und über einer großen Kiste in unserem Abstell-
raum bemerkte ich einen langen herabhängenden Riemen. Ich öffnete die
Kiste, durchwühlte den Inhalt und entdeckte eine alte abgenutzte Lederbörse und darin das zerknitterte Quittungsdoppel einer Postanweisung. Ich
nahm es vorsichtig heraus und legte es in meinen Schreibtisch, weil ich mir
sagte, seine Wichtigkeit [von der der Sohn gesprochen] könnte sich später

1) RSMS 1901 168 f.; Bozzano, Casi 166 ff. Vgl. die Fälle Keene 25 ff.; Flammarion III
97 f.; Nielsen 153 f. (Oberst M. Taylor).

herausstellen.' In der Tat wurde 3 Jahre und 9 Monate nach jener Sitzung von Hamburg aus durch die Enemy Debt Clearing Office eine angeblich noch nicht beglichene Schuld des Sohnes eingefordert, die Mrs. Dawson-Smith noch einmal hätte bezahlen müssen, wenn sie die Quittung nicht hätte vorweisen können. (Mrs. Sidgwick und Sir Oliver Lodge haben die Quittung nebst dem ganzen Schriftwechsel gesehen. Es handelte sich um 8 Pfd. Strlg., von August F. in Hamburg eingeklagt.)[1]

Ich brauche nicht zu betonen, welcher Umstand diesem Vorgang seine eigentliche Bedeutung gibt: Mrs. Dawson-Smith konnte, als sie die Quittung zu suchen aufgefordert wurde, normalerweise nicht ahnen, daß deren Besitz — Jahre danach — geschäftliche Schwierigkeiten oder Geldverluste ersparen würde. Wohl aber konnte der Verstorbene das Umgekehrte befürchten, und seine ausdrücklich von 'Feda' übermittelten Worte 'Dies ist wichtig' scheinen zu beweisen, daß er mit seinen Angaben über das Papier nicht irgendeinen unter vielen anderen Wissensbeweisen liefern wollte, sondern einen besonderen Zweck verfolgte.

Der zweite Fall erfordert etwas umfangreichere Darlegungen. Ich entnehme ihn mit besonderer Freude einem älteren Meister unserer Wissenschaft, Justinus Kerner, dessen Verdienste als strenger Forscher allzu häufig mißachtet werden. Auch die jetzt zu beschreibenden Vorgänge sind von ihm mit solcher Pünktlichkeit und Ausführlichkeit beurkundet worden, daß sie dem theoretischen Nachdenken eine ebenso sichere wie ergiebige Grundlage bieten. Ich arbeite die beiden Hauptberichte — Kerners und Oberamtsrichter Heyds[2] — in eine fortlaufende und alles Wesentliche enthaltende Darstellung zusammen.

Frau Hauffe war am 25. Nov. 1826 nach Weinsberg gekommen, wo sie niemand, auch Kerner nicht, kannte, und bewohnte ein kleines Zimmer in einem Nebengebäude des Hauses des Kameralverwalters und Weinhändlers F., der ihr aber gleichfalls 'völlig unbekannt' war und erstmalig im Verlauf der folgenden Ereignisse auf Kerners Veranlassung als 'stummer Zeuge' zu ihr kam. Ob sie wußte, daß ein gewisser K., der mehrere Jahre zuvor in Weinsberg gestorben war, die Geschäfte des F. zu dessen großem Nachteil geführt hatte, ist nicht gewiß; jedenfalls war es ihr nicht erinnerlich; auch hatte sie diesen K. nie gesehen, 'stand auch mit keinem Menschen in Verbindung, der sich für die Angelegenheiten des F. oder K. (von welchem dazumal im Publikum nicht im mindesten mehr gesprochen wurde) interessiert hätte.' Ein seit 1819/20 schwebendes Konkursverfahren gegen den K., an dem auch Herr F. interessiert war, hatte in dem letzten Halbjahr 1826 zu einem Urteil geführt, durch das die F.sche Weinhandlung einen Verlust von mehreren Tausend Gulden erlitt. Diese hatte schon seit Be-

---

1) Pr XXXVI 303 f.   2) Kerner, Seherin 427 ff. Eschenmayers vieles Wichtige übergehende Zusammenfassung ist wertlos (das. 445 f.).

ginn des Verfahrens die Familie des K. haftbar zu machen gesucht und 'namentlich dessen Witwe und Kinder mit einem Manifestationseid [bedroht], besonders auch über die Herausgabe des von K. geführten Geheimbuchs, welches laut eines zu den Akten gegebenen, von K. geschriebenen, 'ins Geheimbuch einzutragende' Notizen enthaltenden Blattes als existierend nachgewiesen wurde.'

Schon an den ersten Abenden ihrer 'magnetischen' Behandlung durch Kerner 'sah Frau Hauffe nicht weit von sich' einen Mann 'in einer sehr traurigen und bemitleidenswerten Gestalt', der ihr 'winkte' und 'etwas von ihr zu begehren' schien. Am 25. Dez., als Herr F. auf Kerners Bitte zum ersten Male während des magnetischen Schlafes zugegen war (Kerner hatte die Erscheinung irrtümlich für die eines F.schen Verwandten gehalten), sah die Hauffe sie abermals und sagte u. a. (laut Kerners 'Tagebuch', also wohl sofortiger Aufzeichnung): 'Was zeigt er mir? Ein Blatt von nicht ganzer Foliohöhe voll Zahlen. Oben in der rechten Ecke ist eine kleine Einbiegung, in der hinten eine Zahl. Lese ich nicht unter den ersten Zahlen Acht und Null? Ich kann es nicht völlig! Es beginnt dann J — weiter kann ich nicht. Dieses Blatt liegt unter vielen Akten, man beachtet es nicht. Er will haben, ich soll es meinem Arzte sagen und durch diesen soll eine Warnung ergehen. Warum muß er denn aber auch mich so quälen und stören, könnt' er es denn nicht seiner Gattin sagen? Er wollte es noch vor dem Tode sagen, er glaubte aber nicht, daß er sterben werde ('Es ist wahr,' fügt Kerner hinzu, 'daß Herr K. seinen Tod nicht erwartete'), und nahm es sterbend mit der Seele hinüber wie ein Stück von seinem Körper.' 'Sie beschrieb nun außer [dem schielenden Auge] die Gestalt jenes Mannes so genau, daß ich in ihr den verstorbenen K. erkennen mußte [also entgegen Kerners ursprünglicher Vermutung über die Person des Erscheinenden] ...' Am Tage darauf 'bestrebte sie sich, sich an den Ort zu versetzen, wo jenes Blatt liege, auf das jener Mann immer hindeute', und beschrieb darauf die ihr völlig unbekannten Räume des Amtsgerichts, einen dort arbeitenden 'langen Herrn', seine Bewegungen in den Zimmern, einen Teil des Amtsmobiliars und -inventars mit vielen Einzelheiten, sowie drei Haufen von Akten, von denen aber nur zwei jenen K. angehn und in deren mittlerem, 'ein wenig unter der Mitte', jenes Blatt liegen sollte, 'das ihn so quält'. Alle diese Angaben, die Kerner zunächst noch für ein 'Traumbild' hielt, wurden vom Oberamtsrichter Heyd, dem 'langen Herrn', bestätigt, einschließlich seiner Bewegungen und seines Arbeitens 'auf der bezeichneten, mir sonst ungewöhnlichen Stelle'. Er und Kerner stellten nunmehr eine Untersuchung der bezeichneten Aktenhaufen an, wobei Heyd jedoch sogleich bemerkte, daß, 'da alle Akten, welche hier vorliegen, bloß im Laufe des [Konkurs]verfahrens durch die Parteien beigebracht seien, [er] darin kein von K. herrührendes Blatt vermuten könne.' In den beiden Faszikeln des 3. Haufens aber, 'welche Originalakten von K. enthielten', förderte die (wie

---

1) 'nach Gestalt und Kleidung als den leibhaften K.' sagt Heyd, der jenen genau gekannt hatte.

Kerner sagt, 'nur etwas zu schnelle') Durchsuchung jenes bezeichnete Papier nicht zutage.

Während des nächsten 'Schlafes' der Hauffe (im Wachen wußte sie von allen diesen Dingen nichts) erschien ihr aber wiederum der K., der ihr 'keine Ruhe lasse' und unter dessen Anstachelung offenbar die H. ihren Arzt 'anklagte, daß [er] das Blatt nicht mit Eifer suche, und aufs angelegentlichste beschwor, es doch zu finden, da es so leicht zu finden sei;' es liege 'unter andern Papieren mit starkem grauem Papier umschlagen'. Ja als man ihr am 28., um ihre Quälerei zu beenden, ein 'altes Blatt' mit Zahlen, darunter auch eine 80, gab, das Herr F. gefunden haben sollte, durchschaute sie die Täuschung sofort und sagte, es sei nicht 'jenes Blatt; das ist noch an seiner Stelle und auf ihm sind die Zahlen viel regelmäßiger untereinandergesetzt.'

Da Kerner eine deutliche Schädigung seiner Kur durch die Angelegenheit beobachtete, nahm er zusammen mit dem Oberamtsrichter Heyd eine nochmalige 'Durchsuchung jener Aktenfaszikel' vor, wobei das genauestens allen Angaben der Hauffe entsprechende Papier gefunden wurde. Von diesem Funde wurde 'gegen jeden Menschen' geschwiegen: trotzdem 'sah' Frau Hauffe im nächsten Schlafe die Aktenfaszikel und das fragliche Papier in derjenigen Lage, in welche sie Heyd nach der Durchsuchung absichtlich gelegt hatte, 'um ein desto festeres Kriterium des Wissens der Frau H. zu erhalten', 'was [aber] bloß [er] allein wußte,' während Kerner das Papier in der Tasche des Herrn Heyd vermutete. Doch war Heyd bei diesen neuerlichen Angaben der Hauffe zugegen. Diese konnte auf dem nunmehr 'offen daliegenden' Papiere 'mehr lesen' als vorher, u. a. die Worte 'In das Geheimbuch einzutragen'. —

Während es natürlich jedermann frei steht, die Wahrnehmung der veränderten Lage der Papiere und weiterer Worte auf dem 'Papier' einem telepathischen Einfluß Heyds zuzuschreiben, wird man die vorherigen Angaben der Hauffe wohl mindestens als hellseherische ansehn müssen; da Heyd bezeugt, daß er in dem fraglichen Faszikel nicht einmal 'ein von K. herrührendes Blatt vermuten' konnte; wie denn wahrscheinlich das Blatt seit 6 Jahren vergessen an seiner Stelle ruhte, nämlich seit es dort eingereiht worden war 'als Beilage eines im Jahre 1820 von Seite F.s eingereichten Liquidationsprozesses, den der Konsulent Dr. F. in Stuttgart verfaßt hatte'. Die Existenz des Blattes war also nicht allen Lebenden unbekannt; ja es hatte schon 1820 bei Einleitung des Prozesses zur Bedrohung von K.s Hinterbliebenen mit der Forderung eines Eides bezüglich ihres Wissens um jenes 'Geheimbuch' geführt, worin die Familie F. Angaben über die Verwendung der durch K. veruntreuten Gelder (im ganzen über 20000 Gulden) vermuten mußte. Doch stand man im Herbst 1826 unmittelbar vor Abschluß eines Vergleichs, der zu einer Beteiligung von K.s Hinterbliebenen am F.schen Geschäfte führte, sodaß das verräterische Papier tatsächlich nicht mehr wichtig war und die entfernten Lebenden, die von seiner Existenz wußten, wahrlich keine Veranlassung zu 'telepathischen Mitteilungen' darüber an eine völlig Unbekannte hatten. 'Das Blatt selbst', schreibt Kerner sogar,

'war bis jetzt gar nicht in gerichtliche Anregung gekommen.' Vor allem aber
bezeugt der Kameralverwalter Fezer (ein 'sehr ehrenwerter Mann' nach
Kerner), daß gerade der zur Zeit schon betriebene Vergleich 'schuld war,
daß ich von jenem Blatte, auf welches die Seherin, durch die Erscheinung K.s
veranlaßt, hinwies, keinen Gebrauch machte und auf keinen Manifestationseid in Hinsicht des Geheimbuchs drang. Hierbei ist wohl zu bemerken, daß
dieser Vergleich, welcher eben in die in der Geschichte bemerkte Periode
fiel, in der tiefsten Stille abgeschlossen wurde, so daß er selbst dem Stadt-
schultheißenamt sowie dem Publikum erst spät bekannt wurde ... Das Publikum hatte nach bereits verstrichenen 7 Jahren vom Beginn des [Konkurses]
an sich über diesen Gegenstand längst ausgeschwatzt, und selbst mir war
die Erinnerung an das Notizenblatt so sehr gleichgültig, daß es mir erst
wieder, nachdem die Seherin davon sprach, eine wichtigere Beziehung erhielt. Kein Wort von diesem Blatte war je von mir ausgegangen, und kein
Mensch [in Weinsberg?] als ich und der Richter hatten davon Notiz genommen. Nicht im mindesten war auch deswegen eine drohende Insinuation
zu einem Manifestationseid an die Witwe K. gemacht worden. Ich bin daher
fest überzeugt, daß der Seherin zu Auffindung dieses Blattes von keiner
Seite her eine Veranlassung gegeben wurde, und dies um so mehr, als ich
mir keinen [lebenden!] Menschen denken kann, der außer mir ein Interesse
daran hätte nehmen können.'

Diese Erklärung Fezers läßt keinen Zweifel darüber bestehen, daß bei
sämtlichen beteiligten Lebenden überhaupt kein Anreiz zu einer übernormalen
Beeinflussung der Hauffe in der Sache gegeben war, eine Inanspruchnahme,
die nach Versicherung ihres Arztes sie und ihre Kur empfindlich schädigte
und von der er sie immerzu 'abbringen' wollte, was ihm aber 'nie gelang'.
Insonderheit ist es gewiß, 'daß Herr Fezer [selbst] an Frau Hauffe nicht den
mindesten Teil nahm, bis sie schon mehrere Tage von jener Erscheinung
gesprochen hatte, wo er dann erst auf meine Erzählungen und Bitten sich zu
ihr begab, ihre Aussagen mit Verwundern hörte, für diese Kranke aber auch
kein weiteres Interesse mehr zeigte ...'

Fehlt also selbst der geringste Anlaß, das 'Aktivitätszentrum' der geschilderten Schauungen in die Seherin selbst oder irgend jemand in ihrer
Umgebung zu verlegen, so verweisen zahlreiche, bisher z.T. noch nicht erwähnte Einzelheiten in der natürlichsten und lebendigsten Weise auf den
V e r s t o r b e n e n selbst als die wahre treibende Kraft hinter den Erscheinungen wie auch den daran sich knüpfenden Hellsehakten der Hauffe. K.
mußte, falls er überlebte, von dem ominösen Papier wissen; er mochte auch
von seinem ungefähren Verbleib wissen und, sobald er ein entsprechend ver-
anlagtes Medium fand, dieses anreizen, den genauen Verbleib des Blattes
hellsehend festzustellen (falls ihm nicht selbst auch diese Leistung zuzuschreiben wäre, was uns nichts hindert). Er b r a u c h t e aber nicht über die
Absichten und Maßnahmen aller übrigen beteiligten Lebenden unterrichtet
zu sein, für die das Papier etwa von Interesse war. Für i h n aber war es natürlich, vor allem die üblen Folgen zu bedenken, die eine feindliche Aus-

nutzung des Papiers für seine Hinterbliebenen haben konnte. Und gerade dies ist, nach dem klaren Ausweis der Tatsachen, das Motiv gewesen, das den Verstorbenen bei seinen Erscheinungen und Angaben gestachelt hat. Schon aus dem Obigen ist zu ersehen, daß K. zunächst das Papier als Teilstück seiner Erscheinung der Hauffe 'zeigte'; daß das 'Nichtbeachten' des Papiers ihn offenbar beunruhigte; daß er durch die Hauffe und ihren Arzt 'eine Warnung ergehen' lassen wollte und um dieses Zweckes willen die Hauffe 'quälte', 'störte' und ihr 'keine Ruhe ließ'; seine Warnung, sagt er, habe er schon vor seinem Tode aussprechen wollen, sei aber durch sein unerwartetes Ende daran verhindert worden. Diese Zuschiebung der Aktivität an den Verstorbenen wird von der Hauffe im Verlauf ihrer Erfahrungen in immer neuen Wendungen unterstrichen. Am 30. Dez., nachdem sie 'auf das Herzangreifendste' gebeten, 'nach jenem Papier zu suchen, weil ihr der Verstorbene keine Ruhe lasse', und Kerner sie wiederum von ihrem 'Traum' abzubringen gesucht hatte, 'brach sie in die bittersten Klagen aus und behauptete, der Geist weiche nicht von ihr, bis das Blatt gefunden sei'. 'Immer droht er mir (hieß es am 31.), mich in meiner Heilung zu stören, wenn das Blatt nicht gefunden wird ... Mit einem Gedanken, auf den dieses Blatt deutet, starb er; diesen irdischen Gedanken nahm er mit sich, und der bindet ihn noch an diese Welt und läßt ihm keine Ruhe ... Auf das Mittlere dieser ersten Zeilen ['in das Geheimbuch einzutragen'!] deutet er immer, er will wohl auf dieses Buch deuten. Was soll man nun mit diesem Blatte machen? Mich schaudert, denke ich, was jene arme Frau tun könnte, warnt man sie nicht! — Eine Warnung soll an sie durch dieses Blatt ergehen, dann hat er Ruhe ...' Am 1. Jan. heißt es: 'er wolle haben, man solle seine Gattin warnen, etwas zu tun, wodurch sie unglücklicher als er würde.' Am 2.: 'Es ist mir von jenem Verstorbenen wenigstens diese Warnung zur Pflicht gemacht, und wie würde mir, wenn ich ihm nicht folgen würde!' Und nachdem die zweite Nachforschung das Blatt zutage gefördert hatte: 'Da steht er wieder, aber er sieht beruhigter aus. Wo ist das Blatt? Es muß gefunden sein!' Am 3. diktiert sie denn auch (immer im schlafwachen Zustande) einen Brief an Frau K., worin es heißt: 'Jenseits noch würde mich diese verstorbene Seele anklagen, unterließe ich dich zu warnen, und würdest du, unschuldige Frau, bis zu einem Eid getrieben,' [daß du nichts von dem Geheimbuch weißt]. Und bei der bald danach stattfindenden Begegnung mit der Frau K. sagte sie schlafwach zu dieser: 'Das Blatt ist gefunden, du bist davon benachrichtigt, und nun blickt er auch ruhiger ...' 'Frau K. gab die feste Versicherung, daß sie nie etwas Geheimes mit hinübernehmen werde, daß ihr Gatte nie Mitteilungen von seinen Geschäften gemacht, sie von keinem Geheimbuch wisse, wie man ihr auch deswegen noch keinen Eid abgefordert habe.' Dies alles wohl — wenn ich recht verstehe —, weil sie schon aus den geheimen Verhandlungen mit der Gegenpartei wußte, daß nach dem betriebenen Vergleich keinerlei Gefahr mehr drohe; womit also auch sie als telepathische Quelle der von der Seherin vertretenen Auffassung ausscheidet. Diese verwies tatsächlich auch jetzt noch 'auf eine spätere Zeit, wo [die Eidabforderung] noch geschehen werde, und fragte, ob sie das Geheimbuch suchen solle; was man ihr aber um so lieber erließ, als sie erklärte, 'die [Herbei]schaffung des Geheimbuchs würde sie auf sieben Tage in ihrem Krankheitszustande zurücksetzen. K.s Erscheinung hörte nach und nach auf.' [1]

Die weiteren Gruppen dieser kleinen Tatsachenschau sondern sich insgesamt von den bisherigen dadurch ab, daß die erkennbaren Motive sich nicht mit Sachen und ihrer Verwendung befassen, sondern mit Angelegenheiten des inneren Lebens. Sie haben es nicht mehr mittelbar oder 'auch', sondern ausschließlich mit 'moralischen' Bedürfnissen und menschlichen Verhältnissen, mit Gefühlen und ihren Auswirkungen zu tun. Hierüber bleibt zuweilen kein Zweifel bestehen selbst in Fällen, wo uns im übrigen der Kernpunkt der Kundgebung vorenthalten wird, weil er allzu vertraulicher Art ist, — wie z. B. im folgenden, vielfach angeführten Bericht des Rev. Minot J. Savage, bei dem eine kurze Zusammenfassung genügen darf.

Savage hatte einen in Harvard (Boston) studierenden Sohn verloren, mit dem ihn das freundschaftlichste Verhältnis verbunden hatte. Durch Mrs. Piper mit ihm in Verbindung gebracht, empfing er unter anderen Mitteilungen die Aufforderung, einem Schubfach im Schreibtisch des Sohnes, welches viele lose Papiere enthielte, gewisse zu entnehmen und zu vernichten. Dieser zeigte sich erst beruhigt, nachdem ihm dies fest versprochen worden war. Mrs. Piper hatte den Verstorbenen weder persönlich gekannt, noch, wie der Vater überzeugt ist, jemals gesehen. Savage, der von dem Inhalt des Schubfachs keine Ahnung hatte, umso weniger, als er die Studentenwohnung des Sohnes seit dessen kürzlichem Umzug aus der Beacon- in die Joy-Straße überhaupt nicht betreten hatte, stellte sofort eine Durchsuchung des Schubfachs an, 'und sofort begriff ich die Motive und die große Wichtigkeit dessen, was mir aufgetragen worden war. Die Papiere enthielten Dinge, die der Verstorbene nicht um eine Welt an die Öffentlichkeit hätte gelangen lassen mögen ... Ich kann nur sagen, daß die Besorgnis meines Sohnes vollauf gerechtfertigt war.' [2]

1) Ich übergehe, der Kürze halber und als weniger gesichert, gewisse 'Erscheinungen' des K., die an kollektiv wahrgenommene Spuke erinnern und im Zusammenhang des Falles nicht ohne Interesse sind (aaO. 435 f.). — Prof. M. Dessoir, der nur in den früheren Auflagen seines Buches (2. S. 109 f.) diesen Fall berücksichtigte, beschränkt sich dort auf die Wiedergabe der ganz kurzen Eschenmayerschen Zusammenfassung, die zumal von allen Hinweisen auf die Aktivität des Verstorbenen kein Wort enthält. Betr. der Angaben der Hauffe über das 'Papier' — einschließlich seiner genauen Größe, der vielen Zahlen 'unter einander', der 8 und 0, der 'kleinen Einbiegung' in der oberen rechten Ecke, der 'Zahl' in der linken, des J als Wortbeginn, der genauen Ortsangabe, der Abweisung einer Irreführung — hält er es für das 'Wahrscheinlichere', daß 'ein glücklicher Zufall der Seherin zu ihrer erstaunlich wirkenden Kenntnis verholfen hat.' Gegenüber Kerners 26 enggedruckte Reclam-Seiten füllender Sammlung und Erörterung soz. gleichzeitig verfaßter Urkunden mehrerer gebildeter Zeugen spricht er von 'Dürftigkeit und Unzulänglichkeit der Berichte'. Wenn das wissenschaftliche Kritik sein soll, so weiß ich nicht mehr, was leichtfertiges Gerede ist. 2) Savage 106 ff. Vgl. den Fall der Marschallin de Grancey; Flammarion III 94 f.

Das zweite Beispiel, welches das Motiv des Trostspendens ganz natürlich mit dem der Bezeugung des Fortlebens verknüpft, berichtete Dr. F. H. Wood in Blackburne (England), ein erfahrener Medienforscher, dem uns wohlbekannten J. A. Hill.

'Am 13. Mai 1915 beschrieb [das Medium Tyrrell] uns die Geistgestalt einer Dame, die einen kleinen 5jährigen Knaben bei sich hatte. Ihr Name wurde nicht angegeben, von dem Knaben aber wurde gesagt, er sei das Kind von ...' Hier lauschte der Hellseher und meinte: 'Es klingt wie Samuel Browning, aber ich bin nicht ganz sicher. Jedenfalls ist [der Vater] ein Polizist und wohnt in der Henry-Str. Nr. 6 in Leyton. [Dies ist ein 150 km vom Ort der Sitzung entferntes Städtchen.] Die Mutter des Kindes ist in schwerem Kummer. Es starb an Lungenentzündung. Will wohl jemand ihr sagen, daß er gar nicht tot ist, in dem Sinne, wie sie es glaubt? Er ist hier und wir sorgen für ihn. Sie soll nicht so bekümmert sein.'

'Am 19. Juli 1916 [also 14 Monate später] besuchte ich Leyton und entdeckte, daß es dort eine Henry-Str. gibt. Ich begab mich zum Hause Nr. 6, traf aber niemand dort an. Ich sprach im Nachbarhause vor und erhielt folgende Auskunft: Die Leute in Nr. 6 heißen Brownlow. Der Vater ist Polizist. Sein Vorname ist Stanley (das Medium scheint also statt Stanley Brownlow irrtümlich Samuel Browning gehört zu haben ...). Ich erkundigte mich nach der Mutter. 'Sie ist verreist', sagte die Nachbarin, 'sie ist gesundheitlich völlig zusammengebrochen, seitdem ihr kleiner Junge vor 6 Monaten an Lungenentzündung starb. Er war erst 5 Jahre alt.' Ganz von sich aus und ohne jeden Wink von meiner Seite fuhr sie fort: 'Ich bin häufig mit Mrs. Brownlow auf dem Friedhof gewesen, und es war jammervoll zu sehen, wie sie über dem kleinen Grabe weinte und sich abhärmte. Es war ihr einziger Junge.' ... — Ich möchte bemerken, daß keiner der Sitzer von dem Dasein der Familie Brownlow etwas wußte und daß nach meiner Überzeugung das Medium diese Unkenntnis teilte und nie in Leyton gewesen war. Des letzteren bin ich ganz gewiß. — Es erhebt sich die Frage: Warum gelangte die Botschaft an mich? Nun, ich glaube, es besteht da ein Verbindungsglied. Es trifft sich nämlich, daß ich meine Knabenzeit in Leyton verbracht habe, doch liegt kein Grund zur Annahme vor, daß dies dem Medium bekannt war. Niemand aus meiner Familie hat seit 1904 dort gelebt. Zwei meiner Brüder sind auf demselben Friedhof wie das Kind bestattet. Vielleicht hat eins meiner Lieben, das den Kummer der Mutter an einem benachbarten Grabe beobachtete, sich bemüht, dieser einigen Trost zu verschaffen.' F. H. Wood, Mus. Doc.[1]

Die letzte Vermutung mag man als unbegründet und zu weit gehend ablehnen; in jedem Falle aber gibt der Umstand sehr zu denken, daß irgendwelche 'Beziehungen' zwischen dem Empfänger der Kundgebung und dem Orte der Bestattung des einen Erscheinenden bestanden. Alles

---

1) Hill, Invest. 176 ff. Vgl. die Fälle Hegy 40 f.; Bates 114 ff., 161 ff. und den früher zitierten Pr VI 26 ff.

in der Welt des Übernormalen verläuft, wie wir schon sahen, am Leitfaden solcher 'Beziehungen';[1] aber auch darüber haben wir uns schon verständigt (und werden noch weiterhin darauf stoßen), daß die Wege solcher Beziehungen auch die 'Annäherungsbahnen' für Bewohner des Jenseits sein können: der Umstand, daß der Kleine von jemand 'herangebracht' wird, der 'für ihn zu sorgen' vorgibt, wird für uns noch wachsende Natürlichkeit gewinnen. Mir selbst erscheint die Motivierung des Vorgangs durch Mitleid mit der trauernden Mutter einleuchtender, als die Annahme verwickelter Dramatisierung eines übernormalen Wissens um die Erlebnisse gänzlich fremder Entfernter.

Im folgenden wohlbekannten Falle kann die bekundete Anteilnahme der Kommunikatorin als eine leidlich 'moralische' bezeichnet werden, und sie gewinnt an Gewicht durch den Umstand, daß sie im Gegensatz steht zu Anschauungen, denen die Betreffende zu Lebzeiten gehuldigt hatte, wobei diese Wandlung überdies gerade unter spiritistischen Voraussetzungen natürlich erscheinen darf. Des weiteren ist das Auftreten der Verstorbenen so eigenartig-persönlich (trotzdem sie gerade in dieser Hinsicht dem Medium unbekannt gewesen zu sein scheint), daß die Versuchung zu einer verwickelten animistischen Auslegung gar nicht erst aufkommen kann. Die Vorgänge wurden von Aksakow in seiner engsten Verwandtschaft mit größter Genauigkeit festgestellt und sehr ausführlich beschrieben, so daß ich mich auch hier mit einer kurzen Zussammenfassung begnügen muß.

Während einer der ersten Planchette-Sitzungen der Frau A. v. Wiesler (Aksakows Schwägerin) mit ihrer Tochter Sophie (am 22. Jan. 1885) trat eine gewisse Schura (Alexandra) N. N. auf. Diese, eine jugendliche Anarchistin aus vornehmer Familie — kein ganz seltener Typ im damaligen Rußland — hatte sich am 15. Jan. 1885 vergiftet, bald nachdem ein junger Mann aus der besten Petersburger Gesellschaft, Michael ٭٭, wegen revolutionärer Verbindungen verschickt und auf einem Fluchtversuch erschossen worden war. 'Schura' forderte von Frl. v. Wiesler in der ungestümsten Weise, mit Nikolai, Michaels Bruder, einem Studenten am Technologischen Institut, eine Zusammenkunft zu verabreden, um ihn in ihrem (Schuras) Namen vom Umgang mit gewissen 'Taugenichtsen' abzubringen; wobei 'Schura' die Überzeugungen, um derentwillen sie freiwillig gestorben war, als 'empörende Irrtümer' bezeichnete. Weder Frau v. Wiesler noch ihre Tochter wußten um Nikolais nihilistische Neigungen. Die Bekanntschaft der beiden Familien war eine so oberflächliche, daß Schuras dringende Zumutung, Nikolai zu einer Sitzung einzuladen, damit sie ihm ihre Identität beweisen könne, als gesellschaftliche Unmöglichkeit empfunden wurde. Frl. v. Wieslers anhaltendes Zaudern entlockte 'Schura' äußerst heftige Worte der Zurechtweisung, wie sie nicht in Wörterbüchern zu finden sind, aber

1) o. S. 379 ff.

für die Ausdrucksweise Schuras zu Lebzeiten bezeichnend waren. Die fortgesetzten Bedenken der jungen Dame schob 'Schura', die in jeder Sitzung
wiederkehrte, Frau v.Wiesler in die Schuhe. Gegen diese legte sie eine un-
verhohlene Gereiztheit an den Tag und erwiderte ihr auf jede Zwischen-
frage: 'Schweigen Sie, schweigen Sie', während sie ihre Tochter mit Zärt-
lichkeiten überschüttete und zu raschem Handeln antrieb. Am 26. Feb.
waren ihre ersten und letzten Worte: 'Es ist zu spät. Du wirst es bitter
bereuen ... Erwarte seine Verhaftung.' Seitdem trat 'Schura' nie wieder
auf, und die Sitzungen wurden abgebrochen. — Eine jetzt endlich erfolgte
Mitteilung an Nikolais Eltern brachte nichts Verdächtiges an den Tag. Aber
am 9. März 1887 wurde in seinem Zimmer unerwartet von der Geheimpolizei
Haussuchung gehalten, er selbst verhaftet und binnen 24 Stunden verschickt.
Es stellte sich jetzt heraus, daß er in den Monaten Januar und Februar 1885
an anarchistischen Versammlungen teilgenommen hatte, d.h. während der
Zeit von 'Schuras' Auftreten.

Ihre Äußerungen, über welche gleichzeitig gemachte Aufzeichnungen vorlagen, erschienen allen Beteiligten äußerst kennzeichnend für ihr persönliches Auftreten zu Lebzeiten. Was die Beziehungen zwischen Schura und
Frl. v. Wiesler anlangt — ein augenscheinlich wichtiger Punkt! —, so bezeugt Frau v. W., daß sie und ihre Tochter im Dez. 1880 dem Senator N.,
Schuras Großvater, einen Weihnachtsbesuch abgestattet hatten (Schura war
damals kaum 13 Jahre alt, aber schon ein großer Bücherwurm), und daß
die beiden Mädchen einander während des Winters zuweilen auf einige
Entfernung im Erholungssaal ihrer Schule gesehen hatten, die übrigens von
Schura bald mit einer andern vertauscht wurde. Sie sahen sich dann noch
zweimal, ohne ein Wort miteinander zu wechseln. Ihr 'Gedankenaustausch'
hatte sich auf ein Kindergespräch beschränkt, während Frau v. Wiesler sich
eigentlich nie mit Schura unterhalten hatte. 'Es ist mithin ersichtlich, daß
die Beziehungen dieser Damen zu Schura nur die oberflächlichsten waren
und daß sie nichts von deren politischen Geheimnissen wissen konnten.'[1]

Als Ergänzung dieser Fälle von wohlwollender Teilnahme am Ergehen
Lebender füge ich einen hinzu, worin sich der vielberufene 'Haß übers
Grab hinaus' und ein Bedürfnis nach Rache äußern. Die drama-
tische Besessenheitsszene, zu der sie führen, würde den Verdacht roman-
hafter Übertreibung erregen, wenn der Bericht nicht die Namen einiger
Forscher von erstem Range trüge; denn an der fraglichen Sitzung (vom
5. April 1904) beteiligten sich außer Cav. Carlo Perreti und seiner
Gattin auch E. Bozzano und Dr. Venzano.

Das Medium, L.P., war von Anfang an in einer unbegreiflichen Unruhe,
und der 'Führer' Luigi (sein Vater) trat zunächst nicht auf. Dann befreite
sich L. P. aus der Kontrolle der Nebensitzenden und führte in Gebärden
und Worten eine lebhafte Abwehr vor, einen Unsichtbaren zurückweisend
und um Hilfe rufend. Nachdem endlich Beruhigung eingetreten, erschien

1) PS 1889 572 ff.; Aksakow 680 ff.

'Luigi' und gab an, es sei ein Wesen niederster Art zugegen gewesen, das von unversöhnlichem Haß gegen einen Teilnehmer des Zirkels beseelt sei. 'Hier kommt er wieder! Ich kann euch nicht länger verteidigen. Beendet die...' Das Wort 'Sitzung' wurde nicht mehr ausgesprochen: das Medium schien von dem schlimmen Gesellen ergriffen zu sein, schrie mit vor Wut funkelnden Augen und schien jemand packen zu wollen. Mit Gebrüll stürzte es sich auf den anwesenden M. X.: 'Endlich habe ich dich wiedergefunden, Feigling. Ich war Soldat in der kgl. Marine. Entsinnst du dich nicht der Sache von Oporto? Dort gabst du mir den Tod. Aber heute werde ich Rache nehmen und dich erwürgen.' Damit umklammerte das Medium 'wie mit stählerner Zange die Kehle seines Opfers, dem bald die Zunge heraushing und die Augen hervorquollen. Nur nach verzweifeltem Handgemenge gelang es den Anwesenden, X. zu befreien, aus dem Zimmer zu entfernen und die Tür hinter ihm abzuschließen, während das Medium immer noch, 'brüllend wie ein Tiger', ihm nachzustürzen versuchte. 'Zu vieren hielten wir es zurück ... Endlich sank es in völliger Erschöpfung auf dem Teppich nieder.' —

Bozzano hatte 'eine unbestimmte Erinnerung', daß X. in seiner Jugend Marineoffizier gewesen war, an der Schlacht bei Lissa teilgenommen, dann seinen Abschied eingereicht hatte und Kaufmann geworden war. Er wandte sich daher mit Erkundigungen an einen Vizeadmiral i. R., der gleichfalls bei Lissa gekämpft hatte. Dr. Venzano seinerseits setzte sich mit einem Verwandten des X. in Verbindung, mit dem dieser seit Jahren keine Beziehungen mehr unterhielt. Die Nachforschungen beider förderten schließlich übereinstimmend die Tatsache zutage, daß X. vor Jahren während eines Aufenthalts seines Kreuzers in Oporto einen an Land betrunkenen und streitenden Matrosen desselben aufs Schiff zurückbeordert hatte, von diesem bedroht worden war und, darüber erregt, ihn niedergestochen hatte. Ein Kriegsgericht verurteilte X. zu 6 Monaten Festungshaft, nach deren Verbüßung er seinen Abschied einreichen mußte. X. hatte auch während der Sitzung den gegen ihn gerichteten Anklagen nicht widersprochen.[1]

Flammarion, der Bozzanos Bericht gleichfalls abdruckt, erklärt es für 'wenig wahrscheinlich' (worin man ihm wohl beistimmen wird), 'daß die Gewissensbisse des Offiziers ein Phantom im Geiste des Mediums hätten schaffen können.'[2]

Eine letzte Gruppe soll solche Kundgebungen zusammenfassen, die sichtlich durch den Wunsch bedingt sind, in irgendeinem Gemütsverhältnis etwas zur Zeit des Todes Unerledigtes ins Gleiche zu bringen. In den ersten beiden Fällen ist dies Gemütsverhältnis und die ihm entsprechende unerledigte Verpflichtung religiös-kirchlicher Natur; in den übrigen offenbart sich der Wunsch nach Aussöhnung mit einem

---

1) Das (hier kurz zusammengefaßte) Protokoll der fraglichen Sitzung wurde erst 1920 in LO und 1921 in RS (214 f.) veröffentlicht, da der Tod des einen Teilnehmers abgewartet werden mußte.   2) Flammarion III 117.

Hinterbliebenen. Der Sammler des ersten Falles ist der als rühriger und sorgfältiger Forscher uns schon bekannte Prof. A. Alexander in Rio de Janeiro, der die Aussagen der Hauptzeugin und zweier Nebenzeugen der Ges. f. ps. F. einsandte. Donna Guilhermina Nery in Barbacena schreibt am 26. März 1895 wie folgt:

'Im Jan. 1894 verstarb eine junge Belgierin, Félicité G., die mit einem Neffen von mir verheiratet war. Nach dem Tode seiner Frau kam der letztere mit seinen Kindern auf einige Tage in unser Haus in Barbacena, wobei er zahlreiches Gepäck mit den Habseligkeiten der Verstorbenen mitbrachte. Einige Monate darauf [nach der späten Heimkehr von einer heiter zerstreuenden Abendgesellschaft] ... hatte ich einen lebhaften Traum von Félicité. Ich glaubte sie mein Schlafzimmer betreten zu sehen, sie setzte sich an mein Bett und bat mich um die Gefälligkeit, in einem alten zinnernen Kasten unter der Treppe nach einer gewissen, schon einmal angebrannten Wachskerze zu suchen, die sie Unserer lieben Frau gelobt habe. Als ich dies zusagte, verabschiedete sie sich mit den Worten: 'Até o outro mundo' (Auf Wiedersehen in der andern Welt). Ich erwachte, tief beeindruckt von dem Traum.' Gleich am nächsten Tage ließ die Dame in ihrer Gegenwart von einer Magd die Schachtel durchsuchen. 'Niemand hatte sie bisher geöffnet. Sie war mit alten Kleidern und Flicken angefüllt, unter denen man schwerlich eine Wachskerze zu finden erwartet hätte. Die Magd durchwühlte diese Kleider zunächst ohne Ergebnis, und ich dachte schon, mein Traum sei bedeutungslos gewesen, als ich, beim Ausglätten der Kleider zwecks Schließens des Kastens, das Ende einer Kerze erblickte ... Sie war aus Wachs, von der Art, wie sie zu Ex Votos gebraucht wird, und — ein noch seltsameres Zusammentreffen — sie war schon einmal angebrannt gewesen. — Wir übergaben die Kerze Monsenhor José Augusto, Bischof von Barbacena, in Erfüllung des frommen Gelübdes meiner Nichte ...'[1]

Hier würde der animistische Deutungskünstler wohl vor allem die Aussage zu bezweifeln wünschen, daß der Kasten seit seiner Unterbringung unter der Treppe noch nie geöffnet worden sei; er war geöffnet und durchwühlt, die Kerze gesehen, ihr Zweck erraten und der Traum eben dadurch eingegeben worden. Ich sehe allerdings nicht den geringsten Anlaß zu solchen Vermutungen. Im übrigen macht der große Zeitabstand zwischen dem Eintreffen des Gepäcks und dem Traumerlebnis auch eine telepathische Urheberschaft etwa des Neffen äußerst unwahrscheinlich. Die psychologische Verwandtschaft zwischen Traum- und Transkundgebung ist uns ohnehin bereits geläufig.

Unser zweites Beispiel, welches das gleiche Motiv mit anderen 'Aufträgen' verbindet, entnehme ich einem Bericht, der zu den seltsamsten und zugleich anscheinend sorgfältigsten aus früheren Jahrhunderten

---

1) JSPR VII 188 f. Vgl. Daumer II 118 f. 121.

zählt. M. Bezuel, der Perzipient, berichtete sein Gesicht unmittelbar nach dem Erlebnis und danach wiederholt, u. a. 1708, d. i. 11 Jahre später, dem Verfasser eines bekannten Werkes über die 'Geisterwelt', Dom Aug. Calmet.

Bezuel hatte mit einem Freunde, M. Desfontaines, i. J. 1696 die bekannte Abmachung getroffen, daß der zuerst Sterbende dem Überlebenden erscheinen solle. Am 31. Juli 1697, einem Donnerstag, als sich B. auf dem Wege zu einer Wiese befand, wo er die Arbeiter antreiben sollte, fühlte er einen plötzlichen Anfall von Betäubung und großer Schwäche, der ihn eine halbe Stunde lang niederzusitzen zwang. Dies wiederholte sich um genau die gleiche Zeit am 1. und 2. August. An diesen Tagen sank er in 'Ohnmacht' und erwiderte auf Fragen: 'Ich habe gesehen, was ich nie geglaubt hätte.' Er hatte nämlich etwas wie einen bis zur Mitte des Körpers nackten Menschen gesehen, dessen Gesicht er aber nicht erinnerte. Danach, und nun anscheinend bei Bewußtsein, erblickte er Desfontaines am Fuß einer Leiter, die auf einen Heuboden führte, und wurde von neuem ohnmächtig. Er setzte sich nieder, sah nun aber die Umstehenden nicht mehr, wohl aber Desfontaines, der ihm winkte. Er machte Raum auf seinem Sitz; da aber der andere sich nicht näherte, ging er selbst auf ihn zu, der ihm darauf entgegenkam. Er 'ergriff meinen linken Arm mit seiner Rechten und führte mich etwa 30 Schritte weit in eine Nebenstraße, wobei er mich immerzu gefaßt hielt ... Ich führte nun während $^3/_4$ Stunden eine Unterhaltung mit D.', von der aber die Umstehenden nur Bezuels Anteil hörten. 'Desfontaines' berichtete in Worten, die uns d u r c h w e g a n g e f ü h r t werden, daß er vorgestern um diese Zeit im Caen-Flusse ertrunken sei, während er bei großer Hitze gebadet und einen Ohnmachtsanfall erlitten habe. Der Abbé de Menil-Jean habe versucht, ihn zu retten, aber, als er (D.) seinen Fuß ergriff, ihn damit vor die Brust gestoßen. Auch was sich auf dem Wege zum Bade ereignet, wer mit ihm gegangen, u. a. m. berichtete das Phantom. 'Er bat mich, wenn sein Bruder zurückkehrte, ihm gewisse Dinge zu sagen und ihre Mitteilung an seine Eltern aufzutragen. Er sprach mir ferner den Wunsch aus, daß ich [statt seiner] die sieben Psalmen hersagen solle, die ihm am Sonntag zuvor als eine Buße aufgetragen worden seien und die er noch nicht hergesagt habe ... [Endlich] verabschiedete er sich von mir ... mit den Worten: 'Jusque, jusque', sein gewöhnlicher Ausdruck [sooft wir uns trennten].' M. Gotot, der betr. Priester, bezeugte die Richtigkeit der Angaben über die kirchliche Buße. Die Aufträge an die Nächsten waren bedeutsam im Sinne des Verstorbenen. Seine Beschreibung des Unglücksfalls setzte M. Bezuel instand, den Ort desselben und eine ihm gleichfalls bezeichnete Einschneidung in einem Baum zu finden. Auch Angaben des Phantoms über eine wissenschaftliche Arbeit des Bruders erwiesen sich als richtig.[1]

---

1) Calmet (deutsch) II 138; Harrison 73 ff. (1. Hand).   Zur Motivierung 'Wiedergutmachung von Unrecht' vgl. etwa den Fall Bellon bei Kerner, Seh. 471 ff.

Den seltsamen Umstand, daß Bezuels Erlebnis sich schon an den beiden vorhergegangenen Tagen um die gleiche Stunde ankündigte, wird man wohl als mehrdeutig bezeichnen müssen. Er beweist nicht, daß der Ertrunkene um die Zeit des Unglücksfalles das gesamte, später in der 'Unterhaltung' geäußerte Wissen auf den Freund 'übertragen', dieses sich aber erst 48 Stunden später in Form eines dramatischen Gesichts soz. auseinandergewickelt habe. Es können auch dreimal — nach guter Spukart um die gleiche Stunde — Versuche des Verstorbenen stattgefunden haben, Bezuel in den nötigen empfänglichen Transzustand zu ziehen. Ganz abgesehen von der allgemeinen Form der Äußerungen, die dem üblichen Transdrama mit Autophanie entspricht, fallen noch besondere Anzeichen einer Aktivität des Erscheinenden auf: der Verstorbene 'führt' B. beiseite und 'hält' ihn während der ganzen Unterredung 'fest'. Als dieser ihm Fragen religiösen Inhalts stellt, läßt er sich nicht von seinen Mitteilungen abbringen, sondern fährt darin fort, 'als hätte er mich nicht gehört oder wollte mich nicht hören.' (Wie leicht hätte ein 'Unterbewußtsein' diese metaphysische Neugierde befriedigen können!) Und 'wenn ich versuchte', sagt B., 'meinen Kopf abzuwenden, weil ich nicht ohne Qual das Licht ertragen konnte [welches von dem Phantom ausging], so rüttelte er meinen Arm, als wollte er mich zwingen, ihn anzublicken und ihm zuzuhören.'

Kann man hier das Motiv der Kundgebung noch als ein selbstsüchtiges bezeichnen, so offenbaren die drei folgenden Beobachtungen unzweideutig Regungen selbstloser Anteilnahme an Hinterbliebenen, aber wieder — unsrem allgemeinen Schema entsprechend — verknüpft mit Angaben identifizierender Art, die den nächstbeteiligten Lebenden unbekannt sind.

Das erste Beispiel wird von Capt. James Burton berichtet. — 'Ich wußte nicht', schreibt dieser, 'daß meine etwa 60 Meilen entfernt wohnende Mutter einen Lieblingshund verloren hatte, den ihr mein Vater einst geschenkt hatte. In der Nacht, da dieser Verlust eintrat, erhielt ich [durch meine automatisch schreibende Hand] einen Brief meines verstorbenen Vaters, worin er seiner Teilnahme an dem Schmerz meiner Mutter Ausdruck gab. [Man würde gern ausdrücklicher erfahren, ob darin auf den Verlust eines Hundes angespielt wurde.] Ein teures, nur meinen Eltern bekanntes Geheimnis, etwas betreffend, was mehrere Jahre vor meiner Geburt erfolgt war, wurde mir mitgeteilt und daran die Aufforderung geknüpft: 'Sage dies deiner Mutter, dann wird sie einsehn, daß ich selbst, dein Vater, es bin, der dies schreibt.' Als ich meiner bis dahin ungläubigen Mutter die gewünschte Mitteilung machte, fiel sie in Ohnmacht.'[1]

Unter der Annahme, daß Capt. Burton selbst von dieser Sache über-

---

1) Nach Hill bei Doyle, Revel. 157.

normale Kenntnis erlangt habe, müßte es sehr seltsam erscheinen, daß er anscheinend gerade in dem Augenblick, da er — sagen wir — ein telepathisches Wissen um den Verlust des Hundes in einer Beileidsbotschaft des Vaters dramatisierte, zugleich auch eines anscheinend sehr tiefen Geheimnisses der Eltern habhaft wurde, das mit jenem Wissen offenbar nicht den geringsten Zusammenhang hatte, — lediglich, um das Täuschende in der Dramatisierung jenes Wissens glaubhafter zu gestalten. Der durchtriebene Wille des 'Unterbewußtseins' zur spiritistischen Selbstverkleidung und Werbetätigkeit ist zwar eine bei Animisten beliebte Verdächtigung, im Fall eines militärischen Privatmannes aber noch um einige Grade unwahrscheinlicher als in dem eines beruflichen Mediums. Unter der Voraussetzung dagegen, daß der anscheinende Ursprung dieser Kundgebung auch ihr wirklicher war, erscheint nicht nur die besondere Art der Selbstbeglaubigung besonders natürlich, sondern auch ihre Verkoppelung mit einer Einsichtnahme in irdisches Geschehen, wie wir ihr ja so oft bei Abgeschiedenen begegnen.

Fälle, die ein Bedürfnis nach Aussöhnung mit Hinterbliebenen bezeugen (wir begegneten solchen schon unter den Sinndeutungen des Erscheinungsspuks), sind wieder vergleichsweise zahlreich vertreten, was für die seelisch-sittliche Auffassung des Jenseits offenbar nicht gleichgültig ist; doch liegt eine Verfolgung solcher Gesichtspunkte ja nicht in meiner Absicht. Ich beschränke mich also auf die Anführung zweier Beispiele.

In einer Sitzung, die Rev. W. H. Savage am 28. Dez. 1888 in Roxbury mit Mrs. Piper hatte, meinte Phinuit 'nach mehreren bemerkenswerten Aussagen plötzlich [und gänzlich unerwartet]: 'Ah, hier ist jemand von fern her,[1] — er sagt, sein Name sei Robert West. Er wünscht eine Botschaft an Ihren Bruder zu schicken.' Darauf [z. T. in übermittelter direkter Rede]: 'Ich schrieb einen Aufsatz gegen seine Wirksamkeit im Fortschritt. (Phinuit:) Was zum Kuckuck ist der Fortschritt?' Ich sagte: 'Es ist eine Zeitschrift.' Worauf 'Robert West': 'Ich glaubte, er sei im Unrecht, aber er hatte recht, und ich bereue. Ich will, daß Sie ihm das in meinem Namen sagen. Ich bedaure, ... ich wünsche alles Unrecht wieder gutzumachen, das ich im Leibe beging ...' Auf Savages Frage lieferte Phinuit eine 'photographisch getreue' Beschreibung des Kommunikators sowie Angaben über die Ursache seines Todes.

Der Bruder des Sitzers, Rev. Minot J. Savage, gibt an, daß der verstorbene Robert West, kongregationalistischer Geistlicher in Chicago, in der von ihm herausgegebenen Zeitschrift 'Der Fortschritt' eine heftige Verurteilung seiner (M. J. S.s) unitarischen Lehren und Arbeiten veröffentlicht hatte, von der aber sein Bruder, W. H. S., der Sitzer, nichts wußte (was dieser

1) from outside.

bestätigt). Ja dieser hatte nicht einmal gewußt, daß Robert West tot sei. Er war am 25. Okt. 1886, also mehr als 2 Jahre vor der Sitzung, gestorben. Die Angaben über die Ursache seines Todes wurden auf Anfrage hin von der Schriftleitung des 'Fortschritt' bestätigt. Am 15. Jan. 1889 hatte Rev. Minot J. Savage eine Sitzung mit Mrs. Piper, bei der 'Robert West' wiederum auftrat und u. a. angab, daß er in Alton (Illinois) begraben liege und daß sein Grabstein den Spruch trage: 'Brünstig im Geiste, dem Herrn dienend.' Beides war dem Sitzer völlig unbekannt, aber Dr. Hodgson stellte durch Erkundigung den Wortlaut des Grabspruchs fest und fand, daß er mit dem in den Sitzungsnotizen des Rev. Savage enthaltenen wörtlich übereinstimmte.[1]

Hier darf der Kommunikator als durch seine Erscheinung und Angaben reichlich identifiziert gelten. Natürlich können wir uns wieder mit der willkürlichen Annahme helfen, der Angegriffene habe mit seinem Bruder doch irgendwann über den 'Fortschritt'-Aufsatz gesprochen und dieser dann alles gründlich vergessen; oder er habe ihm das Gleiche telepathisch übermittelt, und Mrs. Piper ihm dies 'unbewußte' Wissen 'abgezapft', die gleichzeitig 'erfühlte' Gekränktheit aber zum Anlaß eines dramatisierten Wunsches nach Wiedergutmachung genommen. Das alles ist 'denkbar', aber nicht so natürlich, wie die Deutung des Falles nach seinem Anschein. Wir haben ohnehin unzählige Hinweise darauf (die freilich hier nicht geliefert werden können), daß der Übertritt in eine andere Welt eine Ausweitung der Lebensanschauungen bewirkt, die manches einst Getane und Gedachte bedauern läßt.[2]

Der Fall, mit dem ich diese Gruppe und zugleich das Kapitel beschließe, gehört zu den merkwürdigsten und zugleich bestverbürgten 'Geistergeschichten' überhaupt. Er wurde gesammelt und fast in jeder Einzelheit mehrfach urkundlich belegt durch Personen von höchstem geistigem Rang: den Volkskundler und Religionsgeschichtler Andrew Lang, den Marquis von Bute und Frederic Myers. Die Hauptperzipientin, Mrs. Claughton (pseud.), führte laufend (z. T. stündlich!) über ihre Erlebnisse ein noch vorhandenes Tagebuch, das alle wesentlichen Namen und Daten enthält, und nach ihrem Bericht an Dr. Ferrier (pseud.) wurde die erste zusammenhängende Darstellung von A. Lang niedergeschrieben, noch ehe die Ereignisse ihren Abschluß erreicht hatten. Nicht nur die Namen aller Beteiligten, sondern auch der Kern der Kundgebungen mußten aus triftigen Gründen der Öffentlichkeit vorenthalten werden; doch geht aus einer gelegentlichen Angabe sowie aus andern Einzelheiten hervor, daß der Wunsch nach Aussöhnung eine Rolle dabei spielte. Ich gebe im folgenden eine aus den umfangreichen

1) Pr VIII 104 ff.   Vgl. die Fälle Thomas, J. F., Stud. 65 f.; Bates 119; OR 1907 I 37 f. und o. S. 193 ff.   2) Vgl. den oben mitgeteilten Fall der 'Schura N. N.'

Urkunden[1] verkürzt zusammengezogene Darstellung, das Wesentlichste wieder in den Worten der Vorlagen, d. h. in erster Linie der Berichte der Hauptperzipientin an Dr. Ferrier und an Lord Bute.

Mrs. Claughton, eine verwitwete Dame der guten Gesellschaft, 'eine befähigte und tätige Frau von heiterem Temperament, die viel von der Welt gesehen hat... und nicht im mindesten dem Krankhaften oder Geheimnisvollen zugetan ist' (trotz ihrer erblich medialen Veranlagung) — hielt sich im Oktober 1893 mit ihren beiden Kindern in einer ungenannten Stadt ('Blakestr. 6') auf, in einem Hause, das der Tochter einer Mrs. Blackburn gehörte, aber an einen Mr. Buckley vermietet war, und worin Mrs. Blackburn nach dreijähriger zehrender Krankheit am 22. Dez. 1878 gestorben war, nachdem sie nur 3 Tage darin gewohnt hatte. Seitdem galt das Haus als spukig, wie auch Mrs. Claughton wußte.

Etwa um 1,15 am 9. Okt. wurde diese durch treppabwärts kommende Fußtritte geweckt, die vor ihrer Tür anhielten, erhob sich, zündete eine Kerze an und öffnete, sah niemand, stellte aber auf der draußen hängenden Uhr die Zeit fest: 1,20. Neuerdings eingeschlafen, wurde sie durch einen 'Seufzer' erweckt und sah eine (genau beschriebene) Frau an ihrem Bette stehen, von der ein 'kalter Wind' ausging und die zu ihr sagte: 'Folgen Sie mir.' Beim Eintritt in den Saal ersetzte Mrs. C. die im Ausgehn begriffene Kerze durch eine neue, rosa gefärbte aus einem Leuchter; die Gestalt, am andern Ende des Zimmers angelangt, kehrte sich zu drei Vierteln um, sagte 'morgen' und verschwand. Mrs. C., in ihr Schlafzimmer zurückkehrend, fand das eine der Kinder aufrecht sitzend. Es fragte: 'Wer ist die Dame in Weiß?' Die selbst erst jetzt erregte Mutter beruhigte das Kind und schlief allmählich wieder ein.

Am Morgen sprach sie von dem Erlebten zu Miss Buckley, ihrer Gastfreundin, auf deren Rat sie noch am gleichen Tage Dr. Ferrier ins Vertrauen zog, der und dessen Gattin der Meinung waren, daß Mrs. C.s Beschreibung durchaus auf Mrs. Blackburn passe. Mrs. C. erkannte aber ein ihr vorgelegtes Lichtbild der letzteren nicht, fand vielmehr die Erscheinung im Gesichte 'mehr zusammengekniffen und abgemagert, wie jemand im letzten Abschnitt der Schwindsucht' (was Mrs. Blackburns Aussehen vor ihrem Tode entsprochen haben dürfte).

Die nächste Nacht verbrachte Mrs. C. bekleidet in ihrem gaserhellten Zimmer. Eingeschlafen, wurde sie von derselben Erscheinung (nebst 'kaltem Wind') erweckt, die aber diesmal einen erregteren Ausdruck zeigte. Sie beugte sich über Mrs. C. und sagte: 'Ich bin gekommen. Hören Sie zu.' Sie machte dann gewisse Angaben [wobei sie 'undeutliche Botschaften der Vergebung' auftrug] und bat Mrs. C., gewisse Dinge zu tun. Mrs. C. fragte: 'Träume ich, oder ist es Wahrheit?' Die Gestalt sagte etwas wie: 'Falls Sie an mir zweifeln, werden Sie feststellen können, daß der Tag meiner Heirat der ††† war.' [Dies wurde ihr 2 Tage darauf von Dr. Ferrier als richtig bestätigt.] 'Hierauf sah Mrs. C. einen [gleichfalls genau beschriebenen]

---

1) Pr XI 547—559 (9 Zeugnisse).

Mann zur Linken der Mrs. Blackburn stehen, ... und es erfolgte eine Unterredung der drei, in deren Verlauf der Mann sich als George Howard bezeichnete, bestattet im Friedhof von Meresby [Mrs. C. hatte nie von Meresby oder einem George Howard gehört], verheiratet am ††† und gestorben am ††† [Myers sah diese Daten und Namen in Mrs. C.s Tagebuch eingetragen. Die obigen Namen sind natürlich nicht die wahren.] Er sprach den Wunsch aus, daß Mrs. C. nach Meresby fahre, seine Angaben im Kirchenbuch nachprüfe und, falls sie diese bestätigt finde, um 1,15 morgens des nächsten Tages sich in die Kirche begebe und an dem dort in der SW-Ecke des Südschiffs befindlichen Grabe des Richard Hart, gest. ††† im Alter von †† Jahren, das weitere erwarte. Auch diese Daten solle sie in den Kirchenbüchern nachprüfen. Er sagte, ihre Fahrkarte werde ihr nicht abgenommen werden und sie solle sie zusammen mit einer weißen Rose von seinem Grabe an Dr. Ferrier schicken. [Nach weiteren Voraussagungen bezüglich ihrer Reise stellte er ihr 'den Rest der Geschichte' für Meresby in Aussicht.] Gegen Ende der Unterredung sah Mrs. C. ein drittes Phantom rechts hinter Mrs. Blackburn stehen, das eines Mannes (seinen Namen darf sie nicht nennen) in großer Bekümmernis, der seine Hände vors Gesicht hielt, sie dann aber herabnahm und so seine Züge zeigte. Die drei verschwanden. Mrs. C. erhob sich und ging zur Tür, um draußen nach der Uhr zu sehen, wurde aber von einer Schwäche befallen und läutete die elektrische Klingel. Mrs. Buckley fand sie auf dem Fußboden liegend. Sie war imstande, nach der Zeit zu fragen; es war 20 Min. nach 1. Dann fiel sie in Ohnmacht, und die Buckleys entkleideten sie und brachten sie zu Bett.'

Am nächsten Tage schickte Mrs. C. nach Dr. Ferrier, empfing die ersten Bestätigungen des Gehörten und stellte auf dem Postamt fest, daß es ein Meresby gebe: ein weltverlorenes Dorf 4—5 Stunden von London. Am Sonnabend derselben Woche fuhr sie hin, alles Vorausgesagte verwirklichte sich, die Kirchenbücher ergaben die Richtigkeit der weiteren Angaben. Ihre Beschreibung 'George Howards' wurde von einem Ortsangesessenen bestätigt. Sie ließ sich an die Gräber Richard Harts und George Howards führen; letzteres war von weißen Rosen umgeben, von denen sie eine auftragsgemäß nebst ihrer nicht abgeforderten Fahrkarte an Dr. Ferrier schickte. Nachts um 1 begab sich mit Joseph Wright, dem Küster (bei dem sie, wie vorausgesagt, nach längerem Suchen eine Unterkunft gefunden hatte), in die Kirche, durchsuchte diese, fand aber niemand. 'Um 1,20 ließ sie sich, ohne Licht, einschließen ... und wartete nahe dem Grabe Richard Harts, empfand keine Furcht, empfing eine Kundgebung, fühlte sich aber nicht berechtigt, irgendwelche Einzelheiten mitzuteilen. Kein Licht. Die in Blakestreet begonnene Geschichte wurde zu Ende geführt. Mrs. C. erhielt den Auftrag, noch eine weiße Rose von George Howards Grab zu pflücken und sie persönlich seiner unverheirateten Tochter in Hart Hall zu überbringen, wobei sie auf deren Ähnlichkeit mit dem Vater achtgeben sollte.' 'Die [übrigen] ihr ausgesprochenen Wünsche waren nicht unlogisch oder unverständig, wie oft in 'Träumen', sondern vollkommen vernünftig, verständig und von natürlicher Wichtigkeit.' Alle Aufträge wurden von ihr ausgeführt.

Über die Natur der Phantome in diesem Fall wird schwerlich Eindeutiges auszusagen sein. Die gelegentlich berichtete Mitwahrnehmung des einen Kindes gibt natürlich zu denken; doch legt anderes einen Vergleich mit den Autophanien des Transdramas nahe. Wie dem auch sei: die Anzeichen einer durchgehenden Aktivität von bestimmter Motivierung auf seiten der Erscheinenden sind überwältigend, und ein solcher Fall von einwandfreier Verbürgtheit trägt viel zur Ehrenrettung mancher älterer Berichte von mäßiger Bezeugung bei, die uns gleichfalls ausgiebig redende und sich unterhaltende Phantome mit echt 'menschlichen' Anliegen vorführen.

* 9 7 8 3 8 6 3 4 7 5 3 7 6 *